FRANCOSCOPIE
1993

DU MÊME AUTEUR

EUROSCOPIE
Les Européens, qui sont-ils, comment vivent-ils ? Larousse, 1991.

FRANCOSCOPIE 1991
Larousse, 1990.

LES FRANÇAIS EN QUESTIONS
La Revue des Deux Mondes/RFI, 1989.

MONSIEUR LE FUTUR PRÉSIDENT
Aubier, 1988.

FRANCOSCOPIE 1989
Larousse, 1988.

DÉMOCRATURE
Comment les médias transforment la démocratie. Aubier, 1987.

FRANCOSCOPIE, ÉDITION 1987
Larousse.

LA BATAILLE DES IMAGES
Avec Jean-Marie Cotteret, Larousse, 1986.

VOUS ET LES FRANÇAIS
Avec Bernard Cathelat, Flammarion, 1985.

FRANCOSCOPIE
Larousse, 1985.

MARKETING : LES RÈGLES DU JEU
Clet (France) et Agence d'Arc (Canada), 1982.

© Larousse, 1992.

« Toute reproduction de cet ouvrage, même partielle (par exemple, une leçon) est interdite. Une photocopie ou une duplication par quelque procédé que ce soit, destinées à un usage collectif, constituent une contrefaçon passible des sanctions prévues par les articles 425 et suivants du Code pénal. »

Distributeur exclusif au Canada : les Éditions Françaises Inc.

ISBN : 2-03-503092-7

FRANCOSCOPIE
1993

GÉRARD MERMET

QUI SONT LES FRANÇAIS ?

FAITS
CHIFFRES
COMPARAISONS
ANALYSES
TENDANCES

Dessins de Gilles Rapaport

17, RUE DU MONTPARNASSE, 75298 PARIS CEDEX 06

SOMMAIRE

Introduction 9
Mode d'emploi 10

L'ÉTAT DES FRANÇAIS

LES FRANÇAIS 1992
Une enquête exclusive
Francoscopie/Sécodip
- Bonheur 12
- Appartenance 18
- Expériences 20
- Typologie 27

FIN DE SIÈCLE
Les dix grandes tendances
de la société française 29

LES MOTS ET LES VALEURS
par Eric Stemmelen, Sofres 35

LA VIE DANS LES RÉGIONS
- Population 39
- Famille 40
- Logement 41
- Travail 42
- Revenus-Loisirs 43

LA VRAIE CARTE DES RÉGIONS
Typologie des régions françaises 44

LA FRANCE DANS L'EUROPE
- Poids 47
- Les Français dans la Communauté 48
- Records 49

RÉTROSCOPIE
Les bonnes et les mauvaises années des
Français depuis 1964 50

UN JOUR EN FRANCE
L'activité quotidienne des Français 61

INDIVIDU

Le baromètre de l'individu 64

L'APPARENCE PHYSIQUE
Corps
- Taille 65
- Poids 66
- Forme physique 67
- Beauté 69
- Hygiène 71

Apparence
- Habillement 72
- Chaussures, coiffure, accessoires 76
- Gestes 78

LA SANTÉ
Maladies
- État de santé 79
- Mortalité 81
- Handicapés 85
- Alcoolisme, tabac, drogue 86
- Suicide 89

Accidents
- Route 91
- Travail 93
- Domicile 94

Soins
- Dépenses 95
- Médecins 97

L'INSTRUCTION
Culture
- Formation 99
- Famille et médias 101
- Culture et modernité 102

École
- Primaire et secondaire 106
- Baccalauréat 108
- Études supérieures 109
- Inégalités 111

LE TEMPS

Espérance de vie
- Longévité — 113
- Inégalités — 115

Emploi du temps
- Vie — 117
- Journée — 119
- Avenir — 122

FAMILLE

Le baromètre de la famille — 126

LE COUPLE

Mariage
- Évolution — 127
- Aujourd'hui — 130

Vie de couple
- Cohabitation — 134
- Répartition des tâches — 134
- Amour, sexualité — 137

Divorce
- Pratique — 141
- Causes et conséquences — 143

LES ENFANTS

Démographie
- Natalité — 146
- Attitudes et comportements — 149

Vie quotidienne
- Âges — 152
- Valeurs — 155
- Consommation — 157

LES PERSONNES ÂGÉES

Troisième âge
- Vieillissement — 160
- Santé — 162

Vie quotidienne
- Modes de vie — 163
- Avenir — 166

LA VIE DE FAMILLE

Relations familiales
- Entraide — 169
- Relations parents-enfants — 170
- Problèmes — 173

Alimentation
- Attitudes — 175
- Consommation alimentaire — 177

LE FOYER

Logement
- Habitat — 182
- Confort — 185

Équipement
- Électroménager — 189
- Ameublement et décoration — 192

Transport
- Voiture — 195
- Deux roues — 198

Animaux
- Présence — 200
- Relations — 201

SOCIÉTÉ

Le baromètre de la société — 204

LA VIE EN SOCIÉTÉ

Climat social
- Communication — 205
- Classes sociales — 208
- Immigration — 209

Insécurité
- Délinquance — 212
- Formes nouvelles — 215

LA FRANCE ET LE MONDE

France
- État — 217
- Institutions — 219

Politique
- Électeurs — 222
- Partis — 224

Monde
- Europe — 228
- Reste du monde — 230

LES VALEURS

Système de référence
- Histoire récente — 233
- Valeurs actuelles — 235
- Égologie — 237
- Bonheur — 238

Croyances
- Religions — 241
- Pratique — 243
- Irrationnel — 246

Science et technologie
- Science — 249
- Environnement — 251

TRAVAIL

Le baromètre du travail   258

LA POPULATION ACTIVE
Activité
- Actifs   259
- Précarité   261
- Activité féminine   263
- Entreprises   265

Chômage
- Chômeurs   267
- Durée   271

LES MÉTIERS
Professions
- Secteurs d'activité   274
- Statuts   277
- Cadres   279

Avenir
- Image du travail   281
- Emploi et technologie   284
- Nouveaux métiers   286

LA VIE PROFESSIONNELLE
Entreprises
- Image   289
- Fonctionnement   290
- Syndicalisme   293

Conditions de travail
- Durée du travail   295
- Contraintes   299

ARGENT

Le baromètre de l'argent   306

LES REVENUS
Image de l'argent
- Argent et culture   307
- Argent et morale   309
- Jeux d'argent   311

Revenus disponibles
- Salaires   314
- Écarts   319
- Revenus non salariaux   322
- Revenus disponibles des ménages   324

LES DÉPENSES
Pouvoir d'achat
- 1950-1980   329
- 1981-1985   330
- 1986-1991   331

Dépenses
- Évolution   333
- Budget   334
- Crédit   339

Consommation
- Attitudes   341
- Comportements   344

LE PATRIMOINE
Épargne
- Taux d'épargne   348
- Placements   350

Fortune
- Patrimoine   350
- Inégalités   356
- Richesse   359

LOISIRS

Le baromètre des loisirs   364

LE TEMPS LIBRE
Civilisation
- Temps et argent   365
- Mentalités   367

Pratiques
- Activités   371
- Inégalités   372

LES MÉDIAS
Télévision
- Habitudes   377
- Audience   380

Radio
- Equipement   384
- Audience   385

Cinéma
- Fréquentation   387
- Films   390

Musique
- Pratiques   393
- Goûts   395

Lecture
- Quotidiens   397
- Magazines   398
- Livres   401

LES ACTIVITÉS PHYSIQUES

Sport
- Pratique ... 404
- Évolution ... 406

Loisirs créatifs
- Bricolage et jardinage ... 408
- Activités artistiques ... 410

LES VACANCES

Petites vacances
- Week-ends ... 413
- Vacances d'hiver ... 415

Grandes vacances
- Départs ... 418
- Destinations ... 422
- Activités ... 424

ANNEXE

Bibliographie ... 428
Index ... 429
Remerciements ... 434
Questionnaire ... 437

MICRO-ENTRETIENS

Alain FINKIELKRAUT 223	Albert JACQUARD 111	François de CLOSETS 310
André GLUCKSMANN 232	Laurent JOFFRIN 311	Alain EHRENBERG 405
Commandant Jacques-Yves COUSTEAU 152	Paul VIRILIO 192	Roland MORENO 285
	CAVANNA 342	Charles PELLEGRINI 207
Dominique WOLTON 379	Haroun TAZIEFF 254	Louis BÉRIOT 161
Igor BARRÈRE 97	Alain MINC 229	Raymond SOUBIE 308
Jean CAZENEUVE 246	Guy AZNAR 297	Hervé SEYRIEX 291
Thierry GAUDIN 184	Bruno LUSSATO 103	Thierry BRETON 119
	Michel-Édouard LECLERC 346	Alain DECAUX 104
Jean-Jacques SERVAN-SCHREIBER 230	Alain ETCHEGOYEN 290	Françoise GIROUD 219

Pour toute correspondance avec l'auteur, ainsi que pour retourner le questionnaire placé à la fin de l'ouvrage, vous pouvez écrire à :

Gérard MERMET/FRANCOSCOPIE
c/o LAROUSSE
5, square Max-Hymans
75014 Paris

*Je dédie cette édition à Maurice et à Céline,
qui voient bouger la France depuis... quelques années.*

FRANCOSCOPIE, édition 2000 moins 7

Cette cinquième édition de FRANCOSCOPIE intègre les informations disponibles depuis la précédente, parue fin 1990. Elle présente, compare, explique et analyse les nombreux changements survenus. La première partie de l'ouvrage *(L'état des Français)* a été considérablement développée et enrichie. Elle contient en particulier plusieurs nouveautés :

• **Une enquête exclusive**, réalisée par *Sécodip*, mesure les niveaux de satisfaction des Français dans différents domaines, leur perception de l'avenir, leurs appartenances géographiques (région, pays, Europe, monde) et les « expériences » qu'ils ont eues au cours de leur vie. Elle a fourni des résultats passionnants et des révélations.

• **Fin de siècle** constitue la synthèse de l'ouvrage. Elle décrit et illustre les « dix tendances lourdes » de l'évolution sociale. C'est avec elles que nous allons vivre la transition, exceptionnelle, entre deux siècles, deux millénaires, deux civilisations.

• **Les valeurs des Français** sont approchées par une étude sémiométrique effectuée par la *Sofres*, à partir de la réaction affective des Français à 210 mots-clés, et commentée en exclusivité par Eric Stemmelen.

• **La vie dans les régions** est décrite à partir de cartes et de tableaux reprenant les indicateurs liés aux modes de vie (population, famille, revenus, loisirs...).

• **La « vraie carte de France »** présente un découpage régional inédit, résultat de l'analyse des proximités d'attitudes et de comportements sur 30 critères démographiques et économiques, en collaboration avec *Mis*.

• **La France dans l'Europe** montre la situation de la France et des Français par rapport à leurs partenaires de la Communauté, au moment où celle-ci franchit un nouveau pas vers son unité.

• **Rétroscopie** offre pour la première fois une vision synoptique des trente dernières années sous la forme d'une *Carte des millésimes* faisant apparaître les « bons crus » et les moins bons, à partir de données sociales et économiques sélectionnées.

• **Un jour en France** propose une sélection de chiffres, essentiels ou anecdotiques, qui donnent une idée de l'activité quotidienne (intense) de nos concitoyens.

Les lecteurs fidèles trouveront dans la structure de l'ouvrage quelques changements correspondant aux demandes formulées dans leurs lettres ou justifiés par l'évolution récente (voir *Mode d'emploi*). Pour permettre l'introduction de nouvelles informations, la pagination a été augmentée de 20 pages. Enfin, les graphiques ont fait l'objet d'une attention particulière, afin d'être à la fois clairs et attrayants.

Face aux interrogations sur les modes de vie des Français, leurs valeurs, leurs attentes et leurs craintes, FRANCOSCOPIE apporte des éléments de réponses, ouvre des pistes de réflexion. Son ambition est de faciliter la compréhension du présent, donc de contribuer à l'invention de l'avenir.

Gérard Mermet

MODE D'EMPLOI

FRANCOSCOPIE a pour ambition de décrire et d'analyser les modes de vie des Français et l'état de la société française. Il s'efforce donc de montrer, démontrer, ouvrir des pistes de réflexion plutôt que juger, condamner ou militer.

Structure

Depuis la première édition, un grand soin a été apporté à la définition de la structure de l'ouvrage. Le découpage et le contenu des différentes parties, chapitres et sous-chapitres ont été définis pour répondre à la logique et, dans toute la mesure du possible, à l'exhaustivité des thèmes traités.

Le sommaire de cette édition est plus détaillé afin de faciliter la recherche et indiquer de façon plus précise le contenu des chapitres. L'index détaillé constitue bien sûr le moyen de trouver plus précisément l'information recherchée.

Enfin, la mise en pages a été conçue pour faciliter la lecture, la rendre plus attrayante et surtout plus efficace. Un système de titres, intertitres, encadrés et textes « en vrac » a été prévu à cet effet.

Informations

Les informations mentionnées sont les plus récentes disponibles au moment de la rédaction (terminée en août 1992). Elles émanent d'un grand nombre de sources, publiques ou privées, dont les plus importantes sont indiquées en annexe *(Remerciements)*. En l'absence de chiffres officiels et précis, des estimations « raisonnables » ont été reprises ou élaborées; elles sont mentionnées comme telles.

La comparaison avec d'autres pays, en particulier ceux de la Communauté européenne, a été encore renforcée au moyen de tableaux et informations comparatives.

Opinions

De nombreux chiffres émanent d'enquêtes et sondages d'opinion. Ceux qui ont été sélectionnés sont ceux qui présentent les meilleures garanties de représentativité et de fiabilité (méthodologie, échantillon, libellé des questions...). Les enquêtes répétitives (baromètres), qui permettent de mesurer les évolutions dans le temps, ont été privilégiées. Sauf indication contraire, les enquêtes portent sur des échantillons représentatifs de la population âgée de 18 ans et plus.

Illustrations

Plutôt que par des photographies au « premier degré », l'ouvrage est illustré par des photos de campagnes publicitaires. Consciemment ou inconsciemment, la publicité reflète en effet l'état de la société à un moment donné. Par les produits qu'elle montre, mais aussi par les thèmes et les situations qu'elle choisit, par les mots qu'elle utilise, elle met en évidence les phénomènes de mode aussi bien que les grandes tendances d'évolution décrits dans les différents chapitres.

Les dessins humoristiques placés au début de chaque chapitre complètent cette illustration.

Interviews express

Le livre contient une trentaine de *Micro-entretiens* avec des personnalités sur des sujets très divers (la liste est donnée dans le sommaire). Il s'agit chaque fois d'une courte question-réponse reprise de l'émission FRANCOSCOPIE produite et animée chaque semaine par l'auteur sur Radio France Internationale.

Si vous êtes un lecteur pressé, faites une "lecture en couleur". Les informations principales ou synthétiques sont placées dans des intertitres imprimés en rouge.

L'ÉTAT DES FRANÇAIS

LES FRANÇAIS 1992

Une enquête exclusive Francoscopie/Sécodip

Les Français sont-ils heureux ? Le plus simple, pour le savoir, est bien sûr de le leur demander. Mais on sait que la notion de bonheur est relative et subjective ; « on n'est jamais si malheureux qu'on croit, ni si heureux qu'on avait espéré » (La Rochefoucauld). De plus, le bonheur n'est pas un sentiment simple. Il ne saurait être isolé de ses multiples ingrédients : on peut être heureux dans sa vie familiale et malheureux dans sa vie professionnelle, « heureux au jeu et malheureux en amour »...

Mais la question reste fondamentale ; « la grande affaire et la seule qu'on doive avoir, c'est de vivre heureux », affirmait Voltaire. Elle se doit d'être traitée dans un ouvrage dont la vocation est de dresser le portrait des Français tels qu'ils sont. Nous avons souhaité compléter les pages qui lui sont consacrées dans cette édition (voir chapitre Valeurs) par une enquête exclusive. Il nous est apparu qu'il fallait l'aborder sous l'angle de la satisfaction et mesurer celle-ci dans les domaines qui constituent « les choses de la vie ».

Mais ces taux restent beaucoup plus élevés que ceux mesurés dans les domaines collectifs (climat social, vie politique, évolution de la France, de l'Europe et du monde, programmes de télévision), compris entre 7 % et 36 %. Le bonheur des Français serait en somme complet s'ils ne dépendaient pas d'un environnement politique, social et économique qu'ils jugent très sévèrement : « Le bonheur est à ceux qui se suffisent à eux-mêmes », écrivait déjà Aristote.

Méthodologie

L'enquête a été réalisée par OPENERS sous la direction de Denis BIED-CHARRETON et Marie-Jeanne POELS en avril-mai 1992 par voie postale. L'échantillon a été redressé afin d'être représentatif de la population française, selon la méthode des quotas (sexe, âge, région, catégorie socioprofessionnelle, revenu) et comporte 1091 personnes.

BONHEUR

Les Français sont plus satisfaits à titre personnel que collectivement.

Le niveau de satisfaction exprimé par chaque Français pour lui-même est considérablement plus élevé que celui qu'il exprime à propos de l'ensemble de la société. Ainsi, les taux de satisfaction individuelle sont souvent proches de 80 % (apparence physique, santé, vie de famille, logement, vie sentimentale, vie sociale, réalisations) ; seule la vie professionnelle (travail, entreprise, revenu) est jugée moins favorablement (de 42 % à 63 %) ainsi que le temps dont on dispose, qui en est la conséquence directe.

Les hommes se déclarent presque toujours plus satisfaits que les femmes.

Les niveaux de satisfaction indiqués par les hommes sont tous supérieurs à ceux des femmes dans les domaines individuels, à l'exception du temps (49 % contre 54 %). On peut bien sûr se demander si les hommes sont par nature plus facilement satisfaits d'eux ou si l'explication tient à leur situation souvent dominante dans la société. Dans ce cas, il faudrait s'attendre à terme à un rééquilibrage, car ce monopole historique apparaît largement entamé... L'exception concernant le temps peut sembler paradoxale lorsqu'on sait que les femmes disposent quotidiennement de moins de temps libre que les hommes (voir *Temps*) ; mais il est vrai que leur espérance de vie est plus longue.

Satisfactions en tout genre

« Pouvez-vous nous indiquer votre niveau de satisfaction dans les domaines suivants » (en %) :

THEME et CLASSEMENT (par ordre décroissant de satisfaction)		ENSEMBLE		PAR SEXE (satisfaits*)		PAR AGE (satisfaits*)					
		Satis-faits	Pas satis-faits	H	F	15-19 ans	20-24 ans	25-34 ans	35-49 ans	50-64 ans	65 ans et +
8	Votre apparence physique	76	23	85	68	79	82	80	76	74	71
7	Votre état de santé	78	21	83	74	86	90	88	81	74	58
10	Votre niveau d'instruction	66	32	69	64	76	77	69	64	59	65
12	Le temps dont vous disposez	53	46	49	56	58	47	41	39	63	75
1	Votre vie de famille	89	10	91	86	88	91	89	87	91	86
2	Votre logement	86	14	85	86	88	82	75	85	91	93
19	Le climat social actuel en France	13	87	14	12	23	15	11	12	13	9
20	La vie politique en France	7	92	6	7	14	9	3	7	7	5
17	L'évolution de la France ces dernières années	22	76	23	22	33	30	22	22	19	17
15	L'évolution de l'Europe ces dernières années	36	62	37	36	57	50	38	37	28	24
18	L'évolution du monde ces dernières années	18	78	19	17	34	27	17	18	13	10
11	Votre travail	63	20	68	59	65	70	67	66	65	49
14	Votre entreprise	42	25	49	36	35	45	54	51	38	24
13	Vos revenus	47	46	48	47	34	50	47	42	48	59
6	Votre vie sentimentale	81	15	86	76	63	86	84	86	83	73
9	Vos activités de loisirs en général	71	27	76	66	81	70	71	66	70	74
16	Les programmes de télévision	30	69	28	32	42	23	29	29	32	28
3	Votre vie sociale (amis, relations...)	86	13	86	86	88	93	86	84	84	87
5	Ce que vous avez réalisé jusqu'ici dans votre vie	82	17	84	79	77	87	83	82	83	79
4	Votre vie actuelle en général	85	15	87	83	80	93	84	86	85	82

* La proportion de non-satisfaits est très proche du complément à 100 de la proportion de satisfaits, le nombre de non-réponses étant très réduit.

© Francoscopie/Sécodip

Satisfactions et régions*

« Pouvez-vous nous indiquer votre niveau de satisfaction dans les domaines suivants » (proportion de satisfaits** par région, en %) :

	Région parisienne	Est	Nord	Ouest	Centre-Ouest	Centre-Est	Sud-Est	Sud-Ouest
Votre apparence physique	75	75	80	79	70	77	77	73
Votre état de santé	76	83	80	82	76	75	80	75
Votre niveau d'instruction	71	75	64	65	60	62	66	64
Le temps dont vous disposez	50	54	52	58	51	49	56	51
Votre vie de famille	84	92	89	94	83	86	91	89
Votre logement	80	92	88	87	84	86	83	88
Le climat social actuel en France	11	16	19	16	3	10	13	12
La vie politique en France	8	9	10	8	0	5	4	6
L'évolution de la France ces dernières années	20	26	26	27	13	22	22	17
L'évolution de l'Europe ces dernières années	37	41	34	41	26	41	33	30
L'évolution du monde ces dernières années	15	23	19	19	18	17	18	18
Votre travail	59	63	59	67	61	65	62	72
Votre entreprise	39	41	37	44	38	49	43	44
Vos revenus	43	48	42	51	40	56	46	46
Votre vie sentimentale	77	85	85	83	78	81	76	82
Vos activités de loisirs en général	72	69	69	71	71	78	68	64
Les programmes de télévision	27	32	30	39	21	30	26	30
Votre vie sociale (amis, relations...)	88	83	88	89	87	85	86	81
Ce que vous avez réalisé jusqu'ici dans votre vie	80	86	83	84	74	85	78	80
Votre vie actuelle en général	81	91	81	90	77	87	81	86

* **Région parisienne** : Ile-de-France. **Est** : Alsace, Lorraine ; Champagne-Ardenne. **Nord** : Nord-Pas-de-Calais ; Picardie. **Ouest** : Haute-Normandie ; Basse-Normandie ; Bretagne ; Pays de la Loire ; Poitou-Charentes. **Centre-Ouest** : Centre ; Limousin ; Auvergne. **Centre-Est** : Bourgogne ; Franche-Comté ; Rhône-Alpes. **Sud-Est** : Provence-Alpes-Côte d'Azur ; Languedoc-Roussillon. **Sud-Ouest** : Aquitaine ; Midi-Pyrénées.

** La proportion de non-satisfaits est très proche du complément à 100 de la proportion de satisfaits, le nombre de non-réponses étant très réduit.

© Francoscopie/Sécodip

Satisfactions et revenus

« Pouvez-vous nous indiquer votre niveau de satisfaction dans les domaines suivants » (proportion de satisfaits* par classe de revenus** du foyer, en %) :

	Aisées	Moyennes supérieures	Moyennes inférieures	Modestes
Votre apparence physique	76	80	73	79
Votre état de santé	79	79	77	81
Votre niveau d'instruction	77	67	64	58
Le temps dont vous disposez	48	52	57	51
Votre vie de famille	84	91	88	90
Votre logement	87	88	85	81
Le climat social actuel en France	9	11	14	15
La vie politique en France	5	8	7	7
L'évolution de la France ces dernières années	20	23	22	23
L'évolution de l'Europe ces dernières années	42	41	33	32
L'évolution du monde ces dernières années	16	18	20	16
Votre travail	67	62	62	63
Votre entreprise	48	41	40	44
Vos revenus	65	51	42	32
Votre vie sentimentale	81	82	81	77
Vos activités de loisirs en général	76	73	70	62
Les programmes de télévision	26	26	33	36
Votre vie sociale (amis, relations...)	80	85	89	86
Ce que vous avez réalisé jusqu'ici dans votre vie	87	82	80	79
Votre vie actuelle en général	87	87	85	78

* La proportion de non-satisfaits est très proche du complément à 100 de la proportion de satisfaits, le nombre de non-réponses étant très réduit.

** Définies en fonction du nombre de personnes au foyer (de une à neuf et plus). **Classe aisée** : plus de 8 400 F par mois de revenu 1991 pour une personne ; plus de 14 280 F pour deux personnes ; plus de 22 680 F pour quatre personnes, etc. **Classe moyenne supérieure** : 5 101 à 8 400 F pour une personne ; 8 671 à 14 280 F pour deux ; 13 771 à 22 680 F pour quatre, etc.
Classe moyenne inférieure : 2 701 à 5 100 F pour une personne ; 4 591 à 8 670 F pour deux ; 7 291 à 13 770 F pour quatre, etc.
Classe modeste : moins de 2 700 F pour une personne ; moins de 4 590 F pour deux ; moins de 7 290 F pour quatre, etc.

© Francoscopie/Sécodip

Les écarts sont en revanche très faibles en ce qui concerne les indices collectifs. Les deux sexes se retrouvent sur un même malaise à l'égard du climat politique et social et l'évolution récente dans le monde. On notera cependant que les femmes sont un peu moins insatisfaites des programmes de télévision.

L'âge entraîne une plus grande insatisfaction, particulièrement marquée dans les domaines collectifs.

La jeunesse n'est pas un gage absolu de bonheur. Certes, les moins de 40 ans sont un peu plus satisfaits de leur santé que les anciens. Mais 71 % des 65 ans et plus s'accommodent bien de leur apparence physique, contre 79 % des 15-19 ans. La jeunesse semble plus un facteur favorable en ce qui concerne l'instruction. Le climat social et politique ou l'évolution des pays du monde sont aussi jugés de plus en plus défavorable au fur et à mesure que l'on avance en âge, au contraire des revenus (beaucoup de retraités sont sans doute conscients des difficultés qui attendent leurs successeurs).

Les jugements portés ne varient pas tous de façon linéaire. Ainsi, les jeunes de 25 à 34 ans sont moins satisfaits de leur logement que les plus jeunes (dont beaucoup sont encore chez leurs parents) et les plus âgés, généralement plus stables sur le plan familial et financier. Le temps manque aussi davantage entre 35 et 49 ans, lorsque les soucis professionnels et familiaux tendent à réduire le temps de loisir.

Les niveaux de satisfaction varient largement selon la région d'habitation, avec un minimum dans le Centre-Ouest.

Les habitants de l'Est sont plus satisfaits que les autres de leur niveau d'instruction, ceux de l'Ouest sont plus à l'aise avec le temps dont ils disposent. On ne s'étonnera pas que la vie de famille ou le logement apparaissent moins satisfaisants en région parisienne, où les taux de divorce sont plus élevés qu'ailleurs, les logements plus chers et plus petits. L'explication ne tient pas pour les habitants du Centre-Ouest (Centre-Limousin-Auvergne), moins satisfaits de leur vie de famille. Elle est peut-être à rechercher dans la démographie, la vie économique ou tout simplement les mentalités. D'autant que ces régions sont aussi plus mécontentes du climat social, de l'évolution de la France et de l'Europe, des programmes de télévision ou même des réalisations personnelles et de la vie en général.

Plus le niveau de revenu est élevé et plus on est satisfait.

Il semble bien que l'argent contribue largement au bonheur dans certains domaines. Si l'on établit une classification en quatre classes progressives de revenus, de « modeste » à « aisée », on observe en effet que le taux de satisfaction est fortement corrélé à la hiérarchie des revenus en ce qui concerne le niveau d'instruction, le logement, les loisirs, les choses réalisées dans la vie et la vie en général, sans oublier bien sûr le revenu lui-même. Pourtant, les jugements portés sur le travail et l'entreprise sont à peine plus favorables chez les personnes aisées.

On observe curieusement le phénomène inverse en ce qui concerne l'évolution de l'Europe, jugée moins sévèrement par les personnes aux revenus modestes (à l'exception très nette des agriculteurs). C'est le cas aussi pour les programmes de télévision. On note enfin que les personnes aisées sont un peu moins satisfaites de leur vie sociale que l'ensemble des autres.

Les Français sont assez confiants dans leur propre avenir, mais très peu dans celui du monde.

On retrouve les mêmes écarts que précédemment en ce qui concerne l'optimisme des Français à l'égard de l'avenir. On ne peut d'ailleurs parler d'optimisme qu'à propos de l'avenir personnel (68 %), alors qu'un fort pessimisme domine lorsqu'il s'agit de l'avenir du monde (19 %), de la France (28 %) et de l'Europe (34 %). La question qui se pose est évidemment de savoir si ces deux sentiments opposés peuvent être longtemps compatibles ; l'influence de l'environnement, au sens le plus global du terme, ne saurait être durablement faible dans une société devenue planétaire. L'optimisme individuel pourrait alors s'en ressentir.

Dans ce domaine aussi, les hommes se montrent un peu plus optimistes que les femmes, surtout à propos de l'avenir de la France et de l'Europe. L'écart est de sens contraire, mais de faible amplitude, en ce qui concerne l'avenir du monde.

Les jeunes de 15 à 19 ans sont plus réservés que les 20-34 ans sur leur avenir personnel, mais le taux baisse fortement et régulièrement à partir de 20 ans, passant de 91 % à 49 %. Les plus âgés sont aussi les plus pessimistes en ce qui concerne l'avenir de la France, de l'Europe et surtout du monde. Les habitants du Centre-Ouest sont ici encore les plus pessimistes, pour tous les échelons géographiques proposés.

Enfin, les personnes appartenant aux catégories aisées sont plus optimistes que les autres quant à leur avenir personnel. Elles le sont aussi, à un moindre degré, pour l'avenir de la France et de l'Europe, mais elles le sont moins pour celui du monde.

Optimisme individuel et pessimisme collectif

« Pour les dix prochaines années, êtes-vous optimiste en ce qui concerne... » (selon différents critères, en %) :

	ENSEMBLE		PAR SEXE (optimistes*)		PAR AGE (optimistes*)					
	Opti-mistes	Pessi-mistes	H	F	15-19 ans	20-24 ans	25-34 ans	35-49 ans	50-64 ans	65 ans et +
Votre avenir personnel	68	31	70	67	71	91	77	70	62	49
L'avenir de la France	29	70	31	26	33	35	28	29	27	24
L'avenir de l'Europe	34	64	38	31	46	44	34	42	24	24
L'avenir du monde	20	78	19	21	27	25	21	22	16	12

Par région (voir définition des régions dans le tableau *Satisfactions et régions*) :

	Région parisienne	Est	Nord	Ouest	Centre-Ouest	Centre-Est	Sud-Est	Sud-Ouest
Votre avenir personnel	69	73	70	73	59	68	62	67
L'avenir de la France	27	29	29	31	19	34	27	27
L'avenir de l'Europe	35	37	36	38	23	38	33	27
L'avenir du monde	19	23	16	22	16	20	22	18

Par classe de revenus (voir définition des classes dans le tableau *Satisfactions et revenus*) :

	Aisées	Moyennes supérieures	Moyennes inférieures	Modestes
Votre avenir personnel	72	74	65	58
L'avenir de la France	31	31	27	27
L'avenir de l'Europe	36	42	30	29
L'avenir du monde	15	22	20	21

* La proportion de pessimistes est très proche du complément à 100 de la proportion d'optimistes, le nombre de non-réponses étant très réduit.

© Francoscopie/Sécodip

APPARTENANCE

La construction européenne, l'évolution géopolitique du monde, la nature planétaire des problèmes qui se posent à l'humanité (démographie, sida, environnement, pauvreté...) sont des données récentes et fortement médiatisées qui sont susceptibles d'influer sur la place de la France dans le monde et l'état d'esprit des Français. Elles peuvent, comme dans d'autres pays proches, entraîner des réactions de repli (sur la nation ou la région) ou au contraire d'ouverture. Il était donc intéressant de mesurer la hiérarchie existant entre les quatre niveaux possibles d'appartenance géographique. Les résultats de l'enquête sont riches d'enseignement.

Les Français appartiennent d'abord à leur région, puis à la France et au monde. L'Europe arrive en dernière position.

Si les Français sont majoritairement favorables à la poursuite, voire à l'accélération de la construction européenne, ils sont encore très peu nombreux à se considérer comme des citoyens européens, moins en tout cas que des citoyens du monde (voir tableau page suivante).

Ce résultat, qui surprendra sans doute, peut s'expliquer par le fait que l'Europe tient peu de place dans la vie quotidienne des Français. Leur vie professionnelle est plus directement influencée par la concurrence japonaise ou américaine que par celle de l'Espagne ou des Pays-Bas. Dans leur vie personnelle ou familiale, la présence de l'Europe n'est pas non plus très sensible : les programmes de télévision sont bien davantage imprégnés de culture américaine que d'une culture européenne qui reste à définir ; les Français ne profitent guère de leurs vacances pour découvrir les pays voisins, surtout ceux du nord de la Communauté. Enfin, les hommes politiques, par leurs divisions et leur attitude souvent frileuse, n'ont pas réussi à transmettre un véritable enthousiasme européen. Les Français, qui n'aiment guère l'incertitude et redoutent la bureaucratie, n'ont pas vibré à la perspective de la mise en place du Marché unique, encore moins à la lecture du traité de Maastricht.

La préférence régionale reste en tout cas très nette, puisqu'elle totalise 47 % des réponses, réparties à égalité entre la région (ou pays) d'origine et la région actuelle. L'appartenance nationale concerne un peu plus d'un Français sur trois (37 %).

Les jeunes sont un peu plus attachés à l'Europe et surtout au monde que les plus âgés.

Les hommes et les femmes établissent une hiérarchie d'appartenance très semblable. Il n'en est pas de même selon l'âge. Plus on est jeune et plus on est attaché à l'Europe et surtout au monde, bien que l'attachement à la région, puis à la France, reste majoritaire. On note un basculement important à partir de 20 ans en faveur de la région (ou du pays) dont on est originaire ; il peut s'expliquer par le fait que c'est souvent l'époque où on la quitte.

On observe aussi que les habitants de l'Est et du Centre-Est sont les plus « régionalistes », au contraire de ceux de la région parisienne et, dans une moindre mesure, du Sud-Ouest qui sont plus attachés à la France. L'attachement européen est particulièrement faible dans le Sud-Ouest et l'Ouest qui comptent, avec la région parisienne, le plus de « mondialistes ».

Le niveau de revenu engendre assez peu de différences significatives. On observe toutefois que les catégories aisées sont plus nationalistes que les plus modestes, lesquelles sont plus proches de la région. L'examen des catégories socioprofessionnelles montre un moindre intérêt des cadres et professions intermédiaires pour la région.

Les régionalistes moins satisfaits et plus pessimistes

Le croisement des réponses aux différentes questions fait apparaître que les Français qui déclarent appartenir d'abord à leur région actuelle sont :
. Moins satisfaits que les autres (ceux qui appartiennent d'abord à leur région d'origine ou à la France, à l'Europe ou au monde) en ce qui concerne l'évolution de la France, de l'Europe ou du monde au cours des dernières années. On constate également que ceux qui déclarent appartenir à l'Europe sont encore plus insatisfaits que les autres sur l'évolution de celle-ci.
. Moins optimistes que les autres quant à leur avenir personnel (62 % contre 68 %), celui de la France (18 % contre 28 %), celui de l'Europe (21 % contre 34 %, 46 % pour les mondialistes et 68 % pour les Européens) et celui du monde (12 % contre 23 %, 27 % pour les mondialistes et 29 % pour les Européens).

L'Europe à la traîne

« Avez-vous le sentiment d'appartenir d'abord... » (en %) :

	EN-SEMBLE	PAR SEXE		PAR AGE					
		H	F	15-19 ans	20-24 ans	25-34 ans	35-49 ans	50-64 ans	65 ans et +
A votre région ou pays d'origine	24	23	25	20	30	27	25	22	20
A votre région actuelle	23	23	23	18	21	23	26	22	26
A la France	37	37	36	32	32	31	35	42	45
A l'Europe	5	6	4	10	4	5	4	6	5
Au monde	9	8	10	18	13	13	8	6	2

	Région parisienne	Est	Nord	Ouest	Centre-Ouest	Centre-Est	Sud-Est	Sud-Ouest
A votre région ou pays d'origine	15	30	24	30	18	31	25	19
A votre région actuelle	17	29	27	19	32	24	24	27
A la France	44	31	33	38	38	30	32	42
A l'Europe	9	5	6	3	5	6	6	2
Au monde	14	4	7	8	5	8	12	11

Voir définitions des régions dans le tableau *Satisfactions et régions*.

	Aisées	Moyennes supérieures	Moyennes inférieures	Modestes
A votre région ou pays d'origine	16	24	26	28
A votre région actuelle	21	21	27	22
A la France	42	40	34	32
A l'Europe	9	5	3	9
Au monde	11	9	9	8

Voir définitions des classes de revenus dans le tableau *Satisfactions et revenus*.

N.B. Les totaux par colonne sont un peu inférieurs à 100, du fait des non-réponses.

EXPÉRIENCES

On a l'habitude, lorsqu'on s'intéresse aux Français, d'analyser essentiellement ce qu'ils sont et ce qu'ils font *aujourd'hui*. On leur demande parfois ce qu'ils ont fait la veille ou au cours des derniers jours (enquêtes d'audience des médias), voire au cours de l'année écoulée (enquêtes sur les pratiques sportives ou culturelles). Il est beaucoup plus rare qu'on les interroge sur ce qu'ils ont fait au cours de leur vie. C'est la raison pour laquelle on connaît avec beaucoup plus de précision leurs revenus que leurs patrimoines, les modes de vie actuels que ceux des mêmes personnes il y a dix ou vingt ans.

Pourtant, les informations concernant l'ensemble d'une vie sont d'une grande richesse, car elles permettent de mesurer les effets cumulés (plutôt qu'instantanés) des différences entre les modes de vie individuels. C'est ce que nous avons voulu faire en interrogeant les Français sur les « expériences » qu'ils ont eu l'occasion de vivre au cours de leur vie. Les résultats sont donnés dans les tableaux des pages suivantes.

Sur 50 expériences proposées, 13 ont été vécues par au moins un Français sur trois et 13 par moins d'un sur dix.

La moitié au moins des Français ont déjà été hospitalisés, pris l'avion, fait du ski, visité un autre pays d'Europe. Plus d'un sur trois a déjà mangé un hamburger, du caviar, utilisé un ordinateur, connu le coup de foudre, emprunté de l'argent pour acheter un bien d'équipement, vécu hors de sa région d'origine (au moins six mois), eu un accident de voiture, suivi un régime pour maigrir, consulté un médecin pratiquant une médecine non traditionnelle.

Les trente sept autres expériences citées dans la liste ont été vécues par moins d'un tiers des Français (voir tableau). Treize d'entre elles ont été pratiquées par moins de 10 %. Par ordre croissant de fréquence : avoir des relations homosexuelles ; recourir à la chirurgie esthétique ; faire une tentative de suicide ; se rendre en Océanie ; se faire retirer son permis de conduire ; se rendre en Asie ; participer à un jeu radiophonique ou télévisé ; essayer une drogue ; avoir des relations sexuelles avec quelqu'un d'une autre race ; passer à la télévision ; se battre avec quelqu'un ; se rendre en Amérique ; vivre à l'étranger au moins six mois.

14 % des Français reconnaissent avoir volé, 11 % ont sauvé la vie de quelqu'un, 7 % sont passés à la télévision.

On note aussi le nombre relativement élevé de personnes ayant déclaré avoir eu un coup de foudre ou un accident de voiture (41 %), s'être fâchées avec un membre de leur famille (32 %), avoir fait une dépression nerveuse (18 %), avoir volé quelque chose (14 %), avoir un jour sauvé la vie de quelqu'un (11 %), s'être fait agresser (10 %), s'être battues (9 %), avoir vécu à l'étranger plus de six mois (9 %) ou être passées à la télévision (7 %). La sincérité de ces déclarations ne peut être a priori mise en doute, mais il est probable que certains mots (agresser, sauver la vie) peuvent avoir un contenu différent selon les individus ; de même, les souvenirs ont pu être quelque peu déformés par le temps.

Les hommes ont vécu plus d'expériences que les femmes.

La proportion d'hommes déclarant avoir manifesté dans la rue, s'être fait retirer leur permis de conduire, s'être battus, s'être rendus en Afrique, avoir vécu à l'étranger, avoir subi un accident du travail, avoir essayé d'arrêter de fumer ou avoir utilisé une drogue est au moins deux fois plus élevée que chez les femmes. Cet écart est sans doute lié à la nature de certaines circonstances typiquement masculines (service militaire, guerre, travail manuel...) ainsi qu'à une tradition encore vivace selon laquelle l'activité et la prise de risques sont des attributs naturels et nécessaires de la virilité.

A l'inverse, les femmes sont plus nombreuses que les hommes à avoir consulté une voyante, reçu un héritage, écrit des poèmes, connu une dépression, pris des somnifères, suivi un régime, essayé la médecine douce ou fait une cure. On retrouve là quelques activités plus spécifiquement associées à l'image féminine (attirance pour l'irrationnel, sensibilité et fragilité, intérêt pour la santé et l'apparence physique...). Mais l'examen des réponses selon les tranches d'âge montre que les écarts sont moins importants parmi les jeunes, ce qui confirme que les comportements des deux sexes sont de moins en moins différenciés.

Globalement, les hommes ont eu au cours de leur vie plus d'expériences que les femmes, puisque la proportion de réponses masculines positives est supérieure sur 37 des 50 propositions. Le cas contraire se trouve seulement sur 10 types d'expérience.

Les jeunes, même les moins de 20 ans, ont eu plus d'expériences que les personnes âgées.

Si l'expérience vient avec les années, l'étude révèle qu'il n'en est rien *des* expériences. 9 % seulement des Français de 65 ans et plus ont déjà mangé un hamburger, contre 72 % des 15-19 ans. Les personnes âgées sont aussi beaucoup moins nombreuses à avoir appris à se servir d'un ordinateur (6 % contre 75 %) ou d'un instrument de musique (21 % contre 50 %), participé à une manifestation dans la rue (20 % contre 40 %), été agressées (5 % contre 16 %), s'être battues (4 % contre 13 %) ou connu le chômage (7 % contre 56 % des 25-34 ans). 17 % ont fait du ski, contre 72 % des 20-24 ans.

La vie amoureuse des anciens a, semble-t-il, été aussi moins variée : 27 % seulement ont connu le coup de foudre, contre 54 % des 15-19 ans ; 8 % ont été infidèles, contre 20 % ; 3 % ont eu des relations avec une personne d'une autre race contre 13 % des 20-24 ans. Peut-être ont-ils oublié...

Les rares domaines dans lesquels les personnes âgées ont connu plus d'expériences que les jeunes ne sont guère valorisants : 73 % ont été hospitalisées contre 42 % ; 42 % ont déjà pris des médicaments pour dormir contre 17 % des 15-19 ans ; 18 % ont déjà fait une cure contre 4 % ; 18 % ont eu un accident de travail contre 9 % ; 33 % se sont fâchées avec quelqu'un de leur famille contre 22 %. Le privilège de l'âge se fait évidemment sentir en matière d'héritage (53 % contre 10 %), de voyage (sauf en Europe et en Amérique où les jeunes sont allés au moins aussi nombreux). Enfin, 19 % des anciens ont consulté une voyante contre 9 %.

Une « génération morale » ?

• Pratiquement aucun Français âgé de 65 ans et plus n'a essayé la drogue au cours de sa vie, alors que 19 % des 20-24 ans avouent y avoir déjà touché.
• Seuls, 1 % des 65 ans et plus reconnaissent avoir volé quelque chose, contre 27 % des 20-24 ans.
• 0,5 % des personnes âgées ont déjà fait un chèque sans provision, contre 27 % des 20-24 ans.
• 9 % des retraités déclarent avoir été infidèles, contre 19 % des 15-24 ans.
Ces écarts reflètent bien sûr autant l'évolution des conditions de vie et des valeurs collectives que les différences de mentalité entre les générations. On peut néanmoins se demander si les jeunes constituent comme on a pu le dire au cours des années 80 une « génération morale ».

Corrélations

Le calcul statistique permet de faire apparaître des liens entre plusieurs expériences, le fait d'avoir vécu l'une entraînant une forte probabilité d'en avoir vécu une autre. Ainsi, ceux qui ont déjà mangé du caviar ont souvent aussi pris l'avion (l'explication réside sans doute dans le niveau de revenu). D'autres corrélations peuvent être observées :
• Avoir déjà mangé un hamburger dans un fast-food, avoir fait du ski et s'être servi d'un ordinateur. Question de modernité ?
• Avoir participé à une manifestation dans la rue et s'être produit devant un public (exhibitionnisme ?). Mais aussi s'être produit devant un public et avoir appris à jouer d'un instrument (peut-être pour pouvoir jouer devant un public...).
• S'être battu avec quelqu'un et avoir sauvé la vie d'une personne. Il est vrai que, dans certains cas, les deux choses peuvent se faire en même temps.
• Avoir fait une dépression nerveuse et avoir consulté une voyante. Les médecins ne peuvent pas tout guérir...
• Etre au chômage et avoir fait un chèque sans provision. Les fins de mois des allocataires sont parfois difficiles...
• Avoir connu un coup de foudre en amour et avoir été infidèle. Lorsque amour ne rime pas avec toujours.
• Avoir eu des relations sexuelles avec quelqu'un d'une autre race et essayé une drogue. Curiosité ?
• Avoir emprunté pour acheter une voiture et avoir eu un accident de voiture. Une information intéressante pour les compagnies d'assurances !
• Avoir fait un chèque sans provision et avoir volé. Les deux expériences sont proches sur le plan pénal.
• Avoir volé et avoir essayé une drogue. La relation de cause à effet est souvent vérifiée chez les toxicomanes.
• Avoir volé et avoir écrit des poèmes. Comme le vol, l'écriture peut être un moyen de dire son désarroi.
• Avoir fait du ski, avoir pris l'avion, avoir voyagé en Europe et s'être servi d'un ordinateur. Modernité...
• Etre allé dans un pays d'Europe et dans un pays d'Afrique. Il est intéressant de constater que la corrélation n'existe pas entre les voyages en Europe et d'autres plus lointains en Asie ou en Amérique, alors qu'elle existe entre Afrique et Amérique ou entre Asie et Amérique.
• Avoir vécu hors de sa région d'origine et à l'étranger. La seconde expérience implique la première, sauf pour les personnes nées à l'étranger.
• Avoir appris à jouer d'un instrument et avoir écrit des poèmes. Une question de sens artistique.
• S'être servi d'un ordinateur et avoir joué au golf. On peut aussi jouer au golf sur ordinateur !
• Avoir fait une dépression nerveuse, avoir pris des médicaments pour dormir et avoir fait une tentative de suicide. L'enchaînement ne paraît pas très surprenant.

Cela leur est arrivé un jour...

« Vous est-il arrivé au moins une fois au cours de votre vie de... » (en %, par ordre décroissant) :

	Ensemble	Hommes	Femmes
Etre hospitalisé (au moins 48 h, hors accouchement)	63	61	64
Vous rendre dans un pays d'Europe (y compris ex-URSS)	56	63	50
Prendre l'avion	55	56	53
Faire du ski	50	53	47
Manger un hamburger dans un fast-food	48	53	43
Emprunter pour acheter une voiture ou un bien d'équipement	48	54	42
Vous servir d'un ordinateur	46	49	43
Avoir un accident de voiture	42	54	31
Avoir un coup de foudre en amour	41	46	37
Faire un régime pour maigrir	38	25	50
Consulter un médecin pratiquant une médecine non traditionnelle	38	30	45
Manger du caviar	35	39	32
Vivre hors de votre région d'origine au moins 6 mois	34	37	32
Participer à une manifestation dans la rue	32	43	21
Vous fâcher avec quelqu'un de votre famille (au moins un an)	32	33	31
Vous arrêter de fumer	32	40	23
Vous produire devant au moins 50 personnes	31	37	35
Hériter d'une somme d'argent ou d'un bien	31	27	34
Prendre des médicaments pour dormir	30	24	38
Etre au chômage	28	29	27
Vous rendre dans un pays d'Afrique	24	31	18
Apprendre à jouer d'un instrument de musique (au moins un an)	24	23	25
Gagner à un jeu national (Loto, PMU...)	21	25	18
Vous faire cambrioler chez vous ou voler votre voiture	21	26	15
Ecrire des poèmes	21	16	25

Voir suite du tableau page suivante.

Cela leur est arrivé un jour...

« Vous est-il arrivé au moins une fois au cours de votre vie de... » (suite du tableau de la page précédente) :

	Ensemble	Hommes	Femmes
Avoir un accident du travail	21	30	13
Faire une dépression nerveuse	18	13	23
Consulter une voyante	15	9	21
Acheter un objet à une vente aux enchères	15	15	14
Etre infidèle	14	17	11
Voler quelque chose	14	13	15
Faire un chèque sans provision	13	14	12
Faire un procès à quelqu'un ou à un organisme	11	12	11
Jouer au golf (même pour une initiation)	11	12	11
Sauver la vie de quelqu'un	11	12	10
Vous faire agresser dans la rue ou chez vous	10	12	8
Vous battre avec quelqu'un (depuis que vous êtes adulte)	10	14	5
Vivre à l'étranger (pendant au moins 6 mois)	10	13	7
Faire une cure dans un établissement spécialisé	10	7	13
Vous rendre dans un pays d'Amérique (du Nord ou du Sud)	9	11	8
Passer à la télévision	8	9	7
Participer un jour à un jeu radiophonique ou télévisé	6	7	5
Avoir des relations sexuelles avec quelqu'un d'une autre race	6	7	5
Essayer une drogue (hashisch, LSD...)	6	9	4
Vous faire retirer votre permis de conduire	5	9	2
Vous rendre dans un pays d'Asie (Chine, Inde, Iran...)	5	7	4
Faire une tentative de suicide	4	4	4
Recourir à la chirurgie esthétique	3	3	3
Vous rendre dans un pays d'Océanie (Australie, Polynésie...)	2	3	1
Avoir des relations homosexuelles	1	2	0,2

© Francoscopie/Sécodip

Cela leur est arrivé un jour...

« Vous est-il arrivé au moins une fois au cours de votre vie de... » (selon l'âge, en %) :

	15-19 ans	20-24 ans	25-34 ans	35-49 ans	50-64 ans	65 ans et +
Etre hospitalisé (au moins 48 h, hors accouchement)	42	57	57	67	67	73
Vous rendre dans un pays d'Europe (y compris ex-URSS)	63	64	56	58	50	53
Prendre l'avion	40	47	53	60	59	54
Faire du ski	70	72	66	58	30	18
Manger un hamburger dans un fast food	72	81	67	57	25	10
Emprunter pour acheter une voiture ou un bien d'équipement	12	35	61	74	48	24
Vous servir d'un ordinateur	75	76	62	52	28	6
Avoir un accident de voiture	24	39	48	54	41	29
Avoir un coup de foudre en amour	55	56	48	42	32	28
Faire un régime pour maigrir	29	36	46	43	40	25
Consulter un médecin pratiquant une médecine non traditionnelle	29	29	38	46	37	37
Manger du caviar	22	28	36	36	38	42
Vivre hors de votre région d'origine au moins 6 mois	18	35	39	34	37	34
Participer à une manifestation dans la rue	41	42	32	38	23	21
Vous fâcher avec quelqu'un de votre famille (au moins un an)	22	26	29	33	40	33
Vous arrêter de fumer	13	27	45	35	25	33
Vous produire devant au moins 50 personnes	38	39	32	31	27	26
Hériter d'une somme d'argent ou d'un bien	10	13	15	34	40	53
Prendre des médicaments pour dormir	17	16	22	34	35	42
Etre au chômage	10	25	56	31	24	7
Vous rendre dans un pays d'Afrique	18	8	19	22	39	30
Apprendre à jouer d'un instrument de musique (au moins un an)	49	41	25	18	14	21
Gagner à un jeu national (Loto, PMU...)	20	18	25	28	17	17
Vous faire cambrioler chez vous ou voler votre voiture	17	10	28	19	25	18
Ecrire des poèmes	39	43	25	18	12	6

Cela leur est arrivé un jour...

« Vous est-il arrivé au moins une fois au cours de votre vie de... » (suite du tableau de la page précédente) :

	15-19 ans	20-24 ans	25-34 ans	35-49 ans	50-65 ans	65 ans et +
Avoir un accident du travail	9	15	21	28	26	18
Faire une dépression nerveuse	11	17	20	21	18	18
Consulter une voyante	5	6	19	19	12	19
Acheter un objet à une vente aux enchères	3	1	10	19	22	20
Etre infidèle	20	18	15	14	10	9
Voler quelque chose	18	27	26	14	6	1
Faire un chèque sans provision	2	22	27	18	5	0,5
Faire un procès à quelqu'un ou à un organisme	6	11	8	18	11	9
Jouer au golf (même pour une initiation)	28	18	13	11	6	2
Sauver la vie de quelqu'un	3	10	13	10	17	9
Vous faire agresser dans la rue ou chez vous	16	18	15	8	5	5
Vous battre avec quelqu'un (depuis que vous êtes adulte)	13	10	13	11	8	4
Vivre à l'étranger (pendant au moins 6 mois)	4	2	8	8	18	12
Faire une cure dans un établissement spécialisé	5	4	3	10	15	19
Vous rendre dans un pays d'Amérique (du Nord ou du Sud)	9	6	10	9	12	9
Passer à la télévision	9	11	10	6	8	4
Participer un jour à un jeu radiophonique ou télévisé	9	13	7	6	4	2
Avoir des relations sexuelles avec quelqu'un d'une autre race	5	13	10	5	4	3
Essayer une drogue (hashisch, LSD...)	3	19	12	6	1	0,5
Vous faire retirer votre permis de conduire	1	4	8	8	3	4
Vous rendre dans un pays d'Asie (Chine, Inde, Iran...)	1	1	3	7	5	10
Faire une tentative de suicide	1	5	4	6	3	3
Recourir à la chirurgie esthétique	2	1	6	2	3	2
Vous rendre dans un pays d'Océanie (Australie, Polynésie...)	0	0	1	3	2	3
Avoir des relations homosexuelles	1	3	1	2	0,3	0

© Francoscopie/Sécodip

Les différences régionales sont assez marquées.
La région parisienne cumule les records d'expériences.

Les habitants de la région parisienne détiennent un certain nombre de records dont la plupart ne sont guère enviables. S'ils ont eu davantage que les autres l'occasion de manger un hamburger, prendre l'avion et voyager dans des pays éloignés, ils sont aussi beaucoup plus nombreux à s'être fait agresser ou cambrioler, à s'être battus, à avoir volé ou fait des chèques sans provision, à avoir eu des expériences sexuelles avec des personnes d'une autre race ou à avoir essayé des drogues.

Les autres régions ont aussi quelques spécificités. Le Nord compte le plus de gagnants à des jeux nationaux et de personnes ayant fait une dépression, mais le moins d'auteurs de chèques sans provisions ou de personnes ayant vécu à l'étranger, utilisé un ordinateur, eu un accident du travail ou de voiture. Le Sud-Ouest compte le moins de personnes ayant mangé un hamburger (tradition gastronomique oblige), été agressées, subi une dépression, pris des médicaments pour dormir ou fait une tentative de suicide. Mais c'est dans cette région que le plus de personnes ont essayé d'arrêter de fumer. C'est dans le Sud-Est que l'on trouve le plus de Français qui ont vécu hors de leur région d'origine, consulté une voyante et été infidèles, mais le moins d'héritiers.

Le nombre d'expériences vécues croît avec le niveau de revenu.

Les Français les plus aisés sont ceux qui ont connu le plus d'expériences de toutes natures. Les seules exceptions sont plutôt à leur avantage : 28 % se sont déjà fâchés avec quelqu'un de leur famille contre 36 % dans les catégories modestes ; 20 % ont connu le chômage contre 32 % ; 8 % ont fait des chèques sans provision contre 16 % ; 2 % ont tenté de mettre fin à leurs jours contre 6 %.

On peut expliquer cette corrélation par la relation de causalité entre l'argent dont dispose un individu et l'opportunité qu'il a de vivre certaines expériences, dans la mesure où celles-ci sont coûteuses. On n'est donc pas surpris de constater par exemple que 57 % des personnes aisées ont déjà mangé du caviar, contre 17 % des personnes aux revenus modestes. Mais le fait que 42 % des premières ont manifesté dans la rue contre 20 % des secondes, que 54 % ont déjà emprunté pour acheter un bien d'équipement contre 37 %, que 34 % ont déjà tenté de s'arrêter de fumer contre 24 % s'explique moins facilement. Il semble que les personnes concernées soient aussi les plus actives, les plus curieuses de sensations et de stimulations nouvelles. L'argent serait alors autant une cause qu'une conséquence de cet appétit de vivre.

L'expérience fait-elle le bonheur ?

On est tenté de rapprocher aussi les résultats précédents de ceux obtenus en matière de satisfaction. Sachant que les personnes qui sont les plus satisfaites de leur vie sont aussi celles qui ont connu le plus d'expériences, peut-on en conclure que la multiplication des expériences est un gage de bonheur ? La réponse, si elle existe, est sans doute infiniment plus complexe. Elle ne se laisse pas enfermer dans les syllogismes et les pourcentages ; chacun est libre de penser avec Henri de Régnier que « l'argent donne tout ce qui semble aux autres le bonheur » ou avec Bernard Grasset que « la réussite est une revanche sur le bonheur ».

TYPOLOGIE

Les Français peuvent être répartis en sept groupes distincts ayant chacun des caractéristiques relativement homogènes.

Le traitement informatique des 1 091 questionnaires reçus permet de regrouper ceux dont les auteurs ont répondu de façon proche aux différentes questions. On aboutit ainsi à une typologie comprenant sept groupes distincts. Chacun d'eux est identifié à la fois par ses caractéristiques socio-démographiques (sexe, âge, profession, région, type de commune, classe de revenu) et ses réponses particulières aux quatre questions posées (satisfaction, optimisme, appartenance, expériences).

GROUPE 1 : LES RÉGIONAUX TRANQUILLES

Composition. Forte majorité de femmes (68 %). Sur-représentation des plus de 35 ans, des retraités, des habitants du Sud-Est et des grandes villes. Personnes ayant plus souvent des revenus élevés que la moyenne de l'échantillon.

Satisfaction. Pas de particularité.

Optimisme. Pas de particularité.

Appartenance. Davantage à la région actuelle que les autres groupes (sauf groupe 4).

Expériences particulièrement fréquentes : soins (médecines douces, cures, somnifères).

Expériences particulièrement peu fréquentes : vie artistique (jouer d'un instrument, écrire des poèmes, se produire en public) ; accidents physiques (voiture, de travail) et hospitalisation.

GROUPE 2 : LES SATISFAITS

Composition. Forte majorité d'hommes (64 %). Poids important des moins de 24 ans, des professions intermédiaires, des inactifs, des habitants du Centre-Est et des communes rurales.

Satisfaction. Plus fréquemment satisfaits que les autres groupes de leur apparence physique, de leur santé, de leur instruction, de leur vie de famille, de l'évolution de la France, de l'Europe et du monde, de leur entreprise, de leurs loisirs et de leur vie.

Optimisme. Un peu plus fréquemment optimistes que les autres groupes (à l'exception du groupe 6) sur leur avenir personnel et celui de la France.

Appartenance. Pas de particularité.

Expériences particulièrement fréquentes : modernité (faire du ski, se servir d'un ordinateur, manger un hamburger).

Expériences particulièrement peu fréquentes : mobilité (prendre l'avion, voyager en Europe ou en Afrique, vivre à l'étranger ou hors de sa région).

GROUPE 3 : LES ENRACINÉS ACTIFS

Composition. Forte majorité d'hommes (72 %). Poids important des plus de 50 ans, des agriculteurs, des ouvriers et des retraités, des habitants des petites villes aux revenus moyens supérieurs.

Satisfaction. Plus fréquemment satisfaits que les autres groupes du temps dont ils disposent et de leur vie de famille.

Optimisme. Pas de particularité.

Appartenance. Beaucoup plus que les autres groupes à la région d'origine et à la France.

Expériences particulièrement fréquentes : mobilité (prendre l'avion, voyager en Europe ou en Afrique, vivre à l'étranger ou hors de sa région d'origine) ; accidents physiques (accident de voiture, de travail, hospitalisation) ; soins (médecines douces, cures, médicaments pour dormir).

Expériences particulièrement peu fréquentes : modernité (faire du ski, se servir d'un ordinateur, manger un hamburger).

GROUPE 4 : LES VULNÉRABLES

Composition. Majorité de femmes (61 %). Poids assez important des ouvriers et des habitants des communes rurales, aux revenus modestes.

Satisfaction. Plus fréquemment satisfaits que les autres groupes des programmes de télévision.

Optimisme. Pas de particularité.

Appartenance. Plus à la région actuelle que les autres groupes (sauf le groupe 1).

Expériences particulièrement fréquentes : problèmes matériels (être au chômage, emprunter, faire un chèque sans provision, faire un régime).

Expériences particulièrement peu fréquentes : modernité (faire du ski, se servir d'un ordinateur, manger un hamburger) ; mobilité (prendre l'avion, voyager en Europe ou en Afrique, vivre à l'étranger ou hors de sa région d'origine) ; accidents physiques (voiture, de travail) et hospitalisation.

GROUPE 5 : LES MONDIALISTES

Composition. Les « Parisiens ». Majorité d'hommes (54 %). Poids un peu plus élevé des 35-64 ans, des cadres, professions intellectuelles supérieures, professions intermédiaires et retraités. Très forte représentation des habitants de la région parisienne (40 %). Revenus aisés et moyens supérieurs.

Satisfaction. Plus fréquemment satisfait que les autres groupes de leur logement et de l'évolution des choses (France, Europe, monde).

Optimisme. Plus fréquemment optimiste que les autres groupes en ce qui concerne l'avenir de l'Europe, un peu plus en ce qui concerne l'avenir du monde.

Appartenance. Beaucoup plus que les autres groupes à l'Europe et au monde (sauf groupe 7).

Expériences particulièrement fréquentes : grands voyages (Asie, Océanie, Amérique).

Expériences particulièrement peu fréquentes : aucune.

GROUPE 6 : LES OPTIMISTES

Composition. Majorité d'hommes (61 %). Poids important des 15-24 ans, des professions intermédiaires et des inactifs. Forte représentation des habitants de l'Est (15 %) et des citadins (petites et grandes villes). Revenus aisés ou moyens, très rarement modestes.

Satisfaction. Plus fréquemment satisfaits que les membres des autres groupes de leur état de santé, de leur travail, de leur entreprise et de leur vie sociale.

Optimisme. Plus fréquemment optimiste que les autres groupes dans les quatre domaines cités.

Appartenance. Pas de particularité.

Expériences particulièrement fréquentes : jeux et médias (participer à un jeu radio ou télé, passer à la télévision) ; modernité (faire du ski, se servir d'un ordinateur, manger un hamburger). Homosexualité (avoir eu des relations homosexuelles).

Expériences particulièrement peu fréquentes : aucune.

GROUPE 7 : LES MALHEUREUX

Composition. Majorité de femmes (57 %). Poids important des 35-49 ans, des ouvriers et employés. Forte représentation des habitants de la région parisienne (26 %) et des grandes villes. Revenus modestes.

Satisfaction. Les moins satisfaits de tous les groupes dans 18 des 20 domaines cités, à l'exception de la vie politique française et de l'évolution de la France au cours des dernières années.

Optimisme. Plus fréquemment pessimistes que les autres groupes dans les quatre domaines cités.

Appartenance. Appartiennent beaucoup plus fréquemment au monde que les autres groupes (sauf groupe 5).

Expériences particulièrement fréquentes : dépression (tentative de suicide, dépression nerveuse, consulter une voyante) ; vie artistique (jouer d'un instrument, écrire des poèmes, se produire en public) ; ennuis (se faire cambrioler, se faire retirer son permis) ; accidents physiques (accident de voiture, de travail, hospitalisation).

Expériences particulièrement peu fréquentes : mobilité (prendre l'avion, voyager en Europe ou en Afrique, vivre à l'étranger ou hors de sa région d'origine).

FIN DE SIÈCLE
Les dix grandes tendances de la société française

1. LE TEMPS PARTAGÉ

Depuis le début du siècle, l'espérance de vie moyenne à la naissance s'est allongée de 26 ans. Parallèlement, la durée du travail a diminué de façon spectaculaire (8 ans seulement sur une vie d'homme moyenne de 73 ans) au profit du temps libre (21 ans). De sorte que les Français passent au cours de leur vie plus de temps devant la télévision qu'au travail ou, pour les jeunes, qu'à l'école. L'évolution technologique a par ailleurs transformé le rapport au temps, et par voie de conséquence à l'espace. Le « temps réel » a supprimé la durée et conféré à l'homme le don d'ubiquité (voir *La société du zapping*).

L'emploi du temps traditionnel de la vie (un temps pour apprendre, un pour travailler, un pour se reposer) ne correspond plus ni aux souhaits des individus ni aux nécessités économiques. Le temps futur devra donc être partagé, tant au niveau de la vie personnelle que de la vie collective. Il est intéressant à cet égard de constater le succès récent de la propriété à temps partagé (acquisition de périodes dans des résidences de vacances pouvant être échangées dans le temps et dans l'espace) qui succède à la multipropriété, invention française du début des années 60.

Le temps partagé annonce plus largement le temps du partage. Il ne concernera plus seulement le loisir, mais aussi le travail. Cette révolution du temps est l'un des fondements de la nouvelle civilisation à venir.

2. LE NOUVEAU MONDE

La rupture récente et brutale des anciens équilibres politiques, démographiques, économiques, culturels a donné aux Français une vision plus précise du monde, mais aussi plus inquiète. L'Europe a une géométrie et un avenir variables en fonction de l'actualité internationale. Les bouleversements dans les pays de l'Est et dans l'ex-URSS ont ainsi provoqué la découverte d'une autre Europe, oubliée depuis quarante ans. Le Marché unique de 1993 et le traité de Maastricht ont donné à la Communauté un cadre plus juridique que romantique. Dans un monde plein de menaces, elle n'apparaît pas encore comme un modèle, alors que le Japon, la Suède ou même l'Amérique ne le sont plus.

La conséquence est que seuls 5 % des Français ressentent aujourd'hui une appartenance d'abord européenne (47 % à la région, 37 % à la France et 9 % au monde). Pourtant, ce que l'on prend pour une peur de l'Europe n'est en fait qu'une peur de la France, un doute quant à sa capacité à trouver ou maintenir sa place dans le monde à venir.

3. L'ARGENT FLOU

Les années 80 ont marqué la fin du « péché capital ». Le culte de la réussite individuelle s'est développé en contrepoint à la crise. L'argent est devenu moins suspect, l'enrichissement plus acceptable dans certaines conditions.

Mais cette plus grande transparence a favorisé le voyeurisme. L'étalage des inégalités est devenu une source croissante de frustration. L'héritage culturel et religieux est à nouveau sensible dans les attitudes et les comportements. Une demande se fait jour de réconciliation entre l'argent et la morale. L'argent fou des années 80 est devenu l'argent flou.

Les Français préfèrent aujourd'hui accroître leur pouvoir d'achat plutôt que leur temps libre (60 % contre 40 %). Mais cela ne signifie pas que l'argent soit plus important que le temps. A l'inverse de la formule anglo-saxonne *(time is money)*, c'est aujourd'hui l'argent qui est du temps, car il permet d'en acheter par l'intermédiaire des services à domicile, des produits qui font gagner du temps.

La diagonale du flou

Le temps des certitudes confortables est révolu ; nous sommes entrés dans l'ère du flou. Partout, on assiste à la fin des découpages « binaires ». Ainsi, les différences traditionnelles entre homme et femme s'estompent ou disparaissent, qu'il s'agisse de la vie professionnelle, de la pratique des sports ou du bricolage, de la consommation de tabac ou de la répartition des tâches au sein du couple. On observe aussi une moindre différenciation entre adulte et enfant, entre garçon et fille, entre père et mère.
Le travail n'est plus le contraire du loisir (et réciproquement), le bien du mal, l'homme de l'animal (ce dernier étant parfois mieux considéré que le premier). En politique, la gauche et la droite ne sont plus opposées dans l'esprit des citoyens. Dans le domaine de l'habillement, la séparation entre tenues de ville et tenues de loisirs est de moins en moins nette (le « sportswear chic » peut être porté en presque toute occasion), de même que celle qui existait dans les achats entre les boutiques spécialisées et les grandes surfaces.
Les disparités intersociales tendent aussi à se réduire. La vie dans les régions tend à s'uniformiser en matière de divorce, modes de vie, opinions. C'est le cas aussi des comportements des différentes classes sociales en matière de consommation, d'équipement, de confort du logement, d'alimentation, ou d'éducation des enfants. On assiste d'ailleurs à une chasse de plus en plus apparente aux déviances par rapport à des normes sociales qui se font chaque jour plus autoritaires (interdiction de fumer dans les lieux publics, codes de conduite instaurés dans certaines entreprises, permis à points, etc.).
D'une manière générale, on observe une tendance croissante au mélange des genres, au *métissage*. Les mariages mixtes représentent 14 % des mariages contre 6 % en 1970 ; 15 % des enfants légitimes naissent d'au moins un parent étranger. L'art moderne (musique, sculpture, danse...) emprunte à d'autres cultures, d'autres pays, d'autres techniques.
Aujourd'hui, les Français veulent marier le socialisme avec le libéralisme, le devoir avec le plaisir, le jean avec la veste habillée, le cerveau droit avec le gauche, le *yin* avec le *yang*. Ce phénomène traduit la recherche, inconsciente et désespérée, d'une « autre » conception du monde et de la vie. Une sorte d'union sacrée entre masculin et féminin, individu et collectivité, d'où pourrait émerger un avenir meilleur.

4. LA SOCIÉTÉ HORIZONTALE

Après avoir été hiérarchiques, donc verticales, les structures des entreprises, de l'Etat ou de la famille tendent à devenir horizontales. L'entreprise fait davantage participer ses employés, les laboratoires de recherche créent des équipes pluridisciplinaires, l'Etat décentralise, la famille donne à la femme et aux enfants une plus large autonomie.
Mais c'est dans le domaine de la communication que l'évolution est la plus sensible, grâce au développement des *réseaux*. Par l'intermédiaire du téléphone, des ordinateurs, du Minitel ou du fax, reliés entre eux et aux banques de données, l'information circule entre les individus sans respecter une quelconque hiérarchie. Ce « maillage » transversal abolit les barrières de classe sociale, d'âge, de distance, de nationalité. Il répond à la fois aux souhaits des individus et à un souci général d'efficacité. Le succès des pin's ou celui des associations (surtout à vocation de défense) illustre cette volonté de se regrouper par affinité ou par intérêt. Ces réseaux modernes remplacent la religion, dont la vocation est (étymologiquement) de *relier* les gens.

5. LA SOCIÉTÉ CENTRIFUGE

Les systèmes de protection sociale ont retardé les effets de la crise ; ils ne les ont pas empêchés. C'est pourquoi on a vu se développer une nouvelle forme de pauvreté, conséquence des grandes mutations qui se sont opérées. Aujourd'hui, un travailleur sur dix n'a pas d'emploi ; un Français sur dix ne dispose pas d'un revenu suffisant pour vivre décemment. Le RMI, qui concerne 600 000 foyers et 1,3 million de personnes, n'a pas fondamentalement transformé cette situation. Il n'est pas indifférent de constater que 200 000 ménages sont surendettés, tandis qu'à l'autre extrémité de l'échelle sociale 200 000 sont concernés par l'ISF.
La société d'hier était *centripète* : elle s'efforçait d'intégrer la totalité de ses membres. Celle d'aujourd'hui est *centrifuge* : elle tend à exclure ceux qui ne parviennent pas à se maintenir dans le courant, parce qu'ils n'ont pas la santé, la formation, la culture ou les relations nécessaires. La société de communication est aussi une société d'*excommunication*.

Le résultat est une montée des frustrations dans l'ensemble des catégories sociales. Situés au 3e rang de la richesse parmi les peuples de la Communauté européenne, les Français n'occupent que le 10e rang de la satisfaction ! Ce mal de vivre se traduit par une hausse sensible des maux de société (nervosité, dépression, insomnie, mal de tête, fatigue, stress, atrophie du désir sexuel) ou de la consommation de drogue. Le confort matériel s'accompagne d'un inconfort moral grandissant. Une partie de cette angoisse est transférée sur les immigrés, les hommes politiques, l'Europe. Elle pourrait être la source de conflits entre jeunes et vieux, entre hommes et femmes, entre Français et étrangers.

On observe cependant que les Français ne cherchent pas la guerre civile, pas plus que la marginalisation ; la plupart souhaitent au contraire « rentrer dans le rang », s'intégrer à la société. La démonstration en a été donnée par les manifestations des lycéens et étudiants ; à l'inverse de leurs parents qui ont fait la révolution en Mai 68, eux ne veulent pas casser la société, mais obtenir simplement le droit d'y entrer et d'y jouer un rôle.

Transparence et légèreté

Lorsque des tendances semblables se développent dans différents domaines, c'est qu'elles témoignent d'une évolution majeure de l'ensemble de la société. Il en est ainsi de la *transparence* et de la *légèreté*.
La transparence est très présente en architecture, avec l'utilisation croissante des surfaces vitrées. On la retrouve dans le mobilier contemporain où le plexiglas a fait une apparition remarquée. La transparence financière est à l'ordre du jour dans les entreprises ou les partis politiques comme chez les particuliers en matière de revenu ou de patrimoine.
On rencontre un intérêt semblable pour la légèreté. Les produits alimentaires allégés (lait, chocolat, yaourt, sucre, etc.) et les régimes amincissants ont connu un développement rapide au cours des dernières années. Les vêtements tendent à devenir moins lourds, pour être plus confortables et affiner la silhouette. L'industrie utilise de plus en plus les matériaux légers (automobile aéronautique, etc.). On a même ôté de l'essence le plomb qu'elle contenait !
Ce double souci de transparence et de légèreté (deux notions d'ailleurs complémentaires) repose sans doute sur des raisons objectives (technologiques). Mais il témoigne aussi d'une volonté souvent inconsciente de rendre les objets, les idées et les gens moins sombres et moins lourds. Afin, sans doute, de compenser le poids du présent et l'opacité de l'avenir...

6. LA FIN DES CLASSES MOYENNES

Les mutations de ces vingt dernières années ont bouleversé la hiérarchie des professions. Les notables d'hier (médecins, enseignants, hommes politiques...) ont perdu une partie de la considération et des privilèges dont ils jouissaient. Les cadres ont dû se mettre à l'heure de l'efficacité. Certains métiers de production ou de service ont été revalorisés (plombier, restaurateur, boulanger, viticulteur, garagiste, kinésithérapeute...).

Cette recomposition professionnelle a bien sûr des incidences sur la hiérarchie sociale. La « classe moyenne », fruit de trente années de prospérité économique (1945-1975) est en train d'éclater. Elle a engendré vers le haut une sorte de *protectorat* composé de fonctionnaires, de certaines professions libérales, d'employés et cadres d'entreprises des secteurs non concurrentiels ; ceux-là ne connaissent pas les affres de la compétition professionnelle et vivent dans un monde protégé, presque irréel.

Au-dessus, plane toujours ce qu'il est convenu d'appeler « l'élite » de la nation, *Nomenklatura* à la française qui tient les rênes du pouvoir politique, économique, intellectuel, social. Ses membres sont patrons, cadres supérieurs, professions libérales, gros commerçants, mais aussi hommes politiques, responsables d'associations, syndicalistes, experts, journalistes, etc. Une aristocratie moderne qui ne se reconnaît plus par la naissance mais par la réussite, le pouvoir et l'argent.

Dans le même temps, on a assisté à la création vers le bas d'un *néo-prolétariat* aux conditions de vie de plus en plus précaires. On y trouve les « nouveaux pauvres », exclus de la vie professionnelle, culturelle, sociale et naufragés de la modernité.

Enfin, les autres Français appartiennent à une sorte de *néo-bourgeoisie*. Commerçants, petits patrons, employés ou même ouvriers qualifiés, ainsi que certains représentants des professions libérales en difficulté (médecins, architectes, avocats...), ils ont un pouvoir d'achat acceptable ou confortable, mais restent vulnérables à l'évolution de la conjoncture économique.

Partout, dans la société, les hiérarchies se transforment sous l'action des forces externes et internes. De nouvelles classes sociales se créent, qui commencent à se livrer de nouvelles luttes.

Décomposition-recomposition

Le phénomène de décomposition-recomposition qui touche les classes sociales peut être observé dans de nombreux autres domaines. C'est le cas par exemple du paysage *politique* : les partis traditionnels achèvent leur décomposition, laissant le champ libre aux deux seules véritables idéologies du moment, celles de l'écologie et de l'extrême droite. Il faudra encore un peu de patience aux rénovateurs, jeunes loups et autres « quadras » pour être en position d'inventer et de prendre en charge l'avenir de leurs partis.
Les autres institutions n'échappent pas à ce mouvement général. Même si ses effets ne se font pas encore sentir, le vent de la réforme commence à souffler sur l'école, l'Eglise, les administrations et les syndicats. Elles devront mettre en place des stratégies de reconquête de la crédibilité perdue, donner des gages de leur utilité ou de leur efficacité.
La recomposition est également apparente dans la *vie familiale*. Près de 2 millions de couples vivent en cohabitation, 30 % des naissances ont lieu en dehors du mariage. Les familles monoparentales (enfants vivant avec un seul de leurs parents), éclatées ou « mosaïque » (parents remariés vivant avec leurs enfants respectifs) se multiplient. Les ménages *biactifs* (l'homme et la femme travaillent) deviennent majoritaires, le nombre des *mono-ménages actifs* (une seule personne exerçant une activité) augmente fortement. La norme de la femme au foyer est remplacée par celle de la femme active.

7. LA SOCIÉTÉ DU ZAPPING

La télécommande est l'objet-symbole de cette fin de siècle. Avec le magnétoscope, elle a donné aux téléspectateurs un pouvoir sur les images, juste contrepoids à celui qu'elles exercent sur eux. Mais le phénomène du *zapping* ne concerne pas que la télévision. Il s'applique aussi à la consommation ; les Français sont de plus en plus nombreux à « zapper » d'un produit à un autre, d'un magasin à un autre, d'un comportement d'achat à un autre (cher/bon marché, luxe/bas de gamme, rationnel/irrationnel, boutique spécialisée/hypermarché...).

Les Français zappent aussi au cours de leur vie professionnelle, occupant des emplois successifs au gré des opportunités ou des obligations. Ils zappent dans leur vie affective et sociale, changeant d'amis, de relations, de partenaires ou d'époux en fonction des circonstances.

Ces nouveaux comportements sont motivés à la fois par la multiplication des choix et l'instabilité caractéristique de l'époque. Ils pourraient demain s'appliquer aux choix politiques et aux systèmes de valeurs, rendant la société française encore plus imprévisible et, sans doute, encore plus vulnérable.

Télécommande et civilisation

La télécommande est beaucoup plus qu'un simple gadget électronique. Le zapping qu'elle autorise résume à lui seul l'évolution récente des mœurs et des comportements ; on peut même penser (et, sans doute, craindre) qu'il préfigure la transformation prochaine de la civilisation.
Le zapping offre en effet, sans qu'on en soit vraiment conscient, la possibilité si longtemps rêvée de *l'ubiquité*. Grâce à la petite boîte noire, chacun peut successivement et alternativement être ici et ailleurs. C'est-à-dire partout à la fois, puisque le « transport » se fait à la vitesse de la lumière et n'a donc pas de durée perceptible. L'*instantanéité* ou « temps réel » est la condition temporelle de l'ubiquité, véritable voyage dans l'espace sans déplacement.
Le zappeur se trouve donc investi d'un *pouvoir* considérable, celui de choisir les images ou les sons qui lui parviennent, donc d'avoir indirectement un droit de vie et de mort sur ceux qui en sont les producteurs ou les diffuseurs. Il suffit de connaître les efforts et les sommes engagées par les médias pour mesurer les choix du public et tenter de le séduire pour se convaincre de la toute-puissance de celui-ci.
Un autre aspect essentiel de cette révolution à la fois technologique et sociologique est l'*immobilité* qu'elle autorise ; un seul mouvement du doigt (demain un mot ou, pourquoi pas, une pensée) et le téléviseur change de chaîne. On peut rapprocher ce constat de la prédiction du philosophe Paul Virilio selon lequel « l'inertie est l'horizon prioritaire de l'activité humaine » (*L'inertie polaire*, Christian Bourgois). Les objets ne seraient plus alors « nomades », selon l'expression de Jacques Attali, mais au contraire de plus en plus sédentaires, tout en étant largement ouverts sur le monde. On atteindrait alors un point limite qui peut être interprété, selon qu'on est optimiste ou pessimiste, comme le confort suprême (le degré zéro de la fatigue) ou la mort de l'humanité. Le fait qu'il existe une corrélation entre le mouvement et l'activité, tant physique que cérébrale, tendrait à accréditer la seconde idée...
Enfin, il est intéressant de constater que l'usage de ce nouveau pouvoir introduit une *discontinuité* dans les comportements. Le téléspectateur zappeur ne suit plus une émission en totalité ; il en regarde plusieurs en fonctionnant comme les ordinateurs multitâches en

« temps partagé ». Il collectionne, additionne des moments de chacune d'elles pris plus ou moins au hasard et reconstitue dans son cerveau ceux qui manquent. Il en résulte une vision « pointilliste » du monde, faite d'images vues et d'autres inventées ou recréées.

Cette façon de « voir » présente sans doute l'avantage de favoriser une certaine activité intellectuelle. Mais elle privilégie la superficialité au détriment de la profondeur, privilégie la connaissance fragmentaire par rapport à la compréhension globale.

La pratique télévisuelle du zapping implique une culture-mosaïque, constituée de petites touches éparses et floues, non reliées entre elles. Sa pratique généralisée dans les divers domaines de la vie risque de transformer les individus en multispécialistes incompétents et incapables de se situer dans leur environnement. Donc frustrés et malheureux.

8. LA VIE VIRTUELLE

Chaque jour, les Français sont exposés pendant six heures aux médias (dont 2 h 30 d'attention exclusive), soit une heure de plus en six ans (1985-1991). Les enfants lisent deux fois moins de journaux qu'en 1975 ; même la lecture des bandes dessinées a chuté au profit de l'audiovisuel (télévision, jeux vidéo). La médiatisation croissante des produits, entreprises, institutions, idées et personnages publics fait que l'image tient aujourd'hui lieu de réalité. Avec le développement des images de synthèse et l'avènement de la « réalité virtuelle », le monde s'est dématérialisé et la réalité est de plus en plus souvent « rêvée ». Le foyer devient une sorte de bulle stérile peuplée de « produits de distanciation » (télévision, téléphone, Minitel, ordinateur, fax...) qui permettent à chacun d'être relié au monde extérieur sans être en contact direct avec lui.

Le mythe du « voyage » se développe ; on y accède non seulement par les transports mais aussi par la drogue, les médias ou le jeu. Les loisirs qui se développent le plus (audiovisuel, jeux vidéo, parcs de loisirs, clubs de vacances...) cherchent d'ailleurs moins à simuler la réalité qu'à la transcender.

A défaut d'être à l'aise dans la « vraie » vie, les Français préfèrent la rêver. Beaucoup vivent leurs passions et une partie croissante de leur vie par procuration, confortablement installés devant leur poste de télévision.

9. LA FIN DE LA MODERNITÉ

Les risques liés au développement scientifique et technique ont remis en cause la notion de progrès. La « modernité » et son corollaire, l'innovation permanente, sont donc considérées avec une méfiance croissante. Une bonne illustration de ce malaise est donnée par le succès croissant de la dérision dans la société, tant dans l'humour qui prévaut (celui des *Inconnus*, des *Nuls* ou du *Bébête show*) que dans le vocabulaire et les comportements des jeunes. A un moment où les Français doutent de leur avenir, l'instinct de « conservation » les incite tout naturellement à se tourner vers le passé (voir encadré page suivante). Ce mythe grandissant du retour, véritable régression au sens psychanalytique, se traduit par la montée de l'écologie, le conservatisme dans les mœurs ou en politique, l'attachement aux animaux, le besoin de spiritualité et d'irrationnel, le goût pour l'histoire, la redécouverte de la culture.

Une autre conséquence notable est le changement de forme amorcé de la société de consommation. Les valeurs matérielles sont moins prioritaires, les besoins plus intériorisés, les comportements d'achat plus rationnels, les acheteurs moins fidèles. Le succès des produits, des vêtements, des sports ou des personnes est moins lié à la mode, donc à la modernité. Le consommateur n'existe plus ; il n'y a que des individus.

Cette fin de la modernité ne doit cependant pas être confondue avec celle de l'Histoire, promise par Fukuyama. Cette dernière n'est en effet que le constat d'échec récent des alternatives politiques et économiques au libéralisme démocratique. La fin de la modernité (parfois drôlement qualifiée de postmodernité) marque la fin de l'inconscience ou de la naïveté dans la conception du développement technologique. L'écologie, qui résume à elle seule ce mouvement de fond, est donc tout à la fois antimoderne et porteuse de l'avenir de l'humanité.

La fin de la modernité traduit aussi la fin de la confiance dans de nombreux domaines, les Français se sont sentis trompés par ceux à qui ils avaient délégué une part importante de leurs pouvoirs. La déception est particulièrement nette à l'égard des hommes et des partis politiques, mais elle concerne aussi les experts (économistes, savants, chercheurs...) qui n'ont pas su prévoir les grands chocs de ces dernières années (crise pétrolière, Tchernobyl, sida...), encore moins les prévenir.

L'instinct de « conservation »

La volonté de conserver les acquis est de plus en plus apparente chez les Français. Elle se manifeste lorsqu'ils s'opposent à la réforme (limitée) de l'orthographe ou à la modification de *la Marseillaise*. Elle anime les agriculteurs qui manifestent contre la politique agricole européenne, les transporteurs qui refusent le permis à points ou les enseignants qui rejettent inlassablement la mise à plat du système d'éducation. Elle explique les craintes à l'égard de l'identité culturelle de la France, que certains croient menacée par les immigrés ou le traité de Maastricht. Le souci de conserver a aussi modifié les rapports des Français avec l'argent, comme en témoignent le redémarrage récent de l'épargne, la méfiance nouvelle à l'égard du crédit ou les nouveaux comportements en matière de placements. Il est enfin visible dans les choix de dépenses des Français, qui achètent de plus en plus d'assurances de toutes sortes (5 % du budget des ménages en 1991, contre 3 % en 1979), se laissent séduire par des produits qui leur promettent santé et jeunesse, préfèrent les « voitures-bulles » (monospaces) aux modèles plus aventureux (4 X 4), les meubles anciens ou rustiques (71 % des logements) au design.
En 1988, la réélection de François Mitterrand n'a pu se faire qu'au prix d'une habile inversion idéologique ; la gauche est devenue conservatrice, alors que la droite, sans doute mal informée des attentes des Français, se voulait progressiste. Cet instinct de conservation est en fait un instinct de préservation, car c'est de la survie de l'espèce humaine qu'il s'agit. L'influence de l'écologie sur la société en est l'illustration. Le qualificatif « vert » est aujourd'hui revendiqué comme gage de morale et de vertu par les entreprises, les produits, la publicité ou le tourisme.

10. L'ÉGOLOGIE

Dans un monde dur et dangereux, l'individu est devenu peu à peu la valeur suprême. Celle qui commande toutes les autres. La volonté de vivre pour soi, en dehors de toute contrainte est un dénominateur commun. Cette évolution traduit à la fois la rupture avec le passé et l'angoisse du lendemain. L'intérêt que les Français portent à leur corps, la transformation des modes de vie à l'intérieur du couple et de la famille sont les conséquences directes et spectaculaires de ce mouvement « égologique ». Il s'agit là d'une forme plus noble et raisonnée que le simple individualisme. De nature philosophique, l'égologie pose en principe que la personne est prépondérante par rapport au groupe, sans pour autant nier l'importance de celui-ci. Elle porte en elle les germes d'une nouvelle civilisation et peut répondre au besoin actuel de morale et de vertu, tant à l'égard des partis politiques que des acteurs de la vie économique. Elle dénonce la corruption et rejette les valeurs matérialistes au profit de valeurs plus intérieures. Les héros des Français ne sont plus des entrepreneurs (Tapie, Lagardère...), mais des humanistes (l'abbé Pierre, le commandant Cousteau, le professeur Schwartzenberg...).

Aide-toi et le ciel t'aidera

Le développement de l'égologie coïncide avec la fin de l'Etat-providence. Le divorce des Français et des institutions est patent : la cote de popularité des hommes politiques est au plus bas ; 63 % des Français estimaient en 1991 que « le gouvernement est inefficace » ; 74 % considéraient l'Etat comme lointain. Les médias n'ont pas échappé à cette désaffection : 65 % des Français estiment que « on est pris pour des abrutis à la télévision ». Le mélange « info-intox » et les « reality shows » ont mis en évidence les faiblesses et les dangers de la soumission à l'Audimat.
La volonté croissante des Français de prendre en charge leur propre destin s'est déjà manifestée par des changements de comportement notables, qui ne sauraient être assimilés à un simple individualisme ou égocentrisme. Le mouvement a été favorisé par l'accroissement rapide de la solitude (célibataires, personnes âgées, divorcés). Aujourd'hui, 12 % des couples ont choisi de vivre en union libre. La proportion de naissances non désirées est trois fois moins élevée qu'en 1965 (l'usage de la pilule s'est généralisé et on compte un avortement pour cinq naissances). Les valeurs des jeunes sont centrées sur la sphère personnelle. Le recours à la capitalisation pour financer les retraites est de mieux en mieux accepté. Chacun s'efforce donc de gérer sa vie, qu'il s'agisse de son travail, de son argent ou de ses vacances. La cellule familiale se substitue aussi à l'Etat en matière de solidarité et devient une sorte de groupement d'intérêts communs ; à 22 ans, 60 % des garçons et 45 % des filles vivent encore chez leurs parents.
La contrepartie de ces efforts individuels est que les Français sont de plus en plus exigeants à l'égard des hommes politiques. Devant leur incapacité, ils ont d'ailleurs mis en place une véritable stratégie électorale en quatre étapes successives, imposant l'alternance en 1981, la cohabitation entre 1986 et 1988, l'ouverture en 1988 et la rénovation depuis 1989.

LES MOTS ET LES VALEURS

par Éric Stemmelen*

Les mots ne signifient pas uniquement les choses. Ils renvoient aussi à des valeurs et à des affects, à travers l'expérience vécue par chacun. A la simple évocation d'un mot, on peut éprouver des sentiments agréables ou désagréables. Cette charge affective varie selon les mentalités, les jugements et les expériences de chaque individu; elle dépend des « valeurs » qu'il défend. Ainsi, ceux qui apprécient les mots Poésie, Fleur ou Tendresse partagent une vision harmonieuse du monde, alors que ceux qui préfèrent Armure, Fusil et Muraille valorisent le conflit.

SÉMIOMÉTRIE

La sémiométrie consiste d'abord à recueillir la charge affective, positive ou négative, suscitée par un mot. A partir de cette méthode, la SOFRES développe en exclusivité une approche originale des études de communication et de marketing.

20 000 Français ont été interrogés sur leur appréciation de 210 mots-concepts.

L'étude réalisée avait pour objet de saisir en profondeur les différences d'attitudes et de sensibilités selon les clivages socio-démographiques usuels. Elle a nécessité l'interrogation d'un très large échantillon représentatif de la population française : 20 752 individus âgés de 15 ans et plus ont répondu au questionnaire sémiométrie en 1990 et 1991.

Ce questionnaire se compose de 210 mots-concepts fondamentaux qui permettent de cerner les préférences, les goûts, les valeurs. Cet ensemble a été constitué après plusieurs années de recherche, par une série d'enrichissements, puis d'opérations

de réduction. Les mots retenus sont à la fois *représentatifs* de la grande diversité des sens que l'homme peut percevoir, *sensibles* (assez fortement connotés pour ne pas provoquer l'indifférence), *non consensuels* (à l'inverse de mots tels que santé, bonheur, barbarie, souffrance) et *sémantiquement stables* (peu soumis aux effets de mode).

Les personnes interrogées ont noté, le plus spontanément possible, chacun des mots proposés en fonction de la sensation qu'ils leur inspiraient sur une échelle allant de *très agréable* à *très désagréable*. Le traitement mathématique (analyse en composantes principales) des milliers de réponses a fourni une carte, qui est une représentation simplifiée de **l'espace des valeurs** des Français, présentée ci-après.

Notons que l'on retrouve par le seul calcul statistique des voisinages logiques qui ne font que valider la méthode : *mariage* et *famille*, *patrie* et *discipline*, *inconnu* et *sauvage*, etc. Mais on met aussi en évidence des rapprochements moins attendus : *minceur* et *amitié*, *loi* et *industrie*, *ironie* et *orage*, etc. Au-delà du sens premier, la sémiométrie fournit les connotations des mots. Elle propose une structure globale qui révèle comment s'organisent les mots, comment ils se regroupent en valeurs et comment ces valeurs se positionnent entre elles.

Lecture de la carte

Les mots situés à la périphérie sont plus discriminants que ceux situés au centre du graphique.

Deux mots voisins ont reçu des réponses similaires et ont donc, pour les Français, des sens proches : par exemple, *souplesse* et *caresse*.

Deux mots diamétralement opposés évoquent au contraire des sens contradictoires : par exemple, *punir* et *caresse*.

---

* Directeur des études sémiométriques à la SOFRES.

L'ESPACE DES VALEURS

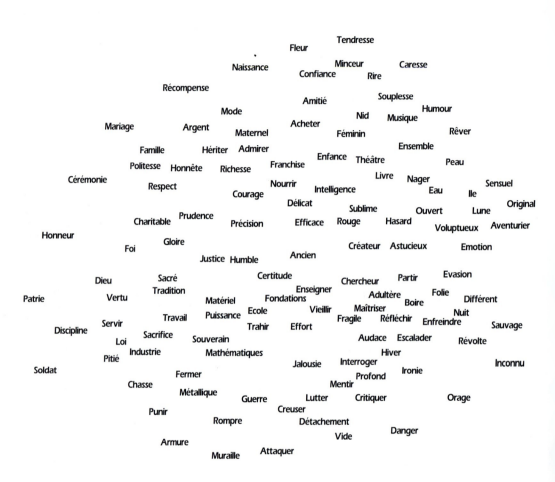

SYSTÈMES DE VALEURS

L'analyse des clivages de la société française a permis d'identifier cinq systèmes de valeurs. Ces systèmes apparaissent dans de multiples cas, que l'on considère des variables socio-démographiques comme l'âge, l'habitat ou le niveau d'instruction, ou des attitudes à l'égard d'institutions, de marques, de produits, de services. Trois systèmes de valeurs restent majoritairement partagés par les Français. Ce sont eux qui assuraient et assurent encore la cohésion sociale : **la Communauté, l'Autorité, l'Action**. Deux autres systèmes de valeurs, même s'ils touchent plutôt des minorités, s'inscrivent dans un courant très fort, dans l'ensemble du monde occidental, de désir d'épanouissement personnel : **la Singularité, le Plaisir**. Comment se structurent, s'organisent ces valeurs ?

La Communauté est caractérisée par le sens d'appartenance, le goût de la possession matérielle et des vertus collectives.

Ces valeurs regroupent le sentiment d'appartenance (un fort attachement aux êtres et, spécifiquement, au noyau familial), la possession matérielle, l'attachement aux choses, l'intérêt pour les objets, les biens et les vertus collectives, le respect d'autrui, voire l'amour du prochain.

Elles ont des racines historiques profondes que l'on retrouve encore largement chez les habitants des campagnes, des bourgs, des petites villes de province. Elles restent fortement exprimées par les catégories sociales et les niveaux d'instruction les moins élevés à commencer par les ouvriers et employés.

L'Autorité est caractérisée par le besoin d'ordre.

Le principe d'autorité se décline sur deux modes : l'ordre transcendant (l'intériorisation des règles supposant l'existence d'un principe supérieur) et l'ordre social (régulation normative du fonctionnement de la société). Il touche naturellement les personnes les plus âgées, dès 45 ans pour les femmes, à partir de 50 ans pour les hommes. Il est aussi plus répandu lorsque le niveau d'instruction est faible ou moyen et auprès des professions de l'ordre économique ancien : paysans, artisans et commerçants.

L'Action est caractérisée par le pragmatisme, la volonté de puissance et le goût du conflit.

Ce système de valeurs se traduit par des attitudes de pragmatisme, de volonté de puissance, voire de conflit. Le pragmatisme est plutôt le fait des plus âgés alors que la volonté de puissance s'exprime chez les jeunes (ainsi que chez les femmes d'environ 40 ans). Le conflit est accepté par les hommes et repoussé par les femmes. Les valeurs d'action sont moins répandues chez les cadres et les habitants des grandes agglomérations que dans le reste de la population française.

La Singularité est caractérisée par le besoin de rupture, le détachement critique et la volonté de différenciation.

L'expression individuelle de la personnalité peut aller de la simple différenciation (ouverture d'esprit, tolérance et originalité) jusqu'à la rupture (refus et contestation systématique), en passant par le détachement critique (mise à distance intellectualisée).

Cette attitude est caractéristique en général des jeunes et des urbains, avec une plus forte tendance à la rupture parmi les jeunes hommes et les habitants de grandes métropoles régionales comme Lyon et Marseille (mais pas Toulouse ou Lille).

La singularité et, plus encore, la distanciation, distinguent clairement les diplômés du supérieur (et donc les cadres) des autres niveaux d'instruction.

Le Plaisir est caractérisé par la recherche de sensations, de rêve, de sublimation.

C'est une aspiration à la liberté naturelle et à l'harmonie entre les êtres et avec le monde. Le plaisir peut passer par les sensations (de l'émotion à la sensualité), par le rêve idéaliste (une vision pacifiée et équilibrée du monde) ou par la sublimation culturelle (un plaisir plus intellectualisé).

Les sensations sont plutôt recherchées par les hommes de 25 à 50 ans et les femmes de 15 à 45 ans, plus spécialement dans les grandes villes. Le rêve idéaliste est une valeur montante en ce début des années 90 : particulièrement prôné par les jeunes femmes, il envahit peu à peu tout le corps social. La sublimation culturelle est une valeur caractéristique des hauts diplômés, qui est aussi plus féminine que masculine, et plus parisienne que provinciale.

LA VIE DANS LES RÉGIONS

POPULATION

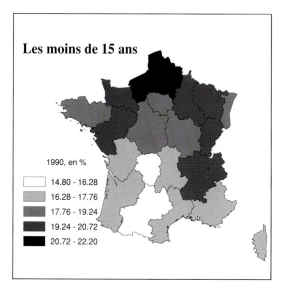

Les moins de 15 ans
1990, en %
- 14.80 - 16.28
- 16.28 - 17.76
- 17.76 - 19.24
- 19.24 - 20.72
- 20.72 - 22.20

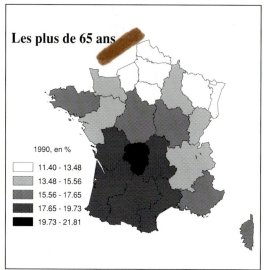

Les plus de 65 ans
1990, en %
- 11.40 - 13.48
- 13.48 - 15.56
- 15.56 - 17.65
- 17.65 - 19.73
- 19.73 - 21.81

	Population 1990 (milliers)	Part de la pop. totale (%)	Part moins de 15 ans (%)	Part plus de 65 ans (%)	Proportion étrangers 1975	Proportion étrangers 1990	Espérance de vie hommes 1990	Espérance de vie femmes 1990
Alsace	1 624	2,9	19,1	12,7	7,0	7,8	71,6	79,7
Aquitaine	2 796	4,9	16,9	17,9	4,5	4,1	73,4	81,1
Auvergne	1 321	2,3	16,7	17,7	4,8	4,0	72,0	80,9
Bourgogne	1 610	2,8	18,2	17,4	5,7	5,1	72,5	81,0
Bretagne	2 796	4,9	18,9	16,2	0,6	0,9	71,1	80,4
Centre	2 371	4,2	18,8	16,5	4,5	5,0	73,4	81,3
Champagne-Ardenne	1 348	2,4	20,1	14,0	5,3	4,8	71,7	80,2
Corse	250	0,4	17,0	17,5	13,3	9,9	72,2	80,5
Franche-Comté	1 097	1,9	19,9	14,2	7,0	6,3	72,9	80,7
Ile-de-France	10 661	18,8	19,2	11,4	11,7	12,9	73,2	80,9
Languedoc-Roussillon	2 115	3,7	17,1	18,5	8,0	6,3	73,5	81,0
Limousin	723	1,3	14,8	21,8	2,6	2,9	73,2	81,2
Lorraine	2 306	4,1	19,9	13,2	8,2	6,6	71,7	79,9
Midi-Pyrénées	2 431	4,3	16,2	18,3	5,5	4,3	74,5	81,5
Nord-Pas-de-Calais	3 965	7,0	22,2	12,6	5,2	4,2	69,7	78,8
Basse-Normandie	1 391	2,5	20,0	15,0	1,3	1,6	72,2	80,8
Haute-Normandie	1 737	3,1	21,1	13,1	2,8	3,3	71,5	80,4
Pays de la Loire	3 059	5,4	20,3	14,7	1,1	1,4	73,0	81,4
Picardie	1 811	3,2	21,3	12,9	4,4	4,2	71,1	79,6
Poitou-Charentes	1 595	2,8	17,6	18,2	1,5	1,6	74,0	81,7
Provence-Alpes-Côte d'Azur	4 258	7,5	17,5	17,5	8,5	7,0	73,0	81,0
Rhône-Alpes	5 351	9,5	19,5	13,7	9,3	7,9	73,4	81,4
FRANCE	**56 615**	**100,0**	**19,0**	**14,8**	**6,6**	**6,3**	**72,6**	**80,8**

INSEE

FAMILLE

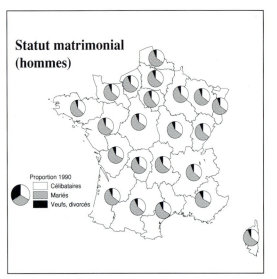

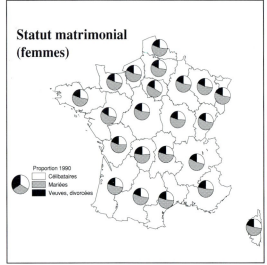

	Hommes 1990 (%)			Femmes 1990 (%)			Taux nup- tialité /10 000 hab. 1989	Taux natalité /1 000 hab. 1989	Taux divorce /10 000 hab. 1989
	Céliba- taires	Mariés	Veufs, divor- cés	Céliba- taires	Mariées	Veuves, divor- cées			
Alsace	35,0	58,9	6,1	27,5	54,4	18,1	56,5	14,0	20,8
Aquitaine	34,9	57,9	7,2	27,0	52,7	20,3	47,7	11,3	19,0
Auvergne	35,8	57,2	7,1	26,6	53,0	20,5	44,8	10,6	16,0
Bourgogne	34,3	58,6	7,1	25,7	54,4	19,9	48,8	12,3	16,1
Bretagne	36,6	57,8	5,7	27,6	53,1	19,3	47,2	12,5	13,2
Centre	34,0	59,1	6,9	26,2	55,4	18,4	47,7	12,5	16,1
Champagne-Ardenne	35,6	57,5	6,8	27,3	54,1	18,6	49,8	13,9	18,6
Corse	34,9	58,2	6,9	27,3	52,4	20,3	45,2	12,2	19,0
Franche-Comté	36,0	57,4	6,6	27,7	54,5	17,8	52,0	13,1	17,8
Ile-de-France	38,4	55,0	6,6	33,4	48,7	17,9	48,4	15,8	21,3
Languedoc-Roussillon	33,3	59,1	7,6	26,2	53,6	20,2	49,5	12,0	18,9
Limousin	33,9	58,7	7,3	23,9	53,7	22,4	41,2	9,4	15,7
Lorraine	35,0	58,9	6,1	26,8	54,9	18,3	52,4	13,6	14,8
Midi-Pyrénées	36,0	57,0	7,1	27,7	52,9	19,4	46,4	11,1	17,1
Nord-Pas-de-Calais	34,1	59,3	6,6	26,8	54,1	19,1	53,5	15,4	18,6
Basse-Normandie	35,8	57,9	6,3	28,0	53,5	18,6	52,1	13,6	15,3
Haute-Normandie	34,8	58,6	6,6	27,7	54,2	18,1	50,6	14,7	18,2
Pays de la Loire	34,6	59,7	5,7	27,9	55,3	16,8	48,2	13,1	15,0
Picardie	35,0	58,2	6,8	27,1	55,1	17,8	51,0	14,5	17,2
Poitou-Charentes	32,9	59,9	7,2	25,0	56,0	19,0	49,5	11,4	15,6
Provence-Alpes-Côte d'Azur	32,5	59,4	8,0	25,9	52,5	21,6	52,5	12,9	24,1
Rhône-Alpes	36,0	57,6	6,4	29,0	53,2	17,8	49,8	13,7	17,9
FRANCE	**35,4**	**57,8**	**6,7**	**28,3**	**52,9**	**18,9**	**49,6**	**13,5**	**18,4**

LOGEMENT

Propriétaires

Voir proportions ci-dessous

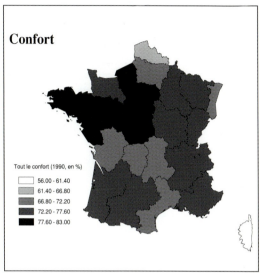

Confort

Tout le confort (1990, en %)
- 56.00 - 61.40
- 61.40 - 66.80
- 66.80 - 72.20
- 72.20 - 77.60
- 77.60 - 83.00

	Propriétaires (%)		Tout le confort* (%)		Taux d'équipement 1989 (%)			
	1982	1990	1982	1990	Voiture	Lave-linge	Lave-vaisselle	TV couleur
Alsace	49,5	53,0	57,8	69,5	74,0	85,9	24,4	84,2
Aquitaine	55,0	58,8	58,8	73,9	82,0	88,9	33,3	85,6
Auvergne	56,0	59,6	58,9	70,9	76,7	87,4	29,7	78,9
Bourgogne	54,7	58,9	60,6	72,6	74,2	88,9	22,5	78,0
Bretagne	63,7	65,2	67,1	80,2	78,4	85,4	25,0	82,1
Centre	57,0	60,4	67,4	79,5	80,7	88,7	28,7	83,4
Champagne-Ardenne	50,5	54,1	63,3	74,8	77,0	87,7	26,4	85,9
Corse	52,9	53,9	40,2	56,0	74,6	-	-	-
Franche-Comté	52,4	56,2	62,8	74,8	74,9	92,5	21,3	79,9
Ile-de-France	38,8	42,9	71,9	83,3	67,6	82,0	29,0	84,8
Languedoc-Roussillon	55,1	58,2	51,7	67,8	79,0	89,1	28,4	86,2
Limousin	57,9	61,0	59,3	71,8	76,5	86,9	25,7	81,4
Lorraine	49,7	54,7	60,8	73,8	73,1	92,1	20,5	85,1
Midi-Pyrénées	59,0	60,9	60,1	73,6	76,8	84,9	33,0	80,4
Nord-Pas-de-Calais	50,9	55,4	46,9	62,4	63,5	85,9	18,7	85,9
Basse-Normandie	50,9	54,7	58,9	72,7	78,0	86,9	29,3	80,3
Haute-Normandie	48,8	53,0	66,4	78,0	77,5	91,4	30,3	88,0
Pays de la Loire	60,2	62,3	68,0	81,9	81,5	89,0	35,0	82,6
Picardie	57,0	61,4	56,9	69,7	79,4	93,9	35,6	88,7
Poitou-Charentes	61,8	64,7	56,4	71,5	80,4	87,2	27,4	74,9
Provence-Alpes-Côte d'Azur	46,0	51,0	61,0	74,4	74,4	86,7	31,3	87,8
Rhône-Alpes	48,9	52,8	63,5	76,4	80,1	88,7	31,4	86,3
FRANCE	**50,6**	**54,4**	**62,6**	**75,6**	**75,0**	**87,0**	**28,4**	**84,2**

* W-C intérieurs, baignoire ou douche, chauffage central.

TRAVAIL

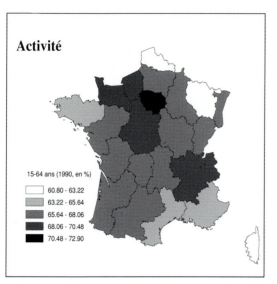

Activité — 15-64 ans (1990, en %)
- 60.80 - 63.22
- 63.22 - 65.64
- 65.64 - 68.06
- 68.06 - 70.48
- 70.48 - 72.90

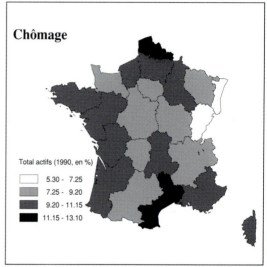

Chômage — Total actifs (1990, en %)
- 5.30 - 7.25
- 7.25 - 9.20
- 9.20 - 11.15
- 11.15 - 13.10

	Activité 1990 (%)			Chômage 1990 (%)			
	Hommes (/15-64 ans)	Femmes (/15-64 ans)	Etrangers (/pop. totale)	Hommes	Femmes	Part - 25 ans	+ 1 an ancienneté
Alsace	77,8	57,5	42,3	4,5	7,6	28,2	23,7
Aquitaine	75,3	59,1	40,6	8,8	15,1	27,4	29,9
Auvergne	74,7	58,3	43,7	8,4	14,1	29,2	34,5
Bourgogne	75,4	59,1	41,8	6,9	12,7	29,1	29,3
Bretagne	72,6	58,4	42,7	8,9	13,8	29,5	32,5
Centre	77,2	61,9	43,6	6,9	11,9	29,3	29,1
Champagne-Ardenne	76,6	58,2	40,8	8,1	13,6	31,0	30,5
Corse	74,2	46,7	47,5	9,6	16,1	26,0	26,8
Franche-Comté	75,6	57,5	39,4	5,9	11,4	31,1	24,9
Ile-de-France	79,5	66,4	52,7	8,2	8,6	18,5	29,3
Languedoc-Roussillon	73,5	54,1	37,3	13,1	18,3	26,4	30,4
Limousin	74,5	60,7	42,0	6,9	11,8	28,5	31,3
Lorraine	72,4	52,0	34,7	7,2	12,3	30,7	28,6
Midi-Pyrénées	74,4	58,6	37,7	7,7	13,2	27,1	30,5
Nord-Pas-de-Calais	71,5	50,6	34,9	11,9	16,6	30,7	33,1
Basse-Normandie	75,7	60,5	37,5	8,5	13,0	32,2	30,6
Haute-Normandie	77,1	59,8	41,2	9,9	15,4	30,4	34,7
Pays de la Loire	75,0	59,8	42,5	8,6	14,5	31,6	34,3
Picardie	76,4	57,4	40,9	8,5	14,1	30,5	30,9
Poitou-Charentes	75,3	58,8	43,4	8,9	15,1	30,2	33,6
Provence-Alpes-Côte d'Azur	75,8	55,6	41,8	11,5	14,7	24,2	27,3
Rhône-Alpes	77,0	59,8	43,9	6,8	11,1	27,9	25,2
FRANCE	**76,0**	**59,2**	**45,4**	**8,6**	**12,5**	**27,0**	**30,1**

REVENUS - LOISIRS

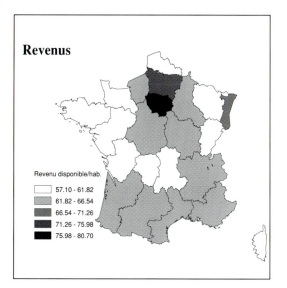

Revenus

Revenu disponible/hab.
- 57.10 - 61.82
- 61.82 - 66.54
- 66.54 - 71.26
- 71.26 - 75.98
- 75.98 - 80.70

Vacances (été 1990)

Voir taux de départ ci-dessous

	Revenus (000 F)		Loisirs				
	Salaire moyen net 1988	R. disp. brut /hab. 1987	Départs vacances été 1990 (%)	Départs vacances hiver 1989-90 (%)	Cinéma (entrées 1989 /hab.)	Chasse (permis 1989 /100 hab.)	Pêche (taxes 1989 /100 hab.)
Alsace	89,7	68,8	46,0	17,5	1,9	0,6	3,4
Aquitaine	87,2	65,9	45,1	19,8	1,6	7,1	4,6
Auvergne	83,2	61,0	48,2	26,5	1,5	4,6	7,2
Bourgogne	84,6	63,4	48,6	20,5	1,4	3,8	7,5
Bretagne	83,5	61,4	47,6	19,2	1,7	2,6	2,7
Centre	86,1	64,2	56,4	26,8	1,4	5,7	5,1
Champagne-Ardenne	85,5	63,2	53,2	31,2	1,4	3,6	5,4
Corse	81,4	58,7	-	-	1,2	7,4	2,5
Franche-Comté	82,4	58,3	43,9	23,5	1,5	3,1	6,0
Ile-de-France	116,9	80,8	74,0	45,6	3,8	0,7	0,9
Languedoc-Roussillon	84,9	63,2	46,4	21,5	1,9	4,8	3,8
Limousin	81,8	60,6	55,4	29,4	1,4	5,7	8,4
Lorraine	86,2	61,3	39,7	16,9	1,4	1,3	3,8
Midi-Pyrénées	86,5	63,7	54,2	30,1	1,8	5,2	6,5
Nord-Pas-de-Calais	86,5	57,2	48,9	15,5	1,2	1,9	2,2
Basse-Normandie	81,9	59,9	40,8	17,2	1,6	4,5	3,3
Haute-Normandie	89,0	62,7	45,8	21,1	1,4	2,7	1,6
Pays de la Loire	84,1	59,7	64,3	26,1	1,7	3,3	4,5
Picardie	88,7	57,1	48,2	25,9	1,1	3,8	4,0
Poitou-Charentes	82,7	61,0	41,6	15,7	1,5	6,3	5,9
Provence-Alpes-Côte d'Azur	92,3	66,1	50,6	24,3	2,3	2,9	1,9
Rhône-Alpes	93,0	65,0	63,3	26,4	2,4	2,5	3,5
FRANCE	**94,4**	**65,9**	**55,1**	**26,7**	**2,1**	**3,1**	**3,5**

LA VRAIE CARTE DES RÉGIONS

Comment faire apparaître sur une carte les ressemblances et les différences de modes de vie des Français ? Les 22 régions de la France métropolitaine reflètent plus un découpage à vocation administrative (elles ont été créées en 1960 en vue de l'application des plans régionaux de développement économique et social et d'aménagement du territoire) qu'un véritable reflet des modes de vie actuels. Mais il est intéressant de chercher à les regrouper selon la plus ou moins grande proximité de leurs caractéristiques et de celles de leurs habitants. C'est ce que nous avons fait en traitant par des programmes informatiques de recherche appropriés un ensemble d'informations régionales.

TYPOLOGIE RÉGIONALE

Les 22 régions françaises métropolitaines ont été comparées à travers 30 variables.

Les régions d'Outre-Mer n'ont pu être intégrées, du fait de l'absence de certaines informations. Les données utilisées sont celles publiées par l'INSEE. Les critères sélectionnés concernent les aspects démographiques et économiques :

Variables démographiques

- Densité de population.
- Répartition par tranche d'âge (0-14 ans ; plus de 65 ans).
- Proportion de personnes célibataires (hommes ; femmes).
- Proportion de personnes mariées (hommes ; femmes).
- Proportion d'étrangers.
- Taux de natalité.
- Taux de mortalité.
- Taux de nuptialité.
- Taux de divorce.
- Proportion de non-diplômés.
- Taux de délinquance.

Variables économiques

- Proportion d'agriculteurs dans la population.
- Proportion de cadres.
- Proportion d'ouvriers.
- Proportion d'inactifs.
- Taux d'activité.
- Taux de chômage global.
- Taux de chômage des moins de 25 ans.
- Immatriculations de tracteurs neufs (pour 1 000 ha de surface agricole utile).
- Surface de vente d'hypermarchés (en m^2 pour 1 000 habitants).
- Densité de personnels médicaux (pour 10 000 habitants).
- Revenu disponible brut (par habitant).
- Equipement téléphonique (pour 1 000 habitants).
- Proportion de logements équipés de tout le confort.
- Proportion de ménages équipés d'automobiles.
- Proportion de ménages équipés d'un lave-vaisselle.
- Montant moyen de l'ISF (par habitant).

Méthodologie

L'analyse statistique des informations régionales a été effectuée par la société MIS (Marketing informatique et statistiques) dirigée par Marc Olive. La typologie a été réalisée à l'aide du logiciel spécialisé *Express* ; des analyses préalables en composantes principales et des analyses factorielles ont permis de bâtir une typologie qui regroupe les 22 régions françaises en zones présentant la plus grande proximité possible au sein de chacune d'elles.

Les 22 régions se répartissent en 5 zones homogènes.

Chaque zone regroupe les régions ayant le plus de caractéristiques communes par rapport à l'ensemble des variables utilisées. Le premier ensei-

LA VRAIE CARTE DES RÉGIONS | 45

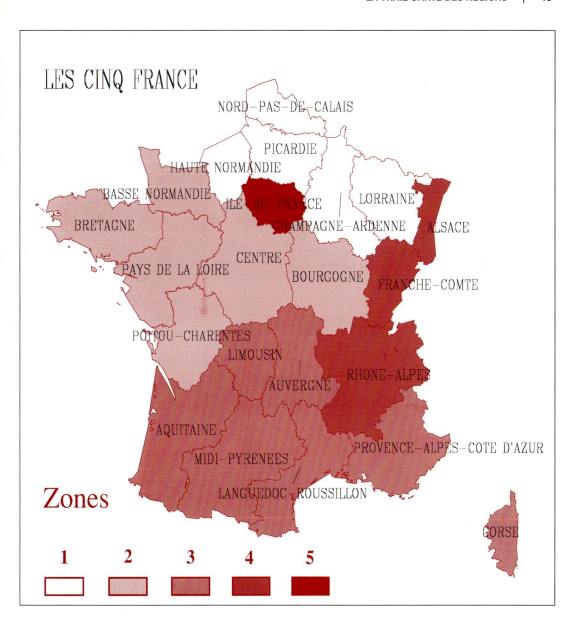

gnement de la carte ainsi obtenue est que les zones sont *continues*, c'est-à-dire qu'elles comportent des régions adjacentes. Cela signifie que la proximité géographique a produit, au fil de l'histoire, des attitudes et des comportements proches. Il apparaît donc que la diffusion des mentalités et des modes de vie reste fortement liée à la notion de voisinage.

L'essor des télécommunications, la multiplication des échanges (économiques, touristiques) et la mobilité des Français n'ont pas, comme on pourrait le croire, transformé ou uniformisé les situations régionales. Certaines évolutions récentes permettent même de penser que l'identité régionale tend au contraire à se renforcer.

DESCRIPTION

Chacune des cinq zones est définie par les départements qui la composent et ses caractéristiques économiques et démographiques.

Il faut noter que les « frontières » entre les zones ne correspondent pas obligatoirement à des ruptures entre les régions qu'elles séparent. Il est probable qu'elles auraient été légèrement différentes si le traitement statistique avait pu être réalisé au niveau des départements plutôt qu'à celui des régions administratives. Il n'est donc pas possible, pour cette raison, de risquer un commentaire historique et culturel sur le découpage obtenu.

Le Nord

Composition. 5 régions : Nord-Pas-de-Calais, Picardie, Haute-Normandie, Champagne-Ardennes, Lorraine.

Caractéristiques. Forte proportion d'ouvriers et d'inactifs. Faible proportion d'agriculteurs. Population jeune. Très fort taux de chômage. Très faible taux d'équipement téléphonique et de personnel médical.

Le Centre-Ouest

Composition. 6 régions : Basse-Normandie, Bretagne, Pays de Loire, Poitou-Charentes, Centre, Bourgogne.

Caractéristiques. Forte proportion d'agriculteurs, de voitures. Très faible proportion d'étrangers, faible densité de population. Faible taux de divorce. Très faible taux de criminalité.

L'Est

Composition. 3 régions : Alsace, Franche-Comté, Rhône-Alpes.

Caractéristiques. Forte proportion d'ouvriers, d'hommes et de femmes célibataires, d'étrangers. Faible taux de chômage. Mécanisation agricole développée.

Le Centre-Sud

Composition. 6 régions : Aquitaine, Limousin, Midi-Pyrénées, Auvergne, Languedoc-Roussillon, Provence-Alpes-Côte d'Azur.

Caractéristiques. Forte proportion de personnes âgées et de non-diplômés. Fort taux d'équipement en lave-vaisselle (mais faible confort global). Faibles taux d'activité, de natalité et de nuptialité. Taux de mortalité élevé.

L'Ile-de-France

Les caractéristiques particulières de l'Ile-de-France, tant économiques que démographiques, en font une région à part. C'est là que l'on trouve le moins d'agriculteurs, d'ouvriers, d'inactifs, de personnes âgées, d'hypermarchés, de non-diplômés, de voitures, de jeunes chômeurs et le plus faible taux de mortalité. C'est en Ile-de-France que l'on trouve au contraire le plus de cadres, de femmes célibataires, d'étrangers, de divorcés, de téléphones, de confort dans les logements, de délinquance et de personnels médicaux. C'est là enfin que les revenus disponibles sont les plus élevés.

LA FRANCE DANS L'EUROPE

A l'aube du Grand Marché unique de 1993, il est intéressant d'évaluer le poids de la France dans la Communauté européenne, en matière démographique ou économique. Les chiffres qui suivent fournissent également des points de comparaison des modes de vie des Français par rapport à ceux de leurs voisins.

POIDS

La part de la France dans la CEE se situe généralement aux environs de 20 %. Elle varie cependant selon les domaines considérés. Ainsi, la France représente 23,2 % de la superficie de la CEE mais seulement 16,4 % de la population, 17,9 % des moins de 15 ans mais 15,7 % des 65 ans et plus (voir graphique ci-dessous).

Sur le plan économique, la France fait partie des pays les plus développés de la Communauté.

A bien des égards, la France est à ranger parmi les pays du Nord de la CEE, les plus développés, avec le Danemark, la Grande-Bretagne, les Pays-Bas, la Belgique, le Luxembourg et l'Allemagne. Elle se situe en général au-dessus de la moyenne communautaire pour tous les indicateurs liés à la richesse. C'est le cas par exemple du PIB par habitant (18 700 unités standard de pouvoir d'achat en 1991, contre 17 200), de l'équipement en téléphones (456 pour 1 000 habitants contre 395) ou en voitures (475 pour 1 000 habitants contre 394), des dépenses de recherche-développement (2,3 % du PIB contre 1,0) ou encore de la consommation annuelle d'électricité (1 638 kWh par habitant contre 1 283).

Un cinquième de la Communauté

Poids de la France dans la CEE (en % de l'ensemble de la CEE, ex-RDA comprise, année 1989 ou la plus proche) :

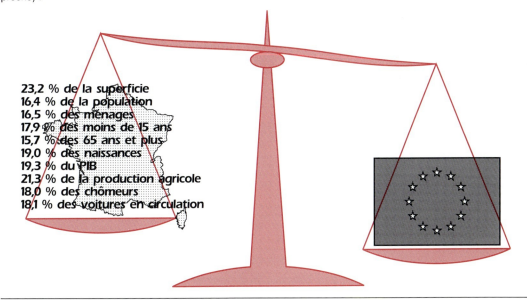

23,2 % de la superficie
16,4 % de la population
16,5 % des ménages
17,9 % des moins de 15 ans
15,7 % des 65 ans et plus
19,0 % des naissances
19,3 % du PIB
21,3 % de la production agricole
18,0 % des chômeurs
18,1 % des voitures en circulation

Eurostat

LES FRANÇAIS DANS LA COMMUNAUTÉ

Comparaison des indicateurs de modes de vie dans les douze pays de la CEE (dernière année disponible*) :

	Belgique	Danemark	Espagne	FRANCE	Grèce	Irlande	Italie	Luxembourg	Pays-Bas	Portugal	RFA*	Roy.-Uni
DÉMOGRAPHIE												
Population (millions)	9,9	5,1	38,9	56,2	10,0	3,5	57,6	0,38	14,9	10,3	62	57,2
Densité (hab./km^2)	323	119	76	101	75	51	190	141	352	110	246	232
Moins de 15 ans (%)	18,2	17,5	21,6	20,4	20,1	28,2	15,0	17,2	18,4	21,3	14,6	18,9
65 ans et plus (%)	14,5	15,4	12,6	13,6	13,6	11,1	14,8	13,4	12,6	12,7	15,3	15,5
Espérance de vie - H (ans)	70,0	71,8	73,1	72,5	72,6	71,0	72,6	70,6	73,7	70,7	71,8	72,4
Espérance de vie - F (ans)	76,8	77,7	79,6	80,7	77,6	76,7	79,1	77,9	80,0	77,6	78,4	78,1
Mortalité infantile (‰)	8,6	7,5	8,3	7,4	9,9	7,6	8,8	9,9	6,8	12,2	7,5	8,4
Mariages (/1 000 hab.)	6,4	6,0	5,6	5,0	6,1	5,0	5,4	5,8	6,1	7,1	6,4	6,9
Divorces (/1 000 hab.)	2,0	2,9	0,5	1,9	0,6	0	0,5	2,3	1,9	0,9	2,1	2,6
Taux de fécondité	1,58	1,62	1,30	1,81	1,50	2,11	1,29	1,52	1,55	1,50	1,39	1,85
Enfants illégitimes (%)	11,0	45,0	10,0	28,4	2,1	12,6	6,1	11,8	10,7	14,5	10,3	26,6
Ménages d'1 personne (%)	24	57	10	27	16	19	21	23	26	12	34	24
Ménages de 5 pers. + (%)	9	2	25	10	13	29	10	10	9	19	6	9
ARGENT												
Revenus salariés (écus)	22677	22368	15237	22815	9 117	17342	20176	22172	24318	6 025	23690	16415
Prélèvements oblig. (% PIB)	42,6	52,2	33,4	44,4	33,9	35,5	37,5	38,3	46,2	32,3	40,7	36,2
Taux d'épargne (%)	14,1	-	7,0	12,2	21,0	15,7	14,1	-	3,8	24,0	12,2	5,0
Propriétaires (%)	68	69	77	53	77	80	70	81	46	61	47	69
Logements avec W-C (%)	81	88	91	85	78	90	79	97	98	59	90	98
Logements avec douche ou baignoire (%)	74	85	85	85	69	82	86	86	96	58	92	98
Voitures (/100 hab.)	36	30	26	40	14	21	41	44	34	20	46	33
Téléphone (/100 hab.)	48	87	40	62	41	27	49	61	64	20	66	52
Magnétoscope (% foyers)	45	21	32	24	56	30	51	27	39	20	29	56
Lave-linge (% foyers)	88	77	89	94	72	87	95	97	90	51	92	91
Congélateur (% foyers)	59	78	9	50	8	29	33	83	41	29	60	55
TRAVAIL												
Actifs (% pop. totale)	43	57	38	43	40	37	43	47	45	47	48	49
Part des femmes (%)	34	51	26	36	29	23	30	32	34	39	37	41
Temps partiel (% actifs)	9,8	23,7	5,4	12,0	5,5	8,0	5,6	6,4	30,4	6,5	13,2	21,9
Age retraite H/F	65/60	67	65	60	65/60	66	60/55	65	65	65/62	65	65/60
Chômage (% actifs) [3]	9,1	6,6	15,9	9,4	7,8	16,7	10,8	1,6	8,9	5,0	5,3	6,1
Chômage 12 mois + (%)	77	29	59	44	48	66	69	42	50	51	47	42
Syndicalisation (% actifs)	70	80	16	10	35	50	36	50	28	35	30	43
Durée du travail (h/an)	1 748	1 733	1 840	1 767	1 840	1 864	1 768	1 792	1 756	2 025	1 697	1 778
SOCIÉTÉ												
Etrangers (% population)	8,6	2,6	0,9	6,5	2,2	2,4	0,7	25,0	4,0	0,9	5,7	3,1
Urbanisation (%)	90	86	77	82	66	57	72	82	93	33	86	92
Température moy. (°C)	9,5	8	16	12,5	14	10	14,5	9	9,5	16	9	9,5
Pluies (cm)	75	70	70	75	30	90	95	80	75	40	80	95
Délinquance (délits/100 000 hab.)	2 842	10653	3 444	5 619	3 038	2 410	3 300	5 710	7 499	783	7 268	7 796
Accidents de la route (décès p.1 million véh.)	495	371	622	410	798	465	311	366	264	1 171	266	255
Suicides (/100 000 hab.)	21,0	26,8	6,6	22,1	3,7	9,1	7,9	18,9	10,9	9,3	16,9	7,8
Jours de grève (4)	-	280	733	54	612	373	465	0	13	123	45	362
Emission CO_2 (kg/hab.)	2,9	3,3	1,3	1,8	1,6	2,3	1,8	6,5	3,0	0,8	3,3	2,8
Déchets (kg/hab.)	320	423	275	272	260	311	263	357	449	221	318	355

* La dernière année disponible pour l'ensemble des pays est en général 1989.
   Les chiffres concernant l'Allemagne portent sur l'ex-RFA.
(1) Moyenne 1977-1989.   (2) En millions d'écus.
(3) 1989.   (4) Moyenne 1983-1988 (par an, pour 1 000 salariés).

Eurostat

La France au centre de la CEE

Le centre de gravité géographique de la Communauté européenne est situé en France depuis 1973, date d'entrée de la Grande-Bretagne, de l'Irlande et du Danemark dans le Marché commun (de 1958 à 1973, il se trouvait en Suisse). Il s'est déplacé successivement vers le Sud-Est en 1981, date d'entrée de la Grèce, vers le Sud-Ouest en 1986 (entrée de l'Espagne et du Portugal), puis vers le Nord-Est lors de la réunification de l'Allemagne, tout en restant en France.
D'après les calculs de l'IGN, il se trouve aujourd'hui dans le département de l'Allier, près du hameau de Noireterre, sur le territoire de la commune de Saint-Clément (chef-lieu de canton Mayet-de-Montagne). Les coordonnées précises sont 3° 41' 39" de longitude est par rapport au méridien international et 46° 03' 56" de latitude nord. Avant la réunification dre l'Allemagne, il se trouvait à Saint-André de Coq, dans le Puy-de-Dôme, à 30 km au Sud-Ouest.
Le centre de gravité démographique de la CEE, obtenu en affectant le centre de gravité de chaque pays-membre d'un poids égal à sa population, se trouve également en France. Il en est de même du centre de gravité économique, obtenu en affectant le centre de gravité de chaque pays-membre d'un poids égal à son PIB.

*En matière de modes de vie,
la France occupe une position médiane
entre le Nord et le Sud.*

Elle se situe au-dessus de la moyenne communautaire en ce qui concerne par exemple la fécondité (1,8 contre 1,6), la proportion de couples vivant en cohabitation (7 contre 3), les divorces (38 pour 100 mariages contre 28), les naissances hors mariage (28 % contre 17 %), la proportion de jeunes (20,4 % de moins de 15 ans contre 18,7 %), la surmortalité féminine (8,2 années contre 6,6) ou le chômage (9,8 % contre 9,4 % en juin 1992).
Elle se situe au contraire en-dessous de la moyenne en ce qui concerne par exemple la densité de population (103 hab./km^2 contre 145), la nuptialité (5 mariages pour 1000 habitants contre 6) la proportion de ménages habitant une maison (58 % contre 60 %) ou celle de propriétaires (53 % contre 62 %).

RECORDS

La France détient dans la Communauté européenne les records suivants :

- Superficie : 549 000 km
- Altitude : Mont-Blanc, 4 807 m
- Surface forestière : 14,7 millions d'hectares (27 %)
- Nombre de communes : 37 000, soit plus que l'ensemble des onze autres pays de la CEE réunis
- Part du nucléaire dans l'électricité produite : 70 %
- Longueur du réseau routier : 807 601 km
- Longueur du réseau ferroviaire : 34 469 km exploités
- Longueur du réseau fluvial : 6 409 km
- Espérance de vie des femmes : 80,9 ans
- Surmortalité masculine : 8,1 ans
- Part des dépenses de santé dans le PIB : 8,9 %
- Consommation de médicaments : 29 par habitant et par an
- Cas de sida : 35 cas pour 100 000 habitants
- Consommation d'alcool : 19 litres par habitant et par an
- Nombre de salles de cinéma : 4 441
- Production de films (longs métrages) : 144
- Prix Nobel de littérature : 12
- Part des hypermarchés dans le chiffre d'affaires de la distribution alimentaire : 46 %
- Consommation de bœuf : 30 kg par habitant et par an
- Consommation de veau : 7 kg par habitant et par an
- Consommation de vin : 73 litres par habitant et par an
- Consommation de beurre : 5,5 kg par habitant et par an
- Proportion de ménages disposant d'une résidence secondaire : 13 %
- Durée des congés payés : de 5 à 6 semaines par salarié et par an
- Nombre de casinos : 138
- Nombre de réfugiés politiques : 190 000
- Achats de pantoufles : 1,2 paire par personne et par an

RÉTROSCOPIE

Les Bonnes et les Mauvaises Années des Français

Comment analyser les années passées telles qu'elles ont été vécues par les Français et les comparer de façon objective et claire ? Comme les vins, chacune d'elles a un goût et des caractéristiques qui varient en fonction des conditions de « météorologie sociale » qui ont prévalu. Il y a dans l'histoire de la société française des bons et des mauvais crus. Mais il est souvent difficile de s'en souvenir avec précision, car l'actualité prend le pas sur l'histoire et l'expérience individuelle se confond rarement avec celle de la collectivité. Les souvenirs de chacun sont faussés par le fait que certaines années sont associées à des événements heureux (rencontre, mariage, naissance, promotion, voyage...) ou malheureux (décès d'un proche, maladie, séparation, perte d'un emploi...). Or, ce qui nous intéresse ici est de mettre en perspective les années passées telles que chacune d'elles a été ressentie par l'ensemble des Français. Et d'aboutir, comme on le fait pour les vins, à une « carte des millésimes » qui indique les bonnes et les mauvaises années des Français. Pour ce faire, nous avons recherché des indicateurs d'opinion présentant, outre une grande fiabilité, l'avantage de la continuité sur une période suffisamment longue.

OPINIONS

Des enquêtes répétitives indiquent comment les Français ont jugé chaque année depuis trente ans.

Nos recherches ont montré qu'il n'existait pas d'enquête répétitive sur une durée assez longue (avant 1968 et 1974, dates de rupture économique et sociale importantes) portant sur une appréciation globale de chaque année à travers une question du type : « Estimez-vous que l'année qui se termine a été une très bonne année, une bonne année, une année moyenne, une mauvaise année, une très mauvaise année ? »

Les seules informations disponibles dans ce domaine émanent des enquêtes *conjoncture* de l'IN-SEE. L'institut national a interrogé de manière répétitive les ménages français sur leurs opinions concernant l'année en cours ou l'année écoulée depuis 1964. Parmi les questions posées, nous avons sélectionné les deux correspondant à un jugement global sur chaque année :

I. Le niveau de vie des Français

– « Depuis un an, le niveau de vie des Français s'est, dans l'ensemble » :
- nettement amélioré (1)
- un peu amélioré (2)
- est resté stationnaire (3)
- un peu dégradé (4)
- nettement dégradé (5)

Nous y avons ajouté la même question concernant le niveau d'optimisme des Français pour l'année en cours ou à venir :

– « Pensez-vous que, d'ici un an, le niveau de vie des Français dans l'ensemble » :
- *s'améliorera nettement*
- *s'améliorera un peu*
- *restera stationnaire*
- *se dégradera un peu*
- *se dégradera nettement*

II. La situation financière personnelle

– « Depuis six mois, votre situation financière » :
- *s'est améliorée*
- *est restée stationnaire*
- *est devenue moins bonne (ou plus mauvaise)*

Nous y avons ajouté aussi la question associée concernant l'optimisme à court terme :

– « *Croyez-vous que, dans les mois qui viennent, votre situation financière va* » ?
- *s'améliorer*
- *rester ce qu'elle est*
- *devenir moins bonne (ou plus mauvaise)*

Ces jugements sont évidemment liés à l'évolution de l'environnement économique (donc matériel) de la vie des Français. Mais on sait qu'il existe une étroite corrélation entre l'évolution des conditions de vie matérielles et le sentiment de satisfaction individuel. Elle peut d'ailleurs être vérifiée entre 1973 et 1991 en examinant un indicateur supplémentaire issu des enquêtes Eurobaromètre (« *Etes-vous satisfait de la vie que vous menez ?* », voir ci-après). On peut donc considérer que les réponses à ces questions constituent un jugement suffisamment fiable de chaque « millésime ».

Méthodologie des enquêtes de conjoncture

Les enquêtes de conjoncture de l'INSEE auprès des ménages sont réalisées par sondage à partir d'un échantillon de logements tirés d'une part du dernier recensement de la population, d'autre part du fichier des logements neufs construits depuis. Les ménages interrogés sont représentatifs de l'ensemble des ménages ordinaires vivant en France métropolitaine, à l'exclusion de ceux qui vivent dans des communautés, casernes, hospices, prisons. Le nombre de ménages interrogés chaque année varie de 5 000 à 10 000. les échantillons sont renouvelés par moitié lors de chacune des trois enquêtes annuelles (janvier, mai, novembre). Outre les données utilisées ici, les enquêtes de conjoncture portent sur l'opinion concernant l'environnement économique général (prix, chômage...), les taux d'équipement des ménages en certains biens durables et leurs intentions d'achat dans ce domaine, les vacances d'hiver et d'été.

Les réponses aux enquêtes ont été synthétisées pour obtenir un seul chiffre par indicateur et par année.

En ce qui concerne le jugement sur le niveau de vie des Français depuis un an, nous avons retenu comme indicateur l'enquête effectuée par l'INSEE en *janvier de l'année suivante* (trois enquêtes sont effectuées chaque année), sauf pour 1992 où nous avons utilisé les chiffres de mai 1992, date de la dernière enquête disponible au moment du calcul. Pour l'évolution du niveau de vie prévue par les Français d'ici un an, nous avons au contraire utilisé les enquêtes de *janvier de l'année en cours*. Pour les questions concernant la situation financière personnelle (« six derniers mois » et « mois à venir »), nous avons utilisé les chiffres de l'enquête la plus proche du milieu de l'année considérée : *juin* jusqu'en 1972 ; *mai* à partir de 1973.

Les réponses à chacune des quatre questions ont été réduites pour chaque année à un seul indicateur synthétique. Celui-ci a été obtenu en soustrayant les réponses favorables (ou optimistes) des réponses défavorables (ou pessimistes). Ainsi, pour l'appréciation du niveau de vie des Français, on a soustrait la somme des réponses marquées 1 et 2 (page précédente) à la somme des réponses marquées 4 et 5.

Le tableau général présenté ci-après reprend aussi deux indicateurs d'opinion complémentaires émanant des enquêtes annuelles d'Agoramétrie disponibles seulement depuis 1977 (avec trois interruptions en 1979, 1980 et 1990) : le sentiment d'insécurité *(« on ne se sent plus en sécurité »)* ; l'efficacité du gouvernement *(« le gouvernement est inefficace »)*. Les chiffres retenus sont le cumul des réponses « bien d'accord » et « entièrement d'accord » aux affirmations proposées.

Les indicateurs de niveau de vie sont pratiquement toujours négatifs depuis trente ans...

Le mode de calcul expliqué ci-dessus fait que les indicateurs sont positifs lorsque le nombre de personnes ayant le sentiment que le niveau de vie des Français ou leur situation financière personnelle s'améliore (ou va s'améliorer) est plus élevé que le nombre de personnes pensant qu'il se détériore (ou va se détériorer) ; ils sont au contraire négatifs lorsque les impressions défavorables (ou pessimistes) l'emportent. Ce fut le cas pratiquement tous les ans entre 1964 et 1991 pour le niveau de vie (passé et à venir) et la situation financière passée, à l'exception de quelques rares années (au maximum quatre pour le niveau de vie à venir).

On peut en déduire que les Français sont très mal informés de l'évolution du niveau de vie de leurs concitoyens, puisque le pouvoir d'achat moyen des revenus n'a pratiquement pas cessé de

LES FRANÇAIS JUGENT LES ANNÉES

Evolution de plusieurs indicateurs d'opinion concernant la situation personnelle et collective (1) :

	Niveau de vie des Français depuis un an	Niveau de vie des Français d'ici un an	Situation financière personnelle (6 dern. mois)	Situation financière personnelle (proch. mois)	Etes-vous satisfait de la vie que vous menez ? (3)	« On ne se sent plus en sécurité » (4)	« Le gouvernement manque d'efficacité »
1964	- 5,0	1,0	- 3,0	11,5	-	-	-
1965	- 5,0	0,0	- 7,5	10,5	-	-	-
1966	1,5	9,0	- 5,0	13,0	-	-	-
1967	- 28,5	4,5	- 10,0	7,5	-	-	-
1968	- 15,5	- 25,5	- 4,0	10,0	-	-	-
1969	- 14,0	- 14,0	- 3,5	12,5	-	-	-
1970	- 2,0	- 7,5	- 3,0	11,5	-	-	-
1971	- 1,5	- 2,0	- 2,5	11,0	-	-	-
1972	10,0	- 4,0	- 0,5	13,5	-	-	-
1973	- 18,0	14,5	8,0	20,0	55	-	-
1974	- 40,5	- 54,5	- 6,0	6,5	-	-	-
1975	- 23,5	- 25,0	- 4,0	10,0	51	-	-
1976	- 26,5	- 15,5	0,5	13,0	43	-	-
1977	- 20,5	- 20,5	- 6,0	4,0	42	65	52
1978	- 30,5	- 6,5	- 1,5	7,0	42	71	55
1979	- 47,5	- 30,0	- 5,5	1,0	37	-	-
1980	- 54,5	- 55,0	- 9,5	- 2,0	40	-	-
1981	- 34,5	- 50,5	- 9,5	4,5	41	61	46
1982	- 44,0	- 20,0	- 6,5	4,5	52	63	48
1983	- 65,0	- 35,0	- 16,5	- 8,0	50	63	58
1984	- 74,0	- 56,0	- 22,5	- 9,0	46	70	63
1985	- 49,5	- 50,5	- 19,5	- 4,5	45	68	64
1986	- 59,5	- 18,5	- 12,0	3,5	47	58	51
1987	- 53,0	- 42,0	- 14,5	1,5	46	60	59
1988	- 45,5	- 30,5	- 10,5	7,0	35	52	50
1989	- 37,0	- 26,5	- 7,5	10,5	59	54	45
1990	- 44,5	- 23,5	- 4,5	9,0	56	-	-
1991	- 64,5	- 56,0	- 8,0	6,5	55	62	70
1992	- 57,0(2)	- 50,5	- 6,0	8,5	-	-	-

(1) Voir description de chaque indicateur pages précédentes. (2) Mai 1992. (3) Enquête Eurobaromètre effectuée depuis 1973 (sauf en 1974). (4) Enquêtes Agoramétrie effectuées depuis 1977 (sauf en 1979, 1980, 1990). (-) Enquête non effectuée.

INSEE, Eurobaromètre, Agoramétrie

croître pendant cette période (voir tableau des indicateurs économiques).

On observe aussi que, pendant les années de crise (par exemple 1974, année du premier choc pétrolier, ou 1991, année de la guerre du Golfe), l'écart entre la perception de la situation personnelle et celle de l'ensemble des Français s'accroît.

...sauf en ce qui concerne l'évolution de leur situation financière personnelle.

Les Français sont un peu moins pessimistes lorsqu'il s'agit de l'évolution récente de leur situation financière personnelle ; bien que presque toujours négatifs, les chiffres sont moins élevés en valeur absolue que pour les indicateurs de niveau de vie de l'ensemble des Français. On vérifie donc ici un phénomène que l'on retrouve dans toutes les enquêtes : la situation personnelle est toujours jugée plus favorablement que la situation collective (voir *l'enquête Francoscopie/Sécodip*). Cet écart est sans doute en partie lié à la vision de la France et du monde que diffusent les médias ; les mauvaises nouvelles y sont plus nombreuses que les bonnes, car plus spectaculaires.

On constate enfin que les Français ont été beaucoup plus optimistes depuis trente ans en ce qui concerne l'évolution de leur situation financière personnelle. L'indicateur correspondant a été en effet constamment positif de 1964 à 1981, puis de 1986 à 1991.

Un indicateur synthétique a été calculé pour chaque année.

Pour chacun des quatre indicateurs de base annuels, une note de 0 à 5 a été attribuée en divisant l'écart maximal entre les opinions en six intervalles égaux. On a ensuite additionné pour chaque année les notes obtenues. Celles-ci varient de 0 (1984) à 19 (1973). L'appréciation globale de chaque année est donnée dans le tableau ci-contre :

- De 16 à 19 : très bonne année ★★★
- De 12 à 15 : bonne année ★★
- De 8 à 11 : année moyenne ★■
- De 4 à 7 : mauvaise année ■■
- De 0 à 3 : très mauvaise année ■■■

Un autre calcul a été fait en intégrant les données de l'*Eurobaromètre* figurant dans le tableau précédent depuis qu'elles existent (1973). Les changements introduits ne concernent que cinq an-

LES GRANDS CRUS... ET LES AUTRES

Carte des millésimes basée sur les indicateurs d'opinion :

Note/20	Année	Classement
16	1964	★★★
14	1965	★★
17	1966	★★★
13	1967	★★
12	1968	★★
14	1969	★★
16	1970	★★★
16	1971	★★★
17	1972	★★★
19	1973	★★★
8	1974	★■
11	1975	★■
14	1976	★★
12	1977	★★
14	1978	★★
9	1979	★■
4	1980	■■
7	1981	■■
10	1982	★■
2	1983	■■■
0	1984	■■■
2	1985	■■■
7	1986	■■
5	1987	■■
9	1988	★■
9	1989	★■
10	1990	★■
5	1991	■■
7	1992	■■

© Gérard Mermet/Francoscopie

nées : 1977 devient une année moyenne (au lieu de bonne année) ; 1979 et 1988 deviennent deux mauvaises années (au lieu d'années moyennes) ; 1983 devient une mauvaise année (au lieu de très mauvaise année) ; 1990 devient une bonne année (au lieu d'année moyenne). Ces résultats ne sont pas repris dans le tableau définitif, du fait de l'inexistance de cette enquête entre 1964 et 1972.

La période 1964-1978 a été beaucoup plus favorable que la période 1979-1991.

La *Carte des millésimes* de la page précédente montre que la période 1964-1978 fut globalement bonne, avec seulement deux années jugées moyennes en 1974 et 1975. La période 1979-1991 fut nettement moins favorable, avec 8 années jugées mauvaises ou très mauvaises, 5 années moyennes et aucune bonne ou très bonne année.

Depuis trente ans, les Français ont vécu 6 très bonnes années (1964, 1966, 1970, 1971, 1972, 1973) et 3 très mauvaises (1983, 1984, 1985).

La compréhension de ces indicateurs d'opinion est facilitée par le rappel des données économiques de base de chaque année (tableau page suivante). Enfin, si l'on veut mieux comprendre la signification de ces jugements portés chaque année par les Français, il est nécessaire de se replacer dans le contexte social, économique, politique, au plan national et international. C'est pourquoi un rappel des principaux événements est donné à la fin du chapitre.

La meilleure année a été 1973.
La moins bonne a été 1984.

1973 faisait suite à trois très bonnes années. Bien que très favorable sur le plan économique, elle fut marquée par des mouvements sociaux (Lip, le Larzac) et se termina par la guerre du Kippour, puis par le premier choc pétrolier qui annonçait la fin d'une période faste sur le plan national et international.

1984 est située entre deux très mauvaises années. Elle fut marquée par une faible progression du pouvoir d'achat, mais aussi par un recul de l'inflation. Ce fut l'année de la grande manifestation en faveur de l'école privée, de la montée du Front national et de la crise européenne. Il fallut attendre 1988 pour retrouver une année moyenne.

Le classement des années selon leur note globale est présenté dans le tableau ci-après.

LE HIT-PARADE DES ANNÉES

Classement des années en fonction des indicateurs d'opinion :

Note globale	Années
19/20	1973
17	1966 - 1972
16	1964 - 1970 - 1971
14	1965 - 1969 - 1976 - 1978
13	1967
12	1968 - 1977
11	1975
10	1982 - 1990
9	1979 - 1988 - 1989
8	1974
7	1981 - 1986 - 1992
5	1987 - 1991
4	1980
2	1983 - 1985
0	1984

© Gérard Mermet/Francoscopie

ÉCONOMIE

Il est intéressant de compléter la vision précédente, basée sur l'opinion des Français, par une vision plus factuelle et objective liée à l'évolution économique. Nous avons choisi pour cela quatre indicateurs économiques de base :
• Taux d'inflation (accroissement annuel de l'indice général des prix) ;
• Taux de chômage (au sens du BIT) en proportion des actifs ;
• Taux de croissance annuel du PIB. Il s'agit du produit intérieur brut total, en volume, calculé sur la base 1970 entre 1964 et 1970 et sur la base 1980 pour les années 1965 à 1991 ;
• Taux d'accroissement annuel du revenu disponible brut. Il est calculé par ménage (en francs constants), afin de refléter à la fois l'évolution des revenus et celle de la taille des ménages.

TRENTE ANS D'ÉCONOMIE

Evolution des indicateurs économiques de base (en %) :

	Inflation	Chô-mage	Crois-sance PIB	Crois-sance pouvoir d'achat
1964	3,4	1,5	6,5	4,1
1965	2,5	1,7	4,8	2,9
1966	2,7	1,9	5,2	3,4
1967	2,6	2,7	4,7	4,6
1968	4,6	2,8	4,3	2,1
1969	6,5	2,4	7,0	3,1
1970	5,2	2,9	5,7	5,5
1971	5,5	3,1	4,8	5,0
1972	6,2	3,1	4,4	4,1
1973	7,3	3,0	5,4	4,4
1974	13,7	3,8	3,1	3,2
1975	11,8	4,8	- 0,3	2,3
1976	9,6	4,9	4,2	1,5
1977	9,4	5,2	3,2	0,3
1978	9,1	5,9	3,4	3,6
1979	10,8	6,4	3,2	0,0
1980	13,6	7,0	1,6	- 1,6
1981	13,4	8,3	1,2	2,4
1982	11,8	8,5	2,6	- 0,3
1983	9,6	9,3	0,7	- 1,3
1984	7,4	10,6	1,3	- 1,9
1985	5,8	10,6	1,9	0,3
1986	2,6	10,9	2,5	2,7
1987	3,1	10,6	2,3	0,2
1988	2,7	10,4	4,5	3,4
1989	3,6	9,2	4,1	0,5
1990	3,4	8,9	2,3	2,9
1991	3,2	9,3	1,2	1,0
1992	3,0	10,1	2,5	2,2

La synthèse des quatre indicateurs permet de construire une Carte économique des millésimes.

Comme dans les calculs précédents, chaque indicateur a été transformé en une note (de 0 à 5) pour chaque année. La somme des notes des quatre indicateurs donne pour chaque année une note globale de 0 à 20. On peut alors qualifier les années, de très mauvaises à très bonnes. Les résultats figurent dans le tableau de la page suivante.

On constate que la période 1964-1992 peut être divisée en quatre parties distinctes : une première très favorable entre 1964 et 1973 ; une seconde peu favorable entre 1974 et 1985 (à l'exception de 1978) ; une troisième moyennement favorable entre 1986 et 1992 (à l'exception de 1988). Au total, la période comporte :

• 9 très bonnes années (presque successives) : 1964 à 1967 et 1969 à 1973.
• 3 bonnes années : 1968, 1978, 1988.
• 9 années moyennes : 1974, 1976, 1977, 1986, 1987, 1989 à 1992.
• 6 mauvaises années : 1975, 1979, 1981, 1982, 1984, 1985, 1987.
• 2 très mauvaises années : 1980 et 1983.

Le classement des années selon les indicateurs d'opinion est assez proche de celui réalisé à partir des indicateurs économiques.

Le tableau de la page suivante montre le classement obtenu et la comparaison avec celui défini précédemment avec les indicateurs d'opinion. On constate que, sur 29 années, presque la moitié (13) sont jugées de façon identique dans les deux classements. Pour toutes les autres années, l'écart entre les deux classements est limité à un seul échelon sur les quatre possibles, à l'exception de deux années.

On observe donc que les opinions des Français sur les trente dernières années sont assez proches de l'évolution économique réelle. Ceci confirme l'impression que les conditions matérielles jouent un rôle important dans le sentiment de bien-être individuel ou collectif. Mais l'opinion réagit aussi de façon subjective ; les données ou impressions qualitatives (évolution du climat social, rapports de force dans le monde, montée de menaces diverses) tiennent une place de plus en plus importante dans leurs jugements.

LA CARTE DES MILLÉSIMES

Note globale Economie	Classement Economie	Année	Classement Opinion	Note globale Opinion
19/20	★★★	1964	★★★	16/20
17	★★★	1965	★★	14
18	★★★	1966	★★★	17
19	★★★	1967	★★	13
15	★★	1968	★★	12
16	★★★	1969	★★	14
19	★★★	1970	★★★	16
17	★★★	1971	★★★	16
16	★★★	1972	★★★	17
17	★★★	1973	★★★	19
10	★■	1974	★■	8
7	■■	1975	★■	11
10	★■	1976	★★	14
8	★■	1977	★★	12
12	★★	1978	★★	14
6	■■	1979	★■	9
3	■■■	1980	■■	4
5	■■	1981	■■	7
4	■■	1982	★■	10
3	■■■	1983	■■■	2
4	■■	1984	■■■	0
6	■■	1985	■■■	2
10	★■	1986	■■	7
8	★■	1987	■■	5
13	★★	1988	★■	9
10	★■	1989	★■	9
11	★■	1990	★■	10
9	★■	1991	■■	5
10	★■	1992	■■	7

★★★ Très bonne année (16 à 20) ★★ Bonne année (12 à 15) ★■ Année moyenne (8 à 11)
■■ Mauvaise année (4 à 7) ■■■ Très mauvaise année (0 à 3)

© Gérard Mermet/Francoscopie

CHRONOLOGIE

Rappel des principaux événements nationaux et internationaux entre 1964 et 1992 :

ANNÉE	FRANCE	MONDE
1964	Création des 21 régions de programmes. Vote du statut de l'ORTF. Scission de la CFTC et création de la CFDT. Tabarly gagne la Transat en solitaire.	Création de l'OLP. Remplacement de Krouchtchev par Brejnev. Election de Johnson aux Etats-Unis. Jeux Olympiques de Tokyo.
1965	Politique de la « chaise vide » à Bruxelles pour la politique agricole. Accord France-Algérie sur les hydrocarbures. De Gaulle réélu président de la République. 9 300 décès dus à la grippe. Service militaire à 16 mois.	Début de la Guerre du Viêt-nam avec les Etats-Unis. Fin du concile Vatican II. Un cosmonaute soviétique dans l'espace (URSS).
1966	La France quitte le commandement allié de l'OTAN. Inauguration de l'usine marémotrice de la Rance. Création de l'Institut national de la consommation. Création des IUT.	Indirah Gandhi Premier ministre en Inde. Luna IX, satellite soviétique, se pose sur la Lune. Début de la Révolution culturelle en Chine. Accord des Six sur l'Europe agricole commune.
1967	Liberté des changes, des mouvements de capitaux et de l'or. Scolarité obligatoire à 16 ans. Lancement du *Redoutable*, premier sous-marin nucléaire. Création de l'ANPE. Loi Neuwirth sur la contraception. Création des BEP (brevets d'études professionnelles). Lancement de la Carte bleue. Exposition Toutankhamon.	Guerre des Six Jours au Moyen-Orient entre Israël, l'Egypte et la Syrie. Putsch des colonels à Athènes. Che Guevara assassiné (Bolivie). 1re greffe cardiaque.
1968	J. O. d'hiver à Grenoble. Flambée de l'or. Mouvements étudiants et ouvriers de mai (10 millions de grévistes). Signature des accords de Grenelle entre syndicats, patronat et gouvernement. La France dépasse 50 millions d'habitants. Mesures de défense du franc et rétablissement du contrôle des changes. Explosion de la première bombe H française. Loi Edgar Faure sur l'enseignement.	Abandon de la couverture or du dollar. Début du « printemps de Prague ». Assassinat de Martin Luther King. Union douanière européenne. Election de Nixon aux Etats-Unis. Lancement d'Apollo VIII. J.O. de Mexico.
1969	4e semaine de congés payés. Ouverture du marché de Rungis. Référendum sur la régionalisation et départ du général de Gaulle. Pompidou élu président. Dévaluation du franc (12,5 %). Instauration du SMIC en remplacement du SMIG. Première ligne de RER à Paris. Epidémie de grippe : 15 000 morts. Création des plans d'épargne-logement.	Golda Meïr Premier ministre d'Israël. Neil Armstrong marche sur la Lune (Apollo X). Coup d'Etat de Khadafi en Libye. Willy Brandt chancelier de RFA. Salvador Allende président du Chili.
1970	Lancement de la fusée Diamant B à partir de la Guyane française. Inauguration des derniers tronçons d'autoroute Marseille-Lille. Service militaire ramené à 12 mois.	Echec du plan Rogers pour un plan de paix au Proche-Orient. Guerre civile entre Palestiniens et Jordaniens. Sadate succède à Nasser en Egypte.
1971	Nationalisation des intérêts pétroliers français en Algérie. Premier vol commercial de Concorde.	Premier microprocesseur (E-U). Signature de l'accord sur le transit entre Berlin-Est et la RFA (Etats-Unis, URSS, Grande-Bretagne, France). Chine populaire admise à l'ONU et expulsion de Taïwan. Dévaluation du dollar.

1972	Nouveau statut de l'ORTF. Plan social (minimum vieillesse, prestations familiales, retraites). 18 630 tués sur la route (record). Création des CPPN (classes préprofessionnelles de niveau) et des CPA (classes préparatoires à l'apprentissage). Affichage des prix obligatoire. Mise en place du SME (serpent monétaire européen).	Accords SALT 1 entre Etats-Unis et URSS. Grève mondiale des pilotes de ligne. Début du scandale du Watergate. J.O. de Sapporo. Assassinats palestiniens aux J.O. de Munich. Découverte de pétrole en mer du Nord. Nixon réélu président des Etats-Unis.
1973	Manifestations contre l'extension du camp militaire du Larzac. Usines Lip occupées.	Entrée du Danemark, de la Grande-Bretagne et de l'Irlande dans la CEE. Serpent monétaire européen. Flottement généralisé des monnaies. Fin de la guerre du Viêt-nam (traité de Paris). Coup d'Etat militaire au Chili. Début de la guerre du Kippour (israëlo-arabe). Grève des mineurs en Grande-Bretagne. Début du premier choc pétrolier. Survol de Jupiter par Pioneer X.
1974	Le franc quitte le serpent monétaire. Mort de Pompidou. Giscard d'Estaing élu président. Majorité civile à 18 ans. Eclatement de l'ORTF. Accords sur l'indemnisation du chômage économique. Arrêt provisoire de l'immigration. Décision de mise en chantier de 14 centrales nucléaires. Mise en service de l'aéroport de Roissy.	Israël retire ses troupes d'une partie des territoires occupés. Coup d'Etat au Portugal (« révolution des œillets »). Démission du chancelier Brandt (RFA). Démission de Nixon (Etats-Unis) à la suite du Watergate. Première livraison d'Airbus par le consortium européen. La Turquie envahit Chypre.
1975	Loi Veil sur l'avortement. Loi sur l'autorisation préalable de licenciement. Grève aux usines Renault. Lancement d'Ariane. Divorce par consentement mutuel autorisé. Plan de relance économique. Plus d'un million de chômeurs.	Prise de pouvoir des Khmers rouges au Cambodge. Début des affrontements au Liban. Saigon occupée par les troupes du Nord-Viêt-nam. Réouverture du canal de Suez. Juan Carlos succède à Franco et devient roi d'Espagne.
1976	Loi sur la taxation des plus-values. Impôt sécheresse au profit des agriculteurs. Plan Barre contre l'inflation. Le franc sort du serpent monétaire. Création du Loto.	Réforme du Fonds monétaire international. Catastrophe de Seveso (Italie). Mort de Mao-Zedong. Carter président des Etats-Unis.
1977	Ouverture du centre Beaubourg. Plan acier pour moderniser la sidérurgie. Accord sur la préretraite à 60 ans. Premier Pacte pour l'emploi des jeunes.	Gouvernement Begin en Israël. Mesures protectionnistes de la CECA en faveur de la sidérurgie. J.O. à Innsbruck et Montréal. Régionalisation de la Belgique. Visite de Sadate en Israël.
1978	Naufrage de l'*Amoco Cadiz*. Gouvernement Barre. Libération des prix. Loi informatique et libertés.	Naufrage de l'*Amoco-Cadiz* et marée noire en Bretagne. Les Israéliens occupent le Sud-Liban. Boeing 707 coréen attaqué par un Mig soviétique. Assassinat d'Aldo Moro (Italie). Coupe du monde de football (Argentine). 1er bébé éprouvette (Grande-Bretagne). Sommet de Camp David (Begin, Carter, Sadate). Suicide collectif au Guyana. Le dollar à moins de 4 francs.
1979	1er rallye Paris-Dakar. Guerre civile au Tchad, intervention française à Kolweisi. Elections européennes (Simone Veil élue présidente du Parlement). Vente du paquebot *France* (devenu *Norway*). Bokassa refoulé de France. Mort mystérieuse de Robert Boulin.	Le Chah quitte l'Iran, Khomeiny à Téhéran. Guerre Chine-Viêt-nam. Paix entre Israël et l'Egypte. Alerte nucléaire à Three Miles Island (E.U.). Amin Dada en fuite en Libye. Margaret Thatcher Premier ministre (R.U.). L'URSS envahit l'Afghanistan. 2e choc pétrolier ; doublement du prix du pétrole (OPEP).

1980	Affrontements en Corse. Nouvelle marée noire en Bretagne. Marguerite Yourcenar à l'Académie. Mort de Sartre. Disparition d'Alain Colas. Attentat rue Copernic (Paris). Boycottage de la viande de veau.	J.O. de Lake Placid (E-U). Intervention américaine manquée en Iran. Boycott des J.O. de Moscou. Mort du Chah d'Iran. Attentat de Bologne (Italie). Grève des chantiers de Gdansk (Pologne) et fondation de Solidarité. Guerre Iran-Irak. Reagan président des Etats-Unis.
1981	*Dallas* à la télévision. Coluche candidat aux présidentielles. Mitterrand élu président. Chute de la Bourse. Des communistes au gouvernement. Lois sociales, IGF. La peine de mort abolie. Inauguration du TGV. Cap des 2 millions de chômeurs franchi. Plan de redressement de la Sécurité sociale.	La Grèce dans la CEE. Libération des otages américains de Téhéran. Jaruzelski à la tête de la Pologne. Attentat contre Reagan. Premier vol de la navette Columbia. Attentat contre Jean-Paul II. Sadate assassiné (Egypte).
1982	Réduction du temps de travail et 5e semaine de congés payés. Création de la Haute Autorité de l'audiovisuel. Loi sur les nationalisations. Lois Quillot et Auroux. Attentats rue Marbœuf et rue des Rosiers (Paris). Sommet de Versailles. Autorisation des radios libres. Plan de relance avorté.	Guerre des Malouines (G-B-Argentine). Sinaï restitué à l'Egypte. Attentat contre Jean-Paul II. Israël envahit le Sud-Liban. Coupe du monde de football (Italie). Mort de Grace de Monaco. Massacre de Palestiniens à Sabra et Chatila. Helmut Kohl chancelier (RFA). Victoire socialiste en Espagne. Crise de la dette mexicaine. Mort de Brejnev, remplacé par Andropov (URSS).
1983	Dévaluation du franc et plan de rigueur (Delors). Klaus Barbie emprisonné à Lyon. 41 fûts de dioxine retrouvés dans l'Aisne. Noah gagne Roland-Garros. Intervention au Tchad. *Dynasty* contre *Dallas*. Mort de Raymond Aron. Retraite à 60 ans à taux plein. Affaire des « avions renifleurs ». Hausse de 55 % à la Bourse.	Baisse du pétrole décidée par l'OPEP. 63 morts à l'ambassade américaine de Beyrouth. Aquino assassiné à Manille. Boeing 747 coréen abattu par un Mig. Débarquement américain à Grenade.
1984	Loi sur la formation continue. Tension au Pays basque. Manifestation pour défendre l'école libre. Réorganisation des études supérieures. Succès de Le Pen aux européennes (11 %). La France championne d'Europe de football. Fabius Premier ministre. Fignon gagne le Tour. Succès commercial d'Airbus. Abouchar prisonnier en Afghanistan. Début de l'affaire Villemin. Création de Canal Plus. Incidents en Nouvelle-Calédonie.	Mort d'Andropov, remplacé par Tchernenko (URSS). Echec du sommet de la CEE. J.O. de Sarajevo et Los Angeles. Indira Gandhi assassinée (Inde). Attentat contre Margaret Thatcher (R-U). Grève des mineurs britanniques. Reagan réélu (E-U). Pollution chimique à Bhopal (Inde).
1985	Découverte du virus du sida. Etat d'urgence en Nouvelle-Calédonie. Attentat chez Marks et Spencer (Paris). Affaire Greenpeace. Attribution de la 5e chaîne. Ouverture des *Restaus du cœur*. Généralisation des cartes à mémoire dans les publiphones.	Le dollar à 10,6 F. Gorbatchev élu Secrétaire général du PC (URSS). Tragédie du stade du Heysel (Belgique). Israël se retire du Liban. Concert pour l'Ethiopie (R-U). Tremblement de terre à Mexico. Eruption volcanique en Colombie.
1986	Mort de Sabine et Balavoine au Paris-Dakar. Accord pour le tunnel sous la Manche. Contre-choc pétrolier. Raid aérien au Tchad. Une équipe d'Antenne 2 enlevée à Beyrouth. Cohabitation politique. Dévaluation (3 %). Mort de Coluche. Premières privatisations. Attentats terroristes à Paris. Manifestation des étudiants contre le projet de loi Devaquet.	Entrée de l'Espagne et du Portugal dans la CEE. Ratification de l'Acte unique européen par les Douze. Explosion de la navette Challenger. Catastrophe nucléaire de Tchernobyl. Pollution du Rhin en Suisse.

1987	Nouvelles privatisations. TF1 attribuée à Bouygues. Interdiction de *Droit de réponse*. La Bretagne ravagée par la tempête. Procès Barbie. Loi Séguin sur le statut social de la mère de famille.	Réajustement monétaire (CEE). Tuerie au pèlerinage de La Mecque. Traité pour la construction du tunnel sous la Manche. Crise boursière. Les *Iris* de Van Gogh vendus 325 millions de francs (New-York). Accord de désarmement Etats-Unis/URSS.
1988	Livraison du premier Airbus A320. Retour des otages du Liban. Mitterrand réélu président. Rocard Premier ministre. Création des TUC et des SIVP. Pluies diluviennes sur Nîmes. Grève des infirmières. Lancement du satellite TDF1. Loi sur la création du RMI.	Chute des cours du pétrole. J.O. de Calgary (Canada). Cessez-le feu Iran-Irak. Pluies torrentielles au Bangladesh. J.O. de Séoul. Emeutes en Algérie. Proclamation d'un Etat palestinien. Tremblement de terre en Arménie. Attentat contre le Boeing 747 de la Pam Am (Ecosse). Bush président des Etats-Unis.
1989	Affaires de « délits d'initiés ». Bicentenaire de la Révolution. Débat sur le foulard islamique à l'école.	Condamnation à mort de l'écrivain Salman Rushdie. L'Armée rouge quitte l'Afghanistan. Catastrophe écologique en Alaska. Répression des étudiants à Pékin. Affaire du carmel d'Auschwitz. Chute du mur de Berlin. Mort de Ceaucescu (Roumanie). Havel président de la Tchécoslovaquie.
1990	Explosion d'Ariane en vol. Profanation du cimetière de Carpentras. Manifestations des lycéens. Incidents dans les banlieues. Débat sur le « peuple corse ».	Mandela libéré (Afrique du Sud). Coupe du monde de football en Italie. Invasion du Koweït par l'Irak. Envoi des troupes alliées en Arabie. Réunification de l'Allemagne. Major succède à Thatcher (Royaume-Uni).
1991	Mort de Gainsbourg et de Montand. Scandale des transfusions sanguines. Edith Cresson Premier ministre. D'Aboville traverse le Pacifique à la rame. Victoire en coupe Davis.	Guerre contre l'Irak. Révolte dans les républiques Baltes. Choléra au Pérou. Guerre civile en Yougoslavie. Montée du FIS. en Algérie. Abolition de l'apartheid (Afrique du Sud). Conférence de paix sur le Proche-Orient. Coup d'Etat avorté en URSS. Sommet européen de Maastricht.
1992	Jeux Olympiques d'hiver d'Albertville. Elections régionales et cantonales. Bérégovoy Premier ministre. Ouverture d'Eurodisney. Procès de la transfusion sanguine. Manifestations paysannes. Instauration du permis à points et manifestations des routiers. Référendum sur la ratification du traité de Maastricht.	Non danois à Maastricht. Blocus décidé par l'ONU en Yougoslavie. Changement de gouvernement en Israël. Assassinat de Boudiaf (Algérie). J.O. de Barcelone, Exposition universelle de Séville. Election présidentielle aux Etats-Unis.

UN JOUR EN FRANCE

L'activité des Français s'exerce dans tous les domaines. Jour après jour, elle entretient ou modifie le fonctionnement économique et le paysage démographique, familial et social de la France. Pour mieux prendre conscience de cette activité globale, il nous a paru intéressant (et amusant) de quantifier un certain nombre d'événements qui se produisent quotidiennement *.

DÉMOGRAPHIE

Chaque jour en France :

- 2 080 enfants naissent, dont 620 de parents non mariés
- 16 enfants sont adoptés
- 770 couples se marient (110 comportent au moins un étranger), dont 400 à l'église
- 3,6 millions de femmes âgées de 20 à 44 ans prennent la pilule
- 440 femmes subissent une interruption volontaire de grossesse
- 290 couples divorcent
- 4 800 familles déménagent

SANTÉ-HYGIÈNE

Chaque jour en France :

- 900 000 personnes se rendent chez le médecin
- 1 440 personnes décèdent, dont :
    - 480 de maladies cardio-vasculaires
    - 390 de cancers
    - 130 d'accidents et autres morts violentes (70 à domicile, 31 par suicide, 26 sur la route)
    - 100 de maladies de l'appareil respiratoire
    - 74 de maladies de l'appareil digestif
    - 3 d'accident du travail
    - 1 d'overdose
- 560 personnes sont blessées dans un accident de la route, dont 130 gravement
- 2 enfants meurent de mauvais traitements
- 1,4 million de Français vont chez le coiffeur
- 13,7 millions de femmes et 8,4 millions d'hommes (15 ans et plus) utilisent un déodorant
- 14,6 millions de femmes et 9,9 millions d'hommes se lavent les dents plusieurs fois ; 7,9 millions de femmes et 9,4 millions d'hommes se les lavent une fois.

SOCIÉTÉ

Chaque jour en France :

- 6 700 vols sont commis, dont 1 140 cambriolages et 930 vols de voitures
- 390 chèques sans provision sont émis
- 380 agressions sont perpétrées, 14 viols, 4 homicides
- Chaque automobiliste parcourt en moyenne 38 km
- Chaque Français produit 1,1 kg de déchets ménagers
- Chaque Français jette 25 grammes de pain.
- 710 logements sont achevés
- 3 sondages sont réalisés

TRAVAIL

Chaque jour en France :

- Chaque actif travaille en moyenne 7,8 heures (jours ouvrables)
- 6,2 millions d'actifs commencent leur travail avant 7 h 30
- 2,1 millions de salariés et 830 000 non-salariés terminent leur travail après 20 h 30
- 2,3 millions de femmes et 460 000 hommes travaillent à temps partiel
- Chaque salarié consacre 58 minutes pour se rendre à son travail et en revenir (30 minutes pour les non-salariés)

- 520 entreprises se créent, 142 sont reprises, 145 font faillite
- 1 400 journées de travail sont perdues du fait de conflits
- Chaque salarié gagne en moyenne 312 francs
- Chaque salarié épargne 39 F

DÉPENSES

Chaque jour, chaque Français dépense 192 F, dont :

- 37 F de nourriture, boissons, tabac
- 12 F d'habillement
- 39 F pour l'entretien du logement
- 15 F pour l'équipement du logement
- 19 F pour la santé
- 31 F pour les transports et communications
- 15 F pour les loisirs
- 24 F pour les autres biens et services

ACHATS

Chaque jour, les Français achètent :

- 160 000 chemises
- 99 000 pantalons de ville ou de loisirs
- 55 000 jeans
- 38 000 shorts et bermudas
- 840 000 paires de chaussures, dont 180 000 paires de pantoufles.
- 250 000 déodorants
- 410 000 boîtes de produits hypnotiques, neuroleptiques, tranquillisants et antidépresseurs
- 5 600 voitures neuves, dont 2 200 étrangères et 12 000 voitures d'occasion
- 315 motos neuves, 780 motos d'occasion
- 350 000 disques et cassettes, dont 3 500 disques 33 t, 40 000 disques 45 t, 119 000 cassettes et 184 000 disques compacts
- Un million de livres, dont 320 000 romans, 140 000 livres pratiques, 50 000 encyclopédies ou dictionnaires, 23 000 bandes dessinées. 230 000 livres sont au format de poche
- 22 500 flûtes, 550 guitares, 80 pianos, 55 accordéons

CONSOMMATION

Chaque jour, les Français utilisent ou consomment :

- 8 400 tonnes de légumes frais et surgelés
- 6 000 tonnes de pain
- 4 700 tonnes de pommes de terre
- 2 600 tonnes de yaourts
- 2 300 tonnes de fromage
- 1 800 tonnes de volaille
- 1 700 tonnes de viande de bœuf
- 1 200 tonnes de sucre
- 770 tonnes de pâtes
- 750 tonnes de beurre
- 400 tonnes de riz
- 196 tonnes de savon
- 14 tonnes de bains moussants
- 5 millions de litres d'eau minérale
- 2,2 millions de litres de vin (à domicile)
- 1,3 million de litres d'alcool
- 850 000 litres de bière
- 7,2 millions de paquets de cigarettes

LOISIRS

Chaque jour en France :

- Chaque Français consacre 3 h 19 à la télévision, dont 49 minutes aux séries-feuilletons, 24 minutes au journal télévisé, 20 minutes aux documentaires, 17 minutes aux films, 16 minutes aux jeux, 16 minutes aux variétés, 12 minutes à la publicité, 8 minutes au sport
- Chaque Français consacre 1 h 59 à la radio
- Les chaînes de télévision diffusent 110 heures de programmes, 685 messages de publicité, 3,8 films
- 330 000 Français vont au cinéma. 110 000 vont voir un film français, 200 000 un film américain
- 9 300 personnes visitent le musée du Louvre, 6 900 le palais de Versailles, 5 500 le musée d'Orsay
- 2 300 personnes visitent l'Abbaye du Mont-Saint-Michel, 2 100 l'Arc de Triomphe de l'Etoile, 2 000 le château de Chambord, 1 900 la Sainte-Chapelle
- 15 millions de Français prient

---

* Les chiffres présentés sont calculés à partir des dernières données disponibles (en général 1991) arrondies. Par souci d'unité, les calculs sont faits sur une année de 365 jours, même pour les activités qui ne peuvent avoir lieu que pendant les jours ouvrables ou pendant une période limitée (travail, achats, mariages, etc.). Les chiffres indiqués ne tiennent pas compte de la saisonnalité éventuelle des activités correspondantes (mariages, achats, etc.). Les données émanant de sondages portent, sauf avis contraire, sur la population âgée de 15 ans et plus.

INDIVIDU

LE BAROMÈTRE DE L'INDIVIDU

Chacune des six grandes parties du livre est introduite par un baromètre qui indique l'évolution de l'opinion publique en ce qui concerne les principaux thèmes abordés.

La plupart des tableaux présentés sont tirés des études annuelles Agoramétrie sur la population adulte (18 ans et plus ; les enquêtes n'ont pas été effectuées en 1990). Les pourcentages mentionnés correspondent au cumul des réponses « bien d'accord » et « entièrement d'accord » aux affirmations proposées.

« La famille doit rester la cellule de base de la société » (en %) :

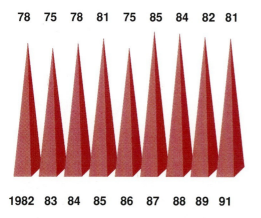

« On doit se sacrifier pour la patrie » (en %) :

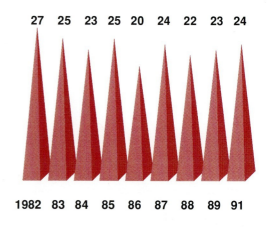

« Dieu existe » (en %) :

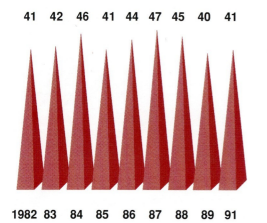

« On n'apprend plus rien à l'école » (en %) :

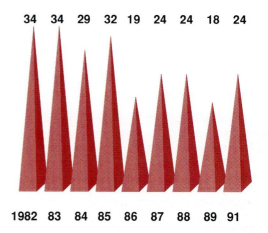

L'APPARENCE PHYSIQUE

CORPS

1,72 m et 75 kg pour les hommes • 1,60 m et 60 kg pour les femmes • Plus on est âgé, plus on est petit et lourd • Plus grands et lourds au Nord, plus petits et minces à l'Ouest • La hiérarchie sociale reproduit celle de la toise • Importance croissante de la forme physique pour les femmes et de la beauté pour les hommes • L'hygiène en progrès

TAILLE

**Les hommes mesurent en moyenne 1,72 m, les femmes 1,60 m.
En un siècle, les hommes ont grandi de 7 cm, les femmes de 5 cm.**

On observe des écarts significatifs autour de ces moyennes, entre citadins et ruraux, entre les régions, entre les classes sociales. La hiérarchie de la toise reproduit celle des catégories sociales : un cadre supérieur mesure en moyenne 7 cm de plus qu'un agriculteur, 5 cm de plus qu'un ouvrier ; chez les appelés du contingent, un étudiant mesure 4 cm de plus qu'un jeune agriculteur. Les différences de taille entre les catégories socioprofessionnelles sont cependant moins élevées parmi les femmes que chez les hommes.

Ce phénomène de grandissement n'est pas propre à la France. On constate une forte augmentation de la taille dans tous les pays qui sont passés d'une civilisation rurale agricole à une civilisation urbaine et industrialisée.

Plus on est âgé, plus on est petit

Taille moyenne par sexe en fonction de l'âge (en cm) :

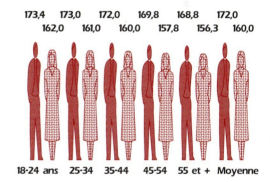

Les jeunes plus grands que leurs parents

Vers 1840, les conscrits mesuraient en moyenne 1,62 m. Leur taille moyenne était de 1,65 m en 1900, 1,69 m en 1940, 1,72 m en 1970. Ils mesurent 1,74 m aujourd'hui.
Ce grandissement moyen cache une réalité plus complexe. Les conditions de développement des enfants sont aujourd'hui plus favorables (meilleure hygiène, meilleure alimentation) et permettent aux facteurs génétiques d'influer normalement sur leur croissance. C'est pourquoi les plus petits sont de moins en moins nombreux. A l'inverse, et pour des raisons semblables, les gens anormalement grands sont plus rares.

Les grands sont plus nombreux dans le Nord, les petits dans l'Ouest.

Les différences ne sont pas, cependant, fortement marquées. En particulier, elles ne sont pas significatives pour les femmes. Les écarts plus importants constatés chez les hommes s'expliquent en partie par la structure de la pyramide des âges dans les diverses régions : on est plus jeune, donc plus grand, dans le Nord, région principalement urbaine, que dans l'Ouest, région essentiellement rurale.

Taille et hiérarchie sociale

Taille moyenne par sexe en fonction de la catégorie socioprofessionnelle (en cm) :

	Hommes	Femmes
• Cadres supérieurs, professions libérales	176,4	162,7
• Cadres moyens, techniciens	173,2	160,7
• Employés, commerçants	172,6	160,4
• Inactifs	170,9	161,0
• Ouvriers	170,8	159,1
• Agriculteurs	167,5	157,4

La taille des régions

Taille moyenne par sexe en fonction de la région (en cm) :

	Hommes	Femmes
• Nord	174,1	161,2
• Est	173,1	161,2
• Ile-de-France	172,7	160,5
• Centre-Est	171,8	161,3
• Bassin parisien	171,4	160,6
• Méditerranée	171,3	160,6
• Etranger et DOM-TOM	171,2	159,4
• Sud-Ouest	170,5	160,0
• Ouest	169,6	160,0

▶ 14 % des Français dorment nus (21 % des hommes et 8 % des femmes). 2 % dorment en chemise de nuit
▶ La garde-robe des Français compte en moyenne une centaine d'articles, dont le quart est renouvelé chaque année (en priorité les sous-vêtements et les vêtements de nuit). .

Les mensurations de la Française

Si la taille moyenne des Françaises est de 1,60 m, la dispersion autour de ce chiffre est importante : 11 % d'entre elles mesurent moins de 1,54 m ; 11 % plus de 1,69 m.
Le tour de poitrine moyen est de 97 cm, mais il est inférieur à 86 cm pour 27 % des femmes (21 % dans l'Est, 33 % dans l'Ouest) et dépasse 100 cm pour 14 % d'entre elles (21 % dans le Nord et 11 % dans le Centre-Est).
Le tour de bassin moyen est de 92 cm, mais il est inférieur à 91 cm pour 27 % des femmes (31 % dans le Centre-Est et 22 % dans l'Est) et dépasse 106 cm pour 17 % (23 % dans le Nord, 14 % en région parisienne).

POIDS

Les hommes pèsent en moyenne 75 kg, les femmes 60 kg.
En trente ans, les hommes ont grossi de 3 kg, tandis que les femmes perdaient 600 g.

Selon les critères utilisés par les médecins, environ deux Français sur trois sont trop gros. Mais seulement un sur trois se considère comme tel. L'hérédité joue sans doute un rôle important dans la morphologie et se trouve à l'origine de certaines

**VIRGIN MEGASTORE.
LA TECHNOLOGIE NE SERA JAMAIS ASSEZ POINTUE.**

Le poids, un argument publicitaire plus que social

obésités. Mais les modes de vie individuels (alimentation, exercice, soins, etc.) et les canons de la beauté qui prévalent à un moment donné exercent aussi une influence très forte. C'est peut-être ce qui explique que les Françaises ont à la fois grandi et minci au cours des vingt dernières années, tandis que les hommes grandissaient et grossissaient.

Le poids des ans

Poids moyen par sexe en fonction de l'âge (en kg) :

	18-24 ans	25-34	35-44	45-54	55 et +	Moyenne
H	68,5	73,3	74,9	75,6	76,8	75,0
F	55,8	58,0	60,0	63,1	64,0	60,0

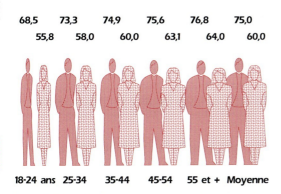

Le marché de la minceur

18 % des Français se pèsent régulièrement. 15 % suivent un régime ou au moins de temps en temps. Ce sont en particulier des femmes, habitant la région parisienne ou le Sud-Est. La plupart le font pour des raisons médicales, surtout les retraités (75 % d'entre eux) et les hommes. On observe que les acheteurs de produits amincissants (laits, savons, gels, crèmes, gélules, exfoliants...) sont surtout des personnes minces.
Les cadres sont aussi de plus en plus concernés (voir le succès de la méthode Montignac auprès d'eux), un poids « normal » étant aujourd'hui considéré dans beaucoup d'entreprises comme l'une des conditions de l'efficacité dans le travail.

Le poids moyen augmente avec l'âge.

Pour les deux sexes, le poids augmente en moyenne avec l'âge, à l'inverse de la taille, qui tend à diminuer à cause de l'effet des générations et du tassement qui accompagne le vieillissement.

Entre 20 et 50 ans, la prise de poids représente environ 5 kg pour les hommes et 7,5 kg pour les femmes. Les statistiques montrent aussi que plus on est âgé, plus on est petit. C'est ce qui explique que les risques d'obésité (rapport poids/taille non conforme aux normes en vigueur) augmentent avec l'âge.

Les hommes qui ont des responsabilités professionnelles sont plus lourds que la moyenne, les femmes plus minces.

Chez les hommes, les agriculteurs et ceux qui exercent des professions indépendantes pèsent davantage en moyenne que les salariés, à taille et âge égaux. La hiérarchie est différente chez les femmes ; celles qui sont cadres supérieurs ou membres des professions libérales sont les moins lourdes (en même temps que les plus grandes). Ces chiffres laissent à penser que les femmes qui cherchent à obtenir des postes élevés dans la hiérarchie professionnelle veillent plus que les autres à leur ligne.

Le poids des professions

En kg :	Hommes	Femmes
• Cadres supérieurs, professions libérales	75,8	57,6
• Cadres moyens, techniciens	75,2	63,2
• Employés, commerçants	74,8	58,5
• Inactifs	73,5	60,4
• Ouvriers	73,3	60,0
• Agriculteurs	71,9	58,8

Le poids des régions

En kg :	Hommes	Femmes
• Nord	76,5	61,5
• Est	76,1	58,2
• Ile-de-France	75,5	61,0
• Centre-Est	74,0	60,7
• Bassin parisien	73,8	59,6
• Méditerranée	73,4	59,8
• Etranger et DOM-TOM	73,0	58,6
• Sud-Ouest	71,8	58,1
• Ouest	71,7	58,1

Celles qui sont cadres moyens ou techniciennes sont, semble-t-il, moins concernées, puisqu'elles pèsent en moyenne près de 6 kg de plus, avec une taille inférieure.

Morphologies régionales

La morphologie des Français varie selon les régions, bien que les mélanges de plus en plus fréquents entre les origines tendent à estomper les caractères spécifiques :
• Les gens du Nord ont en général une taille haute, des cheveux et des yeux clairs, le crâne de type méso-brachycéphale (largeur presque égale à la hauteur).
• Dans l'Est, la taille et la forme du crâne sont semblables à celles du Nord, mais les cheveux et les yeux sont foncés.
• Dans le Sud, les personnes sont plus petites, les cheveux et les yeux sont foncés, le crâne est de type brachycéphale (largeur et hauteur très voisines).
• Les Bretons sont aussi de petite taille et de type brachycéphale, leurs cheveux sont plus ou moins clairs, leurs yeux clairs.
• Les Basques ont une taille haute, des cheveux très foncés, des yeux clairs et un crâne de type brachycéphale.
• Les personnes originaires de la bande pyrénéo-méditerranéenne ont une taille moyenne, des cheveux et des yeux très foncés, un crâne de type méso-dolichocéphale (plutôt étroit et allongé).

FORME PHYSIQUE

Le « corps-outil » a fait place au « corps-vitrine ».

Avec la multiplication des machines et la diminution du travail musculaire, le « corps-outil », qui permet de se déplacer et d'agir, est devenu moins important. Il a fait place au « corps-vitrine », qui assume une double fonction : transmettre aux autres une image valorisante et rassurer l'individu à qui il appartient. La vitrine doit donc être vue de l'intérieur comme de l'extérieur. Le corps est aujourd'hui un miroir à double face.

Etre bien dans son corps, c'est être mieux dans sa tête. C'est de ce postulat qu'est né le grand mouvement de reconquête du corps apparu au cours des années 80.

Les pressions sociales et médiatiques jouent un rôle déterminant.

La société actuelle privilégie ceux qui sont beaux et bien portants. Les médias et la publicité ont largement participé à la création de nouveaux modèles collectifs. Au cours des années 80, les magazines féminins avaient idéalisé les modes de vie californien, brésilien, suédois ou australien et tenté de démontrer que les femmes pouvaient (devaient ?) être à la fois belles, actives, sensuelles et sportives. Même si les modèles sont aujourd'hui plus flous, les pressions ne sont pas moins fortes (voir *Climat social*).

Dans le domaine professionnel, la réussite personnelle passe aussi par la forme physique, dans une société où la concurrence est de plus en plus vive. Les employés ou les cadres savent qu'ils sont, dès l'embauche, jugés sur leur apparence autant que sur leurs compétences.

Le corps, objet de toutes les attentions

La forme physique est considérée comme l'une des dimensions de la beauté.

Les produits de beauté permettent d'agir en surface, en embellissant le corps ou en rendant moins apparents les effets de son vieillissement. Mais les Français se tournent aussi vers des moyens d'agir en profondeur. Non contents de cacher leurs petits défauts physiques, ils cherchent à les faire disparaître, à remodeler leur corps selon leurs désirs.

Après des siècles d'oubli, le précepte de l'esprit sain dans un corps sain fait un retour remarqué.

On constate d'ailleurs que ce sont les personnes qui en ont a priori le moins besoin qui font de l'exercice. Ce sont en effet les hommes et les femmes les plus minces qui ont le plus d'activité physique et qui consomment le plus de produits de maquillage et de soins de beauté. La même corrélation existe aussi chez les hommes en ce qui concerne les produits d'hygiène et de beauté. Enfin, les personnes qui font de l'exercice font plus attention que les autres à ce qu'elles mangent : 61 % d'entre elles surveillent leur alimentation, contre 41 % des non-pratiquantes.

Les nouvelles sportives

39 % des femmes pratiquent un sport, dont le tiers dans le cadre d'une association ou d'un groupement. Ce sont surtout des femmes jeunes, diplômées et urbaines. Leurs sports préférés sont, par ordre décroissant, le tennis, la natation, la marche à pied, le vélo, la gymnastique. Après avoir essayé les sports « durs » des années 80 (jogging, aérobic, musculation), beaucoup reviennent aujourd'hui à des exercices plus calmes, partant du principe qu'il n'est pas nécessaire de souffrir pour être en forme.

Le souci de la forme et de l'apparence revêt de multiples aspects.

Il est à l'origine de l'accroissement considérable des dépenses consacrées à la santé et aux soins de beauté et même du recours de plus en plus fréquent à la chirurgie esthétique (voir page suivante).

Il s'est traduit, dans les logements, par l'intérêt porté à la salle de bains, avec la transformation de baignoires en jacuzzi, voire la réalisation d'un coin sauna. La pratique sportive s'est également développée : 72 % des hommes et 54 % des femmes se livrent à une activité sportive plus ou moins régulière 20 % des hommes et 17 % des femmes font de la natation, 13 % et 8 % du ski alpin (voir *Activités physiques*).

De son côté, le tourisme de santé et de remise en forme s'est développé : en 1991, 650 000 personnes ont effectué un séjour dans l'une des 104 stations thermales françaises, ce qui reste encore très inférieur aux chiffres atteints en Allemagne (8 millions de curistes) ou en Italie (2,2 millions).

170 000 personnes ont fréquenté un centre de thalassothérapie, soit deux fois plus qu'il y a dix ans, pour un total de 1,8 million de journées. Sur les 50 centres existants, une quinzaine ont été créés depuis 1988 (on n'en comptait que 18 en 1978). Les projets en cours laissent prévoir un nouveau doublement de la capacité d'accueil dans les prochaines années.

L'allégé, une tendance lourde ?

Les produits de la forme (allégés, enrichis en vitamines, biologiques, diététiques) apparus au cours des années 80 ont connu jusqu'en 1990 une forte croissance. L'engouement semble moins fort aujourd'hui, du fait des critiques dont ils ont fait l'objet de la part des diététiciens et des organisations consuméristes : prix plus élevé que les produits de référence ; remplacement de certains ingrédients « caloriques » par d'autres non souhaitables ; effet limité sur le poids dans la mesure où ils incitent à manger davantage.
Ces réserves n'ont pas empêché les produits allégés de prendre une part importante sur certains marchés : 20 % des achats de produits ultrafrais ; 18 % des chewing-gums ; 12 % du beurre. Leur part est beaucoup plus faible en ce qui concerne les boissons rafraîchissantes sans alcool et les plats préparés (5 %) ou la charcuterie (2 %). Les fabricants estiment que les produits allégés pourraient représenter environ 10 % des dépenses alimentaires en 1995 (contre 5,5 % en 1986) et culminer à 15 % en l'an 2000.

BEAUTÉ

La consommation de produits de beauté est d'environ 500 francs par personne et par an, contre 72 francs en 1970.

En 1991, les Français ont acheté pour 27 milliards de francs de produits de parfumerie, toilette et beauté : 2 fois plus, en francs constants, qu'il n'y a 15 ans. C'est la vente des produits de beauté qui se développe le plus, en particulier les produits de soins du corps et du visage (laits hydratants, amincissants, exfoliants, eaux de soin, traitements spécifiques). Elle tend aussi à se médicaliser. Les achats de parfums connaissent une forte progression : il y a quarante ans, une femme sur dix se parfumait ; on en compte aujourd'hui sept sur dix.

La volonté de plaire (aux autres et à soi-même) et le désir de s'occuper de soi expliquent cette évolution. En utilisant des produits de beauté, les femmes obéissent à une double motivation : être plus belles et rester jeunes. Une motivation que l'on retrouve dans toutes les catégories sociales.

La moitié des achats sont effectués dans les grandes surfaces (51 % en 1991).

Comme dans tous les domaines de consommation, les femmes sont devenues attentives aux prix des produits de beauté. Elles sont en particulier de plus en plus sensibles aux différences de prix non justifiées, ce qui les incite à acheter dans les rayons cosmétiques des hypermarchés. Pour les soins du corps, 79 % des utilisatrices utilisent une marque de grande diffusion, 78 % en ce qui concerne les produits de toilette et de soins du visage (82 % pour le savon, mais 25 % pour une crème antirides ou spécifique). Elles ne sont que 30 % pour les produits de maquillage.

Face à une demande croissante, l'offre de produits de beauté s'est diversifiée. Les produits de beauté proposés se situent aujourd'hui entre la cosmétologie et la pharmacologie, les fabricants ayant fait à la fois des efforts de recherche (liposomes, antiradicaux libres, collagènes, etc.) et de communication. Cette technicité croissante des produits explique le poids non négligeable des pharmacies dans les achats (10 % en 1991). Le reste se répartit entre la vente sélective (magasins spécialisés, 31 %) et la vente directe (8 %).

▶ Les Français ont acheté en 1991 pour 800 millions de francs d'accessoires de coiffure (brosserie, ornements pour cheveux, articles de manucure).
▶ 19 % des Français déclarent perdre leurs cheveux (28 % des hommes à partir de 35 ans ; 60 % des plus de 50 ans). 33 % considèrent la calvitie comme un handicap dans les relations avec l'entourage, 16 % dans la vie professionnelle, 10 % dans la vie sentimentale. On estime à 9 millions le nombre de Français ayant une calvitie.
▶ En 1991, les hommes ont acheté 59 millions de chemises, 23 millions de pantalons de loisirs, 13 millions de pantalons de ville, 20 millions de pantalons denim (jeans), 14 millions de shorts et bermudas.
▶ Entre 10 et 16 ans, les filles ont en moyenne 28 articles de plus que les garçons du même âge, 44 de plus entre 17 et 24 ans.

Les redresseurs de corps

Les femmes hésitent de moins en moins à se livrer aux mains des chirurgiens spécialisés pour diminuer ou supprimer la cellulite, des défauts de naissance ou certains effets du vieillissement.
Parmi les opérations pratiquées, celle du nez est la plus fréquente. Il faut citer également les *liftings* qui consistent à remonter la peau pour faire disparaître les rides, la réduction des masses graisseuses, les opérations effectuées sur la poitrine, celles concernant les cheveux. Une lipoaspiration du ventre coûte entre 15 000 et 25 000 F, l'ablation d'une « culotte de cheval » entre 10 000 et 20 000 F.
La chirurgie esthétique (à ne pas confondre avec la chirurgie réparatrice, destinée à corriger par exemple les défauts survenus à la suite d'accidents) tente de répondre en même temps à des problèmes physiques et psychologiques. Mais les résultats ne sont pas assurés et la profession n'est guère réglementée. Tout médecin a le droit de pratiquer la chirurgie esthétique ; sur les 3 000 personnes qui exercent cette activité, seules 400 sont « qualifiées » au Conseil de l'ordre des médecins.

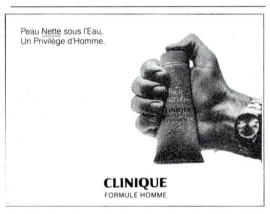

Les hommes aussi

Les hommes consomment de plus en plus de produits de beauté.

Le grand mouvement de reconquête du corps ne touche pas seulement les femmes. L'égalité des sexes se fait ici dans un sens inhabituel puisque ce sont les hommes qui prennent modèle sur leurs homologues du « beau sexe ». Leurs tentatives s'étaient jusqu'ici limitées à ce qui ne risquait pas, à leurs yeux, de diminuer leur virilité : crème pour les mains, eau de toilette, pommade pour les lèvres... Ils s'intéressent aujourd'hui aux autres types de produits.

Depuis quelques années, le marché de la beauté masculine connaît une véritable explosion : plus de 3 milliards de francs en 1991. 21 % des hommes utilisent régulièrement des produits de soins du visage, 9 % plusieurs fois par jour, 7 % plusieurs fois par semaine. On constate cependant que ce sont encore les femmes qui, dans 60 % des cas, achètent les produits de beauté des hommes.

HYGIÈNE

Le niveau d'hygiène général a largement progressé.

L'hygiène est la face cachée de la beauté. C'est peut-être pourquoi elle n'a pas toujours occupé une place essentielle dans les préoccupations des Français. Mais leur attitude a beaucoup changé, sous l'effet des pressions sociales, des nouveaux produits mis sur le marché et des modèles proposés par les médias et la publicité. La redécouverte du corps s'est logiquement accompagnée d'une évolution notable en matière d'hygiène. Pour un nombre croissant d'individus, l'hygiène a cessé d'être une obligation morale pour devenir une nécessité sociale et un plaisir individuel.

La consommation de savon des Français se situe dans la moyenne européenne.

Les Français utilisent en moyenne 650 g de savonnettes par personne et par an, soit deux fois moins que les Anglais (1 250 g), moins aussi que les Allemands (1 000 g) ou les Italiens (800 g). Mais ces chiffres ne tiennent pas compte de la consommation des produits récents tels que les gels de douche, les bains moussants ou les savons liquides, qui s'est beaucoup accrue au cours des dernières années. Surtout, ils oublient la consommation de savon de ménage (dit « savon de Marseille ») que les Français utilisent souvent pour leur toilette. Ce dernier représente ainsi plus de 500 g par personne et par an, dix fois plus qu'en Grande-Bretagne ou en Allemagne, mais deux fois moins qu'en Italie et sept fois moins qu'au Portugal. Au total, la France se situe donc dans la moyenne européenne.

Hygiène, culture et géographie

La carte de l'hygiène sépare traditionnellement le Nord et le Sud, le bassin méditerranéen et les pays d'influence anglo-germanique. On retrouve ces différences en France, où les habitants des régions proches de la Belgique, du Luxembourg, de l'Allemagne ou de la Suisse continuent de consommer plus de savon et de dentifrice que ceux des régions proches de l'Italie ou de l'Espagne.
Si le niveau global d'hygiène d'un pays augmente avec son développement économique, il reste néanmoins influencé par les caractéristiques culturelles nationales et régionales. A niveau de vie égal, les habitudes et les pressions sociales peuvent faire préférer l'achat d'une télévision à celui d'une baignoire. Mais, dans ce domaine comme dans d'autres, les écarts tendent à s'estomper, du fait des brassages de population, de la multiplication des produits d'hygiène et de la communication qui accompagne leur développement.

Les produits pour la douche et le bain se sont banalisés.

Les logements sont de mieux en mieux équipés sur le plan sanitaire. 98 % des ménages disposent aujourd'hui d'une baignoire ou d'une douche (ils n'étaient que 28 % en 1960). Le développement des achats de bains moussants a été spectaculaire : environ 250 g par personne en 1991 ; 14 % des femmes et 11 % des hommes en utilisent au moins une fois par jour, 52 % et 46 % au moins une fois par semaine. Les gels douche, apparus en 1985, connaissent aussi une forte croissance de l'ordre de 30 % au cours des dernières années : 150 g par personne et par an.

Les Français se lavent aussi les cheveux plus souvent : 8 % des hommes et 4 % des femmes utilisent du shampoing au moins une fois par jour, 80 % et 81 % au moins une fois par semaine. La consommation moyenne est de 3 flacons de 230 ml par an, soit un peu moins qu'en RFA (3,5) mais plus qu'en Grande-Bretagne ou en Italie (2,5).

Le volume d'achats de déodorants a plus que doublé en dix ans.

En 1991, les Français ont acheté 90 millions d'unités de produits déodorants, pour plus d'un milliard de francs. La croissance de ces dernières années est due pour une part à l'existence de lignes de produits spécialement destinés aux hommes. Elle devrait se poursuivre, puisque seulement les deux tiers des foyers en achètent, contre les trois quarts en Grande-Bretagne et en RFA. 59 % des femmes et 39 % des hommes en utilisent au moins une fois par jour, 10 % et 14 % au moins une fois par semaine.

L'hygiène des dents reste insuffisante.

63 % des femmes et 46 % des hommes déclarent se laver les dents plusieurs fois par jour, 33 % et 42 % une fois par jour. Seuls 3 % des hommes et 1 % des femmes se les laveraient une fois par semaine ou moins souvent.

Si 36 % des Français déclarent changer de brosse à dents tous les deux ou trois mois, la moyenne nationale des achats n'est que de une par personne et par an, alors que les Japonais en achètent 3,5, les Suédois et les Suisses 2,5. La consommation de dentifrice est elle aussi en retrait par rapport à d'autres pays : 3 tubes par Français et par habitant (un en 1966), contre 6 dans les pays d'Europe du Nord. Il faut cependant ajouter aux achats de dentifrice (30 millions de tubes en 1991) les solutions de prébrossage (2 millions) et des gommes à mâcher (9 millions).

Cette sous-consommation explique sans doute le fait qu'à 12 ans 70 % des enfants ont des dents cariées.

> ➤ 41 % des hommes utilisent des rasoirs jetables.
> ➤ 76 % des femmes et 63 % des hommes utilisent des mouchoirs en papier.
> ➤ Pour 71 % des hommes et 63 % des femmes, prendre soin de soi, c'est d'abord être propre et soigné, pour 42 % et 54 % c'est se faire plaisir en s'occupant de soi, pour 17 % et 16 % c'est exprimer sa personnalité, pour 15 % et 16 % c'est ne pas vieillir, pour 12 % et 19 % c'est s'embellir, pour 10 % et 8 % c'est séduire.

APPARENCE

Budget habillement en baisse continue ; fortes disparités sociales • Les adultes moins intéressés par la mode ; retour à la sobriété • Nouveaux lieux d'achat • Record d'Europe d'achats de pantoufles • Les gestes révélateurs des mentalités

HABILLEMENT

La part des dépenses d'habillement continue de diminuer :
- *12 % du budget des ménages en 1870 ;*
- *9,6 % en 1970 ;*
- *5 % en 1991.*

Les Français consacrent une part de plus en plus faible de leurs revenus à l'habillement, ce qui ne signifie pas que les dépenses diminuent en francs courants. Le tassement est particulièrement net depuis le début de la crise économique. Il s'est encore amplifié en 1991, avec les mutations intervenues dans les comportements (voir *Consommation*).

L'ensemble des catégories sociales est concerné, même si les dépenses restent très inégales. On observe d'ailleurs une baisse semblable dans les autres pays développés, mais la part des dépenses d'habillement reste plus élevée dans la plupart des autres pays de la CEE.

La moindre influence de la mode explique que les gros articles (manteaux, costumes, imperméables, tailleurs...) représentent une part décroissante des dépenses : moins de 20 %, contre 33 % en 1953.

Le vêtement n'est plus à la mode

Evolution de la part des dépenses d'habillement dans la consommation totale des ménages (en %) :

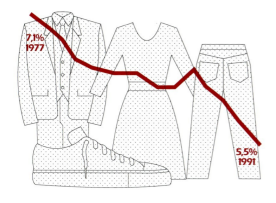

7,1 % 1977
5,5 % 1991

La dépense moyenne était de 2 600 F par personne en 1991.

Ce budget ne comprend pas les chaussures ni les accessoires. Les femmes dépensent 30 % de plus que les hommes, les filles 30 % de plus que les garçons. Au début des années 50, la situation était inversée : les hommes dépensaient 30 % de plus que les femmes pour s'habiller ; les dépenses concernant les filles étaient nettement inférieures à celles faites pour les garçons. Durant la période de forte expansion économique, entre 1953 et 1972, les dépenses vestimentaires des femmes ont progressé nettement plus vite que la moyenne. Celles des enfants ont triplé pendant que celles des adultes doublaient. Les dépenses des filles ont augmenté davantage que celles des garçons.

Un cadre dépense quatre fois plus qu'un agriculteur, deux fois plus qu'un ouvrier. Les écarts ont doublé en trente ans.

Malgré la baisse relative des prix, les costumes et les pantalons de ville constituent des postes de dépenses beaucoup plus élevés chez les cadres que dans les milieux populaires. Un tiers des hommes achète les trois quarts des vêtements de dessus masculins (pantalons, vestes, costumes, chemises, pulls, imperméables, manteaux). De même, 30 % des femmes achètent 70 % des vêtements de dessus féminins. Ce sont les catégories les plus modestes qui réduisent le plus la part de leurs revenus consacrée à ce type de dépenses. Le rattrapage des catégories aisées par les plus modestes est plus lent chez les femmes que chez les hommes.

En 1991, les femmes ont dépensé en moyenne 3 000 F pour leur habillement.

Les femmes (15 ans et plus) achètent en moyenne un vêtement de dessus (manteau, caban, imperméable) tous les 4 ans et 5 mois, une veste ou blazer tous les 3 ans et 10 mois, un maillot de bain tous les 3 ans et 3 mois, un tailleur ou ensemble tous les 2 ans et 6 mois, une robe tous les 15 mois, un pantalon ou un jean tous les 14 mois, une jupe tous les 11 mois, un chemisier ou corsage tous les 9 mois.

A l'inverse des hommes, les femmes achètent de plus en plus de jeans : elles ont effectué 45 % des achats en 1991, contre 33 % en 1986. Cette augmentation s'explique en partie par le fait que beaucoup de fabricants proposent aujourd'hui des lignes féminines. La demande s'est également accrue pour les vestes et blazers, les shorts et bermudas, les chemisiers et corsages. Elle a au contraire diminué en ce qui concerne les robes et les pantalons (loisirs et ville).

On observe des écarts importants entre les dépenses des femmes actives et celles des femmes au foyer : 3 500 francs par an environ contre 2 400 francs.

Les hommes ont dépensé 2 000 F.

Sur cette somme, 650 F étaient consacrés aux petites pièces de dessus (chemises, pulls...) et 950 F au prêt-à-porter. Cinq produits représentaient la moitié des achats : pardessus, imperméables, pantalons denim, shorts-bermudas, chemises. Plus de 40 % de ces achats étaient effectués dans des magasins indépendants, 20 % dans des chaînes spécialisées.

Depuis dix ans, les achats de vêtements de loisirs sont ceux qui ont le plus augmenté : 20 % de croissance pour les pantalons de toile, 16 % pour les survêtements et trainings, 9 % pour les tee-shirts, 8 % pour les sweatshirts, les shorts et bermudas, 7 % pour les polos. A l'inverse, les achats de jeans en velours ont baissé de 25 %, les manteaux de 13 %, les vêtements de travail de 5 %, les costumes et les pantalons de ville de 3 %.

Enfin, les hommes (en particulier les jeunes, clientèle privilégiée) délaissent le jean, après cinq années de forte croissance. Leur rythme d'achat, qui était de un tous les 25 mois (un tous les 14 mois pour les 15-25 ans), est en diminution.

L'apparence, une affaire personnelle

Le temps du « sportswear chic »

Apparu dans les années 60, le sportswear était une façon de s'habiller de façon plus décontractée, confortable, avec des formes plus amples, des matériaux plus souples. La frontière entre tenue de ville et tenue de loisirs s'est peu à peu estompée et le sportswear a perdu son caractère de mode pour devenir une garde-robe de base. Beaucoup d'hommes ont remplacé la chemise-cravate par le polo, le pantalon de ville par un velours ou un jean. Aujourd'hui, le sportswear cherche une nouvelle identité, avec des vêtements décontractés mais chics : blousons et parkas B.C.-B.G. ; chemises fantaisie portées avec une cravate ; pantalons à la fois confortables et élégants.

➤ Le caleçon représente 10 % du marché des sous-vêtements masculins.

Les jeunes restent sensibles aux marques-fétiches, mais recherchent des compléments moins coûteux.

Si la mode joue un moindre rôle dans les achats des adultes, elle se manifeste dès l'école primaire chez l'enfant et prend une importance considérable à l'entrée au collège. Tout ce qui peut permettre une identification à travers le vêtement ou l'accessoire a une importance : inscriptions, formes, matériaux et surtout marques. C'est en s'appuyant sur cette tendance que *Creeks, Compagnie de Californie, Naf-Naf, Chevignon, Perfecto, Liberto, Burlington, Reebok* ou *Hervé Chapelier* ont réussi à s'imposer.

Après quelques années de mode unisexe, la différenciation entre les filles et les garçons tend à s'accroître. On observe aussi une tendance à mélanger les vêtements de marque coûteux avec d'autres moins coûteux achetés éventuellement en grandes surfaces.

Le budget layette en baisse

Le budget consacré à la layette des bébés tend aussi à diminuer. Il reste cependant beaucoup plus élevé que celui des enfants (au-delà de 2 ans) : environ 4 500 F par an, dont la moitié provient de cadeaux, contre 2 000 F pour les enfants. Les mères, moins séduites par les coupes originales et les couleurs vives, recherchent aujourd'hui des produits plus sobres.

Le vêtement est de moins en moins un « signe extérieur de richesse » ou un moyen de « frimer ».

L'importance du « look », typique des années 80, est en régression et avec elle le sensualisme, l'hédonisme et la sophistication. On observe aujourd'hui des comportements nouveaux, qui tentent de concilier l'individualisme et le conformisme. L'élégance ne doit pas être ostentatoire, la personnalisation ne doit pas être artificielle. Les « vêtements kleenex », que l'on jetait lorsque apparaissait une nouvelle mode, tendent aujourd'hui à être remplacés par des « valeurs sûres » apportant confort, discrétion, simplicité et naturel.

Les Français cherchent désormais plus à s'insérer dans leur milieu social ou professionnel qu'à se faire plaisir ou à jouer avec leur apparence. Comme dans le reste de l'Europe, la tendance générale est de rechercher le confort et la décontraction.

Les hommes mélangent plus facilement les genres (une veste habillée avec un jean, un parka sur un costume) et privilégient les vêtements et accessoires qui permettent de changer d'apparence à moindre coût (cravates, pin's, etc.). Les femmes se sentent moins tenues de suivre la mode ; elles achètent des vêtements qui se renouvellent moins souvent, aussi bien pour le travail que pour les sorties ou le sport.

Les lieux et les comportements d'achat ont changé.

Les Français (les hommes en particulier) ont découvert les rayons vêtements des hypermarchés. Les grandes surfaces représentaient 18 % des achats en 1991, hors grands magasins et magasins populaires (en baisse, à 8,5 %). Mais ce sont surtout les chaînes de magasins (franchisés, succursalistes, groupements d'achat) qui se développent : 18 % des achats, contre 12 % en 1985.

Les femmes recherchent de plus en plus les « bonnes affaires ». Les soldes représentaient 55 % des ventes de prêt-à-porter féminin en janvier 1991, 38 % en février, 15 % en mars, 23 % en juin, 43 % en juillet, 35 % en août, 13 % en novembre, 17 % en décembre. On constate une tendance croissante à l'infidélité, tant aux marques qu'aux lieux d'achat. La vente par correspondance souffre de ces comportements nouveaux ; elle ne représente plus que 11 % des achats.

La mode miroir

Malgré ses difficultés économiques récentes, la haute couture continue de nous tendre un miroir dans lequel on peut reconnaître plusieurs tendances contemporaines. Ainsi, les collections 1991 et 1992 ont mis en évidence le goût pour l'érotisme, le spectacle, le mélange des genres et la déstructuration. Mais c'est l'exotisme qui en constitue le mot clé, le concept fédérateur, reconnaissable aussi bien dans le choix des formes que dans celui des couleurs ou des matériaux.
Les emprunts aux autres cultures sont de plus en plus apparents, impression renforcée par le recours à des mannequins de nationalités différentes (souvent métisses ou noires). La mode est donc de moins en moins révélatrice de spécificités nationales. Comme la communication, dont il est un vecteur particulier, le vêtement s'inscrit dans le « village global » dont nous sommes les habitants.

Les sous-vêtements deviennent aussi plus utilitaires.

Les achats de lingerie féminine sont en légère progression. Les femmes achètent en moyenne environ 4 slips ou culottes par femme et par an (contre 7 en Grande-Bretagne) et 2 soutiens-gorge. Les sous-vêtements « coquins », qui avaient connu une certaine croissance au cours des années passées constituent aujourd'hui un complément le plus souvent marginal. On constate ainsi un attrait pour des produits confortables, en même temps que pour les culottes de maintien, qui aident à cacher les rondeurs. En ce qui concerne les collants, on note un accroissement de la part du Lycra dans les achats (18 % en 1991), un intérêt pour la maille et les coloris chauds.

Le retour à l'utilitaire est sensible aussi chez les hommes. Ceux-ci achètent chaque année environ 90 millions de slips et caleçons, soit 3,6 par personne ; un chiffre inférieur à ceux de la Grande-Bretagne (4), de l'Allemagne (6) et surtout des Etats-Unis (12). Il faut noter que ce sont les femmes qui, à plus de 70 %, sont prescriptrices des achats de sous-vêtements masculins. 41 % d'entre elles déclarent préférer les hommes en slip, 17 % seulement en caleçon (39 % n'ont pas de préférence).

Le caleçon en baisse

Après l'engouement des années 80 pour le caleçon, 76 % des hommes préfèrent aujourd'hui le slip. C'est dans l'est de la France qu'il est le plus porté (24 %, contre seulement 19 % des Parisiens), dans le Sud-Est qu'il est le plus délaissé (9 %).
Les amateurs de caleçon se trouvent surtout parmi les jeunes de 18 à 24 ans : 45 % contre 44 % pour le slip, 12 % portant l'un ou l'autre indifféremment. Les plus favorables au slip sont les 35-49 ans (87 %). Le caleçon retrouve des adeptes à partir de 50 ans.

Le sur-mesure tend à disparaître.
La confection domestique diminue.
Les dépenses d'entretien augmentent.

Le sur-mesure ne représente plus que un pour mille des dépenses d'habillement contre 10 % en 1953. Les femmes, qui ont de plus en plus souvent une activité professionnelle, disposent de moins de temps pour fabriquer elles-mêmes leurs vêtements ou ceux de leurs enfants. Seuls 5 % des vêtements sont confectionnés à la maison ; les deux tiers sont des tricots (pull-overs, vestes, chaussettes, layette). Leur part dans les dépenses d'habillement est passée de 10 % en 1953 à 3 % aujourd'hui. Dans le même temps, les dépenses de services extérieurs de réparations et nettoyage sont passées de 1 % à 10 %.

CHAUSSURES, COIFFURE, ACCESSOIRES

Les Français sont les plus gros acheteurs de chaussures d'Europe : 5,5 paires par personne en 1991.

Il faut préciser que ce record s'explique par celui détenu en matière d'achats de pantoufles (voir encadré). Chaque Français achète en moyenne 1,5 paire de chaussures de ville, une paire de chaussures de sport, une paire de pantoufles et deux paires d'autres chaussures (bottes en caoutchouc, sandales, espadrilles...) par an, pour un montant de 800 F. Ces achats représentent 15 % des dépenses d'habillement, une proportion qui varie peu en fonction du niveau de revenu des ménages ou de la région d'habitation.

33 % des achats sont effectués dans des magasins de détail indépendants, 30 % dans des chaînes (*André*, *Eram*...), contre 22 % il y a dix ans, ou des magasins installés dans les périphéries des villes (*Halle aux chaussures*...), 14 % dans des hypermarchés ou supermarchés (en stagnation, malgré l'accroissement du nombre de points de vente), 4 % sur catalogue, le reste dans les grands magasins, marchés, etc.

Sur les 320 millions de paires achetées en 1991 (contre 235 millions en 1975), les deux tiers concernaient des chaussures de fabrication étrangère : un tiers en provenance d'Italie ; la moitié de pays extérieurs à la CEE (Chine, Corée du Sud, Taiwan).

> ➤ Les Français achètent chaque année pour un peu plus de 200 000 carats de diamants. 27 % des bijoux correspondants sont offerts à l'occasion d'un anniversaire, 20 % à Noël, 9 % pour des fiançailles, 7 % pour un anniversaire de mariage, 5 % pour la naissance d'un enfant, 2 % pour un mariage, 8 % en d'autres occasions, 22 % sans occasion spéciale.

Les champions de la pantoufle

En 1991, les Français ont acheté en moyenne un peu plus d'une paire de pantoufles, trois fois plus que les Allemands, quatre fois plus que les Danois, sept fois plus que les Italiens, cent fois plus que les Portugais ! La « charentaise » reste le symbole d'une nation frileuse, avide de confort et très attachée à son logement. La pantoufle est au pied ce que le foyer est à la vie des Français : un cocon.

On assiste à un retour aux modèles traditionnels.

Les années 70 avaient été celles de la chaussure utilisée à « contre-emploi ». Les tennis, baskets et autres chaussures de sport servaient plus au bureau, à l'école ou au marché que sur les courts ou dans les stades. Au cours des années 80, la chaussure était moins le symbole de la décontraction que celui de la personnalisation.

Aujourd'hui, les achats de chaussures de sport tendent à stagner en volume, mais ils augmentent en valeur du fait de la domination des grandes marques internationales qui ont multiplié les modèles sophistiqués et chers.

A la ville, les femmes reviennent à la chaussure à talon, tandis que les hommes abandonnent les chaussures « bateau » des années 1985-86 pour investir dans le « classique chic » illustré par les modèles britanniques. L'influence des modes lancées par les fabricants se fait surtout sentir chez les jeunes et des adolescents.

Les Français vont chez le coiffeur en moyenne 7,5 fois par an. 10 % n'y vont jamais.

3 % s'y rendent au moins une fois par semaine (surtout des femmes), 20 % une fois par quinzaine, 57 % une fois par mois, 18 % une fois par trimestre, 2 % moins souvent. Ce rythme a diminué lentement mais régulièrement au cours des dix dernières années, du fait surtout des augmentations de prix.

Le budget coiffure représente 0,6 % des dépenses totales des ménages. Les services les plus courants sont, par ordre décroissant : coupe (18 %) ; brushing (17 %) ; permanente (16 %) ; mise en plis (14 %) ; traitement (13 %) ; coloration/décoloration (13 %) ; divers (9 %).

Les jeunes ont souvent voulu affirmer par des coupes délibérément outrancières leur refus de s'intégrer totalement au monde des adultes (Beatles, Punks, Skinheads, etc.). Aujourd'hui, un certain classicisme domine, surtout chez les adultes. Les jeunes sont, comme pour l'habillement, plus sensibles aux modes, qui sont d'autant plus suivies qu'elles sont associées à des styles de vie ou d'apparence, c'est-à-dire en fait à l'appartenance à des groupes.

Les accessoires vestimentaires jouent un rôle de plus en plus important.

Leur fonction est à la fois psychologique et économique. Ils permettent de modifier à peu de frais l'apparence d'un vêtement ancien et de lui donner une touche plus personnelle : montre de gousset, boucle d'oreille, nœud papillon, pour les hommes ; écharpe, ceinture, sac, bijou pour les femmes. Même la chaussette, longtemps austère et neutre, ne se cache plus. Seuls les compléments plus traditionnels du vêtement (chapeau, gants, etc.) sont en voie de disparition, malgré quelques tentatives périodiques de réhabilitation.

La montre à l'heure de la modernité

- 97 % des Français possèdent une montre (3 % n'en ont pas). 35 % en ont deux, 32 % au moins trois (37 % des femmes, 27 % des hommes). 41 % des habitants de la région parisienne ont plus de deux montres, seulement 26 % dans les villes de 2 000 à 100 000 habitants.
- Les styles de montres préférés sont, par ordre décroissant : la montre bijou (31 %), digitale (affichage par chiffres, 29 %), fantaisie (27 %), de marque (22 %), de sport (22 %), de caractère (21 %), de grand-père (12 %), griffée (5 %), ordinateur (5 %).
- 15 % des femmes et 10 % des hommes oublient parfois de mettre leur montre. 68 % l'enlèvent pour dormir (77 % des cadres supérieurs, 62 % des ouvriers), 4 % ne l'enlèvent jamais. 36 % l'enlèvent pour faire l'amour (51 % des 18-34 ans). 19 % l'enlèvent pour le week-end (24 % des ouvriers).

Le phénomène du pin's est significatif de la volonté et de la difficulté de communiquer.

On estime que 200 millions de pin's ont été achetés en France en 1991, soit 4 par habitant. Ce triomphe récent (il a commencé en 1988 à l'Open de tennis de Bercy) témoigne de la volonté de réconcilier la mode, phénomène de masse, avec la volonté d'expression individuelle, idée-force des années 80. En même temps qu'il donne à celui qui le porte son brevet de modernité, le pin's lui permet d'affirmer sa personnalité, à travers les causes qu'il défend, les marques qu'il arbore, les produits ou événements dont il se fait le support. Un support publicitaire original où le message et le médium se confondent.

Le pin's permet d'afficher la multiappartenance de chaque individu.

Dans une société où la communication est difficile, où l'on dispose en général de peu de temps pour s'affirmer, convaincre ou séduire, le pin's constitue un moyen de décliner son identité, d'offrir à l'autre un prétexte pour engager la conversation, de repérer dans une foule (qui n'est plus anonyme) ceux qui ont des goûts semblables, des centres d'intérêts communs. Une façon de *s'automédiatiser*, afin de dire qui l'on est et de se sentir moins seul.

On pourrait comparer le pin's au tatouage, qui concerne des populations beaucoup plus restreintes, attachées à sa signification symbolique (virilité, marginalité, appartenance à un groupe ou à un individu). Mais le pin's en diffère par plusieurs aspects : il est visible par tous ; il peut être facilement multiplié, remplacé, enlevé, échangé. Et il peut faire l'objet d'une plus-value.

34 millions de Français portent des lunettes correctrices, au moins occasionnellement.

Le nombre de personnes portant des lunettes tend à s'accroître, du fait du vieillissement de la population (64 % des femmes et 56 % des hommes sont concernés) et d'une plus grande attention portée aux problèmes de vision, en particulier en ce qui concerne les enfants. 7 % dez femmes et 4,5 % des hommes portent des verres de lentille de contact.

En même temps qu'elles servent à corriger la vue, les lunettes participent à l'expression de la personnalité. Chaque année, les Français achètent environ 7 millions de montures optiques (pour verres correcteurs), auxquelles il faut ajouter les lunettes de soleil et celles destinées à modifier l'apparence plutôt qu'à améliorer la vue (une motivation que l'on trouve plutôt chez les jeunes et les cadres).

GESTES

Les gestes constituent un moyen d'expression particulièrement révélateur.

L'apparence d'un individu ne se limite pas à son allure physique, à ses vêtements ou à sa coiffure. Ses gestes sont un témoignage important de sa personnalité, de sa culture. Ils sont aussi fortement liés à son appartenance nationale.

Si l'on connaît la façon de manger ou de s'habiller des Français, on connaît moins leur façon de bouger. Parmi les rares études sur le sujet, celle du sociologue américain Laurence Wylie révèle des particularités intéressantes du comportement gestuel national.

La tension musculaire est permanente.

Lorsqu'on examine au ralenti les films des mouvements usuels, ce qui frappe d'abord, c'est le degré de tension musculaire. Pratiqué dès le plus jeune âge, le contrôle des muscles de tout le corps explique la rigidité du torse, la poitrine bombée, les épaules hautes et carrées des Français. Des épaules d'ailleurs particulièrement expressives : ramenées vers l'avant, accompagnées d'un soupir ou d'une moue, elles disent tour à tour le doute, le regret ou l'impuissance.

Le corps participe à l'expression orale.

Lorsqu'ils sont debout, les Français ne font pas basculer le bassin comme le font les Américains. Leurs pieds sont distants d'environ douze centimètres, l'un posé en avant de l'autre. Cela permet un balancement d'avant en arrière, contrastant avec le mouvement latéral des Américains.

Mais c'est la mobilité du poignet et du coude qui est la plus étonnante pour l'observateur. Les mouvements gracieux et compliqués de la main participent à la conversation, complétant efficacement ce qui est exprimé par les mots. C'est peut-être pour cette raison que les Français ne mettent pas souvent les mains dans leurs poches, préférant garder une certaine liberté de mouvement en mettant (quelquefois) les poings sur les hanches ou, plus souvent, en croisant les bras.

Assis, ils aiment croiser les jambes, tout en les gardant parallèles, contrairement aux Américains qui préfèrent poser un pied sur le genou opposé (ce qui serait considéré comme impoli en France). Ils gardent parfois les bras croisés, ou bien utilisent une main pour caresser la bouche, les cheveux, ou soutenir le menton. Pas de pieds posés sur une table ou une chaise, pas de mains sur la tête comme on le voit couramment outre-Atlantique dans la plupart des classes sociales.

Les gauchers ne sont plus contrariés

Les enfants qui écrivent de la main gauche représentent en France (comme en Europe) 10 % de la population scolaire, contre 8 % en Asie. Ils sont aujourd'hui considérés comme des gens « normaux » que l'on ne doit pas contraindre à utiliser leur main droite. C'est ce qui explique que leur proportion augmente régulièrement, comme ce fut le cas aux Etats-Unis : 2 % au début du siècle ; 13 % aujourd'hui parmi les 18-30 ans (6 % seulement chez les plus de 60 ans). Les études ont montré que les gauchers ont un avantage dans les sports d'adresse et de vitesse : leur proportion parmi les champions de tennis, d'escrime ou de football est très supérieure à ce qu'elle est dans l'ensemble de la population. L'une des explications proposées est que l'analyse d'une situation et la commande de l'action correspondante sont effectuées chez eux par le même hémisphère du cerveau (droit), sans avoir à transiter par l'autre hémisphère.

La démarche générale est guidée par la tête.

On peut distinguer un Américain d'un Français de loin. Le premier a tendance à balancer les épaules et le bassin, et à faire des moulinets avec les bras. Le second s'efforce d'occuper un espace plus restreint : pas de balancement sur le côté ; la jambe est projetée très loin en avant et tend le genou. Le pied retombe sur le talon, le torse demeure rigide et ce sont les avant-bras et la tête qui amorcent le mouvement.

Bien sûr, les gestes varient selon les individus et les catégories sociales auxquelles ils appartiennent. Les gens « bien élevés » font plutôt moins de gestes que les autres, les hommes moins que les femmes. Le langage des mains, que les Français imaginent propre aux Italiens, est l'une des composantes du patrimoine national ; de la main tendue pour dire bonjour aux pouce et index frottés l'un contre l'autre pour exprimer l'idée d'argent en passant par l'index accusateur... Le dictionnaire des gestes, qui reste à créer, constituerait un complément utile à celui des mots. Il aurait en plus l'avantage d'être drôle.

LA SANTÉ

MALADIES

Mortalité globale en baisse, mais inquiétude croissante pour la santé • Montée de la fatigue et du stress • Moins de maladies cardio-vasculaires que dans les pays comparables • Davantage de cancers chez l'homme et la femme • 20 000 cas de sida à fin 1991 • Moins de maladies professionnelles • 5 millions de handicapés physiques, 1,7 million de handicapés mentaux • Consommation d'alcool en légère baisse • Nouveaux comportements des fumeurs • Drogue et suicide en hausse

ÉTAT DE SANTÉ

90 % des Français jugent leur santé satisfaisante par rapport aux personnes de leur âge, mais 26 % déclarent souffrir d'un handicap et 79 % craignent une maladie grave.

Bien que les maladies et les « bobos » de la vie courante alimentent souvent leurs conversations (surtout à partir d'un certain âge), les Français se disent en majorité plutôt satisfaits de leur état de santé. 8 % seulement se déclarent peu satisfaits, 2 % pas du tout. Ce sentiment est évidemment plus répandu chez les personnes âgées que chez les jeunes.

Cet optimisme relatif n'exclut pas les difficultés. Un peu plus d'un Français sur quatre (26 %) se dit atteint d'un handicap, d'une infirmité ou d'une maladie chronique. Sur une période d'un an, rares sont ceux qui ne souffrent pas d'un rhume, de mal de tête, de dos ou d'estomac, de douleurs articulaires ou tout simplement de fatigue.

Enfin, 79 % s'avouaient inquiets, fin 1991, de l'éventualité d'une maladie grave. Un taux qui tend à s'accroître au fil des années : ils n'étaient que 69 % en 1981. La maladie grave est d'ailleurs de loin la principale inquiétude des Français devant la peur de la drogue, la violence et l'insécurité, le chômage. Cette angoisse est la conséquence de la nécessité croissante ressentie par chacun d'être en bonne santé, afin de répondre aux sollicitations de plus en plus nombreuses (et difficiles à assumer) de la vie professionnelle et sociale.

43 % des Français disent souffrir de nervosité, 27 % d'insomnie. La consommation de tranquillisants ou somnifères est la plus élevée au monde.

Les enquêtes montrent qu'un Français sur deux souffre de nervosité, un sur quatre d'insomnie, un sur huit de dépression (voir graphique). Ces taux élevés sont eux aussi en augmentation depuis une dizaine d'années : 29 % s'estimaient nerveux en 1980 contre 36 % en 1991, 20 % souffraient d'insomnie contre 26 %.

Les Français achètent chaque année plus de 150 millions de boîtes de produits hypnotiques, neuroleptiques, tranquillisants et antidépresseurs, plus couramment appelés somnifères. 36 % des femmes et 20 % des hommes y ont recours, au moins occasionnellement. La proportion est encore plus élevée après 60 ans : 32 % des hommes et 51 % des femmes. On constate aussi que la consommation de tranquillisants va de pair avec celle des autres médicaments.

Si la pilule du soir représente pour beaucoup l'espoir d'une nuit de sommeil, elle présente tout de même des risques par ses effets induits ; on estime que 6 % des accidents de voiture sont liés à la consommation de somnifères.

Les Français sont de plus en plus mal dans leur peau

Proportions de personnes ayant souffert au cours des quatre dernières semaines de certains maux (en %) :

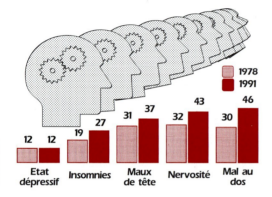

CREDOC

La France sur le divan

Le nombre des psychiatres et psychanalystes s'est beaucoup accru au cours des dernières années en France. On en compte environ 8 000, dont plus de 5 000 dans le privé. Ils suivent environ 750 000 patients, dont la moitié hors de l'hôpital (dans des dispensaires, centres de vie, ou à domicile). Le prix de la consultation chez un psychanalyste se monte en moyenne à 200 F, à raison d'environ deux séances par semaine (il peut atteindre ou dépasser 1 000 F pour certaines « vedettes » de la profession, en général parisiennes). La psychanalyse tend à devenir moins théorique et s'inspire des psychothérapies actives d'origine américaine : somatanalyse, rolfing, sophrologie, bioénergie, cri primal, rebirth... que l'on retrouve dans la panoplie des méthodes *New Age* (voir *Croyances*). Certaines de ces thérapies renvoient à la vie intra-utérine ou au traumatisme de la naissance, dont elles visent à faire revivre les souffrances.

5 millions de Français sont migraineux

Le doute a longtemps plané sur la réalité physiologique de la migraine. Atteignant principalement les femmes (26 % d'entre elles, contre 8 % des hommes), elle pouvait passer, selon Balzac, pour « la reine des maladies, l'arme la plus plaisante et la plus terrible employée par les femmes contre leurs maris ». Ce doute est aujourd'hui dissipé. La thermographie permet d'ailleurs de faire apparaître les effets de la migraine sur des clichés, sous forme de taches sur le front et sur le crâne.
Les personnes atteintes subissent une quinzaine de crises annuelles, avec une prédominance matinale. Leur proportion est importante entre 30 et 40 ans ; elle diminue rapidement à partir de 60 ans. Les causes évoquées sont alimentaires (alcool, chocolat, graisses, conservateurs), psychologiques (hypersensibilité aux événements de la vie personnelle ou professionnelle) ou hormonales pour les femmes.

La fatigue et le stress sont des indicateurs de l'état de la société.

Ils sont le tribut à payer au confort matériel et à l'inconfort moral caractéristiques de l'époque. La palette des manifestations possibles est large : de la fatigue à la perte de sommeil en passant par la dépression, accompagnée parfois de la tentation extrême, celle du suicide. Lorsqu'on demande aux Français de se situer sur une échelle de 1 à 5 allant de calme à angoissé, un sur trois choisit le milieu, 15 % se jugent calmes et 9,5 % angoissés. Mais 45 % pensent qu'ils pourraient un jour souffrir de dépression.

L'accumulation de difficultés ou de frustrations dans la vie professionnelle, familiale ou personnelle est la cause principale. Dans la vie moderne, chacun doit jouer plusieurs rôles dans une même journée, assumer tour à tour les responsabilités d'employé ou de patron, de parent ou d'époux. L'obligation de résultat, la surcharge de travail, les problèmes de communication ou la solitude sont souvent épuisants dans une société qui ne pardonne guère les faiblesses et les erreurs. Les nuisances de l'environnement (bruit, pollutions, agressivité ambiante) ajoutent à cette difficulté.

➤ 60 % des obèses meurent d'un accident cardio-vasculaire.
➤ Les Français consomment 30 % de graisses de plus que les Américains, mais leur taux de crise cardiaque est de 145 pour 100 000, contre 315 aux Etats-Unis.
➤ 15 % des Français entre 30 et 70 ans souffrent d'hypertension artérielle, mais 80 % l'ignorent.

Les Français fatigués

Plus d'un Français sur deux se dit fatigué. Le paradoxe est que ce sont les inactifs qui sont les plus touchés. 33 % considèrent la fatigue comme une fatalité, 67 % ont une attitude active et tentent de modifier leur hygiène de vie, consultent leur médecin ou prennent des médicaments antifatigue. Parmi ces derniers, les femmes sont plus nombreuses que les hommes (55 % contre 45 %), les jeunes de moins de 35 ans plus que leurs aînés (52 % contre 48 %), les habitants des grandes villes (plus de 100 000 habitants) plus que ceux des petites (30 % contre 12 %, mais 24 % en milieu rural).

MORTALITÉ

Le taux de mortalité continue de diminuer.

Au cours des six ou sept dernières décennies, on a observé une forte régression des maladies infectieuses (ce qui explique la chute spectaculaire de la mortalité infantile), ainsi que des maladies cardiovasculaires. A l'inverse, les tumeurs ont progressé chez l'homme et arrivent en seconde position des causes de décès (quatrième en 1925). Après avoir progressé jusqu'en 1960, les maladies liées à l'alcoolisme ont régressé.

La baisse de la mortalité a moins bénéficié aux hommes qu'aux femmes. C'est le cas en particulier des 25-35 ans, du fait des accidents, des suicides et de l'apparition du sida, et des 55-65 ans, à cause des cancers.

L'alcool et le tabac tuent 100 000 personnes par an

L'alcool continue de jouer un rôle important dans la mortalité : un tiers des décès liés aux maladies de l'appareil digestif et aux troubles mentaux ; 13 % des décès par cancer ; 20 % des accidents mortels de la route, suicides, homicides. Au total, environ 10 % des décès, seul ou en association avec le tabac.
Le tabac serait responsable à lui seul de 20 % des décès par cancer et par maladie de l'appareil respiratoire ; soit près de 9 % de l'ensemble des décès.
On peut estimer que la consommation excessive d'alcool ou de tabac est à l'origine de 100 000 morts chaque année, soit près d'un décès sur cinq.

Maladies mortelles

Evolution des causes de mortalité :

	Nombre		Part (%)	
	1990	**1980**	**1990**	**1980**
• Maladies de l'appareil circulatoire	174 544	204 416	33	37
• Tumeurs	141 831	128 685	27	23
• Accidents et autres morts violentes	48 254	50 506	9	9
• Maladies de l'appareil respiratoire	38 086	33 389	7	6
• Maladies de l'appareil digestif	27 082	35 669	5	7
• Autres causes	96 434	94 442	19	17
Total des décès	526 201	547 107	100	100

INSERM

Les maladies cardio-vasculaires sont à l'origine de 33 % des décès.

Les « maladies de cœur » restent la première cause de mortalité en France (175 000 décès en 1990). Plus de la moitié d'entre elles concernent le cerveau (50 000 décès dus aux maladies cérébrovasculaires) et les arrêts cardiaques (50 000 ischémies). Viennent ensuite les problèmes liés à l'hypertension.

Il faut cependant signaler que la France est dans la CEE le pays le moins touché par ces maladies : 31 pour 100 000 habitants contre 53 au Royaume-Uni, 54 en Allemagne. Cette situation s'explique en particulier par une politique efficace de prévention, d'information et de dépistage des personnes à haut risque (en particulier les hypertendus). Les accidents vasculaires cérébraux ont ainsi diminué de 40 % entre 1975 et 1985. Leur part continue de baisser.

L'hérédité, mais aussi les modes de vie, sont les principaux responsables de ces maladies. Les hommes sont les plus concernés ; entre 35 et 65 ans, ils meurent trois fois plus des diverses maladies cardio-vasculaires que les femmes (deux fois plus entre 15 et 34 ans).

*200 000 personnes sont atteintes
du cancer chaque année.
141 831 en sont mortes en 1990.*

La mortalité par cancer a augmenté de 10 % en dix ans, alors que la population n'augmentait que de 4,8 % et que l'efficacité des traitements progressait. L'augmentation a été sensible chez les hommes, en particulier à cause du tabac et de l'augmentation des cancers de la prostate. Chez la femme, on observe une baisse des cancers de l'utérus et de l'estomac, mais une hausse des cancers du sein et du poumon. De sorte que l'écart de mortalité entre les sexes est aujourd'hui le plus important des pays la Communauté européenne. Globalement, le tabac serait responsable d'un cancer sur quatre, le type d'alimentation interviendrait dans 20 à 30 % des cas, l'alcool dans 10 %. Le risque augmente à partir de 50 ans mais diminue à partir de 80 ans.

Les chiffres des décès ne reflètent pas l'importance des différents types de cancer, du fait de leurs taux de guérison très variables. Ainsi, le cancer du sein représente près de la moitié des cancers des femmes mais seulement 18 % de la mortalité.

Euthanasie : le débat continue

La plupart des Français (85 %) trouvent normal qu'un malade ait le droit d'être aidé à mourir dans le cas d'une maladie grave et incurable et de souffrances insurmontables. Les médecins sont plus partagés, objectant la législation actuelle et l'existence de médicaments qui permettent de soulager ou supprimer la douleur. L'Eglise reste opposée à l'euthanasie, considérée comme un meurtre. Quant aux politiciens, ils craignent en modifiant la loi de créer une situation irréversible.
Dans une société où l'espérance de vie continue de croître, le problème de la fin de vie se pose de façon de plus en plus aiguë. Les adversaires de l'acharnement thérapeutique affirment que chacun est maître de sa vie et doit donc l'être de sa mort. Le débat porte en fait sur la poursuite ou non du processus d'individualisation de la société, dont l'euthanasie pourrait représenter une étape ultime.

▶ 60 % des médecins ont des séropositifs parmi leurs malades. Parmi eux, 66 % en ont de un à trois, 21 % de quatre à dix, 13 % plus de dix.

Cancer : 500 décès par jour

Nombre de décès par cancer (1990) :

	Hommes	Femmes
Toutes tumeurs	86 166	55 665
dont :		
• Poumons	18 805	2 812
• Voies aéro-digestives supérieures	12 056	1 532
• Intestin	8 035	7 725
• Sein	129	10 173
• Prostate	9 211	-
• Estomac	3 962	2 836
• Pancréas	3 090	2 647
• Vessie	3 170	1 105
• Leucémies	2 515	2 232

A fin décembre 1991, on avait dénombré en France 19 815 cas de sida depuis le début de l'épidémie.

On estime le nombre de cas réel à environ 23 000. La France est doublement concernée par ce fléau (syndrome immuno-déficitaire acquis), apparu en 1978. D'abord parce que c'est une équipe française, celle du docteur Montagnier, qui a découvert un premier virus en 1983. Ensuite, parce que la France détient le triste record du plus fort taux de sida de la CEE (voir encadré).

Le taux de mortalité global cumulé (nombre de personnes décédées par rapport au nombre de cas recensés) était de 53 % à fin 1991. Il tend à diminuer chaque année du fait de l'apparition de nouveaux cas et de l'amélioration des soins apportés aux malades.

*Les hommes sont 5 fois plus touchés que les femmes.
La proportion des toxicomanes augmente, mais aussi celle des hétérosexuels.*

La mortalité commence vers 20 ans et atteint son maximum entre 35 et 39 ans. Chez les hommes de plus de 25 ans, les célibataires sont dix fois plus touchés que les hommes mariés. Contrairement à ce qui se passe pour la plupart des maladies, les catégories sociales favorisées sont plus touchées que les autres. Le taux de mortalité le plus bas est celui des agriculteurs, le plus élevé celui des « professions de l'information, des arts et du spectacle » (plus de 500 par million).

L'Ile-de-France est la région la plus atteinte (un taux proche de 837 cas cumulés par million d'habitants en 1991 et un peu moins de 9 000 cas), devant la région Provence-Côte d'Azur (taux de 576 et 2 500 cas) et les départements d'Outre-Mer (taux de 476 et 695 cas).

20 000 sidéens

Nombre de cas de sida depuis 1981 (en cumul, fin d'année) :

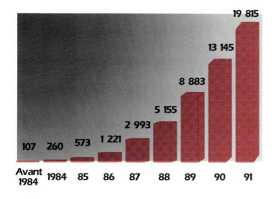

Les homosexuels et bisexuels sont les plus touchés, mais la part des toxicomanes augmente.

A fin 1991, 51,3 % des cas de sida cumulés concernaient des personnes homosexuelles ou bisexuelles, contre 60,3 % pour l'année 1986. 21 % étaient toxicomanes, soit près du double de 1986 (12 %).

Longtemps ignorée ou niée, la contamination hétérosexuelle est de plus en plus apparente : 11,4 % des cas concernent des hétérosexuels, partenaires de sujets infectés ou à risque (10 % en 1986).

En dépit des contaminations intervenues il y a quelques années, les risques liés aux transfusions sanguines ont été en principe supprimés par les mesures de prévention et de dépistage prises dans les hôpitaux. 5,7 % des malades recensés sont des transfusés (contre 7,3 %).

Enfin, 3 % sont des enfants, infectés par transmission materno-fœtale (mère séropositive). Dans 40 % des cas, la mère a été contaminée par un partenaire hétérosexuel. Dans 30 % des cas, elles étaient elles-mêmes toxicomanes.

La France championne d'Europe du sida

Avec 35 cas détectés pour 100 000 habitants, la France a le plus fort taux de contamination de la Communauté européenne, devant l'Espagne (24) et le Danemark (20) ; un taux huit fois plus élevé que celui du Portugal, pays le moins touché.
Cette situation s'explique par l'utilisation peu répandue des préservatifs (environ 10 % des Français, 50 % parmi la population dite « à risque ») et par une prise de conscience insuffisante et en tout cas tardive, surtout parmi les jeunes. Les diverses campagnes d'information diffusées n'ont pas eu un effet comparable à celui constaté dans d'autres pays ; leur impact a été limité par la croyance en l'arrivée prochaine d'un vaccin.

En l'absence de vaccin, l'effet du sida sur la démographie pourrait être considérable.

On estimait fin 1991 que 500 000 Européens étaient séropositifs, un million d'Américains (dont 100 000 hétérosexuels), un million d'Indiens, 6 millions d'Africains. Beaucoup ignorent leur état et risquent donc de transmettre le virus. De plus, la

Le sida, un problème individuel et collectif

plupart des femmes contaminées sont en âge d'avoir des enfants (un bébé sur trois ou quatre contracte la maladie lorsque la mère est atteinte).

Au total, il pourrait y avoir 15 millions de malades dans le monde en l'an 2000, dont 9 millions d'Africains. Les grandes villes d'Afrique centrale pourraient perdre 30 % de leur population et l'on pourrait compter 10 à 15 millions d'orphelins en Afrique subsaharienne.

Médecins et patients : le désaccord

68 % des Français (et 55 % des médecins) estiment qu'un malade qui se sait séropositif et qui ne prend pas de précautions vis-à-vis de son ou de ses partenaires sexuels doit être poursuivi par la justice (29 % des Français et 39 % des médecins sont de l'avis contraire).
90 % des Français et 57 % des médecins considèrent que, si leur conjoint était séropositif, le devoir du médecin serait de les prévenir, rompant ainsi le secret médical (8 % des Français et 41 % des médecins sont de l'avis contraire).
83 % des Français et 47 % des médecins sont favorables à un dépistage systématique et obligatoire du sida pour l'ensemble de la population (16 % des Français et 53 % des médecins sont de l'avis contraire).

Les autres maladies infectieuses sont en régression.

Hors sida, on a dénombré 6 889 décès dus à des maladies infectieuses ou parasitaires en 1990. Après avoir baissé au cours des précédentes décennies, leur part est stable. Plus des trois quarts des décès concernent des personnes âgées de plus de 65 ans. Les principales causes restent la septicémie (2 501 décès en 1990) et la tuberculose (988 décès), devant les infections intestinales. On enregistre environ 100 000 cas d'hépatites virales (de type B) chaque année.

L'incidence des maladies sexuellement transmissibles (MST) est difficile à mesurer. Il semble néanmoins que la syphilis (2 000 à 10 000 cas annuels, 19 décès en 1990) et la gonococcie (200 000 à 400 000 cas) soient en baisse depuis déjà une vingtaine d'années.

Le nombre des maladies professionnelles diminue : moins de 4 000 cas par an, contre 10 000 en 1950.

La plupart des maladies professionnelles sont des affections pulmonaires provoquées par l'inhalation de poussières métalliques ou minérales (pneumoconioses) ou des affections de la peau (dermatoses). Leur nombre est globalement en régression. Ainsi, la silicose (maladie des mineurs) devient rare : environ 200 personnes atteintes chaque année contre 3 000 en 1976, 8 500 en 1954. Il faut cependant noter l'accroissement du nombre des affections provoquées par le bruit (environ 1 000 par an, contre 275 en 1975).

Mais de nombreuses maladies, de nature psychosomatique, ne sont pas prises en compte du fait de leur relation incertaine avec le travail : ulcères, maux gastro-intestinaux, troubles du sommeil, dépressions, bronchites, asthme, etc. Les chiffres seraient plus élevés encore si l'on devait considérer le stress comme une maladie professionnelle...

Grippe : 4 millions de Français sont touchés chaque année. 2 183 morts en 1991 (16 000 en 1968).

La grippe coûte chaque année plusieurs milliards de francs à la communauté ; elle est à l'origine selon les années de 10 à 30 millions de journées d'arrêt de travail. La prévention est cependant largement développée : environ 10 % des Français se font vacciner à l'approche de l'hiver (20 % chez les plus de 65 ans).

Après trois années plus favorables en 1987, 1988 (500 et 1 000 morts) et 1989 (1323 morts), 1990 a été une année plus redoutable, avec un nombre de décès comparable à celui de 1986 (2 108 morts).

➤ 25 % des médecins font parfois pratiquer un test de dépistage du sida sans en informer leur patient (74 % non).
➤ 58 % des médecins généralistes conseillent à leurs patients l'autotransfusion, qui consiste à se faire prélever du sang au cours des semaines précédant une intervention chirurgicale.
➤ 76 % des Françaises ont déjà bénéficié d'un frottis vaginal. 59 % en font faire un chaque année, 20 % tous les deux ou trois ans. 35 % ont déjà subi une mammographie.
➤ La consommation de vin en quantité modérée réduirait de 50 % le risque d'infarctus.

On a recensé environ 3 000 maladies héréditaires.

La plupart des quelque 3 000 maladies héréditaires entraînent un avortement spontané. Mais d'autres n'empêchent pas l'enfant de naître. Ainsi, 15 à 20 % des grossesses connaissent des accidents dus à des problèmes chromosomiques. En 1991, les anomalies congénitales ont été à l'origine de 1 819 décès. L'hémophilie touche un enfant de sexe masculin sur 7 000, la myopathie un sur 3 500 (son espérance de vie est limitée à une vingtaine d'années), la débilité mentale un sur 1 500. La mucoviscidose concerne un enfant sur 2 500.

La recherche dans ce domaine est très active ; elle a été aidée en France par les sommes considérables collectées lors des *Téléthons* organisés par Antenne 2. Des chercheurs ont déjà identifié les gènes responsables de la myopathie et de la mucoviscidose.

HANDICAPÉS

5 millions de Français souffrent de handicaps.

Au total, environ 10 % des Français « éprouvent une gêne ou des difficultés dans la vie quotidienne » ; un peu plus de 3 millions d'entre eux ont plus de 60 ans. On retrouve des proportions similaires dans d'autres pays d'Europe : Danemark, Espagne, Pays-Bas, Luxembourg. La proportion est supérieure en RFA (environ 12 %) ; elle serait inférieure en Irlande, en Grande-Bretagne et au Portugal.

Si l'on retient seulement les déficiences graves (mentales, sensorielles et suites d'accidents), on compte 1,2 million de handicapés sévères de moins de 60 ans.

➤ 66 % des Français se déclarent prêts à accepter une intervention chirurgicale en cas de douleur chronique, 58 % à essayer des médicaments nouveaux.
➤ Un Français sur quatre accepte de donner son sang. 42 % estiment que les transfusions sont dangereuses, 52 % non (septembre 1991).
➤ Le mot *stress* a été utilisé pour la première fois dans son sens actuel par le physiologiste canadien Hans Selyé en 1936.

Sur les 810 000 handicapés pensionnés (ayant un handicap lourd reconnu), 23 % le sont par origine congénitale : 2 % des nouveau-nés sont porteurs d'une malformation congénitale, 2 pour mille d'une maladie héréditaire du métabolisme se manifestant dès le premier âge. Les autres handicaps physiques sont dus à des causes socio-économiques : accidents, maladies, conditions de vie n'ayant pas permis un développement normal de l'individu.

En 1990, les maladies du système nerveux et des organes des sens ont tué 10 293 personnes. La principale est la maladie de Parkinson (2 555 décès), qui touche principalement les personnes âgées.

Un problème fréquent, mais souvent caché

250 000 malentendants.
17 000 sourds-muets.
65 000 aveugles et amblyopes
(vue très affaiblie).

Parmi les malentendants (sourds profonds ou personnes ne pouvant entendre sans aide auditive), on estime que 200 000 ont plus de 60 ans. Parmi les aveugles, 60 % ont plus de 60 ans ; 5 000 occupent un emploi, le plus fréquemment comme standardistes, musiciens ou masseurs.

La surdité et les difficultés de la vue augmentent avec l'âge, bien qu'elles ne conduisent pas dans tous les cas à une infirmité totale.

210 000 enfants handicapés

Les établissements et services médico-sociaux abritent un peu plus de 200 000 enfants et adolescents. 80 000 jeunes d'âge scolaire présentant des troubles de la personnalité ou de la connaissance fréquentent de façon plus ou moins continue des centres médico-psycho-pédagogiques. Parmi les autres, 53 % ont un retard intellectuel plus ou moins prononcé, 22 % ont une déficience du psychisme, 5 % sont polyhandicapés (retard mental profond associé à des troubles moteurs importants). 60 % sont des garçons.

Il y aurait environ 1 700 000 handicapés mentaux.
La moitié souffrent de déficiences légères.
75 % ont moins de 20 ans.

Les causes majeures du handicap mental chez l'adulte sont les névroses graves, les psychoses chroniques, les déficiences profondes, l'alcoolisme, la toxicomanie et les formes graves de psychopathie. Les dépressions touchent, à des degrés divers, un nombre élevé de personnes (sans doute plus de 10 % des Français) ; une sur cinq souffre d'une maladie nerveuse au cours de sa vie.

Parmi les délinquants et marginaux, on estime que 200 000 personnes sont des irresponsables, victimes d'un handicap prononcé. La durée de vie moyenne des handicapés mentaux est très inférieure à celle de la moyenne des Français. C'est ce qui explique que la plupart d'entre eux sont jeunes.

Les hôpitaux psychiatriques abritent environ 75 000 personnes à temps complet. Ils suivent chaque année quelque 200 000 enfants et 70 000 adultes. Les placements d'office des personnes atteintes de formes diverses de maladies mentales ne représentent plus que 3 % des entrées contre 14 % en 1970, les « placements volontaires » (en réalité demandés par la famille) 21 % contre 59 %. Les hospitalisations libres sont largement majoritaires : 68 % contre 27 % en 1970.

➤ La publicité pour le tabac est interdite à la radio et au cinéma dans tous les pays de la CEE. Elle est interdite dans la presse en Italie et au Portugal et limitée ailleurs. Elle est interdite à l'affichage au Danemark, en France, Irlande, Italie et Portugal, limitée ailleurs. Elle est limitée au cinéma en Allemagne, Grèce, Pays-Bas, Espagne et interdite ailleurs.

ALCOOLISME, TABAC, DROGUE

Certains plaisirs de la vie contribuent à en raccourcir la durée.

Le « verre de trop » est encore à l'origine de nombreux accidents. Le tabac est responsable du quart des cancers. Quant à la drogue, elle promet un paradis qui ressemble rapidement à l'enfer.

12 % des Français font une consommation importante de tabac (plus de 20 cigarettes par jour) ou d'alcool (plus d'un litre de vin par jour ou des apéritifs et digestifs). 14 % prennent « régulièrement » des somnifères ou tranquillisants.

Seuls 20 % des hommes de 18 ans ou plus ne font usage d'aucun produit psychotrope (tabac, alcool, tranquillisant, somnifère) ; la proportion est de 43 % chez les femmes.

Les Français de 15 ans et plus absorbent en moyenne 19 litres d'alcool pur par an. Malgré sa diminution, la consommation reste la plus élevée du monde.

Après avoir atteint un maximum entre 1951 et 1957, la consommation d'alcool a fortement diminué, d'abord en 1958, puis entre 1969 et 1979 et depuis 1981. En trente ans, la baisse a atteint 30 %.

L'alcool consommé provient de moins en moins du vin (moyennement alcoolisé, de 10 à 13°) et de plus en plus des boissons faiblement alcoolisées (bière, de 4 à 7°) et fortement alcoolisées (spiritueux, de 15 à 40°). Il est de moins en moins consommé à table et de plus en plus en dehors ou « autour » des repas. Il tend donc à devenir une boisson de loisir plus qu'un composant de l'alimentation.

L'abus d'alcool entraînerait chaque année la mort d'environ 60 000 personnes, dont les trois quarts sont des hommes. Le fait que ceux-ci boivent plus que les femmes serait d'ailleurs l'une des principales causes de la surmortalité masculine.

La consommation d'alcool est une vieille tradition française.

Les habitudes varient selon l'âge, le sexe et la profession exercée. Les plus âgés sont les plus nombreux à boire régulièrement (87 % des hommes de plus de 75 ans consomment au moins une boisson alcoolisée chaque jour), mais c'est entre 45 et 54 ans que les hommes consomment les plus grosses quantités (de 35 à 44 ans pour les femmes). Les métiers où l'on boit le plus sont ceux de l'agriculture, de l'artisanat et du commerce, où les traditions sont les plus solidement installées.

Les femmes sont beaucoup plus sobres que les hommes : 39 % seulement d'entre elles consomment régulièrement des boissons alcoolisées, contre 66 % des hommes. Parmi les consommateurs occasionnels, les femmes boivent trois fois moins que les hommes.

Les jeunes boivent moins

Les jeunes (18-24 ans) semblent réduire leur consommation, qui avait augmenté au cours des dernières années. Elle représente aujourd'hui 3 litres d'alcool pur par an (vins et spiritueux), soit beaucoup moins que la moyenne nationale. 30 % d'entre eux ne boivent d'ailleurs jamais d'alcool. Les jeunes qui boivent le plus ne sont pas, comme on pourrait le penser, issus de milieux défavorisés.

47 % des hommes et 36 % des femmes sont fumeurs.
Ils étaient respectivement 51 % et 29 % en 1977.

La consommation de tabac avait connu une progression sensible jusqu'au milieu des années 60, puis entre 1965 et 1975, en liaison avec son extension chez les femmes et chez les jeunes. Elle s'est depuis stabilisée à un niveau proche de 5 cigarettes par jour et par personne (enfants et non-fumeurs compris, ou 6,5 cigarettes par personne de 20 ans ou plus).

La proportion de fumeurs (toute personne déclarant fumer, ne serait-ce que de temps en temps) est en légère diminution chez les hommes. Elle a également diminué chez les personnes âgées.

Elle a augmenté en revanche chez les femmes. Leur attitude vis-à-vis du tabac a beaucoup changé en une génération. Aujourd'hui, quatre femmes de moins de 25 ans sur cinq fument ou ont déjà fumé, alors que 70 % des plus de 45 ans n'ont jamais fumé.

La consommation des différents types de cigarettes s'est modifiée. La part des cigarettes légères s'est accrue : 20 % en 1978 ; 54 % en 1991. Enfin, 57 % des fumeurs ont déjà essayé de s'arrêter ; 12 % ont l'intention de le faire.

Alcool en baisse, tabac en hausse

Evolution de la consommation journalière de tabac et de la consommation annuelle d'alcool pur (adultes de 15 ans et plus) :

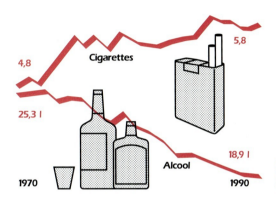

On constate une progression de la part des gros fumeurs chez les adultes.
La consommation moyenne est de 2,3 kg de tabac par personne.

Jusqu'en 1989, la part des fumeurs réguliers (au moins une cigarette par jour) avait augmenté pour atteindre 92 %. Elle est descendue à 79 % en 1991. A l'inverse, la part des gros fumeurs (plus d'un paquet par jour) a doublé chez les femmes : 12 % en 1991 contre 6 % en 1977. Elle a augmenté de moitié chez les hommes : 23,5 % en 1991 ; 16 % en 1977. Quel que soit l'âge, la proportion de personnes fumant quotidiennement varie peu et dépasse les deux tiers.

➤ Les marques les plus vendues sont : *Gauloises* brunes (23 % des achats), *Marlboro* (20 %), *Gitanes* brunes (10 %), *Peter Stuyvesant* (9 %), *Camel* (8 %). Les marques nationales de la SEITA représentent 70 % du marché.
➤ Entre 1952 et 1986, la consommation de tabac avait augmenté de 42 %. Au cours de la période, la mortalité par cancer du poumon avait presque triplé chez les hommes.
➤ 65 % des Français seraient favorables à ce qu'il soit interdit de fumer dans tous les trains (30 % non), 63 % sur leur lieu de travail (25 % non), 60 % dans les restaurants (36 % non), 38 % dans les bars et cafés (56 % non).

Les plus gros fumeurs sont les cadres moyens, les membres des professions intermédiaires, les employés. Les inactifs sont les moins concernés ; 19 % seulement d'entre eux fument. On fume plus à Paris et dans les villes de 40 000 à 100 000 habitants que dans les grandes villes de plus de 100 000 habitants. On constate aussi que l'on fume plus lorsqu'on est de gauche que de droite, mais beaucoup plus que la moyenne si l'on se situe à l'extrême gauche et à l'extrême droite.

La cigarette, un mode de vie

Les jeunes sont moins nombreux à fumer et commencent plus tard.

On compte environ 30 % de fumeurs parmi les jeunes, filles ou garçons de 12 à 18 ans, alors qu'ils étaient respectivement 43 % et 49 % en 1977. On constate également qu'ils commencent à fumer plus tard : 14 ans et demi en moyenne pour les deux sexes, contre 12,3 ans pour les filles et 13,1 ans pour les garçons en 1980. La cigarette est donc en passe de perdre son rôle de symbole du passage de l'enfance à l'adolescence. Mais la proportion de fumeurs s'accroît rapidement au-delà de 18 ans. C'est entre 18 et 24 ans qu'elle est la plus élevée.

La consommation de tabac des jeunes a diminué, tant chez les filles que chez les garçons. La part des très gros fumeurs (plus d'un paquet par jour) est relativement faible chez les garçons (5 %) et pratiquement nulle chez les filles.

Les attitudes évoluent vers un plus grand respect des non-fumeurs.

Le tabac est responsable d'environ 60 000 décès chaque année en France (220 000 dans la CEE et 2,5 millions dans le monde). Le coût des maladies liées au tabac s'élève à 40 milliards de francs pour la collectivité. Grâce aux multiples campagnes d'information, les Français savent que le tabac est à l'origine de près d'un cancer sur trois, d'accouchements prématurés et d'autres inconvénients.

C'est sans doute pourquoi 63 % des adultes et 60 % des jeunes (12-18 ans) se disent aujourd'hui gênés par la fumée des autres. Une forte majorité (même parmi les fumeurs) souhaite que les interdictions dans les lieux publics soient mieux respectées. 55 % des jeunes estiment même qu'elle pourrait être étendue à d'autres lieux comme les restaurants et les discothèques. 58 % sont hostiles à la publicité pour le tabac sous toutes ses formes.

150 000 personnes se droguent régulièrement
400 sont mortes par overdose en 1991 (350 en 1990).

La toxicomanie (état de dépendance vis-à-vis d'une substance particulière) continue de s'accroître en France, comme dans tous les pays développés. 5 millions de Français âgés de 12 à 44 ans ont déjà fait l'expérience du haschich, environ 250 000 peuvent être considérés comme des utilisateurs réguliers. Une situation inquiétante, mais cependant moins dramatique que celle de l'Espagne, de l'Italie ou de l'Allemagne.

Les trois quarts des drogués sont des hommes, mais la proportion de femmes tend à augmenter. La plupart sont des jeunes (85 % ont moins de 30 ans) mais on constate un vieillissement, ce qui accroît les risques dans le cas de grossesse. Le développement du sida dans cette population à risque est un autre problème inquiétant. On estime que 40 à 50 % des drogués sont séropositifs.

➤ 89 % des Français trouvent normal qu'il soit interdit de fumer dans les lieux publics (9 % non), 84 % dans les trains de la banlieue parisienne (10 % non), 86 % dans les avions effectuant des vols de courte durée (10 % non).
➤ 63 % des Français justifient le suicide.
➤ Sur les 16 % de Français qui affirment avoir déjà songé à mettre fin à leurs jours, 18 % ont tenté de le faire une fois, 7 % plusieurs fois (75 % jamais).

*Les mélanges médicaments-alcool
sont de plus en plus couramment utilisés.*

Parmi les toxicomanes ayant recours au système de soins existant en France, près de 60 % utilisent principalement l'héroïne, 11 % des médicaments psychotropes (barbituriques, antidépresseurs, tranquillisants, stimulants), 15 % le cannabis et ses dérivés, 10 % des produits tels que la morphine, l'opium, la cocaïne ou le LSD. Une faible proportion utilise les colles et solvants (éther, trichloréthylène...). 39 % des drogués ont commencé par le cannabis, 21 % par l'héroïne.

Les produits consommés varient en fonction de l'âge. Les enfants et adolescents choisissent plutôt les colles, les solvants et le cannabis. Les jeunes adultes (20 à 30 ans) utilisent l'héroïne. Celle-ci est plutôt moins consommée, par crainte de la transmission du sida par les seringues. Beaucoup préfèrent aujourd'hui des mélanges de médicaments et d'alcool, par ailleurs plus faciles à obtenir. Les adultes font une place plus large aux médicaments psychotropes ou stimulants. A la différence des autres produits, ceux-ci concernent aussi bien les femmes que les hommes.

*L'usage de la drogue est fortement lié
aux difficultés des jeunes dans leur vie
familiale ou sociale.*

Le recours à la drogue est le résultat d'une triple rencontre : un produit, une personnalité, un « moment socioculturel » (selon l'expression du Dr Olievenstein). Les toxicomanes ont souvent une vie de famille pauvre : un sur deux a des parents séparés ; 17 % ont perdu leur père, 7 % leur mère. 39 % ont fugué avant de se droguer, 38 % ont commis un délit.

Beaucoup ont en outre des difficultés scolaires ou professionnelles. A 18 ans, 16 % seulement sont encore scolarisés (contre 75 % dans l'ensemble de la population). 60 % n'ont pas dépassé le niveau secondaire, ce qui explique que plus de la moitié sont chômeurs ou sans activité.

Il est significatif que l'image que les jeunes drogués ont d'eux-mêmes est beaucoup moins favorable que celle des non-drogués. Les premiers se jugent plus pessimistes, tristes, inquiets, énervés, fantaisistes, paresseux, dépensiers, mal organisés, sans ambition, mal dans leur peau. Même ceux qui ne consomment que des drogues « licites » (alcool, tabac, médicaments psychotropes) sont plus nombreux à avoir le cafard que ceux qui n'en utilisent pas (55 % contre 21 %). Ils sont même 13 % à avoir des idées de suicide, contre 3 % des non-consommateurs de ces drogues du quotidien. Il n'y a pas de drogués heureux.

SUICIDE

*En 1990, 11 403 Français se sont suicidés.
Le nombre des tentatives est estimé à plus
de 150 000.*

Entre 1950 et 1976, le décès par suicide concernait environ 15 habitants sur 100 000 ; la proportion est voisine de 21 depuis le début des années 80, époque à laquelle s'est produite une forte augmentation. Depuis 1982, le nombre des suicides dépasse celui des décès par accident de la route. Les chiffres officiels sont d'ailleurs probablement sous-estimés, beaucoup de suicides étant camouflés en mort accidentelle ou en disparition.

L'augmentation a été surtout sensible chez les jeunes. On peut y voir un effet de l'évolution de la société qui, en même temps qu'elle distribue le confort et le pouvoir d'achat, exclut du partage un nombre croissant d'individus. 16 % des Français déclarent avoir déjà songé à mettre fin à leurs jours ; un quart d'entre eux ont effectivement essayé, ce qui signifie que 4 % des Français auraient fait au cours de leur vie une tentative de suicide.

Plus de suicides que de morts sur la route

Evolution du nombre de suicides :

	Hommes	Femmes
• 1980	7 361	3 044
• 1981	7 537	3 043
• 1982	8 072	3 287
• 1983	8 474	3 435
• 1984	8 615	3 492
• 1985	8 895	3 600
• 1986	8 870	3 655
• 1987	8 587	3 574
• 1988	8 234	3 365
• 1989	8 343	3 372
• 1990	8 178	3 225

INSERM

Les hommes sont 3 fois plus concernés que les femmes.
Les manœuvres se suicident 3 à 4 fois plus que les contremaîtres ou les cadres supérieurs.

Les taux de décès par suicide augmentent avec l'âge, surtout chez les hommes après 65 ans. Si les hommes sont trois fois plus nombreux que les femmes, on constate que les tentatives sont deux fois plus nombreuses chez ces dernières. Cela tendrait à prouver que la volonté de mourir est moins forte chez les femmes et que la tentative de suicide est le plus souvent une forme d'appel au secours.

Le rôle de l'entourage familial est déterminant : le suicide est 2,3 fois plus fréquent que la moyenne chez les célibataires, 2,9 fois chez les divorcés et 3,6 fois chez les veufs. Le chômage est un autre facteur aggravant. Enfin, plus d'un tiers des suicidants sont en état d'ébriété avant leur tentative de suicide ; l'éthylisme est d'ailleurs un facteur important de récidive.

Les pays du Nord plus touchés

L'accroissement du nombre des suicides concerne la plupart des pays développés, en particulier ceux du nord de l'Europe. Le taux le plus élevé est celui du Danemark (40 pour 100 000 chez les hommes et 20 pour 100 000 chez les femmes), le plus faible celui de la Grèce (respectivement 6 et 2 pour 100 000). En France, les régions Nord et Ouest sont deux fois plus touchées que les régions méridionales.
Les taux tendent à s'accroître avec l'âge, surtout dans la population masculine. Hors de l'Europe, le Japon est particulièrement concerné, avec un taux en forte croissance depuis quelques années, surtout chez les jeunes.

Le taux de suicide des jeunes a triplé en vingt ans.

En 1990, 791 jeunes de 15 à 24 ans (dont 607 garçons) se sont donné la mort. Il faudrait sans doute y ajouter les 179 garçons et 51 filles décédés à la suite de « traumatismes et empoisonnements causés d'une manière indéterminée quant à l'intention ». Le nombre de suicides de jeunes a triplé depuis les années 60 ; en dix ans, il a augmenté de 80 % pour les garçons et 20 % pour les filles. On constate que le taux des suicides « réussis » n'est que de 4 % entre 15 et 24 ans, alors qu'il est de 20 % chez les hommes de plus de 65 ans. Parmi les quelque 45 000 jeunes qui tentent de se suicider chaque année, un tiers récidivent.

Le suicide a aussi augmenté chez les personnes âgées.

Les cas de suicide parmi les 55 ans et plus représentent la moitié de l'ensemble des suicides. Le taux est de 28 pour 100 000 chez les personnes de 55 à 64 ans ; il dépasse 50 au-delà de 75 ans.

L'arrivée à la retraite est souvent ressentie comme une déchéance, surtout chez les hommes. Le décès de l'épouse est le traumatisme le plus sévère ; c'est dans l'année qui suit le décès du conjoint que le taux des dépressions suivies de tentatives de suicide est le plus élevé. La France enregistre un taux de suicide des personnes âgées deux à trois fois plus élevé que celui des autres pays européens.

Le suicide est autant la conséquence d'un problème individuel que d'une faillite collective.

Comment ne pas mettre en relation la montée du taux de suicide avec les difficultés surgies depuis quelques années dans les pays développés ? Les premières sont d'ordre moral et existentiel : recherche d'identité et de valeurs dans un monde en mutation ; déclin des points de repère traditionnels (religion, Etat, école, justice et autres institutions) ; craintes vis-à-vis de l'avenir (menaces écologiques, démographiques...). Les secondes sont d'ordre économique : difficulté à trouver un premier emploi pour les jeunes ; angoisse du chômage ; accroissement de la compétition dans la vie professionnelle ; prépondérance de la vie matérielle et place centrale de l'argent. Ces causes se traduisent par une montée des frustrations qui peut avoir des conséquences dramatiques.

Durkheim avait déjà compris il y a un siècle que le suicide relève surtout de causes socio-économiques. Mais la « carte sociale » du suicide a évolué : il est aujourd'hui plus élevé chez les hommes, les célibataires et les veufs, à la campagne et dans les petites agglomérations ; il se produit plus souvent de jour, en début de semaine, au printemps ; on se suicide plus le lundi, jour de la reprise du travail après le congé hebdomadaire ; la généralisation des congés payés a entraîné une diminution des suicides en juillet et août.

ACCIDENTS

Un peu moins de morts sur les routes ● La France en sixième position dans la CEE ● Recrudescence des accidents du travail après des années de baisse ● 5 millions d'accidents de la vie privée (maison, école, loisirs) ; 25 000 morts par an

ROUTE

Entre 1960 et 1991, environ 400 000 Français sont morts sur la route, 9 millions ont été blessés.

Un bilan insupportable sur le plan humain. Détestable aussi sur le plan économique, puisque chaque décès coûte environ 2 millions de francs à la collectivité, le coût total étant estimé à 100 milliards de francs. Avant l'âge de 45 ans, les accidents constituent la première cause de décès.

Après la stagnation des années 1987 à 1990, les statistiques de 1991 font apparaître une nouvelle amélioration, avec une diminution de 8 % du nombre d'accidents, de 9 % du nombre de blessés et de 6 % du nombre des tués, alors que la circulation avait augmenté de 3,4 %.

Il y a eu 9 617 morts sur les routes en 1991, contre 10 289 en 1990 (16 617 en 1972).

Le nombre des tués était passé pour la première fois en dessous de la barre des 10 000 en 1987 (9 855). Mais il est repassé au-dessus entre 1988 et 1990, marquant un palier avant de fléchir à nouveau en 1991, avec le chiffre le plus bas depuis trente et un ans. Par rapport à 1972, année la plus noire, le nombre de morts a diminué de 40 % ; la réduction a été de 30 % au cours des quinze dernières années.

Cette amélioration générale a pu être obtenue grâce aux différents trains de mesures qui se sont succédé depuis 1973 : amélioration du réseau routier ; obligation du port de la ceinture ; limitation des vitesses ; abaissement de la puissance moyenne des voitures, en attendant les effets du permis à points mis en œuvre en juillet 1992. Enfin, les campagnes sur la sécurité routière et l'accroissement de la vigilance des policiers et des gendarmes ont sans aucun doute contribué à cette amélioration. Mais la situation de la France est encore insatisfaisante par rapport à celle d'autres pays européens comparables (voir encadré ci-dessous).

Conduite : encore un effort

Malgré les progrès réalisés, la France est parmi les pays industrialisés l'un de ceux où l'on meurt le plus sur la route. Avec 394 conducteurs ou passagers tués par million de véhicules en circulation (1990), elle arrive au sixième rang de la Communauté européenne, derrière le Royaume-Uni (207), les Pays-Bas (223), l'Allemagne (239), l'Italie (255), le Danemark (332). Pour les motocyclistes, les chiffres sont encore plus accablants : 122 morts par an pour 100 000 motos en circulation, contre 82 au Japon et aux Etats-Unis, 76 en RFA, 65 au Royaume-Uni, 59 en Italie. Ce sont bien sûr les jeunes qui sont les plus concernés.

148 890 accidents corporels ont fait 205 968 blessés, dont 47 119 graves.

Le nombre d'accidents est le moins élevé enregistré depuis plus de vingt ans, mais la proportion de tués (6,5 pour 100 accidents corporels) est en augmentation depuis 5 ans, ce qui la place au niveau de 1971. La vitesse est sans doute responsable de cette situation.

Par rapport à 1990, le nombre d'accidents corporels a diminué de 10 % sur les routes nationales et express ; il est resté pratiquement stable sur autoroute (- 0,9 %). Le nombre des accidents corporels et des blessés a plus diminué en milieu urbain qu'en rase campagne, à l'inverse du nombre des tués.

La route moins dangereuse

Evolution du nombre des accidents corporels, des blessés et des tués par accident de la route (en milliers) :

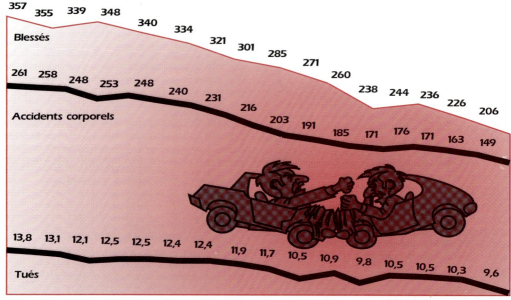

Ministère des transports

1327 piétons, 980 motocyclistes, 364 cyclistes et 504 cyclomotoristes ont été tués.

Dans les grandes villes, Paris en tête, la traversée des rues constitue souvent une périlleuse aventure. Chaque année, des milliers d'enfants sont blessés ou y laissent leur vie (151 jeunes de moins de 14 ans en 1991). Les personnes âgées (65 ans et plus), plus prudentes mais moins mobiles, ne sont pas épargnées ; elles représentaient 39 % des piétons tués et 27 % des cyclistes. Au contraire, ce sont les jeunes qui meurent le plus à moto : 47 % des tués avaient entre 15 et 25 ans.

Par rapport à l'année précédente, la gravité des accidents (mesurée par le nombre de tués pour 100 accidents corporels) a baissé pour les cyclomotoristes, les camionnettes et les poids lourds, mais elle a augmenté pour les cyclistes et motocyclistes. Elle a légèrement diminué en rase campagne, mais elle a augmenté en milieu urbain. Le nombre de blessés est en recul dans toutes les catégories.

La vitesse est la principale responsable des accidents :
- **28 % des accidents corporels ;**
- **31 % des accidents mortels.**

On estime que deux automobilistes sur trois dépassent la vitesse autorisée en agglomération. Les accidents qui s'y produisent sont d'ailleurs trois fois plus nombreux qu'en rase campagne, mais ils sont moins graves.

La vitesse excessive sur autoroute, qui n'est pas respectée par un automobiliste sur six, n'est responsable que d'un accident sur dix (11 %). 32 % sont dus à la fatigue et à l'assoupissement, 22 % aux conditions météorologiques, 11 % à la présence de piétons, 9 % au non-respect des distances, 8 % à l'alcool, 7 % à l'éclatement des pneus. Les automobilistes réagissent à la « pression par l'arrière » en accélérant afin de ne pas être heurtés par les véhicules qui les suivent. Une attitude moins fréquente dans d'autres pays européens.

Les erreurs humaines sont beaucoup plus nombreuses que les défaillances mécaniques.

2 % seulement des accidents seraient dus à des défaillances mécaniques, mais on estime que 40 % des véhicules sont en mauvais état.

Contrairement à une idée répandue, les accidents ne sont pas systématiquement dus à la rencontre de deux véhicules. La moitié des accidents mortels ne mettent en cause qu'un seul véhicule. L'alcool y joue bien souvent un rôle. On estime qu'il est présent dans 40 % des accidents mortels. Son importance est d'ailleurs sous-évaluée dans les statistiques, du fait de l'impossibilité de pratiquer l'alcootest sur les morts et les blessés graves. Le danger, ce n'est pas toujours les autres.

Sécurité rime avec autorité

TRAVAIL

En 1990, 759 354 accidents ont entraîné un arrêt de travail (dont 65 931 graves). 25 millions de journées de travail ont été perdues.

Le nombre total d'accidents était de 1 533 000, comparable à celui de 1989. Après avoir été stable, aux alentours de un million par an jusqu'en 1977, le nombre des accidents du travail avec arrêt avait diminué régulièrement. La baisse avait été de 30 % entre 1982 et 1987. La tendance s'est inversée depuis 1987, avec un accroissement des accidents avec arrêt et des décès.

Cette hausse peut s'expliquer par l'augmentation des effectifs des catégories vulnérables et moins protégées (intérimaires, contrats à durée déterminée, sous-traitants...). Elle remet en question les progrès qui avaient été réalisés entre 1955 et 1986 ; le taux de fréquence (nombre d'accidents par million d'heures travaillées) était passé de 53 à 29, soit une baisse de près de moitié. Une baisse due pour une part à une réduction des risques, liée aux efforts effectués par les entreprises dans le domaine de la sécurité. Elle avait été favorisée par la diminution de la population la plus exposée aux risques : salariés du bâtiment, mineurs, ouvriers.

Après une forte baisse jusqu'en 1986, le nombre des décès s'est lui aussi accru :
- *1970 : 2 268 ;*
- *1986 : 978 ;*
- *1990 : 1 244.*

Le nombre des personnes tuées par accident du travail est en augmentation depuis 1987. Entre 1987 et 1990, la hausse a été de 23 % par rapport à la période 1982-1986. Le taux de fréquence est cinq fois plus élevé chez les ouvriers que chez les autres travailleurs. Les travailleurs étrangers sont plus touchés que les Français, du fait de leur forte présence dans le secteur exposé du bâtiment et des travaux publics (surtout les charpentes métalliques et les travaux souterrains).

Le risque est maximal entre 20 et 29 ans. Il décroît ensuite avec l'âge ; les accidents sont moins fréquents dans les tranches d'âge élevées, mais ils sont plus graves.

Le nombre des accidents de trajet avec arrêt a fortement diminué depuis une dizaine d'années ; il avait atteint 154 000 en 1979 et occasionné la perte de 6,7 millions de journées de travail. La mise en place d'horaires flexibles, qui a réduit la crainte d'arriver en retard à son travail, explique en partie cette amélioration.

Les jeunes et les travailleurs à statut précaire sont les plus touchés.

27 % des accidents constatés en 1990 concernaient des jeunes de moins de 25 ans, alors qu'ils ne représentaient que 12 % des salariés. Cependant,

les accidents qu'ils subissent ont une moindre gravité, car ils travaillent surtout dans le secteur tertiaire.

Les intérimaires sont deux fois plus souvent victimes d'accidents du travail que l'ensemble des salariés et les accidents sont plus graves : 11,5 pour mille intérimaires contre 5,9 pour mille salariés. Ce phénomène s'explique en partie par le fait que les intérimaires travaillent plus souvent que les autres dans les secteurs à risque (industrie et surtout BTP). Il s'explique aussi par une moindre formation à la sécurité du travail et une affectation aux postes les plus dangereux ou présentant de fortes contraintes de rendement.

DOMICILE

Les accidents de la vie privée font chaque année environ 25 000 morts et plus de 2 millions de blessés. 60 % des personnes concernées sont des hommes.

Les quelque 5 millions d'accidents de la vie privée (à la maison, aux abords de la maison ou au cours des loisirs extérieurs) entraînent chaque année 450 000 hospitalisations et 550 000 arrêts de travail. Un Français sur dix en est victime.

Ces accidents sont trois fois plus nombreux que ceux du travail et près de vingt fois plus que ceux de la route. Ils font aussi plus de morts, bien que 0,5 % seulement soient mortels, contre 6,5 % dans le cas des accidents de la route. Parmi les pays industrialisés, la France est l'un des plus touchés. Les principales populations à risques sont les enfants de moins de 16 ans et les personnes âgées de plus de 60 ans.

40 % des accidents domestiques sont liés à des chutes.

La seconde cause est la pénétration d'objets dans le corps (18 % des accidents), qui se traduit le plus souvent par une coupure ou une piqûre. Viennent ensuite les chocs (17 %), les brûlures (15 %), les morsures de chien (4 %), les étouffements (3 %), les intoxications (2 %), l'électrocution (1 %). Les deux tiers de ces accidents n'entraînent que des lésions bénignes (hématome, contusion, entorse...), mais 10 % des personnes doivent être hospitalisées.

Sur dix accidents domestiques, sept se produisent dans une maison, trois dans un appartement. 29 % ont lieu dans un jardin, une cour ou un garage attenant au logement. Les autres endroits à risque sont, par ordre décroissant, la cuisine (27 %), la salle de séjour et les chambres (17 %), les escaliers et l'ascenseur (10 %), les dépendances (buanderie, cave, grenier, balcon etc., 6 %), la salle de bains (4 %) et l'atelier de bricolage (3 %).

A l'école ou dans le cadre d'activités sportives ou de loisirs, la proportion des chutes est très élevée (50 à 60 %), et précède largement les chocs. Les accidents de sport et de loisir concernent davantage les hommes. Les cadres sont les plus touchés, suivis des professions intermédiaires et des ouvriers. Le taux d'accidents scolaires croît jusqu'à 16 ans et diminue ensuite fortement ; il concerne davantage les garçons que les filles.

Les enfants sont les plus exposés : 1 000 morts par an.

Plus d'un million d'accidents de la vie privée donnant lieu à des soins de médecin concernent chaque année des enfants de 0 à 16 ans (13 % d'entre eux). Le taux s'élève à 21 % pour les garçons de 2 à 4 ans et 15 % pour les filles. Un peu moins de la moitié des accidents se produisent à la maison.

Dans plus de la moitié des cas, la cause est une chute. Dans un cas sur cinq, il s'agit d'un choc. Les brûlures ne représentent que 10 % des accidents domestiques survenant aux enfants, les coupures 6 %. La cour, le jardin et la cuisine sont les lieux principaux dans lesquels ils se produisent.

Les intoxications sont responsables d'un accident sur quatre chez les enfants de moins de 5 ans. Les médicaments et produits d'entretien sont à l'origine de 60 % des cas. Il faut citer aussi l'ingestion d'objets les plus divers (cacahuètes, pépins, haricots, clous, boutons, capuchons de stylo...), qui peut parfois se terminer de façon tragique, surtout lorsque l'enfant se trouve seul.

➤ 89 % des Français considèrent que chaque individu est responsable de sa sécurité et de celle des autres, 10 % que l'Etat et la collectivité doivent organiser la sécurité.
➤ 76 % des Français seraient prêts à faire un don d'organe au moment de leur mort, 20 % y seraient opposés. Si leur enfant était victime d'un accident mortel, 80 % accepteraient qu'un de ses organes soit prélevé au profit d'un autre enfant, 6 % non.

SOINS

10 000 F par an et par personne ● 75 % pris en charge par la collectivité ● Consommation médicale élevée mais inégale ● Malaise du corps médical ● Intérêt croissant pour les médecines douces

DÉPENSES

En 1991, chaque Français a dépensé 10 051 F pour sa santé, contre 870 F en 1970.

Dans une époque de plus en plus compétitive, la santé représente un capital précieux. Aussi précieux que le temps, dont elle est l'allié le plus sûr. C'est pourquoi les Français consacrent une part de plus en plus importante de leur budget à leur santé. Les dépenses représentent aujourd'hui 9,8 % du budget des ménages, contre 6,9 % en 1970. Elles devraient d'ailleurs dépasser celles consacrées à l'alimentation au siècle prochain (voir graphique).

L'accélération avait d'abord été ralentie, puis stoppée à partir de 1985, à la suite des mesures prises pour rééquilibrer le budget de la Sécurité sociale. Mais la consommation médicale a continué de s'accroître au-delà de l'inflation au cours des dernières années : 8,0 % en 1988 ; 9,0 % en 1989 ; 7,3 % en 1990 ; 6,7 % en 1991.

La France est le pays de la CEE qui consacre la plus grande part de son PIB aux dépenses de santé :

8,9 % contre 5,5 % en Grèce, 6,2 % au Royaume-Uni, 6,6 % en Espagne, 7,7 % en Italie, 8,1 % en Allemagne.

10 000 F par habitant

Les dépenses de santé de 1991 (10 051 F par habitant) étaient réparties de la façon suivante :
- Soins hospitaliers 4 693 F
(dont 3 481 F dans le secteur public)
- Soins ambulatoires (visites de médecins) 2 926 F
(dont 1 377 F de soins de médecins et 671 F de dentistes)
- Médicaments 1 800 F
- Lunettes et orthopédie 267 F
- Transports sanitaires 148 F
- Médecine préventive 217 F

Ministère de la Santé

La santé avant l'alimentation en l'an 2000

Evolution de la part de la santé et de l'alimentation dans le budget des ménages :

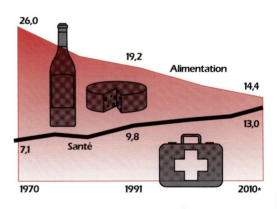

* Prévisions

INSEE

La collectivité prend en charge les trois quarts des dépenses totales de santé.

La part des remboursements de la Sécurité sociale a diminué (73,6 % en 1991 contre 76,5 % en 1980), ainsi que celle de l'Etat et des collectivités locales (1,0 % contre 2,9 %). Ce sont les ménages qui financent la différence (19,2 % contre 15,6 %), aidés par leurs assurances mutuelles, les institutions de prévoyance et les assurances privées. Le taux moyen de remboursement des médicaments est inférieur à 70 %, contre 77 % en 1986.

La quasi-totalité des Français sont aujourd'hui couverts par un régime d'assurance maladie. 80 % disposent en outre d'une assurance complémentaire (un tiers en 1960) ; leur consommation médicale est d'ailleurs supérieure de moitié à celle des autres assurés. Pour 100 F de dépenses, la sécurité sociale rembourse 74 F en France, 85 F au Royaume-Uni, 89 F en Suède et 72 F en Allemagne.

Qui paye ?

Répartition des frais de santé :

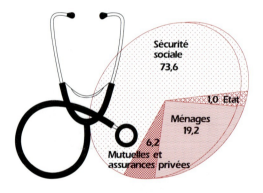

Ministère de la Santé

contraceptives, ménopause, etc. Les personnes âgées consultent également davantage : environ 7 fois par an en moyenne.

Capital santé : un intérêt croissant

La consommation médicale est très inégale :
* *13 % des familles effectuent 55 % des dépenses ;*
* *4 % des familles bénéficient de plus des trois quarts des indemnités journalières versées.*

Les Français consultent un médecin en moyenne 5 fois par an.

Depuis 1982, la croissance des dépenses de soins ambulatoires (consultations de médecins, dentistes, auxiliaires médicaux et frais de laboratoires d'analyse) s'accentue ; elles représentaient 29 % du total en 1991, contre 25 % en 1980. A l'inverse, les soins hospitaliers ne comptent plus que pour 47 % dans le total, contre 52 % en 1980.

Les femmes consultent en moyenne plus souvent que les hommes : un peu moins de 6 consultations et visites annuelles, contre 4,5. Le nombre d'examens qu'elles subissent (un peu supérieur à trois par an en moyenne) est presque le double de celui des hommes. Mais elles ont plus de raisons particulières qu'eux de se rendre chez le médecin : périodes de grossesse, choix et suivi des méthodes

Les cadres et employés sont ceux qui consultent le plus les médecins ; les membres des professions libérales, agriculteurs et patrons sont ceux qui consultent le moins. La dépense d'un ménage dont le chef est cadre supérieur dépasse de 50 % la moyenne nationale. D'ailleurs, 62 % des Français considèrent que « l'on est mieux soigné si on a des relations et de l'argent ».

La quantité de soins reçue n'est pas la seule différence entre les professions. Les cadres supérieurs se rendent beaucoup plus fréquemment chez les spécialistes que les agriculteurs ou les ouvriers non qualifiés, qui restent plus fidèles aux médecins généralistes. Cette inégalité devant les soins se double d'ailleurs d'une inégalité devant la maladie : un quart des bénéficiaires du RMI se trouve dans un état de santé insuffisant.

La santé est cependant le poste sur lequel les Français se restreignent le moins : 5,5 % seulement déclarent le faire contre 20 % pour le logement et 44 % pour les vacances.

Micro-entretien

IGOR BARRÈRE*

G.M.- *Comment expliquer le goût immodéré des Français pour les médicaments ?*

I.G.- La médecine est libérale, mais les dépenses de santé sont pour la plus grande partie prises en charge par l'Etat. Un médecin a donc toute facilité pour prescrire des médicaments plus nombreux que nécessaire, dans la mesure où il sait que cela ne mettra pas en cause le porte-monnaie de son client. Cette situation fait que les médecins sont jugés par leurs patients à la longueur de leurs ordonnances. Les Français demandent des médicaments pour vivre mieux ou mieux dormir.
Les médecins prescrivent des médicaments qui ne sont pas des somnifères (car il n'y a en fait que des interrupteurs de veille), des antidépresseurs, qui dans le cas de maladies psychiatriques, sont des produits très efficaces mais relativement difficiles à manipuler. C'est pour cela qu'il y a en France un trop grande consommation de médicaments dangereux.

---

* Journaliste, ancien membre du CSA, auteur notamment des *Guetteurs du Futur* (Seuil).

Avec 1 800 F par personne et par an, les Français sont les plus gros consommateurs de médicaments du monde.

Le nombre moyen de médicaments prescrits par personne est proche de 30 par an, contre 20 en Italie, 15 en Allemagne et en Espagne, 10 en Belgique, 6 aux Etats-Unis et au Danemark. La croissance est de 12 % par an en moyenne depuis 1970. Les principales catégories de produits utilisés concernent les troubles du métabolisme et de l'appareil digestif, les affections du système nerveux et les problèmes cardio-vasculaires.

Cette surconsommation française s'explique par les habitudes de prescription des médecins qui ne résistent guère aux demandes de leurs patients et, pour certains, aux sollicitations des visiteurs médicaux envoyés par les laboratoires. L'autre raison est le prix des médicaments, en moyenne deux fois moins élevés que dans les pays comparables de la CEE. 20 % des consultations des hommes et 30 % de celles des femmes aboutissent à un diagnostic d'anxiété ou de dépression et une ordonnance prescrivant tranquillisants, antidépresseurs ou somnifères dont les Français sont particulièrement friands ; ils en achètent deux à quatre fois plus que la plupart des autres Européens et les Américains.

Il faut cependant préciser que les Français sont loin de consommer tous les médicaments qu'ils achètent ; les armoires à pharmacie sont pleines de boîtes périmées ou partiellement utilisées.

L'automédication à la mode

Les Français pratiquent de plus en plus la médication familiale, réalisée à partir de médicaments non prescrits et non remboursés (éventuellement conseillés par le pharmacien) ou de produits remboursables en vente libre. Leur part dans les dépenses pharmaceutiques était de 28 % en 1991, soit 125 F par personne. Dans 50 % des cas, les personnes concernées demandent conseil au pharmacien, 34 % demandent au médecin d'ajouter les médicaments qu'ils utilisent fréquemment sur l'ordonnance. 32 % choisissent dans leur armoire à pharmacie ce qui se rapproche le plus de ce qu'ils cherchent. 14 % prennent les médicaments que leurs parents, amis ou collègues leur conseillent. 7 % consultent un dictionnaire ou un livre médical. 5 % se fient à la publicité.

AESGP/Secodip

MÉDECINS

148 000 médecins étaient inscrits à l'Ordre en 1990, contre 118 000 en 1980 et 66 000 en 1970.
La part des spécialistes augmente.

On compte 77 000 généralistes et 71 000 spécialistes. Parmi ces derniers, les plus nombreux sont les anesthésistes (7 000) et les psychiatres (7 000 également). Le nombre de médecins libéraux est en progression (100 000). 75 000 pratiquent les tarifs conventionnels. 4 500 sont titulaires d'un « droit à dépassement » hérité du passé et en voie d'extinction progressive. 28 000 pratiquent des honoraires libres, soit un médecin sur quatre ; ils sont majoritaires à Paris et dans certaines grandes villes.

Le nombre des médecins est aujourd'hui pléthorique (un pour moins de 400 habitants), surtout dans les grandes villes. Malgré la limitation du nombre d'étudiants, il devrait continuer à s'accroître à un rythme ralenti, pour se stabiliser à environ 180 000 vers l'an 2 005.

Il y a trop de lits dans les hopitaux. 500 000 dans le secteur public, 200 000 dans le secteur privé.

La capacité d'accueil des 3 800 établissements hospitaliers (1 072 publics et 2 721 privés) est largement supérieure aux besoins, du fait des progrès réalisés en matière de soins chirurgicaux. On estime ainsi que 20 % des lits du secteur public en hospitalisation complète (370 000) sont excédentaires.

Les hôpitaux sont de moins en moins des lieux d'hébergement, mais des lieux d'intervention chirurgicale ; la durée moyenne de séjour a diminué de moitié en vingt ans ; elle est actuellement d'environ 8 jours. La solution est de reconvertir des lits pour accueillir les vieillards, de plus en plus nombreux ; le taux d'occupation des lits en long séjour est proche de 100 %.

La guerre aux « bavures médicales »

Le scandale des contaminations par transfusion sanguine qui a éclaté en 1991 a jeté une lumière nouvelle sur la responsabilité des médecins et des institutions médicales. Les associations de défense des usagers estiment à 10 000 le nombre de personnes qui se disent chaque année victimes d'une erreur médicale (2 000 selon les organisations de médecins). Un chiffre faible si on le compare aux quelque 400 millions d'actes médicaux établis au cours d'une année.
Les trois quarts des procès intentés sont perdus par les plaignants, mais une cinquantaine de médecins sont condamnés chaque année en correctionnelle. Il faut dire qu'avant de réclamer une indemnisation, le plaignant doit faire la preuve d'une « faute lourde » ou « caractérisée » du médecin et payer les frais d'expertise.
La situation reste très éloignée de celle des Etats-Unis, où 40 % des médecins sont poursuivis au moins une fois dans leur carrière. Les procès médicaux se soldent parfois par des indemnités de plusieurs millions de dollars (en moyenne 70 000 dollars).

Pour un nombre croissant de Français, la médecine est un service comme les autres.

Pendant longtemps, les Français avaient considéré le médecin comme le détenteur unique d'un pouvoir magique, celui de guérir la maladie, de prolonger la vie. Les attitudes et les comportements ont changé. Les « patients » se considèrent aujourd'hui plutôt comme des clients. Ils attendent de leur médecin un service de qualité, souhaitent connaître la vérité sur leur état de santé et entendent participer aux décisions concernant les soins nécessaires. Un tiers des patients ne suivent pas les ordonnances à la lettre : certains n'achètent pas tous les médicaments prescrits ; d'autres n'en consomment qu'une partie. Beaucoup pratiquent enfin l'automédication.

Un nombre croissant de malades mettent en concurrence le diagnostic de leur médecin avec celui d'autres hommes de l'art ; un sur trois demande l'avis d'au moins un autre praticien. D'autres se tournent plutôt vers des thérapeutiques nouvelles.

Un Français sur trois recourt aux « médecines alternatives ».

Les Français ont redécouvert depuis quelques années les vertus des médecines anciennes (homéopathie, phytothérapie, aromathérapie, etc.) ou « exotiques » (acupuncture). Ils les utilisent à la place ou, le plus souvent, en complément des médecines conventionnelles.

Le succès de ces médecines différentes peut s'expliquer par la montée des préoccupations écologiques et la volonté des Français d'être moins dépendants de leur médecin habituel. Elle traduisent aussi une volonté de lutter contre la surmédicalisation caractéristique des années récentes. Enfin, l'aspect moins rationnel et scientifique des médecines douces exerce sans aucun doute une attirance sur certains malades.

Les médecins sont d'ailleurs de plus en plus nombreux à s'y intéresser. On compterait en France 20 000 homéopathes, 15 000 acupuncteurs. Aux motivations commerciales s'ajoute souvent la volonté de parvenir à des résultats lorsque les techniques scientifiques s'avèrent inefficaces.

> ➤ 85 % des Français estiment indispensable ou souhaitable de prendre l'avis de plusieurs médecins lorsqu'un de leurs proches est sérieusement malade (14 % non).

L'INSTRUCTION

CULTURE

Un Français sur cinq sans diplôme • Plus de 3 millions d'illettrés • Importance croissante de la formation continue • Milieu familial déterminant • Influence de plus en plus inégalitaire des médias • La culture générale redécouverte • Evolution parallèle du langage et de la culture

FORMATION

**20 % des Français de 18 ans et plus n'ont aucun diplôme.
11 % ont un diplôme égal ou supérieur au baccalauréat.**

La moitié des adultes ont au mieux le certificat d'études. 11 % ont un diplôme d'études supérieures. 30 % ont arrêté leurs études à temps complet à l'âge de 15 ans ou moins, 47 % entre 16 et 19 ans, 23 % à 20 ans ou plus. Les hommes sont plus diplômés que les femmes, bien que cette tendance soit en train de s'inverser dans les jeunes générations. Les personnes actives sont plus diplômées que les inactifs.

Le lien entre les professions et les diplômes est évident : 6 % des agriculteurs ont un niveau d'instruction égal ou supérieur au bac, contre 76 % des cadres supérieurs ; 50 % des ouvriers n'ont aucun diplôme, contre 9 % des employés. Cette relation entre formation et activité devrait être encore plus apparente à l'avenir; les diplômes constitueront de plus en plus une véritable « assurance vie professionnelle ».

Plus de 3 millions de Français adultes sont illettrés.

Sur les 37 millions de personnes valides de plus de 18 ans vivant en France métropolitaine, 3,3 millions (soit près d'une sur dix) éprouvent des difficultés graves à parler, lire, écrire ou comprendre la langue française. Parmi eux, 1,9 million sont des Français et 1,4 million des étrangers. On estime qu'un immigré sur trois a des difficultés graves avec la langue : 16 % ne savent pas parler, 7 % parlent mais ne savent pas lire. Sur les quelque 400 000 appelés d'une classe d'âge, 20 % ne sont pas en mesure de lire normalement et de comprendre un texte simple de 70 mots. 1 % sont des analphabètes complets (ne sachant ni lire ni écrire).

L'évolution à laquelle on assiste depuis plusieurs décennies se développe dans deux sens opposés : d'un côté, l'accroissement du niveau d'instruction moyen ; de l'autre, l'existence d'un nombre croissant de laissés pour compte. Un phénomène qui incite à se poser des questions sur l'efficacité globale du système éducatif et sur sa capacité à réduire les inégalités entre les individus.

L'illettrisme est souvent lié à une sortie précoce du système scolaire.

L'analphabétisme a reculé à la faveur du développement de la scolarité obligatoire, mais on découvre aujourd'hui qu'une proportion non négligeable de jeunes est illettrée à la sortie de l'école. La classe de troisième constitue une étape essentielle en matière de consolidation des savoirs de base.

Contrairement à ce que l'on imagine souvent, l'illettrisme touche aujourd'hui autant de jeunes de 30 ans que de personnes de plus de 55 ans. Ils ne sont pas en mesure de lire le journal, de rédiger une lettre administrative, de remplir un chèque, de compter ou de se diriger à l'aide de plans ou de

Sept actifs sur dix n'ont pas le bac

Population active de plus de 15 ans, selon le diplôme (en 1991) :

INSEE (Enquête sur l'emploi en 1991)

panneaux indicateurs. Les personnes concernées ont beaucoup plus de difficultés qu'il y a vingt-cinq ou trente ans à trouver un emploi et à s'insérer socialement.

Si l'illettrisme n'est pas plus répandu que par le passé, il représente un handicap beaucoup plus important.

Il est difficile de recenser précisément cette forme très grave de handicap social ; il est encore plus ardu d'y remédier. La plupart des personnes qui sont concernées s'efforcent de cacher leurs problèmes, craignant de perdre leur dignité. Sans cesse confrontées à la « civilisation de l'écriture », qui, quoi qu'on en pense, reste prépondérante dans la société de l'image, elles vivent une humiliation quotidienne. Celle-ci se traduit souvent par l'isolement, la honte, voire le mépris de soi. Car le malheur guette celui qui ne peut pas comprendre ni s'exprimer, dans un monde où tout est communication.

➤ On estime que 10 à 15 millions de personnes habitant la CEE sont analphabètes.
➤ 41 % des Français ne parlent que le français.

Scientifiques et littéraires

46 % des hommes se disent, par goût, plutôt scientifiques, 36 % plutôt littéraires. Les proportions sont inversées pour les femmes : 60 % se disent plutôt littéraires, 28 % scientifiques. Les jeunes de 18 à 24 ans sont les plus nombreux à se considérer comme des littéraires (64 %). Les personnes âgées de 60 à 69 ans sont les moins nombreuses à se qualifier de scientifiques (24 %), sans pour autant se croire massivement littéraires (48 %). Les personnes proches de la droite sont plus fréquemment scientifiques, celles proches de la gauche littéraires.

**53 % des Français ont suivi des études classiques,
28 % ont suivi des études techniques,
19 % les deux filières successivement.**

La filière suivie par les Français au moment de leur scolarité n'a pas toujours de rapport avec la vie professionnelle et personnelle qu'ils auront plus tard. Ainsi, plus de la moitié des adultes d'aujourd'hui ont flirté dans leur jeunesse avec les déclinaisons latines, le grec ancien ou la littérature française.

Le Point/IPSOS, janvier 1989

L'orientation scolaire tient plus au hasard qu'à un choix délibéré : pour 70 % des adultes, le type d'études suivi a été dicté par les circonstances ; pour les autres, il a été guidé par l'entourage (parents, professeurs...). Le décalage entre la formation reçue à l'école et les besoins économiques s'accentue.

La formation continue est un moyen de rattrapage et de perfectionnement. 6,5 millions d'actifs en ont bénéficié en 1990, dont 1,8 million de fonctionnaires.

L'instauration, en 1971, de la loi sur la formation continue (ou permanente) a permis à des millions de Français de progresser dans leur métier et de mieux jouer leur rôle dans l'économie nationale. L'effort réalisé est important, puisqu'il touchait, en 1990, 30 % de la population active, contre 15 % en 1976.

Les actions financées par les entreprises (qui sont tenues d'y consacrer au moins 1,2 % de leur masse salariale) représentaient 43 % de la dépense totale. Elles tendent à être plus nombreuses, mais plus courtes. Les actions financées par l'Etat, les collectivités territoriales et les autres administrations publiques représentaient respectivement 48 %, 6,3 % et 2,9 % des dépenses. Elles concernent des personnes en difficulté, notamment des chômeurs (40 % en 1990) et depuis 1992 des chômeurs de longue durée.

Mais cette formation n'est pas également répartie entre les actifs. Elle bénéficie davantage aux cadres et agents de maîtrise qu'aux employés et ouvriers, plus aux hommes qu'aux femmes (elles représentent 42 % de la population active, mais seulement 25 % des actions de formation). Enfin, 58 % des stagiaires ont entre 25 et 40 ans, alors qu'ils ne représentent que 45 % des salariés.

FAMILLE ET MÉDIAS

L'origine familiale reste l'un des principaux facteurs d'inégalité culturelle.

Le milieu familial joue un rôle de plus en plus important dans l'éducation et la formation des jeunes. L'idée que l'enfant se fait de la société dépend plus des situations vécues en famille que de la présentation formelle qu'en font ses professeurs. Le fils d'un ministre, d'un écrivain ou d'un chercheur ne connaît pas dans sa vie d'enfant les mêmes expériences que le fils d'un manœuvre. Le premier a été amené tout naturellement à s'intéresser aux différents aspects de la « culture » et aux discussions de portée générale. Le second n'en a guère eu la possibilité, ramené le plus souvent aux réalités matérielles et aux difficultés qu'elles engendrent.

A 7 ans, un enfant de cadre ou d'enseignant dispose d'un vocabulaire 2 à 3 fois plus riche qu'un enfant d'ouvrier.

Les enfants de catégories sociales différentes ont de grandes chances (le mot est pris, ici, dans son sens statistique) de devenir des adultes différents. Le taux de redoublement au cours préparatoire est trois fois plus élevé chez les enfants d'OS que chez ceux des cadres. Sans nier l'influence, sans aucun doute considérable, de l'hérédité, il est certain que les différences de vocabulaire ou d'ouverture d'esprit jouent en défaveur des enfants des milieux modestes.

Grâce aux médias, tous les Français peuvent accéder facilement et à faible coût à l'information et à la culture...

Le prix de revient d'une heure d'écoute de la radio est dérisoire : de l'ordre de un centime, représentant l'amortissement d'un poste et sa consommation électrique. Celui d'une heure d'écoute de la télévision peut être estimé à 30 centimes. Le téléspectateur bénéficie pour ce prix d'au moins cinq chaînes. Le coût des autres moyens de diffusion de

---

Formation et promotion

25 % des hommes et 23 % des femmes ayant suivi une formation continue à l'initiative de leur employeur ont bénéficié d'une promotion, soit deux fois plus que ceux qui n'en ont pas suivi. Dans le secteur public, la formation permet plus souvent l'accès à un grade supérieur : environ 30 % des personnes concernées, contre 21 % dans le secteur public. Les salariés des grandes entreprises (plus de 500 personnes) sont promus deux fois plus souvent que ceux des entreprises de moins de 10 salariés. Enfin, le risque d'être au chômage est deux fois et demi moindre pour les personnes qui ont bénéficié d'une session de formation continue.

INSEE

la connaissance (presse, édition, Minitel) est évidemment supérieur, sans être toutefois très élevé. La plupart des Français utilisent d'ailleurs largement les possibilités médiatiques qui leur sont offertes (voir *Médias*).

Aujourd'hui, un ménage sur quatre est équipé d'un Minitel, un sur deux d'un magnétoscope, un sur huit d'un micro-ordinateur. Cette révolution de la communication va se poursuivre : satellites, câble, télévision haute définition, cassettes audionumériques, vidéodisques laser, etc.

La culture bon marché

... mais l'élargissement du choix pourrait entraîner un renforcement des inégalités culturelles.

Pendant longtemps, la télévision a été une formidable machine égalitaire, apportant à l'ensemble de la population une sorte de « tronc culturel commun » d'informations et de connaissances diffusées au même moment à tous. La multiplication des chaînes a autorisé un choix beaucoup plus vaste.

La contrepartie est un risque croissant de ségrégation culturelle entre deux types de public. D'un côté, ceux qui font l'effort (ou disposent de l'instruction suffisante) pour choisir les programmes à fort contenu de formation et d'information : débats, documentaires, reportages, émissions scientifiques, littéraires, économiques, etc. De l'autre, ceux qui cèdent à la facilité et se contentent de regarder des films, émissions de variétés ou jeux.

Après avoir contribué à la réduction des inégalités culturelles entre les Français, les médias pourraient donc, à l'avenir, les renforcer. Cet « hyperchoix » n'a pas que des avantages ; il accroît l'impression de complexité du monde et privilégie ceux qui sont capables d'effectuer les indispensables synthèses.

Télévision ne rime plus avec éducation

Si elle joue encore un rôle important d'informateur, la télévision semble avoir en grande partie abandonné sa mission d'éducateur. Dans les années 60, l'ORTF diffusait près de 1 000 heures de programmes scolaires par an; on est loin de ce chiffre aujourd'hui, alors que le nombre de chaînes s'est multiplié ainsi que la durée des programmes. La dictature de l'Audimat est largement responsable de cette évolution, mais elle n'explique pas tout : la présence d'émissions éducatives sur les chaînes françaises est 30 fois moins importante qu'en Grande-Bretagne, 7 fois moins qu'en Belgique, 6 fois moins qu'au Portugal ou en Grèce. Une autre raison est le rapport difficile qu'entretiennent les enseignants et la télévision. Des tentatives pourraient voir le jour dans les prochaines années, en particulier sur La Sept, qui pourrait alors mériter son nom de « chaîne culturelle ».

CULTURE ET MODERNITÉ

L'information est devenue la matière première de la civilisation.

La carte du monde des richesses économiques se confond avec celle des capacités de traitement de l'information. Les pays développés comme la France font autant commerce de données de toutes natures que d'objets matériels. La « culture générale » tend donc à changer de contenu. L'attention des Français, celle des jeunes en particulier, est attirée par d'autres formes d'apprentissage et de connaissance que celles qui sont traditionnellement associées à la culture.

➤ 20 % des Français auraient aimé être Arthur Rimbaud.

*Les jeunes privilégient
ce qui leur est contemporain.*

La plupart connaissent mieux les noms des derniers vainqueurs de Roland-Garros que ceux des grandes batailles des siècles passés ou l'action du général de Gaulle. Ils ne sont sans doute pas capables de réciter trente vers de *l'Ecole des femmes*, mais beaucoup savent converser avec un ordinateur.

On peut évidemment s'interroger sur les mérites comparés de la culture classique et de la culture contemporaine. En fait, on s'aperçoit que les deux sont nécessaires à la vie, tant personnelle que professionnelle. L'honnête homme du XXIe siècle ne pourra pas se contenter d'être bien informé ; il devra disposer des points de repère qui lui permettront d'analyser les situations afin de mieux les comprendre et de pouvoir y faire face.

Les deux cultures

Le débat entre les tenants du « tout-culturel » et ceux de la « Culture majuscule » a repris de la vigueur avec la parution de nombreux livres sur le sujet (tels ceux de Marc Fumaroli, Pierre Bergé).
Les premiers ont une conception démocratique et prétendent avec Jack Lang qu'il n'y a pas d'activité culturelle mineure : la cuisine, la haute couture, la bande dessinée, la publicité, le rap ou le tag en font donc naturellement partie.
Les autres ont une conception plus élitiste ; ils dénoncent le saupoudrage culturel et ne conçoivent pas la culture sans un effort personnel. Pour eux, la culture ne se partage pas, ne se redistribue pas, ne se consomme pas. Elle ne peut se donner en spectacle dans les stades, les cinémas ou la rue ; elle doit faire l'objet d'une quête personnelle et patiente.

*La nécessité de la culture générale
a été récemment redécouverte.*

Après avoir cru que l'avenir appartenait aux spécialistes, les entreprises reconnaissent aujourd'hui l'importance de la culture générale. Celle-ci est en effet la condition première de l'efficacité collective et de l'épanouissement individuel. S'il veut trouver son identité, comprendre et agir, l'homme de cette fin de siècle et de millénaire a plus que jamais besoin des points de repère et de l'esprit critique apportés par la culture.

C'est la raison pour laquelle on assiste à un retour en grâce des littéraires dans la vie économique. Dans une société complexe et changeante, l'esprit de finesse (sens de la complexité, intégration de la durée et du passé, réflexion, qualités de synthèse et de communication) apparaît comme un atout essentiel. Mais il n'exclut pas, bien sûr, l'esprit de géométrie (méthode, rigueur du raisonnement, précision, sens de l'abstraction et capacité d'analyse).

Micro-entretien

BRUNO LUSSATO[*]

G.M.- *A quoi sert la culture dans la vie quotidienne ?*

B.L. Contrairement à ce que beaucoup de gens croient, un tableau, un combat de lutte gréco-romaine ou une sonate de Beethoveen ne sont pas des choses évidentes. Il faut savoir « lire » pour les comprendre, sinon on perd la substance. Si vous regardez un match de football ou une partie d'échecs, vous pouvez aimer ce qui s'y passe sans connaître les règles, mais vous aimez beaucoup plus si vous les connaissez. Au début, c'est pénible, mais au bout d'un moment cela entre en vous et vous permet de distinguer un bon joueur d'un mauvais. Lorsque tout un public est fanatique de football, cela produit des champions de football. Il en est de même pour la peinture, la musique, la gastronomie ou l'œnologie. Pour apprécier, il faut s'y connaître, ne pas être un « barbare », pouvoir discerner le bon du moins bon. Une civilisation en perdition, c'est une civilisation dans laquelle on a perdu le goût, où on ne sait plus distinguer. Dès le moment où l'on vous explique que la BD vaut la Joconde et que les graffitis valent Picasso, c'est qu'on a perdu le goût.

[*] Conseil d'entreprises, auteur notamment du *Défi culturel* (Nathan).

➤ 51 % des Français considèrent que leurs connaissances actuelles sur le monde leur viennent principalement de la télévision, 30 % de l'école, 30 % des livres, 28 % des journaux, 25 % de rencontres et de voyages.
➤ 78 % des Français s'intéressent (beaucoup ou assez) à la musique, 70 % au sport, 55 % à la littérature, 54 % aux sciences, 39 % aux arts plastiques.

Micro-entretien

ALAIN DECAUX*

G.M.- *La langue française est-elle menacée ?*

A.D.- Je ne le pense pas. Elle mourra sans doute un jour, comme l'anglais ou l'allemand ; toutes les langues meurent, aucune ne dure au-delà de dix siècles. Mais le français vivra longtemps encore ; c'est une langue bien constituée. C'est aussi une langue en expansion. Les chiffres le prouvent, en particulier ceux de la démographie.
J'ajoute qu'il y a une volonté de tous les peuples francophones de travailler ensemble et pour moi, c'est l'essentiel. L'une des priorités de mon action au gouvernement a été de répondre aux inquiétudes d'une partie de la jeunesse, notamment dans les pays francophones.

---

* Historien et académicien, ancien ministre chargé de la Francophonie, auteur notamment du *Tapis rouge* (Perrin).

On observe un engouement récent pour la culture traditionnelle.

Le début des années 90 semble coïncider avec un retour aux « vraies valeurs » culturelles. Les grandes expositions de peinture attirent un public considérable : 600 000 personnes pour Gauguin, plus encore pour Toulouse-Lautrec. Les intellectuels sont de nouveau invités dans les médias pour y débattre de sujets sérieux. La philosophie resurgit dans la vie quotidienne des Français, avec des figures de proue telles que Michel Serres, Hubert Reeves, Albert Jacquard, Alain Finkielkraut, André Glucksmann ou Bernard-Henri Lévy. Les « grands travaux » culturels décidés par François Mitterrand ne suscitent pas d'opposition sur leur principe, mais seulement sur leur architecture ou leur gestion. Au cinéma, *Cyrano de Bergerac* réunit des millions de spectateurs en 1990, comme *Tous les matins du monde* en 1991.

La recherche du beau, de l'authentique, de l'historique concerne donc un nombre croissant de Français en quête de points de repère et de permanence pour mieux comprendre (et peut-être mieux accepter) une société qui s'était fait une spécialité de l'éphémère et de l'original. La baisse du marché de l'art est significative d'une volonté de ne pas laisser l'argent prendre le dessus sur l'amour de l'art.

Le langage est l'une des composantes essentielles de la culture.

Pour la plupart des Français, la langue représente un élément important du patrimoine national et un aspect du rayonnement culturel de la France dans le monde. C'est pourquoi ils lui restent attachés, bien qu'ils aient le sentiment qu'elle a perdu de son influence.

Le débat sur la réforme de l'orthographe, qui s'était instauré fin 1990, témoigne de cette volonté de préservation, qui est l'une des manifestations de l'état d'esprit écologique contemporain. La disparition de l'accent circonflexe apparaîtrait à beaucoup comme aussi grave que celle des baleines ou des pins parasols. Ce souci est l'un des témoignages d'un retournement de tendance important qui s'est produit avec les années 90 : la fin de la modernité.

Des lacunes à combler

- 69 % des Français ne savent pas qui était le père de Caïn et Abel (Adam : 21 %).
- 60 % ne savent pas qui a peint *Mona Lisa* (Léonard de Vinci : 33 %).
- 57 % ne savent pas qui est l'auteur du *Misanthrope* (Molière : 41 %).
- 56 % ne savent pas en quelle année Charlemagne a été sacré empereur (800 : 25 %).
- 35 % ne savent pas dans quelle ville se trouve l'Acropole (Athènes : 48 %).
- 14 % ne savent pas combien font 7 fois 6 (42 : 86 %).
- 12 % ne savent pas à quelle température l'eau bout (100°C : 12 %).

Le choc des mots

Les mots des années 80 et 90

Les mots retenus par le *Petit Larousse* au cours des douze dernières années nous racontent l'histoire, individuelle, sociale, politique et technique de la France et de sa place dans le monde. En voici une sélection :
- **1980** : bande-vidéo, défonce, extraterrestre, gratifiant, micro-ordinateur, overdose, régionalisation, somatiser, squattériser, valorisant.
- **1981** : après-vente, assurance-crédit, antihéros, antisyndical, bénévolat, bioénergie, bisexualité, centrisme, chronobiologie, consumérisme, convivial, deltaplane, demi-volée, dénucléariser, doudoune.
- **1982** : antitabac, biotechnologie, bureautique, charentaise, dealer, Dow Jones, géostratégie, incontournable, I.V.G., jogging, sponsoriser, walkman.
- **1983** : assisté, baba cool, clonage, coke, disquette, hyperréalisme, multimédia, must, péritélévision, piratage, santiag, skinhead, soixante-huitard, tiers-mondiste.
- **1984** : cibler, déprogrammer, déqualification, dévalorisant, fast-food, intoxiqué, mamy, méritocratie, papy, pub, réunionite.
- **1985** : aérobic, amincissant, automédication, crédibiliser, écolo, épanouissant, eurodevise, hypocalorique, look, monocoque, non-résident, recentrage, sida, surendettement, télétravail, vidéoclub.
- **1986** : clip, déréglementation, désyndicalisation, médiatique, Minitel, monétique, pole position, postmodernisme, progiciel, provisionner, rééchelonnement, smurf, sureffectif, téléimpression, turbo, vidéo clip, visioconférence.
- **1987** : aromathérapie, bêtabloquant, bicross, bioéthique, capital-risque, démotivation, désindexer, fun, non-dit, présidentiable, repreneur, unipersonnel, vidéogramme.
- **1988** : autodérision, bancarisation, Caméscope, cogniticien, dérégulation, domotique, franco-français, frilosité, handicapant, inconvertibilité, interactivité, micro-ondes, raider, séropositif, vidéothèque.
- **1989** : aspartam, beauf, crasher (se), défiscaliser, désindexation, désinformer, eurocentrisme, euroterrorisme, feeling, fivete, franchouillard, high-tech, husky, ludologue, mercaticien, minitéliste, parapente, rurbain, sidatique, sidéen, technopole, top niveau, zapping.
- **1990** : Audimat, CD-Rom, C.F.C., délocalisation, glasnost, I.S.F., médiaplanning, narcodollar, numérologie, pérestroïka, profitabilité, R.M.I., sitcom, surimi, téléachat, titrisation, transfrontalier, zoner.
- **1991** : AZT, bifidus, C.D., cliquer, concouriste, déchetterie, démotivant, fax, dynamisant, lobbying, mal-être, multiracial, narcotrafiquant, ripou, V.I.H.
- **1992** : C.A.C. 40, confiscatoire, écologue, imprédictible, jacuzzi, libanisation, multiconfessionnel, postcommunisme, postmoderne, rap, revisiter, tag, T.V.H.D., vrai-faux.

La dé-France et la re-France

La date d'entrée des mots dans le dictionnaire permet de situer dans le temps les changements qui se produisent dans les mentalités. Ainsi, ce n'est pas par hasard que beaucoup de mots commençant par le préfixe « dé » ont été introduits dans le *Petit Larousse* au cours des années 80 :
1981. Déscolariser ; débudgétisation ; désétatiser.
1982. Dépénaliser ; désinformation ; dégraisser.
1983. Débureaucratiser ; déconventionner.
1984. Décompresser ; déprogrammer ; déqualifier ; désépaissir.
1985. Démotiver ; désinflation ; désynchroniser.
1986. Déréglementer ; désendettement ; désyndicalisation.
1987. Déconstruire ; démotivation ; déresponsabiliser ; désindexer.
1988. Décrédibiliser ; dérégulation ; désectorisation.
1989. Décriminaliser ; défiscaliser ; démédicaliser ; désindustrialiser ; désinformer.
1990. Délocalisation ; désincarcérer.

Il apparaît clairement que cette décennie aura été marquée par la volonté de *dé*faire des institutions, des idées et des structures héritées du passé et inadaptées au présent. Consciemment ou inconsciemment, les Français ont voulu *dé*poussiérer (le mot est entré dans le dictionnaire en 1985 dans son sens figuré de rajeunir) la société.

Il faudra sans doute encore quelques années avant que cette période de *dé*-France ne s'achève (peut-être en même temps que la *délocalisation* des administrations). Mais on a vu apparaître récemment le préfixe *re*, avec des mots comme *rénovation* ou *revisiter*. On a pu aussi noter l'usage de plus en plus fréquent du mot *réforme*.

▶ Parmi une liste de 20 monuments, sites et ouvrages routiers, ceux que les Français supprimeraient le plus volontiers sont : la prison de la Santé (48 %) ; le tunnel sous Fourvière à Lyon (45 %) ; le triangle de Rocquencourt près de Paris (41 %) ; le Centre Beaubourg (41 %) ; les colonnes de Buren (41 %) ; la Grande Arche de la Défense (29 %) ; le pont de l'île de Ré (25 %) ; la pyramide du Louvre (23 %) ; la Villette (22 %) ; la tour Montparnasse (21 %) ; la Maison de la Radio (17 %) ; l'opéra Bastille (17 %).
▶ Le jeune Français Arthur Raniandrisoa a obtenu le BEPC à 9 ans, le bac à 11 ans, une maîtrise de mathématiques à 14 ans.
▶ Parmi les poètes, 42 % des Français préfèrent Charles Baudelaire, 22 % Victor Hugo, 20 % Arthur Rimbaud, 12 % Guillaume Apollinaire, 1 % René Char.

ÉCOLE

12,4 millions d'élèves • Grandes vacances et longues journées • Un élève sur six dans le privé • Le bac banalisé • Course aux études supérieures • Un million d'étudiants • La voie royale des grandes écoles • Trop peu d'ingénieurs et de commerciaux • L'école à plusieurs vitesses • Les filles plus nombreuses et meilleures que les garçons • Enseignants et parents mécontents

PRIMAIRE ET SECONDAIRE

Le taux de scolarisation est de 35 % à 2 ans et de 99,5 % à 3 ans.

Le système éducatif français se distingue par un taux de scolarisation élevé avant l'âge où l'école est obligatoire (entrée au cours préparatoire à 6 ans). L'accueil en maternelle des enfants de 5 ans, puis de 4 ans, s'est progressivement généralisé durant les années 60 et 70. 2 558 735 enfants de 2 à 3 ans étaient scolarisés au niveau préélémentaire. A la rentrée 1991-1992, les trois quarts l'étaient dans 18 993 écoles maternelles regroupant 70 130 classes. Les autres étaient accueillis dans des classes préélémentaires d'écoles primaires. 12,4 % des enfants se trouvaient dans des écoles privées.

4 028 008 enfants étaient scolarisés au niveau élémentaire (CP à CM2) dans 43 019 écoles. 8,5 % des élèves de CP étaient en retard, 24,7 % des élèves de CM2, soit un peu moins qu'en 1990-1991. La proportion d'élèves du secteur privé était de 14,9 %. Le nombre moyen d'élèves par classe s'élevait à 22,9 dans le secteur public et de 23,6 dans le privé. Environ 80 000 élèves étaient placés dans des classes d'initiation (étrangers), d'adaptation (élèves ayant des difficultés) ou d'enseignement spécial (perfectionnement).

29 % des élèves redoublent au moins une classe avant d'arriver en sixième.

Le taux de redoublement est de 8 % en CP, 4 % en CM1 et en CM2. On constate que 43 % des élèves de sixième qui avaient redoublé le CP ont redoublé une autre classe. La baisse des taux de redoublement des classes élémentaires a été sensible depuis une dizaine d'années ; elle était de 12,3 % en CP en 1980, 10 % en CM2. Les taux sont inférieurs dans le secteur privé, mais ceux du public ont diminué plus vite et tendent à s'en rapprocher.

Compte tenu de ces redoublements, la durée moyenne de scolarisation dans l'enseignement élémentaire est de 5,2 ans (au lieu de 5 ans théoriquement), contre 6,1 ans en 1960. Les enfants de cadres et de professions intermédiaires effectuent une scolarité en cinq ans ; les enfants d'ouvriers mettent en moyenne 0,4 année supplémentaire.

Plus des deux tiers des enfants entrent aujourd'hui au collège à 11 ans au plus, contre la moitié en 1970 et moins de la moitié en 1960.

3 167 855 élèves étaient inscrits dans le premier cycle du premier degré (de la sixième à la troisième) en 1991-1992, y compris les 157 855 élèves des quatrièmes et troisièmes technologiques et les 37 816 inscrits dans les CPPN (classes préprofessionnelles de niveau) et CPA (classes préparatoires à l'apprentissage). 1 575 864 élèves étaient scolarisés dans le second cycle général et technologique (seconde à terminale), 687 158 dans le second cycle professionnel : CEP (un an) ; CAP (1, 2 ou 3 ans) ; BEP ; bac professionnel.

Au total, 5 615 500 élèves étaient scolarisés dans le second degré, dont 20,5 % dans le secteur privé. Le second cycle professionnel continue de décroître en raison de la désaffection des préparations au CAP. Les taux de redoublement continuent de décroître, en particulier pour le passage en quatrième générale.

Les trous de la sixième

L'évaluation nationale des acquis des élèves à l'entrée en sixième a montré qu'ils répondaient correctement en moyenne à 53 % des questions posées en français et à 73 % de celles posées en mathématiques. Les filles obtiennent des scores nettement plus élevés que les garçons en français et légèrement supérieurs en maths. En français, les performances vont du simple au triple entre les 10 % les plus faibles et les 10 % les plus forts; elles vont du simple au double en maths.

Les résultats sont d'autant meilleurs que les élèves sont plus jeunes; les scores des élèves de 12 ans et plus sont inférieurs de 14 points à ceux des élèves de 11 ans en français et de 12 points en maths. Quelle que soit la discipline, les enfants de cadres obtiennent les scores les plus élevés; les enfants d'ouvriers, d'employés et d'inactifs les scores les plus faibles. Cette enquête, ponctuelle, ne permet pas encore de mesurer l'évolution du niveau des élèves. Une même dictée, proposée aux élèves de 12-13 ans en 1875 et 1987 avait cependant montré que les élèves faisaient en moyenne pratiquement le même nombre de fautes. Mais on note trois différences : les élèves continuent aujourd'hui d'améliorer leur orthographe après 13 ans; il y a moins de très bons et de très mauvais élèves qu'au siècle dernier; les fautes concernent la grammaire et le lexique, alors qu'elles étaient dues autrefois à une mauvaise compréhension du texte.

écoles privées ; dans le primaire, 22 élèves dans le public et 24 dans le privé. Dans le second degré, les classes comptent en moyenne 24 élèves dans le premier cycle public ou privé. Dans le second cycle, le nombre varie entre les classes professionnelles (24 dans le public, 21 dans le privé) et celles du cycle général et technologique (31 dans le public et 26 dans le privé).

L'école est un marché

Dans le second cycle, la durée annuelle théorique d'enseignement est de 1096 heures.

Les sciences sont les disciplines qui occupent le plus de temps (321 heures) devant les langues étrangères (203), les lettres (français, philosophie, latin, grec, 170 heures), les sciences humaines (histoire, géographie, sciences économiques et sociales, 163), les disciplines professionnelles (149), l'éducation physique (73), les autres (arts, informatique..., 18). Il faut noter que 360 000 élèves apprennent le latin dans le premier cycle, et 30 000 le grec, soit respectivement 27 % et 2,3 % des élèves de quatrième et troisième (les chiffres sont plus élevés dans le privé que dans le public). La proportion est inférieure dans le second cycle général : 11 % et 1,4 %.

Le nombre moyen d'élèves par classe est variable selon les régions et les niveaux : 28 en moyenne dans les maternelles publiques et 27 dans celles des

Grandes vacances et longues journées

Du fait de la durée des vacances scolaires (en moyenne 17 semaines), la France est le pays où les élèves ont le moins de jours de classe dans l'année : 158 contre 240 au Japon, 215 en Italie, 200 au Royaume-Uni, au Danemark et en RFA, 180 aux Etats-Unis.

Les horaires hebdomadaires sont en revanche plus chargés : 27 heures par semaine dans le primaire contre 18 aux Etats-Unis et au Japon, 23 en moyenne au Danemark, 21 au Royaume-Uni, 20 en RFA. Dans le secondaire, les Français ont 30,5 heures de cours, contre 33 en RFA, 30 en Italie et au Danemark, 26 au Japon, 22 au Royaume-Uni.

➤ Un enfant qui entre à l'école aujourd'hui la fréquentera en moyenne jusqu'à l'âge de 20,6 ans.
➤ 92 % des jeunes atteignent le niveau du CAP ou du BEP, 56 % le baccalauréat.

BACCALAURÉAT

En 1991, 48 % d'une classe d'âge obtenaient le baccalauréat.

Créé en 1808 par Napoléon, le bac ne concernait en 1900 que 1 % de la génération scolarisée. La proportion atteignait 5 % en 1950, 11 % en 1960, 20 % en 1970, et 26 % en 1980. Elle est d'environ 45 % en 1992. Le baccalauréat est aujourd'hui devenu le visa nécessaire à l'entrée dans la vie professionnelle, la clé qui ouvre les portes des universités et entrouvre celles des grandes écoles.

L'objectif de porter 80 % d'une classe d'âge au niveau du bac en l'an 2000 est encore loin d'être atteint. Il passe par le développement de nouvelles voies d'accès, comme les 4e et 3e technologiques et les baccalauréats professionnels, ainsi que par un accroissement des taux de réussite dans ces filières.

En moins de 20 ans, le nombre des admis au bac a plus que quintuplé :
* *75 000 bacheliers en 1963 ;*
* *413 000 en 1991.*

On a assisté depuis vingt-cinq ans à un fort accroissement du taux de scolarisation. A 17 ans, 68 % des jeunes sont à l'école ; ils n'étaient que 36 % en 1968. Sur les 585 000 candidats qui se sont présentés en juin 1991 aux épreuves des baccalauréats général, technologique et professionnel, 72,5 % ont été reçus, contre 73,1 % en 1990, 72,9 % en 1989, 71,8 % en 1988 ; 66,7 % en 1987.

Le taux de succès était de 74,9 % pour les 362 000 candidats au baccalauréat général (84,3 % pour la série C), 67,3 % pour les 175 000 candidats au baccalauréat technologique, 73,6 % pour les 48 000 candidats au baccalauréat professionnel.

Un bachelier sur quatre obtient son diplôme avec mention : assez bien 20 % ; bien 5 % ; très bien 0,8 %. Ce sont les séries scientifiques qui obtiennent la plus forte proportion de mentions (43 % en série C). 17 % seulement des titulaires du baccalauréat technologique en obtiennent.

➤ Plus de 20 000 étudiants obtiennent chaque année un DEA (diplôme d'études approfondies de troisième cycle).
➤ 5 % des actifs sont employés par l'Education nationale, dont deux tiers d'enseignants.

Bac 1991 : 75 % de reçus

Taux de réussite au baccalauréat d'enseignement général par série (en %) :

Séries	Total	dont filles
A1 - Lettres, sciences	73,4	74,8
A2 - Lettres, langues	76,3	76,9
A3 - Lettres, arts plastiques	70,1	71,1
B - Economique et social	68,7	70,7
C - Maths et sc. physiques	84,3	88,2
D - Maths et sc. de la nature	74,2	78,0
D' - Sciences agro. et tech.	69,0	63,2
E - Sciences et techniques	75,2	73,8
Total France métropolitaine	74,9	76,3

Un élève entrant en sixième a 57 % de chances de devenir bachelier, contre 30 % en 1980.

Cet accroissement touche l'ensemble des jeunes, garçons et filles, quel que soit leur milieu d'origine. On compte cependant trois fois plus de bacheliers parmi les enfants de cadres supérieurs et professeurs que parmi ceux d'ouvriers ; le rapport était de 4,5 il y a vingt ans. Ces disparités sont d'ailleurs d'autant plus fortes que l'on considère les séries les plus prestigieuses du bac (la série C en particulier).

9 % de jeunes obtiennent aujourd'hui le bac après des études professionnelles courtes, contre 1 % en 1980.

Le prix du savoir

Un élève du premier degré coûte en moyenne 16 500 F à la collectivité (dont 46 % payés par l'Education nationale), soit au total 14,5 % du PIB contre 16,6 % dans les dix principaux pays de l'OCDE (17,7 % au Japon, 18,7 % aux Etats-Unis).
Un élève du second degré coûte en moyenne 31 400 F à la collectivité (dont 57 % payés par l'Education nationale). La dépense est un peu plus élevée en France que dans les autres pays de l'OCDE.
Un étudiant coûte en moyenne 40 800 F à la collectivité (dont 53 % payés par l'Education nationale). Le coût est supérieur d'un tiers en moyenne dans l'ensemble des pays de l'OCDE.

La reproduction

Evolution de la proportions d'élèves entrés en 6ᵉ ayant obtenu le baccalauréat selon le milieu familial :

	Elèves entrés en 6ᵉ en :		
	1962	1973	1980
• Non actif et divers	9,3	13,1	17,1
• Ouvrier, contremaître	12,3	16,8	25,3
• Agriculteur	15,9	24,4	38,8
• Artisan, commerçant	24,4	30,1	38,8
• Employé, cadre moyen	25,8	29,9	38,0
- dont instituteur	50,2	48,8	58,7
• Cadre supérieur, profession libérale, chef d'entreprise, professeur	55,3	66,3	74,1
• **Ensemble**	**21,5**	**28,1**	**38,2**

La revanche des filles

Toutes les enquêtes montrent que les filles réussissent mieux à l'école que les garçons. Dès le CP, elles sont moins nombreuses à redoubler (110 filles parviennent en sixième sans redoubler, pour 100 garçons). Elles représentent 52 % des élèves de quatrième, 55 % en terminale et 57 % du nombre des reçus au baccalauréat. Parmi les explications avancées, on peut citer leur plus grande maturité, leur meilleur « rendement scolaire » à capacités égales dû à une plus grande conscience dans le travail.
On constate cependant toujours un décalage entre la réussite scolaire et la réussite professionnelle. Il s'explique par la misogynie de nombre d'entreprises, dirigées par des hommes, par la moindre agressivité professionnelle des femmes et par le fait qu'elles choisissent des filières moins valorisantes ; 70 % des lycéennes se concentrent dans les sections A (littéraire), B (économie) et G (tertiaire) et seulement 10 % en C (scientifique) contre 26 % des garçons. Mais la situation évolue et les femmes devraient trouver progressivement à l'avenir la place qui leur revient dans la vie économique, politique ou scientifique.

Le niveau des diplômés augmente, celui des non-diplômés diminue.

Contrairement à une idée très répandue (en particulier chez les enseignants), le niveau des élèves diplômés n'a pas baissé. Depuis le début du siècle, la durée de la scolarité moyenne a plus que doublé. Une étude réalisée sur les appelés montre que les bacheliers obtiennent de meilleures notes aux tests du service national (qui ont dû être relevés à plusieurs reprises) que leurs homologues de 1967. De même, les élèves font aujourd'hui moins de fautes d'orthographe, à âge égal, que leurs aînés.

Les résultats sont en revanche moins bons pour les titulaires du brevet ou du CAP. La croissance du nombre de ces diplômés s'est accompagnée d'une baisse du niveau moyen.

➤ L'Education nationale a formé en 1990 un tiers des demandeurs d'emploi et 7 % des salariés en formation des entreprises.
➤ La part du privé dans l'enseignement supérieur est très faible : environ 2 % des effectifs.

ÉTUDES SUPÉRIEURES

Il y avait 1 700 000 étudiants inscrits dans l'enseignement supérieur à la rentrée 1992, soit 50 % de plus qu'il y a 10 ans.

92 % des titulaires du baccalauréat s'inscrivent pour suivre dès la rentrée suivante des études supérieures (mais seulement 15 % des bacheliers professionnels), contre 84 % en 1980. C'est ce qui explique la difficulté croissante d'accueillir les étudiants. L'accroissement de la scolarisation féminine ne fait que renforcer ce problème : un tiers des filles de 19 à 21 ans étaient inscrites dans l'enseignement supérieur en 1992, contre 21 % en 1984.

A la rentrée 1992, 1 236 000 étudiants étaient inscrits en université (dont un quart en Ile-de-France, contre un tiers il y a dix ans), 81 000 dans les IUT (instituts supérieurs de technologie). On observait une forte progression des inscriptions dans les matières scientifiques et, à un moindre degré, en lettres et sciences humaines, au détriment des disciplines de santé et des IUT.

La moitié seulement des étudiants des universités accèdent au second cycle après la réussite des deux premières années (DEUG, etc.). Les autres arrêtent leurs études ou les poursuivent hors de l'Université (sections de techniciens supérieurs, IUT, etc.).

Un tiers de littéraires

Répartition des étudiants des universités selon les matières en 1991-92 (en %) :

- Lettres   34,2
- Droit et sciences économiques   20,7
- Sciences, MASS, ingénieurs   21,3
- Médecine   8,7
- IUT   6,5
- Pharmacie   2,4
- Autres   6,2

Total   **100,0**

En 1991, 70 000 élèves fréquentaient les 374 établissements comportant des classes préparatoires aux grandes écoles.

Les préparations scientifiques et économiques représentent plus de 80 % de l'ensemble des formations et leur part s'accroît d'année en année. Celle des jeunes filles augmente aussi régulièrement ; elles représentent aujourd'hui environ 40 % des effectifs des classes préparatoires, une nette majorité se destinant aux formations économiques de type HEC. Les bacheliers C représentent deux tiers des élèves. 40 % d'entre eux vont en première année de préparation, dont 25 % en mathématiques supérieures.

Les grandes écoles ne constituent plus une assurance-vie professionnelle.

Face aux universités, en principe ouvertes à tous les bacheliers, les grandes écoles françaises forment un club très fermé. Beaucoup d'étudiants rêvent d'y être un jour admis. Il leur faudra pour cela franchir plusieurs obstacles : d'abord le bac (de préférence avec mention), puis deux années de préparation spéciale, avant le concours d'entrée.

Une fois admis dans le sanctuaire, l'étudiant devra encore mériter d'en sortir avec les honneurs, qui prennent ici la forme d'un diplôme ou d'un bon rang de sortie. Les cinq années nécessaires après le bac ont jusqu'ici constitué le meilleur des placements. On pourrait même parler de rente, puisque la plupart en percevaient les dividendes pendant toute leur vie.

Pourtant, cette « obligation du diplôme », liée à l'existence d'un système dual sans équivalent dans le monde, ne semble plus fonctionner aussi bien. La forte croissance du chômage des cadres (voir *Chômage*) n'a pas épargné les plus diplômés d'entre eux, d'HEC à Polytechnique. Les entreprises, qui les achetaient à prix d'or à leur sortie de l'école, leur préfèrent parfois des jeunes moins brillants mais plus « agressifs »... et moins coûteux.

Plus de 300 000 jeunes sortent chaque année de l'enseignement supérieur, soit près du tiers d'une génération.

Ils en sortent de plus en plus nombreux, mais aussi de plus en plus qualifiés, après des études de plus en plus longues. 120 000 d'entre eux ont un niveau au moins égal à la licence, soit près de 40 % (contre 32 % en 1979). Mais chaque année aussi, près de 100 000 jeunes se retrouvent sur le marché du travail sans avoir d'autre diplôme que le baccalauréat.

Les femmes sont plus nombreuses que les hommes à sortir de l'enseignement supérieur, mais elles sont moins présentes dans les filières les plus qualifiantes ; elles restent très majoritaires dans les formations de type sanitaire ou social et dans les écoles normales d'instituteurs.

Le monde des études supérieures

Proportion d'étudiants dans quelques pays (en 1990, pour 1 000 habitants) :

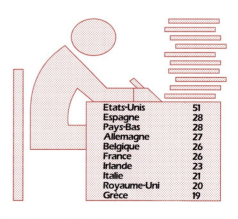

Etats-Unis	51
Espagne	28
Pays-Bas	28
Allemagne	27
Belgique	26
France	26
Irlande	23
Italie	21
Royaume-Uni	20
Grèce	19

Le système éducatif forme trop peu d'ingénieurs et de commerciaux.

La France forme chaque année 16 000 ingénieurs contre 20 000 en Grande-Bretagne et 30 000 en RFA. Ces écarts expliquent la surenchère des salaires chez les diplômés des grandes écoles d'ingénieurs françaises. Les entreprises déplorent également que la grande majorité des ingénieurs ne soient guère attirés par les fonctions de production et préfèrent les études, la recherche ou, surtout, la gestion.

L'objectif annoncé est donc de doubler en vingt ans le nombre d'ingénieurs formés et d'ouvrir le diplôme à des techniciens et cadres ayant une bonne expérience pratique.

Les mêmes reproches sont adressés aux diplômés des grandes écoles commerciales, qui préfèrent la stratégie, le conseil ou les études aux carrières véritablement commerciales, impliquant une présence sur le terrain.

Micro-entretien

ALBERT JACQUARD [*]

G.M.- *A quoi est dû le décalage entre le niveau de connaissance scientifique et celui de la réflexion des hommes ?*

A.J.- C'est la faute de l'enseignement. On nous apprend beaucoup de choses, mais on ne nous montre pas combien il y a de remises en cause conceptuelles. Or, ce sont les concepts que déterminent notre regard sur le monde. On ne fait jamais assez réfléchir les enfants sur la façon dont nous reconstruisons sans cesse le monde à coups de concepts. Tout ce qu'on leur apprend est destiné au contraire à leur permettre de briller, à réussir des examens. En fait, ça ne sert à rien. Il y a là un véritable problème de vulgarisation, de popularisation de l'information scientifique. Les médias pourraient vraiment jouer un rôle en venant à l'aide de l'enseignement. Il faut que tout le monde sache ce qu'est l'espace aujourd'hui, ce qu'est le temps, la vie, la définition de l'homme. Mais ce n'est jamais dit.

[*] Démographe, philosophe, auteur notamment de *Voici le temps du monde fini* (Seuil).

▶ Un élève ingénieur coûte en moyenne 52 000 F par an, un élève d'IUT 32 000 F, un étudiant en faculté 19 000 F.

INÉGALITÉS

13 % des jeunes quittent le système éducatif sans qualification (niveau inférieur au CAP ou au BEP).

Après avoir stagné au milieu des années 80, le nombre des jeunes sans qualification tend à diminuer ; il est passé en dessous de 100 000 en 1989. Cette amélioration devrait se poursuivre lorsque les nombreux étudiants aujourd'hui engagés dans l'enseignement supérieur auront achevé leur formation.

Mais il reste un peu plus de 10 % de jeunes qui ne disposent d'aucun bagage pour trouver leur premier emploi (60 000 d'entre eux ont abandonné leurs études en cours de cycle professionnel). Leur taux de chômage est proche de 30 % entre 15 et 24 ans (il a même atteint 42 % en 1985), alors qu'il ne dépasse pas 20 % chez les titulaires du CAP, du BEP ou du bac. Leurs chances d'accéder à l'encadrement ou à une profession intermédiaire sont sept fois moins grandes que les bacheliers ou les titulaires d'un diplôme supérieur. Leur seul recours est la formation continue.

Diplôme : la potion magique

Comme la probabilité de trouver un emploi, le niveau de salaire obtenu est étroitement lié au niveau de formation atteint au cours de la scolarité. En 1990, les salariés non diplômés âgés de 25 à 29 ans gagnaient en moyenne 10 % de moins que les titulaires du CAP ou du BEP. Les bacheliers gagnaient 20 % de plus que les précédents, les titulaires d'un diplôme « bac + 2 » 30 % de plus et les diplômés de l'enseignement supérieur 70 % de plus.
Les écarts sont encore plus spectaculaires en milieu de carrière. Entre 35 et 44 ans, les bacheliers gagnent 20 % de plus que les titulaires d'un CAP, les « bac + 2 » gagnent 30 % de plus et les diplômés de l'enseignement supérieur 80 % de plus.
Les comparaisons internationales montrent que la France est l'un des pays où les écarts sont les plus élevés en début de carrière, la situation étant comparable en milieu de carrière.

L'inégalité de réussite à l'école tient surtout à l'importance du milieu familial et social.

On sait que le développement intellectuel des enfants est plus stimulé dans les milieux les plus favorisés, indépendamment des différences de capacité pouvant exister entre les uns et les autres.

Dès la maternelle, 32 % des enfants d'ouvriers sont « signalés » (éprouvent des difficultés à suivre normalement) contre 14 % des enfants de cadres supérieurs. A 6 ans, l'écart s'est déjà fortement creusé entre les enfants : 22 % des enfants d'ouvriers redoublent le cours préparatoire, contre 2,2 % des enfants de cadres supérieurs et de membres des professions libérales. Outre ces handicaps, les enfants d'immigrés souffrent des problèmes linguistiques et culturels liés à leur origine étrangère et à leur difficile insertion sociale.

Sur 10 enfants d'ouvriers entrant en 6e, un seul va jusqu'en terminale.

La sélection se poursuit dans le secondaire : plus de 90 % des enfants d'enseignants et de cadres parviennent en sixième à 11 ans et moins ; 84 % de ceux des cadres moyens ; 74 % de ceux d'employés : 55 % de ceux d'ouvriers non qualifiés. Les filles ont un peu moins de difficultés que les garçons. Le taux d'admission en terminale varie de 79 % pour les enfants d'enseignants à 15 % pour les enfants de salariés agricoles.

Au total, la probabilité d'accès à l'enseignement supérieur d'un fils de cadre supérieur est 20 fois plus grande que celle d'un fils d'ouvrier.

Le système éducatif fait de plus en plus de mécontents.

Elèves et enseignants souffrent apparemment d'un même malaise, qu'ils expriment parfois dans la rue. S'ils ne manifestent pas ensemble, il est clair que certaines causes de leur mécontentement sont semblables : insalubrité des locaux (lycées ou facultés) ; insuffisance de crédits ; inadaptation des réformes ; insécurité ambiante ; incommunication. Mais la revendication essentielle des élèves, souvent non exprimée, concerne leur insertion dans la vie professionnelle et sociale ; le chômage ne peut en aucun cas constituer un point de passage obligé pour commencer sa carrière. Celle des enseignants est de retrouver la considération générale dont ils bénéficiaient dans la société, eu égard à l'importance de leur mission.

Quant aux parents, ils s'inquiètent de la trop lente adaptation de l'école et de la résistance qu'enseignants et syndicats opposent à toute réforme. Ils sont aujourd'hui conscients d'un retard par rapport à d'autres pays comme l'Allemagne. 63 % d'entre eux estiment que l'école a une responsabilité dans le chômage des jeunes. 61 % sont partisans de laisser le contenu de l'enseignement et le choix des enseignants à la responsabilité des chefs d'établissement et des collectivités locales pour donner plus de souplesse au système scolaire.

SOS enseignants

Les enseignants souffrent d'abord de ne plus être reconnus par les élèves, surtout dans certaines banlieues où l'incompréhension s'accompagne parfois de violence. Ils se sentent aussi incompris par les parents, qui n'ont plus envers eux le même respect que par le passé et se comportent de plus en plus en « clients » vis-à-vis de l'école. Face aux familles et à la télévision, ils ne sont plus aujourd'hui les seuls détenteurs du savoir. Ils se sentent enfin délaissés par l'administration, qui les paye mal et ne leur fournit pas les moyens pédagogiques nécessaires à l'exercice de leur métier.

Ce malaise se manifeste depuis quelques années par la décision de certains de quitter l'enseignement et de tenter leur chance dans l'entreprise. Il se traduit aussi par un fort déficit de recrutement : les postes mis au concours ne sont pas tous pourvus alors qu'il faudra recruter 130 000 instituteurs et 160 000 professeurs d'ici à l'an 2000.

Après avoir été un lieu de relation et de libération, l'école républicaine a subi les soubresauts de Mai 68 et leurs effets sur les mentalités. Elle s'est raidie devant la concurrence croissante de la télévision. Elle n'a pas su répondre aux attentes des parents ni à celles de l'économie. Les progrès de la scolarisation ont amplifié ces problèmes d'adaptation, les rendant de plus en plus apparents et de moins en moins supportables.

➤ La rentrée scolaire 1991 a coûté en moyenne 550 F aux familles ayant un enfant en sixième (gratuité des manuels scolaires) et 900 F pour un enfant en seconde.
➤ Une étude menée en 1991 sur les enfants de 13 ans dans quinze pays montre que la France se situe au 6e rang pour les mathématiques, au 10e rang pour les sciences physiques et naturelles, devancée par les pays de l'Asie du Sud-Est et d'Europe orientale.
➤ Plus de 90 % des élèves de maths sup et plus de 80 % de ceux des classes préparatoires à HEC sont des bacheliers C.
➤ Chaque année, plus de 2 000 candidats passent le concours d'entrée à Polytechnique. 230 sont reçus.

LE TEMPS

ESPÉRANCE DE VIE

72,8 ans pour les hommes et 80,9 ans pour les femmes ● Mortalité infantile divisée par cinq en 35 ans ● 3 000 centenaires ● Inégalité des sexes, des âges, des professions, des pays

LONGÉVITÉ

L'espérance de vie à la naissance est de 72,8 ans pour les hommes et 80,9 ans pour les femmes (1991). Elle a augmenté de 32 ans depuis le début du siècle.

L'espérance de vie est « la moyenne des années de vie d'une génération imaginaire qui serait soumise toute sa vie aux quotients de mortalité par âge (nombre de décès dans un groupe donné pendant une année donnée par rapport à la population du groupe en début d'année) pendant l'année d'observation ». Elle ne cesse de s'accroître en France comme dans tous les pays développés. L'augmentation atteint 53 ans pour les femmes et 45 ans pour les hommes si on remonte à la Révolution française !

Entre 1985 et 1990, le gain moyen a été de 3,6 mois par an, contre 2,4 au début des années 80.

Il est surtout sensible aux âges avancés, entre 65 et 85 ans. Si les progrès se poursuivaient au rythme actuel, la durée de vie moyenne atteindrait 75 ans pour les hommes et 83 ans pour les femmes en l'an 2000.

Cet accroissement est dû en partie aux progrès réalisés dans la lutte contre les maladies infectieuses, cardio-vasculaires et bactériennes, et à l'amélioration de l'équilibre alimentaire. Mais il s'explique surtout par la très forte diminution de la mortalité infantile (encadré). On a une idée précise de son influence en observant l'évolution de l'espérance de vie des adultes de 40 ans. On constate alors qu'en un demi-siècle ils n'ont gagné que 7 ans d'espérance de vie supplémentaire (6 ans pour les hommes et 8 pour les femmes).

La naissance et la vie

La mortalité infantile (nombre d'enfants décédés avant l'âge d'un an pour 1 000 enfants nés vivants) est estimée à 7,3 pour mille en 1991, le taux le plus bas d'Europe avec les Pays-Bas et l'Allemagne (ex-RFA). Elle était cinq fois plus élevée en 1955 (36,5 pour mille). Cette très forte diminution est d'abord la conséquence de l'amélioration des conditions de vie des mères et des techniques d'accouchement ainsi que de la réduction des décès dus à des maladies infectieuses. Elle est causée plus récemment par le recul des décès d'enfants de moins d'un semaine, passé de 7,3 pour mille en 1975 à 2,5 pour mille en 1990. La mortalité infantile reste plus forte chez les garçons que chez les filles. Bien que les écarts s'estompent, elle est plus élevée pour les enfants nés hors mariage, dans les familles nombreuses (y compris pour les premiers-nés), chez les immigrés et dans les familles dont les parents ont le niveau d'instruction le plus faible. Elle augmente avec l'âge de la mère (elle double entre 30 et 40 ans). Dans tous les milieux, elle est plus faible chez les enfants de femmes exerçant une activité professionnelle.

▶ 51 % des Français estiment qu'il n'y a pas d'âge pour commencer à être vieux. 18 % pensent qu'on est vieux avant 60 ans, 19 % entre 65 et 70 ans, 10 % entre 75 et 80 ans.

La mort toujours repoussée

Evolution de l'espérance de vie à la naissance (en années) :

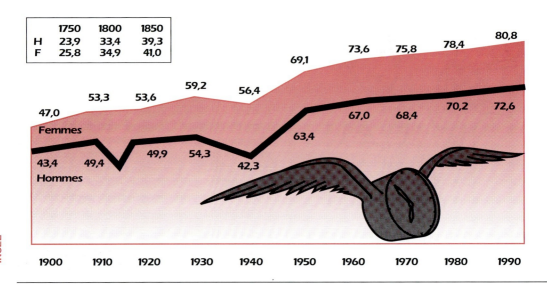

	1750	1800	1850
H	23,9	33,4	39,3
F	25,8	34,9	41,0

On compte en France 3 000 centenaires, contre 3 en 1900, 200 en 1950. Il devrait y en avoir 6 000 en l'an 2000.

La doyenne de l'Europe, et peut-être du monde, est française. Jeanne Calment est née en 1875 et vit à Arles. Plus de la moitié des centenaires présentent un bon ou très bon état de santé : constantes biologiques comparables à celles des jeunes adultes (taux de globules rouges et blancs, glycémie, cholestérol, albumine...) ; tension artérielle normale. Les vertiges sont rares.

Les difficultés des centenaires portent surtout sur l'incontinence, les troubles de la mémoire (40 % des cas), la fréquence des chutes et l'isolement affectif. La plupart des centenaires sont des femmes.

▶ C'est dans la région Midi-Pyrénées que les hommes vivent le plus longtemps (74,5 ans en moyenne), dans le Poitou-Charentes pour les femmes (81,7 ans). C'est dans le Nord-Pas-de-Calais qu'hommes et femmes vivent le moins longtemps (69,7 ans et 78,8 ans).

Les secrets de la longévité

La longévité des centenaires ne s'explique pas seulement par leur héritage génétique. L'importance des modes de vie apparaît de plus en plus importante. Ceux qui continuent d'avoir une activité physique (marche, natation), intellectuelle, culturelle et sociale vivent plus âgés et en meilleure santé. La maladie d'Alzheimer serait 14 fois plus fréquente dans les couches sociales peu favorisées que parmi celles qui ont suivi des études supérieures. L'absence de stress et la qualité du régime alimentaire sont d'autres facteurs de longévité. L'harmonie et l'équilibre sont les mots qui résument le mieux les attitudes et les modes de vie des personnes qui vieillissent le plus et le mieux.

L'allongement de la vie contribue au vieillissement de la population.

Le vieillissement de la population française est dû au moins autant à l'accroissement de l'espérance de vie qu'à la baisse de la fécondité (voir *Famille*). Il pose à terme des problèmes d'équilibre économique et démographique. Ainsi, la survie presque générale des femmes jusqu'à la période féconde tend à modifier l'image et l'importance de la procréation. Il semble aujourd'hui qu'elle tende à étaler les naissances dans le temps (voir *Démographie*).

L'allongement de la vie influe aussi sur le système de valeurs de la société.

Au plan individuel, la mort d'un proche est une expérience plus rare puisqu'elle se produit essentiellement chez des personnes âgées, qui meurent de plus en plus tard. Cet éloignement croissant de l'idée de la mort n'est pas sans effet sur les conceptions religieuses, la production artistique ou la vision générale de la vie. Devant les progrès médicaux et les espoirs affichés par les chercheurs, les Français ressentent un certain sentiment d'immortalité. Ils craignent d'autant plus l'idée de la mort qu'elle est peu présente dans l'imagerie collective et apparaît comme un phénomène anormal et résistible.

Age réel, âge biologique, âge social

L'âge d'un individu est en principe déterminé par sa date de naissance. Mais l'âge biologique, mesurée par l'usure physique ou cérébrale, peut différer considérablement entre des individus nés la même année. Il varie d'ailleurs selon les époques ; les personnes âgées de 80 ans aujourd'hui sont dans un état de santé comparable à celui des personnes de 70 ans il y a vingt ans.
Il existe enfin un âge social, décidé par les institutions et utilisé tout au long de la vie dans certaines situations. Il y a ainsi un âge pour entrer à l'école (3 ans), pour en sortir (au moins 16 ans), pour faire son service militaire, pour se marier ou ouvrir un compte en banque (15 ans), un pour voter (18 ans), un pour se faire élire (de 18 à 35 ans selon les postes), un pour partir à la retraite (60 ans). Tout au long de l'Histoire, l'Etat, l'école, l'Eglise ou l'armée ont défini pour les citoyens des seuils ou des limites à ne pas dépasser qui ne correspondent pas toujours (ou plus) à une réalité objective.

▶ Hippocrate considérait que la vieillesse commençait à 56 ans. Cicéron et saint Augustin retinrent l'âge de 60 ans, qui est encore largement utilisé comme seuil dans les sociétés contemporaines.

INÉGALITÉS

L'inégalité des sexes :
- **A la naissance, les Françaises ont une espérance de vie supérieure de 8,1 ans à celle des Français ;**
- **L'écart n'était que de 6,7 ans en 1960.**

Le « sexe faible » est en fait celui qui vit le plus longtemps. Plus des trois quarts des personnes âgées de plus de 85 ans sont des femmes. Avec un peu plus de 8 ans de vie supplémentaire par rapport aux hommes, les Françaises sont d'ailleurs les championnes d'Europe (l'écart est de 6 ans en moyenne pour les pays de la Communauté européenne).

Les raisons de la plus grande longévité des femmes sont difficiles à cerner avec précision. Elles tiennent pour une part à un risque inférieur de mourir d'un accident (au travail, sur la route, en pratiquant un sport, etc.), du fait d'une vie plus sédentaire, de métiers présentant moins de risques et d'activités de loisirs moins dangereuses. Entre 15 et 35 ans, 80 % des victimes de la route sont des hommes. Les femmes sont en outre trois fois moins touchées par le suicide que les hommes. Elles sont peut-être aussi plus résistantes ; dès les premières années de la vie, on constate que les filles sont moins fragiles que les garçons (leur mortalité infantile est d'ailleurs inférieure).

Mais l'une des causes essentielles semble être une moindre consommation d'alcool et de tabac que les hommes. Les femmes sont beaucoup moins nombreuses, en proportion, à mourir d'une cirrhose du foie (2 916 contre 6 725 en 1990) ou d'un cancer du poumon (2 812 contre 18 805). Les tumeurs liées au tabagisme et à l'alcoolisme provoquent neuf décès d'hommes pour un décès de femme.

Enfin, on constate que les femmes sont mieux suivies médicalement que les hommes (par le biais de la contraception et des maternités) et qu'elles ont mieux profité des progrès sanitaires.

L'inégalité des âges :
- **A 35 ans, l'espérance de vie moyenne est de 39,3 ans ;**
- **A 60 ans, elle est de 18,4 ans.**

Plus on est âgé et plus on a de chances de vivre longtemps. De toutes les inégalités, celle-ci est sans doute la moins choquante. Le bon sens incite à

Les métiers qui conservent ... et les autres

Espérance de vie selon la catégorie socio-professionnelle (période 1980-1989) :

	A 35 ans	A 60 ans
• Agriculteurs exploitants	41,5	20,2
• Salariés agricoles	38,6	18,3
• Artisans, commerçants, chefs d'entreprise	40,7	19,5
• Cadres et professions libérales	44,0	21,7
• Cadres moyens	42,9	20,9
• Employés	39,9	18,8
• Contremaîtres	43,1	21,2
• Ouvriers qualifiés	39,6	18,8
• Ouvriers spécialisés	38,7	18,4
• Manœuvre	35,8	17,1
• Personnel de service	36,9	16,7
• Armée et police	44,6	22,8
• Inactifs	32,1	15,8
• **Ensemble**	**39,3**	**18,4**

INSEE

penser que les risques de décès à 20 ans (accident, maladie, guerre, etc.) sont plus élevés que ceux que l'on court à 60 ans, après avoir traversé sans encombre 40 années supplémentaires. Il est donc logique que l'âge moyen probable de décès des personnes âgées soit plus élevé que celui des jeunes.

L'accroissement de l'espérance de vie a moins profité aux hommes de 25 à 35 ans, qui sont davantage concernés par les accidents de la circulation, les suicides et le sida. Les hommes âgés de 55 à 65 ans ont été également plus touchés par les cancers.

Aujourd'hui, un nouveau-né de sexe masculin a une chance sur cinq de fêter son 85e anniversaire et le double s'il est de sexe féminin.

L'inégalité des professions : à 35 ans, un cadre ou profession libérale a en moyenne 8 ans de plus à vivre qu'un manœuvre.

Parmi les hommes actifs, les plus favorisés sont les enseignants, les professions littéraires ou scientifiques et les ingénieurs ; entre 35 et 75 ans, leur mortalité est deux fois plus faible que celle de l'ensemble des hommes. A l'opposé, celle des manœuvres est double de la moyenne. Entre ces catégories extrêmes, la hiérarchie des longévités reproduit celle des professions (laquelle est fortement corrélée aux diplômes).

Les écarts s'expliquent par des facteurs de risque différents entre les catégories professionnelles. Les membres des professions manuelles sont beaucoup plus souvent victimes d'accidents du travail que les autres. Ils ont aussi plus fréquemment des modes de vie pouvant entraîner des décès prématurés. Enfin, la surveillance médicale et les efforts de prévention sont moins développés dans ces catégories sociales.

En dehors des risques spécifiques, ce n'est pas le fait d'exercer un certain métier qui explique une espérance de vie plus ou moins longue, mais l'ensemble des répercussions que ce métier implique sur le style de vie en général : consommation de tabac et d'alcool, qualité de l'alimentation, poids, sédentarité, fatigue, etc.

L'inactivité tue

A 35 ans, les inactifs ont une espérance de vie moyenne inférieure de 7,2 ans à la moyenne nationale. Cet écart confirme qu'il existe un lien entre l'exercice d'une activité et l'état de santé. A cet âge, les inactifs sont le plus souvent des femmes. On retrouve chez elles l'effet-formation ; les inactives sont moins souvent diplômées que les autres. De plus, les femmes actives sont mieux suivies médicalement. Enfin, certaines restent inactives parce qu'elles sont en mauvaise santé.

L'inégalité des pays : l'espérance de vie à la naissance est presque deux fois moins élevée en Afghanistan (41 ans) qu'en France.

L'espérance de vie moyenne dans le monde est de 65 ans : 53 ans en Afrique ; 64 ans en Asie ; 72 ans en Océanie ; 67 ans en Amérique latine ; 75 ans en Amérique du Nord et en Europe (hors ex-URSS) ; 70 dans l'ex-URSS. Les pays les plus défavorisés sont africains : 42 ans en Guinée et en Sierra Leone, 43 ans en Gambie. L'espérance de vie atteint 79 ans au Japon, 78 ans dans deux pays nordiques (Islande et Suède), ainsi qu'en Suisse.

Les pays dits « en voie de développement » cumulent les handicaps de la malnutrition, du manque d'hygiène, de l'insuffisance des soins et de l'inexistence de la prévention. La mortalité infantile très élevée explique une partie de l'écart de longévité considérable avec les pays développés.

La vie dans tous ses Etats

Espérance de vie à la naissance et mortalité infantile en Europe et dans le monde :

	Espérance de vie à la naissance		Mortalité infantile
	Hommes	Femmes	
• Pays-Bas	73,7	79,9	6,8
• Espagne	73,2	79,8	8,4
• Italie	73,2	79,7	8,3
• France	72,8	80,9	7,3
• RFA	72,6	79,0	7,4
• Grèce	72,6	77,6	9,7
• Belgique	72,4	79,0	8,7
• Royaume-Uni	72,2	77,9	8,4
• Danemark	72,0	77,7	8,0
• Irlande	71,0	77,0	7,5
• Portugal	70,9	77,9	12,2
• Luxembourg	70,6	77,9	9,9
• **Europe des 12**	**72,8**	**79,2**	**8,1**
• Japon	75,5	81,4	4,6
• Etats-Unis	71,3	78,3	9,7
• Ex-URSS	64,6	74,0	23,0

Dans de nombreuses régions du tiers monde, un enfant sur dix meurt avant son premier anniversaire (moins d'un sur cent en France).

Dans la plupart des pays d'Europe de l'Est, l'espérance de vie est inférieure à 70 ans pour les hommes. Elle a en général diminué depuis 1970, contrairement à ce qui s'est produit à l'Ouest. L'alcoolisme, les conditions économiques défavorables, la mauvaise organisation des services de santé et leur manque d'équipement seraient en partie responsables de cette évolution. On constate que les écarts d'espérance de vie en Europe et dans le monde tendent à s'accroître.

> ► Le cerveau contient 100 milliards de cellules dont 25 % disparaissent avec l'âge.
> ► Les deux tiers des cas de "mort subite de cause inconnue", responsables de près de 30 % des décès de moins d'un an, concernent des garçons.
> ► 72 % des Français estiment qu'il faut laisser aux gens gravement atteints la possibilité de mourir en refusant les soins jugés inutiles.
> ► 71 % des Français n'ont pas peur de vieillir (12 % des femmes et 4 % des hommes reconnaissent avoir peur).

EMPLOI DU TEMPS

Temps libre d'une vie 3 fois plus long que le temps de travail et 3,5 fois plus long qu'au début du siècle ● Emplois du temps différents entre hommes et femmes, ruraux et citadins ● Moindre distinction entre temps subi et temps choisi ● Paradoxe : gagner du temps pour pouvoir le perdre ● Redistribution en cours de l'emploi du temps de la vie ● Le temps plus important que l'espace

VIE

Le sommeil occupe le tiers de la vie.

Le capital-temps des Français (72,8 ans pour les hommes, 80,9 ans pour les femmes) a doublé en moins de deux siècles. La façon dont il est utilisé s'est complètement transformée. Un homme d'aujourd'hui consacre 30 années de sa vie aux activités de type physiologique, soit environ 40 % du temps total. Le sommeil en représente l'essentiel (24 ans). Les autres fonctions (alimentation, soins personnels, etc.) nécessitent 6 années d'une vie moyenne.

Le temps « subi » est celui consacré au travail (y compris les trajets), à la formation et aux tâches domestiques ; il est très inférieur au temps libre ou « temps choisi », qui correspond aux activités de loisir et à la vie sociale. Enfin, l'enfance et la scola-

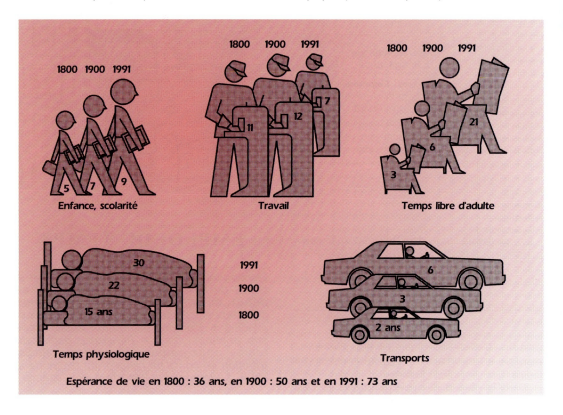

Le temps à géométrie variable

Evolution de l'emploi du temps de la vie d'un homme selon les époques (en % du temps total) :

Espérance de vie en 1800 : 36 ans, en 1900 : 50 ans et en 1991 : 73 ans

---

rité (hors temps physiologique) représentent 8 années.

Le travail ne représente plus que le dixième du temps d'une vie et le tiers du temps libre.

Sur la base actuelle de 40 années de vie active (entre 20 et 60 ans) et de 1 500 heures effectives de travail par an (pour 1 650 heures théoriques), le temps total de travail est de 60 000 heures dans une vie, soit environ 7 ans. Il est donc à peine supérieur au temps de déplacement (6 ans). Surtout, il est trois fois moins long que le temps libre d'adulte.

Peu de Français sont conscients de la révolution qui s'est opérée dans les modes de vie avec l'inversion, au cours du XXe siècle, des durées consacrées au travail et au loisir. Depuis la fin de la Seconde Guerre mondiale, le temps de travail des Français a été divisé par deux. En un peu plus de quarante ans, la durée de la vie active s'est raccourcie de 10 ans, soit 3 semaines par an et 6 heures par semaine.

Le temps libre d'une vie est aujourd'hui 3,5 fois plus qu'en 1900 et 7 fois plus long qu'en 1800.

Depuis un ou deux siècles, le temps disponible s'est globalement « dilaté », mais les différentes parties qui le composent ont subi des déformations très différentes.

Au début du XIXe siècle, nos ancêtres vivaient en moyenne 36 ans et consacraient la moitié de leur vie éveillée au travail. Leur temps libre était donc très limité : trois ans. Aujourd'hui, les Français disposent de deux fois plus de temps, mais la part qu'ils consacrent au travail est moins élevée qu'en 1800.

La période de l'enfance s'est un peu étirée, du fait de l'allongement de la scolarité. Seul le temps accordé au sommeil et aux divers besoins d'ordre physiologique n'a guère évolué, du fait de sa nature difficilement compressible.

Mais le véritable bouleversement est celui du temps libre de l'adulte, multiplié par sept depuis 1800. Bien sûr, une bonne partie de ce temps-là n'est disponible qu'au moment de la retraite. La plupart des Français ne pourront vraiment profiter de ce temps libre qu'après 30 ou 40 ans de labeur.

La volonté de réduire le temps de travail est ancienne.

Elle est apparue dès la révolution de 1848 avec le décret de Louis Blanc limitant la journée de travail à 10 heures à Paris et 11 en province. Il fallut cependant attendre 1912 pour que ces dispositions entrent dans les faits. La journée était réduite à 8 heures en 1919, répondant ainsi à une demande apparue dès 1880.

Les pressions sociales pour réduire le temps de travail s'exprimèrent ensuite à l'échelle de la semaine, avec le droit au week-end. Puis elles concernèrent l'année, avec la mise en place des congés payés : 12 jours ouvrables en 1936, portés à 18 en 1956, 24 en 1969, 30 en 1982 (cinq semaines). A l'échelle de la vie, il faut noter l'avancement de l'âge de la retraite, fixé pour l'ensemble du régime général à 65 ans vers 1950, puis à 60 ans en 1982.

Plus récemment, les revendications ont davantage concerné l'aménagement du temps de travail : temps partiel ; horaires variables ; possibilité de ne pas travailler pendant les jours fériés. Entre un accroissement de leur temps libre et une augmentation de leur pouvoir d'achat, les Français arbitrent de plus en plus en faveur de ce dernier (voir *Avenir* ci-après).

➤ 73 % des Français sont partisans d'une semaine de quatre jours pour les enfants, mieux adaptée à leur développement (23 % non). 82 % pensent que ce système profite à toute la famille, qui peut partir en week-end dès le vendredi soir (16 % non).

Micro-entretien

THIERRY BRETON*

G.M.- *Le temps n'est-il pas devenu la dimension principale de la vie sociale et individuelle ?*

T.B.- Pendant longtemps, les gens ont vécu surtout dans deux dimensions, dans le plan. Le XXe siècle a vu l'exploitation de la troisième dimension, verticale, avec l'infiniment grand et l'infiniment petit. Mais la grande révolution, c'est la quatrième dimension, annoncée au début de ce siècle par Einstein : celle du temps, qui commence à être exploitée aujourd'hui par les informaticiens.
Nous sommes donc dans un espace à quatre dimensions. Mais notre culture fait que nous vivons toujours dans un espace plan. Les deux vrais pouvoirs qui sont reconnus aujourd'hui dans les démocraties sont l'économie et les médias; tous deux sont fondamentalement basés sur le traitement du temps. Ils sont les seuls à intégrer cette quatrième dimension. Gare aux hommes politiques qui n'ont pas compris cela.

* Conseil en télécommunications, auteur notamment de *la Dimension invisible* (Odile Jacob).

JOURNÉE

Parmi les actifs citadins, les hommes ont chaque jour 50 minutes de temps libre de plus que les femmes.

L'emploi du temps des adultes actifs (citadins) fait évidemment une large place au travail. Si les femmes travaillent à l'extérieur en moyenne une heure de moins que les hommes, il faut préciser qu'elles consacrent plus de quatre heures et demie aux tâches domestiques, contre 2 h 48 pour les hommes (durée journalière calculée sur une base de 7 jours).

Le temps physiologique (ou personnel) des deux sexes est comparable. Les hommes restent un peu plus longtemps à table (1 h 23 contre 1 h 18 pour les repas à domicile), tandis que leurs épouses prennent un peu plus de temps pour s'occuper d'elles-mêmes. Au total, les femmes actives sont donc pénalisées de près d'une heure de loisir par rapport aux hommes, soit près du tiers de leur temps libre quotidien.

La journée des citadins actifs

Hommes et femmes de 18 à 64 ans (1985-86) :

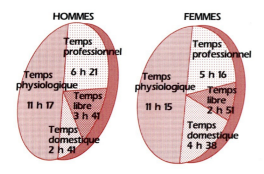

Temps exprimés en heures et minutes. Ces chiffres sont des moyennes incluant les samedis et les dimanches.

INSEE

L'écart entre hommes et femmes est plus important parmi les non-actifs (de moins de 65 ans).

La différence d'emploi du temps entre hommes et femmes est encore plus marquée en l'absence d'activité professionnelle. Les hommes sont de plus gros dormeurs. Les femmes « inactives » consacrent tout de même 6 h 53 au ménage et autres travaux domestiques, les hommes seulement 2 h 41. De sorte qu'au concours du temps libre les hommes sont encore les grands gagnants, avec 5 h 33 par jour, soit une heure et demie de plus que leurs compagnes.

Les hommes âgés ont une heure de temps libre de plus que les femmes.

La journée des plus de 65 ans ressemble un peu à celle de leurs cadets non actifs. S'ils consacrent moins de temps aux travaux domestiques, c'est principalement parce que leurs foyers comptent moins de personnes. Les enfants étant partis, les courses et le ménage leur demandent moins de temps. C'est peut-être pourquoi ils ont tendance à en consacrer davantage aux repas, moments importants de la journée, souvent prolongés, l'après-midi, par la sieste.

Comme pour les actifs, l'écart de temps libre entre les hommes et les femmes est d'environ une heure en faveur des hommes, soit moins que chez les inactifs jeunes. Pour beaucoup de personnes âgées, le temps est une matière première à la fois abondante dans le présent et rare dans l'avenir.

L'emploi du temps n'est pas le même en ville et en milieu rural.

Les agriculteurs travaillent deux heures de plus par jour que la moyenne des citadins. Le temps passé par les agricultrices ou aides familiales au

La journée des inactifs

Hommes et femmes de 25 à 54 ans (1985-86) :

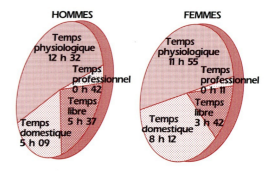

Hommes et femmes de 65 à 74 ans (1985-86) :

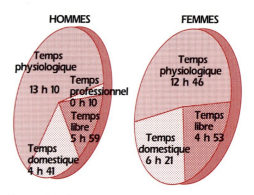

Temps exprimés en heures et en minutes.

travail professionnel et domestique représente au total 10 heures et demie par jour, soit une heure de plus que chez les citadines. En particulier, la préparation des repas et la vaisselle prennent deux fois plus de temps à la ferme. Cet écart tient au fait que les agriculteurs participent une heure de moins aux travaux ménagers que les actifs urbains.

On constate aussi que les ruraux (surtout âgés) dorment davantage que les citadins. Ils passent plus de temps à table : 1 h 35 par jour à domicile contre 1 h 20 en ville. Enfin, la télévision et les sorties occupent moins de temps à la campagne qu'à la ville. D'abord, parce que le temps de loisir est inférieur d'une demi-heure par jour en milieu rural. Ensuite, parce que la pratique de la chasse ou de la pêche est beaucoup plus fréquente chez les personnes qui habitent en milieu rural.

L'horloge des saisons

Contrairement à ce que l'on entend parfois, il y a encore des saisons. Philippe Besnard, chercheur au CNRS, a montré dans *Mœurs et humeurs des Français au fil des saisons* (Balland) que la vie individuelle et collective est largement réglée par le calendrier. La courbe des mariages présente chaque année une pointe fin juin-début juillet. Celle des naissances est plus marquée en mai et creuse en novembre. Même la mort a un caractère saisonnier, vers fin janvier-début février. Les suicides, eux, sont plus nombreux au printemps et se produisent plus fréquemment le lundi, traduisant « l'angoisse des recommencements ». Un phénomène qui explique peut-être aussi le creux de septembre de la sociabilité. L'alimentation, les achats, la lecture, la pratique sportive sont aussi des activités étroitement liées aux saisons. L'humeur elle-même serait en partie dépendante de la lumière du jour. La violence, dont la relation avec les phases lunaires n'est pas démontrée, apparaît maximale en octobre-novembre et limitée en juillet. Les fêtes, païennes ou religieuses, continuent de rythmer les saisons et la vie des Français, qui se sentent ainsi rattachés à l'Univers.

L'année calendaire comporte au total huit moments critiques : les solstices d'été et d'hiver ; les équinoxes de printemps et d'automne ; les débuts des mois de février, mai, août et novembre. Les découvertes récentes de la chronobiologie montrent d'ailleurs que les Français vivent à contre-temps ; le corps a plus besoin de repos en hiver (on dort moins en été), mais c'est pourtant en été que partent les vacanciers.

Entre 1975 et 1985, le temps de travail a diminué, le temps libre a augmenté, les repas ont raccourci.

Pendant cette période, le temps libre s'est accru de 35 minutes. Les trois quarts de cette augmentation (26 minutes) se sont portés sur la télévision, qui absorbe aujourd'hui 40 % du temps libre des Français.

Les femmes et les hommes ont conservé des rôles domestiques distincts (l'entretien du linge reste presque exclusivement féminin) mais le partage des tâches est un peu plus égalitaire. Les activités masculines telles que le bricolage et le rangement ont augmenté, tandis que les tâches féminines (cuisine, vaisselle, linge) ont diminué.

Enfin, on constate que les adultes citadins consacrent un quart d'heure de moins aux repas. Une évolution qui touche toutes les catégories de personnes, jeunes ou âgées, actives ou non, hommes ou femmes.

Le temps change

Evolution des emplois du temps des adultes citadins entre 1975 et 1985 (en heures et minutes) :

	1975	1985
• Temps physiologique dont :	12 h 05	11 h 53
- repas à domicile	1 h 41	1 h 30
- repas hors domicile	0 h 29	0 h 28
• Temps professionnel et de formation dont :	4 h 01	3 h 32
- travail professionnel	3 h 23	2 h 49
- études et formation	0 h 20	0 h 20
- trajets	0 h 24	0 h 23
• Temps domestique dont :	4 h 26	4 h 31
- activités ménagères	2 h 44	2 h 38
- bricolage, couture	0 h 21	0 h 23
- autres trajets	0 h 43	0 h 47
- soins aux personnes	0 h 24	0 h 24
• Temps libre dont :	3 h 28	4 h 04
- télévision	1 h 22	1 h 48
- sports	0 h 03	0 h 08
- spectacles, sorties	0 h 05	0 h 08
- jeux	0 h 08	0 h 11

INSEE

INDIVIDU

Le temps a plusieurs dimensions

Les Françaises sont celles qui consacrent le plus de temps à la fois au travail professionnel et domestique.

Une comparaison portant sur sept pays industrialisés (Caroline Roy, INSEE) montre que les femmes consacrent partout plus de temps au travail domestique que les hommes et moins à leur activité professionnelle lorsqu'elles en ont une. Aux Etats-Unis, par exemple, un homme actif travaille environ 47 heures par semaine, une femme active 36 heures ; mais l'homme consacre 14 heures aux travaux du foyer, la femme 26 heures. Au Danemark et aux Pays-Bas, les actifs comme les inactifs consacrent moins de temps au travail domestique qu'ailleurs.

Les Françaises sont celles qui ont le moins de temps libre ; elles consacrent deux fois plus de temps aux activités domestiques que les Néerlandaises (28 heures par semaine contre 14). Enfin, on constate que les besoins physiologiques occupent à peu près partout la moitié de la journée.

▶ Jusqu'en 1916, la France a vécu toute l'année à l'heure solaire (GMT). L'heure d'été (GMT + 1) fut instituée pour accompagner l'effort de guerre et réaliser des économies d'énergie. En 1940, l'heure allemande fut imposée par l'occupant (GMT + 2) et supprimée en 1945. L'heure unique fut cette fois GMT + 1, jusqu'en 1976.

AVENIR

Gagner du temps pour pouvoir le perdre à sa guise, tel est l'apparent paradoxe de la société actuelle.

La société actuelle offre de nombreux moyens de gagner du temps. Les produits alimentaires (en poudre, concentrés, congelés, surgelés, en conserve, lyophilisés, précuits, etc.), l'équipement électroménager (machines à laver le linge ou la vaisselle, four à micro-ondes...), les moyens de transport (avion, TGV, transports urbains) ont une raison d'être commune : faire économiser du temps. Car c'est bien du temps qu'on achète, chaque jour, en s'offrant un hamburger, les services du pressing, ceux d'une femme de ménage ou d'un jardinier...

Mais la conquête du temps n'a pas pour unique objet le divertissement. Elle représente pour chacun la possibilité de gérer lui-même le temps dont il dispose, c'est-à-dire sa vie. Un pas important vers la maîtrise de son destin, revendication essentielle de l'époque.

L'argent avant le temps

Evolution de la préférence entre une augmentation du pouvoir d'achat et un accroissement du temps libre (en %) :

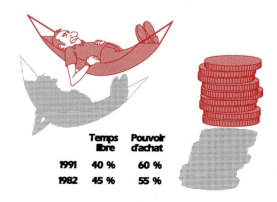

	Temps libre	Pouvoir d'achat
1991	40 %	60 %
1982	45 %	55 %

Le découpage formation-travail-retraite apparaît de plus en plus artificiel.

Les trois périodes successives de la vie (un temps pour apprendre, un autre pour travailler, le dernier pour se reposer) ne correspondent pas plus aux besoins individuels qu'aux nécessités collectives. Pourquoi ne pas apprendre quand on en a envie ou quand c'est nécessaire ? Pourquoi ne pas « se mettre en retraite » à différentes époques de sa vie, afin de s'orienter vers un autre type d'activité, prendre un peu de recul ou simplement profiter de la vie ? Pourquoi ne pas travailler de façon plus modulée, tant qu'on en éprouve le besoin ou l'envie, tant qu'on en a la capacité ?

Au quotidien, d'autres revendications se font jour. Les Français souhaitent pouvoir faire leurs courses tard le soir, utiliser les services publics sept jours sur sept, choisir les dates de leurs vacances et, pour ceux qui ont des enfants, ne pas dépendre du calendrier scolaire. Les ruptures du temps social (fins de semaine, congés payés, retraite, etc.), hier considérées comme des progrès, sont aujourd'hui souvent vécues comme des contraintes.

Mais les besoins des citoyens-consommateurs se heurtent aux réticences des citoyens-travailleurs, qui ne souhaitent pas rentrer chez eux plus tard le soir pour assurer l'ouverture des magasins ou des services de toutes sortes. Si le poids des usagers est parfois inférieur à celui des syndicats, les aspects économiques pourraient jouer un rôle déterminant dans l'évolution future.

L'heure d'été à l'heure de l'Europe

En mars 1991, 54 % des Français se disaient opposés au changement d'heure en été ; 33 % y étaient favorables. Les moins enthousiastes étaient les femmes, les agriculteurs, les retraités. Arguments invoqués : les enfants dorment mal au début, ce qui les perturbe dans leur scolarité ; les agriculteurs sont gênés dans leur travail ; les embouteillages de fin d'après-midi aggravent la pollution. L'Agence française pour la maîtrise de l'énergie prétend cependant que les économies réalisées représentent environ 800 millions de francs par an. Les autres Européens sont en majorité favorables à l'heure d'été, mise en place depuis 1976 ; elle commence le dernier dimanche de mars et se termine le dernier dimanche de septembre, sauf au Royaume-Uni et en Irlande (quatrième dimanche d'octobre).

Les structures sociales devront s'adapter aux nouvelles attentes.

Si le temps libre d'une vie est aujourd'hui trois fois plus abondant que le travail, les structures de la société restent calquées sur le modèle traditionnel, organisé autour du travail. Pourtant, la revendication d'un « autre temps » est aujourd'hui soutenue par des experts qui pensent que l'utopie sociale a des justifications économiques. Elle permettrait en particulier de mieux partager l'emploi, de mieux adapter la formation aux besoins de l'économie en même temps qu'elle rendrait les gens plus heureux, donc plus efficaces.

On voit donc s'esquisser le passage à une autre société, caractérisée par une plus grande harmonie entre les nécessités collectives et les aspirations individuelles. La voie vers cette nouvelle civilisation passe par une véritable révolution du temps. A la différence d'autres révolutions, celle-ci ne sera pas violente et devrait satisfaire les désirs de chacun.

Le dimanche désacralisé

En janvier 1992, 62 % des Français se déclaraient favorables à l'ouverture des magasins le dimanche (30 % y étaient opposés), mais 59 % pensaient qu'ils s'y rendraient rarement ou jamais. Au-delà du simple souhait de pouvoir, le cas échéant, faire ses courses n'importe quel jour de la semaine, ces chiffres traduisent une évolution sociologique importante ; après avoir été pendant des siècles le « jour du seigneur », le dimanche est devenu dans l'esprit de la majorité des Français un jour comme les autres. Cette évolution s'inscrit dans un mouvement de désacralisation plus général (voir *Valeurs*).

Paris Match/BVA, janvier 1992

Avec les développements technologiques, le temps devient plus important que l'espace.

Les progrès considérables réalisés en matière de communication ont radicalement transformé la relation au temps et à l'espace dans les sociétés modernes. Le vieux rêve de l'ubiquité a été réalisé grâce aux moyens de transports et surtout à l'électronique, qui a rendu possible le déplacement instantané. Le "temps réel" remplace donc l'espace tandis que le temps est lui-même devenu de l'information, matière première essentielle de cette fin de millénaire. Ce n'est donc plus le temps de travail qui importe, mais le « travail du temps ».

L'accroissement de la vitesse des échanges et l'hégémonie du temps réel qui en résulte (« plus on va vite et plus le temps est court », selon la théorie de la relativité d'Einstein) posent des problèmes nouveaux, tant aux individus qu'aux démocraties. La guerre du Golfe a été de ce point de vue une illustration et un choc dont nous n'avons pas fini de mesurer les effets.

➤ En mai 1991, 27 % des Français se disaient favorables à ce que le 10 mai, jour de l'arrivée de la gauche au pouvoir, soit un jour férié ; 67 % y étaient opposés.
➤ Dans les six mois précédant leur centenaire, 50 % des personnes meurent.
➤ 51 % des centenaires ont les yeux bleus, contre 31 % de la population totale.
➤ 63 % des Français souhaitent une cérémonie religieuse pour leurs funérailles. 55 % désirent être enterrés, 29 % être incinérés.

FAMILLE

LE BAROMÈTRE DE LA FAMILLE

Les pourcentages indiqués représentent les réponses positives aux affirmations proposées. Les enquêtes Agoramétrie n'ont pas effectuées en 1990.

« La famille est le seul endroit où l'on se sente bien et détendu » (en %) :

61 63 63 63 64 70 68 66 69 69

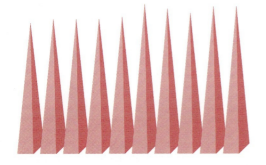

1982 83 84 85 86 87 88 89 90 91

CREDOC

« On ne devrait plus se marier » (en %) :

17 15 14 18 15 12 11 11 13

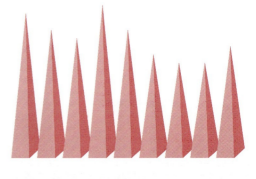

1982 83 84 85 86 87 88 89 91

« Il faut faire un gros effort pour encourager la natalité » (en %) :

33 33 40 42 43 46 50 49 39

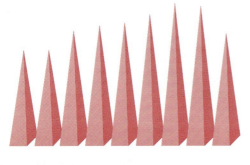

1982 83 84 85 86 87 88 89 91

Agoramétrie

« Il faut adhérer aux associations de défense du consommateur » (en %) :

58 55 57 61 54 54 51 51 36

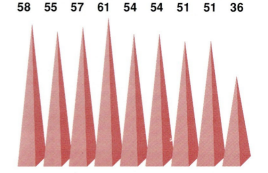

1982 83 84 85 86 87 88 89 91

LE COUPLE

MARIAGE

Reprise confirmée après 15 ans de baisse • Un mariage sur sept concerne au moins un époux étranger • Pressions sociales et religieuses moins fortes que par le passé • Age moyen au mariage en hausse • Homogamie et endogamie toujours fortes

ÉVOLUTION

Entre 1973 et 1987, le nombre des mariages avait diminué de 150 000.

Le nombre maximum avait été atteint en 1972 (417 000). La baisse avait ensuite été continue pendant quinze ans, alors que le nombre de personnes en âge de se marier augmentait. Le taux de mariages avait donc chuté dans des proportions importantes (4,8 pour 1 000 habitants en 1987 contre 8,1 en 1972) en même temps que se développait l'union libre.

Il faut cependant ramener cette spectaculaire diminution à ses proportions véritables. On peut considérer en effet que le nombre des mariages avait anormalement augmenté entre 1968 et 1972, sous l'influence de trois phénomènes :

• L'arrivée à l'âge du mariage des générations nombreuses de l'après-guerre, issues de ce qu'on a appelé le « baby-boom » ;
• L'accroissement des conceptions prénuptiales à une époque où la liberté sexuelle ne s'était pas encore accompagnée d'une large diffusion des moyens de contraception ;
• L'existence de pressions sociales fortes à l'encontre des naissances hors mariage.

Il faut enfin préciser que l'âge moyen au mariage avait augmenté pendant cette période, alors qu'il avait diminué entre 1950 et le milieu des années 70. Ce décalage dans le temps a eu évidemment pour effet de diminuer le nombre des mariages célébrés pendant cette période. Pour ces raisons, les années 1950 à 1970 apparaissent comme des années de transition.

La tendance s'est inversée depuis 1988. 281 000 mariages en 1991.

Le nombre des mariages s'était d'abord stabilisé en 1987. Il a ensuite augmenté en 1988, 1989 et 1990 et s'est stabilisé en 1991. On peut donc parler d'une inversion de tendance de la nuptialité, d'autant qu'on observe le même phénomène dans d'autres pays européens. Il faut cependant noter que le mouvement de reprise est limité par rapport au « déficit » accumulé parmi les jeunes générations depuis 1973. La hausse est d'ailleurs plus sensible dans des pays comme l'ex-RFA, le Danemark, l'Italie ou la Suède (où un changement de législation concernant la pension de reversion pour les couples non mariés sans enfant a provoqué une hausse de 146 % en 1989 !).

L'augmentation récente est due aux remariages et à la « régularisation » des unions libres et des enfants nés hors mariage.

Près d'un mariage sur quatre célébrés en 1991 concernait un couple dont l'un au moins des époux avait déjà été marié (contre 18 % en 1980). On constate que 50 % des hommes divorcés se sont remariés avec une femme célibataire, tandis que 54 % des femmes divorcées se sont remariées avec un homme divorcé.

Trente ans de mariages

Evolution du nombre de mariages annuel (en milliers) :

Près d'un mariage sur cinq (17,6 %) a permis de légitimer un enfant, contre 6,9 % en 1980. 67 000 enfants nés en dehors du mariage ont ainsi été légitimés en 1990. Cette proportion est en augmentation régulière du fait de l'accroissement important du nombre des naissances hors mariage (près de 30 % en 1991).

L'observation des mentalités conduit à penser que le renversement pourrait être durable.

La tendance sociale récente est à un certain retour aux traditions, voire au conservatisme. Les attitudes sociales sont donc redevenues favorables à l'institution du mariage, délaissée depuis le début des années 70, du fait des idées libertaires de Mai 68. D'autre part, le balancier féministe est revenu à une position plus centrale, de sorte que les femmes ont moins peur des risques d'« aliénation », bien qu'elles restent plus favorables à l'union libre que les hommes.

Enfin, il semble que les jeunes soient en passe de retrouver le goût d'une union plus traditionnelle et surtout plus stable que l'union libre. Aux années de libération et d'individualisme pourrait succéder une période de retour aux traditions, plus favorable à l'institution.

Dans un mariage sur sept, l'un des époux au moins est étranger (un sur vingt en 1975).

Le nombre des mariages concernant un étranger (un époux français et un étranger ou deux époux étrangers) s'est élevé à près de 40 000 en 1990 ; il représentait 13,7 % du nombre total de mariages, contre 6,2 % en 1970. Parmi eux, le nombre des couples mixtes (un époux français et un étranger) avait été stable entre 1972 et 1988, autour de 20 000 par an. Son augmentation a été particulièrement sensible au cours des deux dernières années : 30 543 en 1990, soit 10,7 % de l'ensemble des mariages.

Le nombre de mariages unissant deux époux étrangers a lui aussi augmenté en deux ans : 8 703 en 1990, soit 3,0 % de l'ensemble. Les nationalités les plus représentées sont par ordre décroissant : les Portugais, les Espagnols, les Algériens, les Italiens, les Allemands. La part des pays d'Afrique et de la Turquie dans les mariages d'étrangers a augmenté de 20 %, alors que celle concernant un époux d'Europe du Sud (portugais, espagnol ou italien) a diminué de moitié : 21 % contre 42 % en 1980.

Rencontres : le hasard moins que la nécessité

16 % des couples mariés se sont rencontrés dans un bal, 13 % dans un lieu public, 12 % au travail, 9 % chez des particuliers, 8 % dans des associations, 8 % pendant leurs études, 7 % au cours d'une fête entre amis, 5 % à l'occasion d'une sortie ou d'un spectacle, 5 % sur un lieu de vacances, 4 % dans une discothèque, 3 % par connaissance ancienne ou relation de voisinage, 3 % dans une fête publique, 1 % par l'intermédiaire d'une annonce ou d'une agence. L'importance des diverses occasions varie selon les milieux sociaux : 37 % des agriculteurs ont rencontré leur future épouse au cours d'un bal ou d'une autre situation liée à la danse. C'est le cas de 29 % des commerçants, 18 % des employés, 14 % des cadres, 12 % des professeurs.
On constate depuis une trentaine d'années une nette diminution de l'importance des bals publics, des rencontres de voisinage et des fêtes familiales. Les clubs de vacances, les rencontres entre amis, les discothèques, cafés et autres lieux publics jouent en revanche un rôle croissant, tandis que celui des lieux de travail et d'études reste stable, malgré l'allongement de la scolarité et la réduction du temps de travail.
Contrairement à ce qu'on pourrait imaginer, les Français se marient très peu par l'intermédiaire des agences matrimoniales, des petites annonces ou des messageries du Minitel (moins de 1 % des rencontres ayant donné lieu à un mariage).
Il faut préciser enfin que le « rendement matrimonial » des divers moyens de rencontres est très variable : si les fêtes de famille sont des événements beaucoup plus rares que les bals ou les soirées entre amis, elles se traduisent proportionnellement plus souvent par une union.

▶ Pour 66 % des Français, la meilleure façon de rencontrer quelqu'un en vue de vivre ensemble ou fonder un foyer est de fréquenter les bals ou les discothèques, pour 57 % de devenir membres de clubs ou d'associations, pour 17 % de s'adresser à une agence matrimoniale, pour 16 % de faire passer une petite annonce.
▶ 69 % des hommes préfèrent les femmes bronzées (13 % non). 64 % des femmes préfèrent les hommes bronzés (14 % non).

11 % de mariages mixtes

Proportion de mariages mixtes (en % du nombre total de mariages) :

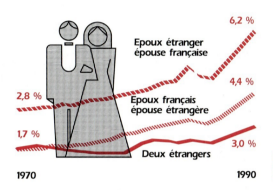

Mariages blancs : la nationalité au noir

Chaque année, environ 10 000 personnes acquièrent la nationalité française par le mariage. On estime qu'une part croissante de ces mariages correspond à des unions factices. Le mariage blanc a été favorisé par la suppression en 1981 de l'autorisation préfectorale dans le cas de mariage mixte. Une loi de 1989 supprime en outre toute possibilité d'enquête afin de vérifier que les époux vivent bien ensemble. Les immigrés en situation illégale ou précaire peuvent donc ainsi obtenir la nationalité française. Le souci d'aider un étranger à s'intégrer s'accompagne souvent d'une motivation financière (le service rendu est souvent rémunéré par une somme de l'ordre de 20 000 F).

32 % des Français de 15 ans et plus sont célibataires.

La proportion de célibataires s'est considérablement accrue : 35 % des hommes et 28 % des femmes au recensement de 1990. Chez les hommes, les taux de célibat les plus élevés se rencontrent dans les catégories sociales modestes. On constate la tendance contraire chez les femmes : ce sont les femmes diplômées qui se marient le moins. A niveau scolaire égal, les femmes issues d'un milieu aisé se marient moins que celles qui ont été élevées dans un milieu modeste.
Aujourd'hui, 89 % des hommes et 72 % des femmes âgés de 20 à 24 ans sont de « vrais » céli-

bataires, c'est-à-dire non mariés, non concubins et ne vivant pas en couple chez leurs parents. Ils sont encore respectivement 48 % et 32 % entre 25 et 29 ans, 22 % et 16 % entre 30 et 34 ans, 13 % et 9 % entre 35 et 39 ans.

La nuptialité en Europe

Nombre de mariages pour 1 000 habitants, en 1989 :

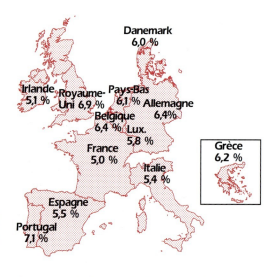

Eurostat

Célibattants ou solitaires ?

Célibataires, veufs, divorcés ou monoparents, 6,5 millions de Français vivent seuls. La proportion est très variable selon les catégories : 1 % des agriculteurs ; 6 % des cadres ; 17 % des employés ; 35 % des retraités.
Plus fréquemment locataires de leur logement, ils achètent plus de petites voitures (35 % des acheteurs de 205, mais 7 % de 405). A l'inverse, ils consomment plus de produits liés à l'apparence (beauté, forme physique), aux sorties et aux voyages. Ils sont plutôt moins bien équipés que les familles : 83 % d'entre eux ont un poste de télévision (contre 96 % en moyenne nationale) ; 17 % ont un lave-linge (contre 90 %).
45 % des 1,5 million de célibataires de moins de 60 ans se considèrent comme des « cœurs à prendre », 21 % ont choisi le célibat et 12 % se disent misogynes.

AUJOURD'HUI

Le mariage n'est plus considéré comme une institution, mais il redevient une valeur.

24 % des Français considèrent aujourd'hui le mariage comme une « union indissoluble » (enquête CREDOC, 1991). 35 % n'envisagent sa dissolution qu'en cas de problème grave, mais 38 % acceptent l'idée d'une séparation dans le cas d'accord des deux conjoints (ils sont plus nombreux parmi les jeunes). Ces proportions n'ont d'ailleurs guère varié depuis une dizaine d'années.
L'image du mariage reste donc forte. Pour un Français sur deux, il représente un engagement profond, en particulier pour ceux qui ont franchi le pas et pour les femmes. 29 % estiment que c'est d'abord l'intérêt de l'enfant (37 % des concubins). 12 % considèrent que c'est plus facile de vivre en étant marié (15 % des hommes pour 10 % des femmes). Enfin, 8 % citent les pressions familiales ; il est intéressant de constater que ce sont surtout les personnes non mariées (célibataires, personnes vivant en union libre) qui les ressentent.

L'âge moyen au premier mariage continue d'augmenter :
* *25,7 ans pour les femmes (22,4 en 1970) ;*
* *27,8 ans pour les hommes (24,4 en 1970).*

Cet accroissement est la conséquence de trois évolutions qui vont dans le même sens. D'abord, les célibataires se marient de plus en plus tard. De plus, les célibataires plus âgés se marient davantage. Enfin, l'âge au remariage des divorcés augmente régulièrement : 41,4 ans pour les hommes (40,3 ans en 1970) ; 38,0 ans pour les femmes (37,8 ans en 1970).
Au total, les femmes qui se sont mariées en 1990 avaient en moyenne 4,0 ans de plus qu'en 1970 (27,8 ans contre 23,8), et les hommes 4,3 ans de plus (30,3 ans contre 26,0). Les femmes (plus mûres ou plus pressées ?) se marient en moyenne deux ans plus tôt que les hommes.

➤ 15 % des femmes n'ont pas besoin d'un homme pour vivre. 44 % en ont besoin pour se sentir aimée, 12 % pour se sentir en sécurité, 11 % par peur de la solitude, 10 % pour avoir des enfants.

On se marie au même âge qu'il y a deux siècles

L'âge moyen au premier mariage avait baissé de deux ans en deux siècles. Il a augmenté d'autant depuis 1980, de sorte qu'on se marie aujourd'hui au même âge qu'au XVIIIe siècle.

L'accroissement de l'âge moyen au mariage s'explique par la durée plus longue des études et le fait que les jeunes, même actifs, restent plus longtemps chez leurs parents, pour des raisons souvent économiques. En outre, le mariage se produit de plus en plus souvent après une période de cohabitation : plus de la moitié des nouveaux époux ont déjà vécu sous le même toit avant le mariage.

Le mariage s'affiche à nouveau

Les catégories sociales ne se mélangent guère.

Qui se ressemble s'assemble. Le vieux dicton n'a rien perdu de son actualité. L'*homogamie*, qui désigne la propension des individus à se marier avec une personne issue d'un milieu social identique ou proche, reste à un niveau élevé. Ainsi, la moitié des filles de cadres mariées entre 1970 et 1974 ont épousé un homme qui était cadre en 1982. Plus de la moitié des filles d'ouvriers sont restées en milieu ouvrier (alors que la part des unions dans la population active a diminué) et moins de 6 % vivent avec un cadre.

Les enquêtes montrent que les individus issus des milieux modestes ont d'autant plus de chances d'épouser une personne issue d'un milieu plus élevé qu'ils sont plus diplômés et qu'ils ont moins de frères et sœurs.

Le mythe du prince et de la bergère

Les catégories sociales les plus fermées en matière de mariage sont les non-salariées : professions libérales, gros commerçants, industriels, artistes, agriculteurs. Le « coefficient d'homogamie » est ainsi de 10,1 pour les professions libérales. Cela signifie que le nombre de couples dans lesquels le mari et le père de la femme exercent tous deux une profession libérale est 10,1 fois plus grand que si les couples se formaient purement par hasard. Le coefficient est de 9 pour les gros commerçants, de 8,4 pour les industriels, de 5,9 pour les professeurs. Il est de 11,6 pour les artistes et... de 20,7 pour les mineurs de fond.
Certaines catégories sont plus ouvertes ; les enfants de techniciens, employés de bureau ou de commerce épousent plus souvent des représentant(e)s d'autres catégories.
Le désir d'évolution sociale est plus marqué chez les hommes. Les fils de contremaîtres épousent plutôt des filles d'entrepreneurs ou de commerçants que celles de contremaîtres ou d'ouvriers. Les fils de cadres moyens épousent des filles de cadres supérieurs, tandis que les jeunes cadres supérieurs trouvent un charme particulier aux filles des membres des professions libérales.

Les conjoints sont moins souvent issus de la même région et du même type de commune.

Entre 1914 et 1959, un mariage sur cinq concernait des conjoints originaires de la même commune ; la proportion n'était plus que d'un sur sept entre 1959 et 1983.

Pourtant, l'*endogamie* (propension à se marier entre personnes de la même aire géographique) est encore répandue. Sur 100 couples dont le mari est né dans une commune de moins de 5 000 habitants, 53 épouses sont nées dans la même catégorie de commune. Le taux est de 34 % dans les communes de 5 000 à 50 000 habitants, 45 % dans les communes de 50 000 à 200 000 habitants, 55 % dans les communes de plus de 200 000 habitants (45 % en 1959), 50 % dans l'agglomération parisienne.

52 % des mariages sont célébrés à l'église, contre 78 % en 1965.

Le mariage civil était autrefois indissociable du mariage religieux. Aujourd'hui, les Français sont de moins en moins nombreux à se marier à l'église. A l'instar des autres sacrements, celui-ci n'est plus considéré comme indispensable par les jeunes couples, ni par leurs parents. On se marie plus facilement devant les hommes que devant Dieu, comme si l'on hésitait à donner à cette union un caractère solennel et définitif.

La contrepartie de cette évolution est que ceux qui se marient à l'église le font au terme d'une démarche plus réfléchie, plus personnelle que par le passé. La cérémonie religieuse prend alors pour eux un sens plus profond.

Le cœur a ses saisons

60 % des mariages sont célébrés entre juin et septembre, avec une forte pointe en juin, une autre en septembre. Ils sont plus étalés dans les villes que dans les campagnes, où les interdits et coutumes d'origine religieuse font que l'on continue de choisir moins fréquemment la période de carême, entre mardi gras et Pâques (« noce de mai, noce de mort », « mois des fleurs, mois des pleurs »), ou en novembre (« mois des morts »).
Plus de 80 % des unions sont célébrées le samedi (dont 4 % pour le dernier samedi de juin). Une sur dix a lieu le vendredi (une sur deux pour les cadres). Les artisans et commerçants se marient plus souvent le lundi, jour de fermeture de beaucoup de commerces.

Le mariage redevient une fête.

Après une période pendant laquelle on se mariait dans la simplicité et dans l'intimité, on observe aujourd'hui une tendance à un mariage plus traditionnel. La plupart des fournisseurs concernés (fabricants de vêtements spécialisés, traiteurs, coiffeurs, fleuristes, etc.) constatent un retour à la tradition : les robes de mariée blanches, longues et sages, les voiles de dentelle et les couronnes d'oranger reviennent en force et les grands couturiers les remettent dans leurs collections. Les repas de mariage sont l'occasion de fêtes et de rencontres avec des membres souvent éparpillés de la famille.

VIE DE COUPLE

L'union libre, mariage à l'essai et mode de vie ● Les femmes plus favorables ● Couples plus égalitaires, mais répartition des tâches encore spécialisée ● Décisions mieux partagées que les tâches domestiques ● Heureux ensemble et séparément ● Retour à la fidélité et à la tendresse ● Le sexe ne fait pas toujours le bonheur

COHABITATION

12 % des Français vivent en union libre.

Apparue vers le milieu des années 70, la pratique de la cohabitation ou union libre (autrefois appelée concubinage) s'est depuis largement développée, jusqu'à représenter un véritable phénomène de société. Elle concerne aujourd'hui plus de 12 % de la population totale et dépasse 20 % chez les jeunes de 18 à 24 ans ; 1,7 million de couples sont concernés, contre 300 000 en 1968.

A ses débuts, cette vie commune prénuptiale se substituait en quelque sorte à la période traditionnelle des fiançailles. La perspective de l'arrivée d'un enfant constituait alors une forte incitation au mariage. La baisse des mariages jusqu'en 1987 avait montré que l'essai était de moins en moins souvent « transformé ». On observe cependant une plus grande tendance à la régularisation (souvent après la naissance d'un enfant) depuis 1988. Environ 60 % des couples qui se marient aujourd'hui ont vécu ensemble avant le mariage ; ils n'étaient que 8 % pendant la période 1960-1969.

Un couple concubin sur dix

Evolution du nombre de couples non mariés en France et part dans le nombre total de couples :

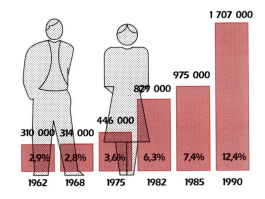

	1962	1968	1975	1982	1985	1990
	310 000	314 000	446 000	829 000	975 000	1 707 000
	2,9%	2,8%	3,6%	6,3%	7,4%	12,4%

L'union libre est considérée à la fois comme un « mariage à l'essai » et une manière de conserver sa liberté.

Avant de décider ou non d'officialiser leur union, beaucoup de jeunes préfèrent tester en vraie grandeur les avantages et les inconvénients de la vie à deux. C'est la raison principale évoquée par plus d'un tiers des Français âgés de 18 ans et plus (CREDOC, 1989) ; la proportion est même de 55 % parmi les 18-24 ans.

Mais le « mariage à l'essai » n'est pas la seule motivation de la cohabitation. 34 % la justifient par des raisons matérielles et pratiques (raisons financières liées au mariage ou à un éventuel divorce ultérieur, suppression des formalités administratives..). 20 % avouent qu'elle constitue un moyen de conserver sa liberté, ce qui est un peu la même chose.

Seuls 10 % refusent l'institution du mariage. Ils sont trois fois plus nombreux parmi les personnes diplômées que chez les non-diplômées. Ces chiffres sont à rapprocher de ceux concernant l'opinion sur le mariage : les plus diplômés sont aussi les plus nombreux à le justifier par un engagement profond, ce qui tendrait à prouver que plus le niveau d'instruction est élevé, plus les considérations d'ordre moral l'emportent sur les considérations matérielles.

Un demi-siècle de vie conjugale

Compte tenu de l'allongement considérable de la durée de vie et de l'âge moyen au mariage, l'espérance de vie commune des couples qui se marient aujourd'hui est d'environ 45 ans, contre 17 ans au XVIIIe siècle et 38 ans en 1940. Une perspective qui fait sans doute reculer beaucoup de jeunes au moment de prendre la grande décision. Cet engagement à très long terme leur apparaît difficile à assumer dans un contexte où dominent le changement et le souci de liberté. Cela explique aussi la plus grande mobilité conjugale que l'on observe actuellement.

Les pressions sociales et religieuses sont beaucoup moins fortes que par le passé.

Beaucoup de mariages ont été, pendant des siècles, la conséquence des très fortes pressions que la société et l'Eglise exerçaient sur les futurs époux. Point de vie en couple (au moins officielle) et point d'enfant en dehors du mariage ; plutôt être malheureux ensemble que divorcer !

Depuis vingt ans, les pressions sociales se sont considérablement relâchées. Le mariage n'est plus considéré comme la seule façon acceptable de vivre en couple et de fonder un foyer. En 1976, 62 % des Français condamnaient ou trouvaient choquante l'union libre ; ils sont moins de 30 % aujourd'hui. On constate également une tolérance croissante à l'égard des naissances survenant hors mariage, du divorce, des familles monoparentales ou des couples qui décident de ne pas avoir d'enfants.

L'union libre est plus fréquente chez les jeunes et dans les grandes villes,...

Bien qu'elle soit en augmentation partout, l'union libre ne concerne pas uniformément toutes les catégories sociales. Elle est par exemple deux fois plus fréquente parmi les couples où l'homme est âgé de moins de 35 ans. Elle dépasse même 50 % chez les très jeunes couples (dans lesquels l'homme est âgé de moins de 25 ans) habitant dans l'agglomération parisienne. En se développant, l'union libre n'a pratiquement pas touché les personnes de plus de 50 ans (une sur trente entre 50 et 59 ans).

Le phénomène est également plus répandu dans les grandes villes que dans les petites et dans les communes rurales. Le cas de Paris est particulier : la cohabitation y est non seulement plus fréquente mais aussi plus longue qu'ailleurs. Bien que les écarts entre les zones urbaines et les zones rurales se réduisent (en même temps que diminue le nombre des agriculteurs), on constate encore des écarts importants selon les régions.

Les femmes plus favorables

Les jeunes femmes sont plus nombreuses que les hommes à préférer l'union libre au mariage. Cette solution leur apparaît en effet plus égalitaire, plus souple, moins contraignante que le mariage. La femme qui cohabite a en outre la possibilité de conserver son nom de jeune fille, donc une partie de son identité. Il est d'ailleurs significatif que 80 % des femmes divorcées sans enfant gardent leur nom de naissance, 13 % seulement le nom de leur mari (6 % gardent le double nom, comme elles en ont la possibilité). Les réformes administratives récentes ont enlevé au mari ses privilèges, mais les habitudes demeurent.

Le couple se veut libre

RÉPARTITION DES TÂCHES

L'évolution de la condition féminine a entraîné une redéfinition de la vie de couple.

Très longtemps, les femmes s'étaient contentées de leur condition de mère et d'épouse, vivant une vie sociale par procuration. Aujourd'hui, plus d'une sur trois est active. Entre ces deux conceptions du couple, il s'est produit une révolution, celle du féminisme.

Les femmes ont donc moins de temps, mais aussi moins de goût pour les tâches domestiques. Les jeunes, surtout, ont d'autres ambitions dans la vie que d'être de parfaites femmes au foyer. Durkheim affirmait déjà il y a un siècle que « la société conjugale, désastreuse pour la femme, est au contraire bénéfique pour l'homme ».

L'accès à la vie professionnelle n'a pas donné aux femmes que le goût de l'indépendance. Il leur a conféré aussi les moyens financiers de l'assumer. Cela explique en partie l'accroissement du nombre des divorces ; c'est en effet la femme qui, dans la majorité des cas, est à l'origine de la décision de divorcer.

...parmi les non-croyants et ceux qui ont un niveau d'instruction élevé.

L'existence d'une forte tradition religieuse constitue un frein au développement de l'union libre : les gens du Nord restent plus attachés au mariage. Des enquêtes montrent que la pratique de l'union libre est 5 fois plus fréquente chez les non-croyants que chez les pratiquants.

Enfin, la cohabitation est plus répandue chez ceux qui disposent du degré d'instruction le plus élevé. Les cadres et les « professions intellectuelles supérieures » (enseignants, professions libérales, membres des professions artistiques et des médias) sont proportionnellement plus nombreux à vivre en cohabitation que les autres catégories.

▶ 36 % des hommes et 44 % des femmes estiment que l'infidélité est une cause de rupture, 49 % des hommes et 47 % des femmes que cela peut arriver sans forcément remettre le couple en cause, 12 % des hommes et 4 % des femmes que c'est une liberté réciproque que l'on s'accorde dans le couple.

Féminisme et individualisme, même combat !

La revendication du droit de chacun à disposer de lui-même est une tendance majeure de l'époque. C'est pourquoi le féminisme n'est au fond qu'un aspect particulier de l'individualisme. Il est clair que sa plus grande conquête a été celle de la contraception. Avant la disponibilité de la pilule et sa reconnaissance légale, en 1967, la vie de la femme était rythmée par la succession des grossesses. En devenant capable de maîtriser ce rythme, elle pouvait accéder à une vie professionnelle plus riche, à un rôle social plus important et à une vie de couple plus épanouie. Pour la première fois de son histoire, la femme n'était plus déterminée par sa fonction de procréation. Elle devenait un être à part entière, capable de conduire sa vie hors des limites étroites que la nature (largement aidée par les hommes) lui avaient imposées.

La répartition des tâches est plus égalitaire...

Après des siècles d'inégalité officielle (l'homme chef de famille, la femme au foyer), les rôles des deux partenaires se sont rapprochés, que ce soit pour faire la vaisselle... ou l'amour. Si l'on en croit la publicité, ce sont aujourd'hui les hommes qui font la vaisselle, la cuisine et changent les couches des enfants, pendant que les « superwomen » boivent de la bière, portent des caleçons et mènent une vie professionnelle très active...

Les contributions masculines sont un peu plus fréquentes : entre 1975 et 1986, les hommes ont augmenté de 11 minutes par jour le temps qu'ils consacrent au travail domestique, tandis que les femmes l'ont réduit de 4 minutes. Mais le déséquilibre reste important : 4 h 38 par jour en moyenne pour les femmes ; 2 h 41 pour les hommes. Les salariés (en particulier les cadres supérieurs) sont en général mieux disposés que les indépendants, commerçants, chefs d'entreprise, professions libérales ou les agriculteurs. On constate que plus le revenu de la femme est élevé par rapport à celui du mari, plus celui-ci participe.

... mais elle reste spécialisée.

Certaines tâches domestiques restent typiquement féminines : les hommes ne s'occupent que dans moins de 5 % des cas du lavage du linge, du repassage, de la couture, du nettoyage des sanitaires (voir tableau page suivante). Ils y participent de façon secondaire dans 20 % des cas.

Les tâches principalement masculines sont plus limitées : porter du bois, du charbon ou du mazout et laver la voiture. Plus de 70 % des hommes les prennent en charge et plus de 80 % y participent.

Il existe enfin des tâches « négociables » entre les époux : faire la cuisine ; laver les vitres ; passer l'aspirateur ou le balai ; laver la vaisselle ; faire les courses ; mettre le couvert. Les hommes les prennent en charge dans 10 à 20 % des cas et y participent assez largement. Ils s'y prêtent d'autant plus que leurs compagnes exercent une activité professionnelle.

L'inertie culturelle

Les résistances au changement ne sont pas seulement masculines. Elles peuvent s'expliquer en partie par le principe de l'« inertie culturelle » : chaque conjoint reproduirait inconsciemment le rôle que tenaient son père ou sa mère. On observe d'ailleurs que cette inertie est d'autant moins forte que le niveau d'instruction des époux est élevé : plus l'homme est diplômé, plus il prend en charge les tâches féminines ou négociables.

Les décisions sont mieux partagées que les tâches domestiques.

L'égalité dans le couple se fait plus facilement lorsqu'il s'agit d'accroître l'influence de la femme dans les domaines importants que lorsqu'il s'agit de la réduire dans les tâches courantes. En d'autres termes, les maris acceptent plus volontiers de faire « monter » les femmes à leur hauteur que de « descendre » eux-mêmes à leur niveau. De plus en plus de décisions sont prises en commun dans le couple (souvent aussi avec les enfants), qu'elles concernent les vacances, les invitations à dîner ou l'éducation des enfants (bien que, dans ce dernier domaine, l'empreinte de la mère reste forte).

L'avis de l'homme reste fort ou prépondérant dans le choix du lieu d'habitation, du matériel hi-fi et surtout de l'automobile. Mais c'est la femme qui, le plus souvent, décide de l'acquisition des biens culturels (livres, œuvres d'art), sauf pour les disques, qui sont achetés ensemble. Son poids reste déterminant lorsqu'il s'agit de choisir l'ameublement, la décoration de la maison ou l'équipement électroménager (c'est elle qui, le plus souvent, fera fonctionner la machine à laver...).

Qui fait quoi ?

Répartition des tâches domestiques dans les couples (en %) :

	Homme	Femme	Les deux conjoints également	Autre personne du ménage	Tiers rémunéré
Tâches « féminines »					
• Laver le linge à la main	1,1	96,7	0,5	0,9	0,8
• Laver le gros linge à la machine	2,6	94,2	1,3	0,9	1,0
• Laver du petit linge à la machine	2,0	95,0	1,7	0,8	0,5
• Repasser	2,2	89,3	0,9	2,4	5,2
• Recoudre un bouton	2,0	93,3	0,9	2,4	1,4
• Faire les sanitaires	4,4	89,7	1,9	1,2	2,8
Tâches « masculines »					
• Porter du bois, du charbon, du mazout	74,1	20,2	2,2	3,2	0,2
• Laver la voiture	71,3	12,3	2,3	3,1	11,1
Tâches négociables					
• Faire la cuisine	8,3	84,0	5,1	1,9	0,7
• Faire les vitres	13,6	77,9	2,1	1,1	5,2
• Passer l'aspirateur, le balai	13,5	75,3	5,5	2,9	2,9
• Faire la vaisselle à la main	16,4	73,7	6,8	2,6	0,5
• Faire les courses	19,9	67,4	10,6	2,0	0,2
• Remplir et vider le lave-vaisselle	21,9	63,0	6,3	8,4	0,3
• Mettre le couvert	23,5	52,0	8,4	15,9	0,3

INSEE

Budget Famille, novembre 1990

L'argent du ménage

Dans deux couples sur trois (66 %), c'est la femme qui tient les cordons de la bourse. La moitié (49 %) ont un compte commun et 24 % ont deux comptes personnels (dans ce cas, 52 % savent ce dont leur conjoint dispose sur son compte). Les disputes à propos de l'argent ne semblent pas être très fréquentes ; 73 % des couples déclarent que l'entente règne en ce domaine. Mais les femmes ne participent pas seulement aux *dépenses* du ménage, gérant en particulier les frais de nourriture, entretien, achats de vêtements, etc. Aujourd'hui, près de la moitié d'entre elles exercent une activité professionnelle rémunérée. Elles peuvent donc également contribuer aux *recettes*. Cette évolution a, bien sûr, des incidences sur le plan économique : l'impact du second salaire modifie complètement la structure des revenus globaux des ménages. Elle en a aussi sur le plan psychologique ; en accédant par son travail à un revenu personnel, la femme accède du même coup à l'autorité qu'il confère.

Les partenaires du couple veulent être heureux ensemble, mais aussi séparément.

La montée de l'individualisme ne pouvait être sans conséquences sur les relations au sein du couple. Chacun des époux veut aujourd'hui s'épanouir sans contrainte, vivre à deux sans abdiquer sa vie personnelle. Cette aspiration à plus de liberté ne s'accompagne pas d'un recul de la vie affective. Au contraire, l'amour et la tendresse sont des revendications très fortes, plus peut-être que par le passé. Il faut se souvenir que l'amour dans le mariage est une invention récente. Montaigne affirmait en son temps : « Un bon mariage, s'il en est, refuse la compagnie et condition de l'amour. » L'attitude actuelle est différente ; on ne se marie pas si on ne s'aime pas, mais on n'est pas obligé de se marier si on s'aime. Cette évolution des mentalités explique à la fois celle du mariage, de la vie de couple et du divorce.

La transformation des rapports entre les sexes n'est pas toujours bien vécue par les hommes.

Le regard que l'homme et la femme portent l'un sur l'autre conditionne la façon dont ils vivent ensemble. Tous les hommes n'ont pas facilement accepté la révolution féminine de ces vingt dernières années et ses répercussions sur leurs rapports avec l'autre sexe. Beaucoup se sont sentis mis en cause dans leur identité, voire dans leur virilité, lorsque les exploits de Jeannie Longo faisaient oublier ceux de Bernard Hinault ou lorsque Florence Arthaud s'imposait devant les fils de Tabarly, symboles de l'éternelle domination masculine.

En juin 1991, 62 % d'entre eux estimaient que les hommes ont perdu du pouvoir dans la société depuis une dizaine d'années (9 % qu'ils en ont gagné). 34 % considéraient encore le rapprochement des comportements des hommes et des femmes comme une mauvaise chose (58 % étaient de l'avis contraire). 15 % trouveraient gênant que leur femme ou petite amie ait des responsabilités professionnelles importantes (63 % non).

Le linge et le couple

Pour le sociologue Jean-Claude Kaufmann, chercheur au CNRS, l'acte fondateur du couple est le moment où il décide d'acheter une machine à laver. Ce moment marque la rupture avec la période de cohabitation et le début véritable d'une organisation de la vie à deux. Le « propre » et le « rangé » sont des notions essentielles qui structurent la personnalité de chacun. L'homme et la femme apportent un système de gestes distinct ; il leur faut donc négocier. Des divergences demeureront pendant toute la vie conjugale. Elles seront parfois la cause de disputes, souvent utiles car elles ritualisent les différences et harmonisent la vie du couple.

Les femmes ont aussi du mal à trouver l'équilibre entre la mère au foyer et la « superwoman ».

Dans la vie de couple comme dans le travail, certaines femmes ont fini par s'éloigner des hommes à force de vouloir leur ressembler ou les égaler. D'autres, finalement, n'ont pas trouvé la satisfaction attendue en partageant les responsabilités ou les soucis de leurs compagnons. Occupées à faire reconnaître leur égalité dans tous les domaines, elles ne se sont pas rendu compte qu'elles risquaient de perdre leur spécificité.

C'est pourquoi les femmes se battent moins aujourd'hui pour la parité que pour un compromis acceptable au sein du couple. Car le droit à l'égalité est difficilement compatible avec le droit à la différence.

AMOUR, SEXUALITÉ

La révolution sexuelle est aujourd'hui entrée dans les mœurs.

Liberté, égalité, sexualité. La révolution culturelle des années 70 avait entraîné un bouleversement des conceptions et des pratiques sexuelles. Une sorte de boulimie s'était emparée des Français, comme s'ils avaient voulu rattraper en quelques années des siècles de tabous, d'interdits et d'effacement féminin. La sexualité devenait soudain un produit de grande consommation.

Les femmes et les adolescents ont été les principaux bénéficiaires de cette révolution. La généralisation de la contraception a joué un rôle essentiel dans la libération des mœurs sexuelles. La diminution progressive de la pratique religieuse explique aussi la disparition des vieux tabous.

La sexualité est ainsi entrée dans les discussions familiales, dans les médias et même, plus timidement, à l'école. L'érotisme n'est plus clandestin ; il fait aujourd'hui partie du paysage culturel et même audiovisuel auquel chaque Français peut accéder facilement.

▶ 40 % seulement des couples non mariés sont formés de deux célibataires sans enfant. Les autres comportent des enfants ou l'un des deux conjoints a déjà été marié.
▶ 28 % des femmes se considèrent personnellement très ou assez sexy, 71 % peu ou pas du tout.
▶ 62 % des hommes trouvent leur partenaire très ou assez sexy, 36 % peu ou pas du tout.
▶ Les principaux défauts que les femmes ne supportent pas chez les hommes sont : la jalousie (26 %) ; la boisson (24 %) ; le silence dans le couple (23 %) ; le manque d'hygiène (23 %).

Trente ans de révolution sexuelle

1956. 22 femmes créent « la Maternité heureuse », association destinée à favoriser l'idée de l'enfant désiré et de lutter contre l'avortement clandestin par un développement de la contraception.
1967. L'éducation sexuelle se vulgarise. On projette *Helga*, la vie intime d'une jeune femme, film allemand qui aura un énorme succès. Sur RTL, Ménie Grégoire réalise sa première émission, qui durera six ans. L'Assemblée nationale vote la loi Neuwirth, qui légalise la contraception.
1970. Le MLF est créé. Les sex-shops commencent à se multiplier au grand jour.
1972. Procès de Bobigny, où maître Gisèle Halimi défend une jeune avortée de 17 ans.
1973. Hachette publie *l'Encyclopédie de la vie sexuelle*, destinée aux enfants à partir de 7 ans aussi bien qu'aux adultes. Elle se vendra à 1,5 million d'exemplaires et sera traduite en 16 langues. L'éducation sexuelle est officiellement introduite à l'école par Joseph Fontanet, ministre de l'Éducation nationale.
1974. Remboursement de la contraception par la Sécurité sociale et contraception possible pour les mineures sans autorisation parentale.
1975. Loi Veil légalisant l'interruption volontaire de grossesse (IVG).
1978. L'industrie de la pornographie s'essouffle. La fréquentation des salles chute, mais elle sera bientôt relayée par les cassettes vidéo.
1980. Loi sur la répression du viol. Les criminels, qui étaient auparavant redevables de la correctionnelle, sont jugés par un tribunal d'assises.
1983. L'IVG est remboursée par la Sécurité sociale. On en pratique environ 180 000 chaque année. La majorité des femmes en âge de procréer utilisent un moyen contraceptif.
1986. Les chaînes de télévision diffusent des émissions érotiques.
1990. Antenne 2 diffuse une série controversée sur « l'Amour en France ».

Le partage des rôles sexuels est plus égalitaire.

Qu'il s'agisse de l'acte sexuel ou des étapes qui le précèdent (séduction, rencontre), les femmes « libérées » sont de moins en moins passives. Une redéfinition des rapports amoureux s'est donc opérée. 64 % des femmes estiment que les Françaises connaissent mieux leur corps et celui de leur partenaire, 63 % qu'elles osent plus qu'avant manifester leurs désirs, 53 % qu'elles sont plus exigeantes vis-à-vis de leur mari ou de leur compagnon.

De leur côté, 78 % des hommes estiment que les relations amoureuses ont changé depuis une dizaine d'années ; 44 % trouvent que les femmes prennent plus d'initiatives ; 21 % reconnaissent l'importance plus grande donnée au plaisir de la femme. La plupart d'entre eux se sont efforcés d'y participer de bon cœur. Mais certains le regrettent ; ils ressentent ce « droit au plaisir » comme une contrainte et craignent de ne pas « être à la hauteur ».

La femme propose

On observe aujourd'hui un retour à la fidélité et à la tendresse.

La période d'exubérance sexuelle a pris fin, même si ses acquis sont visibles partout. Mais le grand mouvement de retour aux « valeurs traditionnelles » qui touche tous les domaines de la vie individuelle et collective n'a pas épargné la sexualité. Le balancier des mœurs semble reparti dans l'autre sens, traversant au passage les décors qui jalonnent la carte du tendre : séduction, romantisme, tendresse, fidélité, chasteté. L'amour conjugal remplace l'érotisme à la une des magazines féminins. L'orgasme à répétition, la multiplication des expériences et des partenaires n'apparaissent plus comme nécessaires à l'individu qui se veut moderne. Après l'époque de la sexualité triomphante arrive celle de la sexualité apaisante.

Tout ce que vous avez toujours voulu savoir sur le sexe...

L'enquête réalisée par l'INSERM en 1991 et 1992 a permis d'actualiser le rapport Simon sur le comportement sexuel des Français de 1970. Elle a porté sur un échantillon de 20 000 personnes âgées de 18 à 69 ans, représentatif de la France métropolitaine.

Age au premier rapport. En un demi-siècle, il est passé pour les hommes de 18,4 ans (personnes actuellement âgées de 55 à 69 ans) à 17,1 ans (pour ceux qui ont aujourd'hui entre 18 et 24 ans). Pour les femmes, il est passé de 21,3 ans à 17,9 ans. Après avoir beaucoup diminué, l'âge au premier rapport est à peu près stabilisé depuis vingt ans. L'apparition du sida ne semble pas avoir eu d'incidence pour les personnes d'au moins 18 ans.

Activité sexuelle. 96 % des hommes et 95 % des femmes ont déjà eu au moins une fois un rapport sexuel au cours de leur vie. 89 % et 83 % en ont eu au moins un au cours des douze derniers mois.

Fréquence. Les hommes ont eu en moyenne 8 rapports sexuels sur les quatre dernières semaines, les femmes 7. 11 % des hommes et 15 % des femmes n'en ont eu aucun. Le maximum correspond à la tranche d'âge 25-44 ans.

Partenaires. Au-delà de 25 ans, les hommes déclarent entre 12 et 14 partenaires au cours de leur vie, les femmes entre 2 et 5 seulement. Ces chiffres sont proches de ceux observés en 1970 pour les hommes, mais supérieurs pour les femmes.

Pratiques. 98 % des hommes et des femmes ayant eu des rapports hétérosexuels ont pratiqué au moins une fois la pénétration vaginale. 84 % des hommes et 42 % des femmes se sont déjà masturbés (59 % des femmes de 25 à 34 ans). 66 % des hommes et 76 % des femmes ont pratiqué la fellation. Les différences de génération sont beaucoup plus marquées chez les femmes que chez les hommes : 82 % de celles de 25-34 ans, contre 42 % des 18-19 ans et 48 % des 55-69 ans). 75 % des hommes et 79 % des femmes ont pratiqué le cunnilingus. La pénétration anale ou sodomie a été pratiquée par 24 % des hommes (9 % des 18-19 ans et 15 % des 55-69 ans) et 30 % des femmes (15 % des 55-69 ans). La variété des expériences est supérieure à celle mesurée en 1970, traduisant une évolution des pratiques... ou une plus grande facilité à en parler.

Homosexualité. 4,1 % des hommes et 2,6 % des femmes déclarent avoir pratiqué au moins une fois l'homosexualité (5,9 % et 4,1 % parmi les habitants de l'agglomération parisienne, 1,6 % et 1,2 % dans les communes rurales). 1,1 % des hommes et 0,3 % des femmes ont eu ce type de pratique au cours des douze derniers mois.

Recours à la prostitution. Il n'est notable que pour les hommes : 3,3 % au cours des cinq dernières années. Il est maximum chez les 20-24 ans (5,7 % en moyenne et 9,5 % parmi ceux de la région parisienne). Plus d'un homme sur dix entre 45 et 69 ans déclare avoir eu son premier rapport avec une prostituée, mais 2 % chez les 20-24 ans.

Contrainte. 5 % des femmes et 0,8 % des hommes ont déjà subi des rapports sexuels imposés par la contrainte. C'est le cas de 7 % des femmes de 20 à 30 ans (pour 64 % d'entre elles, avant l'âge de 15 ans).

Préservatifs. 54 % des hommes et 42 % des femmes ont utilisé un préservatif au moins une fois dans leur vie. Au cours de l'année écoulée, c'est le cas de 57 % des hommes et 47 % des femmes de moins de 20 ans. Les taux diminuent ensuite rapidement avec l'âge. 20,3 % des hommes hétérosexuels actifs multipartenaires craignent le sida, contre 10,6 % des monopartenaires. Les proportions sont de 16,5 % et 12,4 % chez les femmes. Deux-tiers l'utilisent de façon systématique ou au moins avec tous leurs partenaires occasionnels ; la raison principale avancée étant la protection contre le sida et les MST.

➤ Avec un homme, 32 % des femmes aiment d'abord parler, 19 % rire, 15 % faire l'amour, 15 % partir en week-end.
➤ 24 % des hommes rêveraient d'être dragués par une hôtesse de l'air, 20 % par un mannequin, 17 % par une étrangère, 12 % par une banquière, 7 % par une star de la télévision.

➤ 64 % des femmes seraient prêtes, par amour, à vivre moins bien avec l'homme de leur vie, 51 % à quitter leur pays, 48 % à changer de look, 47 % à arrêter de fumer, 46 % à risquer leur vie.
➤ Avec une femme, 30 % des hommes aiment d'abord faire l'amour, 21 % partir en week-end, 19 % partager le même hobby, 18 % parler, 10 % rire.

Sida : mourir d'aimer

Le développement du sida n'est pas à l'origine de l'évolution de la sexualité vers plus de retenue, mais il l'a accompagnée et amplifiée. Présenté comme une punition divine par les nostalgiques de l'ordre moral, il a représenté un choc pour beaucoup de Français, stupéfaits des ravages de cette nouvelle maladie d'amour.

Mais les comportements sexuels n'ont pas été largement modifiés pour autant. En novembre 1991, 89 % des Français déclaraient n'avoir rien changé à leur vie sexuelle (96 % en novembre 1986) contre 10 % (4 % en 1986). 49 % des jeunes de 13 à 18 ans concernés avouent ne pas limiter le nombre de leurs rapports sexuels (44 % oui) ; 37 % ne limitent pas le nombre de leurs partenaires (57 % oui). Mais 81 % utilisent systématiquement un préservatif (16 % non).

Le Point/Sofres, janvier 1992, Le Parisien/Ifop, novembre 1991

Misère sexuelle

Il y a des exclus de la sexualité comme il y a des exclus de l'emploi. Ce sont principalement des solitaires, qui ne parviennent pas à avoir une vie sexuelle normale par manque de partenaires. Leur frustration est d'autant plus difficile à vivre qu'elle s'inscrit dans un contexte de grande tolérance. Devant le déballage de la vie sexuelle bien remplie des héros de la télévision, les solitaires ont l'impression d'être anormaux, en tout cas marginaux. Les petites annonces, les messageries roses du Minitel ou les clubs de rencontre ne leur permettent pas toujours de trouver une solution acceptable à leur problème. Ils tentent alors de se construire une autre vie, dans laquelle le sexe n'a plus sa place. La frustration sexuelle est aussi difficile à vivre que la misère économique. Elle en est d'ailleurs souvent l'une des conséquences.

Les sexologues décèlent une atrophie générale du désir.

Beaucoup de Français ont l'impression que le sexe, comme l'argent, ne fait pas le bonheur. La soif de liberté sexuelle propre aux années 70 semble avoir laissé place à un détachement, parfois même à un désintérêt vis-à-vis des choses du sexe. Une fraction importante de la population (de 15 à 20 %) serait même aujourd'hui privée de cette fonction essentielle qu'est le désir sexuel.

Les sociologues expliquent cette situation par le manque de temps et l'accroissement du stress. Cette fatigue morale a remplacé la fatigue physique et, comme elle, elle est difficilement compatible avec une vie sexuelle épanouie.

D'autres ont transféré ce désir sur d'autres activités, en particulier professionnelles ; ils ont cherché dans la réussite sociale une jouissance qu'ils jugeaient supérieure à la jouissance physique.

Enfin, la prolifération des attributs de la sexualité dans l'imagerie collective (publicité, émissions de télévision, cinéma, magazines...) ont tué le désir en le banalisant. En déshabillant les êtres, ils leur ont ôté le mystère, condition essentielle de stimulation d'une fonction qui restera toujours du domaine de l'instinct.

C'est sans doute pourquoi on observe une demande accrue pour les aphrodisiaques de toutes sortes et, en même temps, une tendance croissante à la chasteté.

> ➤ S'ils apprenaient que leur fils est homosexuel et souhaite vivre avec un garçon, 42 % des Français feraient tout pour le faire changer d'avis, 42 % accepteraient la situation, 6 % se réjouiraient de son bonheur, 5 % rompraient toute relation avec lui.
> ➤ Si les Français continuaient d'avoir les mêmes taux de mariage à tous les âges, la proportion d'adultes célibataires (au sens légal du terme) serait de l'ordre de 45 % à l'âge de 50 ans, contre 10 % pour les hommes et les femmes nés entre 1925 et 1930, et 29 % en 1980.

DIVORCE

Un divorce pour trois mariages ● Hausse enrayée depuis 1987 ● On divorce plus tôt ● Trois demandes sur quatre faites par les femmes ● Plusieurs vies conjugales dans une vie ● Divorce largement accepté par la société ● Garde conjointe des enfants plus fréquente ● Familles éclatées

PRATIQUE

**104 173 divorces en 1990,
soit 36 pour 100 mariages.**

La diminution du nombre des mariages aurait dû logiquement entraîner celle des divorces. C'est le contraire qui s'est produit. On est passé d'un divorce pour dix mariages vers 1970 à un peu plus de un pour trois aujourd'hui. Amorcé au début du siècle, le phénomène s'est largement amplifié à partir du milieu des années 60. Alors que le nombre des mariages diminuait dans de larges proportions, celui des divorces doublait entre 1970 et 1975, triplait entre 1970 et 1985. La loi du 11 juillet 1975, qui reconnaissait le divorce par consentement mutuel, ne semble pas avoir eu d'incidence notable sur cet accroissement, déjà très sensible à partir de 1965.

Le nombre des divorces dépasse 100 000 depuis 1984. Si la situation actuelle se prolongeait dans les prochaines décennies, plus d'un mariage sur trois contractés se solderait par un divorce.

La hausse des divorces est enrayée depuis 1987, comme la baisse des mariages.

Pour la première fois depuis des décennies, le nombre des divorces avait diminué en 1987. On assiste depuis à une stabilisation. Il est significatif de noter qu'elle est intervenue pratiquement en même temps que celle du nombre des mariages. Ces deux mouvements ne sauraient cependant être interprétés comme un retour en arrière, après des années d'errance ou de « modernisme échevelé », mais comme un nouveau point d'équilibre entre la volonté de fonder un foyer et celle de réussir sa vie personnelle. De la même façon que la cohabitation est vécue comme un moyen de préserver sa liberté, le divorce est considéré comme une solution normale lorsqu'il y a constat d'échec au sein d'un couple marié.

L'escalade

Evolution du nombre de divorces (en milliers) :

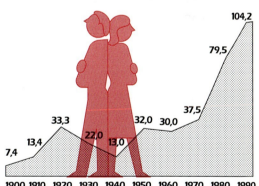

**Le divorce intervient plus tôt,
mais la durée moyenne des mariages soldés par un divorce tend à s'allonger.**

On assiste à l'apparition d'un nouveau modèle de divorce. Les ruptures se produisent surtout au début du mariage et atteignent leur maximum plus tôt, vers la quatrième année. Deux raisons peuvent expliquer cette évolution : le fait que les époux hésitent moins que par le passé à constater leur désaccord (constat facilité par un environnement familial et social plus favorable) ; l'accélération des procédures de divorce.

Après ces premières années difficiles, la fréquence des ruptures a tendance à chuter rapidement à mesure que la durée de l'union augmente. La conséquence, paradoxale, de ce nouveau modèle est que la durée moyenne du mariage avant rupture tend à s'allonger : elle est de 13 ans aujourd'hui, contre 11 ans en 1975.

Demandes en divorce

Répartition des divorces directs selon les demandes (en %) :

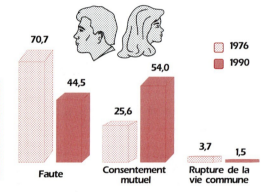

Ministère de la Justice

Régions : écarts marqués mais en diminution

En simplifiant, la France du divorce est coupée en deux par une ligne allant de Caen à Marseille en passant par Lyon. Les taux de divorce sont souvent plus élevés que la moyenne à l'Est, plus faibles à l'Ouest. Le divorce est particulièrement fréquent en Ile-de-France et dans les grandes métropoles régionales. Il est plus rare en Bretagne, en Auvergne et dans la région Midi-Pyrénées, zones de forte tradition religieuse ou rurale.
Au cours des dernières années, la hausse a été plus forte à l'Ouest, de sorte que les écarts régionaux tendent à se réduire.

▶ 63 % des Français (74 % des 18-24 ans) seraient opposés à une modification de la loi, rendant le divorce plus difficile (21 % favorables).

Le consentement mutuel est à l'origine de plus de la moitié des divorces (54 %).

Parmi eux, la plus grande part correspond à des demandes conjointes, les autres sont des demandes de l'un des époux acceptées par l'autre. Les divorces pour faute représentent 44 % des cas. Enfin, les divorces pour cause de rupture de la vie commune comptent pour une très faible part dans le total : 1,5 %.

Le divorce par consentement mutuel est particulièrement fréquent dans le cas de mariages récents : environ les deux tiers avant 5 ans. A partir de 20 ans de vie conjugale, c'est le divorce pour faute qui est prépondérant, avec plus de 50 % des cas. Mais la rupture de la vie commune joue également un rôle croissant dans les mariages de longue durée ; elle est à l'origine de plus d'un divorce sur dix après 35 ans de vie commune.

La femme dispose

Si c'est encore traditionnellement l'homme qui fait la demande en mariage, c'est souvent la femme qui fait la « demande en divorce », surtout lorsqu'il y a faute du conjoint. 40 % des demandes sont faites par les femmes, 20 % par les hommes. Mais la part des demandes conjointes est importante : 40 %. Dans les cas de rupture de la vie commune, l'initiative est pratiquement partagée. Mais la part des demandes de rupture présentées par un seul époux diminue : 66 % en 1990 contre 80 % en 1976.

Les professions respectives des époux ont une grande influence.

La hausse des trente dernières années a concerné l'ensemble des catégories sociales, mais le taux de divorce est très variable selon la profession. Il reste plus élevé chez les employés et plus rare chez les agriculteurs. La divortialité n'augmente pas avec la situation sociale du mari, mais s'accroît lorsque le niveau de formation de la femme est plus élevé. Les couples dans lesquels la formation de la femme est supérieure à celle du mari sont ainsi plus vulnérables que les autres.

Les professions respectives des époux ont une incidence notable. Un couple formé d'une employée et d'un agriculteur a 50 fois plus de risques de divorcer qu'un couple d'agriculteurs. Un couple où la femme est employée et le mari ouvrier divorcera 2 fois plus que si les deux sont employés, mais un peu moins que s'ils étaient tous deux ouvriers.

On observe des résultats semblables en ce qui concerne l'écart des revenus des époux. Ainsi, un patron de l'industrie ou du commerce a 3 fois plus de risques de divorcer si son épouse est cadre supérieur que si elle est également patron, 4 fois plus si elle est cadre moyen, 7 fois plus si elle est employée.

CAUSES ET CONSÉQUENCES

Les époux n'acceptent plus une vie de couple ratée.

Le nombre et la précocité des divorces s'expliquent d'abord par le fait que les jeunes attendent moins longtemps avant de constater l'échec de leur vie de couple. Beaucoup choisissent l'union libre qui leur permet de se ménager une sortie. Ceux qui sont mariés trouvent normal de recourir au divorce.

Tous, en tout cas, sont de plus en plus vigilants quant à la qualité de leur vie conjugale, sur les plans affectif, intellectuel, culturel ou sexuel. Dès que le doute ou la lassitude apparaît, ils en tirent les conclusions et préfèrent partir vers de nouvelles « aventures », à tous les sens du terme.

Plusieurs vies conjugales dans une vie

La perspective de cinquante ans de vie commune est de plus en plus souvent ressentie avec angoisse par les jeunes qui se marient. De plus, l'environnement social, économique, professionnel pousse à l'instabilité. Le chômage, les pratiques d'une société de consommation qui tend à renouveler en permanence les produits pour les remplacer par d'autres, plus modernes et plus « performants », la recherche permanente de nouvelles sensations proposées par la publicité et les médias sont autant d'incitations à l'infidélité et au changement. Comme la vie matérielle ou professionnelle, la vie affective est donc de plus en plus souvent faite d'une succession d'expériences, vécues avec des partenaires différents.

Le divorce est aujourd'hui largement accepté par la société.

Les couples ne subissent plus aujourd'hui les mêmes pressions familiales et sociales que par le passé. Leurs enfants sont (au moins vis-à-vis de la collectivité) des enfants comme les autres. En 1972, 43 % des Français estimaient que le fait d'être divorcé entraînait de la réprobation de la part de l'entourage ; ils n'étaient plus que 19 % en février 1992. La grande majorité (76 %) considèrent que le divorce est aujourd'hui très bien accepté. Ils sont même 80 % parmi les 18-24 ans. Les agriculteurs restent les plus réticents (61 %), tandis que le taux atteint 87 % parmi les employés.

Cette acceptation ne signifie pas pour autant bénédiction. Si 57 % des Français estiment que la séparation ou le divorce peuvent être la seule issue pour un couple en conflit, 33 % considèrent que toutes les crises, même les plus graves, peuvent être dépassées (*la Vie*/CSA, janvier 1992). Mais 78 % pensent qu'il est possible de réussir son divorce, contre 15 % de l'avis contraire.

La femme dispose

BDDP

➤ Après 7 ans d'union, environ 10 % des mariages sont aujourd'hui rompus par un divorce.
➤ 84 % des Français n'ont pas été choqués d'apprendre que Michel Rocard se séparait de sa femme (11 % oui). 43 % pensent qu'il a eu raison de l'annoncer publiquement (47 % non). 86 % estiment que sa décision ne portera pas atteinte à sa carrière politique, 26 % sont de l'avis contraire.
➤ 55 % des Français pensent que l'Eglise devrait adopter une attitude plus souple face au divorce, pour tenir compte de l'évolution des mœurs. 36 % pensent qu'elle a raison de maintenir sa position car c'est son rôle de défendre le mariage.

Le divorce a ses raisons...

Parmi les raisons expliquant la montée des divorces, les Français mettent au premier rang l'indépendance financière des femmes (53 %), liée au fait qu'elles sont de plus en plus nombreuses à avoir une activité professionnelle. La liberté des mœurs arrive en seconde position (44 %), devant les conditions de la vie moderne et le stress (43 %), le fait que le mariage n'a plus la même valeur qu'autrefois (38 %) et que la vie en commun est devenue plus difficile (21 %). Les situations qui justifient le mieux à leurs yeux un divorce sont : les comportements excessifs d'un des conjoints (gifles, coups..., 66 %) ; des disputes continuelles (59 %) ; l'infidélité permanente (un des conjoints a un amant ou une maîtresse, 52 %) ou occasionnelle (28 %). Le désaccord grave sur l'éducation des enfants n'est pas considéré comme une cause légitime à beaucoup (13 % des réponses), de même qu'une mauvaise relation d'un conjoint avec sa belle-famille (7 %).

Madame Figaro/Sofres, février 1992

Les couples revendiquent le droit à l'erreur.

Les chiffres du divorce ne traduisent pas un rejet de la vie de couple mais au contraire un attachement croissant à sa réussite et une exigence croissante quant à sa qualité. Plus que jamais, les Français recherchent l'amour et l'harmonie, au point de ne pas accepter de les vivre imparfaitement.

Mais l'amour n'est ni garanti par contrat (y compris celui du mariage) ni éternel. Au nom du réalisme, on revendique donc le droit à l'erreur. Le divorce apparaît alors comme le seul moyen d'éviter que cette erreur n'ait des conséquences définitives sur la vie de ceux qui, en toute bonne foi, l'ont commise. D'autant qu'en ce domaine la réussite d'aujourd'hui peut devenir l'échec de demain.

Les enfants souffrent davantage du divorce que leurs parents.

Si le divorce est moins traumatisant pour les adultes, il reste une expérience difficile pour les enfants. 65 % des Français estiment préférable qu'un couple en difficulté ayant des enfants se sépare pour leur éviter de vivre dans un climat conflictuel. 25 % seulement pensent que les enfants doivent être absolument épargnés et que c'est une raison suffisante pour ne pas divorcer (*la Vie*/CSA, janvier 1992). Les enfants sont d'ailleurs du même avis et considèrent qu'il est plus difficile d'avoir des parents qui ne s'entendent pas que des parents séparés.

Les statistiques montrent que la présence d'enfants dans un couple n'influe pas sur sa probabilité de divorcer. La proportion de couples sans enfants est en effet la même chez les divorcés et chez les couples mariés. On constate en revanche une fréquence de divorce plus élevée dans les couples ayant eu des enfants avant d'être mariés et ceux dans lesquels les naissances ont été rapprochées.

Dans un cas sur deux, c'est à la mère que sont confiés les enfants, mais la garde conjointe est de plus en plus fréquente.

Des enfants mineurs sont concernés dans les deux tiers des divorces. Le père obtient toujours très rarement leur garde (6 % des cas en 1990). Mais elle est de plus en plus souvent attribuée aux deux parents (41 % des cas) ; un accroissement spectaculaire par rapport à 1976 (3,5 %).

La garde alternée (l'enfant demeure une semaine, un mois ou une année chez l'un, puis chez l'autre de ses parents) est encore peu fréquente. Elle présente des inconvénients pratiques lorsqu'il s'agit d'assurer à l'enfant une scolarité normale et un environnement stable. Malgré l'évolution administrative et la meilleure compréhension sociale, le divorce est encore bien souvent vécu comme un drame par les enfants.

Les enquêtes montrent que, paradoxalement, les hommes se sentent davantage responsables d'un enfant né hors des liens du mariage (74 % sont partisans d'une reconnaissance paternelle) que d'un enfant dont ils n'ont pas la garde après un divorce. Mais, dans la réalité, un enfant sur trois né de parents concubins n'est pas reconnu par le père.

▶ 63 % des Français estiment qu'il faut donner la parole aux enfants pour le choix du mode de garde. 23 % pensent au contraire qu'il faut éviter que les enfants endossent de trop lourdes responsabilités en leur demandant de choisir entre leur père et leur mère.
▶ 86 % des Français voteraient aux élections présidentielles pour un candidat qui a divorcé, 11 % non.
▶ 72 % des hommes considèrent qu'il n'est pas normal que la garde des jeunes enfants soit généralement confiée à la mère. 24 % trouvent cela normal, car les femmes s'occupent en général mieux des enfants.

Familles éclatées

85 % des enfants de divorcés connaissent l'expérience d'une nouvelle union de leur père et/ou de leur mère (le quart des mariages célébrés chaque année concernent un couple dont l'un au moins des époux a déjà été marié). 66 % se retrouvent avec un ou plusieurs demi-frères ou demi-sœurs, et bien sûr les familles correspondantes : beaux-grands-parents, demi-oncles et demi-tantes, demi-cousins, etc.
Ces familles éclatées, recomposées, « mosaïque », sont différentes du modèle traditionnel. On constate en particulier que le beau-parent tente moins que par le passé de se substituer au parent absent.

La famille prend de nouvelles formes.

Le modèle traditionnel de la famille comportant un couple marié et des enfants issus de ce mariage coexiste de plus en plus avec des modèles nouveaux. Le développement de la cohabitation a entraîné celui des enfants hors mariage (30 % des naissances). L'accroissement des divorces a provoqué celui des familles monoparentales (environ 5 % des ménages). Les remariages ont multiplié les situations dans lesquelles des enfants vivent avec d'autres enfants issus d'un ou plusieurs autres mariages. L'allongement de la durée de vie et du nombre de célibataires explique la croissance du nombre des monoménages ; 27 % des ménages français ne comptent qu'une personne. Il faut ajouter enfin les cas de cohabitation de personnes du même sexe (homosexuels), d'amis ou de communautés. Toutes ces situations autrefois marginales se sont développées au cours des dix dernières années. Elles sont à l'origine de nouveaux modes de vie et de nouveaux problèmes pour ceux qui les vivent ou parfois les subissent.

LES ENFANTS

DÉMOGRAPHIE

Fécondité des femmes plus basse mais plus tardive et plus longue • 15 % de naissances de parents étrangers • 30 % de naissances hors mariage • Diminution des familles nombreuses et des naissances de rang 1 et 2 • Fin des enfants non désirés • 98 % des femmes concernées utilisent une méthode contraceptive • Un avortement pour cinq naissances

NATALITÉ

759 000 enfants sont nés en 1991.

Ce chiffre, en légère baisse par rapport à 1990, confirme un niveau de natalité faible, inférieur d'environ 10 % à celui enregistré il y a dix ans. Cette baisse concerne presque toutes les régions, à l'exception de la région Rhône-Alpes.

Il naît chaque année environ 105 garçons pour 100 filles. Le nombre des naissances multiples tend à augmenter. On comptait 9 175 naissances de jumeaux en 1990, 317 naissances de triplés, 10 de quadruplés et une de quintuplés. Cet accroissement s'explique par celui de l'âge moyen des femmes qui accouchent ; ce sont les mères de 35 à 39 ans qui ont le plus de chances d'avoir des naissances multiples.

2 080 enfants par jour

La période de forte natalité se situe entre mai et juillet. On constate un décalage vers la fin de l'année pour les naissances hors mariage. Il naît plus d'enfants en semaine que pendant les week-ends. Le nombre des naissances ayant lieu le dimanche est inférieur de 20 % à la moyenne de la semaine, 10 % le samedi. Le maximum de naissances a été enregistré le vendredi 4 mai (2 564) ; le minimum le dimanche 25 mars (1 468).

Lorsque l'enfant (dis)paraît

Evolution du nombre des naissances (en milliers) et du taux brut de reproduction :

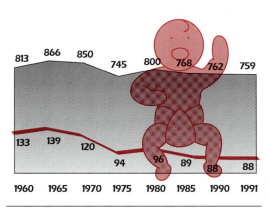

Les naissances d'enfants ayant au moins un parent étranger représentaient 15 % de l'ensemble des naissances légitimes (contre 10,8 % en 1975).

Cette part est deux fois plus importante que le poids de la population étrangère dans la population totale (environ 7 %). L'explication tient à la différence de fécondité entre les femmes françaises et les étrangères. Les premières ont en moyenne

1,8 enfant, les secondes un peu plus de 3. Près de 40 % des parents ayant eu au cours de l'année un enfant de rang quatre ou plus étaient étrangers.

La fécondité des femmes étrangères varie avec la nationalité : la plus faible est celle des Italiennes (1,74 enfant par femme) ou des Espagnoles (1,77), inférieure à celle des femmes françaises. La plus élevée est celle des Marocaines (5,23), devant les Tunisiennes (5,20), les Turques (5,05) et les Algériennes (4,29). La fécondité des étrangères tend cependant à se rapprocher de celle des Françaises au fur et à mesure de leur durée d'habitation en France.

La contribution des mères originaires des pays d'Afrique (hors Maghreb) augmente, ainsi que celle des Turques, au détriment des mères de nationalité européenne. La part des mères originaires du Maghreb tend à se stabiliser.

30 % des naissances se produisent en dehors du mariage, contre 11 % en 1980.

229 107 enfants sont nés hors du cadre du mariage en 1990. Le taux atteint 31,7 % pour les enfants nés de mères françaises, contre 16,5 % dans le cas des naissances de mères étrangères. La proportion varie de façon importante selon l'âge de la mère : elle est de 75 % pour les moins de 20 ans, 44 % pour les 20-24 ans et 25 % au-delà. Les deux tiers des enfants concernés ont été reconnus par le père lors de la déclaration à la mairie, une proportion en augmentation régulière.

La part des enfants nés hors mariage est en forte croissance depuis une quinzaine d'années, conséquence de l'intérêt croissant des Français pour la cohabitation. Mais elle reste inférieure à celle des pays du nord de l'Europe : 52 % en Suède, 46 % au Danemark, 36 % en Norvège.

L'indicateur conjoncturel de fécondité est redescendu à 1,78, sa valeur la plus basse depuis 1945.

Cet indicateur est obtenu en additionnant les taux de fécondité des femmes en âge de procréer (15 à 49 ans) au cours d'une année donnée. Depuis le milieu des années 70, il variait entre 1,8 et 1,95. Il a retrouvé en 1990 la valeur minimale déjà atteinte en 1983.

Ce taux peu élevé est cependant supérieur à celui constaté dans d'autres pays d'Europe comme l'Allemagne (ex-RFA), l'Italie, le Danemark, les Pays-Bas ou l'Espagne. Il est inférieur à celui de l'Irlande et des pays scandinaves (Suède, Norvège, Finlande). Depuis plus de dix ans, aucun des pays de la Communauté économique européenne, sauf l'Irlande, ne parvient à préserver l'équilibre des générations. La situation était particulièrement critique en Allemagne fédérale avant la réunification ; le niveau de natalité y était inférieur à celui de la France depuis 1942. Le déclin a été plus tardif en Grèce et au Portugal, mais il est engagé.

L'avenir en question

La fécondité des femmes est plus tardive et plus longue....

L'âge moyen des mères à la maternité augmente de façon continue depuis une quinzaine d'années. Il était de 28,3 ans en 1990, contre 26,5 en 1977. Parmi les enfants nés en 1990, à peine un sur quatre avait une mère âgée de moins de 25 ans, contre un sur deux vers 1970. Deux sur trois avaient une mère âgée de 25 à 35 ans.

La période de fécondité est aussi plus longue. Cela se traduit par une remontée des taux de fécondité au-delà de l'âge de 30 ans. En 1990, 12 % des nouveau-nés avaient une mère âgée de 35 ans ou plus. 2,1 % avaient même une mère âgée d'au moins 40 ans, contre 1 % en 1980.

➤ Plus du tiers des familles très nombreuses (six enfants et plus) ont un père de nationalité étrangère.

... mais la descendance finale ne sera sans doute pas suffisante pour assurer le remplacement des générations actuelles.

Le « calendrier » de la fécondité décrit ci-dessus a une incidence sur la descendance finale des femmes, c'est-à-dire le nombre d'enfants qu'elles ont en moyenne sur l'ensemble de leur période féconde. C'est ainsi que les femmes nées entre 1950 et 1953, qui ne sont pas encore arrivées au terme de leur période féconde, ont déjà en moyenne un peu plus de deux enfants. Le remplacement des générations nées dans les années 50 est donc pratiquement assuré.

En revanche, la fécondité des générations plus récentes est sensiblement plus faible : les femmes nées en 1960 n'ont aujourd'hui en moyenne que 1,5 enfant, alors qu'au même âge, celles qui sont nées en 1950 en avaient déjà 1,64. Il est évidemment risqué d'estimer la descendance finale de ces générations, qui sont encore trop éloignées de la fin de leur période de fécondité. Mais on peut cependant affirmer que leur remplacement ne pourrait être assuré que s'il se produisait un nouveau déplacement de la fécondité vers des âges plus avancés.

Le seuil des 2,1 enfants

Pour que le remplacement des générations s'effectue à l'identique (le nombre des enfants coïncide avec celui des parents), il faut que chaque femme ait en moyenne 2,1 enfants au cours de sa vie. Ce chiffre est supérieur à 2 afin de compenser le fait que la proportion de filles est inférieure à celle des garçons dans chaque génération ; il naît invariablement 95,2 filles pour 100 garçons. Il compense aussi la mortalité entre la naissance et l'âge d'être mère (en moyenne 28 ans). On aboutit ainsi à un seuil de remplacement de 2,08 enfants par femme, arrondi à 2,1. A titre de comparaison, il était de 2,2 enfants en 1950, compte tenu de la plus grande mortalité.

La baisse de la fécondité a commencé au milieu des années 60.

Après la Seconde Guerre mondiale, la France, comme l'ensemble des pays de la Communauté européenne, avait connu vingt années de forte fécondité. Mais celle-ci commença à baisser vers 1964. La pilule, apparue à cette époque, était surtout accessible aux femmes ayant déjà un ou deux enfants. Son usage a entraîné une baisse immédiate

Les enfants de l'Europe

Nombre de naissances pour 1 000 habitants (1990) :

Irlande	15,1
Royaume-Uni	13,9
FRANCE	13,5
Pays-Bas	13,2
Luxembourg	12,8
Belgique	12,4
Danemark	12,4
Portugal	11,8
Allemagne	11,3
Espagne	10,2
Grèce	9,9
Italie	9,8

des taux de fécondité aux âges correspondants. Celle-ci a pris fin au milieu des années 70, puis a fait place à une importante remontée. La stabilité globale de l'indicateur conjoncturel jusqu'en 1972 est le résultat d'évolutions divergentes des fécondités des femmes avant et après 25 ans, qui se sont compensées.

Entre 1973 et 1976, le nombre des naissances, allait passer de 875 000 à 720 000, chiffre minimum enregistré. Il se redressait ensuite jusqu'en 1981, pour se stabiliser depuis aux alentours de 760 000.

La diminution, ou l'insuffisance des naissances n'est pas une situation nouvelle. Les courbes démographiques montrent l'aspect cyclique de la fécondité depuis une cinquantaine d'années. L'Europe avait connu une baisse généralisée du taux de reproduction entre 1930 et 1940, avec un taux de fécondité du même ordre que celui d'aujourd'hui. La fécondité avait ensuite largement progressé au cours des années qui suivirent la Seconde Guerre mondiale, jusqu'à la fin des années 60.

La baisse de la fécondité a d'abord été provoquée par la diminution des naissances de rang 3, puis par celles de rang 1 et 2.

Les familles d'au moins quatre enfants étaient courantes après la Seconde Guerre mondiale. Leur nombre a diminué de moitié entre 1968 et 1982. Entre ces deux dates, le nombre de familles de six enfants avait diminué de 66 %, celui des familles de neuf enfants ou plus, de 82 %. Ce sont les agricultrices, les ouvrières, les femmes au foyer qui ont le plus d'enfants ; les femmes appartenant aux couches moyennes salariées (surtout employées) sont celles qui en ont le moins.

Les convictions religieuses jouent également un rôle important : 35 % des femmes pratiquantes ont trois ou quatre enfants, contre 21 % des non-pratiquantes. Il n'est donc pas étonnant que la baisse de la pratique religieuse accompagne celle de la natalité.

Enfin, la baisse de la natalité est aujourd'hui alimentée par l'augmentation du nombre des familles sans enfant.

La fécondité « héréditaire »

On constate que les familles nombreuses ont tendance à se reproduire. Plus une femme a de frères et sœurs, plus ses chances d'avoir une famille nombreuse sont élevées. Une femme issue d'une famille de cinq enfants et plus en milieu ouvrier a en moyenne un enfant de plus qu'une fille unique issue d'une catégorie moyenne. Le rang de naissance de la mère a aussi une influence sur le nombre de ses enfants : l'aînée d'une famille très nombreuse a en général plus d'enfants que ses sœurs.

La part des jeunes dans la population ne cesse de diminuer.

15 millions de Français ont moins de 20 ans. Leur part dans la population diminue régulièrement : 32,2 % en 1962 ; 26,5 % en 1991. A l'inverse, on observe un accroissement de la part des personnes âgées de 60 ans et plus : 19,9 % en 1991 contre 18,1 % en 1962. La diminution des naissances depuis vingt ans n'est pas la seule explication à ce vieillissement. L'allongement de la durée de vie et l'arrivée à l'âge mûr des générations nombreuses de l'après-guerre y ont également contribué.

▶ La durée moyenne d'utilisation des méthodes contraceptives jusqu'à l'âge de 50 ans est de 22 ans. Elle est de 11 ans pour la pilule, 14 ans pour le stérilet, 4 ans pour les autres méthodes.
▶ 88 % des femmes de 25-29 ans ont déjà utilisé la pilule et 53 % des femmes de 18-19 ans.

ATTITUDES ET COMPORTEMENTS

La baisse de la natalité est d'abord la conséquence d'un choix de la part des couples.

Les couples peuvent aujourd'hui décider facilement du nombre de leurs enfants et du moment où ils les mettent au monde. La diffusion des méthodes contraceptives et la légalisation de l'avortement les y ont aidés. Mais il existe d'autres raisons, d'ordre psychologique, à cette évolution. La volonté des hommes et, de plus en plus, des femmes, de vivre une vie personnelle et professionnelle riche et variée s'accommode parfois mal de la présence d'un enfant.

Il y a aujourd'hui trois fois moins de naissances non désirées qu'en 1965.

La législation sur la contraception, en 1967, et la diffusion des moyens contraceptifs ont considérablement modifié les données de la natalité. L'utilisation massive de la pilule chez les adolescentes de 15 à 18 ans a commencé dès 1970-1975 et l'on constate que c'est au moment où ces jeunes filles sont arrivées à l'âge de procréer que la chute de la natalité s'est accentuée.

Sur cinq naissances survenues dans les années 1963-67, une n'était pas désirée et une autre arrivait plus tôt que prévu. La proportion avait chuté à une sur dix dès 1983. Au total, la diminution du nombre des naissances non désirées explique environ la moitié de la baisse de la fécondité.

98 % des femmes risquant une grossesse utilisent une méthode contraceptive.

La proportion de Françaises utilisant une méthode contraceptive n'est que de 70 %, mais les autres sont à l'abri de naissances non désirées : 11 % ne peuvent plus avoir d'enfants ; 12 % n'ont pas de partenaire ; 4 % sont enceintes ou souhaitent l'être. Seules 2 % des femmes risquant une grossesse non souhaitée ne déclarent aucune pratique contraceptive.

La pilule est de loin le moyen le plus répandu ; elle concerne une femme sur deux parmi celles qui sont concernées par la contraception. Le stérilet est d'autant plus utilisé que l'âge augmente ; il occupe la première place après 35 ans. La méthode du retrait est plus pratiquée par les générations anciennes. Elle est, avec l'abstinence périodique, en net recul depuis une douzaine d'années.

On constate que la pilule est utilisée de plus en plus tôt : dans un peu moins de la moitié des cas, les premiers rapports ont lieu « avec pilule ». Le nombre des cas où aucune contraception n'est utilisée est en recul, du fait de la prise de conscience des risques liés au sida. Les différences entre les groupes sociaux se sont largement amenuisées. Il y a dix ans, les femmes vivant en milieu rural utilisaient deux fois moins la pilule ou le stérilet que les Parisiennes ; l'écart est pratiquement inexistant aujourd'hui.

Pilule : une femme sur trois

Utilisation des méthodes contraceptives par les femmes de 20 à 44 ans (en %) :

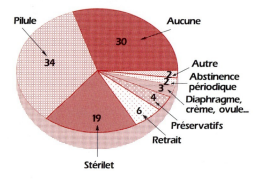

160 000 avortements sont déclarés chaque année.

La légalisation de l'interruption volontaire de grossesse (1974) et son remboursement (1982) lui ont ôté son aspect immoral, même si la religion continue de lui être hostile. Après avoir atteint 180 000 cas déclarés par an pendant la période 1981-1984, il tend à se stabiliser vers 160 000. Mais certains cas échappent sans doute à l'enregistrement, en raison du refus de certaines femmes d'évoquer un souvenir douloureux. On estime que le nombre réel est proche de 200 000. L'âge moyen des femmes lors de l'intervention est en augmentation ; il est de 28,6 ans en moyenne.

L'avortement a participé à la maîtrise de la fécondité des femmes. Mais on constate que les femmes qui ont subi un avortement n'ont pas, au cours de leur vie, moins d'enfants que les autres.

Un avortement pour cinq naissances

Evolution du nombre d'avortements déclarés (en milliers) :

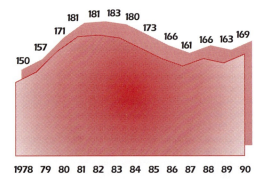

Beaucoup de couples hésitent entre profiter de la vie et la donner.

La grande vague de matérialisme des vingt dernières années a mis en avant les valeurs de jouissance immédiate. Elle a été renforcée au cours des années 80 par celle de l'individualisme, qui prône la liberté de chacun à disposer de sa propre vie. Dans cette perspective, le fait d'avoir à élever des enfants apparaît à certains comme une contrainte. Contrainte personnelle dans la mesure où le temps qu'on leur consacre est pris sur celui que l'on pourrait utiliser pour ses loisirs. Contrainte économique, aussi : avoir des enfants coûte cher et réduit le budget disponible du couple. Parmi les couples non mariés de 18 à 44 ans, 10 % sont d'accord pour ne pas avoir d'enfant et, dans 4 % des cas, un seul des partenaires ne le souhaite pas.

▶ L'âge moyen de la première utilisation de la pilule est de 19 ans pour les femmes de 20 à 24 ans, de 24 ans pour celles qui ont entre 45 et 49 ans.

Les contraintes économiques jouent un rôle important.

Les enfants coûtent cher. C'est le cas en particulier du troisième, qui oblige souvent à trouver un appartement plus grand ou à changer de voiture. Le prix à payer est encore plus élevé lorsque la mère doit cesser son activité professionnelle. A son coût direct (éducation, alimentation, etc.) s'ajoute le manque à gagner du second salaire. Plus de la moitié des mères de famille de trois enfants et plus restent au foyer, alors que la proportion n'est que d'un tiers pour l'ensemble des mères de famille.

Les problèmes de garde peuvent également jouer un rôle dans la décision d'avoir des enfants. Moins de la moitié des enfants de moins de trois ans sont accueillis dans des crèches collectives, familiales ou chez des assistantes maternelles agréées. Les autres sont gardés le plus souvent par leurs grands-parents (35 %), des nourrices non agréées ou à domicile (21 %).

Adoption : la longue marche

Environ 6 000 enfants sont adoptés chaque année, sur les 20 000 demandes enregistrées. 2 500 adoptions relèvent de l'Aide sociale à l'enfance, 1 500 concernent des enfants étrangers, 2 000 sont des adoptions particulières.
Il existe en France deux types d'adoption : l'adoption plénière (enfants de moins de 15 ans), qui entraîne la rupture totale des liens avec la famille d'origine, et l'adoption simple, qui prévoit que l'enfant restera en contact avec ses parents biologiques.
La France compte aujourd'hui 15 000 pupilles de l'Etat, un nombre en diminution régulière. Plus de 90 % d'entre eux sont placés dans des familles. Les autres (dont 90 % ont 15 ans et plus) sont accueillis dans des établissements spécialisés.

Les Français sont collectivement natalistes, mais leurs comportements individuels ne le sont guère.

Les enquêtes montrent que les Français souhaitent un nombre de naissances supérieur à celui qu'ils sont prêts à assumer individuellement. Le nombre d'enfants souhaité a d'ailleurs légèrement augmenté depuis une dizaine d'années, alors que le nombre des naissances diminuait.

Il est évidemment impossible de prévoir les attitudes et comportements qui prévaudront à l'avenir en matière de natalité. On observe cependant que les jeunes de moins de 25 ans souhaitent moins d'enfants que les personnes plus âgées. De plus, la baisse pourrait être accentuée par le fait que les enfants de familles peu nombreuses ont tendance à vouloir à leur tour moins d'enfants que leurs parents.

Démographie et écologie, même combat ?

Enfin, la possibilité, techniquement réaliste, de choisir le sexe des enfants pourrait, comme le montrent certaines enquêtes, entraîner un déséquilibre en faveur des garçons, ce qui ne serait évidemment pas favorable à la fécondité.

Le risque de l'évolution en cours est, à terme, celui d'une France divisée dans ses conceptions démographiques, dans laquelle une part importante des foyers (40 %) ne comporterait pas d'enfants. Les plus de 65 ans représenteraient alors le quart de la population française, une proportion supérieure à celle des moins de 20 ans.

> ➤ Chaque année, 3 000 Françaises dont la grossesse a dépassé le terme légal (dix semaines) se rendent aux Pays-Bas ou en Grande-Bretagne pour avorter (les délais y sont de vingt ou vingt-trois semaines).
> ➤ L'introduction du quotient familial dans la fiscalité date de 1946. Elle reposait sur la volonté de taxer non le revenu mais le niveau de vie, qui varie à revenu égal selon la taille du foyer.

Micro-entretien

COMMANDANT COUSTEAU*

G.M.- *Le déséquilibre démographique mondial est-il irréversible ?*

J.-Y.C.- Il faut savoir ce que la Terre peut supporter, car nous n'avons pas le droit de faire naître des enfants qui seront malheureux. La population aura doublé dans 40 ans. La vie sera alors très difficile sur la planète. On pourra survivre, mais dans quelles conditions ? Dans 60 ans, il y aura un milliard de Mexicains, 250 millions d'Egyptiens, probablement 500 millions de Nord-Africains. Ils ne vont pas rester chez eux. Les Mexicains vont envahir les Etats-Unis et le Canada. On n'y parlera plus anglais, mais espagnol. L'Europe sera envahie par les musulmans ; on y parlera arabe et c'est toute la culture qui va s'effondrer. Je pense que, d'ores et déjà, c'est inévitable. On peut essayer de limiter les dégâts, mais il est déjà trop tard pour enrayer cette vague de fond.

* Océanographe, académicien, initiateur du projet concernant les « droits des générations futures ».

Le déclin démographique n'entraîne pas obligatoirement celui de la société.

La question centrale est évidemment de savoir si le vieillissement amorcé est porteur d'un inéluctable déclin. Les hommes politiques et les économistes, majoritairement natalistes, considèrent que la baisse de la natalité aura des conséquences néfastes sur le plan économique et social. Les démographes sont partagés entre la crainte d'un déclin de l'Occident parallèle à son vieillissement (l'exemple de l'Empire romain est fréquemment évoqué) et la conviction que celui-ci est limité par le meilleur état de santé de la population. Mais il faut compter avec la capacité d'adaptation des sociétés, qui ne s'est guère démentie tout au long de l'Histoire.

▶ Près des deux tiers des enfants de familles très nombreuses (cinq enfants ou plus) ont un père ouvrier, alors que les ouvriers représentent moins de 40 % des pères de famille dans la population totale.
▶ 69 % des femmes de 45 à 49 ans ont parlé de contraception avec un médecin.

VIE QUOTIDIENNE

Adolescents plus tôt, adultes plus tard ● Forte influence des enfants sur la consommation familiale ● Moins de contestation, plus d'adaptation ● Inquiétude pour l'avenir professionnel ● Défiance par rapport aux institutions

AGES

Les enfants vivent protégés dans un monde à haut risque.

Sans en être vraiment conscients, les enfants d'aujourd'hui vivent une période paradoxale. Jamais, sans doute, le présent n'a été pour eux aussi riche et l'avenir si incertain. Il y a donc deux poids et deux mesures entre la vie facile de l'enfance et celle, beaucoup plus complexe, de l'adolescence.

La richesse de l'environnement familial et social des enfants explique qu'ils deviennent adolescents plus tôt. L'incertitude quant à l'avenir fait qu'ils tendent à retarder le moment où ils sont adultes, c'est-à-dire capables de s'assumer.

N.B. Ce chapitre comporte un certain nombre d'informations provenant des études et des baromètres réalisés par l'Institut de l'enfant, dirigé par Joël-Yves Le Bigot.

Jusqu'à 7 ans, la vie est surtout un jeu.

Entre 0 et 3 ans, six enfants sur dix passent leurs journées à la maison. Les autres sont confiés à une crèche ou à une nourrice. L'école commence dans la majorité des cas à 3 ans ; à cet âge, 98 % des enfants sont scolarisés. Entre 4 et 5 ans, 45 % ont des mères actives. La vie se déroule alors souvent hors de la maison et les journées sont longues : environ 12 à 13 heures. C'est entre 6 et 7 ans que les enfants font véritablement l'apprentissage de « l'extérieur » (la rue, les magasins) et découvrent les sollicitations liées à la consommation.

D'une manière générale, les moins de 7 ans se sentent plutôt bien dans leur peau. Papa et maman n'épargnent pas leurs efforts pour leur rendre la vie simple et agréable. Le monde des adultes leur apparaît comme un gigantesque jeu aux possibilités infinies. Chaque jour est une découverte. L'école n'est pas encore un outil de sélection ; on s'y fait de bons copains, avec qui on partage ses expériences et ses rêves.

Les mères actives presque aussi présentes que les autres

Entre 4 et 7 ans, les enfants passent en moyenne 1 250 heures dans l'année avec leur mère, lorsque celle-ci est active (1 000 heures seulement avec un père actif). Ils passent en moyenne 1 500 heures avec une mère au foyer. Les « mères à temps partiel » des enfants en âge scolaire sont donc finalement presque aussi présentes que les autres, en dehors du mercredi. D'autant que 72 % des mères actives jouent à des jeux avec leurs enfants contre 50 % des mères non actives, 67 % leur lisent des histoires (contre 53 %), 59 % les emmènent faire des courses (contre 45 %).
La télévision occupe très vite une place essentielle : les 4-7 ans passent plus de temps devant la télé qu'à l'école (1 000 heures contre 800) bien que la durée soit en baisse.

▶ 60 % des enfants de 4 à 7 ans vont à l'école le samedi matin, 93 % des 6-7 ans.
▶ 30 % des enfants de 4 à 7 ans ont déjà utilisé un cahier de soutien scolaire.
▶ 32 % des mères d'enfants de 4 à 5 ans envisageaient l'utilisation de cahiers de devoirs pour les vacances d'été 1991, 72 % de celles ayant des enfants de 6 à 7 ans.
▶ La taille moyenne des garçons de 4-5 ans est de 104 cm. Leur poids est de 18 kg.

La vie quotidienne de 0 à 7 ans

De 0 à 3 ans

- Ils sont 3,2 millions, soit 5,7 % de la population française. Les garçons sont un peu plus nombreux que les filles (51 % contre 49 %).
- Dans 41 % des cas, la mère exerce une activité professionnelle.
- Dans 11 % des cas, les parents ne sont pas mariés.
- 62 % des nourrissons sont alimentés au lait maternel.
- 57 % sont à la maison pendant la journée ; 43 % sont confiés à une crèche ou à une nourrice.
- Après 2 ans, 38 % vont à la maternelle.
- 37 % possèdent un livret de caisse d'épargne.

De 4 à 7 ans

- Le petit déjeuner dure en moyenne un quart d'heure, sa durée a doublé en 5 ans. 61 % emportent de quoi manger à 10 heures.
- Au dîner, 89 % mangent comme les adultes, 10 % ont un menu spécial.
- 85 % possèdent personnellement un vélo ou VTT, 37 % une montre ou un réveil, 34 % un magnétophone, 32 % un poste de radio, 27 % un baladeur.
- 29 % sont abonnés à un journal pour enfants. Leurs loisirs les plus fréquents sont : jouer dans la maison (90 %) ; regarder la télévision (86 %) ; dessiner (78 %) ; jouer à l'extérieur (78 %) ; faire du vélo (77 %) ; lire des revues pour enfants (56 %) ; écouter des disques (56 %) ; regarder des cassettes vidéo (50 %). 62 % des mères jouent avec eux lorsqu'elles ont du temps libre, 61 % leur racontent des histoires, 55 % discutent avec eux, 53 % les emmènent faire des courses, 44 % regardent la télévision avec eux.
- Au cours des vacances d'été 1991, 62 % sont partis avec leurs parents (62 % en 1984), 38 % sont allés dans la famille (19 % en 1984), 19 % sont restés à la maison, 11 % sont allés en centre de loisirs, 7 % en colonie de vacances.
- 32 % sont inscrits dans un club sportif : 19 % des 4-5 ans ; 46 % des 6-7 ans. Les sports les plus pratiqués par les garçons sont le football (16 %) et la natation (11 %). Ceux pratiqués par les filles sont la danse (18 %), la natation (16 %) et la gymnastique (7 %).
- Ils regardent la télévision en moyenne 18 h 30 par semaine (1991), soit 2 h 39 min de moins qu'en 1990.
- 28 % reçoivent de l'argent de poche de leurs parents (72 % non). Le montant moyen est de 13 F par semaine.
- 40 % possèdent un livret d'épargne Ecureuil, 16 % un livret bancaire, 13 % un livret de La Poste.

L'enfance, un long apprentissage

La double convergence

On observe depuis quelques années une convergence croissante entre garçons et filles, tant dans l'éducation dispensée par les parents que dans les modes de vie des enfants des deux sexes. Ainsi, les équipements possédés, l'argent de poche disponible, les activités pratiquées ou les produits consommés sont de plus en plus proches. Seuls certains loisirs (les sports en particulier) ou les « héros » des enfants restent largement distincts.

On observe par ailleurs une homogénéisation des attitudes et comportements par rapport aux enfants dans les diverses catégories socioprofessionnelles. Le montant de l'argent de poche, les types de consommation ou la pratique des médias tendent par exemple à être beaucoup moins discriminants en fonction du revenu des familles.

Entre 8 et 14 ans, les enfants s'intéressent au monde des adultes.

Les différences sont cependant importantes entre les 8-10 ans et les 11-14 ans. Les premiers acquièrent peu à peu une certaine autonomie au sein du foyer et à l'extérieur : ils se rendent seuls à l'école, commencent à recevoir et à dépenser de l'argent, ont accès au réfrigérateur. Tous les actes de consommation sont pour l'enfant des moyens de rechercher son identité. La socialisation commence vers 8 ans. C'est l'âge où l'on passe progressivement de l'objet aux individus, des perceptions concrètes à la pensée conceptuelle.

Les 11-14 ans connaissent les doutes de la préadolescence, ceux liés à l'intégration au groupe et au développement de la personnalité. L'argent dont ils disposent leur permet d'affirmer leur autonomie et leur identité. A partir de 11 ans, les centres d'intérêt évoluent. Si la télévision reste le média privilégié, les émissions enfantines sont délaissées au profit des émissions musicales (hit-parades) et cinématographiques.

➤ Les métiers qui attirent le plus les 8-14 ans sont ceux qui permettent de voyager (22 %), de vivre dans la nature (15 %), d'aider les autres (14 %), de gagner beaucoup d'argent (11 %), de rencontrer beaucoup de gens (9 %).
➤ La diversité des activités de loisirs des 8-14 ans s'est beaucoup accrue : ils pratiquent en moyenne 7,3 loisirs en 1992 contre 2,8 en 1980.

La vie quotidienne des 8-14 ans

• Ils sont 5,3 millions, soit 10 % de la population française, dont une majorité de garçons (2,7 millions). Leurs loisirs préférés sont : regarder la télévision (87 %) ; jouer à l'extérieur (57 %) ; faire du sport (53 %) ; faire du vélo (53 %) ; lire des livres (51 %) ; lire des B.D. (49 %).
• Un sur deux pratique des activités extrascolaires. 55 % sont inscrits dans un club sportif, 45 % non. Leurs foyers sont équipés à 77 % d'un congélateur (contre 44 % dans la population totale), 50 % ont un lave-vaisselle (contre 31 %) ; 35 % un four à micro-ondes (contre 25 %), 76 % une chaîne hi-fi (contre 56 %), 55 % un magnétoscope (contre 25 %).
• Entre 8 et 10 ans, 52 % possèdent personnellement une radio, 46 % un baladeur, 17 % un poste de télévision. Entre 11 et 14 ans, 79 % ont une radio, 73 % un baladeur, 24 % un téléviseur. 29 % des garçons et 16 % des filles ont une console de jeux vidéo.
• Entre 8 et 10 ans, 52 % reçoivent de l'argent de poche (montant moyen 260 F par mois), 76 % entre 11 et 14 ans (montant moyen 420 F).
• 37 % possèdent un livret d'épargne Ecureuil, 11 % un livret d'épargne de la Poste, 10 % un livret bancaire. La somme moyenne possédée est de 2 000 F sur un livret, 1 400 F sur un compte bancaire.
• 44 % consomment des biscuits sucrés au goûter, 40 % du chocolat en tablettes, 34 % des pâtes à tartiner, 32 % des barres au chocolat ou aux céréales.

L'habillement varie en fonction de l'âge.

Les garçons portent moins fréquemment des tenues de jogging qu'il y a quelques années. Ils leur préfèrent de plus en plus le jean et le blouson et apprécient les marques de sport. Les filles aiment les ensembles blouse et collant, les minijupes en jean et les blousons de taille large. Contrairement aux garçons, elles panachent les vêtements de type sportif et traditionnels. Le vêtement joue un rôle particulièrement important lors de l'entrée dans le secondaire. Chez les plus grands, les modes se diversifient, avec une tendance croissante vers le « BCBG », mais le jean reste largement apprécié.

La vie quotidienne des 15-25 ans

- Ils sont 8,2 millions et représentent 15,5 % de la population française.
- 72 % habitent chez leurs parents ; ils sont encore 24 % à 24 ans.
- 16 % sont mariés ou vivent en couple (35 % entre 21 et 24 ans). 3 millions d'entre eux sont actifs, soit 37 %. Les autres sont scolarisés ou font leur service militaire (540 000).
- Ils se lèvent en moyenne à 6 h 50 et se couchent à 22 h 40. Les élèves et étudiants se lèvent et se couchent sensiblement plus tôt que ceux qui exercent une activité professionnelle. Les actifs se lèvent plus tard que les élèves ou étudiants.
- Leur revenu mensuel est en moyenne de 2 900 F ; il est composé de l'argent de poche (127 F), de celui gagné en faisant des petits travaux (829 F), de l'argent reçu en cadeau (251 F) et de salaires pour les actifs (1 720 F). Au total, le revenu annuel des 15-24 ans représente près de 300 milliards de francs.
- 20 % contribuent aux charges de la famille (participation au loyer, etc.).
- 59 % possèdent personnellement un walkman, 53 % un téléviseur, 19 % un magnétoscope, 52 % une chaîne hi-fi, 36 % une carte de crédit, 36 % une voiture, 19 % un cyclomoteur, 7 % une moto, 16 % un micro-ordinateur, 14 % un lecteur de disques compacts, 4 % une planche à voile. Mais 7 % ne possèdent rien de tout cela.
- 50 % lisent le plus souvent des bandes dessinées, 35 % des livres d'aventure, 31 % des livres policiers, 26 % des livres de science-fiction.
- 46 % vont au cinéma au moins une fois par mois, 44 % moins souvent et 10 % jamais.

Les jeunes de 15-25 ans sont adolescents plus tôt et adultes plus tard.

Avec l'adolescence se développe le sentiment que l'intégration au monde des adultes ne sera pas facile. C'est ce qui explique que cette adolescence précoce tend à se prolonger, retardant l'arrivée à l'âge adulte.

Les jeunes de 15 à 25 ans se ressemblent, à la fois dans leur apparence, leurs modes de vie et leur échelle des valeurs. Garçons et filles expriment à la fois leur volonté de vivre en harmonie avec les autres et celle d'être indépendant. Ils privilégient la recherche du bonheur individuel et repoussent ce qu'ils considèrent comme l'illusion du bonheur collectif. Ils ne se paient pas de grands mots ni de grands principes, puisque à leurs yeux les uns et les autres ont montré leur impuissance à résoudre les principaux problèmes de l'époque.

VALEURS

Les valeurs des jeunes sont centrées sur la sphère personnelle.

Contrairement à leurs aînés de Mai 68, les jeunes d'aujourd'hui ne condamnent pas la société dans laquelle ils vivent ; ils cherchent au contraire à s'y intégrer. La jeunesse est une période d'expérimentation, de quête de sa propre identité. Cette recherche de soi passe par la découverte des autres. La sexualité en est l'un des révélateurs privilégiés. Faire l'amour, c'est entrer dans l'univers des adultes.

Si la patrie, la religion ou la politique sont éloignées de leurs préoccupations, la famille et le travail restent pour eux au contraire des valeurs sûres. Mais ces mots n'ont plus tout à fait le même sens que pour les adultes des générations précédentes. La famille qu'ils souhaitent est plus ouverte, plus attentive au monde extérieur, plus favorable à l'équilibre de chacun des ses membres.

Le travail qu'ils réclament n'a plus la valeur mythique que lui attribuaient les anciens. C'est d'un « autre » travail qu'il s'agit, par lequel les jeunes veulent à la fois gagner leur vie et s'épanouir, sans lui consacrer pour autant la totalité de leur énergie ni de leur temps.

L'amour et l'amitié jouent un rôle prépondérant.

Jusqu'à environ 15 ans, les jeunes placent souvent l'amitié au-dessus de tout. Ce sentiment fait place ensuite à l'amour et à son corollaire, la sexualité. Si la façon de parler de l'amour et de le faire a changé, les notions profondes qu'il recouvre n'ont pas vraiment évolué.

L'Amour « majuscule » n'existe pas qu'au cinéma ou dans la littérature. Il peuple encore les rêves des jeunes gens d'aujourd'hui. Les filles l'avouent sans doute un peu plus facilement que les garçons. 72 % des 15-25 ans pensent que l'amour peut durer toujours ; 28 % seulement sont d'un avis contraire.

RIEN DE TEL QU'UN PETIT BOUTON POUR PROLONGER SON ADOLESCENCE.

Les jeunes adolescents plus tôt, adultes plus tard

En un demi-siècle, l'âge de la puberté s'est abaissé en moyenne de deux ans, passant de 13 à 11 ans.

L'une des fonctions principales de la période d'adolescence est de transformer la sexualité latente en sexualité véritable, c'est-à-dire partagée. Du bon déroulement de ce processus dépend l'équilibre futur de l'adulte. L'évolution sociale des vingt dernières années a rendu les relations amoureuses moins mystérieuses, sans pour autant les banaliser. Par ailleurs, la contraception est devenue plus facile et efficace, même si elle n'est pas encore très largement utilisée, malgré la menace du sida.

Les conditions sont donc réunies pour que la sexualité s'exprime différemment. Ainsi, le « droit au plaisir », longtemps réservé aux hommes, a été conquis par les jeunes femmes. Mais il n'est pas antinomique avec les sentiments, qui demeurent prépondérants.

Beaucoup de jeunes sont inquiets pour leur vie professionnelle.

Parmi les principales ambitions des jeunes, la réussite de la vie professionnelle arrive au premier plan, devant même le désir de fonder une famille. Les deux tiers des 18-25 ans se disent prêts à faire des sacrifices importants, y compris dans leur vie familiale, pour réussir leur carrière.

La crainte du chômage est évidemment répandue dans la mesure où la plupart ont des camarades ou des membres de leur famille touchés par ce fléau. Les enquêtes montrent qu'ils sont prêts à faire preuve d'une grande mobilité géographique pour trouver un emploi : une écrasante majorité d'entre eux accepteraient de quitter leur ville, leur région, plus de la moitié iraient travailler dans un autre pays d'Europe, voire sur un autre continent.

Les jeunes veulent que ça change

• 96 % des lycéens souhaitent que la société change (52 % beaucoup, 44 % un peu). Seuls, 3 % souhaitent qu'elle ne change pas du tout.
• 29 % considèrent que le plus intolérable est l'intolérance, 24 % la solitude, 23 % l'égoïsme, 22 % la pauvreté.
• 55 % pensent que la société n'aura pas tellement changé dans dix ans, 35 % beaucoup, 9 % pas du tout.
• 68 % estiment que la société idéale est un rêve, 20 % un projet, 11 % une idiotie.

Ils ne font guère confiance aux institutions.

Les jeunes ont une attitude très réservée vis-à-vis des différentes institutions nationales. L'école ne leur paraît pas apte à leur ouvrir les portes des entreprises, ni même à leur fournir des conditions matérielles d'étude satisfaisantes. C'est pourquoi ils manifestent épisodiquement leurs craintes et leurs critiques à l'égard d'un système éducatif inégalitaire et mal adapté. L'Eglise ne représente pas non plus à leurs yeux un point d'appui, ni même une référence morale indispensable (voir *Religion*).

Les institutions politiques (partis, gouvernement et, par extension, les syndicats) sont les moins appréciées. 6 % des jeunes en âge de voter ne sont pas inscrits sur les listes électorales et n'ont pas l'intention de le faire, 7 % sont inscrits mais ne voteront pas. La politique n'intéresse pas les jeunes, une majorité d'entre eux la rejettent même avec force.

Cette désaffection s'explique par l'inefficacité apparente des appareils politiques et institutionnels, qui n'ont pas su résoudre les grands problèmes du moment (chômage, montée du racisme et de la xénophobie, croissance des inégalités...). Elle est renforcée, au plan international, par la persistance des grandes menaces qui pèsent sur l'avenir de l'humanité : risques écologiques, sida, famine, nucléaire, etc.

La génération-transition

Nés après 1968, les moins de 20 ans forment une génération particulière. Ni bof-génération, ni boss-génération, ils constituent en fait une *génération-transition*.
Transition entre une société industrielle qui s'essouffle et une société postindustrielle qui n'a pas encore trouvé ses marques. Un peu plus de vingt ans après, la révolution culturelle de Mai 68 paraît largement inachevée.
Transition entre deux appartenances géographiques : nés Français, les jeunes vivront leur vie d'adulte en tant qu'Européens.
Transition entre deux siècles et, expérience rare, entre deux millénaires. A ceux qui auront la chance de le connaître, le troisième millénaire apparaît chargé d'incertitudes et de menaces.
Transition, surtout, entre deux systèmes de valeurs ; la vision collective de la vie s'efface au profit d'une vision individuelle. L'« égologie » se combine à l'écologie pour exprimer son inquiétude non seulement quant à la préservation de l'environnement, mais aussi en ce qui concerne la survie de l'espèce humaine.
Transition enfin entre deux civilisations : celle de la consommation et des loisirs a remplacé celle du travail. Une mutation à la fois quantitative et qualitative dont on est loin d'avoir mesuré tous les effets.

▶ La presse destinée aux jeunes compte 195 titres, dont 50 pour les moins de 10 ans. Elle est tirée à 150 millions d'exemplaires et s'adresse à 12 millions de lecteurs.

CONSOMMATION

Non contents de dépenser eux-mêmes l'argent dont ils disposent (quelque 10 milliards de francs par an), les jeunes exercent une influence déterminante sur les achats effectués par leurs parents. Des bonbons aux vêtements en passant par les voitures et les magnétoscopes, leur ombre se profile derrière un grand nombre de décisions d'achats.

Très tôt, les enfants sont des consommateurs à part entière.

Vers l'âge de 8 ans, la consommation devient un élément de structuration de la personnalité des enfants en même temps qu'un facteur d'identité. Leurs désirs portent d'abord essentiellement sur des produits courants : alimentation, jouets. Vers 10 ans, ils se déplacent vers les produits d'équipement familial. L'âge de 11 ans marque une rupture essentielle, avec l'entrée dans le secondaire.

A chaque âge ses produits

L'influence des enfants de moins de 15 ans sur la consommation familiale s'exerce sur des types de produits très différents selon l'âge :
• De 0 à 2 ans, l'impact est surtout sensible sur les produits alimentaires et les jouets ; l'enfant manifeste le plus souvent ses choix par le refus, plus facile à exprimer à cet âge.
• De 3 à 6 ans, les enfants exercent leur action sur un domaine élargi aux vêtements, livres, journaux, disques, etc.
• De 7 à 8 ans, les pressions portent sur les produits familiaux courants (alimentation, loisirs, etc.) ; les demandes sont précises et l'incitation à l'achat très directe.
• De 9 à 12 ans, l'influence s'exerce sur les produits familiaux d'équipement (voiture, télévision, hi-fi, etc.), en même temps qu'apparaît le désir d'accéder à des produits normalement réservés aux adultes. Elle est forte également dans le domaine des vêtements, sous-vêtements, produits d'hygiène et certains produits alimentaires (produits de grignotage, céréales, glaces, produits laitiers).
• Entre 12 et 14 ans, c'est l'âge du « spécialiste », imbattable dans les domaines qu'il a choisis. L'enfant organise tout son univers autour de ses passions, tendant à abandonner le reste. L'adolescence et la technologie font souvent bon ménage.

Entre 11 et 14 ans, le désir d'autonomie se manifeste dans l'habillement, l'alimentation, la communication. C'est l'âge de la surconsommation de téléphone, qui permet de parler aux copains sous n'importe quel prétexte. Toute la période d'adolescence est placée sous le signe de l'ambivalence : l'enfant cherche en même temps à trouver son identité et à s'intégrer au groupe.

A partir de 15 ans, les jeunes représentent une clientèle directe importante pour les industriels ; ils disposent d'un pouvoir d'achat relativement élevé, qu'ils consacrent principalement à des dépenses de plaisir. Ils sont prêts à investir des sommes importantes pour se procurer des produits « symboles » qui sont autant de signes d'appartenance à un groupe social et à une époque. Les marques jouent dans ce domaine un rôle essentiel, surtout en matière vestimentaire *(Adidas, Benetton, Chevignon, Kookaï, Levi's, Naf-Naf, Nike, Perfecto, Reebok, Swatch...).*

Près de la moitié des dépenses des foyers en biens et services dépendent des enfants de moins de 15 ans.

Les parents sont de plus en plus sensibles aux pressions exercées par leurs enfants. Les mères tiennent souvent compte des marques qui leur sont réclamées, que ce soit en matière de vêtements ou d'alimentation (les enfants peuvent citer en moyenne 17 noms de biscuits).

L'équipement du foyer dépend aussi largement de la présence d'enfants. Ainsi, la proportion de ménages disposant d'un magnétoscope est de 36 % parmi ceux qui ont des enfants de plus de 8 ans, contre 14 % pour l'ensemble de la population. La pénétration de certains produits est conditionnée par la présence d'enfants : 50 % des foyers avec enfants consomment des glaces, le stock étant renouvelé pour environ un tiers chaque semaine.

Au total, ce sont plus de 400 milliards de francs, qui, chaque année, sont plus ou moins contrôlés par les jeunes de moins de 25 ans, soit dix fois plus que le marché des produits qui leur sont spécifiquement destinés. Il faudrait ajouter à cette somme les dépenses effectuées pour eux sans qu'ils y prennent part (assurances, dépenses de santé, etc.) et celles dont ils sont indirectement responsables mais qui sont effectuées par les ménages sans enfants (grands-parents recevant leurs petits-enfants, etc.). Si les jeunes constituent un marché, ils sont aussi des prescripteurs particulièrement importants.

Fils de pub

Les enfants aiment la publicité. L'image les fascine davantage que le son, ce qui explique leur intérêt pour les spots télévisés ou les affiches dans la rue. D'ailleurs, près d'un spot publicitaire sur cinq à la télévision est réalisé avec la participation d'enfants. Dans la publicité, ils apprécient le merveilleux, les choses qui ne se passent pas comme dans la vie, qui transgressent ou ignorent les règles et les contraintes du monde des adultes.
Mais cela ne les empêche pas de savoir prendre leurs distances par rapport au message publicitaire. Avant 10 ans, ils sont séduits par le « spectacle » publicitaire ; ils deviennent ensuite de plus en plus sélectifs vis-à-vis des marques et des produits.

L'argent de poche varie de 46 à 127 F par mois selon l'âge, mais les sommes disponibles sont beaucoup plus élevées.

Le nombre d'enfants qui reçoivent de l'argent de poche de leurs parents s'accroît régulièrement et les montants augmentent. Avant 10 ans, l'allocation est hebdomadaire ; elle devient ensuite mensuelle. En 1991, elle représente en moyenne 46 F par mois pour les 8-10 ans, 77 F pour les 11-12 ans, 84 F pour les 12-13 ans.

Mais il serait faux de penser que les dépenses des enfants sont limitées à l'argent de poche dont ils disposent. Il s'y ajoute les sommes reçues en cadeau, l'argent « récupéré » et celui obtenu en faisant des petits travaux. Au total, 198 F par mois pour les 8-10 ans, 362 F pour les 11-12 ans, 511 F pour 13-14 ans.

Pour les 15-20 ans, les montants totaux varient considérablement selon l'âge et la situation : 820 F entre 15 et 17 ans ; 3 200 F entre 18 et 20 ans ; 4 300 F entre 21 et 24 ans. Leur revenu mensuel est en moyenne de 2 900 F. L'argent de poche proprement dit ne représente que 127 F ; le reste provient des petits travaux (829 F), de l'argent reçu en cadeau (251 F) et surtout des salaires perçus par les actifs (1 720 F).

▶ L'argent de poche reçu par les 8-14 ans représente une masse globale de 17 milliards de francs.
▶ 72 % des enfants de 4 à 14 ans fréquentent les fast-foods, 28 % non.

La technique du cofinancement

En dehors des petits achats quotidiens (bonbons, journaux, cinéma, etc.) financés par l'argent de poche, les achats concernant des biens d'équipements (sport, musique...), certains vêtements coûteux ou le transport sont cofinancés par les enfants et les parents.
Un système de partenariat s'est donc mis en place dans beaucoup de familles. Lorsqu'un adolescent reçoit 10 francs, il est ainsi capable d'en dépenser 30... tout en mettant de côté 10 francs, qu'il placera sur son livret de caisse d'épargne ou sur son compte bancaire plutôt que dans sa tirelire.

➤ 60 % des 8-14 ans se sentent proches des enfants des autres pays d'Europe, 40 % non.
➤ 36 % des mères d'enfants de 8 à 14 ans les laissent libres de dépenser leur argent comme ils veulent, 40 % exercent un contrôle avant l'achat avec un droit de veto, 33 % contrôlent après l'achat.
➤ Les chanteurs préférés des 8-14 ans sont Roch Voisine (52 %) ; les Inconnus (50 %) ; Patrick Bruel (47 %) ; Yannick Noah (41 %) ; David Hallyday (39 %) ; Dorothée (36 %).
➤ Les animaux préférés des 8-14 ans sont le dauphin (52 %), le chien (42 %), le cheval (36 %), le chat (35 %), le singe (19 %).
➤ La taille moyenne des garçons de 6-7 ans est de 119 cm. Leur poids est de 23 kg.

LES PERSONNES ÂGÉES

TROISIÈME ÂGE

11,5 millions de 60 ans et plus, un Français sur cinq • Deux tiers de femmes à partir de 75 ans • Etat de santé très variable selon l'âge • Un million de personnes dépendantes • Poids social inférieur au poids démographique

VIEILLISSEMENT

20 % des Français ont 60 ans et plus. Ils n'étaient que 13 % en 1900.

Au 1er janvier 1991, 11,5 millions de Français avaient 60 ans et plus, soit un adulte sur trois. Plus d'un Français sur dix est aujourd'hui retraité.

Le vieillissement national est dû à la fois à la chute de la fécondité et à l'allongement de la durée de vie moyenne. Le résultat est un déséquilibre croissant dans la structure de la population française. Le « taux de dépendance », qui mesure le rapport entre la population d'âge inactif (moins de 15 ans et plus de 65 ans) et celle d'âge actif (de 15 à 65 ans) est de 51 %. Si les taux de fécondité restent à leur niveau actuel, il devrait continuer de s'accroître à partir de l'an 2010, pour atteindre 68 % en 2050. Il y avait cinq jeunes pour un « vieux » en 1789 ; il y en a moins de deux aujourd'hui.

La vieille France

Evolution de la part des personnes âgées dans la population totale :

	60 ans et plus (%)	85 ans et plus (%)	Total France (millions)
• 1850	10,2	0,2	35,8
• 1900	12,9	0,3	38,5
• 1970	18,0	0,8	50,5
• 1980	17,0	1,1	53,7
• 1990	19,9	1,8	56,6

On constate un vieillissement semblable dans les autres pays européens.

La CEE est la région du monde qui compte la plus forte proportion de personnes âgées. Près de 14 % ont aujourd'hui au moins 65 ans, contre 12 % aux Etats-Unis, 10 % dans la CEI, 5 % en Chine, 3 % en Inde. Lorsque les personnes nées pendant la période du « baby boom » (1945-1965) arriveront à l'âge de la retraite, vers 2030, les pays de la Communauté (à l'exception de l'Irlande) compteront plus de personnes âgées de 65 ans et plus que de moins de 15 ans.

L'espérance de vie à 60 ans dépasse aujourd'hui 17 ans pour les hommes et 20 ans pour les femmes dans la quasi-totalité des pays de la Communauté. Elle a augmenté d'environ 3 ans pour les hommes et 4 ans pour les femmes depuis 1960.

Les femmes âgées sont plus nombreuses que les hommes.

Si les femmes sont minoritaires jusqu'à 50 ans, du fait du déséquilibre des naissances (il naît 105 garçons pour 100 filles), elles représentent 55 % de la population entre 60 et 74 ans. A partir de 75 ans, les deux tiers de la population sont des femmes. La proportion dépasse les trois quarts parmi les personnes de plus de 85 ans. L'écart d'espérance de vie entre les sexes (8 ans) explique aussi que l'on compte cinq fois plus de veuves que de veufs parmi les personnes âgées de 60 ans et plus.

La vieille Europe

Part des personnes de 65 ans et plus dans la population totale des pays de la CEE (1989, en %) :

	Hommes	Femmes
• Belgique	5,8	8,9
• Danemark	6,7	9,4
• Espagne	5,4	7,7
• FRANCE	5,4	8,5
• Grèce	6,0	7,7
• Irlande	4,9	6,4
• Italie	5,7	8,6
• Luxembourg	4,9	8,5
• Pays-Bas	5,3	7,9
• Portugal	5,3	7,7
• RFA	5,2	10,2
• Royaume-Uni	6,2	9,4

Micro-entretien

LOUIS BÉRIOT *

G.M.- *L'allongement de l'espérance de vie va-t-il se poursuivre ?*

L.B.- Certains experts estiment que la détérioration de l'alimentation, la pollution, le stress vont ralentir le rythme de croissance de la durée de vie, voire l'arrêter. Mais la plupart considèrent qu'il n'y a aucune raison. D'abord, on est en train d'assister à un retournement dans la lutte contre la pollution. De plus, les industries agro-alimentaires reviennent à des produits plus sains. Surtout, les progrès fantastiques de la biologie cellulaire et moléculaire vont permettre de réparer nos cellules et nos gênes, donc d'éviter certaines maladies comme les 3 000 maladies héréditaires génétiques et de réparer en cours de vie des anomalies ou des accidents. Tout cela devrait prolonger la vie jusqu'à environ 120 ans.

---

* *Journaliste, auteur notamment du* Grand défi; tous centenaires et en bonne santé *(Olivier Orban).*

La répartition des personnes âgées est très variable selon les régions.

Six régions comptent plus de 25 % de retraités : Bourgogne, Limousin, Aquitaine, Midi-Pyrénées, Auvergne et Poitou-Charentes. Parmi les 11 millions de Français âgés de 60 ans et plus, 3 millions habitent dans des communes rurales où ils représentent près d'un quart de la population (23 %). 8 millions habitent dans des communes urbaines où ils représentent 19 % de la population. Les plus de 60 ans sont plus souvent mariés ou veufs, moins souvent célibataires ou divorcés que les personnes plus jeunes.

Le troisième âge, une seconde vie

La retraite inégale

Les enseignants cumulent une espérance de vie de 8 ans supérieure à celle des manœuvres et une retraite plus précoce (souvent 5 ans). Leur retraite durera donc en moyenne 13 ans de plus que celle des manœuvres.
On trouve des inégalités encore plus fortes dans certains secteurs de la fonction publique, où la retraite peut être prise bien avant l'âge de 60 ans. La palme revient sans doute à l'armée, où le cumul des années de campagne et l'existence de dispositions particulières permettent à certains gradés de bénéficier de la retraite à 35 ans.

SANTÉ

L'état de santé des personnes âgées est très variable.

Pour certains seniors, la « dernière ligne droite » de la vie peut être une période de bonheur, dont chaque instant prend une saveur particulière. Elle est vécue par d'autres comme une « prolongation » douloureuse dont la fin est parfois attendue comme une délivrance. Les difficultés matérielles, le fait de vivre seul ou entouré font le plus souvent la différence entre ces deux façons de vieillir. Mais c'est bien sûr l'état de santé qui est déterminant : 68 % des 65 ans et plus suivent un traitement médical, 39 % ont des difficultés à monter ou descendre un escalier, 22 % à sortir de leur logement, 9 % ont subi une hospitalisation au cours des six derniers mois. Après 85 ans, le taux d'incapacité atteint 80 %.

Le spectre de la dépendance

La perte de l'autonomie physique ou intellectuelle est la menace la plus redoutée par les Français (49 %), devant la perte des capacités intellectuelles (43 %), la solitude (39 %), l'impossibilité de continuer à vivre chez soi (29 %), la douleur (27 %), la disparition des proches et des amis (26 %), la diminution des ressources financières (15 %), la peur de la mort (9 %). On estime qu'un million de personnes âgées sont dépendantes des autres pour leur survie ; 600 000 personnes de plus de 65 ans souffrent de troubles du comportement ou de handicaps physiques ne leur permettant pas d'être autonomes. Les risques sont évidemment proportionnels à l'âge : 5 % des plus de 65 ans sont atteints de démence sénile, 20 % parmi les plus de quatre-vingts ans. Dans ce dernier groupe d'âge, 25 % seulement des personnes sont valides. Parmi les autres, les trois quarts sont plus ou moins handicapées, un tiers sont totalement dépendantes. La maladie d'Alzheimer, qui se manifeste par une perte progressive de la mémoire et des capacités intellectuelles, touche environ 400 000 personnes en France. Des méthodes de rééducation permettent de retarder ses effets, voire d'arrêter sa progression.

Les situations varient sensiblement avec l'âge.

Les personnes seules de 75 ans et plus ne sont guère plus nombreuses à suivre un traitement ou être hospitalisées, mais 51 % d'entre elles ont des difficultés pour monter ou descendre un escalier, 33 % à sortir de chez elles. Parmi les plus de 65 ans, 4 % souffrent d'une forte incapacité qui les oblige à rester au lit ou dans un fauteuil ; 20 % ont une incapacité moyenne qui les contraint à rester chez eux.

Les ménages âgés sont dans l'ensemble de mieux en mieux couverts par le système de protection sociale et de retraite : outre la Sécurité sociale, 49 % bénéficient d'une mutuelle, 4 % d'une assistance médicale gratuite. Environ 80 % bénéficient de remboursements des soins à 100 %. Enfin, 12 % ont droit à une aide ménagère.

Pour lutter contre les dangers du vieillissement, les seniors s'efforcent de pratiquer les mêmes activités que les plus jeunes et de se maintenir en bonne santé. C'est pourquoi ils sont de plus en plus nombreux à faire du sport ou à s'intéresser à la prévention, aussi bien dans le domaine alimentaire (diététique) que dans d'autres domaines. Beaucoup s'efforcent de prendre de nouvelles habitudes de vie, excluant par exemple le tabac et l'alcool.

Le poids des personnes âgées dans la société ou dans les médias est très inférieur à leur poids démographique ou économique.

La publicité et les médias, reflets instantanés de l'inconscient collectif, mettent en scène le dynamisme, la vitesse, la fantaisie ou la dérision, qui sont par essence les attributs de la jeunesse. Pas de place, ou presque, pour les seniors dans cette imagerie populaire qui a peur des rides et qui privilégie la beauté, la force et la séduction plutôt que la sérénité, la sagesse et l'expérience.

On se trouve donc dans une situation paradoxale où la population âgée, qui représente un cinquième de la population, est très peu visible dans la vie quotidienne (les personnes âgées sortent peu) et dans les médias.

▶ 13 % des personnes seules de 65 ans et plus bénéficient du Fonds national de solidarité, 3 % ont une pension d'invalidité.
▶ 19 % des Français ont dans leur famille proche un parent âgé qui ne peut vivre seul.
▶ Pour un retraité parisien logé dans une résidence municipale, le cumul des avantages (gratuité de certains services, réductions et aides diverses) peut représenter plus de 2 500 F par mois.
▶ 54 % des personnes âgées de 75 ans et plus ne jettent jamais d'aliments, 42 % des 65 à 74 ans, contre 23 % des moins de 55 ans.

VIE QUOTIDIENNE

Activité domestique importante • Relations fréquentes avec l'entourage, mais solitude des femmes • Revenu moyen comparable à celui des actifs, mais forte dispersion • Plus du quart du patrimoine total des Français • Consommation supérieure à la moyenne, confort des logements et équipement inférieurs • Plus de personnes âgées que de moins de 20 ans au début du XXIe siècle • Deux actifs pour un inactif, contre dix en 1955

MODES DE VIE

A 60 ans, une femme a en moyenne 24 ans à vivre ; un homme 19.

L'espérance de vie continue de s'allonger, de sorte que la durée du troisième âge est aujourd'hui plus longue que celle de l'enfance. Pour ceux qui ont pu préserver leur intégrité physique et mentale, c'est une nouvelle vie, riche de promesses, qui commence.

Les nouveaux retraités ont le temps de faire des projets, même à long terme. La plupart d'entre eux n'en manquent pas ; ayant connu tardivement l'ère de la consommation et des congés payés, ils sont à même aujourd'hui d'en goûter les plaisirs. C'est ainsi qu'on a vu depuis quelques années se multiplier les activités des personnes âgées, à travers les clubs, les voyages, les pratiques sportives ou culturelles.

32 % des personnes de 65 ans et plus font partie d'une association. 27 % des ménages de retraités comprennent au moins un adhérent à un club du troisième âge. Si certaines activités culturelles restent limitées (ils ne vont guère au cinéma ou au théâtre, écoutent moins de musique), ils lisent en moyenne 25 livres par an, soit davantage que le reste de la population. On estime qu'environ 100 000, essentiellement issus des classes moyennes, fréquentent les quelque soixante universités du troisième âge créées depuis 1973.

La retraite sexuelle

L'évolution des modes de vie des personnes âgées ne semble pas avoir concerné leur sexualité. 65 % des personnes âgées de 70 ans et plus déclarent ne plus avoir de relations sexuelles ; 12 % disent en avoir, 23 % ne se prononcent pas.
Il semble que cette « retraite sexuelle » soit plus liée à des causes psychologiques que physiologiques. Le grand mouvement de libération des années 60 et 70 n'a pas fait disparaître les tabous liés à la sexualité des personnes âgées. Certains sont de nature religieuse ; on a des rapports sexuels pour procréer et on cesse lorsque la période de procréation s'achève. D'autres se situent dans l'inconscient collectif ; la sexualité est liée à la beauté et à la séduction, caractéristiques de la jeunesse.

La solitude concerne davantage les femmes.

Compte tenu de l'écart d'espérance de vie, la disparition du conjoint touche beaucoup plus fréquemment les femmes que les hommes. La solitude est alors d'autant mieux vécue que la mobilité physique et l'intégrité intellectuelle sont préservées. La proximité, géographique et relationnelle, de l'entourage familial est également un critère important.

Sur les 11 millions de personnes âgées de 60 ans et plus, 6 % habitent ailleurs que chez elles, contre 4 % seulement en 1962. 165 000 sont logées dans des logements-foyers, 350 000 en hospice ou maison de retraite, 100 000 dans des établissements hospitaliers, 50 000 dans des communautés religieuses, 35 000 dans des hôpitaux psychiatriques.

Les Gentils Membres
des clubs du troisième âge

Dans un pays traditionnellement peu porté à la vie associative, 25 000 clubs du troisième âge se sont créés en vingt ans, regroupant environ 2 millions de membres plus ou moins réguliers. Le club leur offre la possibilité de rencontrer d'autres personnes et de sortir de chez eux. Ils peuvent s'y divertir en jouant aux cartes ou à d'autres jeux et pratiquer des activités utiles à la collectivité.

Dans certaines communes, les clubs ont un rôle local important, prenant en charge une partie des problèmes de leurs membres : maintien à domicile, assistance financière, etc. La plupart organisent périodiquement des voyages, des conférences, des manifestations diverses, qui leur fournissent l'occasion de se distraire et de se cultiver.

L'activité domestique des retraités est estimée au total à 15 milliards d'heures, soit 30 % du travail domestique national.

L'économie parallèle (bricolage, jardinage, travaux ménagers, couture, etc.) joue un rôle particulièrement important chez les retraités. Ceux-ci disposent de plus de temps pour cultiver leur jardin, faire des confitures ou effectuer les travaux d'entretien et de réparation du logement. Beaucoup aident aussi leurs enfants et petits-enfants, en leur fournissant des légumes, en réalisant des travaux de couture, de tricot, de bricolage qui leur sont destinés.

Les activités professionnelles, bénévoles ou non, tendent aussi à se développer. Elles servent à tromper l'ennui, à se procurer un complément de revenu (officiel ou non) et surtout à se donner l'impression d'être encore utile à la collectivité.

Les relations avec l'entourage demeurent fréquentes.

La plupart des personnes âgées gardent des relations avec l'extérieur, en se déplaçant, en recevant leur famille et leurs amis ou par l'intermédiaire du téléphone. Dans plus d'un ménage de retraités sur deux, le chef de ménage a gardé le contact avec ses anciens collègues de travail.

Les relations familiales restent souvent fréquentes : 60 % des enfants rendent visite à leurs parents au moins une fois par semaine (mais ceux qui habitent à plus de 600 km les voient seulement une fois par an). 40 % des personnes ayant des petits-enfants de moins de 12 ans les gardent pendant les vacances ou au cours de l'année.

Dans les familles, la coexistence de trois ou quatre générations est de plus en plus courante.

Le vieillissement de la population a créé de nouveaux rapports entre les générations. Un retraité sur trois a encore ses parents. L'allongement de la durée de vie moyenne fait qu'il est de plus en plus fréquent qu'un enfant connaisse ses arrière-grands-parents, ce qui constitue une nouveauté sociologique.

La contrepartie du vieillissement est que beaucoup de ces aïeux finissent leur vie avec des handicaps physiques qui les empêchent d'être autonomes. Souvent, leurs propres enfants sont eux-mêmes à la retraite et ne peuvent pas les prendre en charge pour des raisons financières. La coexistence de trois ou quatre générations est à la fois une chance et une charge, pour les familles comme pour la collectivité.

Les personnes seules de 65 ans et plus ont un revenu moyen mensuel d'environ 4 600 F en 1992.
Les couples dont le chef de famille a 65 ans ou plus perçoivent en moyenne un peu plus de 8 000 F.

Le revenu moyen des ménages âgés est comparable à celui des plus jeunes. L'amélioration de la situation des retraités, qui avait été spectaculaire au cours des années 70, s'est poursuivie depuis, mais à un rythme inférieur. Le revenu minimum a été multiplié par 20 en 20 ans : il est proche de 3 000 F par mois et par personne (minimum vieillesse plus Fonds national de solidarité). Aux pensions s'ajoutent d'autres revenus du capital ou du travail, représentant environ 20 % des revenus totaux.

D'importantes disparités existent cependant entre les situations individuelles. Les revenus des femmes représentent à peine plus de la moitié de ceux des hommes, du fait d'une durée de vie professionnelle moins longue et de revenus inférieurs. Les pensions des agriculteurs sont inférieures de plus de moitié à celles des autres salariés. L'écart des revenus correspondant aux diverses situations est de 1 à 4. L'écart entre les patrimoines est encore plus important. Il s'est accru au cours de la seconde moitié des années 80 (voir *Patrimoine*).

Gros salaires, petites retraites ?

Les pensions de base des retraités sont d'autant plus faibles (en proportion) que le salaire perçu pendant leur vie professionnelle était élevé (voir graphique). Mais les retraites complémentaires ont une incidence importante. Toutes pensions confondues (Sécurité sociale, ARRCO, AGIRC et retraites surcomplémentaires éventuelles), les cadres qui avaient pris leur retraite en 1989 ont perçu en 1990 une somme moyenne de 165 000 F, soit 76 % de leur dernier salaire net (66 % du salaire brut). Cette moyenne recouvre de fortes disparités entre les sexes : seulement 39 % des femmes sont parvenues au moins à ce taux, contre 56 % des hommes. La Sécurité sociale versait 37 % de la pension totale, l'AGIRC 41 % et l'ARRCO 22 %.

Montant de la retraite perçue en pourcentage du dernier salaire :

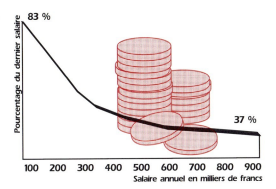

Les pensions perçues par les cadres représentent au bout de 10,5 années l'équivalent de la masse des cotisations qu'ils ont versées pendant leur vie active. La durée est un peu supérieure pour les professions intermédiaires, un peu inférieure pour les ouvriers. L'espérance de vie plus longue des cadres supérieurs (malgré leur départ en retraite plus tardif) fait qu'ils reçoivent en moyenne 160 % des cotisations versées, alors que le taux de récupération n'est que de 147 % pour les ouvriers et 151 % pour les employés (mais 168 % pour les professions intermédiaires).

> ► 60 % des Français estiment la situation matérielle des personnes très âgées insatisfaisante, 28 % sont de l'avis contraire.
> ► Le plat préféré des plus de 50 ans est le gigot, devant le poulet rôti et le pot-au-feu.

Les ménages dont le chef a 65 ans et plus détiennent plus du quart du patrimoine total des Français.

Ramenée à l'échelle individuelle, la fortune des personnes âgées de 65 ans et plus est environ le double de celle des plus jeunes. Comme pour les revenus, la répartition n'est pas égalitaire : sur 100 ménages d'inactifs, environ 40 disposent d'un capital de moins de 100 000 F, alors que 15 dépassent le million de francs. Plus de la moitié des contribuables payant l'impôt sur les grosses fortunes sont des ménages âgés. Les seniors possèdent une part importante des obligations, des actions et de l'or détenus par les particuliers.

Ces patrimoines ont pu être constitués grâce à l'épargne accumulée pendant la vie active, à raison de plus de 10 % des revenus disponibles. Ils ont bénéficié de la hausse des prix de l'immobilier, de celle des valeurs mobilières ainsi que des héritages. Les ménages âgés continuent d'ailleurs d'épargner environ 15 % de leurs revenus annuels, soit davantage que la moyenne nationale (12 %).

Les personnes âgées consomment davantage que la moyenne.

Les personnes âgées jouent un rôle de plus en plus important dans la vie économique. Ce sont elles qui dépensent le plus pour leur alimentation, leur santé, les voyages, etc. Elles sont plus fréquemment propriétaires de leur logement que les plus jeunes et détiennent plus d'un tiers du parc immobilier. Au cours des quinze dernières années, les foyers de plus de 65 ans ont multiplié leurs dépenses en francs constants par 3, contre 2,6 en moyenne nationale. En 1975, 36 % seulement des personnes âgées partaient en vacances ; la proportion atteint aujourd'hui 50 %.

L'accroissement des dépenses est dû autant à celui du pouvoir d'achat qu'à un changement de mentalité.

Un nombre croissant de seniors trouvent aujourd'hui normal de profiter de la vie et de s'offrir des plaisirs qu'ils n'avaient pas eu le temps ou les moyens de connaître auparavant. C'est pourquoi ils sont de plus en plus nombreux à voyager, prendre l'avion, aller au spectacle ou faire du sport, même si les modes de vie des anciens restent différents de ceux des plus jeunes.

Cette attitude est encouragée par l'offre de produits et de services spécifiquement destinés aux personnes âgées, considérées comme un marché d'avenir. Elle est également favorisée par les nombreuses réductions dont elles peuvent bénéficier : tarifs ferroviaires, voyages aériens intérieurs, voyages organisés, etc. Les personnes de condition modeste peuvent même obtenir la gratuité du téléphone, des transports urbains, de la redevance télévision, des aides ménagères, des impôts locaux ou des conseils judiciaires.

La moitié des dépenses pour l'entretien du corps

Les dépenses d'alimentation, d'habillement, de santé, de sport, de chauffage représentent près de la moitié du budget total des ménages de 65 ans et plus, contre 38 % pour l'ensemble des Français. Les personnes âgées sont très attachées à leur logement et y consacrent le quart de leurs dépenses, bien que leur endettement immobilier soit très faible. Les dépenses alimentaires des personnes de 65 ans et plus sont supérieures, en valeur absolue, à celles des plus jeunes, du fait d'achats de produits plus souvent frais, en plus petite quantité, dans des commerces de proximité.
Au contraire, les dépenses tournées vers l'extérieur (transports, sorties) ne représentent que 15 %, bien qu'elles soient en hausse.

Le confort des logements et l'équipement des personnes âgées restent cependant inférieurs à ceux des plus jeunes.

Malgré les progrès importants réalisés au cours des vingt dernières années, les personnes âgées occupent souvent des logements anciens et insalubres, surtout en milieu rural. Ainsi, 15 % des logements dont la personne de référence a au moins 60 ans ne disposent ni de baignoire ni de douche ; la proportion atteint 29 % chez les personnes de 75 ans et plus. Ils sont respectivement 8 % et 12 % à ne pas disposer de WC intérieurs.
Au total, 71 % des 60 ans et plus et 62 % des 75 ans et plus ont dans leur logement à la fois des WC intérieurs, une douche ou une baignoire et un chauffage central, contre 76 % dans l'ensemble de la population.
Le déséquilibre est encore plus marqué en ce qui concerne l'équipement du logement. Les personnes âgées sont beaucoup moins nombreuses que les plus jeunes à avoir un lave-vaisselle (20 % après 60 ans, contre 60 % vers 40 ans) ou un magnétoscope (15 % des plus de 65 ans contre 45 % des moins de 45 ans). 70 % des ménages dont la personne de référence a entre 60 et 74 ans ont une voiture et 35 % à partir de 75 ans, contre 76 % en moyenne nationale.

AVENIR

Les personnes de 60 ans et plus seront plus nombreuses que les jeunes de moins de 20 ans au début du siècle prochain.

La proportion de jeunes de moins de 20 ans est passée de 34 % en 1965 à 26,5 % en 1991. Dans le même temps, celle des 60 ans et plus passait de 17 à 19,9 %. Quelle que soit la fécondité au cours des dix prochaines années, la population française continuera de croître jusqu'à la fin du siècle. Après l'an 2000, elle diminuera si la fécondité est inférieure ou égale à 1,8 et continuera d'augmenter si le taux de fécondité dépasse 2 enfants par femme.
Dans tous les cas, le vieillissement se poursuivra, surtout à partir de 2005, date de l'arrivée à 60 ans des personnes du baby-boom de l'après-guerre.

Plus de vieux que de jeunes

Evolution de la part des moins de 20 ans et des 60 ans et plus (en % de la population totale*) :

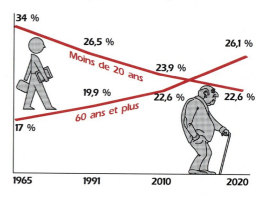

* Hypothèses : fécondité 1,8 ; mortalité tendancielle (poursuite de la tendance actuelle).

En 2020, les personnes de 60 ans et plus représenteront environ le quart de la population totale, soit un Français sur quatre. Il y aura alors plus de personnes âgées de 60 ans et plus que de jeunes de moins de 20 ans.

C'est à partir de l'an 2005 que vont se poser les grands problèmes démographiques.

Outre l'arrivée à la retraite des « baby-boomers », la poursuite des progrès médicaux, en particulier dans le domaine de la lutte contre les maladies cardio-vasculaires et le cancer, devrait permettre d'allonger encore la durée de vie moyenne. Cette évolution, qui semble inéluctable, pose deux questions essentielles pour l'avenir de la société. Comment donner aux plus âgés les moyens de bien vivre la période de plus en plus longue de la retraite ? Comment faire pour que les plus jeunes n'aient pas un tribut trop lourd à payer ?

En 1955, il y avait dix travailleurs pour un retraité ; ils ne sont plus que deux aujourd'hui.

Aucune génération n'avait jusqu'ici connu un tel déséquilibre. A partir de l'an 2000, le vieillissement de la population et l'arrivée à la retraite des premières générations de femmes actives vont rendre encore plus difficile l'équilibre des caisses de retraite. Cette situation pose évidemment le problème de la prise en charge par la collectivité des dépenses de la vieillesse : retraites, santé, etc.

Partant de ce constat, certains imaginent une sorte de « guerre des générations » qui opposerait les jeunes et les vieux, les actifs et les inactifs. Ses conséquences seraient un appauvrissement général en même temps qu'une absence de créativité et de fantaisie. La société française, caractérisée par la misère des jeunes et la marginalisation des vieux, serait alors livrée à l'immigration sauvage et aux ambitions hégémoniques d'autres pays. Elle perdrait peu à peu sa culture et son identité.

▶ 27 % des Français feraient en priorité confiance à eux-mêmes pour la préparation d'un bon plan de financement de leur retraite (placements personnels), 18 % à leur caisse de retraite complémentaire, 12 % à une compagnie d'assurance, 10 % à une banque, 8 % à leur entreprise ou à celle de leur conjoint, 8 % à la Sécurité sociale.

La retraite ailleurs

Age légal du départ à la retraite dans certains pays :

- FRANCE — 60 ans et plus
- RFA — 65 ans (possible jusqu'à 67)
- Grande-Bretagne — Hommes 65 ans (possible 75)
  Femmes 60 ans (possible 65)
- Italie — Hommes 60 ans
  Femmes 55 ans (possible 65)
- Espagne — 65 ans
- Portugal — Hommes 65 ans
  Femmes 62 ans (possible 70)
- Belgique — Hommes 65 ans (possible 70)
  Femmes 60 ans (possible 65)
- Luxembourg — 65 ans et plus
- Pays-Bas — 65 ans et plus
- Danemark — 67 ans (possible jusqu'à 70)
- Irlande — 65 ans et plus
- Grèce — Hommes 65 ans et plus
  Femmes 60 ans et plus

Commission de Bruxelles

Les anciens, détenteurs de la tradition

L'équilibre des régimes de retraite ne pourra être maintenu sans de profondes réformes.

Des augmentations de cotisations apparaissent nécessaires et probables. Les systèmes de retraite par capitalisation individuelle devraient aussi se développer, afin d'apporter le complément de revenu nécessaire aux futurs retraités. L'accroissement du patrimoine des ménages au cours des trente dernières années devrait faciliter sa mise en œuvre. Elle est déjà engagée, sous l'impulsion des compagnies d'assurances et des banques qui ont trouvé là un marché d'avenir.

Mais la situation pourrait aussi être modifiée au cours des prochaines années si l'on repoussait l'âge de la retraite, après l'avoir avancé (1982).

La capitalisation gagne du terrain

64 % des Français considèrent que c'est à l'Etat de mettre en place des systèmes permettant d'assurer des retraites satisfaisantes pour tous. Mais 33 % estiment que c'est à chaque Français de se préoccuper de s'assurer une retraite satisfaisante. Parmi les modes de financement possibles, 36 % préfèrent le système actuel de la répartition, où les cotisations des actifs sont épargnées et redistribuées au moment de la retraite. 17 % choisissent l'utilisation immédiate des cotisations pour payer les pensions des retraités (capitalisation). Mais 36 % préféreraient un système mixte dans lequel une partie des cotisations des actifs serait épargnée, une autre partie utilisée pour payer directement les pensions. Les jeunes, les ouvriers et employés sont les plus chauds partisans de la capitalisation. Les cadres sont les champions du système mixte.

La Vie/Sofres, octobre 1991

Les scénarios-catastrophe sous-estiment la capacité d'adaptation sociale.

On peut bâtir à partir des mêmes projections démographiques un scénario plus optimiste, qui prend en compte certains aspects qualitatifs du vieillissement. D'abord, si l'on vieillit davantage, on est jeune plus longtemps ; l'âge de 75 ans aujourd'hui correspond biologiquement à celui de 60 ans entre les deux guerres.

De plus, le découpage ternaire de la vie (formation, travail, retraite) ne correspond plus aux aspirations individuelles, ni aux contraintes économiques. Il est donc probable que les périodes de travail, formation, repos alterneront au cours d'une vie. Dans ce contexte, l'expérience professionnelle et humaine des anciens sera une plus-value que les entreprises auront tout intérêt à exploiter.

L'accroissement du nombre de personnes âgées ne serait alors plus un problème social, mais une opportunité. C'est déjà en partie le cas, dans la mesure où le troisième âge est considéré comme un « marché » dans beaucoup de secteurs de la consommation.

Le fossé des générations ne se comble pas

Les enquêtes menées régulièrement par le CREDOC montrent que les différences d'attitude et de comportement entre les jeunes et les seniors sont sensibles dans de nombreux domaines. Ainsi, les anciens sont plus pessimistes devant la vie ; 10 % seulement des plus de 60 ans estiment que les conditions de vie vont s'améliorer au cours des cinq années à venir, contre 55 % des 26-30 ans, 30 % des 46-50 ans.

De même, la réticence des personnes âgées est beaucoup plus forte devant l'innovation, y compris pour les biens d'équipement qui pourraient les concerner (magnétoscope, lave-vaisselle...).

Enfin, les opinions des seniors sont plus traditionnelles que celles des plus jeunes. La proportion de Français affirmant par exemple que « le mariage est une union indissoluble » est de 24 % pour l'ensemble des Français. Elle atteint 40 % pour les 61-65 ans et 50 % chez les plus de 70 ans. On observe des écarts de même nature en ce qui concerne l'opinion sur les découvertes scientifiques ; les anciens sont deux fois plus nombreux que les autres à estimer qu'elles n'améliorent pas la vie.

L'autre enseignement de ces enquêtes est que les attitudes des personnes âgées évoluent très lentement. L'écart en matière d'équipement du logement tend à augmenter. Il s'accroît aussi en ce qui concerne la perception de l'avenir ; l'optimisme a augmenté dans toutes les classes d'âge, sauf à partir de 60 ans. Ces résultats confortent ceux qui considèrent que le vieillissement d'une société constitue une menace sur son dynamisme. Mais la résistance à la nouveauté et au changement n'est pas obligatoirement une marque de sénilité ; elle peut être parfois une preuve de sagesse...

CREDOC

▶ Au moment de partir en retraite, 44 % des Français préféreraient disposer d'une rente viagère jusqu'à la fin de leurs jours, 24 % d'un capital, 22 % des revenus procurés par un placement (sans garantie sur leur évolution mais avec la possibilité de récupérer le capital).
▶ 61 % des Français sont prêts à souscrire une assurance spéciale pour la dépendance individuelle.
▶ 63 % des Français craignent de subir une baisse de leur niveau de vie lorsqu'ils arriveront à l'âge de la retraite.

LA VIE DE FAMILLE

RELATIONS FAMILIALES

Peu de conflits de génération • Ambition destructrice des parents • Nouveaux types de familles • Problèmes de communication • Drogue, fugues, suicides, enfants battus

ENTRAIDE

L'esprit de famille a survécu aux transformations récentes qui ont touché les couples et la démographie.

Les changements importants qui sont intervenus dans la vie du couple, dans le sens d'une plus grande autonomie de chacun, et l'évolution en matière démographique (voir chapitres précédents) n'ont pas affecté le rôle d'entraide traditionnellement joué par la famille. Dans une situation économique et sociale incertaine, la cellule familiale tend à se substituer aux institutions défaillantes (Etat, école, associations...) pour assister ses membres dans leurs relations avec la société.

Cette solidarité s'exerce surtout à l'égard des jeunes, dont beaucoup connaissent des difficultés d'insertion, en particulier dans la vie professionnelle. La famille joue alors un rôle de filet de sécurité, retardant le moment où les enfants se prennent en charge, moralement et financièrement, et les aidant à passer une période souvent difficile. Ce rôle est souvent déterminant ; les enquêtes réalisées auprès des bénéficiaires du RMI montrent que les plus vulnérables sont ceux qui sont coupés des réseaux familiaux.

A 16 ans, 95 % des jeunes habitent chez leurs parents. A 22 ans, c'est encore le cas de 60 % des garçons et 45 % des filles.

Les enfants uniques, ceux des agriculteurs (surtout les fils), des cadres et des membres des professions indépendantes restent plus longtemps au foyer parental que la moyenne. Les fils des salariés modestes (employés ou ouvriers) sont ceux qui partent le plus tôt.

Cette évolution est due pour une part à l'accroissement de la durée des études et à celui de l'âge moyen au mariage. Elle pourrait s'amplifier encore à l'avenir, du fait de plusieurs facteurs qui lui sont favorables : tendance des parents à pousser leurs enfants à poursuivre des études ; accroissement de la taille moyenne des logements ; risques de chômage pour les jeunes et difficultés économiques en découlant ; acceptation croissante des parents d'héberger un jeune couple vivant en union libre.

L'aide peut prendre des formes très diverses selon les familles.

Entretien du linge, prêt d'une voiture, aide aux démarches administratives, courses, cuisine, accueil des petits-enfants sont quelques-uns des multiples services qui sont rendus par les parents à leurs enfants. Il s'accompagnent souvent de cadeaux en argent (donations, billets donnés aux petits-enfants à l'occasion de fêtes ou d'anniversaires...) ou en nature (fourniture de légumes du jardin, bricolage...). L'aide peut être aussi affective, dans le cas par exemple où un enfant connaît des problèmes sentimentaux ou conjugaux ; 70 % des femmes qui déménagent à la suite d'une rupture sont hébergées par leur famille.

L'existence de cette entraide est favorisée par la coexistence de trois, voire quatre générations, et l'accroissement du pouvoir d'achat des personnes âgées au cours des dernières décennies. Elle explique indirectement la réticence de certains ménages à s'éloigner de la région où réside leur famille. Ainsi, les deux tiers des 45-60 ans habitent à moins de 20 km de leurs enfants. Une étude du CNRS (Catherine Bonvallet) montre qu'en région parisienne trois adultes sur dix ont au moins un parent ou beau-parent dans le même département ; six sur dix au moins un enfant. 30 % habitent le même quartier, 12,5 % la même rue, 7 % le même immeuble.

Le poids du « piston » est déterminant pour trouver un emploi ; il renforce les inégalités existantes.

Un Français sur cinq a été aidé pour obtenir un emploi (un sur trois parmi les moins de 35 ans). Dans 77 % des cas, c'est la famille qui est à l'origine de l'aide. Celle-ci peut aller du simple « coup de pouce » pour signaler un emploi disponible à l'entrée pure et simple dans l'entreprise familiale (parfois la succession du père à sa tête), en passant par le « piston » auprès de relations influentes.

Cette aide est évidemment déterminante à une époque où les jeunes trouvent difficilement un premier emploi. Elle constitue un facteur d'aggravation des inégalités dans la mesure où elle est plus répandue et plus efficace dans les milieux favorisés, où elle s'ajoute d'ailleurs à un niveau de formation des jeunes déjà plus élevé (voir *Culture*).

L'Etat se défausse sur les familles

La solidarité familiale est sans aucun doute naturelle et souhaitable. Mais elle est inégale, dans la mesure où elle est d'autant plus efficace que la famille est aisée et puissante. La plupart des formes d'aide y sont plus fréquentes et représentent un avantage financier plus important. L'un des rôles de l'Etat est de se substituer aux familles qui ne peuvent venir en aide à leurs membres et de favoriser ainsi une meilleure égalité sociale. Le paradoxe est que c'est aujourd'hui la famille qui se substitue à l'Etat, celui-ci ne parvenant plus à assumer sa fonction de régulation. L'Etat encourage d'ailleurs la prise en charge par les familles d'une partie de la solidarité nationale, sans paraître se soucier de ses conséquences sur la justice sociale.

La famille restreinte comprend en moyenne 18 personnes, la famille large 64. L'entourage comprend 8 intimes.

Une enquête réalisée par l'INED en 1991 (C. Bonvallet, H. Le Bras, D. Maison et L. Charles) a montré que la famille très proche se compose en moyenne de 8 personnes, amis compris, tous susceptibles de s'entraider. L'entourage familial est plus étendu ; il comprend le couple, les parents et grands-parents des deux côtés, les enfants et petits-enfants avec leurs conjoints ou compagnons. Au total 18 personnes, auxquelles on peut ajouter 45 personnes de la « famille large » : oncles et tantes (et leurs conjoints) ; nièces et cousins germains des deux membres du couple.

Les « intimes » sont en moyenne au nombre de huit : 4,8 membres de la famille ; 3,2 amis proches. 80 % des Français déclarent ne pas avoir plus de cinq intimes dans leur entourage. Seules les femmes ont, jusqu'à 50 ans, plus d'amis que de parents parmi leurs intimes. Un quart des Français ne citent aucun ami parmi eux ; 6 % ne citent au contraire aucun parent. Les cadres supérieurs ont beaucoup plus d'amis que les ouvriers.

RELATIONS PARENTS-ENFANTS

Les parents font beaucoup d'efforts pour l'éducation de leurs enfants.

Face aux risques du chômage, de la drogue et des autres menaces qui pèsent sur la vie et l'avenir de leurs enfants, les parents ont tendance à se culpabiliser. Ce sentiment est renforcé par le besoin de conserver leur liberté d'action individuelle et de préserver leur vie de couple. Les mères, en particulier, qui sont plus nombreuses à vouloir exercer une activité professionnelle, se reprochent de ne pas être en même temps au foyer et au bureau. Un sentiment de culpabilité non fondé puisque les enquêtes montrent que les enfants sont en grande majorité favorables au travail de la mère ; ceux des femmes actives obtiennent d'ailleurs en moyenne de meilleurs résultats scolaires que ceux des femmes au foyer.

▶ 81 % des jeunes de 12 à 18 ans estiment que leurs parents leur consacrent le temps nécessaire à leur épanouissement.

La fin des modèles d'éducation

La difficulté d'être parent est accrue par le fait qu'il n'y a plus aujourd'hui de principes d'éducation admis par tous. Les médias, spécialisés ou non, multiplient les conseils sur la façon de comprendre les enfants et de les aider à devenir des adultes mais ne fournissent pas de modèles.
Les parents doivent donc improviser, changer parfois d'avis et de comportement lorsque des problèmes se posent. Faut-il être libéral ou autoritaire, mettre les enfants très tôt en face des réalités de la vie ou les en préserver le plus longtemps possible ? Quelles valeurs faut-il leur transmettre, en l'absence d'un système de référence flou ?

L'ère des parents-poules

Les écarts entre les catégories sociales s'accroissent.

L'inégalité d'éducation des enfants reste forte entre les catégories sociales (voir *Culture*). Les parents appartenant aux catégories aisées consacrent beaucoup de temps et d'argent à la culture générale de leurs enfants et à l'aide scolaire : cours particuliers, stages linguistiques, livres, contrôle des devoirs et leçons, entretiens avec les professeurs, etc. Les autres ne disposent pas des mêmes moyens, tant financiers que culturels, pour aider leurs enfants.

C'est entre 6 et 10 ans que se créent ou plutôt s'élargissent les différences. Constamment stimulé intellectuellement dans certaines familles, l'enfant se retrouve au contraire seul face à ses devoirs dans d'autres familles, moins disponibles ou moins concernées. C'est à cette période que les écarts scolaires commencent à se creuser.

L'ambition destructrice

Les enfants ont de moins en moins le temps de vivre leur jeunesse. Très vite, leurs parents les mettent en garde contre la dureté des temps et les difficultés qui vont se dresser devant eux : chômage ; compétition implacable entre les individus, entre les entreprises, entre les pays.
Face à ce tableau apocalyptique du monde et de la société, largement relayé par les médias, les résultats scolaires prennent une place considérable et tous les moyens sont bons pour tenter de les améliorer.
L'une des conséquences de cette situation est que l'on n'apprend pas aux enfants à mesurer leur « réussite » future par rapport à leurs propres désirs et à leurs capacités, mais à partir de critères uniquement matériels : position professionnelle, salaire, attributs. Ce « gavage intellectuel », qui s'ajoute au discours alarmiste sur l'avenir, explique l'inquiétude des jeunes. C'est même d'angoisse qu'il faut parler à propos de ceux qui, malgré l'aide et les encouragements parentaux, ont des difficultés à être à la hauteur des ambitions que l'on a pour eux. Des ambitions parfois destructrices.

La plupart des enfants se disent satisfaits de leurs parents.

77 % des adolescents de 13 à 17 ans estiment leurs relations avec leurs parents excellentes ou très bonnes (*Figaro*-FR3/Sofres, avril 1990). 88 % des jeunes de 18 à 24 ans affirment bien s'entendre avec leurs parents (Vital/*Ifop*, janvier 1991). Les années 80 ont marqué une sorte de trêve dans le conflit traditionnel entre les générations. Pour la grande majorité des enfants, la famille est un nid douillet dans lequel il fait bon vivre. On parle beaucoup plus volontiers aux parents (à la mère en particulier) qu'aux professeurs. Même si les copains restent, malgré tout, les interlocuteurs privilégiés.

L'âge ne semble pas modifier sensiblement ce sentiment général de satisfaction. Tous les sondages montrent que l'on se sent aussi bien en famille à 5 ans qu'à 20 ou à 25, si l'on vit encore au domicile des parents, ce qui est de plus en plus fréquent.

La famille « ouverte » bientôt majoritaire

Les attitudes et comportements des parents vis-à-vis de leurs enfants ne sont évidemment pas uniformes dans l'ensemble de la société française. Les enquêtes réalisées par l'Institut de l'enfant permettent de distinguer quatre types principaux de familles et de mesurer leur évolution. Chacune d'elles a des caractéristiques, des modes de vie, des attitudes face à l'éducation et un système de valeurs spécifique :

La famille Ouverte (43 % des familles en 1992 contre 20 % en 1987).
Elle cherche à constituer un îlot de paix, un territoire d'autonomie dans lequel la responsabilité de chacun est limitée. S'adapter aux circonstances de la vie implique de remettre en cause ses propres convictions. L'enfant bénéficie d'un espace de liberté, afin de faire ses propres expériences, mais il est soutenu à chaque instant par ses parents. Les valeurs essentielles sont l'égalité et le plaisir.

Le Groupement d'intérêt familial (27 % des familles en 1992 contre 15 % en 1987)
Elle se donne pour objectif de construire et de vivre une expérience commune dans le respect de la personnalité de chacun des membres de la famille. Elle part du principe que tout individu, pour s'épanouir, doit se prendre en charge. Dans ce contexte, l'enfant est un être mûr et raisonnable, capable de faire un bon usage de l'autonomie qui lui est laissée. Les valeurs essentielles sont le réalisme, l'autonomie et le plaisir.

La famille Tradition (19 % des familles en 1992 contre 25 % en 1987).
La famille est vécue comme le lieu privilégié de la transmission des valeurs des parents : morale, sécurité, réalisme, ordre. Ces valeurs sont proches de celles de la famille Cocon, mais elles s'appliquent à une vision globale de la société plutôt qu'au simple cadre familial. L'aptitude de l'enfant à s'adapter et à s'intégrer à la société est considérée comme prioritaire par rapport à ses capacités d'initiative personnelle.

La famille Cocon (11 % des familles en 1992 contre 40 % en 1987).
Une cellule familiale dans laquelle chacun a un rôle à jouer pour parvenir à la réalisation d'un projet commun. Les relations sociales sont basées sur la solidarité envers autrui. Le but de l'éducation est d'aider les enfants à avoir plus tard une vie harmonieuse autour d'une famille unie. Ses valeurs essentielles sont la morale, la sécurité, l'égalité et l'ordre. Sa vocation est de constituer un refuge face aux agressions et aux dangers extérieurs de toutes natures.

Institut de l'enfant/Gérard Mermet

Les nouveaux modèles familiaux modifient la nature des relations.

Le développement de l'union libre, le nombre croissant de divorces et la diminution du nombre des naissances ne pouvaient être sans incidence sur les modes de vie et d'éducation des enfants. En 1991, 30 % des naissances ont eu lieu en dehors du mariage. Un nombre croissant d'enfants naissent d'une seconde union de la mère. Les enfants ont moins de frères et de sœurs que leurs parents. Un sur deux a une mère active. A 10 ans, un sur dix a des parents séparés ou divorcés.

La multiplication de ces modèles familiaux différents du modèle traditionnel ne semble pas avoir d'incidence marquée sur la vie sociale de l'enfant, dans la mesure où elles sont bien acceptées par la collectivité. Si les divorces sont plus nombreux, les difficultés qu'ils impliquent sont plus limitées que par le passé, car les enfants ont moins le sentiment d'être des marginaux. Mais les relations à l'intérieur de la famille sont parfois moins satisfaisantes pour l'enfant que celles existant dans le modèle traditionnel.

Les rôles du père et de la mère se sont rapprochés, le plus souvent au bénéfice des mères.

Le meilleur partage des tâches au sein du couple s'applique aussi à l'éducation des enfants. Les « nouveaux pères » donnent volontiers le biberon ou le bain à leur bébé, le changent ou l'emmènent chez le médecin. Ils s'intéressent plus volontiers au travail scolaire et aux petits problèmes de la vie quotidienne.

Mais l'évolution concerne davantage les femmes, qui ont investi les domaines autrefois réservés au père. Depuis la généralisation de la contraception, la décision d'avoir des enfants a été transférée à la mère. Sur le plan juridique, le modèle traditionnel du père chef de famille a été largement entamé par l'évolution récente. En 1970, la puissance paternelle légale était remplacée par l'« autorité parentale » partagée entre les deux parents dans le cadre du mariage. En 1972, un texte déclarait l'égalité entre enfants naturels et enfants légitimes et établissait la primauté de la réalité biologique de la filiation.

▶ Sur 1 046 000 enfants de divorcés, 927 000 (soit 90 %) vivent avec leur mère.

La paternité en question

Depuis quelques années, l'évolution des modes de vie et des sciences biologiques a abouti au développement de formes nouvelles de paternité : polyandrique (plusieurs pères se succèdent pour élever un même enfant) ; monoparentale (un seul parent, divorcé ou veuf, élève un enfant) ; orthospermatique (conception réalisée à partir de spermatozoïdes sélectionnés et traités, avec ou sans donneur, avec ou sans rapports sexuels ; cryospermatique (à partir de sperme congelé) ; homosexuelle (un couple de femmes homosexuelles élève un enfant obtenu par l'intermédiaire d'un donneur).

Ces récentes évolutions ont fait éclater la fonction paternelle en plusieurs fonctions distinctes ; le géniteur, le père affectif et l'éducateur ne sont en effet pas toujours une seule et même personne.

Le rôle des grands-parents a diminué d'importance.

Pendant des générations, la présence des grands-parents au sein de la famille a donné une sorte de « plus-value » à l'éducation dispensée par les parents. Aujourd'hui, les grands-parents habitent de moins en moins avec leurs enfants et petits-enfants. La difficulté de trouver un logement, la plus grande mobilité géographique, les différences de mentalité, le souci croissant d'indépendance expliquent cette évolution.

La vision que les jeunes ont de la vie est donc essentiellement influencée par celle que leur enseignent leurs parents. Aussi beaucoup ne connaissent-ils plus guère l'histoire des générations antérieures. C'est pourquoi certains sont parfois malléables au discours de ceux qui transforment la réalité historique pour justifier les attitudes de rejet vis-à-vis des immigrés, des Juifs, etc.

L'apport des grands-parents représentait l'un des aspects les plus riches de la formation des enfants. Aucun livre, aucune émission de télévision ne pourra vraiment le remplacer.

▶ 27 % des enfants passent environ cinq semaines de vacances par an avec leurs grands-parents. La plupart ont des mères exerçant une activité professionnelle.
▶ 60 % des parents estiment qu'une fessée est nécessaire de temps en temps, 20 % sont de l'avis contraire.

PROBLÈMES

Les relations entre les parents d'aujourd'hui et leurs enfants ne sont pas exemptes de difficultés.

Même si elles sont moins nombreuses que par le passé, les incompréhensions et les difficultés de communication entre les générations n'ont pas disparu. Certains enfants se sentent un peu étouffés par la protection permanente des « papas-poules » et des « mamans-cool ». Les plus jeunes (moins de 15 ans) souhaitent plus d'autonomie.

Ces difficultés peuvent dans certains cas avoir des conséquences graves, voire dramatiques : fugues, usage de la drogue, enfants maltraités. Elles peuvent même dans certains cas entraîner le suicide (voir *Santé*).

Les enfants, principale cause de dispute

Parmi les principaux sujets à l'origine de scènes de ménage, les Français citent en premier les enfants (54 %), devant l'argent (37 %), la télévision (36 %), la famille ou belle-famille (33 %), le manque de disponibilité de l'un ou l'autre des époux (31 %), l'infidélité (5 %). Le sujet est d'autant plus sensible que le nombre d'enfants est élevé : il est cité par 67 % des couples ayant au moins trois enfants, contre 47 % de ceux qui n'en ont qu'un. Les femmes sont plus nombreuses que les hommes à considérer les enfants comme une cause de dispute (60 % contre 46 %).

Voici/Ipsos, février 1991

Le nombre des fugues est estimé entre 50 000 et 300 000.

Le nombre des fugueurs enregistré par la police nationale est à peu près constant depuis dix ans : environ 30 000. Mais il est sans doute très largement supérieur. A partir de 13 ans, les jeunes filles sont toujours plus nombreuses que les garçons à s'enfuir du domicile des parents.

Un tiers des fugueurs sont retrouvés dans les 24 heures par les polices urbaines. La quasi-totalité des autres sont revenus chez leurs parents dans le mois qui suit leur départ. Le nombre de ceux qui disparaissent définitivement est extrêmement faible ; il ne peut cependant être défini avec précision.

On constate que les motifs principaux de fugue sont liés à des problèmes familiaux, alors que les motifs sentimentaux ou scolaires viennent très loin derrière.

Un quart des moins de 18 ans ont déjà essayé une drogue.

80 % des lycéens ont déjà vu circuler de la drogue autour d'eux. 7 % seraient concernés par son usage, régulier ou non. On estime que 80 % des personnes interpellées pour toxicomanie ont moins de 25 ans, dont un tiers ont entre 16 et 20 ans. Plus de 80 % sont des garçons.

Les jeunes commencent souvent avec des drogues « douces » : colles, solvants, cannabis. Certains se dirigent ensuite vers des produits plus dangereux ou irréversibles comme l'héroïne ou les mélanges de médicaments. 5 % des fumeurs de haschisch passent un jour aux drogues dures. Les toxicomanes profonds ont goûté à la drogue entre 14 et 18 ans et arrivent à l'héroïne entre 16 et 20 ans.

Des études ont montré qu'il existe une forte corrélation entre l'usage de la drogue et la nature des relations au sein du milieu familial. Plus la vie familiale apparaît peu attractive à l'enfant, plus il a tendance à lui trouver des substituts. La drogue est souvent l'un d'entre eux.

Il y aurait en France 50 000 enfants battus, dont 80 % ont moins de 3 ans. 700 meurent chaque année de mauvais traitements.

Des faits divers dramatiques replacent périodiquement dans l'actualité (pour un temps trop court) le problème des enfants martyrs. Les victimes sont souvent des bébés non désirés ou des prématurés séparés de leur mère dès la naissance. Les mauvais traitements dont ils sont l'objet peuvent être des châtiments corporels, des sévices sexuels, des carences nutritionnelles ou affectives (y compris dans certains cas la violence verbale).

Les responsables sont dans la plupart des cas les pères ou les hommes qui en tiennent lieu. Ce ne sont pas en général des malades mentaux, mais beaucoup sont alcooliques. En dehors de cas sociaux notoires, tous les milieux sont concernés. On trouve fréquemment parmi les maltraitants des parents qui ont été battus eux-mêmes, ainsi que des couples qui ne s'entendent pas et reportent leur agressivité sur leurs enfants.

Le monde du silence

Sur les dizaines de milliers de cas d'enfants maltraités existants, 2 000 seulement sont signalés chaque année à la justice et le nombre d'enquêtes judiciaires reste très limité. Ce silence s'explique par la réticence (ou la peur) de beaucoup de Français à se mêler de la vie privée de leurs voisins. Il s'explique aussi par le fait que les parents concernés sont souvent d'habiles dissimulateurs. Il est dû enfin à la difficulté qu'éprouvent les enfants battus à avouer leur détresse à leurs amis ou aux enseignants. Quels que soient les drames dont ils sont victimes, il est important pour eux de garder une bonne image de leurs parents.
62 % des médecins ont déjà été confrontés à des cas d'enfants maltraités ou de négligence grave de la part des parents. 50 % des enfants déclarent connaître des enfants maltraités : 26 % dans leur quartier ; 27 % dans leur école ; 16 % dans leur classe.

Les adultes laissent à leurs enfants un héritage difficile à assumer.

Face aux grandes menaces et aux grandes mutations de cette fin de siècle et de millénaire, les jeunes devront inventer un monde nouveau. Leur tâche sera d'autant plus difficile qu'ils vont recevoir en héritage une société aux prises avec de graves problèmes : chômage, sida, pollution, terrorisme, risques technologiques, racisme, antisémitisme, etc.

La situation est d'autant plus préoccupante qu'elle se développe sur fond d'harmonie familiale et de bonnes intentions. Mais, si le cocon familial protège les jeunes de la réalité, il ne les aide guère à l'affronter. Beaucoup de parents, à défaut d'être courageux, se contentent d'être généreux avec leurs enfants.

▶ Face à un enfant qui désobéit, la première réaction d'un parent est d'élever la voix (79 %), de lever la main (12 %) ou de le priver de télévision (9 %).
▶ 120 000 enfants vivent dans des foyers ou des familles d'accueil, pour une durée variant de quelques mois à quelques années. 7 500 d'entre eux sont adoptables, parce qu'ils ont été abandonnés de fait (les parents ne se sont pas manifestés pendant un an).
▶ L'Aide sociale à l'enfance concerne 500 000 enfants (dont 380 000 à domicile), soit un mineur sur vingt.

ALIMENTATION

Budget en baisse relative régulière, mais nouveaux comportements • Déstructuration des repas • Plus d'un repas sur trois à l'extérieur • Séparation entre repas quotidiens et repas de fête • Moins de pain et de viande, plus de charcuterie, de volaille et de surgelés • Préoccupations diététiques, mais essoufflement des produits allégés • Moins de vin et plus d'eau • Rapprochement des habitudes alimentaires nationales en Europe

ATTITUDES

La part du budget consacrée à l'alimentation est passée de 36 % en 1959 à 19,2 % en 1991.

Le budget alimentation, tel qu'il est pris en compte par l'INSEE, comprend les dépenses alimentaires (nourriture et boissons) ainsi que les dépenses de tabac. Il inclut la production « autoconsommée » par les ménages d'agriculteurs et ceux qui détiennent des jardins, mais il ne prend pas en compte les dépenses des repas pris hors du domicile (restaurant, cantine d'entreprise...).

La part du budget consacrée à la nourriture est en baisse régulière depuis plus de 30 ans. Ce mouvement est à la fois la conséquence de l'accroissement du pouvoir d'achat, de l'intérêt pour d'autres types de dépenses et de la baisse des prix relatifs d'un certain nombre de produits alimentaires. On constate un phénomène de même nature dans la plupart des pays industrialisés (en particulier aux Etats-Unis).

On observe depuis quelques années de nouveaux comportements alimentaires.

La volonté de réduire le temps consacré aux repas et surtout à leur préparation a amené les Français à s'équiper d'appareils tels que le congélateur (59 % des ménages en étaient pourvus début 1992) ou le four à micro-ondes (30 %). L'utilisation de ces équipements a provoqué l'achat de produits surgelés. L'offre dans ce domaine s'est progressivement élargie ; les produits à forte valeur ajoutée (légumes préparés, plats cuisinés traditionnels, plats exotiques, etc.) sont de plus en plus nombreux. Ils coûtent plus cher que s'ils étaient réalisés à domicile à partir d'ingrédients de base, ce qui contribue au léger accroissement des dépenses alimentaires en volume.

Cette évolution pourrait se confirmer au cours des prochaines années, au fur et à mesure que les nouvelles habitudes, encore minoritaires, se diffuseront dans les différentes couches de la société. L'arrivée à l'âge adulte des adolescents d'aujourd'hui, généralement acquis à cette « nouvelle cuisine » devrait renforcer le phénomène. Cependant, l'intérêt pour des produits plus pratiques et plus faciles d'emploi ne signifie pas une transformation

L'Europe à table

Part de l'alimentation dans les dépenses des Européens (en % du budget disponible) :

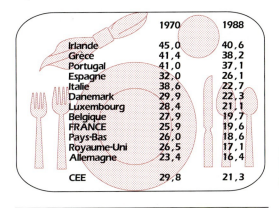

	1970	1988
Irlande	45,0	40,6
Grèce	41,4	38,2
Portugal	41,0	37,1
Espagne	32,0	26,1
Italie	38,6	22,7
Danemark	29,9	22,3
Luxembourg	28,4	21,1
Belgique	27,9	19,7
FRANCE	25,9	19,6
Pays-Bas	26,0	18,6
Royaume-Uni	26,5	17,1
Allemagne	23,4	16,4
CEE	29,8	21,3

Eurostat

complète des habitudes alimentaires. L'attachement à une certaine tradition reste apparent chez les femmes (voir encadré ci-après).

Femmes : modernisme et tradition

• 37 % des Françaises estiment que la préparation des repas doit prendre aussi peu de temps que possible ; 54 % ne sont pas d'accord avec cette affirmation.
• 20 % aimeraient commander par téléphone et se faire livrer à domicile (74 % non).
• 82 % considèrent que les plats cuisinés tout prêts, c'est seulement pour dépanner (12 % non). Mais 46 % pensent qu'ils permettent de consommer à la maison des plats que l'on ne pourrait préparer soi-même (47 % non).
• 81 % estiment que l'utilisation des robots ménagers simplifie les préparations (12 % non).
• 33 % se laissent tenter par les produits alimentaires nouveaux lorsqu'elles font leurs courses dans un supermarché (60 % non).
• 86 % estiment qu'il est important, pour être en forme, d'utiliser des produits sains et naturels (7 % non).
• 85 % sont prêtes à payer un peu plus cher la viande, les légumes, le poisson, pour être sûres d'avoir de la qualité (11 % non).
• 63 % sont convaincues que les produits surgelés sont aussi bons que les produits frais (14 % non).
• 34 % estiment que tous les produits de l'alimentation moderne et industrielle sont de bonne qualité (58 % non).
• 85 % tiennent à continuer, aussi souvent que possible, à faire de la cuisine comme on la fait depuis toujours (10 % non).
• 86 % estiment que le repas est un moment privilégié de rencontre (8 % non).
• 56 % estiment qu'on parle trop en ce moment de ce qui est bon ou mauvais en matière d'alimentation (39 % non).
• 44 % aiment faire des repas amusants, essayer les produits exotiques, des nouvelles recettes (49 % non).
• 83 % considèrent que les repas doivent être pris à heure fixe (11 % non).

▶ 75 % des Français déjeunent habituellement chez eux, 16 % en restauration collective (6 % dans un restaurant traditionnel, 6 % dans un café, 2 % dans un fast-food, 2 % dans une cafétéria) et 9 % sur leur lieu de travail.
▶ Pendant le repas du soir, 59 % des Français bavardent avec leurs proches, 31 % regardent la télévision, 5 % écoutent de la musique, 1 % lisent un journal ou un magazine.

50 000 repas dans une vie

Qu'il soit fin gastronome ou indifférent aux choses de l'assiette, chaque Français se met à table environ 50 000 fois au cours de sa vie. A raison de deux heures par jour en moyenne, cela représente près de 12 années, soit plus du cinquième du temps éveillé. Il consomme plus de 50 tonnes de nourriture (boissons comprises). C'est dire toute l'importance de l'alimentation dans une vie.

On mange moins à chaque repas mais plus souvent dans la journée.

Les repas quotidiens, surtout le déjeuner, sont moins formels tant dans leur forme que dans leur contenu. Ils tendent à se limiter à un plat principal, éventuellement complété d'un fromage ou d'un dessert. Cette tendance à manger moins à chaque repas fait qu'on mange plus souvent au cours de la journée. Le « grignotage » se développe, au bureau, en regardant la télévision, en voiture ou en marchant.

Les horaires variables, fréquents au travail, s'étendent peu à peu à l'alimentation. Mais, si 25 % des Français n'ont pas d'heure pour se mettre à table le soir, 68 % dînent pratiquement à heure fixe, 4 % se préparent un plateau qu'ils mangent au lit ou dans un fauteuil, 3 % grignotent quand ils ont faim, sans vraiment s'installer (*Elle*/Ifop, novembre 1991).

Le fast-food, c'est fun

Moins de temps pour manger

Les repas pris à domicile durent en moyenne 1 h 30 par jour pour les adultes citadins, contre 1 h 42 en 1975. La durée maximale est de 2 h 06 pour les hommes de plus de 65 ans vivant seuls dans une commune rurale ; la durée minimale est de 1 h 16 pour les jeunes hommes actifs de 18 à 24 ans.
Le temps consacré aux repas pris à l'extérieur est beaucoup plus réduit : 27 minutes par jour en moyenne pour l'ensemble des Français, dont plus des trois quarts continuent de déjeuner chez eux.

Plus d'un repas sur trois est pris à l'extérieur, contre un sur deux en 1970.

Le développement de la journée continue et l'accroissement du nombre de femmes actives expliquent que les Français déjeunent de plus en plus souvent à l'extérieur. Après la forte croissance du début des années 70, la restauration collective se développe moins vite depuis quelques années (environ 1 % par an en volume), du fait de l'importance du chômage et de l'abandon de la formule de l'internat dans un certain nombre d'établissements scolaires.

Sur les quelque 5 milliards de repas pris à l'extérieur, les deux tiers environ le sont en restauration collective (restaurants d'entreprise, cantines d'écoles, etc.), un tiers en restauration commerciale.

On comptait environ 2 000 établissements spécialisés dans la restauration rapide début 1992, dont un tiers à Paris et dans les départements limitrophes. La moitié de la clientèle est composée de jeunes de moins de 25 ans, qui mangent seuls ou avec des amis (8 % seulement en famille). Les restaurants de hamburgers représentent la moitié des points de vente et les trois quarts du chiffre d'affaires.

La séparation est plus nette entre repas quotidien et repas de fête.

Le repas de midi est généralement rapide, parfois frugal. Celui du soir obéit aux mêmes contraintes de temps, même s'il est plus consistant. L'attitude vis-à-vis des repas de fête est tout à fait différente. Les Français y voient l'occasion de passer un moment agréable en famille ou avec des amis, en profitant de l'ambiance créée par un bon repas. Ils consacrent donc le temps et l'argent nécessaires pour que la fête soit réussie. C'est l'occasion pour certains hommes de faire la démonstration de leurs talents culinaires, tandis que les femmes s'efforcent de mettre une note d'originalité, voire d'exotisme, dans les menus et la décoration de la table (voir *Activités manuelles*).

CONSOMMATION ALIMENTAIRE

En vingt ans, les Français ont largement modifié leurs habitudes alimentaires.

Ils ont délaissé les produits énergétiques de base (pain, pomme de terre, sucre, corps gras) et ceux qui demandaient une longue préparation au profit des protéines animales et des produits élaborés. La part des produits laitiers a augmenté, du fait de la consommation des produits frais (en particulier les yaourts), des fromages et des laits liquides. Les Français achètent aussi moins de viande de boucherie, mais plus de charcuterie, de conserves de viande et de volaille découpée. Les légumes frais tendent à être remplacés par des plats cuisinés prêts à l'emploi, les fruits frais par d'autres types de desserts : produits laitiers ou crèmes glacées.

On constate un déplacement très net des achats vers des produits de qualité croissante. Les Français sont de plus en plus nombreux à préférer des pâtes « aux œufs frais », des poulets « de ferme », des œufs « extra-frais », du riz « non collant », des vins « d'appellation contrôlée », etc.

La consommation de pain, de céréales et de féculents a diminué.

En 1920, chaque Français consommait en moyenne 630 g de pain par jour. Il n'en consomme plus que 170 g aujourd'hui (290 g en 1960). Pourtant, le pain constitue toujours un ingrédient indispensable, puisque plus de 80 % en consomment tous les jours ou presque et 4 % seulement n'en consomment jamais.

La consommation de pommes de terre a elle aussi diminué dans de fortes proportions : 69 kg par personne, contre 96 kg en 1970. Mais cette chute pourrait être enrayée par les efforts faits par les professionnels pour faciliter l'achat et l'utilisation : conditionnements moins volumineux ; produits lavés ou brossés ; nouvelles variétés à chair ferme, plus résistantes à la cuisson ; produits épluchés et cuits surgelés.

On observe un phénomène semblable pour les céréales. Les pâtes ne sont plus un produit banalisé. Les variétés se sont multipliées, ainsi que les produits d'accompagnement (viande, sauces) et les produits de haut de gamme. La consommation de céréales pour le petit déjeuner continue de s'accroître régulièrement, en particulier chez les enfants et les jeunes.

Un an de nourriture

Evolution des quantités consommées par personne et par an (en kg) :

	1970	1989
Pain	80,6	65,0
Pommes de terre	95,6	68,6
Légumes frais	70,4	91,3
Légumes surgelés	0,5	5,5
Bœuf	15,6	18,4
Charcuterie et conserves de viande	9,2	14,1
Volailles	14,2	22,3
Œufs	11,5	15,0
Poissons, coquillages, crustacés	10,8	14,3
Yaourts	8,6	15,9
Huile	8,1	10,3
Sucre	20,4	10,4

INSEE

La consommation de viande se modifie au profit de la charcuterie et de la volaille.

La consommation de certaines viandes de boucherie est en régression depuis une vingtaine d'années. C'est le cas en particulier du veau, dont la part dans la consommation totale de viande a baissé de moitié depuis 1970. Le bœuf connaît lui aussi une moindre croissance depuis quelques années, alors que la consommation de porc s'est accrue.

Le transfert de consommation s'est effectué au profit de la charcuterie et des conserves de viande, qui ont connu une forte croissance. Mais c'est surtout la consommation de volaille (en particulier le poulet) qui s'est développée. Les préoccupations diététiques n'y sont sans doute pas étrangères, ainsi que le prix, dans une période où la viande de boucherie connaissait une forte augmentation. Les produits de la mer (poissons, coquillages, crustacés) ont aussi connu un accroissement de la demande depuis une vingtaine d'années, en particulier grâce au développement des produits surgelés.

En 1991, les Français ont consommé 27 kg de surgelés par personne, contre 12 kg en 1983 (7 kg en Italie, 14 kg en Espagne, 36 kg au Danemark).

73 % des foyers achètent au moins occasionnellement des produits surgelés (hors plats préparés) et 11 % en consomment au moins une fois par semaine. 40 % achètent des plats préparés surgelés ; 8 % en consomment au moins une fois par semaine.

Le développement de la consommation s'est effectué parallèlement à celui de l'équipement des foyers : début 1992, 70 % des foyers disposaient d'un congélateur indépendant (45 %) ou au moins d'un compartiment congélateur au-dessus de leur réfrigérateur. L'arrivée du four à micro-ondes, complément naturel du congélateur, a accéléré le mouvement ; 34 % des ménages en étaient équipés.

Après la forte croissance des années passées, les achats de produits surgelés ont connu une légère baisse en 1991. Au palmarès des produits les plus consommés, on trouve les plats préparés à base de viande ou de poisson, les légumes cuisinés, les salades mélangées, les entrées (pizzas, tartes). Les recettes allégées font de plus en plus d'adeptes.

Un peu moins des deux tiers des volumes sont achetés dans les magasins d'alimentation générale (hypermarchés, supermarchés, supérettes), un cinquième dans les magasins spécialisés (freezer-centers). La vente à domicile représente un quart des quantités ; elle est surtout importante en milieu rural où les gros congélateurs sont plus répandus. La consommation est plus élevée à Paris qu'en province.

▶ 36 % des ménages achetaient au moins occasionnellement de la viande de cheval en 1990, contre 42 % en 1980. Les deux tiers des achats se font dans les boucheries spécialisées.
▶ Le bœuf représente 45 % des achats de viande de boucherie.
▶ Les régions où l'on mange le mieux sont, pour les Français : le Périgord (44 %), la région lyonnaise (33 %), l'Alsace (32 %), la Bourgogne (29 %), l'Auvergne (23 %), la Bretagne (18 %), les Landes (16 %), la Provence (13 %), le Pays basque (9 %), le Nord (8 %), la Lorraine (6 %), la Sologne (6 %), les Alpes (6 %).

Les préoccupations diététiques sont réelles....

La ration calorique quotidienne des Français reste stable depuis quelques années, mais sa composition varie : plus de calories d'origine animale (viande, lait et produits laitiers) ; moins de produits à base de féculents et de céréales ; déclin ou stabilisation de l'apport en matières grasses ; recul des légumes. Le mouvement vers une alimentation plus diététique touche surtout les catégories les plus jeunes et les plus urbaines de la population.

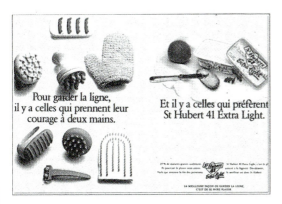

La légèreté de l'être...

...mais la mode des produits allégés s'essouffle.

Les beurres à faible teneur en matières grasses, la charcuterie « maigre », les édulcorants, les sauces, yaourts et boissons à basses calories ont connu une forte croissance au cours de la seconde moitié des années 80. Les achats de beurres allégés ont été multipliés par trois entre 1984 et 1988. Les boissons basses calories, qui n'ont été autorisées en France qu'en mars 1988, représentaient déjà 6 % des achats de « soft-drinks » en 1989 (colas, boissons aux fruits...).

Les Français semblent aujourd'hui beaucoup plus circonspects à l'égard de ces produits et l'année 1991 a vu une stagnation des achats. Cette soudaine désaffection est due pour une part à l'incertitude portant sur l'efficacité des allégés pour perdre du poids ou l'utilité des édulcorants et d'autres ingrédients de substitution. Les fabricants cherchent à reconquérir la clientèle en proposant des produits « équilibrés » (entre protides et lipides) et traditionnels plutôt qu'allégés et originaux. En matière alimentaire, le plaisir reste une attente particulièrement forte.

Le goût de l'Europe

Après les années de « nouvelle cuisine », marquées par la recherche de la nouveauté et de l'originalité, et celle du « tout allégé », on assiste en France à une volonté de retrouver la tradition et le goût.
L'échéance européenne de 1993 inquiète à cet égard les producteurs et les consommateurs, soucieux de préserver la qualité et la spécificité de certains produits tels que les fromages au lait cru. Il faut dire que les définitions nationales ne sont guère harmonisées. Ainsi, le foie gras espagnol est un mélange de graisse de porc et de foie maigre de canard, à la différence de son homologue français. La Belgique et les Pays-Bas utilisent des polyphosphates rétenteurs d'eau pour accroître le poids des jambons. Seules l'Allemagne, la France et la Grèce imposent l'emploi exclusif des matières grasses laitières dans la fabrication des glaces. Le saumon danois est ionisé, ce qui permet de le conserver 8 semaines au lieu de 3 en France. Les saucisses britanniques contiennent seulement 60 % de viande, mais 12 % de farine. L'Italie vend sous le nom de « truffes » des champignons de surface.

Les Français boivent de moins en moins de vin.

D'après l'enquête réalisée en 1990 par l'Office national interprofessionnel des vins, la majorité des Français (50,7 %) ne boivent jamais de vin, contre 38,7 % en 1980 et 45,1 % en 1985. Les consommateurs réguliers (tous les jours) sont aussi en régression : 18,5 % contre 32,5 % en 1980 et 25,9 % en 1985. Seules 10,9 % des femmes boivent du vin tous les jours, contre 28,1 % des hommes. La désaffection pour le vin concerne toutes les classes d'âge. Elle est cependant moins sensible chez les moins de 20 ans. La principale raison évoquée est l'absence d'attrait pour le vin (73 % des cas), loin devant les préoccupations de santé (25 %) ou le prix (1,5 %).

La consommation a diminué d'un quart en vingt ans. Le vin ordinaire dit « de table » est de plus en plus délaissé ; sa consommation a presque diminué de moitié depuis 1970. Dans le même temps, celle des vins fins a presque triplé ; elle a augmenté de 67 % entre 1980 et 1990.

Malgré la forte baisse enregistrée, les Français restent parmi les plus gros consommateurs de vin du monde, mais ils sont dépassés par le Portugal et l'Italie.

Le recul du vin a profité essentiellement à l'eau minérale.

La bière n'est consommée à table que par 3,2 % des plus de 14 ans, contre 4,3 % en 1980. 13,2 % consomment des boissons sans alcool (jus de fruits, colas...), contre 10,7 % en 1980. Les autres boivent de l'eau.

Avec 85 litres d'eau minérale par personne et par an, les Français sont, comme pour le vin, parmi les tout premiers consommateurs du monde. 75 % des foyers sont acheteurs d'eau minérale plate. 44 % des Français en boivent tous les jours, 9 % plusieurs fois par semaine. 53 % sont acheteurs d'eau minérale gazeuse ; 7 % en boivent tous les jours, 10 % plusieurs fois par semaine.

pommes de terre, pâtes, vin ordinaire, etc.), tandis que les produits « de luxe » (crustacés, pâtisserie, confiserie, vins fins, plats préparés, produits surgelés) sont principalement consommés par les catégories les plus aisées.

On constate cependant chez les agriculteurs et les ouvriers la disparition de certaines habitudes, comme la soupe quotidienne ou l'influence des saisons sur le choix des menus. Les employés sont plus proches des cadres que des ouvriers, bien qu'ils soient moins consommateurs de produits à forte valeur ajoutée (plats préparés, surgelés...) ou fortement liés au statut social (légumes et fruits exotiques, crustacés, whisky...).

Du producteur au consommateur

95 % des ménages d'agriculteurs disposent d'un jardin potager, d'un verger ou d'un élevage (seulement 12 % dans la région parisienne). On estime que la production autoconsommée représente 8 % de la consommation alimentaire totale des ménages : 37 % pour les agriculteurs, 7 % dans les petites villes et 1,5 % dans la région parisienne.
L'autoconsommation des ruraux explique en partie la présence plus fréquente dans leur alimentation de certains produits : légumes frais ou surgelés, volailles, charcuterie et viande de porc.

Les Français mettent de l'eau dans leur vin

Quantités de boissons consommées à domicile par an et par personne en 1989 et 1965 (en litres) :

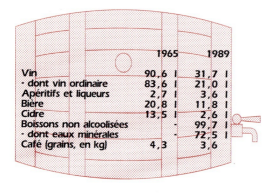

Les différences entre les pays s'estompent...

On constate un rapprochement des menus types et des produits consommés dans les différents pays industrialisés. Ce phénomène d'uniformisation est particulièrement sensible dans les pays européens. Le ketchup, les céréales du petit déjeuner, l'eau minérale, le vin ou la bière sont des produits dont la consommation déborde largement les frontières d'origine. Les grandes sociétés alimentaires internationales constatent de moins en moins de différences dans les comportements nationaux. C'est d'ailleurs pourquoi elles réalisent souvent des campagnes publicitaires semblables dans les différents pays.

Les habitudes alimentaires des catégories sociales tendent à se rapprocher lentement.

Les ouvriers et les paysans consomment davantage certains aliments d'image populaire (pain,

▶ 75 % des foyers sont acheteurs de bière. 17 % des Français en boivent au moins une fois par jour en été, 3 % en hiver. 13 % en boivent plusieurs fois par semaine en été, 7 % en hiver.

Convergence européenne

La consommation de vin augmente dans les pays du nord de l'Europe où elle était faible (inférieure à 30 litres par personne et par an) ; c'est le cas en Allemagne, Belgique, Pays-Bas, Royaume-Uni, Irlande. Elle diminue dans les pays du Sud, où elle était supérieure à 70 litres (France, Italie, Espagne), à l'exception du Portugal, où elle est stable à environ 90 litres.
On observe le même phénomène avec la bière. Boisson typique des pays du Nord, sa consommation tend à y diminuer, alors qu'elle augmente dans les pays méditerranéens. Elle stagne en France aux alentours de 40 litres par personne et par an (à domicile et à l'extérieur).

...mais les habitudes alimentaires restent imprégnées des traditions nationales et régionales.

Ainsi, les corps gras solides (beurre, margarine, saindoux) sont utilisés pour la cuisson dans les pays du Nord. C'est la margarine qui est la plus employée au Danemark (12 kg par personne et par an) et en Belgique (11 kg). La cuisine au beurre est majoritaire en Irlande (10 kg) et en France (8 kg).

Les Français appartiennent cependant aux deux cultures gastronomiques : ils utilisent le beurre au nord de la Loire et l'huile au sud. Les pays méditerranéens sont utilisateurs d'huile d'olive : 23 litres par an en Italie, 22 litres en Espagne et en Grèce, 19 au Portugal.

➤ 51 % des Français considèrent le repas comme un moment privilégié pour se retrouver en famille, 31 % comme un moment de détente personnelle qu'ils aiment faire durer, 15 % comme une corvée qu'ils expédient le plus vite possible.
➤ 38 % des Français consommateurs de vin le boivent coupé d'eau lors des repas ordinaires.
➤ Parmi les consommateurs réguliers de thé (plus de 3 fois par semaine), 60 % le prennent nature, 90 % en sachets.
➤ 40 % des ménages consomment des produits alimentaires asiatiques.
➤ Les fruits les plus achetés par les Français sont les pommes (28 % des quantités en 1990), les oranges (16 %), les bananes (11 %), les pêches (9 %), les clémentines (7 %), les raisins (5 %), les pamplemousses (4 %), les fraises (2 %), les kiwis (2 %).
➤ 72 % des foyers sont acheteurs de champagne. 5 % des Français en boivent au moins une fois par mois, 16 % tous les deux ou trois mois, 37 % moins souvent.
➤ 92 % des foyers sont acheteurs d'apéritifs. 17 % des Français en boivent au moins une fois par semaine, 28 % deux ou trois fois par mois, 13 % une fois par mois, 18 % moins souvent.
➤ Avec 140 millions de litres par an, le pastis est la boisson alcoolisée la plus vendue en France. Les cafés ne comptent plus que pour 20 % de ce total.
➤ En 1990, les Italiens étaient les plus gros consommateurs d'eau minérale en Europe avec 94 litres par personne et par an, devant la Belgique (87 litres) et l'Allemagne (85 litres).
➤ Entre 1985 et 1990, les achats d'eau minérale ont augmenté de 150 % en Grande-Bretagne, 87 % en Italie, 85 % en Espagne, 64 % aux Pays-Bas, 53 % en Belgique.
➤ 50 % des Français possèdent une cave avec du vin (31 % avec plus de 50 bouteilles).

LE FOYER

LOGEMENT

90 % habitent en zone urbaine ● *Un Français sur cinq en Ile-de-France* ● *Volonté de retour vers le centre-ville* ● *Construction insuffisante* ● *2 millions de logements vacants* ● *53 % des ménages en maison individuelle* ● *54 % de propriétaires* ● *Amélioration sensible du confort* ● *3,2 millions de ménages logés en HLM* ● *13 % de résidences secondaires*

HABITAT

90 % des Français habitent en zone urbaine ou quasi urbaine.

L'urbanisation de la France, amorcée vers la fin du XVIIIe siècle, avait été particulièrement forte après la Seconde Guerre mondiale. Les chiffres du recensement de 1982 avaient cependant montré un arrêt de la croissance urbaine et l'attirance croissante des communes rurales, pour la première fois depuis la fin du XIXe siècle.

Le recensement de 1990 indique que, sur les 25,6 % de logements situés en zone rurale (25,0 % en 1982), la majorité sont proches d'une agglomération, de sorte que les communes du « rural profond » ne regroupent plus qu'un Français sur dix.

Sur les 74,4 % de résidences principales situées en zone urbaine, 17 % sont situées dans l'agglomération parisienne (dont 5 % dans Paris intra-muros). La moitié des autres se trouvent dans des villes de plus de 100 000 habitants.

L'Ile-de-France regroupe 19 % de la population.

Entre 1975 et 1982, la population de l'Ile-de-France n'avait augmenté que de 2 % tandis que la population française augmentait de 3,2 %. La croissance de l'agglomération parisienne était négative depuis 1962. le recensement de 1990 a fait apparaître un renversement de tendance avec une croissance de 600 000 habitants depuis 1982, conforme au mouvement qui s'est produit depuis plus d'un siècle. L'Ile-de-France représentait 7 % de la population nationale au milieu du XIXe siècle, 12 % au début du XXe, 17 % au milieu du XXe, 19 % aujourd'hui. Depuis trente ans, un quart de l'accroissement de la population a eu lieu en Ile-de-France.

La concentration se fait aussi autour de grands pôles urbains.

Le déséquilibre entre l'Ile-de-France et le reste du territoire est compensé par l'accroissement de population autour des zones qui étaient déjà les plus denses et les plus urbanisées. Celles-ci constituent deux grands ensembles : au nord-ouest, l'Ile-de-France, le Bassin parisien, le Grand Ouest et la façade atlantique ; au sud-est, le Bassin méditerranéen (étendu jusqu'à Toulouse) et la région Rhône-Alpes.

La conséquence est un dépeuplement d'autres zones moins favorisées. Entre les recensements de 1982 et 1990, la population a diminué dans 22 départements. Ils constituent une diagonale des Ardennes aux Hautes-Pyrénées, coupée cependant par l'axe Paris-Dijon-Genève et la vallée de la Garonne, zones de croissance démographique.

➤ En 200 ans, les campagnes françaises ont perdu 10 millions d'habitants, tandis que la population urbaine en gagnait 35 millions.

Ile-de-France : une attraction séculaire

Evolution de la part des habitants de l'Ile-de-France dans la population (métropole, en %) :

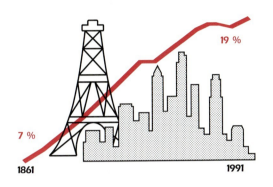

Au bonheur des villes

Le « bonheur » d'habiter une ville peut être approché à partir de critères objectifs comme le cadre de vie (espaces verts, crèches, pollution, maisons de retraite, hôtels, parkings, rues piétonnes, ensoleillement, cabines téléphoniques...), la qualité de la vie quotidienne (ramassage des ordures, prix du mètre carré, embouteillages, taxe d'habitation, équipements culturels et sportifs, délinquance...), et des critères individuels (chômage, divorce, accidents, proportion de jeunes, consommation de somnifères, solde migratoire...).
La compilation et la pondération de ces informations donne la première place à Agen, devant Chartres, Limoges, Niort, Albi, Angoulême, Troyes, Nancy, Annecy et Périgueux. Les dix dernières reviennent (par ordre décroissant) à Hagondange-Briey, Valenciennes, Saint-Omer, Marseille, Douai, Toulon, Lens, Dunkerque, Maubeuge, Lille et Le Havre. Paris occupe la 78e place du classement, Lyon la 69e.

▶ En 1806, 37 communes dépassaient 20 000 habitants et représentaient 6,7 % de la population française.
▶ 63 % des Parisiens sont locataires de leur logement, contre 37 % de l'ensemble de la population.
▶ L'achat d'un logement représente en moyenne trois années de revenus.

Les Français ont d'abord été séduits par les banlieues et leur périphérie, puis ils se sont éloignés davantage des villes, avant d'être de nouveau attirés par les centres-villes.

Dans les années 60, les grandes villes s'étaient vues délaissées au profit des banlieues. Cette situation résultait d'un double mouvement : d'un côté, l'arrivée aux abords des villes de personnes en provenance des campagnes, peu créatrices d'emploi et offrant une vie sociale et culturelle peu animée ; de l'autre, l'éloignement des habitants des centres-villes vers les banlieues, à la recherche d'un jardin et de conditions de vie plus calmes.

Les banlieues se sont ensuite dépeuplées au profit des petites villes et des communes rurales. Ce phénomène, appelé périurbanisation, concernait près de 20 % de la population totale au recensement de 1982. Les candidats à cet exode étaient surtout les ouvriers et les membres des catégories moyennes, principaux déçus de la vie urbaine. Le mouvement d'éloignement par rapport aux centres des grandes villes n'était pas toujours la conséquence d'un choix ; il était souvent dû à des contraintes économiques.

Il semble que l'on arrive aujourd'hui à une certaine stabilisation.

Entre 1982 et 1990, la population des centres des villes est restée pratiquement stable, de même que celle des communes du « rural profond ». La croissance démographique s'est faite pour l'essentiel dans les banlieues des villes et dans les communes rurales périurbaines.

La mise en place de la décentralisation administrative et économique vers les régions, l'augmentation des prix de l'immobilier dans les grandes villes, le développement des moyens de communication (routes, autoroutes, transports en commun, télématique) favorisent le mouvement de repeuplement des zones périphériques ou rurales.

A l'inverse, l'effort de réhabilitation des centres des villes, la construction de logements mieux adaptés, l'animation des quartiers tendent à ramener vers les plus grandes villes des ménages qui supportent mal les contraintes de la vie dans les petites communes. On constate d'ailleurs un phénomène de cette nature en Scandinavie, en Allemagne ou en Grande-Bretagne, lorsque les prix des logements le permettent.

Micro-entretien

THIERRY GAUDIN [*]

G.M.- *La vie dans les villes des pays riches comme la France sera-t-elle perturbée par l'évolution démographique dans les pays du tiers monde ?*

T.G.- Un milliard d'êtres humains vont être chassés de leurs terres par la concurrence de l'agriculture des pays industrialisés. Ils vont venir grossir les banlieues des grandes villes, non seulement dans le tiers monde mais aussi dans les pays développés. A la deuxième génération, les jeunes ne peuvent plus retourner à la terre car ils n'ont plus accès à la technologie de leurs parents, pas plus qu'à la technologie moderne car le système d'enseignement n'est pas prêt à les accueillir. Cette ethnie, que nous appelons sans aucun mépris les « sauvages urbains », est donc obligée de considérer la ville comme une jungle et d'inventer des moyens de survie. Tout cela est aggravé par les intégrismes, replis sur des vieilles appartenances, les tribalismes, les sectes et les systèmes mafieux. De sorte que le début du XXIe siècle sera une période très troublée. Il n'y aura plus d'un côté des pays riches et des pays pauvres, mais de la richesse et de la pauvreté dans les mêmes pays, à quelques centaines de mètres les uns des autres.

---

[*] Directeur du Centre de prospectives et d'études du ministère de la Recherche et de la Technologie, coordinateur de *2100, récit du prochain siècle* (Payot).

La construction de logements reste très inférieure aux besoins.

Une véritable crise du logement s'était produite à partir du début des années 70. Le secteur locatif s'était effondré (en particulier celui qui ne bénéficiait pas d'aides de l'Etat), ainsi que l'accession à la propriété en immeuble collectif. On avait surtout construit des maisons individuelles et des HLM, ainsi que des résidences secondaires, principalement en bord de mer ou en montagne.

La conséquence fut une explosion des prix à Paris et dans certaines régions, ainsi qu'un vieillissement du parc : la part des logements de plus de 20 ans est passée de 27 % en 1980 à 48 % en 1986. La tendance s'était inversée à partir de 1986, avec un nombre de mises en chantier plus élevé et une volonté des pouvoirs publics de relancer le secteur. Cette reprise a été interrompue en 1990 et 1991, avec des niveaux inférieurs à ceux de 1989. Les mises en chantier restent très insuffisantes par rapport aux besoins de logements.

Quand le bâtiment ne va plus

Nombre de logements terminés (en milliers) :

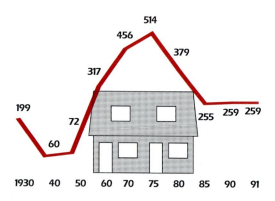

Deux fois plus de logements en un siècle

Entre les recensements de 1881 et 1911, le parc de résidences principales n'avait augmenté que d'un peu plus de 10 %. De 1911 à 1946, le rythme était de 14 % (malgré la reconquête de l'Alsace-Lorraine), du fait du marasme immobilier de l'entre-deux-guerres. La reconstruction, d'abord limitée entre 1946 et 1954 (50 000 logements de plus par an) s'accrut fortement entre 1954 et 1968 (145 000 par an). Entre 1968 et 1975, période où les jeunes du « baby-boom » occupèrent leur premier logement, le rythme atteignit 280 000 par an. Il diminua ensuite : 250 000 entre 1975 et 1982 ; 234 000 entre 1982 et 1990. Au total, le parc de logements a plus que doublé en France en un siècle, alors que la population n'a augmenté que de moitié. Cet écart se traduit par une baisse importante du nombre moyen de personnes par logement, passé de 4 à 3 en un peu plus d'un siècle, puis plus récemment à 2,5.

> ➤ 25 % des Français envisagent l'achat d'un bien immobilier dans les 5 années qui viennent (41 % des 18-24 ans, 40 % des cadres, 28 % des Franciliens).

On compte près de 2 millions de logements vacants.

L'importance et la densité des logements vacants traduisent les difficultés des régions au cours des dernières années. Ils sont nombreux dans les bassins miniers ou les régions économiquement sinistrées. D'autres sont des résidences de loisirs neuves ou récentes situées dans les Alpes ou sur le littoral et qui ne trouvent pas preneur. D'autres, de plus en plus nombreux, sont des logements de rapport qui ne sont plus donnés à la location par leurs propriétaires qui craignent des difficultés avec les locataires. On estime ainsi que 70 000 à 100 000 logements sortent ainsi du marché, ce qui pose évidemment un grave problème pour les personnes à la recherche d'un appartement à louer.

Il faut ajouter 400 000 logements considérés comme « occasionnels », dont 112 000 dans la seule région parisienne (70 000 à Paris). Beaucoup de ces logements sont des « pied-à-terre » pour des ménages qui ont préféré habiter un logement plus grand en dehors des grandes villes tout en conservant la possibilité d'y habiter parfois. D'autres sont utilisés par l'un des membres du couple amené à travailler loin du domicile conjugal.

CONFORT

53 % des logements sont des maisons individuelles.

La proportion de maisons individuelles n'était que de 48 % en 1982. L'augmentation est encore plus sensible si l'on exclut les fermes, dont le nombre est passé de 906 000 à 577 000 entre 1982 et 1990. Dans le même temps, la part des immeubles collectifs de dix logements ou plus a elle aussi augmenté : elle est passée de 19 % en 1962 à environ 30 % aujourd'hui. C'est donc la part des petits logements collectifs, de moins de dix appartements, qui a baissé.

Si les maisons individuelles constituent les deux tiers des résidences principales construites, leur part a fortement chuté puisqu'elle était de trois quarts en 1980. Cette désaffection s'explique par la volonté des ménages de retourner dans les centres-villes, la baisse des prêts aidés à l'accession. Elle concerne surtout les maisons de prix peu élevé (moins de 550 000 F).

54 % des ménages sont propriétaires de leur résidence principale.

Depuis le début des années 80, plus d'un Français sur deux est propriétaire. Ce taux ne place la France qu'en dixième position dans la CEE, devant les Pays-Bas et l'Allemagne. La proportion varie selon le lieu d'habitation : 75 % dans les communes rurales ; 46 % dans les villes d'au moins 100 000 habitants ; 28 % à Paris. Le taux est beaucoup plus élevé pour les maisons individuelles (78 %) que pour les appartements (66 %).

La proportion de propriétaires est très variable selon les professions (voir tableau). Elle varie également selon l'âge. Trois propriétaires sur quatre ont plus de 40 ans, mais seulement moins d'un locataire sur deux. La transition s'effectue à partir de 30 ans. La plus forte proportion se trouve entre 50 et 64 ans ; elle redescend au-delà de 65 ans.

On constate un intérêt croissant pour l'achat de logements anciens ; ils représentent les deux tiers des achats, contre la moitié il y a cinq ans. Cette évolution est liée à l'attrait pour les centres-villes, particulièrement sensible dans les grandes villes.

La proportion de ménages qui occupent un logement directement reçu en héritage ou donation diminue (7 % contre 9 % en 1984) ; l'augmentation de l'âge de l'héritage fait qu'il intervient généralement à un moment où l'héritier est déjà propriétaire.

La propriété, c'est le rêve

Profession et propriété

Caractéristiques de la résidence principale selon la profession (1990, en %) :

	Ménages occupant leur logement à titre de :			Nombre moyen de :		Ménages habitant une maison individuelle (1)	Ménages ayant tout le confort (2)
	Propriétaire	Locataire	Gratuit	personnes par logement	pièces par logement		
• Agriculteurs	77,0	16,8	6,2	3,39	4,83	95,7	56,2
• Artisans, commerçants	66,0	30,0	4,0	3,15	4,38	71,0	80,9
• Cadres	59,0	36,0	8,0	2,95	4,35	51,3	91,2
• Professions intermédiaires	54,0	40,1	5,9	2,83	3,90	54,0	86,4
• Employés	35,3	56,4	8,3	2,48	3,37	36,8	81,7
• Ouvriers	45,3	50,6	4,1	3,30	3,78	56,6	73,4
• Retraités	66,5	27,3	6,2	1,84	3,70	64,8	68,2
• Autres inactifs	39,8	50,8	9,4	1,79	3,17	43,2	67,5
• **Ensemble**	**54,4**	**39,6**	**6,0**	**2,57**	**3,80**	**56,9**	**75,6**

(1) Immeuble d'un seul logement.
(2) Baignoire ou douche, W-C intérieur, chauffage central.

6 % des Français logés gratuitement

Sur les 21,5 millions de logements servant de résidences principales, 1,3 million sont occupés à titre gracieux, soit 6 %. La proportion est plus forte dans les zones rurales que dans les zones urbaines : 7,2 % contre 5,5 %.
Les logements concernés sont le plus souvent prêtés par les familles aisées à leurs enfants. C'est d'ailleurs pourquoi la proportion atteint 8,7 % à Paris (contre 4,7 % seulement en banlieue) ; les autres raisons sont la baisse du rendement locatif dans la capitale et l'hésitation des propriétaires à louer leurs biens dans un contexte juridique très favorable aux locataires. Les autres bénéficiaires de logements gratuits sont les employés de certaines entreprises, en particulier dans la fonction publique.

76 % des logements disposent d'un chauffage central, de W-C intérieurs et d'une douche ou baignoire, contre 34 % en 1970.

Le confort des résidences principales s'est considérablement amélioré depuis une quinzaine d'années. Il n'existe aujourd'hui pratiquement plus de logements sans eau courante. La proportion de logements disposant de l'eau chaude ou de W-C intérieurs a augmenté dans des proportions spectaculaires. En 1970, 24 % des ménages seulement étaient pourvus d'une baignoire (hors modèle « sabot ») ; 75 % des logements actuels comportent une baignoire, 18,5 % n'ont qu'une douche, seuls 6 % n'ont ni douche ni baignoire. Au total, trois quarts des appartements et deux tiers des maisons individuelles disposent tout le confort.

On compte environ 6,5 % de résidences non équipées de W-C intérieurs, salle d'eau, chauffage central contre 49 % en 1970. Ceux qui ne disposent pas du confort minimum sont principalement des agriculteurs et des personnes âgées habitant des logements anciens dans des communes rurales. 83 % des fermes et 48 % de celles des ménages dont la personne de référence a au moins 60 ans ont été construites avant 1949.

Seule l'existence d'un ascenseur n'est toujours pas généralisée dans les immeubles. Si la quasi-totalité de ceux de huit étages ou plus en possèdent, la proportion est inférieure à 20 % pour ceux de trois étages, 30 % pour quatre étages.

Trois ménages sur quatre ont tout le confort

Proportion de résidences principales possédant certains éléments de confort (en %) :

	1970	1973	1978	1984	1990
• **Sans confort :**					
- sans eau	5,7	3,4	1,3	0,4	0,3
- eau seulement	27,9	22,9	15,6	7,5	3,8
- eau, W-C, sans installations sanitaires*	10,5	8,7	6,0	4,4	2,7
- installations sanitaires* sans W-C	4,5	4,0	4,0	2,8	1,8
• **Confort :**					
- W-C, installations sanitaires* sans chauffage central	17,1	16,9	16,7	15,3	15,2
• **Tout le confort :**					
- W-C, installations sanitaires* et chauffage central	34,3	44,1	56,4	69,6	75,6
• Ensemble	100,0	100,0	100,0	100,0	100,0
• **Total** (en milliers)	**16 407**	17 124	**18 641**	**20 093**	**21 536**

* Douche ou baignoire

INSEE

11 % des ménages sont considérés comme « mal logés ».

2,2 millions de ménages ayant un domicile fixe, soit 10,6 % de la population, sont dans cette situation, soit en raison d'un confort insuffisant (voir ci-dessus), soit d'un surpeuplement critique. La norme d'occupation est calculée de la façon suivante :
• Une pièce quel que soit le nombre de personnes ;
• Une pièce pour chaque couple vivant dans le logement ;
• Une pièce pour chaque personne mariée, veuve ou divorcée, dont le conjoint n'habite pas le logement ;
• Une pièce par célibataire de plus de 18 ans ; à 18 ans de même sexe ;
• Une pièce par groupe de deux enfants de moins de 7 ans ;
• Une pièce pour l'ensemble des salariés logés par le ménage.

Il y a surpeuplement si le logement a au moins une pièce de moins que la norme. Il concerne 11,5 % des ménages. Ce sont les ménages les plus nombreux, les plus modestes et ceux habitant les grandes villes qui sont les plus concernés. A l'inverse, il y a sous-peuplement si le logement compte au moins une pièce de plus que la norme. 36 % des ménages sont dans cette situation.

La diminution du surpeuplement au cours des dernières années est liée d'abord à la réduction de la taille moyenne des ménages (voir ci-dessous) Elle est liée aussi à l'accroissement de la taille des logements : la surface moyenne est passée de 68 m^2 en 1970 à 85,4 m^2 en 1988.

Le nombre d'occupants par logement diminue.

La croissance du nombre des ménages est supérieure à celle de la population : 1,2 % par an contre 0,5 % entre 1982 et 1990. Cela signifie que la taille moyenne des ménages continue de diminuer : 2,57 contre 2,70. Le nombre de personnes par ménage a pratiquement diminué d'une personne en trente ans, après avoir diminué d'une personne en un siècle.

Ce mouvement s'explique à la fois par la décohabitation des générations ; les parents et leurs propres parents habitent plus rarement ensemble, surtout en milieu urbain, bien que cette tendance semble se ralentir. Il s'explique aussi par la baisse de la fécondité, qui fait que la taille moyenne des ménages avec enfants a beaucoup diminué depuis une vingtaine d'années. Il est lié, enfin, à l'accroissement du nombre des monoménages, composés d'un célibataire, d'une personne veuve, divorcée ou séparée non remariée.

91 % des Français satisfaits de leur logement

La grande majorité des Français trouvent leurs conditions de logement très satisfaisantes, satisfaisantes ou acceptables. 9 % les trouvent insuffisantes ou très insuffisantes. Les propriétaires sont plus satisfaits que les locataires, ceux qui habitent une maison individuelle le sont plus que ceux qui habitent un appartement. L'opinion dépend plus fortement du confort que de la notion de surpeuplement.

Si l'on compare les déclarations et les conditions objectives (confort, peuplement), on constate que 40,5 % des ménages sont bien logés et satisfaits et 5,8 % sont mal logés et mécontents. Mais 26,2 % sont mal logés et ne se plaignent pas tandis que 32 % sont bien logés mais mécontents. Ces différences entre réalité objective et perception s'expliquent par une forte sensibilité à l'environnement du logement (bruit, éloignement par rapport au centre, voisinage difficile, etc.).

Au total, un ménage sur cinq souhaite déménager, mais 70 % des ménages mal logés. Les plus jeunes sont davantage concernés : 34 % des moins de 40 ans contre 14 % des plus de 40 ans. La majorité d'entre eux sont locataires en immeuble collectif. La proportion est plus grande à Paris et dans l'agglomération parisienne.

INSEE

3,2 millions de ménages sont logés en HLM.

En vingt ans, le parc de HLM (habitations à loyer modéré) est passé de 700 000 à plus de 3 millions. Il représente un peu plus de 14 % des résidences principales et 41 % des logements loués vides. La grande majorité (94 %) des HLM ont été construites après 1948. La plupart sont situées dans des immeubles collectifs, mais le quart de celles construites depuis 1981 l'ont été dans le secteur individuel. 90 % disposent des principaux éléments de confort.

La proportion de familles d'immigrés est forte, ainsi que celle des ménages avec enfants (43 %). Plus de 50 % des personnes de référence ont moins de 40 ans. On constate une plus faible mobilité parmi les ménages bénéficiant d'une HLM que parmi les autres.

➤ Dans les communes rurales, 37,5 % des résidences principales n'ont pas le chauffage central, contre 16 % dans les communes urbaines (12 % dans l'agglomération parisienne).

La France détient le record du monde des résidences secondaires : 13 % des ménages.

Le nombre des résidences secondaires est en augmentation constante : 1,7 % en 1946 ; 3,3 % en 1954 ; 6,7 % en 1962 ; 7,8 % en 1968 ; 9,4 % en 1975 ; 11,5 % en 1982 ; 13,1 % en 1990. La plupart des ménages concernés sont propriétaires, à la suite d'un héritage ou d'une acquisition. D'autres bénéficient du prêt d'une résidence ou la partagent avec d'autres. Les cadres supérieurs et professions libérales sont les plus nombreux (26 %) à en disposer, dont 8 % à titre gracieux. Les moins nombreux sont les agriculteurs (6 %), les ouvriers (7 %) et les employés (10 %). Il s'agit dans 80 % des cas d'une maison, presque toujours pourvue d'un jardin. 56 % de ces habitations sont situées à la campagne, 32 % à la mer et 16 % à la montagne.

On constate depuis quelques années une désaffection vis-à-vis de la résidence secondaire traditionnelle, du fait des charges d'entretien et du temps nécessaire pour s'y rendre. Les Parisiens, qui étaient traditionnellement de grands amateurs de résidences de week-end, renoncent de plus en plus devant les embouteillages du dimanche soir. Les diverses formules de multipropriété constituent depuis quelques années une alternative permettant de disposer au moins à temps partiel d'une résidence secondaire.

Quand les ménages déménagent

Entre 1984 et 1988, près de 30 % des ménages ont changé de logement. Le déménagement a concerné 40 % des locataires (mais 33 % de ceux vivant en HLM), contre seulement 8 % des propriétaires (mais 30 % pour les accédants).

La proportion de déménagements diminue régulièrement avec l'âge : 79 % parmi les personnes de moins de 30 ans ; 11 % parmi celles de 70 ans et plus. Les personnes qui exercent une profession indépendante (surtout les agriculteurs) sont deux fois moins mobiles que les salariés. Les personnes à revenus élevés déménagent plus souvent que les autres.

Dans six cas sur dix, ces déménagements s'accompagnent d'un changement de statut, indépendamment de ceux qui vivaient avec leurs parents. Dans un tiers des cas, les personnes concernées deviennent propriétaires.

INSEE

ÉQUIPEMENT

Croissance du multi-équipement (électroménager, radio, télévision) ● Développement du four micro-ondes, du congélateur et des équipements de loisir électroniques ● 6 millions de Minitel ● La moitié des foyers meublés en rustique, un quart en ancien ● Intérêt croissant pour la salle de bains

ÉLECTROMÉNAGER

Quatre ménages sur cinq possèdent au moins trois gros appareils électroménagers.

La plupart des ménages sont aujourd'hui équipés d'un réfrigérateur (98 % fin 1991), d'un aspirateur (90 %), d'un lave-linge (88 %) et d'une cuisinière (87 %). Ceux qui n'en ont pas sont des célibataires qui ne sont pas encore « installés », des ménages marginaux ou des personnes âgées qui n'en ont pas ou plus l'usage. Le sèche-linge indépendant est encore peu répandu (15 %), du fait de la place qu'il nécessite et de sa consommation d'électricité.

Le lave-vaisselle n'est présent que dans un tiers des foyers (35 % à fin 1991) et il progresse relativement lentement depuis le début des années 70. Les disparités sont ici très marquées entre les catégories sociales. On le trouve beaucoup plus fréquemment chez les ménages aisés et les familles avec enfants, où il est évidemment plus nécessaire.

Chaque ménage possède en moyenne une douzaine de petits appareils ménagers.

Le couple congélateur-micro-ondes modifie les habitudes alimentaires des ménages.

Près de la moitié des ménages (45 %) disposent d'un congélateur indépendant. Le taux est moins élevé dans les grandes villes, où les ménages sont moins nombreux et les logements plus exigus. L'appareil est alors souvent remplacé par un combiné réfrigérateur-congélateur, de sorte que plus des deux tiers des Français en sont équipés. Le four à micro-ondes, son complément naturel équipait 34 % des ménages début 1992.

Ces deux appareils connaissent un fort engouement chez les jeunes. Ils apprécient en particulier le gain de temps, tant en ce qui concerne la cuisson que la préparation des aliments. Le développement de la gamme des produits surgelés (voir *Alimentation*) leur permet de préparer en un temps record et sans risque des repas élaborés, de type traditionnel, diététique ou exotique.

La plaque de cuisson en vitrocéramique et les fours encastrables sont encore peu répandus, du fait de leur prix de vente élevé et de la faible proportion de cuisines équipées. Leur diffusion devrait avoir lieu dans les prochaines années.

La cuisine électrique

Evolution du taux d'équipement des ménages (en %) :

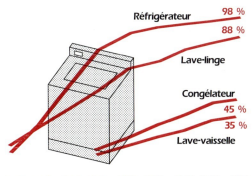

Les nouveaux esclaves sont électriques

La robotisation des foyers

Taux d'équipement des ménages fin 1991 (en %) :

- Fer à repasser   96
- Sèche-cheveux   80
- Cafetière électrique   78
- Mixers   75
- Grille-pain électrique   64
- Couteau électrique   57
- Moulin à café électrique   57
- Rasoir électriques   48
- Hotte aspirante   47
- Grille-viande   44
- Minifour et rôtissoires   40
- Appareil à raclette   40
- Préparateur culinaires   40
- Friteuse électrique   35
- Table de cuisson   29
- Ouvre-boîte électrique   26
- Fours   25
- Presse-agrumes et centrifugeuse   25
- Brosse à dents électrique   15

Plus de 90 % des foyers sont équipés en radio et télévision ; le multi-équipement est de plus en plus fréquent.

Les achats de radio concernent aujourd'hui les autoradios (80 % des voitures en sont équipées), les radiocassettes et combinés CD transportables (64 % des ménages) ou les radioréveils (50 %). Le baladeur s'est imposé en quelques années auprès des jeunes ; 60 % des ménages en ont acheté, mais on constate un taux de casse important sur ce type d'appareil.

Les achats de téléviseurs sont surtout des achats de renouvellement ou de multi-équipement. A fin 1991, 32 % des ménages disposaient d'au moins deux téléviseurs. Les achats de renouvellement concernent surtout le haut de gamme : écrans à coins carrés, écrans géants, son stéréo...

La chaîne hifi est moins répandue (45 %) car une fraction importante des adultes n'écoute pas de disques ni de cassettes, mais la presque totalité de ceux qui n'en possèdent pas ont un électrophone.

Domotique : la révolution n'a pas eu lieu

L'intégration dans le logement de fonctions multiples programmables et commandables à distance (surveillance et sécurité des issues, régulation de la température de chaque pièce, détection des fuites, diffusion généralisée de musique, comptage individuel des consommations, liaison avec les administrations, etc.) est annoncée depuis des années comme la prochaine révolution concernant l'aménagement du logement. Mais sa mise en œuvre se heurte à plusieurs problèmes importants : le prix des équipements nécessaires ; celui de leur installation ; la méconnaissance des systèmes existants par les Français (seuls 7 % accordent au mot domotique un sens proche de la réalité). La seule attente massive des ménages concerne la sécurité, mais elle est le plus souvent satisfaite par le blindage de la porte d'entrée ou la pose d'uns système d'alarme.

Magnétoscope, Caméscope et lecteur CD sont en train de pénétrer dans les foyers.

Le magnétoscope s'est rapidement implanté, du fait des services qu'il rend aux familles et de la baisse des prix qui s'est produite depuis quelques années. 49 % des ménages en étaient équipés à fin 1991 ; 2,5 % en avaient au moins deux).

Les Caméscopes ne concernent encore que 10 % des foyers. La baisse des prix et la simplification des appareils devraient favoriser leur pénétration au cours des prochaines années.

Les lecteurs de disques compacts sont de plus en plus souvent présents dans les familles, souvent sous la pression des jeunes. On les trouve sous plusieurs formes : 28 % des ménages disposent d'une platine laser de salon en éléments séparés ;

4 % d'une platine laser incluse dans une chaîne ; 6 % d'un radiocassette ou combiné transportable équipé d'un lecteur CD.

Loisirs électroniques

Evolution du taux d'équipement des ménages (en %) :

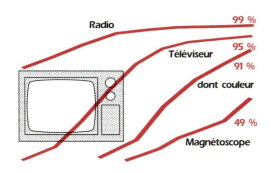

Les différences entre catégories sociales sont plus ou moins marquées selon les biens d'équipement.

Les écarts sont d'autant plus importants que les appareils concernés sont apparus plus récemment (micro-ordinateurs, Caméscopes). Les ménages les moins bien équipés sont les ménages jeunes, à très faible revenu ou composés d'une seule personne et, dans une moindre mesure, les ménages âgés et ceux habitant Paris. La télévision couleur est moins présente chez les agriculteurs et à Paris.

En ce qui concerne le lave-vaisselle, les disparités sont marquées entre les catégories sociales : les moins équipés sont les ménages aux revenus les plus modestes et comptant peu de personnes.

Les différences entre les ménages sont plus sensibles en matière de multiéquipement et de substitution d'équipements anciens par d'autres plus modernes. La durée de conservation moyenne varie assez sensiblement. A mi-1989, l'âge moyen d'un réfrigérateur était de 8,9 ans, celui d'un congélateur de 7,4 ans, celui d'un lave-linge de 6,9 ans, celui d'un lave-vaisselle de 6,0 ans, celui d'un téléviseur de 5,9 ans.

93 % des foyers disposent du téléphone.

Au début des années 70, le téléphone était en France un sujet de moquerie (on se souvient du sketch de Fernand Reynaud sur le « 22 à Asnières »...). Aujourd'hui, le téléphone est présent dans plus de neuf foyers sur dix et la France a fait mieux que combler son retard. Les moins équipés sont paradoxalement les personnes seules, souvent âgées, ainsi que les jeunes. Cependant, le taux d'équipement ne descend pratiquement pas en dessous de 80 % pour les inactifs, les salariés agricoles, ouvriers non qualifiés.

Chaque Français donne en moyenne 499 coups de téléphone par an, pour un prix de 3,42 F par appel, soit un budget total de 1 700 F. Le nombre d'appels des Français reste très inférieur à celui des Américains (1 963), des Canadiens (1 705), des Japonais (935) ou des Britanniques (702).

Fin 1991, 21 % des ménages étaient équipés d'un Minitel.

Spécificité française, le Minitel fait aujourd'hui partie de l'équipement d'environ un ménage sur quatre, après seulement quelques années d'existence ; les premiers essais datent de juillet 1980 et les premiers appareils ont été livrés en 1983.

70 % des possesseurs l'utilisent au moins une fois par mois, 17 % cinq à six fois par an, les autres plus rarement (4 %) ou jamais (8 %). Les 6 millions de minitélistes ont effectué 1,4 milliard d'appels en 1991, représentant environ 100 millions d'heures de connexion. La consultation de l'annuaire électronique représente le tiers des appels, ce qui en fait la base de données la plus consultée au monde. Le reste des appels est destiné aux 17 000 services proposés aux usagers : messageries, jeux, informations pratiques, informations générales, kiosque, services bancaires et financiers, applications professionnelles spécialisées, etc. Les services mis en place par les banques connaissent un succès croissant : 2,5 millions de Français s'en servent pour connaître l'état de leurs comptes ou effectuer certaines opérations. 500 000 appareils sont loués par des entreprises.

> ▶ Il faut aujourd'hui 67 heures de travail d'un ouvrier qualifié pour acheter un réfrigérateur, contre 81 heures en 1981, 74 heures pour un lave-linge contre 102 heures, 62 heures pour une cuisinière contre 79 heures.

Confort et profession

Taux d'équipement des ménages selon la catégorie socio-professionnelle en 1989 (en %) :

	Congé-lateur	Lave-linge	Aspirateur	Lave-vaisselle	Téléviseur couleur	Magné-toscope
• Agriculteurs	82,44	93,45	77,25	40,39	71,08	7,29
• Artisans, commerçants, chefs d'entreprises	48,42	94,20	91,14	51,73	88,34	35,45
• Cadres	40,28	89,95	96,68	60,04	85,09	41,49
• Professions intermédiaires	42,90	88,49	93,97	42,86	86,26	36,01
• Employés	35,85	84,34	85,25	23,62	84,44	30,50
• Ouvriers	47,16	88,84	80,33	21,64	85,69	30,42
• Retraités	35,36	79,78	78,31	15,48	85,68	9,47
• Autres inactifs	19,36	65,13	68,88	10,69	71,25	10,69
• **Ensemble**	**40,35**	**84,33**	**83,08**	**27,58**	**84,09**	**24,06**

INSEE

Micro-entretien

PAUL VIRILIO *

G.M.- *L'accroissement continu du confort matériel ne conduit-il pas à une dépossession progressive du corps ?*

P.V.- En mettant en œuvre la proximité électromagnétique, les technologies réduisent le monde à rien. Il y a un drame à venir, celui de la rétention du monde. Il y a un phénomène d'enfermement, d'incarcération, qui sera sans doute tragique si l'on ne fait rien. Il faut réexpérimenter la distance, réapprendre la fatigue. Car la fatigue est le propre de l'homme. Au lieu de dire que l'homme doit s'économiser de plus en plus, jusqu'à devenir un invalide totalement robotisé, on doit revaloriser l'effort physique et lui redonner du sens. L'homme est un être pesant ; la fatigue et la pensée vont de pair. C'est dans la marche et le péripatétique que les philosophes grecs ont innové une vision du monde. Il n'y a pas d'intelligence sans exercice du corps. L'inertie, c'est la mort de l'intelligence.

* *Philosophe et urbaniste, auteur notamment de l'Ecran du désert (Galilée).*

RFI

▶ 8 % des ménages ayant le téléphone sont inscrits sur la liste rouge.

AMEUBLEMENT ET DÉCORATION

Près de la moitié des foyers sont meublés en style rustique, un quart en style ancien.

44 % des ménages déclarent posséder des meubles de style rustique (enquête *Openers/Secodip* de novembre 1991). 27 % sont principalement meublés en ancien, 2 % ayant choisi le style anglais. Les meubles anciens sont des copies dans 60 % des cas.

Le contemporain ne séduit que 24 % des ménages, le plus souvent les jeunes. Ce sont eux aussi qui sont le plus attirés par l'exotisme (1,5 % des ménages). Enfin, le style « créateur » (2,7 %) attire surtout les ménages à revenus élevés et appartenant aux milieux sociaux qui se piquent de modernisme.

Si 25 % des Français préfèrent meubler toutes les pièces de leur logement dans un même style, la grande majorité (75 %) souhaitent mélanger les styles à leur convenance.

Les meubles de loisir (séjour, bureau, bibliothèque) représentent une part croissante des dépenses. Les meubles de salle à manger connaissent une évolution contrastée. Les meubles permettant des gains de place (lit d'enfant en mezzanine, véranda vitrée...) sont de plus en plus recherchés.

Des meubles pour la vie

La majorité des Français (57 %) préfèrent de beaux meubles bien fabriqués qui durent longtemps et qu'on peut être fier de laisser derrière soi. On peut ranger dans la même catégorie les 14 % qui disent aimer les meubles qui ont une histoire, qui ont déjà vécu. 13 % sont au contraire attirés par les meubles très simples et gais, qu'on peut changer souvent pour suivre la mode et ses goûts personnels. Proches de ceux-ci, 5 % considèrent les meubles comme un jeu de construction, qu'on peut faire et défaire à volonté, transformer, déplacer. Seuls 5 % aiment les meubles purement fonctionnels même s'ils ne sont pas très beaux, dont on se sert sans les voir. 4 % ont une prédilection pour les meubles de valeur ou de collection. Enfin, 2 % préfèrent fabriquer eux-mêmes leurs meubles.

Le kit séduit surtout les jeunes

Dassas

Les achats de meubles des Français sont très irréguliers.

Entre 1979 et 1985, les Français avaient déjà réduit leurs dépenses de mobilier. A la crise économique et ses conséquences sur le pouvoir d'achat s'étaient ajoutées celles de la distribution et, surtout, de la création. L'attrait du « kit », pratique et moins coûteux, expliquait aussi la stagnation des achats en valeur. Une amélioration avait été constatée à la fin des années 80. Elle a été remise en question par les chiffres peu favorables de 1990 et 1991 ainsi que les perspectives sombres de 1992.

Cette morosité est due principalement à la baisse d'activité dans les secteurs de la cuisine (qui représente un quart des dépenses) et du mobilier de jardin. Elle s'explique par l'attitude plus frileuse des Français en matière de consommation en général. De plus, la croissance du surendettement des ménages a amené les organismes de crédit à être beaucoup plus vigilants et sélectifs dans l'examen des demandes. Enfin, les achats de mobilier peuvent souvent être repoussés dans le temps sans inconvénient majeur.

▶ 90 % des ménages possèdent un canapé ou des fauteuils. 16 % ont des éléments en cuir, 9 % en imitation cuir, 64 % en tissu.
▶ 36 % des ménages possèdent une cheminée.
▶ Entre 1985 et 1990, les prix des appareils ménagers ont baissé de 15 % en francs constants.

Budget logement : 3 700 F par mois

Les Français consacrent 29 % de leur budget disponible au logement. La dépense annuelle représente 45 000 F et se répartit de la façon suivante :
• Occupation du logement (31 500 F), dont
- loyer et charges   8 900
- prêts   8 000
- gros travaux d'équipement et d'entretien   4 900
- énergie   5 900
- impôts, assurances   3 800
• Equipement, entretien (8 400 F), dont
- mobilier   3 400
- gros électroménager   1 200
- cuisine, vaisselle, textiles   1 200
- bricolage, quincaillerie produits d'entretien   2 600
• Autres dépenses (téléphone, plantes, fleurs, services domestiques)   4 700

INSEE

Le moderne et le « design » commencent à trouver leur place.

Beaucoup de Français restent fidèles au mobilier ancien, de préférence authentique (avec une influence anglo-saxonne plus marquée) qui représente un peu moins du tiers des achats. D'autres se tournent vers des rééditions de meubles des années 40 et 50. Mais on constate que le moderne se vend mieux depuis quelques années ; après avoir longtemps été ignoré, le contemporain commence à être reconnu. Les plus modernes s'intéressent aux créations « high tech » et aux séries limitées des grands designers.

Les ensembles (salon, chambre à coucher, salle à manger) vendus comme un tout représentent une part importante des achats. Près de la moitié des meubles ont été acquis sous cette forme : trois lits sur quatre achetés avec une chambre à coucher ; trois buffets sur quatre avec une salle à manger. Enfin, les meubles à monter soi-même ne représentent que 6 % des achats de mobilier neuf au cours des cinq dernières années, les meubles d'occasion moins de 10 %.

Après la cuisine, la salle de bains est à la mode.

La cuisine équipée, qui avait connu un fort développement dès les années 70, est aujourd'hui en stagnation. 47 % des foyers disposent d'une cuisine équipée : pour 24 %, il s'agit d'une cuisine intégrée, pour 14 % d'une cuisine aménagée, pour 8 % d'une cuisine composée d'éléments en kit.

Plus récemment, c'est la salle de bains qui a fait l'objet d'une attention particulière. Considérée de plus en plus comme une véritable pièce à vivre, elle intègre à la fois la fonction traditionnelle d'hygiène et d'autres, plus nouvelles, liées à la forme et au bien-être. Elle est le lieu privilégié dans lequel on peut s'occuper de soi. L'offre de nouveaux équipements (baignoire à remous, jacousi, sauna), bien que non accessibles aux ménages moyens, favorise cet intérêt récent pour la salle de bains. 21 % des salles de bains sont composées d'éléments identiques.

La maison, reflet de ses occupants

La maison remplit pour les Français une triple fonction. Elle est d'abord le lieu privilégié de la vie de famille. Elle constitue ensuite un cocon protecteur par rapport aux menaces extérieures. Les Français sont en effet de plus en plus sensibles aux risques et inconvénients liés à l'environnement de leur logement (bruit, voisinage difficile, cambriolage, etc.). Enfin, elle est un moyen d'expression de la personnalité de chacun. Le mobilier, la décoration, les objets, les équipements de toute nature sont autant de façons d'affirmer son identité et ses goûts. C'est pourquoi le pouvoir d'achat, le statut matrimonial ou la catégorie socio-professionnelle ne suffisent plus pour prédire les attitudes à l'égard du logement. D'autant que la volonté d'afficher un « standing » tend à diminuer au profit de motivations plus intérieures.

Le goût des Français pour les fleurs et les plantes d'intérieur se développe.

Neuf ménages sur dix possèdent au moins une plante ; la moyenne est de 7 plantes par foyer. Mais ce chiffre reste encore largement inférieur à celui des Allemands (23 plantes en moyenne par ménage) ou des Autrichiens (16). Il faut dire que les fleurs sont également très présentes en France à l'extérieur des maisons ; il existe 12 millions de jardins privatifs pour 20 millions de foyers.

Les plantes fleuries ont représenté 34 % des achats en 1990, devant les fleurs coupés (32 %), les compositions florales (19 %), les coupes ou bacs de plantes (7 %), les plantes vertes (6 %), les bonsaïs (2 %) et les fleurs séchées (1 %). La majorité des achats (58 %) se font dans les boutiques spécialisées, 11 % sur les marchés, 7 % chez les horticulteurs, 8 % dans les grandes surfaces et 8 % dans les jardineries. 54 % des achats sont destinés à être offerts, 25 % au cimetière. Enfin, 21 % sont effectués pour soi-même.

➤ Près de la moitié des petits appareils de cuisine sont offerts en cadeau, à l'occasion des mariages, fêtes des mères, etc.
➤ L'ancienneté d'acquisition des meubles est en moyenne de 13 ans ; elle atteint 20 ans pour les ménages de 60 ans et plus.
➤ Moins d'un meuble sur cinq est acquis en remplacement d'un autre. Un meuble sur dix a été reçu en cadeau ; un sur quatre dans le mobilier des jeunes ménages (avant 25 ans). 8 % ont été hérités, dans les deux tiers des cas après 40 ans.
➤ En 1991, 6 millions de foyers ont acheté 11 millions de luminaires. 15 % d'entre eux étaient des lampes halogènes, 14 % des suspensions, 13 % des lampes à poser.
➤ 74 % des logements comportent des photographies dans la décoration intérieure, 52 % des posters, 34 % des tapisseries, 18 % des œuvres d'art contemporain, 17 % des œuvres d'art ancien.
➤ En 1991, les Français ont acheté 3,3 millions de fers à repasser, 3,1 millions de sèche-cheveux, 3,0 millions de robots ménagers, 2,8 millions de cafetières électriques, 2,5 millions d'aspirateurs, 2,1 millions de réfrigérateurs, 1,9 million de lave-linge, 1,5 million de fours à micro-ondes, 1,3 million de rasoirs électriques, 1,0 million de grille-pains, 0,9 million de cuisinières, 0,8 million de congélateurs, 0,8 million de hottes aspirantes, 0,8 million de tables de cuisson, 0,7 million de lave-vaisselle, 0,7 million de friteuses, 0,4 million de fours encastrables.

TRANSPORT

17 % du budget de consommation • Trois ménages sur quatre équipés d'une voiture, un sur quatre d'au moins deux • Puissance moyenne en baisse • Recentrage sur la gamme moyenne • 15 % du parc en diesels • 40 % d'immatriculations étrangères en 1991 • Regain d'intérêt pour les deux-roues

VOITURE

Les dépenses de transport représentent 23 000 F par an (16 % du budget de consommation des ménages contre 13,4 % en 1970).

Les frais d'achat de voitures, ceux de réparations, pneus et accessoires, ceux de carburants et lubrifiants comptent chacun pour environ un quart des dépenses totales. Les achats de services (transports en commun urbains et routiers, train, avion) représentent 14 %, le reste étant lié aux dépenses de communication (principalement le téléphone).

Les achats de véhicules sont en recul depuis 1990, après avoir connu une forte progression entre 1986 et 1989. Les dépenses d'utilisation des véhicules sont fortement liées à l'évolution des prix. Le poids croissant des diesels dans le parc automobile (voir ci-après) et la forte progression de la consommation de super sans plomb tendent à compenser en partie la hausse des carburants.

Entre 1980 et 1990, l'utilisation de l'avion s'est beaucoup plus développée que celle des autres modes de transports collectifs (indice 160), alors que le train est à l'indice 117 et que les autres transports terrestres (urbains, routiers, taxis) sont à l'indice 109.

75 % des ménages ont une voiture (1991). Ils n'étaient que 30 % en 1960 (58 % en 1970). 28 % ont au moins 2 voitures.

La France compte environ 480 voitures pour 1 000 habitants. Une proportion supérieure à celle de tous les autres pays de la Communauté européenne (430 en Italie, 370 en Grande-Bretagne, 230 au Portugal...) et à celle du Japon (290), mais inférieure à celle des Etats-Unis (610). Il faut ajouter aux 27 millions de voitures particulières (1990) les véhicules dits utilitaires : 3 700 000, dont 3 100 000 de moins de 2,5 T, 380 000 de plus de 5 T, 160 000 tracteurs et 70 000 autocars et autobus.

Si le taux d'équipement reste à peu près stationnaire, le taux de multiéquipement continue de s'accroître : 45 % des ménages n'ont qu'une seule voiture, 25 % en ont deux, 3 % en ont trois, 0,5 % en ont quatre ou plus. 55 % des ménages cadres supérieurs sont multiéquipés contre 26 % des ouvriers et 38 % des agriculteurs.

24 millions de voitures

Evolution du nombre de voitures particulières selon la puissance :

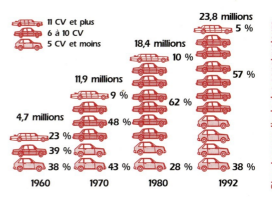

Chambre syndicale des constructeurs d'automobiles

Les taux d'équipements varient selon les caractéristiques des ménages.

Ceux qui n'ont pas de voitures sont surtout des ménages de retraités ou sans enfants pour lesquels l'usage d'une voiture est moins nécessaire. Les taux d'équipement en automobile sont assez proches du haut en bas de l'échelle sociale (de 76 % chez les employés à près de 100 % chez les cadres supérieurs ou les agriculteurs). Mais les taux de multi-équipement (au moins deux voitures) restent très variables : 50 % chez les cadres supérieurs, mais seulement 18 % chez les employés.

La voiture encore inégale

Taux d'équipement des ménages selon la catégorie socioprofessionnelle (mi-1989, en %) :

• Exploitants agricoles	95,1
• Salariés agricoles	78,3
• Patrons de l'industrie et du commerce	94,0
• Cadres supérieurs et professions libérales	95,5
• Cadres moyens	93,4
• Employés	75,7
• Ouvriers qualifiés, contremaîtres	90,4
• Ouvriers non qualifiés	68,3
• Personnel de service	58,3
• Autres actifs	88,0
• Retraités	56,4
• Autres inactifs	28,3
• **Ensemble**	**75,0**

INSEE

La puissance moyenne des véhicules continue de baisser.

Après avoir augmenté jusqu'en 1981, la cylindrée moyenne des voitures a depuis régulièrement diminué. Le nombre des voitures de 11 CV et plus est passé de 1 930 000 en 1981 à 1 295 000 en 1992. Le nombre des moyennes cylindrées (de 6 à 10 CV) a moins augmenté pendant cette période que celui des petites (5 CV et moins).

Les années 1988 et 1989 avaient été marquées par un regain d'intérêt pour les voitures de très grosse cylindrée, dont les achats avaient été multipliés par près de six entre 1984 et 1989 (9 529 voitures de 17 CV et plus contre 1 378). Mais on a assisté en 1990 et 1991 à une inversion de tendance, avec un effondrement des achats de voitures de haut de gamme. Un phénomène similaire s'est d'ailleurs produit avec les petites voitures économiques, de sorte que l'année 1991 a été marquée par un resserrement des achats autour des voitures moyennes.

Les modèles Diesel représentent 18 % du parc des voitures particulières, contre 1 % en 1970.

La proportion continue de s'accroître régulièrement. 36 % des véhicules achetés en 1991, soit 780 000 immatriculations sur 2 millions, étaient des modèles Diesel, contre 33 % en 1990, 30 % en 1989, 24 % en 1988, 18 % en 1987 et 16 % en 1986. Longtemps réservé aux camions et aux taxis, le moteur Diesel intéresse de plus en plus les particuliers. L'avantage de sa moindre consommation a pris de l'importance au fur et à mesure que l'écart entre le super et le gazole augmentait. La durée de vie plus longue du diesel n'est pas non plus pour déplaire aux Français qui gardent leurs voitures assez longtemps.

13 800 km par voiture et par an

Le kilométrage annuel moyen parcouru par les ménages oscille depuis une dizaine d'années autour de 13 000 km. L'évolution du prix du carburant (multiplié par trois en francs courants entre 1975 et 1985) ne semble pas avoir eu d'incidence mesurable. Il faut dire que la consommation d'essence moyenne par voiture a diminué depuis 1973, date du premier choc pétrolier, du fait des efforts des constructeurs et de la diminution de la puissance moyenne.

Le parc de voitures vieillit.

L'âge moyen des voitures en circulation est de 6,4 ans. Depuis 1982, le nombre des véhicules âgés de 5 à 20 ans est supérieur à celui des véhicules de moins de 5 ans. Avec la crise, les acheteurs ont été amenés à garder leur voiture plus longtemps, quitte à mieux l'entretenir. Ils préfèrent aussi les voitures d'occasion : ils en achètent aujourd'hui environ deux fois plus que de neuves.

Les immatriculations avaient progressé entre 1985 et 1989, bénéficiant de l'arrivée de nouveaux modèles, de la stabilisation du prix de l'essence (sous l'effet conjugué de celle du pétrole et du dollar) et de la baisse de la TVA sur les voitures. L'année 1991 a été beaucoup moins bonne, avec seulement 2 031 000 immatriculations. Les achats d'automobiles étant très liés au niveau des revenus réels (avec un certain décalage dans le temps), il semble que l'on arrive à la fin d'un cycle de forts achats.

La part des immatriculations de voitures étrangères était de 40 % en 1991, contre 23 % en 1980.

Le groupe PSA (Peugeot-Citroën) a vendu un tiers des voitures immatriculées en 1991 (33,1 %) ; Renault un peu plus d'un quart (26,6 %).

Les marques étrangères avaient atteint en 1983 le tiers des immatriculations, après avoir gagné dix points de part de marché en trois ans. Leur pénétration semble stabilisée depuis 1986, mais à un niveau élevé. Les deux principales marques étrangères implantées en France sont Ford (175 000 voitures vendues en 1991), Volkswagen (170 000) et Fiat (143 000). General Motors-Opel est quatrième (108 000), loin devant Rover (40 000), Nissan (30 000), BMW (29 000), Mercedes (26 000).

Les voitures japonaises représentaient 4,1 % des immatriculations (78 000), contre un peu moins de 3 % au cours des années précédentes.

Les belles étrangères

Parts de marché des principales marques étrangères en 1991 (en %) :

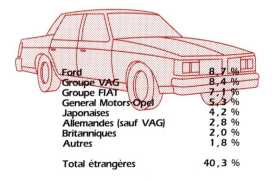

Ford	8,7 %
Groupe VAG	8,4 %
Groupe FIAT	7,1 %
General Motors-Opel	5,3 %
Japonaises	4,2 %
Allemandes (sauf VAG)	2,8 %
Britanniques	2,0 %
Autres	1,8 %
Total étrangères	40,3 %

La voiture, résidence secondaire

Australie

La voiture tend à devenir une résidence secondaire.

Comme toutes les machines inventées par l'homme pour son usage personnel, la voiture est une prothèse. Elle permet de se déplacer plus vite et plus loin. Dans les années 50, Roland Barthes voyait en elle un objet magique « consommé dans son image, sinon dans son usage » (*Mythologies*). A la fin des années 60, Jean Baudrillard la décrivait comme « une sphère close d'intimité mais douée d'une intense liberté formelle, d'une fonctionnalité vertigineuse » (*le Système des objets*). La « démassification des années 80 a donné lieu à des types d'utilisation différenciés : voiture passe-partout des villes encombrées ; voiture-épate des « gagnants » ; voiture-look des gens qui se veulent « différents » ; salon-roulant des inconditionnels du confort ; tapis-roulant de ceux qui veulent s'évader ou fuir.

Aujourd'hui, l'automobile est en train de connaître une nouvelle révolution. Son équipement en téléphone (demain en télévision, ordinateur, fax...) la transforme en une véritable résidence secondaire où il devient possible de travailler, de communiquer, de se distraire, tout en se déplaçant. L'automobile n'assure donc plus comme auparavant la transition entre l'extérieur et l'intérieur ; elle est le prolongement de la sphère domestique, du « chez-soi ». C'est la « voiture à vivre » dont parle la publicité.

4 X 4 contre monospace

Le marché des 4 X 4, voitures « tous chemins » à quatre roues motrices avait connu un très fort développement dans la seconde moitié des années 80 : 14 300 immatriculations en 1985 ; 32 000 en 1990. Ces véhicules correspondaient à des types particuliers de clientèle : familles nombreuses ; jeunes utilisant effectivement leur voiture en tout terrain ; clientèle urbaine aisée sensible à l'image moderne et « aventurière » de ce type de véhicule.

Contrairement aux prévisions optimistes des experts, on a assisté à une baisse en 1991, avec 28 000 immatriculations. Dans le match qui oppose, aux deux extrémités de la gamme, la 4 X 4 à la voiture « monospace » (type *Espace* de chez Renault), c'est cette dernière qui semble devoir l'emporter (31 000 immatriculations en 1991). Elle correspond en effet davantage aux attentes de la clientèle en matière de sécurité, de confort. Elle est à la voiture ce que le logement est à la vie des Français : un cocon.

DEUX-ROUES

Après avoir diminué de moitié entre 1981 et 1985...

Les belles images en provenance du Paris-Dakar, la popularité d'Hubert Auriol ou de Cyril Neveu n'avaient pas empêché les achats de motos neuves de chuter de façon spectaculaire. Seule la légère augmentation des achats d'occasion expliquait la relative stagnation du nombre des motos en circulation. Dans les plus petites cylindrées, le cyclomoteur était également en chute régulière depuis 10 ans : un million vendus en 1974, la moitié en 1985.

L'évolution du pouvoir d'achat des jeunes ainsi que leur taux de chômage élevé expliquaient leur hésitation à s'endetter pour acquérir des engins dont les prix (d'achat, d'entretien et de réparation) avaient beaucoup augmenté. Enfin, la création de nouveaux permis entraînant de nouvelles classifications administratives avait porté un coup très dur à la catégorie des 125 cm^3.

▶ Le coût des embouteillages parisiens est évalué à 1,5 milliard de francs par an, du seul fait du surplus de consommation de carburant.

...les achats de motos neuves se sont redressés.

La moto a retrouvé une partie du public qu'elle avait perdu au cours des années précédentes. Plus de 100 000 deux-roues sont achetés chaque année depuis 1987. Ce sont les marques étrangères (en particulier japonaises) qui ont profité de ce regain d'intérêt. Les quatre constructeurs japonais (par ordre décroissant d'importance : Yamaha, Honda, Suzuki, Kawasaki) occupent les quatre premières places et représentent 80 % des importations. Les marques françaises (essentiellement Peugeot) se partagent moins de 5 % des immatriculations.

Les 125 cm^3 confirment leur retour en force, puisqu'elles représentent un tiers des immatriculations nouvelles, devant la catégorie des 500-600 cm^3 (un peu moins du quart).

Le boom des petits cubes

Après avoir été sauvage et marginale, la moto devient BCBG. Les « gros cubes » ne représentent plus que 20 % du marché. Le scooter, vieux souvenir des années 50 relancé depuis 1982 par des constructeurs, n'a pas immédiatement réalisé la percée attendue, malgré une augmentation sensible des ventes. Mais il retrouve aujourd'hui des adeptes, séduits par la possibilité de circuler en costume cravate et en chaussures de ville. Les achats sont passés de 2 000 en 1982 à environ 50 000 aujourd'hui, dont 40 000 machines non immatriculées (moins de 50 cm^3). 85 % des utilisateurs sont des hommes, souvent des cadres de 25 à 40 ans plutôt citadins. Un tiers des acheteurs habitent en Ile-de-France.

Le mythe est de retour

Le redémarrage

Evolution des immatriculations et du parc de motos :

	1980	1982	1984	1986	1987	1988	1989	1990	1991
• Immatriculations :									
- neuves	135 000	119 681	80 283	84 692	91 789	102 413	111 092	123 129	115 965
- occasion	-	221 325	231 319	227 271	231 035	237 242	265 897	273 930	-
• Part des marques étrangères	-	95,7%	95,8%	96,6%	97,0%	96,8%	95,8%	94,6%	94,0%
• Motos en circulation (au 31 décembre)	715 000	740 000	725 000	680 000	739 000	742 600	758 000	746 000	-

Chambre syndicale des importateurs d'automobiles et de motocycles

En dix ans, l'âge moyen des motards est passé de 20 à 27 ans.

La moto n'est plus aujourd'hui un objet de culte réservé à des fanatiques bardés de cuir et marginalisés. Les trois quarts des utilisateurs sont aussi des automobilistes qui se servent alternativement de l'un ou l'autre moyen de transport selon leurs besoins et les conditions de circulation. La diversification croissante de la gamme des modèles proposés a permis de répondre à des attentes très variées. La première motivation d'achat et d'utilisation d'un deux-roues à moteur est la liberté de stationnement (89 %), devant le beau temps (84 %), le prix (81 %), le plaisir de la conduite (72 %), la modicité du coût d'entretien (71 %). Les possesseurs de Harley-Davidson et les personnages de *Easy Rider* ne sont en fait que l'écume de la vague actuelle du retour à la moto.

Attention danger

Les petites motos ont plus d'accidents que les grosses. Sur 1 000 pilotes de petites motos (50 à 80 cm^3), 80 causent chaque année un accident matériel ou corporel, contre 33 parmi les pilotes de 125 cm^3 et 78 parmi ceux de plus de 400 cm^3. Toutes cylindrées confondues, les accidents de moto coûtent deux fois plus cher que les accidents de voiture : près de 25 000 F en moyenne, contre 12 000 F.

▶ 1 600 000 voitures circulent chaque jour dans Paris, pour 1 300 000 places de parking disponibles. 30 % des véhicules ne transportent qu'une personne.
▶ La 2 CV, dont la dernière est sortie des chaînes de l'usine de Mangualde au Portugal, a été vendue à 7 millions d'exemplaires entre 1939 et 1990.
▶ 91 % des Français estiment qu'ils entretiennent bien leur voiture, 7 % mal.
▶ 83 % des Français sont favorables à un contrôle technique périodique obligatoire des voitures (14 % défavorables).
▶ 80 % des Français trouvent que les pouvoirs publics (police, tribunaux) sont trop indulgents à l'égard de ceux qui conduisent en état d'ivresse (8 % trop sévères). 49 % trouvent qu'ils sont trop indulgents à l'égard de ceux qui ne mettent pas leur ceinture de sécurité (31 % trop sévères).
▶ 50 % des femmes et 38 % des hommes considèrent que la voiture est un instrument de séduction (46 % et 55 % de l'avis contraire). Les marques jugées les plus représentatives de la séduction sont Ferrari (68 %), Jaguar (67 %), Porsche (65 %), Alfa Roméo (52 %), BMW (50 %).
▶ 51 % des Français jugent la circulation urbaine difficilement supportable, contre 84 % des Italiens et 27 % des Danois.
▶ 50 % des Français estiment que le réseau routier s'est amélioré au cours des cinq dernières années. Mais 75 % jugent les routes départementales dans un état moyen ou mauvais.
▶ Chaque année, une voiture émet 30 kg d'hydrocarbures non brûlés, 35 kg d'oxyde d'azote, 400 kg d'oxyde de carbone et 4 tonnes de gaz carbonique.
▶ 13 % des automobilistes roulent avec de l'essence sans plomb.

ANIMAUX

58 % des foyers concernés • 10 millions de chiens, 7 millions de chats • Répartition inégale selon les catégories sociales • Rôle affectif et sécuritaire • Plus de 30 milliards de francs par an • Nuisances surtout concentrées dans les villes • Nouveaux rapports entre hommes et animaux

PRÉSENCE

**58 % des foyers possèdent un animal familier (record d'Europe) :
69 % d'entre eux ont un chien, 44 % un chat, 12 % des oiseaux, 6 % des poissons.**

La France compte 10 millions de chiens (un foyer sur trois) et 7 millions de chats (un foyer sur quatre). Il faut y ajouter environ 9 millions d'oiseaux (un foyer sur dix), 8 millions de poissons, 2 millions de lapins, hamsters, singes, tortues, etc. La France est en Europe le pays qui compte globalement le plus d'animaux familiers, avec l'Irlande (qui la devance pour les chiens) et la Belgique (pour les chats). Leur nombre s'est surtout accru pendant les années 70 : on comptait 16 millions de chiens, chats et oiseaux en 1971 et 24,3 en 1979. Il est depuis resté stable aux environs de 25 millions.

Bien que la majorité des Français habitent aujourd'hui dans les villes, leurs racines rurales restent fortes. Avec elles se sont maintenues les traditions d'amitié entre deux espèces liées par une longue histoire commune. Le cheval et le chien ont été de tout temps des auxiliaires de l'homme, en même temps que des amis.

Les animaux de compagnie sont plus fréquents en milieu rural...

La possession d'animaux domestiques est plus répandue en zone rurale, qui compte plus de maisons individuelles et des logements de plus grande taille. La proportion est de 75 % dans les agglomérations de moins de 2 000 habitants, contre 42 % dans la région parisienne. Ceux qui en ont le plus sont les agriculteurs (89 % des foyers), les artisans et les commerçants (71 %). Les ouvriers (65 %), les cadres et les employés (43 %) sont ceux qui en ont le moins.

Les régions comptant la plus forte densité se situent au Nord (70 %), à l'Ouest (69 %) et au Sud-Ouest (67 %), au contraire de l'Est (45 %) et de l'Ile-de-France (42 %). Environ 80 % des chiens et des chats vivent dans des maisons individuelles, 20 % en appartement.

...et dans les familles nombreuses.

Contrairement à une idée répandue, les inactifs habitant en ville, retraités ou non, sont ceux qui possèdent le moins d'animaux de compagnie (un foyer sur quatre seulement) ainsi que les couples sans enfant. Le taux de possession croît régulièrement avec la taille de la famille : 75 % des familles de cinq personnes et plus ont un animal.

Le taux de possession d'un chien est maximum chez les personnes de 50 à 64 ans (76 %) et chez celles de 25 à 34 ans (73 %). Le taux minimum est enregistré chez les 65 ans et plus (61 %) et les 18-24 ans (62 %).

> ▶ Les Français achètent chaque année environ près de 200 000 tonnes de litière pour leurs chats.
> ▶ 80 000 chiens et 3 000 chats bénéficient d'une assurance santé.
> ▶ Plus de 3 500 animaux sauvages sont tués chaque année sur les routes. 80 % d'entre eux sont des chevreuils, 11 % des sangliers. Dans 45 % des chocs avec un sanglier, la voiture est inutilisable (2 % avec un chevreuil).
> ▶ 1,7 % des chiens vivent à Paris (contre 2,9 % en 1985) et 3,4 % des chats.

Bâtards, bergers et caniches

Caractéristiques des chiens et chats des Français :

Poids du chien :		Age du chien :	
- 5 kg	16,2%	- moins de 1 an	8,0%
- 5 à 10 kg	22,2%	- de 1 à 4 ans	35,2%
- 11 à 20 kg	26,0%	- de 5 à 9 ans	35,9%
- 21 à 40 kg	27,6%	- 10 ans et plus	20,8%
- plus de 40 kg	7,9%		

Race du chien :	
- Berger (allemand, belge, beauce...)	14,2%
- Caniche	11,7%
- Epagneul breton	6,1%
- Teckel	3,7%
- Cocker	3,4%
- Colley	3,0%
- Setter	2,8%
- Yorkshire	2,4%
- Labrador	2,0%
- Fox terrier	2,0%
- Griffon	1,7%
- Boxer	1,5%
- Doberman	0,5%
- Bâtards	23,5%
- Autres	21,5%

Age du chat :	
- moins de 1 an	25,7%
- de 1 à 4 ans	41,8%
- de 5 à 9 ans	21,0%
- 10 ans et plus	11,5%

RELATIONS

Les animaux jouent un rôle affectif auprès des enfants et des adultes.

Chez les enfants, les chiens, chats, hamsters ou tortues sont le moyen de faire éclore des sentiments de tendresse qui pourraient autrement être refoulés. Pour les adultes, les animaux sont des compagnons avec lesquels ils peuvent communiquer sans crainte et partager parfois leur solitude. Les chiens jouent aussi un rôle de sécurité ; ils sont de plus en plus utilisés comme moyen de défense ou de dissuasion contre la délinquance.

Dans une période où la décision d'avoir des enfants est difficile à prendre, celle d'avoir un animal la précède souvent ; elle peut même dans des cas particuliers en tenir lieu. Ainsi, beaucoup de jeunes couples commencent par adopter un chien, moins exigeant qu'un enfant, moins coûteux à entretenir, plus facile à faire garder lorsqu'ils veulent sortir. Bien que les deux phénomènes ne soient évidemment pas comparables, on constate qu'il y a en France deux fois plus d'animaux familiers que d'enfants.

L'animal, un moyen de retourner à la nature

Chien ou chat ?

Le choix du chat ou du chien comme animal de compagnie n'est pas neutre. Il n'est peut-être pas lié seulement à des considérations de place ou de coût. Utilisant la dichotomie proposée par Bourdieu entre les groupes sociaux caractérisés par la préservation d'un « capital économique » (commerçants, artisans, policiers, militaires, contremaîtres...) et ceux motivés par la constitution d'un « capital culturel » (intellectuels, artistes, instituteurs, fonctionnaires...), François Héran a montré dans une étude réalisée pour l'INSEE que les premiers sont plutôt des propriétaires de chiens, les seconds des possesseurs de chats.

L'image sociale de ces deux animaux explique en partie cette répartition. Le chat est le symbole de la liberté et de l'indépendance, chères aux intellectuels. Le chien est plutôt celui de la défense des biens et des personnes ainsi que de l'ordre, valeurs souvent prioritaires dans les autres catégories.

▶ Les raisons invoquées pour ne pas posséder un animal sont : les contraintes (38 %) ; le manque de place (33 %) ; le manque de temps (33 %).

**Les Français dépensent plus de 30 milliards de francs par an pour leurs animaux.
L'alimentation d'un chien coûte 2 500 F par an en aliments industriels,
celle d'un chat revient à 1 000 francs.**

Les achats d'aliments pour animaux représentent aujourd'hui une dépense annuelle de 19 milliards de francs, contre un peu moins de 200 millions en 1970. La moitié (48 %) de cette somme concerne des aliments préparés (environ un million de tonnes), le reste provenant de la préparation par les maîtres d'une alimentation fraîche ou des restes des repas familiaux.

Il faut ajouter à ces sommes celles concernant l'achat des animaux (plus de 6 milliards de francs), les accessoires ((niches, cages, aquariums, jouets, laisses, etc., 1,5 milliard de francs), les dépenses de santé et de toilettage (environ un milliard de francs) et les assurances (500 millions de francs). Au total, les Français consacrent 1 % de leur budget disponible aux animaux ; leurs dépenses ont été multipliées par cinq depuis 1980. Il est vrai que, quand on aime, on ne compte pas...

**Les chiens sont à l'origine de certaines nuisances.
500 000 morsures par an ;
20 tonnes d'excréments par jour à Paris.**

Plus de 40 % des accidents concernent des enfants de moins de 15 ans. Dans 77 % des cas, il s'agit de morsures, dans 6 % des cas des chutes (mais 22 % chez les plus de 65 ans), 3 % des chocs. Neuf fois sur dix, l'enfant présente une plaie ouverte, la plupart du temps au visage. La moitié des victimes gardent une cicatrice, plus de 60 000 doivent être hospitalisées. On estime que 4 000 facteurs sont mordus au cours de leur tournée.

A Paris, les quelque 300 000 chiens seraient à l'origine de plus de 600 chutes par glissade chaque année. La plupart des communes prennent des dispositions pour réduire ces nuisances : réglementations, construction de « vespachiens », contrôle plus strict de la reproduction, etc. Mais, autant et parfois plus que les animaux, ce sont probablement les maîtres qu'il faudrait éduquer.

La frontière entre les hommes et les animaux est de moins en moins nette.

Les chats et les chiens sont parfois mieux traités et mieux soignés que les enfants. En Ile-de-France, le nombre de cabinets vétérinaires a triplé en vingt ans. On compte 40 cliniques pour animaux (certaines équipées de scanners à 1 000 ou 2 000 F l'examen), ouvertes nuit et jour, contre une en 1975. Des ambulances animalières équipées d'oxygène, des taxis canins, des centres de kinésithérapie proposant des bains et des exercices pour chiens obèses, des « dog-sitters », des cimetières pour chiens et même des agences matrimoniales ont fait récemment leur apparition. Ce phénomène, sensible en France, concerne aussi la plupart des pays développés.

Il semble que certains possesseurs d'animaux tentent d'établir avec leurs compagnons des relations qu'ils ne peuvent avoir avec leurs semblables ou même leurs enfants. Tout se passe en fait comme si l'homme, reconnu aujourd'hui coupable de détruire la nature, tentait de se racheter en retrouvant sa place parmi les mammifères. Le succès récent de films mettant en scène des animaux *(l'Ours, le Grand Bleu...)* témoigne de cette crainte de l'avenir et de la volonté de régression, au sens psychanalytique, qui en résulte. La morale de ces fables modernes est que les hommes dits civilisés de cette fin de millénaire sont devenus moins fréquentables que les animaux et que la modernité ne saurait être confondue avec le progrès.

SOCIÉTÉ

LE BAROMÈTRE DE LA SOCIÉTÉ

Les pourcentages indiqués représentent les réponses positives aux affirmations proposées. Les enquêtes Agoramétrie n'ont pas été effectuées en 1990.

« Il faut respecter les convenances » (%) :

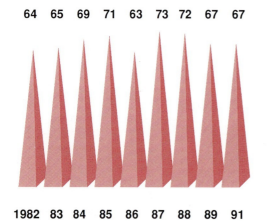

1982	83	84	85	86	87	88	89	91
64	65	69	71	63	73	72	67	67

« Il y a trop de travailleurs immigrés » (%) :

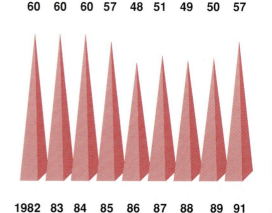

1982	83	84	85	86	87	88	89	91
60	60	60	57	48	51	49	50	57

« On ne se sent plus en sécurité » (%) :

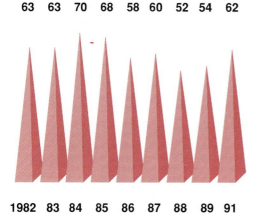

1982	83	84	85	86	87	88	89	91
63	63	70	68	58	60	52	54	62

« On peut avoir confiance en la justice » (%) :

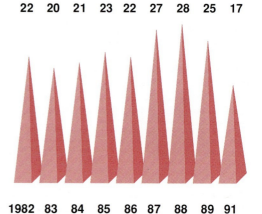

1982	83	84	85	86	87	88	89	91
22	20	21	23	22	27	28	25	17

Agoramétrie

LA VIE EN SOCIÉTÉ

CLIMAT SOCIAL

Communication et excommunication • Chasse aux privilégiés, course aux privilèges • 6 millions de solitaires • Vie associative en hausse mais nouvelles motivations • 4,5 millions d'étrangers • Radicalisation des attitudes vis-à-vis des immigrés • Normes sociales implicites

COMMUNICATION

Les relations entre les Français sont de plus en plus difficiles.

On assiste depuis quelques années à une détérioration continue du climat social en France. Plusieurs indicateurs témoignent de ce malaise : augmentation du taux de suicide, en particulier chez les jeunes ; troubles du sommeil attestés par la consommation de tranquillisants et de somnifères ; montée du racisme et de la xénophobie ; inquiétude croissante vis-à-vis de l'avenir... Cette dégradation est particulièrement sensible dans les grandes villes, où les habitants subissent à la fois le stress urbain, l'insécurité et les difficultés de cohabitation avec les minorités ethniques, culturelles, religieuses.

Le paysage social est donc traversé de tensions croissantes : entre Français et étrangers, entre actifs et inactifs, entre fonctionnaires et salariés du privé, entre jeunes et personnes âgées.

Les causes de cette dégradation sont liées au développement des peurs dans la population.

La principale crainte est celle du chômage qui menace non seulement le statut économique mais aussi celui, social et personnel d'une majorité de Français, y compris parmi les classes moyennes. Les autres craintes concernent les risques de conflits sociaux, de dégradation de l'environnement, de restriction de la protection sociale sous toutes ses formes (voir encadré ci-dessous).

En s'inscrivant dans la compétition à la fois européenne et mondiale, l'économie française s'est contrainte à une productivité toujours plus forte. Ceux qui ne peuvent, pour des raisons diverses, satisfaire à des exigences croissantes, sont progressivement écartés de la compétition. Leurs condi-

---

Le hit-parade des peurs

Début 1992, les principales craintes des Français étaient les suivantes (proportion de personnes déclarant avoir assez peur ou très peur) :
. Le chômage (79 %)
. Les problèmes de la jeunesse (76 %)
. Les catastrophes écologiques (75 %)
. La diminution du montant des retraites (73 %)
. La diminution des remboursements maladie (71 %)
. Le cancer (70 %)
. La récession économique (70 %)
. La drogue (69 %)
. L'insécurité (68 %)
. Les troubles liés à l'immigration (68 %)
. L'augmentation des impôts (67 %)
. Les risques de guerre dans le monde (66 %)
. L'évolution de la situation dans l'ex-URSS (64 %)
. L'évolution de la situation en Algérie (64 %)
. Le sida (63 %)
. Le développement de l'islam en France (63 %)
. Les centrales nucléaires (61 %)
. La montée du Front national (60 %)

tions de vie s'éloignent alors progressivement de celles des autres.

Les institutions ne jouent plus leur rôle de régulation.

Les mécanismes régulateurs de l'Etat sont aujourd'hui impuissants à empêcher ou compenser les dérives et les inégalités. Les hommes politiques et les partis traditionnels ont perdu une grande partie de leur crédibilité et leur image est aujourd'hui associée à celle de la corruption et de l'incompétence. Cette image rejaillit sur les grandes administrations, justice et école en tête, qui apparaissent incapables d'indépendance et/ou d'efficacité.

Les syndicats ne pèsent plus guère dans les entreprises. Certains continuent, lorsqu'ils font parler d'eux, de mener un combat d'arrière-garde (syndicat du livre, syndicat des dockers...).

Les Français supportent mal, aussi, que l'Eglise continue de s'occuper de leur vie privée en brandissant l'interdit dans une société où la liberté est la revendication première et en refusant d'entrer dans le monde moderne en reconnaissant le divorce ou le mariage des prêtres.

Quant aux médias, ils ont eux aussi perdu de leur crédit en montrant leur incapacité à décrire les grands mouvements qui secouent le monde (Roumanie, guerre du Golfe, ex-URSS...) et en se soumettant à la dictature de l'Audimat et à son corollaire, la recherche du sensationnel.

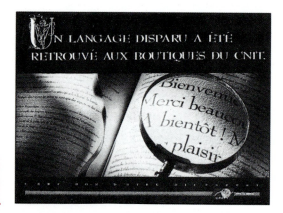

La politesse, un commerce agréable

La politesse fout le camp...

La politesse est l'un des moyens inventés par la société pour réduire les conflits toujours latents entre ses membres. Mais la démocratisation a entraîné un décloisonnement des groupes sociaux et une double attente de liberté et d'égalité. De sorte que tout ce qui ressemble à un code social de dépendance ou d'effacement d'un individu par rapport à un autre est perçu comme contraire à ses droits fondamentaux. La disparition ou la transformation des bonnes manières est sensible partout. Le monde politique a donné l'exemple par ses comportements à l'Assemblée nationale et par ses discours dans lesquels la grossièreté et l'injure sont de plus en plus fréquentes. Le langage des comiques, qui reflète souvent l'état d'une société, depuis Coluche jusqu'au *Bébêtes Show* pratique la grossièreté comme l'un des beaux-arts. Enfin, le sentiment de peur et d'incommunication des Français se traduit par un recul de la politesse, du respect d'autrui et de la parole donnée.

L'individualisme s'est développé sur les décombres de la vie sociale et institutionnelle.

La décomposition des structures institutionnelles a provoqué l'affaissement des points d'appui traditionnels de la société et accéléré le lent mouvement d'individualisation amorcé depuis la fin du XVIIIe siècle. L'individualisme, dans sa version primaire, a d'abord été considéré comme l'un des attributs nécessaires de la modernité. On s'aperçoit aujourd'hui qu'il est peu compatible avec la solidarité nationale, pourtant si nécessaire dans une période où il faudrait au contraire fédérer les énergies individuelles pour résoudre les problèmes du moment et inventer l'avenir.

Ces nouveaux comportements ont des répercussions sur la vie personnelle, mais aussi professionnelle et sociale de chacun. Ils en ont aussi sur l'image de la France et des Français à l'étranger.

▶ 52 % des Français ont le sentiment que les inégalités entre les gens en France se sont accrues depuis dix ans, 22 % qu'elles sont restées stables, 17 % qu'elles ont eu tendance à se réduire.
▶ Ce qui énerve le plus les Parisiens : les embouteillages (62 %) ; l'insécurité (61 %) ; les graffitis sur les murs (61 %) ; la pollution (58 %) ; le bruit (50 %) ; les crottes de chiens (49 %).

Micro-entretien

CHARLES PELLEGRINI *

G.M.- *Les tensions sociales actuelles pourraient-elles être à l'origine de véritables affrontements ?*

C.P.- On ne va pas forcément vers un affrontement au sein de la population, comme cela s'est vu au cours de la guerre d'Espagne ou, plus récemment, en Yougoslavie. En revanche, je vois une série d'affrontements qui naîtront à partir de ghettos, de conflits sociaux et qui se propageront de telle sorte qu'à un moment ils deviendront très durs et s'apparenteront de près ou de loin à une forme de guerre civile. Les concentrations d'immigrés dans les ghettos pourraient conduire à des affrontements interethniques. Des affrontements entre les forces d'Etat et certaines catégories socioprofessionnelles sont possibles. Il existe dans la France profonde des réserves de violence insoupçonnées, qui peuvent se développer à l'occasion de mauvaises récoltes, d'une baisse des revenus. Des explosions rassemblées peuvent générer un conflit extrêmement fort.

* Ancien directeur de l'Office central de répression du banditisme, auteur de *Demain, la guerre civile ?* (Editions N°1).

La solitude s'accroît.
5,8 millions d'adultes vivent seuls.

Entre 1968 et 1990, le nombre de personnes vivant seules a doublé ; la moitié ont plus de 60 ans. Plus d'un ménage sur quatre (27 %) est aujourd'hui constitué d'une seule personne ; la proportion atteint 48 % à Paris, contre 32 % en 1954.

Le nombre des solitaires a augmenté beaucoup plus vite que la population. De 6,3 % en 1962, leur proportion est passée à 10 % en 1986 et devrait atteindre 12 % en l'an 2000. Les femmes sont les plus nombreuses ; du fait de leur espérance de vie plus longue, elles sont plus souvent veuves. De plus, les femmes divorcées se remarient moins fréquemment que les hommes.

On compte en France plus de 6,5 millions de célibataires de moins de 35 ans habitant dans des villes (plus de 50 000 habitants) et ne vivant pas en union libre. Un sur trois habite Paris, un sur cinq est cadre supérieur, un sur cinq exerce une profession libérale. Beaucoup considèrent le célibat comme un mode de vie, une sorte d'assurance-liberté. Mais d'autres supportent très mal la solitude, les pressions de l'entourage familial et la crainte qu'il soit un jour trop tard pour trouver l'âme sœur.

Les derniers cafés où l'on cause

Il ne reste plus en France que 70 000 cafés, contre 107 000 en 1980, 200 000 en 1960 et plus de 500 000 en 1910. En un siècle, leur nombre aura été divisé par dix, alors que la population a augmenté d'un tiers. On peut distinguer trois causes à ces disparitions : le déplacement d'une partie de la population des centres-villes vers les banlieues où la densité de cafés est moins élevée, la crise économique qui a touché certaines régions et surtout le changement d'attitude à l'égard des loisirs. Le temps passé au café est remplacé par celui consacré à la télévision ou à des activités spécifiques. Enfin, la multiplication des fast-foods a porté un coup décisif aux cafés, le hamburger ayant remplacé le sandwich, en particulier pour les jeunes.

Avec le café, c'est un outil privilégié de la convivialité qui disparaît, en même temps qu'un mode de vie.

La vie associative se développe,
mais répond à des motivations nouvelles.

L'une des conséquences de la solitude des Français est leur participation croissante à la vie associative. Les activités sportives, culturelles, créatives, etc., sont autant de prétextes pour ne plus se sentir exclu de la vie sociale. Le développement spectaculaire des clubs du troisième âge montre la volonté des personnes âgées de lutter contre la marginalisation qui les guette au soir de leur vie.

La participation à la vie associative répond aussi à un fort désir de protection. Pour faire contrepoids aux institutions et défendre leurs intérêts particuliers, les Français ressentent le besoin de créer des réseaux parallèles, avec des objectifs précis et d'une durée de vie souvent courte. Mais la défense des causes générales est en recul.

➤ En 1861, un ménage comptait en moyenne 3,8 personnes, contre 3,1 en 1968 et 2,6 en 1990 (1,9 à Paris). La moyenne est de 2,7 en Espagne, 3,4 au Portugal, 4,0 en Algérie, 4,6 en Turquie.
➤ En mars 1992, 59 % des chefs d'entreprise estimaient qu'une obligation réglementaire de séparer les fumeurs et les non-fumeurs sur les lieux de travail renforcerait les tensions.

Les Français associés

49 % des Français sont membres d'une ou plusieurs associations. Les adhérents sont plus souvent des hommes, actifs, diplômés, habitant en province. Les taux d'adhésion varient selon les types d'associations. Celles qui ont une vocation de loisir (sport, culture...) connaissent un engouement croissant. Les associations militantes comme les syndicats sont au contraire en déclin ; c'est le cas aussi des partis politiques, des mouvements consuméristes ou féministes. Même les associations écologistes intéressent peu les Français, y compris les jeunes, pourtant concernés par les questions d'environnement. Fin 1991, 28 % des Français déclaraient faire partie d'une association sportive, 18 % d'une association culturelle, 8 % d'une association de parents d'élèves, 6 % d'un syndicat, 6 % d'une association religieuse, 3 % d'une association de défense de l'environnement, 2 % d'un parti politique.

CREDOC

CLASSES SOCIALES

Un nouveau découpage social se met en place.

Les transformations économiques, technologiques ou culturelles de ces quinze dernières années ont eu de fortes incidences sur la plupart des structures. La hiérarchie des professions s'en est trouvée en particulier bouleversée. Les notables d'hier (médecins, enseignants, certaines professions libérales, hommes politiques...) ont perdu une partie de la considération et des privilèges dont ils jouissaient. Les cadres ont dû se mettre à l'heure de l'efficacité. Certains métiers de production ou de service, indépendants et rentables, se sont au contraire revalorisés : plombier, restaurateur, boulanger, viticulteur, garagiste, expert-comptable, kinésithérapeute....

La transformation des structures a touché également la vie familiale (cohabitation, familles monoparentales, familles « recomposées », naissances hors mariage...) et sociale (la norme de la femme au foyer a été remplacée par celle de la femme active). Elle concernera demain les institutions (partis politiques, syndicats, administrations) dont la décomposition actuelle annonce la recomposition prochaine. Sous l'effet des forces internes et externes, de nouvelles classes sociales se créent, qui commencent à se livrer de nouvelles luttes.

La classe moyenne est en train d'éclater.

Cette recomposition professionnelle a bien sûr des conséquences sur la hiérarchie sociale. La « classe moyenne », fruit de trente années de prospérité économique (1945-1975), n'existe plus. Son explosion a engendré vers le haut une sorte de *protectorat* composé de fonctionnaires, de certaines professions libérales, d'employés et cadres d'entreprises des secteurs non concurrentiels ; ceux-là ne connaissent pas les affres de la compétition professionnelle et vivent dans un monde protégé, presque irréel.

Au-dessus, plane toujours ce qu'il est convenu d'appeler « l'élite » de la nation, *nomenklatura* à la française qui tient les rênes du pouvoir politique, économique, intellectuel, social. Ses membres sont patrons, cadres supérieurs, professions libérales, gros commerçants, mais aussi hommes politiques, responsables d'associations, syndicalistes, experts, journalistes, etc. Une aristocratie moderne qui ne se reconnaît plus par la naissance mais par la réussite, le pouvoir et l'argent.

Dans le même temps, la classe moyenne a engendré vers le bas une sorte de *néo-prolétariat* aux conditions de vie de plus en plus précaires. On y trouve les « nouveaux pauvres » et les exclus du modernisme, mais aussi de la vie professionnelle, culturelle, sociale.

Enfin, les autres Français appartiennent à la *néo-bourgeoisie*. Commerçants, petits patrons, employés ou même ouvriers qualifiés, ainsi que certains représentants des professions libérales en difficulté (médecins, architectes...), ils ont un pouvoir d'achat acceptable ou confortable, mais restent vulnérables à l'évolution de la conjoncture économique.

▶ La proportion de chômeurs parmi les jeunes étrangers de 15 à 24 ans était de 29 % en 1990, contre 20 % chez les jeunes Français. Elle atteignait 42 % chez les jeunes originaires des pays hors CEE.
▶ Pour 60 % des Français, ce sont avant tout les raisons culturelles et religieuses qui expliquent les difficultés d'intégration des musulmans, pour 22 % des raisons économiques et sociales.
▶ 66 % des travailleurs permanents originaires des pays hors CEE sont établis en région parisienne et 67 % des demandeurs d'asile.

Chasse aux privilégiés et course aux privilèges

Bien que dénoncés par tous les Français, les privilèges font partie de la vie professionnelle de la plupart d'entre eux. On estime que 40 % de la population active bénéficient d'une protection sociale renforcée (remboursements supplémentaires en cas de maladie, allongement des congés de maternité...). 30 % peuvent prendre leur retraite avant l'âge de 60 ans. 25 % ont un avancement garanti dans leur entreprise, autant disposent d'au moins 6 semaines de congés par an. 15 % perçoivent des avantages en nature : remboursement de notes de frais, voiture ou logement de fonction, etc.
Ces avantages sont insignifiants en comparaison des monopoles accordés aux huissiers, notaires, commissaires-priseurs, agents de change, trésoriers-payeurs, etc., ou des sinécures attribuées à des hauts fonctionnaires, anciens ministres ou autres personnalités en récompense des services rendus.
Certains avantages, auparavant sans importance, sont devenus des privilèges que chacun dénonce et envie tout à la fois : garantie de l'emploi, retraite anticipée, abattements fiscaux particuliers, primes, réductions, notes de frais, etc. Même le statut de salarié est parfois considéré par ceux qui ne le sont pas comme un privilège.

En même temps qu'elle s'atomise, la société tend à imposer de façon diffuse des normes et à condamner les « déviances ».

Qu'il s'agisse des immigrés, des personnes seules, des pauvres ou des handicapés, la société actuelle ne parvient plus à intégrer tous ceux qui ne sont pas conformes à la « normale », c'est-à-dire actifs, en bonne santé, autonomes sur le plan financier, intellectuel et moral. C'est pourquoi elle cherche inconsciemment à unifier les attitudes et les comportements.

Les pressions qu'elle exerce sont d'autant plus fortes qu'elles ne participent pas d'une stratégie autoritaire et coercitive. Sans en être vraiment conscients, les pouvoirs publics, les médias et les institutions tendent à imposer des « normes sociales ». Pour être à la hauteur des modèles qui leur sont proposés, les Français doivent être dotés d'un physique irréprochable, être de bons parents, de parfaits amants, tout en menant une carrière professionnelle en perpétuelle ascension et en trouvant le temps de pratiquer les loisirs à la mode (golf, sports de glisse, voyages lointains...). Être petit, obèse, chauve, fumeur ou malade représente donc un handicap, tant à ses propres yeux qu'à ceux des autres. Avoir un emploi non gratifiant, un salaire modeste, une petite voiture, des enfants qui connaissent des difficultés scolaires peut être ressenti comme une déchéance par rapport aux normes d'« excellence » et de réussite qui prévalent.

Les pouvoirs publics participent largement à cette tentative de normalisation des comportements. Des campagnes se succèdent pour expliquer aux Français qu'ils ne doivent plus fumer, plus boire, surveiller leur tension artérielle, leur poids, prendre des préservatifs lorsqu'ils font l'amour sous peine de mettre leurs jours en danger.

Le retour des tabous

La révolution libertaire des années 60 et 70 semble aujourd'hui remise en question avec la montée d'un mouvement de protestation contre les manifestations publiques de ce libéralisme. Les messageries roses, l'érotisme à la télévision, les campagnes provocatrices de Benetton (l'accouchement, le baiser du curé et de la bonne sœur, le malade du sida) sont condamnés par un nombre croissant de Français.
Ce retour en force d'une idéologie morale se retrouve dans la méfiance des Français à l'égard de la classe politique ou leur suspicion vis-à-vis des médias. Sa contrepartie est l'omniprésence des préoccupations d'éthique dans les discours actuels, y compris publicitaires (voir *Entreprise*).

IMMIGRATION

Les étrangers représentent de 6 à 8 % de la population totale métropolitaine.

Selon le recensement de 1990, il y aurait 3,6 millions d'étrangers résidant en France, soit 6,3 % de la population totale. Le chiffre avancé par le ministère de l'Intérieur est plus élevé : 4,5 millions. Il faut noter que la population étrangère comprend à la fois des personnes nées hors de France et des mineurs nés en France de parents étrangers. Le nombre total évolue en fonction des arrivées et des départs (solde positif d'environ 450 000 depuis 1982), des naissances et des décès et des acquisitions de la nationalité française (280 000).

Par rapport aux deux précédents recensements, la proportion d'étrangers est restée à peu près stable. Elle est faible dans l'Ouest (moins de 1 % en Bretagne) et dans les communes rurales (2 %). Elle est élevée en Ile-de-France, où sont concentrés près de 40 % des étrangers. Les ménages dont la personne de référence est étrangère comptent en moyenne 3,38 personnes, soit près d'une personne de plus que la moyenne nationale (2,57).

La part de la population étrangère de la France se situe dans la moyenne européenne, derrière la Suisse (16,3 %), la Belgique (9,1 %) ou l'Allemagne (ex-RFA, 8,2 %), devant la Finlande (0,5 %), l'Italie (1,5 %), le Royaume-Uni (3,3 %) ou les Pays-Bas (4,6 %).

Plus d'Africains, moins d'Européens

Evolution du nombre d'étrangers en provenance d'Europe, d'Afrique et d'Asie résidant en France et répartition selon les nationalités aux recensements (en %) :

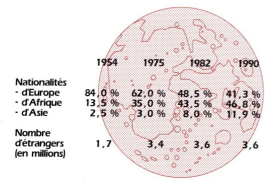

Nationalités	1954	1975	1982	1990
- d'Europe	84,0 %	62,0 %	48,5 %	41,3 %
- d'Afrique	13,5 %	35,0 %	43,5 %	46,8 %
- d'Asie	2,5 %	3,0 %	8,0 %	11,9 %
Nombre d'étrangers (en millions)	1,7	3,4	3,6	3,6

INSEE

La population étrangère en France a connu des évolutions contrastées.

Les principales vagues d'immigration ont eu lieu en 1931, 1946 et 1962. La proportion des différentes nationalités s'est beaucoup modifiée. Depuis 1954, ce sont les Maghrébins qui ont fourni l'essentiel des nouveaux arrivants, alors que le nombre d'étrangers en provenance des pays d'Europe diminuait. Un tiers d'entre eux seulement (36 %) sont aujourd'hui originaires des autres pays de la Communauté européenne, contre 54 % en 1975 et 43 % en 1982. On constate que la proportion de femmes a fortement augmenté parmi la population étrangère hors-CEE, du fait des regroupements familiaux ; on compte 73 femmes pour 100 hommes, contre 61 en 1982.

Les attitudes vis-à-vis de l'immigration tendent à se radicaliser.

Le véritable débat sur l'immigration a été pendant longtemps esquivé par les partis et les hommes politiques, à l'exception du Front national, qui en a fait son fonds de commerce. Il s'est véritablement amorcé à partir de 1990, sous l'impulsion des partis d'opposition et des médias, et sur fond d'actes racistes et xénophobes.

On a pu constater à cette occasion une radicalisation des positions des Français, face aux deux pôles de référence en ce domaine : celui de l'exclusion proposé par l'extrême droite ; celui de l'intégration proposé par exemple par SOS-Racisme.

Beaucoup de Français ont peur de perdre leur identité dans une société pluriculturelle.

Au cours des années de crise économique, les Français avaient surtout accusé les immigrés de porter une part de responsabilité dans la montée du chômage et dans celle de la délinquance. A ces craintes, qui restent présentes, s'en ajoutent aujourd'hui d'autres qui portent sur l'avenir. Certains Français s'inquiètent du déséquilibre démographique croissant de la France, dû à la natalité plus forte des étrangers. Surtout, ils craignent que l'identité française se dissolve progressivement dans la mise en place d'une société pluriculturelle. A travers ce grand débat sur l'immigration, ce sont toutes les peurs et les contradictions d'un peuple qui surgissent.

▶ 76 % des Français estiment qu'il y a trop d'Arabes en France, 46 % trop de Noirs, 40 % trop de d'Asiatiques, 34 % trop d'Européens du Sud (Espagne, Portugal).
▶ 41 % des Français avouent avoir une tendance au racisme.
▶ 90 % des étrangers arrêtés en situation irrégulière ne sont pas reconduits aux frontières car ils ont détruit leurs papiers d'identité.
▶ 58 % des Français considèrent que la religion musulmane ne permet pas l'exercice de la démocratie (22 % de l'avis contraire).

L'obsession identitaire

La quête identitaire des Français, consciente ou inconsciente, se manifeste d'abord sur le plan géographique. Pris entre l'appartenance locale, régionale, nationale, européenne et bientôt planétaire (sous l'effet des préoccupations écologiques), beaucoup ne savent plus à quel échelon se situer en priorité), voir enquête exclusive dans la première partie de l'ouvrage).

Leur interrogation est aussi culturelle. Fin 1991, 75 % des Français considéraient que la préservation de l'identité française était une priorité. 64 % estimaient que l'immigration constituait en ce domaine une menace, alors que 40 % seulement étaient de cet avis en ce qui concerne la construction européenne.

La différence, un plus ou un moins ?

Une large majorité des Français est favorable à l'arrêt de l'immigration.

Plus des deux tiers des Français se prononcent en faveur d'une fermeture des frontières destinée à empêcher l'entrée de nouveaux immigrés. Ce front du refus se retrouve aussi contre l'affirmation des convictions religieuses à l'école (on se souvient du débat provoqué par le port du foulard islamique) et contre le droit de vote des étrangers aux élections municipales.

Persuadés que les différences de coutumes, de religion et, à un moindre degré, de langue, rendront la cohabitation difficile, les Français sont à peu près également partagés entre la possibilité d'intégrer les immigrés et le souhait de voir partir un grand nombre d'entre eux au cours des prochaines années. Mais beaucoup mettent en doute la possibilité de faire coexister des modes de vie dérivés des préceptes de l'islam dans une société qui se veut fondamentalement laïque. 49 % considèrent que la religion islamique est trop différente de la religion catholique et rend l'intégration des immigrés musulmans impossible. L'immigration, qui a souvent été une chance pour la France au cours de son histoire, apparaît aujourd'hui comme un problème pour les Français.

La grande peur de l'étranger

• 75 % des Français ne croient pas que le nombre d'immigrés est le même aujourd'hui qu'il y a dix ans (17 % oui).

• 88 % souhaitent que la nationalité française ne soit accordée qu'à des étrangers ayant une connaissance minimale de la langue française (8 % non), 83 % à des étrangers qui respectent les coutumes françaises sur le mariage (9 % non), 66 % à des personnes qui prêtent solennellement serment de fidélité à la France (20 % non).

• 51 % estiment qu'en matière d'emploi il n'y a pas de raison de faire une différence entre un Français et un immigré en situation régulière ; 45 % considèrent qu'on doit donner la priorité à un Français.

• 52 % estiment qu'en matière d'attribution de logements sociaux il n'y a pas de raison de faire une différence entre un Français et un immigré en situation régulière ; 45 % considèrent qu'on doit donner la priorité à un Français.

• 74 % sont opposés au droit de vote des étrangers vivant depuis un certain temps en France (60 % en 1988), 21 % y sont favorables (32 % en 1988).

• 48 % estiment que les allocations familiales doivent être versées aux immigrés en situation régulière, 45 % qu'elles doivent être réservées aux Français et aux ressortissants de la Communauté européenne vivant en France.

➤ 76 % des Français estiment que la religion musulmane ne va pas dans le sens du respect des droits de la femme (16 % de l'avis contraire).
➤ 49 % des étrangers vivant en France souhaitent s'intégrer à la société française, 38 % d'entre eux se sentent déjà intégrés.
➤ 75 % des Français seraient favorables à des contrôles de police systématiques pour repérer les immigrés clandestins, 19 % opposés.

Figaro Magazine/Sofres, septembre 1991

INSÉCURITÉ

Reprise de la délinquance depuis 1989 • Beaucoup plus de délits en zones urbaines • Hausse des vols, agressions, infractions sur les stupéfiants • Attentats en baisse • Développement du piratage informatique

DÉLINQUANCE

La délinquance a repris sa croissance depuis 1989.

En quarante ans, le nombre total des délits a été multiplié par six. Il a doublé entre 1973 et 1983 : 3 564 000 en 1983 contre 1 763 000 en 1973. On a ensuite assisté à une réduction de l'accroissement en 1984, puis à une diminution véritable entre 1985 et 1988 avec des baisses respectives de 2,8 %, 8,0 %, 3,7 %, 1,2 %. La situation s'est à nouveau dégradée à partir de 1989. L'année 1991 a été marquée par une nouvelle hausse de 7,2 %.

C'était l'évolution de la petite délinquance qui expliquait l'accroissement général constaté entre 1973 et 1984, puis son ralentissement. C'est celle de la moyenne délinquance (vols, cambriolages) qui est la cause principale de la hausse depuis 1989. Les agressions sur la voie publique tendent à augmenter plus vite que celles perpétrées à domicile.

Il faut toutefois préciser que le chiffre global de la délinquance (3 744 112 délits en 1991) est l'addition de délits aussi différents que les meurtres, l'usage de drogues ou les vols à l'étalage, dont les évolutions sont diverses.

Quatre régions totalisent 55 % de la criminalité.

L'Ile-de-France, le Nord-Pas-de-Calais, Rhône-Alpes et Provence-Alpes-Côte d'Azur représentent plus de la moitié des délits (mais 46 % de l'accroissement) pour seulement 43 % de la population française. La part de l'Ile-de-France, bien qu'importante (26 %), tend à diminuer ; elle était de 29 % en 1982. Sur les 22 régions métropolitaines, 3 seulement enregistrent une baisse en 1991 : Basse-Normandie, Auvergne, Bretagne.

Les zones rurales ou semi-urbanisées regroupent 31 % des crimes et délits de la métropole, alors que les zones urbaines en regroupent 69 %. D'une manière générale, le taux de criminalité augmente proportionnellement à la taille des agglomérations. Les hausses les plus fortes concernent Lille (+ 26 %), Nantes (+ 20 %) et Lyon (+ 18 %).

La France dans la moyenne européenne

La hausse de la délinquance n'est pas propre à la France. On la retrouve dans tous les pays de la Communauté européenne depuis le milieu des années 50. Le taux de criminalité dans les huit principaux pays varie de 8 pour 1 000 habitants au Portugal à 103 au Danemark. La France occupe une position moyenne, avec un taux de 62, à comparer à 71 en Allemagne, 85 au Royaume-Uni, 44 en Italie et 26 en Espagne (chiffres 1990). De la même façon, le taux de cambriolages (7 pour 1 000 habitants) est inférieur à celui constaté en Espagne (12), au Royaume-Uni (16), en Allemagne (17) ou même en Irlande (8), mais supérieur à celui de la Grèce (2,5) ou du Portugal (0,3). Ces comparaisons doivent cependant être considérées avec prudence, dans la mesure où les méthodes de comptabilisation ne sont pas totalement identiques d'un pays à l'autre.

Interpol

➤ 75 % des Français ne peuvent pas, comme citoyens, pardonner le blanchiment de l'argent de la drogue, 68 % une prise d'otages, 67 % la contamination des hémophiles, 54 % une agression raciste, 44 % des fausses factures, 43 % les marées noires, 23 % l'insoumission en cas de guerre.

Délits en tout genre

Nombre de délits et évolution :

	1991	Evolution 1991/90	1979	Evolution 1991/79
• Vols	2 456 871	+ 6,6 %	1 592 437	+ 54 %
• Escroqueries et infractions économiques et financières dont :	566 567	+ 2,7 %	79 780	+ 610 %
- chèques sans provision	141 572	- 15,5 %	212 721	- 33 %
- fausse monnaie	977	+ 47 %	-	-
- fraude fiscale	2 985	+ 47 %	856	+ 249 %
- falsifications, usage cartes crédit	43 947	- 6,5 %	-	-
- délinquance économique et financière	62 566	+ 31,6 %	-	-
• Crimes et délits contre les personnes	141 716	+ 5,5 %	94 607	+ 50 %
• Stupéfiants, paix publique et réglementation dont :	578 958	+ 15,6 %	79 780	+ 626 %
- infractions à la législation sur les stupéfiants	62 021	+ 9,7 %	10 430	+ 495 %
- délits à la police des étrangers	46 356	+ 24,8 %	11 055	+ 319 %
- port et détentions d'armes prohibés	15 787	+ 4,0 %	9 286	+ 70 %
• Autres			117 252	-
TOTAL	**3 744 112**	**+ 7,2 %**	**2 330 566**	**+ 61 %**

Ministère de l'Intérieur

Les deux tiers des délits sont des vols.

Ils contribuent pour 60 % à la hausse constatée en 1991. Les vols qui ont le plus augmenté sont ceux d'automobiles ; 63 % des véhicules volés sont retrouvés, une proportion en diminution. En revanche, les vols à la tire sont en diminution de 5 %. Contrairement aux années précédentes, ce sont les vols avec violence, surtout ceux qui touchent des établissements financiers, commerciaux ou industriels, qui ont le plus augmenté (+ 20 %), mais ils représentent une faible part (4 %) du nombre total de cette catégorie. 400 000 Français ont été victimes d'un cambriolage de leur habitation, de leur commerce ou entreprise. Les cambriolages de résidences secondaires ont davantage augmenté que ceux des résidences principales.

Les infractions économiques et financières évoluent de façon contrastée.

Après les fortes baisses de 1989 et 1990, on a observé en 1991 une recrudescence du faux-monnayage (+ 47 %) ainsi qu'un accroissement des faux en écriture et des achats et ventes sans facture (sans doute favorisée par une conjoncture économique difficile pour les entreprises et les commerces). Parallèlement, les falsifications et usages de cartes de crédit ont diminué, en même temps que les chèques sans provision, plus sévèrement contrôlés et sanctionnés.

➤ Le taux d'élucidation des cambriolages de résidences principales est de l'ordre de 10 %.
➤ Un cambriolage a lieu toutes les 5 minutes dans un local industriel ou commercial.
➤ Chaque jour, 800 véhicules sont volés. Les modèles les plus recherchés en 1991 étaient la Renault 21 2L Turbo (19 %), la Peugeot 405 MI16 (16 %), la Renault 5 GT Turbo (13 %).
➤ Plus de la moitié des cambriolages de magasins sont commis en brisant les devantures.
➤ 5 milliards de francs ont été versés en 1991 par les sociétés d'assurance sur le risque vol auto et deux-roues.

Vols : toujours plus

Nombre de délits de vols et évolution :

	1991	Evolution 1991/90	Evolution 1991/79
• Vols à main armée	9 393	+8,4%	+8,8%
• Autres vols avec violence	56 926	+10,5%	+110%
• Cambriolages dont :	416 414	+6,9%	+86%
- lieux d'habitation	197 687	+4,6%	+79%
- résidences secondaires	25 054	+9,5%	+95%
• Autres vols dont :	1 928 032	+6,4%	+61%
- vols d'automobiles	338 665	+15,4%	+67%
- vols à la roulotte	733 860	+4,9%	+108%
- vols à l'étalage	69 992	+9,5%	+7%
• Recels	32 213	+4,3%	+141%
Total des vols	**2 456 871**	**+6,6%**	**+67%**

Ministère de l'Intérieur

MGTB Ayer Entreprise

La sécurité, un marché d'avenir

▶ 6 000 personnes victimes d'un crime ou d'une agression ont été indemnisées en 1991 par le Fonds de garantie des victimes d'actes de terrorisme et autres infractions.
▶ 83 % des Français ont une bonne opinion de la police, 14 % une mauvaise.

Les Français prennent de l'assurance

La part de l'assurance dans les dépenses des ménages est passée de 3 % en 1979 à 5 % en 1991. La plus grande part est consacrée à l'assurance automobile : 2 700 F par véhicule assuré. Au-delà des assurances obligatoires, 97 % des ménages ont souscrit une assurance multirisque-habitation, 82 % une assurance complémentaire maladie, 12 % une individuelle-accident. L'assurance-vie a connu une forte croissance, surtout celle destinée à l'épargne et à la retraite ; 31 % des ménages en ont souscrit au moins une. 11 % des ménages disposent en outre d'une assurance concernant la protection juridique. Il faut ajouter à ces dépenses celles concernant d'autres types de protection : actions de gardiennage (environ 5 milliards de francs) ; honoraires d'avocats (5 milliards) ; systèmes de protection individuelle contre le vol (blindages, coffres-forts, systèmes d'alarme..., environ 3 milliards).

Les crimes et délits contre les personnes représentent une part de plus en plus faible de la délinquance : 4 % contre 10 % en 1960.

Le nombre des homicides est stable depuis quelques années, aux alentours de 1 300 par an, mais les tentatives augmentent ; elles étaient pratiquement aussi nombreuses que les homicides en 1991. Les coups et blessures volontaires ont augmenté de 9 %, moins toutefois que les menaces et chantages (+11 %), malgré la récession des prises d'otages et des séquestrations.

Les atteintes aux mœurs ont augmenté de 7 %, malgré la nouvelle diminution des délits de proxénétisme. Cette hausse concerne les viols et attentats à la pudeur et peut s'expliquer en partie par le fait que les victimes hésitent moins à les déclarer.

La répression est jugée insuffisante par beaucoup de Français.

Bien qu'une large majorité de Français estiment que la priorité devrait être donnée à la prévention, beaucoup estiment que la répression est insuffisante. Il faut dire que la mauvaise image de la justice, la multiplication de certains délits et l'existence d'un fort sentiment d'insécurité les renforcent dans cette opinion.

Dix ans après son abolition, plus de la moitié souhaitent un rétablissement de la peine de mort, bien que le nombre des crimes de sang n'ait pas augmenté.

Violence : + 50 % en douze ans

Nombre de crimes et délits contre les personnes et évolution :

	1991	Evolution	
		1991/90	1991/79
• Homicides	1 355	+5,5%	-26%
• Coups et blessures volontaires	53 356	+8,9%	+73%
• Prises d'otages, séquestrations de personnes	1 224	-2,5%	+315%
• Menaces de mort, chantage	17 266	+10,5%	+300%
• Violations de domicile	7 251	+0,4%	+10%
• Proxénétisme	823	-17,0%	-2%
• Viols	5 068	+10,6%	+199%
• Infractions contre la famille et l'enfant	29 131	-1,0%	-8%
• Autres	55 373	-	-
TOTAL	**141 716**	**+5,5%**	**+50%**

Peine de mort : Les Français plutôt favorables

« Il faut rétablir la peine de mort » (en %)* :

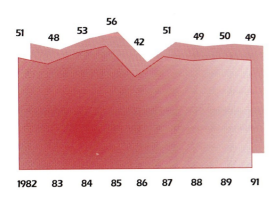

51   48   53   56   42   51   49   50   49
1982 83   84   85   86   87   88   89   91

* Cumul des réponses « bien d'accord » et « entièrement d'accord » à l'affirmation proposée. Seuls 30 % ne sont pas d'accord.

FORMES NOUVELLES

Le développement des nouvelles formes de délinquance témoigne de la dégradation du climat social.

A côté des formes traditionnelles de la délinquance (vols, cambriolages, homicides, etc.), des pratiques plus modernes se sont développées depuis quelques années. Certaines d'entre elles font parfois la une de l'actualité et représentent des dangers considérables pour l'avenir des nations développées. C'est le cas du terrorisme, du piratage informatique et surtout du trafic et de l'usage de stupéfiants.

Il faut ajouter enfin le vandalisme et la fraude fiscale qui, s'ils constituent une moindre menace, coûtent très cher à la collectivité.

Les infractions à la législation sur les stupéfiants se sont encore accrues de 10 % en 1991.

62 000 infractions ont été constatées, dont 41 000 à la consommation et 11 000 à la revente. On constate que la drogue n'est plus un phénomène limité aux villes. Mais l'accroissement ne traduit pas seulement celui de l'usage de la drogue ; il est aussi la conséquence d'une mobilisation croissante des services de police impliqués dans la lutte.

Indépendamment des délits qui lui sont propres, on estime que la drogue est à l'origine de la moitié de la criminalité. L'exemple d'autres pays tels que les Etats-Unis est une illustration de la menace qu'elle fait peser sur l'avenir de la société, des jeunes en particulier. Certains experts estiment que la disparition des frontières européennes en 1993 pourrait faciliter la diffusion de la consommation à partir des pays comme les Pays-Bas où le haschisch est pratiquement en vente libre.

Il y a eu 604 attentats par explosifs contre des biens publics ou privés en 1991.

Les actes de terrorisme sont, avec les meurtres, ceux qui impressionnent le plus les Français. Leur nombre peut varier considérablement d'une année à l'autre, en fonction de la situation politique internationale (les deux tiers des attentats ont des mobiles politiques). On avait ainsi assisté à des vagues d'attentats en 1980, 1982 et 1986.

Le répit constaté entre 1987 et 1990 était sans doute dû en partie à la multiplication des contrôles de police ; en 1990, les attentats par explosifs avaient atteint leur plus bas niveau depuis onze ans. Leur nombre a fortement augmenté en 1991 (33 %), tant pour les biens privés que publics, dans un climat de tension à la fois nationale et internationale.

Les destructions et dégradations des biens privés et les atteintes à l'ordre public poursuivent leur hausse. Elles sont à la fois les causes et les conséquences d'un climat social détérioré.

Le vandalisme poursuit sa croissance.

Le malaise social, en particulier celui ressenti par les jeunes, se traduit par une véritable explosion du vandalisme. Parcmètres, cabines téléphoniques, voitures de métro ou de chemin de fer, tout est bon pour montrer son mépris du patrimoine public et donc de la société. Dans sa forme primaire, le vandalisme consiste à casser, abîmer, enlaidir, salir. Dans sa forme « culturelle », il se manifeste par les tags, graffitis et autres moyens d'expression s'appropriant les surfaces publiques pour communiquer clandestinement son mal de vivre.

Paris : la peur au quotidien

Avec la montée du chômage et des inégalités, les tensions sont devenues plus vives dans les grandes villes et dans les banlieues. Entre 1985 et 1990, 56 % des habitants de la banlieue parisienne ont été victimes au moins une fois d'un vol de véhicule, d'un cambriolage ou d'une agression.
Cette insécurité se traduit aussi par la dégradation des biens publics ou privés. En 1991, la remise en état des stations du métro parisien recouvertes par les graffitis (200 000 m² à nettoyer) a coûté plus de 80 millions de francs. Le nettoyage de la station Louvre, recouverte dans la nuit du 30 avril 1991, a coûté à lui seul 500 000 F. C'est dans les parkings souterrains que les habitants d'Ile-de-France se sentent le moins en sécurité (48 %), devant les transports en commun (18 %), la rue (15 %), les centres commerciaux (4 %). Parmi les utilisateurs des transports en commun, 61 % ne se sentent pas en sécurité dans le métro et le RER (37 % oui), 52 % dans les trains de banlieue (34 % oui), 12 % dans le bus (85 % oui), 10 % dans les trains de grandes lignes (80 % oui). 14 % avouent renoncer à prendre les transports en commun dans la journée par peur des risques d'agression, 59 % après 22 heures.

L'art du vandalisme

Le piratage informatique constitue un fléau très préoccupant pour l'avenir de la société.

Le vandalisme n'est pas toujours un acte gratuit. Avec les nouvelles technologies se développe le piratage à but lucratif. Les ordinateurs sont la cible favorite de cette forme récente de délinquance. Sur 100 pannes survenant à des ordinateurs, 20 seraient dues à des fraudeurs, qui détournent des programmes dans un but de profit. Le « vandalisme en col blanc » (détournements de fichiers, vols de matériels, sabotages, indiscrétions, copies de logiciels, virus...) est estimé entre 5 et 10 milliards de francs par an pour les entreprises.

La fraude fiscale coûte au moins 100 milliards de francs par an.

Même si beaucoup de Français n'en sont pas convaincus, la fraude fiscale est bien un délit. C'est même, de très loin, celui qui coûte le plus cher à la collectivité : plus de 20 % du PIB. Il faut préciser que la chasse aux fraudeurs est payante, puisqu'elle rapporte chaque année plus de 20 milliards de francs sous forme de redressements fiscaux.

Des études montrent que le contribuable français, contrairement à une légende tenace, n'est en fait pas plus mauvais citoyen que son homologue anglais, allemand, américain ou surtout italien (en Italie, le montant d'impôts payé est quatre fois inférieur à ce qu'il devrait être).

LA FRANCE ET LE MONDE

FRANCE

4,5 millions de fonctionnaires, 6 millions d'actifs dépendant de l'Etat • Divorce des Français et de l'Etat • Rejet des hommes politiques et des institutions • Bonne image de l'entreprise • Inquiétude sur le rôle des médias • Services publics plutôt appréciés

ÉTAT

6 millions d'actifs dépendent de l'Etat.

C'est Bonaparte qui, le 17 février 1800, inventa l'Administration, installant dans chaque région un préfet chargé de veiller à une meilleure égalité des citoyens devant l'Etat. Depuis, le secteur public a connu une croissance impressionnante : il représente aujourd'hui près de 30 % de la population active (en incluant les collectivités territoriales), contre 12 % en 1970, 6 % en 1936, un peu plus de 5 % en 1870. On compte 2,7 millions agents de l'Etat (contre 1 500 000 en 1969) et au total 4,5 millions de fonctionnaires (voir encadré).

La phase de croissance de l'Etat s'explique d'abord par la guerre et la période de reconstruction qui a suivi. Elle a été ensuite entretenue par le progrès social et le développement économique, qui ont accru le nombre des tâches non productives ; qui d'autre que l'Etat pouvait prendre en charge des activités considérées a priori comme non rentables ? La phase de stabilisation récente est due à l'évolution du rôle de l'Etat et au souci d'une plus grande efficacité.

4,5 millions de fonctionnaires

Le terme de fonction publique recouvre trois catégories distinctes. La *Fonction publique d'Etat* regroupe les services de l'Etat (personnels des ministères) et les établissements publics nationaux à caractère administratif. Elle concerne environ 2,1 millions de salariés, dont la moitié dépendent du ministère de l'Education nationale et 430 000 appartiennent au ministère de la Défense. Les effectifs des Postes et Télécommunications, du fait de leur nouveau statut (loi du 2 juillet 1990), ne sont plus pris en compte. Il faut ajouter les établissements publics comme les universités, le CNRS, la Caisse des dépôts, l'Office national des forêts (200 000 salariés) et les organismes constitutionnels (3 000 personnes).
La *Fonction publique territoriale* emploie 1,2 million de personnes, dont 50 000 dans les départements d'outre-mer. Elle comporte des organismes départementaux et régionaux et des organismes communaux et intercommunaux. On peut y ajouter 90 000 TUC (travaux d'utilité collective), 30 000 employés des offices publics d'HLM et 20 000 emplois dans les établissements publics industriels et commerciaux. Enfin, la *Fonction publique hospitalière* comprend environ 650 000 employés.
Au total, on peut donc considérer qu'environ 4,5 millions de personnes ont un emploi dépendant de l'Etat. Toutes ne sont pas de vrais fonctionnaires, car les administrations emploient également des « non-titulaires » (contractuels, auxiliaires, vacataires...) qui ne bénéficient pas de la même garantie d'emploi. Ainsi, 175 000 salariés de l'enseignement privé sous contrat (dont 120 000 enseignants directement payés par l'Etat) et les 35 000 salariés d'autres organismes de droit privé financés à plus de 50 % par l'Etat ne font pas partie de la Fonction publique.

▶ Entre 1950 et 1990, le nombre de fonctionnaires du ministère de l'Agriculture est passé de 15 000 à 30 000, alors que le nombre d'exploitations agricoles passait de 2 400 000 à 950 000.

Les relations des Français avec l'Etat se sont fortement dégradées depuis quelques années.

Les Français se sentent de plus en plus mal dans une société qui engendre des inégalités, qui s'inquiète de son avenir et de son identité, qui s'interroge sur sa capacité (ou sa détermination) à trouver sa place dans une Europe aux contours encore flous et aux conséquences incertaines. Leur longue habitude d'un Etat omniprésent les incite à le rendre responsable de leur malaise.

Le sentiment de vide et de crainte laissé par la guerre du Golfe a renforcé le pessimisme qui prévalait avant son déclenchement. L'image des institutions a connu une nouvelle dégradation, alimentée par un climat politique désastreux, à droite comme à gauche, un changement raté de gouvernement en 1991 et un nouvel accroissement des ponctions sur le pouvoir d'achat.

Politiciens : la cote d'alerte

« Les hommes politiques sont intègres » * :

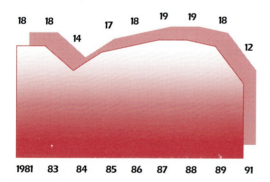

* Cumul des réponses « entièrement d'accord et bien d'accord » à l'affirmation proposée.

Agoramétrie

▶ 57 % des Français déclarent s'intéresser à la politique, 43 % non.
▶ 69 % des Français estiment que les hommes politiques ne se préoccupent pas, dans l'ensemble, de ce que pensent les gens (29 % de l'avis contraire).

L'Etat de plus en plus lointain

74 % des Français considèrent l'Etat comme quelque chose de lointain ; ils n'étaient que 51 % en 1970. 22 % seulement l'estiment proche, contre 41 % en 1970. La suspicion attachée à l'Etat explique que 24 % font plutôt confiance à un organisme lorsqu'ils apprennent qu'il relève de l'Etat, alors qu'ils étaient 43 % en 1981.
La proximité psychologique est évidemment corrélée à la proximité géographique : 63 % jugent la région proche, 76 % le département et 90 % la commune.
44 % estiment que la régionalisation n'a pratiquement rien changé, 35 % qu'elle a eu un effet positif.

La multiplication des « affaires » a lourdement entamé la crédibilité du monde politique.

Elle a largement contribué à la perte de confiance des citoyens vis-à-vis de l'ensemble des forces politiques, à l'exception des écologistes et des extrémistes de droite, devenus par forfait des autres partis les deux pôles de l'idéologie contemporaine.

Il sera bien difficile aux partis traditionnels, à gauche comme à droite, de se remettre du scandale des transfusions sanguines. Car il est d'une autre nature que les affaires habituelles ; il n'est plus ici question de gaspillage de l'argent public, mais de la vie de milliers de personnes, victimes de ce que l'on est tenté de qualifier d'homicide perpétré par l'Etat contre des citoyens.

Le divorce est donc patent entre les citoyens et leurs élus ; il est prononcé pour faute grave. Les conséquences en sont visibles lors de chaque consultation électorale à caractère national.

L'une des conséquences de la dégradation de l'image des institutions est l'émergence en leur sein d'« imprécateurs » prêts à dénoncer les malversations et les corruptions dont ils sont les témoins et, parfois, les complices impuissants. L'inspecteur Godino révèle les affaires de fausses factures du PS, le juge Jean Pierre dévoile les pressions subies par la justice, le proviseur Berland décrit l'état d'urgence dans les lycées. Tous s'élèvent contre la corruption et cherchent à redonner un peu de sens moral à une république qu'ils jugent à la dérive. On trouve parmi eux le leader du Front national, dont le succès repose largement sur la déconsidération des partis traditionnels.

Micro-entretien

FRANÇOISE GIROUD*

G.M.- *Le faste dont s'entoure l'Etat est-il favorable à son image et à son efficacité ?*

F.G.- L'une des causes de la « comédie du pouvoir », c'est que nous sommes à l'intérieur d'un système de monarchie élective, dans un système de cour, sous un protocole créé par le général de Gaulle pour de Gaulle qui est aberrant.
Ce protocole, et tout ce qu'il y a autour, créent un certain état d'esprit. Le fait, par exemple, que les ministres soient abrités sous des lambris dorés, dans des hôtels particuliers de luxe, entraîne toutes sortes de conséquences détestables pour le moral. Je crois que le ministère de l'Economie a eu raison d'aller s'installer à Bercy dans des locaux fonctionnels, plutôt que de rester au Louvre.

---

* Journaliste, écrivain, ancien ministre chargé de la Condition féminine, auteur notamment de *la Comédie du pouvoir* (Fayard).

Gaspillage : 100 milliards par an

On estime que l'Etat pourrait réaliser chaque année environ 100 milliards d'économies, répartis sur quatre postes principaux :
1. Dépenses des administrations. Une meilleure organisation permettrait de supprimer 103 000 postes (dont 35 000 militaires), soit 32 milliards de francs avec les dépenses de fonctionnement qui s'y rattachent et une meilleure gestion du parc immobilier.
2. Subventions. L'Etat peut sans dommage diminuer leur montant de 10 % sur quatre ans, soit à terme 40 milliards de francs annuels.
3. Endettement. Les économies précédentes permettraient de diminuer la charge de la dette nationale de 7 milliards de francs.
4. Privatisations. Les recettes correspondantes (estimées à 215 milliards de francs) permettraient, si elles étaient affectées au désendettement, de le réduire de 21 milliards de francs par an.

L'Express, septembre 1991

INSTITUTIONS

Malgré leur déception, les citoyens attendent encore beaucoup de l'Etat.

85 % des Français pensent que l'Etat doit s'occuper en totalité ou en partie de l'enseignement (43 % en totalité), 79 % des chemins de fer, 78 % des autoroutes. 41 % estiment même qu'il n'intervient pas assez dans la vie économique, 21 % qu'il intervient trop (*le Monde/Observatoire interrégional du politique*, octobre 1991).

Les revendications de liberté, assez largement satisfaites au cours des décennies passées, sont aujourd'hui moins prioritaires. Elles cèdent la place à celles d'égalité et de solidarité, qui apparaissent nécessaires dans une société où l'exclusion s'est beaucoup développée et dans un contexte international de compétition implacable.

Cette attente implique un nouveau type de rapport avec les pouvoirs publics et les institutions, caractérisé par une délégation à double sens : le citoyen confie à l'Etat la responsabilité d'assurer une juste redistribution de la richesse nationale par les mécanismes de répartition ; l'Etat consulte le citoyen sur les grands sujets et lui permet de participer à la gestion de son environnement immédiat (quartier, commune, région).

Les Français restent attachés aux institutions, mais ils sont de plus en plus mécontents de leur fonctionnement.

Les sondages montrent depuis plusieurs années une méfiance réelle et croissante des Français à l'égard des institutions. Mais, à travers elles, ce sont les hommes politiques et les technocrates qu'ils condamnent.

Parmi les principales institutions de la république, le Sénat est celle qui résiste le mieux. Les Français le jugent en majorité plus libre, moins politisé que l'Assemblée nationale et les débats y sont plus approfondis, les sénateurs étant perçus comme plus consciencieux que les députés.

De plus en plus mécontents du fonctionnement de la république, ils souhaitent la mise en place prochaine de réformes institutionnelles importantes (voir encadré). Très attachés à la commune, 62 % considèrent néanmoins que l'unité politique d'avenir est la région, 29 % seulement le département. Mais, bien que 49 % estiment qu'il y a trop de collectivités locales, source de lenteur administrative et de dépenses excessives, 78 % souhaitent le maintien des départements, 14 % leur suppression (*le Pèlerin Magazine*/Sofres, mai 1991).

Ve République : les cinq réformes attendues

1. Réduction à cinq ans du mandat présidentiel. 75 % des Français y sont favorables, contre 21 %. Ils restent attachés à l'élection du président au suffrage universel (85 %).
2. Extension du champ du référendum : 74 % contre 20 %.
3. Saisine du Conseil constitutionnel par les citoyens : 75 % contre 19 %.
4. Regroupement des élections (par exemple, élections présidentielle et législatives le même jour, pour une durée de mandat identique) : 57 % contre 38 %.
5. Plus de sévérité pour le cumul des mandats : 41 % en faveur d'un seul mandat, 41 % à deux mandats, 13 % trois mandats ou plus. Abandon des mandats lorsqu'un élu est nommé membre du gouvernement : 71 % contre 26 %.

Le Point/Ipsos, octobre 1991

L'image de la justice s'est particulièrement dégradée.

Un sondage réalisé en juin 1991 par la Sofres pour la Commission sénatoriale sur le fonctionnement de la justice en donnait une image accablante. Une large majorité des Français estiment qu'elle ne remplit pas son rôle (78 %), que ses jugements ne sont pas équitables (66 %), qu'elle est trop coûteuse pour les justiciables (84 %), qu'elle ne traite pas les riches et les pauvres de la même façon (83 %), qu'elle est trop soumise au pouvoir politique (82 %), qu'elle est difficile d'accès (85 %), qu'elle est trop lente (97 %).

Certains événements, tels que l'amnistie des hommes politiques impliqués dans des affaires liées au financement des partis ou le mécontentement des magistrats quant aux pressions exercées sur eux par le pouvoir ou à leurs conditions de travail, n'ont pu que les renforcer dans le sentiment d'une justice à plusieurs vitesses. Il faut noter que la police et l'armée, outils principaux de la défense des citoyens, continuent de bénéficier d'une bonne image auprès de l'opinion.

▶ Les choses dont les Français ont le plus à se plaindre dans la vie de tous les jours sont : l'Etat (37 %) ; les services de l'administration (34 %) ; les embouteillages de la circulation (24 %) ; les percepteurs (19 %) ; les immigrés (13 %) ; les promoteurs immobiliers (9 %) ; les transports en commun (8 %).

Enfin, l'abolition de la peine de mort, votée en 1982, avait été mal acceptée par une majorité de Français, qui y ont vu une forme de laxisme préjudiciable à la sécurité. Une majorité reste d'ailleurs favorable à son rétablissement (voir *Insécurité*).

L'image des syndicats a évolué en sens inverse de celle des entreprises.

La désaffection vis-à-vis des syndicats est apparue vers le milieu des années 70 ; elle s'est largement confirmée depuis. La politisation, le décalage entre les revendications et les réalités économiques, les grèves déclenchées dans le secteur public (SNCF, enseignement, Banque de France...) ou dans des professions protégées (transport aérien...) sont les causes essentielles de ce rejet.

L'image de l'entreprise a connu une évolution inverse. Sa réhabilitation s'est produite de façon sensible à partir de 1983 : en novembre 1980, 38 % seulement des Français pensaient qu'il fallait faire confiance aux entreprises pour faire face aux difficultés économiques ; ils étaient 58 % en décembre 1982 et 63 % en avril 1990. C'est paradoxalement l'arrivée au pouvoir de la gauche et les changements idéologiques qui ont suivi le plan de relance manqué de 1982 qui sont à l'origine de ce retournement de l'opinion.

Le débat sur le rôle et la qualité des médias est relancé.

Les Français sont aujourd'hui conscients que les médias sont des entreprises commerciales et que leur vocation n'est pas de servir la collectivité mais d'accroître leur audience et leurs recettes publicitaires. La qualité de leur contenu et la véracité de l'information qu'ils délivrent ont été progressivement mis en doute, à l'occasion des événements de fin 1989 à l'Est, lors de la guerre du Golfe en 1991 ou à l'occasion de trucages manifestes : fausses interviews, mélange d'images d'archives à des sujets d'actualité ; mise en scène d'événements présentés comme spontanés, etc.

La mise en œuvre du nouveau paysage audiovisuel au début des années 80 n'est pas étrangère à cette perte de crédibilité. Les conditions de privatisation des chaînes, les tribulations successives de la Haute Autorité, de la CNCL et du CSA, l'échec du plan câble et des satellites TDF1 et TDF2 ont montré les limites et les dangers de l'intervention des pouvoirs publics. Libérée d'une partie de ses

La télévision n'a pas toujours bonne presse

Les médias à la une

Lorsqu'on demande aux Français : « Pensez-vous que les choses se sont passées vraiment ou à peu près comme la télévision les a montrées ? », seuls 49 % répondent par l'affirmative, alors qu'ils étaient 68 % en 1988. En quatre ans, la crédibilité de la télévision a perdu 16 points, celle des journaux 13 points, celle de la radio 8 points.
49 % estiment que les journalistes résistent plutôt mal aux pressions du pouvoir étatique, 53 % à celles de l'argent. 74 % pensent que la télévision, plutôt que d'informer sérieusement le public, cherche avant tout le sensationnel.

La Croix-Télérama/Sofres, janvier 1992

contraintes antérieures, la télévision ne se reconnaît guère de mission éducatrice ou culturelle. Forte des chiffres de l'Audimat, elle s'efforce de flatter les attentes des Français en faisant couler l'émotion à flots dans les émissions de variétés, les *Reality shows* et autres *Téléthon* ou en favorisant les formes multiples de l'exhibitionnisme et du voyeurisme.

Les Français ont de plus en plus de doutes quant à l'influence des médias sur le fonctionnement de la démocratie. Si leurs investigations permettent parfois de faire progresser la vérité, il arrive qu'elles perturbent la sérénité nécessaire au fonctionnement de la justice en instruisant les procès devant l'opinion avant ou en même temps qu'ils ont lieu devant les juges. Enfin, beaucoup de Français estiment que les médias portent une part de responsabilité dans la montée et la banalisation de l'extrême droite, utilisée comme instrument de spectacle et de dramatisation de la vie politique et sociale.

▶ 57 % des Français estiment que la télévision doit pouvoir tout montrer, car ce n'est pas sa faute si la réalité est parfois choquante ou difficile à regarder. 40 % estiment au contraire que la télévision doit refuser de montrer les choses les plus choquantes ou difficiles à regarder, car elle a une responsabilité à l'égard du public.
▶ 49 % des usagers d'Air Inter et 68 % des abonnés déclarent subir souvent un retard de plus de 30 minutes sur les vols.

Les usagers sont plus satisfaits des services publics.

Les Français portent sur les administrations et les services publics un jugement globalement plus favorable que sur les institutions. Le téléphone, EDF et GDF arrivent largement en tête, avec au moins 80 % d'avis favorables, devant La Poste. L'image de la SNCF, de la RATP ou d'Air France fluctue au rythme des grèves qui perturbent leur fonctionnement. La télévision publique subit la désaffection générale concernant les médias. Dans leur majorité, les usagers restent favorables à un maintien des monopoles détenus par France Télécom, La Poste et EDF. Ils sont plus partagés en ce qui concerne le transport aérien.

A l'autre bout de la chaîne administrative, la Sécurité sociale reste le symbole incontesté de la bureaucratie française et l'un des lieux privilégiés du mécontentement. Même l'administration fiscale, traditionnellement peu appréciée des Français, est mieux notée que la « Sécu ». Mais beaucoup sont sensibles aux tracasseries dont ils font (ou craignent de faire) l'objet.

On constate aussi que l'hôpital obtient un taux de satisfaction élevé, même si les malades hésitent moins que par le passé à se plaindre, voire à engager des actions judiciaires en cas d'erreur médicale (voir *Santé*).

POLITIQUE

Alternance, cohabitation, ouverture, rénovation ● Dégradation de l'image des partis traditionnels ● Montée de l'extrême droite et des écologistes ● Le centre introuvable

ÉLECTEURS

Les changements intervenus depuis dix ans peuvent être interprétés comme la conséquence d'une stratégie du corps électoral.

On peut analyser les quinze dernières années comme celles du divorce progressif des Français et de la politique. On peut les voir aussi comme celles de la transition et du cheminement vers une nouvelle forme de démocratie.

Tout s'est passé comme si le corps électoral avait inconsciemment défini et appliqué une stratégie destinée à casser des structures et des habitudes qu'il jugeait périmées et inefficaces. Les électeurs ont successivement contraint les politiques à l'alternance, à la cohabitation, à l'ouverture. Ils veulent les forcer aujourd'hui à la rénovation.

L'alternance a été la première étape du processus.

La droite a été désavouée en 1981 pour n'avoir pas su expliquer et encore moins éviter les effets de la crise économique sur la vie quotidienne des citoyens. Depuis plus de vingt ans, une majorité de Français, par conviction ou par habitude, se réclamaient de la droite, garante selon eux de la prospérité économique et de la liberté individuelle. Les premiers symptômes d'une crise économique, dès 1973, ne les avaient pas inquiétés ; après avoir identifié le virus, le pouvoir allait bientôt fabriquer le vaccin. 1981 les trouva donc fort étonnés d'être toujours malades. Un certain nombre d'entre eux décidèrent alors de changer de médecin ; ils joignirent leurs voix à celles qui appelaient depuis longtemps une thérapeutique socialiste.

La cohabitation est apparue comme la possibilité de créer un véritable gouvernement d'union nationale.

Ceux qui, par idéalisme ou par tradition, se réclamaient de la gauche, seule capable à leurs yeux de mettre en œuvre une politique de justice sociale, donnèrent libre cours à leur joie du printemps 1981, après 23 ans de frustration. Cinq ans plus tard, en 1986, le chômage avait augmenté, les impôts étaient plus lourds, le franc dévalué. Malgré sa remise en cause de 1982, la gauche n'avait pu résoudre les problèmes économiques et empêcher les inégalités de s'accroître.

Pour beaucoup, le rêve était fini... Après avoir provoqué l'alternance, le corps électoral inventait la cohabitation, dont il imaginait qu'elle serait une sorte de réconciliation nationale, d'union sacrée entre la droite et la gauche.

L'ouverture fut une autre tentative de réponse à la cohabitation manquée.

Loin de permettre l'union dont rêvaient les Français, la cohabitation (1986-1988) se traduisit au contraire par un certain immobilisme et une radicalisation des positions : le libéralisme s'opposait au socialisme. En 1988, les électeurs écrivirent donc un nouveau chapitre de l'histoire politique.

Pour la première fois dans l'histoire de la Ve République, un président (de gauche, qui plus est) était réélu. Moins à cause du bilan de son premier septennat que parce qu'il paraissait le mieux placé pour réaliser « l'ouverture » vers le centre, lieu de convergence naturel des attentes des citoyens, dans une période où le pragmatisme leur paraissait plus souhaitable que l'idéologie, le conservatisme mieux adapté que la fuite en avant.

Douze ans de mitterrandisme

Evolution de la cote de confiance de François Mitterrand (juin de chaque année, en %) :

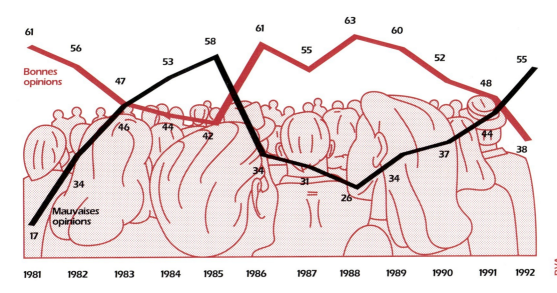

Micro-entretien

ALAIN FINKIELKRAUT *

G.M. - *Le retour à la tradition et à certaines voix oubliées peut-il aider les Français à affronter le présent ?*

A.F. - Aujourd'hui, le socialisme s'effondre, dans sa version dure, totalitaire, et également, on le voit en France, dans sa version molle. Raison de plus, plutôt que d'abandonner complètement l'idée et se livrer à je ne sais quel délice du marché, de l'économisme ou de la technique triomphante, pour réhabiliter certaines traditions oubliées ou persécutées du socialisme, dont celle de Péguy. Si nous en sommes réduits à penser, comme certaines tendances modernes ou hypermodernes, que seuls les vivants sont vivants, que la vie se réduit au fait biologique de vivre ici et maintenant, que seul est présent ce qui est présent, cela veut dire qu'il n'y a plus de place pour la culture et pour son mouvement fondateur, qui est d'aller chercher chez les morts une source de vie.

---
* Philosophe, auteur notamment du *Mécontemporain* (Gallimard).

La rénovation est le nouveau mot clé de la vie politique française.

Quinze années de mutations sociales et économiques ont mis en évidence les défauts, les insuffisances ou incompétences des partis politiques, tels qu'ils apparaissent aux Français : des appareils souvent sclérosés ; des idées courtes ou inexistantes ; des discours déconnectés de la réalité ; des hommes usés.

Au cours de ces années agitées, les Français se sont donc enrichis d'une expérience nécessaire. Mais ils se sont appauvris d'une espérance qui ne l'était pas moins. Entre une gauche qui a perdu ses idées et une droite qui a perdu son âme, le doute s'est installé dans leur esprit. C'est tout le système politique qui a perdu à leurs yeux sa crédibilité.

Des « rénovateurs » sont apparus, à droite comme à gauche, convaincus que la reconquête de l'électorat passe par une remise en question en profondeur et sans complaisance. Mais ils n'ont pu, jusqu'ici, faire prévaloir leur point de vue, gênés par leurs propres divisions et écrasés par le poids des appareils, de leurs « éléphants » ou de leurs « barons ».

Les surprises des régionales-cantonales 1992

- Le taux de participation (69 %) a été très supérieur à celui attendu.
- 42 % seulement des électeurs de François Mitterrand en 1981 ont voté socialiste.
- Le PS a fait davantage recette chez les plus de 65 ans que chez les 18-24 ans.
- Le FN a gagné des voix chez les ouvriers et les employés et perdu chez les travailleurs indépendants.
- 11 % des électeurs de l'extrême gauche aux européennes de 1989 ont voté Front national.
- Les écologistes se sont recrutés surtout chez les ouvriers et employés. Près de la moitié des électeurs de Génération Ecologie se sont décidés au dernier moment, alors que les trois quarts de ceux du FN s'étaient déterminés depuis de longs mois.

Antenne 2-FR3-France Inter-France Info-Paris-Match-Libération/BVA, mars 1992

PARTIS

L'image du parti socialiste s'est dégradée, du fait de l'affrontement des hommes et de l'absence d'idées.

Entre 1984 et 1986, la gauche socialiste avait déjà perdu sur le plan social une partie de la crédibilité qu'elle avait acquise sur le plan économique. Mais elle avait réussi en 1988 à reconquérir son électorat en se posant comme la seule force capable de rassembler les Français et de faire reculer l'injustice sociale, sous-produit habituel des crises économiques. La réélection de François Mitterrand en 1988 avait été obtenue au prix d'une véritable inversion idéologique. Principal bénéficiaire des deux années de cohabitation, celui-ci réussissait à faire apparaître le parti socialiste comme un parti « conservateur », alors que Jacques Chirac donnait une vision « progressiste » de la droite, jugée dangereuse par les Français.

Le désaveu du gouvernement Cresson, matérialisé par l'échec des élections cantonales et régionales de mars 1992, est la conséquence des mauvais résultats enregistrés dans le domaine social, de la multiplication des « affaires » (aggravée par les deux lois d'amnistie de 1988 et 1990) et de la querelle des chefs qui continue de sévir au sein du parti. En ne réussissant pas à faire passer dans les faits le concept de « société d'économie mixte », qui paraissait pourtant acceptable à beaucoup de Français, les socialistes ont peut-être manqué un rendez-vous avec l'histoire.

Poussé par la faillite du communisme à l'Est, le PC est condamné à faire sa révolution.

La montée en puissance du parti socialiste, entre 1974 et 1981, s'était faite en grande partie au détriment de son difficile partenaire de l'Union de la gauche, le parti communiste. Le déclin du PC n'a cessé de se poursuivre depuis : le mauvais score de Georges Marchais à l'élection présidentielle de 1981 (15,5 % des voix) apparaissait fort enviable au regard de celui réalisé par André Lajoinie en 1988 (6,7 %). Mais les dirigeants communistes n'ont voulu voir dans ce déclin qu'une suite d'accidents de parcours, liés selon les cas au mode de scrutin, à la trahison du PS ou aux médias, plutôt qu'à ses propres erreurs.

La vérité est que les Français se sont lassés de la dialectique usée de la lutte des classes et ne rient plus aux facéties médiatiques de son indéracinable secrétaire général. Dans le même temps, les militants s'accommodaient de plus en plus mal du centralisme démocratique et de la censure qui en résulte. Les événements de fin 1989 dans les pays de l'Est allaient infliger au parti un nouveau et formidable camouflet. Le débat interne a fini par s'ouvrir. C'est de la survie du PC français qu'il est question.

La droite modérée n'a pas profité du déclin de la gauche.

Le principal handicap de la droite est d'avoir perdu ce qui faisait sa spécificité par rapport à la gauche, c'est-à-dire sa capacité naturelle à diriger l'économie. Depuis 1983, la gauche a en effet démontré qu'elle était capable de gérer, en maîtrisant l'inflation, équilibrant les comptes de la Sécurité sociale, accompagnant ou favorisant la croissance, assurant la solidité du franc.

En 1986, la droite avait cru pouvoir reconquérir sa suprématie en se faisant le chantre du libéralisme. Mais celui-ci est vite apparu aux Français comme une source d'inconfort (les dures lois du marché) et un générateur d'inégalités envers les plus vulnérables.

Il lui faudra beaucoup d'imagination pour trouver un nouveau positionnement idéologique, entre l'économique et le social, entre l'efficacité et la solidarité, entre la dictature du marché et le rôle modérateur et redistributeur de l'Etat. D'autant qu'elle n'est dépositaire d'aucune des deux seules idéologies reconnues par un nombre croissant de Français : celles de l'écologie et du Front national, vainqueurs par forfait.

La balance électorale

Evolution des rapports droite/gauche depuis 1974 (%) :

	Gauche	Ecologistes et inclassables	Droite
• Présidentielle de 1974 (2ᵉ tour)	49,4	-	50,6
• Cantonales de 1978 (1ᵉʳ tour)	52,5	-	47,5
• Municipales de 1977* (1ᵉʳ tour)	50,8	2,9	46,3
• Législatives de 1978 (1ᵉʳ tour)	49,4	2,7	47,9
• Européennes de 1979	47,4	4,5	48,1
• Présidentielle de 1981 (1ᵉʳ tour)	47,3	3,9	48,8
(2ᵉ tour)	52,2	-	47,8
• Législatives de 1981 (1ᵉʳ tour)	55,8	1,1	43,1
• Cantonales de 1982 (1ᵉʳ tour)	48,1	2,0	49,9
• Municipales de 1983* (1ᵉʳ tour)	44,2	2,2	53,6
• Législatives de 1986	42,5	3,0	54,5
• Présidentielle de 1988 (1ᵉʳ tour)	44,9	4,2	50,9
(2ᵉ tour)	54,0	-	46,0
• Législatives de 1988 (1ᵉʳ tour)	49,3	0,4	50,3
• Municipales de 1989	39,5	0,4	60,1
• Européennes de 1989	33,8	15,9	50,3
• Régionales de 1992	29,6	19,0	51,4
• Cantonales de 1992	34,6	10,4	55,4

(*) Villes de plus de 30 000 habitants.

Droite-gauche : un débat dépassé

56 % des Français considèrent que les notions de droite et de gauche sont dépassées (ils n'étaient que 33 % en 1981) et seulement 34 % les trouvent justifiées, contre 43 % en 1981. Sur tous les grands sujets, 60 à 80 % des Français perçoivent très peu de différences entre les deux bords : économie ; école, lutte contre la délinquance ; politique étrangère ; droits de l'homme et libertés ; protection sociale ; culture ; défense ; lutte contre le chômage. Seule la question de l'immigration fait encore l'objet d'un certain clivage : 54 % observent des différences, mais 37 % en voient peu. Cette indifférence entre les idées se traduit par l'indifférence des électeurs.
Cette évolution est d'abord la conséquence de la disparition des idées dans les deux camps, de leur retournement (la gauche de 1991 n'a plus rien à voir avec celle de 1981) ou de leur inadaptation aux attentes des citoyens (le libéralisme de droite entre 1986 et 1988).

PS/Sofres, décembre 1990

Le Front national a profité de sa marginalisation dans un contexte de disqualification des partis traditionnels.

A un moment où les Français refusent leur confiance aux hommes et aux partis traditionnels, il n'est guère étonnant que ceux qui se situent (volontairement ou non) en marge du système et ne cessent de fustiger dans leurs discours les tares de « l'établissement » ne trouvent un écho auprès d'une partie de la population éprise d'ordre et d'autorité.

Le langage du Front national a touché les Français les plus vulnérables à la crise économique et ceux qui s'interrogent sur l'identité et l'avenir de la France (ce ne sont d'ailleurs pas toujours ceux qui subissent les inconvénients d'une cohabitation difficile avec les immigrés). Le slogan de Jean-Marie Le Pen inauguré pour les élections européennes de 1979 (« les Français d'abord ») a fait mouche auprès de tous ceux qui sont naturellement tentés par le repli sur soi, le protectionnisme et le rejet des « autres ».

Outre l'immigration, la droite traditionnelle et modérée a laissé au Front national le champ libre sur des thèmes auxquels beaucoup de Français étaient sensibles : le sida, l'absentéisme des députés, la corruption, le remboursement de l'IVG, le rétablissement de la peine de mort, etc.

L'extrême droite s'est trouvée placée au centre de la vie politique nationale.

Les hésitations de la classe politique traditionnelle à agir et à engager les vrais débats ont eu pour effet de légitimer et de banaliser le Front national, à le placer au centre des discussions et des stratégies. Le jeu ambigu des médias, les attaques mal ciblées et souvent empreintes de subjectivité des intellectuels lui ont permis de se poser en martyre. La stratégie du « cordon sanitaire », comme celle de l'affrontement témoignent de l'incapacité des partis à exister par eux-mêmes et à répondre aux attentes des Français.

Le plus vieux parti de droite

Contrairement à ce que l'on imagine souvent, le Front national est le plus ancien des partis actuels de la droite. Créé en 1972 (le RPR est né en 1976 et l'UDF en 1978), il recueillait seulement 0,5 % des voix aux élections municipales de 1971, tandis que Jean-Marie le Pen obtenait 0,7 % à la présidentielle de 1974 et ne pouvait se présenter en 1981, faute d'un nombre suffisant de signatures.
Le vrai début de son ascension date de 1983, à l'élection partielle de Dreux (16,7 % des voix). Succès confirmé au plan national à l'occasion des élections européennes de juin 1984 (11,1 %), des législatives de 1986 (9,8 %) et des présidentielles de 1988 (14,4 %), un score proche de celui obtenu aux régionales de 1992 (14,1 %).
Son électorat, plutôt diversifié, est constitué en large majorité d'hommes (71 %), d'ouvriers, employés, cadres moyens et inactifs plutôt situés dans les grandes villes et les régions à problèmes. Le vote Le Pen est à la fois un vote d'exclusion et un vote d'appel au secours. Ses motivations et son implantation géographiques ne ressemblent pas à celles du poujadisme auquel on le compare souvent.
Si 32 % des Français se disent plutôt d'accord avec les idées du Front national, 81 % le jugent raciste, 78 % sectaire et 76 % pensent qu'il est incapable de gouverner. Alors, Le Pen ne serait-il pas finalement une sorte de marionnette dont les Français tirent les ficelles, pour faire peur au reste de la classe politique afin de l'obliger à réagir ?

L'avenir de l'extrême droite dépendra d'abord de la rapidité de la recomposition des partis traditionnels modérés et de leur réhabilitation dans l'opinion (éventuellement favorisée par les médias), ainsi que de la capacité du pouvoir à réduire les inégalités et proposer un véritable projet d'avenir. Le maintien ou le développement du Front national s'appuie, lui, sur la persistance des peurs et des risques liés aux déséquilibres économiques, démographiques et géostratégiques, aux difficultés de la construction de l'Europe et à la montée des nationalismes dans d'autres pays.

Malgré le nombre élevé de ses sympathisants, le centre reste introuvable.

Dans une enquête réalisée en novembre 1989 (*l'Express*/Louis Harris), 28 % des Français se situaient politiquement au centre, 25 % au centre gauche, 14 % au centre droit, 9 % à gauche, 7 % à droite, 2 % à l'extrême gauche, 2 % à l'extrême droite (15 % ne se situaient pas).
La proportion considérable de citoyens se réclamant du centre (67 % !) ne se reflète absolument pas dans les élections. Elle traduit à la fois leur refus croissant de se classer à droite ou à gauche et le fait qu'ils observent une convergence entre les partis modérés de droite et de gauche.
Le centre n'apparaît donc plus aujourd'hui comme un lieu idéologique distinct, mais comme le point de rencontre du socialisme et du libéralisme. L'avenir dira s'il est le point Oméga de la politique auquel tout aboutit, ou une position d'attente en période de « non-idéologie ».

▶ 77 % des enseignants s'estiment déçus après dix ans de socialisme. Mais 85 % estiment que l'apport de la gauche a été utile.
▶ Pour les prochaines années, 50 % des Français souhaiteraient une politique libérale, 22 % une politique sociale-démocrate ou socialiste.
▶ 69 % des Français préféreraient un maintien de la protection sociale, 25 % une augmentation du salaire net après cotisations.
▶ 67 % des Français seraient opposés à la suppression de l'ISF (22 % favorables).
▶ 49 % des Français seraient opposés à une forte augmentation des droits de succession pour les héritages supérieurs à un million de francs (36 % plutôt favorables).
▶ 67 % des 10-14 ans pensent que le général de Gaulle était président de la République lors de la signature de l'armistice, le 22 juin 1940 (24 % pensent que c'était le maréchal Pétain). 36 % croient que l'URSS était l'alliée de la France en 1940 (35 % de l'Allemagne, 29 % des Etats-Unis). 28 % pensent que c'est le Japon qui a lancé les deux premières bombes atomiques en 1945 (46 % les Etats-Unis).

L'écologie est une attitude générale plus qu'une opinion politique.

L'écologie avait connu son heure de gloire au début des années 70. Puis elle avait été chassée des préoccupations des Français et des partis politiques par les contraintes de la crise économique. La réhabilitation de l'entreprise allait entraîner dans les années 80 un regain de confiance dans les produits industriels ; les risques technologiques passaient alors au second plan, derrière la reconquête de la croissance et des parts de marché. Il aura fallu Tchernobyl, la découverte d'une fissure dans la couche d'ozone, celle des effets des pluies acides sur les forêts et les variations climatiques de ces dernières années pour que l'écologie devienne en France (avec retard par rapport aux autres pays européens) une préoccupation majeure.

La nature, un enjeu politique

On peut penser aujourd'hui qu'elle sera durable. Les Français ont en effet compris qu'il ne s'agit plus seulement de protéger des animaux menacés ou des forêts, mais d'assurer la survie de l'espèce humaine et de léguer aux prochaines générations un monde encore habitable. C'est pourquoi l'écologie est devenue une préoccupation « transversale » ; longtemps marquée à gauche, elle traverse aujourd'hui tous les partis politiques. Les bons résultats des Verts et de Génération Ecologie aux élections régionales de mars 1992 (14,4 % au total) sont une forte incitation pour les autres partis à intégrer la dimension écologique dans leurs programmes.

Au cours des dernières années, l'électorat « écolo » s'est diffusé dans l'ensemble de la population. Il est devenu plus jeune, plus féminin, moins parisien, plus rural.

Les causes idéologiques du clivage sont également en voie de disparition. Les dernières années ont démontré avec éclat combien la marge de manœuvre idéologique était réduite dans un environnement international de plus en plus contraignant.

➤ 14 % des Français connaissent la signification du sigle UDF (Union pour la démocratie française), 44 % l'ignorent et les autres donnent des interprétations fantaisistes. 33 % identifient le sigle RPR, 82 % le PCF, 86 % le PS.
➤ 61 % des Français estiment que faire de la politique est un bon moyen pour s'enrichir, 35 % non.
➤ 56 % des Français pensent que les hommes politiques sont corrompus, 34 % qu'ils sont plutôt honnêtes.
➤ 72 % des Français seraient incités à aller voter par l'arrivée d'une nouvelle génération d'hommes politiques.
➤ 9 % des Français ne voteraient pas pour un candidat juif à l'Élysée, 87 % n'en tiendraient pas compte dans leur vote.
➤ 74 % des Français pensent qu'il faut punir ceux qui ont commis des crimes pendant la période de la collaboration, 16 % qu'il faut leur pardonner. 47 % estiment cependant que ceux qui ont suivi Pétain plutôt que de Gaulle ne sont pas moralement condamnables (35 % de l'avis contraire).
➤ Les textes réglementaires comprennent 7 500 lois applicables, 82 000 décrets en vigueur (auxquels s'ajoutent chaque année 15 000 circulaires) et 21 000 règlements d'origine communautaire.

MONDE

Les Français favorables à la construction européenne ● **Peur de la France plus que de l'Europe** ● **Nouvelle image du monde** ● **Fin du modèle américain**

EUROPE

Comme les autres Européens, les Français ont attendu 30 ans pour s'intéresser à l'Europe.

Le rêve européen, né avec le traité de Rome de 1957, n'avait guère excité l'imagination des citoyens. La crise économique avait parfois fait oublier les solidarités nécessaires pour mettre en relief les difficultés de s'entendre à dix, puis à douze, sur les grands dossiers tels que l'agriculture, les contributions financières des États membres ou l'harmonisation des politiques économiques.

Après une apathie de quelque trente ans, les Français, comme les autres Européens, se sentent aujourd'hui concernés par la construction d'une véritable Europe des nations, réponse du Vieux Continent aux défis du troisième millénaire. La création du Marché unique de 1993 leur apparaît comme la première étape d'un processus à la fois souhaitable et irréversible.

Une large majorité est favorable à la poursuite de la construction européenne.

On a beaucoup dit, au moment des accords de Maastricht et dans la perspective du Marché unique de 1993 que les Français avaient peur de l'Europe. Les nombreuses enquêtes effectuées depuis des années montrent qu'il n'en est rien. 75 % d'entre eux sont favorables à la mise en place d'une monnaie européenne unique, 61 % à une armée européenne intégrée, 42 % à un gouvernement européen supranational (*le Monde*/BVA, décembre 1991). Cette foi européenne des Français n'est pas récente ; les sondages effectués par l'Eurobaromètre font apparaître depuis des années une forte majorité (plus des deux tiers) de personnes favorables à l'appartenance à la Communauté européenne.

Ce sentiment n'est pas entamé par des craintes d'ordre culturel : 58 % des Français considèrent que l'Europe ne constitue pas une menace pour l'identité française ; 72 % estiment même qu'elle va s'enrichir de la culture des autres pays (*l'Express*/Ifop, octobre 1991).

Les Français n'ont pas peur de l'Europe, mais de la capacité de la France à y trouver sa place.

Les réticences ou inquiétudes concernant l'avenir de l'Europe ne témoignent pas d'un « europessimisme », mais d'un doute quant à la place qui sera celle de la France dans l'ensemble européen. Il est d'ailleurs significatif que 32 % des Français souhaitent que l'on accélère le mouvement d'unification européenne (17 % seulement souhaitent qu'il ralentisse), alors que 53 % estiment que le Marché unique va aggraver les difficultés économiques (*le Figaro*/Sofres, décembre 1991).

On peut se demander si le divorce entre l'État et la nation ne vient pas renforcer la conviction européenne. Autant s'unir aux autres pour faire avec eux ce que l'on n'a pas pu (ou osé) faire seul : la réforme de l'éducation ; la lutte contre le chômage ; la destruction des corporatismes, etc. C'est sans doute pourquoi 52 % des Français estiment que la France a plus à gagner qu'à perdre avec le renforcement de l'union européenne (*le Monde*/BVA, décembre 1991).

L'Europe est donc bien le grand projet que les Français attendent depuis longtemps. Mais c'est l'opinion qui est en train de le faire savoir aux politiques, quand ce devrait être le contraire.

L'Europe, opportunité pour les uns, menace pour les autres

La culture européenne est à la fois diverse et commune.

Les pays de la Communauté ont en commun la religion chrétienne, une longue histoire et un certain nombre de pratiques ou d'attitudes culturelles.

Ces points communs n'empêchent pas des particularismes nationaux importants. Les pays du nord de la Communauté incarnent les valeurs de travail, d'effort, de sérieux, de sens de l'organisation. Ceux du Sud représentent la spontanéité, la chaleur, la convivialité, l'affectivité. On observe que dans tous les pays s'exprime un sentiment de confiance majoritaire, mais qu'il est plus élevé dans les pays du Nord que dans ceux du Sud.

Mais les différences culturelles sont également marquées entre les divers groupes sociaux à l'intérieur d'un même pays. Il y a souvent plus de ressemblance entre des individus de divers pays partageant un système de valeurs proche, qui entraîne des modes de vie similaires, qu'entre les habitants d'une même nation séparés par des conceptions qui peuvent être très éloignées.

Bien qu'elles restent diversifiées, les cultures nationales se sont rapprochées. Le mouvement a été amplifié par la multiplication des échanges et les réalisations communes. Le principal obstacle à l'unité européenne est linguistique.

> ➤ 51 % des Français sont favorables au principe du transfert d'une partie des pouvoirs du gouvernement ou du Parlement français au Parlement européen (37 % de l'avis contraire).

Micro-entretien

ALAIN MINC *

G.M.- *En quoi l'évolution dans les pays de l'Est a-t-elle modifié la situation de la France ?*

A.M.- La France a été une formidable rentière de la guerre froide. Pendant trente ans, les Français ont eu un sentiment de supériorité, de présence dans le monde et de confort douillet qui était le résultat de notre rôle en Europe. Mais ce rôle n'était que le sous-produit de l'existence du mur de Berlin et du rideau de fer. Aujourd'hui, les Français commencent à découvrir que le monde n'est plus ce qu'il était, que l'Europe a changé de dimension, qu'il existe un pays central et pivot qui s'appelle l'Allemagne. Cela fait deux ans qu'a disparu l'illusion que l'Europe occidentale se confondait avec l'Europe et qu'elle était donc dominée par la France. La chute du mur de Berlin a marqué la fin du rôle mondial de la France. Celle-ci redevient une puissance moyenne et elle a du mal à retrouver ses marques dans une Europe qui est en train de redéfinir ses frontières.

* Consultant, auteur notamment de *Français, si vous osiez...* (Grasset).

Les jeunes sont massivement favorables à l'Europe.

Ceux qui déplorent l'absence de citoyenneté, d'éducation ou d'élite européenne sous-estiment la portée des projets en cours (Erasmus, Eurêka, etc.) et l'attitude des jeunes générations. Les sondages montrent que le sentiment d'appartenance à une supranationalité européenne (bien plus qu'occidentale) est très fort chez ceux qui seront demain les acteurs de la vie économique, sociale, politique, scientifique ou artistique.

La mobilité, celle de l'esprit comme celle du corps, est déjà inscrite dans leurs projets personnels et professionnels des jeunes. La situation de l'emploi ne pourra que renforcer cette disposition nouvelle. Pour les futures élites, comme pour les futurs employés, l'appartenance à l'Europe ne sera pas cette idée vague qu'elle est aujourd'hui pour leurs parents. Même si elle n'est pas exclusive d'une appartenance nationale. On observe que les jeunes sont les plus nombreux à ressentir une appartenance européenne (voir enquête dans l'*Etat des Français*).

Micro-entretien

JEAN-JACQUES SERVAN-SCHREIBER *

G.M.- *Quel rôle la France devrait-elle jouer en Europe ?*

J-J.S-S.- Quelques pays d'Europe avec l'Allemagne peuvent s'occuper à redresser l'Europe de l'Est en ruine. Mais pendant ce temps-là, le Japon avance plus vite, et il n'a pas le même fardeau sur les épaules. Notre intérêt de Français serait de nous associer le plus possible avec les Japonais, non pas de lutter contre eux, de mettre des quotas contre leurs produits, mais de nous associer avec eux pour faire le mieux possible et dans le monde entier. Je crois à une grande alliance entre la France et le Japon, mais on n'y songe pas. On est obsédé par notre pauvre petite géographie européenne qui nous empêche de regarder le monde. Je ne suis pas très optimiste car, tant que les hommes qui sont au pouvoir aujourd'hui resteront aussi myopes, la France n'aura pas toutes ses chances. Je suis anxieux, impatient que la jeunesse prenne le pouvoir.

---

* Homme politique et journaliste, auteur notamment de *Passions* (Fixot).

La démocratie encore très minoritaire

RESTE DU MONDE

Les événements récents ont transformé la vision que les Français ont du monde.

Le monde a plus changé en trois ans qu'en plusieurs décennies et les Français assistent avec une certaine angoisse à cette nouvelle « dérive des continents ». La proximité géographique et le souvenir d'une histoire souvent commune expliquent l'intérêt qu'ils portent aux pays de l'Est et à l'Union soviétique. Elle explique aussi leur inquiétude, face aux résurgences des nationalismes. Dans un pays historiquement attaché à l'Afrique, cela constitue un changement d'attitude notable, même si l'opinion s'inquiète de la situation instable de l'Algérie et de celle, peu démocratique, qui prévaut au Maroc.

La perception que les Français avaient des pays d'Asie était en partie conditionnée par le spectaculaire développement économique du Japon et des « quatre dragons » (Corée du Sud, Hongkong, Taiwan, Singapour). Deux faits nouveaux sont venus modifier cette image et élargir leur champ de vision : la révolution manquée des étudiants en mai 1989 et la sanglante répression qui l'a suivie ; les difficultés d'ordre économique et social qui affectent le Japon.

Le Moyen-Orient est considéré comme la principale menace pour l'avenir de l'Occident.

Depuis la guerre du Golfe, c'est le Moyen-Orient qui représente aujourd'hui pour les Français la plus grande menace pour la paix du monde. L'Irak, l'Iran et la Libye apparaissent comme les pays les plus dangereux, par ordre décroissant d'importance. En retardant le processus de discussion avec les Palestiniens, Israël a perdu son capital de sympathie dans l'opinion.

L'accélération de l'histoire en Yougoslavie, dans l'ex-URSS, en Irak ou en Algérie a convaincu les Français que tout peut arriver dans un monde plus que jamais dangereux. La période d'angélisme qui a suivi la révolution de fin 1989 dans les pays de l'Est semble durablement révolue. C'est l'inquiétude qui domine aujourd'hui.

➤ 28 % des Français pensent que, depuis la colonisation, la France ne fait pas assez pour les pays africains, 22 % qu'elle en fait trop (32 % juste ce qu'il faut). 59 % estiment que l'aide actuelle est mal employée, 19 % sont de l'avis contraire.

Image de la France : complexe et contradictoire

Pour beaucoup d'étrangers, l'image de la France reste marquée par des stéréotypes : un orgueil national démesuré ; un peuple élitiste et râleur ; un Etat plus intéressé par la culture que par l'économie (hors le vin, la Haute couture et les parfums). La montée de l'extrême droite, la succession des « affaires », l'accroissement des inégalités et les attitudes parfois déroutantes de la politique extérieure les ont confirmés dans l'image d'un pays où il fait encore bon vivre mais où il est difficile de séjourner. La presse britannique et, plus récemment, allemande, ne perdent d'ailleurs pas une occasion de dénoncer les errements ou les contradictions d'un voisin qu'ils jugent difficile.

Mais l'image comporte d'autres facettes, plus favorables. La communauté internationale décerne dans son ensemble un brevet de bonne gestion à la gauche, tout en étant surprise que ce soit elle qui ait inscrit la France dans la compétition capitaliste internationale. Certains, comme les Italiens, envient la capacité française à mettre en œuvre des grands projets technologiques comme le TGV, Ariane, le Minitel ou même les centrales nucléaires.

Qu'on le veuille ou non, « l'exception française » existe toujours ; elle peut se résumer par une prétention à l'universalité. Impression entretenue par certains intellectuels (Serres, Baudrillard, Lévy, Girard...), qui refont leur apparition après une période d'éclipse, ou les « french doctors » (Médecins sans frontières, Médecins du monde), qui ont réussi à imposer le débat sur un droit d'ingérence humanitaire.

Enfin, le succès reconnu des grandes manifestations comme le bicentenaire de la révolution de 1789 ou les jeux Olympiques d'Albertville montre que la France peut être est à la fois fidèle à ses traditions et moderne dans ses réalisations.

Le sentiment d'un déclin américain s'est diffusé dans la société française.

La victoire américaine dans la guerre du Golfe n'aura eu qu'un effet limité sur son image. Les Français sont aujourd'hui conscients du fait que le pays du libéralisme a abandonné sa suprématie économique et technologique et que son déficit budgétaire fait peser sur le reste du monde une menace dont on a vu les premiers effets lors du krach de 1987. Les difficultés intérieures de la société américaine (drogue, misère des minorités, protection sociale insuffisante, mise en question du droit à l'avortement...) font que l'Amérique n'apparaît plus comme un modèle. Son influence culturelle reste cependant forte ; il suffit pour s'en convaincre d'observer le contenu des programmes de télévision, la musique ou le cinéma.

Les étrangers sceptiques sur l'avenir de la France

Sur une échelle de +100 à -100 représentant la différence entre les réponses positives (ceux qui pensent que le pays aura plus d'importance dans vingt ans) et les réponses négatives (ceux qui considèrent qu'elle en aura moins), la France obtient un score de -20 aux Etats-Unis, -23 en Israël, -6 en Grande-Bretagne, -8 en Allemagne, +28 en France. A titre de comparaison, le score de l'Allemagne est de +36 aux Etats-Unis, +41 en Israël, +67 en Grande-Bretagne, +67 en France, +41 en Allemagne. Celui des Etats-Unis est de +36 en Israël, +46 en Grande-Bretagne, +19 en France, +13 en Allemagne, +50 aux Etats-Unis. Celui de la Grande-Bretagne est de -9 aux Etats-Unis, -7 en Israël, -3 en France, -4 en Allemagne, +12 en Grande-Bretagne. Celui d'Israël est de +16 aux Etats-Unis, +2 en Grande-Bretagne, +18 en France, -8 en Allemagne, +44 en Israël.

L'Express/Ifop-Gallup, février 1991

Les Français ont aujourd'hui une vision plus globale du monde.

L'accélération de l'histoire a constitué pour les Français une véritable leçon de géographie. Elle les a contraints à élargir leur champ de vision, qui était pour beaucoup hexagonal. Ils ont ainsi découvert que le monde était devenu « interdépendant » et les problèmes universels.

Beaucoup avaient été surpris de voir apparaître, il y a quelques années, des cartes où le centre du monde n'était plus l'Europe mais l'océan Pacifique, aux enjeux stratégiques et économiques considérables. De même, les cartes établies à partir de photos-satellite prises au-dessus du pôle Nord leur ont montré que les côtes de l'Alaska et du Grand Nord canadien font face à la Sibérie du Nord sur plusieurs milliers de kilomètres, et que la Chine est proche de l'Union soviétique tout au long de sa frontière sud-est.

Ces nouvelles visions du monde illustrent les grands changements intervenus au cours des dernières années. Elles montrent aussi que les relations entre les nations dépendent pour une large part des rapports de force qu'elles entretiennent.

Micro-entretien

ANDRÉ GLUCKSMANN *

G.M.- *Les intégrismes constituent-ils la principale menace pour les démocraties ?*

A.G.- Toutes les démocraties se bâtissent sur la défaite des intégrismes. C'est une lutte entre démocrates et intégristes, dans le monde musulman, qui va décider du sort de la planète. C'est une lutte entre intégristes, nationalistes, religieux et démocrates qui va décider si l'est de l'Europe va être un chaos ou une démocratie.
Le paradoxe des intégrismes, c'est que ce sont des révolutions conservatrices. C'est au nom d'une révolution contre l'Occident, qu'elle soit islamiste, bolchevique ou nazie, que l'on prône la résurrection du passé, comme arme contre le présent, en vue d'un Reich millénaire, d'un empire définitif, d'un monde de la foi... L'intégrisme est une apocalypse, avec à la fois une convocation du passé, une promesse du futur et la guerre dans le présent.

---

* Philosophe, auteur notamment du *XIe Commandement* (Flammarion).

Les modes de vie tendent à s'uniformiser entre les différents pays.

Comme le dit justement le proverbe, « le monde est petit ». Il est même de plus en plus petit lorsqu'on considère la facilité avec laquelle on peut en faire le tour. Les 80 jours de Phileas Fogg, une belle performance à l'époque, font sourire aujourd'hui, alors que la navette spatiale fait une révolution complète en une heure et demie. En quelques dizaines d'années, le monde s'est largement ouvert aux idées et aux produits des autres. Même des pays très autarciques comme l'ex-URSS ou la Chine laissent pénétrer quelques-uns des symboles de cette culture universelle que sont les produits de consommation courante : alimentation, loisirs (musique, télévision, cinéma...), etc.

Les entreprises multinationales et les médias sont les principaux artisans de cette uniformisation.

Les produits, les campagnes de publicité, les méthodes de travail, les modes de vie se ressemblent dans la plupart des pays. Le visiteur qui se rend à New York, Amsterdam, Francfort ou Mexico retrouve beaucoup d'images qui lui sont familières : affiches publicitaires, boutiques et hôtels d'implantation internationale, produits courants, etc. De sorte qu'il faut aller de plus en plus loin pour trouver l'exotisme, ou au moins le dépaysement culturel.

A l'heure où les modes de vie tendent à devenir de plus en plus individuels, les cadres de vie tendent au contraire à s'uniformiser. Le paradoxe n'est qu'apparent. Ce ne sont pas, en effet, les éléments communs de l'environnement qui déterminent la façon de vivre des individus. Ils n'en sont que les accessoires, dont l'utilisation peut être aisément personnalisée, car la plupart des produits existent aujourd'hui en un grand nombre de versions. C'est d'ailleurs très souvent pour lutter contre la standardisation de leur cadre de vie que les individus cherchent à s'inventer des façons de vivre qui leur sont personnelles.

➤ 83 % des Français éprouvent de la sympathie pour les Américains, 11 % non (mars 1991).
➤ La France est une grande puissance pour 29 % des Américains, 25 % des Britanniques, 35 % des Allemands, 43 % des Israéliens et 72 % des Français.
➤ 57 % des Français considèrent que la disparition de la Communauté européenne serait une chose grave, 31 % pas très grave ou pas grave du tout.
➤ En septembre 1991, 67 % des Français pensaient que le maintien de la paix en Europe était le plus probable au cours des prochaines années (contre 80 % en août 1989) et 25 % prévoyaient des conflits et des guerres (15 % en août 1989).
➤ 57 % des Allemands jugent les Français nationalistes, 44 % pacifistes, 40 % chaleureux, 27 % efficaces, 23 % travailleurs, 21 % disciplinés, 17 % superficiels.
➤ 15 % des Français estiment que son industrie place la France parmi les grandes puissances économiques mondiales (contre 75 % des Allemands en ce qui concerne leur pays).
➤ 59 % des Français considèrent que la présence de la France en Algérie entre 1830 et 1962 a été une bonne chose pour l'Algérie (36 % de l'avis contraire).
➤ 87 % des touristes américains venus en France en 1991 jugent les Français accueillants.
➤ 80 % des Français seraient prêts à se battre au risque de leur vie dans le cas d'une invasion de la France (12 % non), 72 % pour défendre les valeurs (17 % non), 58 % dans le cas d'une invasion des DOM-TOM (28 % non), 38 % dans le cas d'invasion de pays alliés (44 % non).

LES VALEURS

SYSTÈME DE RÉFÉRENCES

Trente Glorieuses, Dix Paresseuses, Huit Peureuses ● *Six chocs en vingt ans* ● *Retour des revendications de solidarité, de morale et de vertu* ● *Déclin des valeurs matérialistes* ● *Egologie et humanisme* ● *Bonheur matériel et inconfort moral* ● *Hyperchoix et frustration*

HISTOIRE RÉCENTE

La société française a connu trois périodes distinctes depuis l'après-guerre.

Comme la plupart des sociétés développées, la société française est à la recherche d'une nouvelle identité. L'effort de contestation, puis d'adaptation à un monde en mutation est sensible depuis vingt ans. Il a été marqué d'abord par une demande de liberté individuelle et de sécurité, puis d'égalité et de morale. Il s'est traduit par un divorce entre les individus et les institutions.

Aux *Trente Glorieuses*, années de prospérité économique ininterrompue et de réduction des écarts sociaux (1945-1974) ont succédé ce qu'on pourrait appeler les *Dix Paresseuses* (1975-1984). Englués dans le confort accumulé, les Français ont refusé de voir la crise en face pendant près d'une décennie, continuant de penser que le monde tournait autour de la France comme la Terre autour du Soleil.

Le réveil sera brutal. Après s'être longuement admirés dans le miroir complaisant, parfois déformant, que leur tendaient les hommes politiques et les médias, il leur fallut commencer à regarder au-dedans d'eux-mêmes. Le résultat le plus notable de cette introspection fut que l'individu devint tout à coup plus important que la collectivité. La « règle du je » est aujourd'hui la seule acceptée par tous. Le foyer s'est transformé en une bulle stérile, refuge contre les agressions extérieures. Les années *peureuses* ont succédé depuis 1985 aux années *paresseuses*.

Le grand mouvement de remise en cause a commencé vers 1965.

Dès 1965, certains phénomènes, passés presque inaperçus, annonçaient déjà la « révolution des mœurs ». La natalité commençait à chuter, le chômage à s'accroître. La pratique religieuse régressait, en particulier chez les jeunes. Le nu faisait son apparition dans les magazines, dans les films et sur les plages. Pour la première fois depuis vingt ans, la productivité des entreprises diminuait dans l'ensemble des pays occidentaux, tandis que les coûts de la santé et de l'éducation amorçaient leur ascension, préparant le terrain de la crise économique des années 70.

Les rapports des Français avec les institutions commencèrent alors à se détériorer. L'Eglise, l'armée, l'entreprise, l'Etat connurent tour à tour la contestation. Celle qui touchait l'école atteignit sont point culminant en mai 1968. Le goût de plus en plus affirmé pour la liberté allait provoquer la levée des tabous qui pesaient depuis des siècles sur la société. Avec, en contrepoint, la remise en cause des valeurs traditionnelles.

La « révolution introuvable » de Mai 68 aura été un moment essentiel de l'histoire contemporaine. Elle reste inachevée.

▶ 49 % des Français ne souhaitent pas recevoir une décoration. 50 % considèrent que les décorations récompensent des mérites, 19 % que c'est une affaire de « petits copains ».

En un peu plus de vingt ans, la société française a connu six chocs importants : 1968, 1973, 1981, 1982, 1987, 1991.

1968 fut avant tout un choc *culturel* ; les jeunes Français descendirent dans la rue pour dénoncer la civilisation industrielle et les dangers de la société de consommation. Fin des utopies.

Le choc *économique* de 1973 sonna le glas de la période d'abondance, annonçant l'avènement du chômage et la redistribution des cartes entre les régions du monde. Mais il fallut dix ans aux Français pour s'en convaincre. Fin de la croissance.

Le choc *politique* de 1981 mit un terme au règne sans partage de la droite. En même temps que l'alternance, il signifia la fin des jugements binaires, entre droite et gauche, bien et mal, homme et femme, enfant et adulte.

Fin 1982 eut lieu un choc *social*. La gauche, et avec elle tous les Français, découvraient l'existence d'une dépendance économique planétaire et l'impossibilité pour un pays de jouer seul sa partition. La peur s'emparait de la société civile, suivie bientôt par le retour du réalisme. Fin des idéologies.

Le choc *financier* de 1987 mit en évidence les déséquilibres économiques, les limites de la coopération internationale, l'insuffisance des protections mises en place depuis 1929, l'impuissance des experts à prévoir et à enrayer les crises. Fin de la confiance.

Enfin, le choc de la guerre du Golfe, en 1991, fut presque *psychanalytique*. Mettant un terme à la période d'angélisme inaugurée en 1989 par la libération des pays d'Europe de l'Est, il apporta la preuve que le monde reste dangereux et que la coexistence avec le monde arabe ne se fera pas simplement. Fin d'une certaine vision du monde.

Ces chocs répétés ont été d'autant plus forts qu'ils se sont produits sur fond de mutation technologique. Ils ont engendré des décalages, parfois même des divorces entre les catégories sociales. Chacun d'eux a accéléré l'évolution des mentalités et contribué à la mise en place progressive d'un nouveau système de valeurs.

➤ Les causes pour lesquelles au moins un Français sur trois serait prêts à donner de l'argent sont : la recherche médicale (69 %) ; la lutte contre la pauvreté en France (44 %) ; l'aide aux victimes des catastrophes naturelles (32 %). La défense des droits de l'homme dans le monde ne recueille que 20 % d'intentions, l'aide aux pays en voie de développement 11 %. 8 % ne sont prêts à donner à aucune de ces causes.

Fin de l'Histoire ou fin de la modernité ?

L'ère moderne, parfois drôlement baptisée « postmoderne » (le mot est entré dans le *Larousse* en 1992), était née avec l'abondance économique et le développement technique. Elle était caractérisée par la recherche du plaisir immédiat et la conviction que la vie pouvait (devait) être une fête, rendue possible par l'intelligence des hommes et par son illustration permanente, le progrès technique. Elle était centrée sur l'argent, devenu seul étalon de mesure de la valeur des objets et des individus.

Les dernières années ont fait voler le rêve matérialiste et hédoniste en éclats. Beaucoup de Français sont aujourd'hui conscients de ce que l'abondance économique engendre l'inégalité, entre les pays et à l'intérieur de chacun d'eux. Le progrès scientifique et ses applications techniques sont à l'origine des menaces qui pèsent sur la survie de la planète. Enfin, un regard panoramique sur le monde permet de constater que la nature humaine n'a pas progressé.

A l'idée de « fin de l'Histoire » proposée par Fukuyama, qui n'est en fait que le constat de l'usure des alternatives politiques au libéralisme démocratique, on est donc tenté de préférer celle de la fin de la modernité, qui rend mieux compte du grand mouvement de recentrage, voire de régression, qui est à l'œuvre en France et dans les pays développés.

Les trois grands principes fondateurs de la République (Liberté, Egalité, Fraternité) n'ont jamais connu ensemble la faveur des Français.

Les années 40 et 50 furent placées sous le signe de la *Fraternité* (même si elle ne fut pas totale), rendue nécessaire par la guerre et la reconstruction nationale.

Au cours des années 60, l'état d'esprit général était tourné vers la recherche de la *Liberté*, la justice sociale étant assez bien assurée au moyen d'une redistribution par l'Etat des bienfaits de la croissance économique.

Les années 70, qui allaient voir la crise s'installer, ne remirent pas en question ce partage ; elles allaient au contraire le poursuivre, avec en particulier un accroissement important du pouvoir d'achat des plus défavorisés (« smicards », retraités), répondant à un certain besoin d'*Egalité*.

Mais le spectre de l'inégalité allait s'installer à nouveau vers le milieu des années 80. L'éventail des revenus, qui n'avait cessé de se resserrer pendant plusieurs décennies, s'élargissait. Les revenus du capital dépassaient largement ceux du travail, de sorte que les écarts entre les patrimoines étaient beaucoup plus élevés qu'entre les salaires. Certaines catégories sociales se trouvaient marginalisées par le chômage. Ces « bavures » expliquent la demande de solidarité (plutôt que d'égalité) qui se manifeste aujourd'hui.

VALEURS ACTUELLES

L'individualisme a engendré des excès que les Français veulent aujourd'hui corriger.

La « règle du je » s'est affirmée au fil des années. Elle s'énonce de plusieurs façons qui, toutes, dévoilent un aspect de son contenu : « chacun pour soi et tout pour tous » ; « on ne vit qu'une fois » ; « après moi le déluge »...

L'individualisme est apparent dans tous les domaines de la vie quotidienne des Français : redécouverte du corps ; déclin des sports collectifs au profit des sports individuels ; volonté de réussir la vie de couple ensemble *et* séparément ; diminution de l'activité associative (l'adhésion aux syndicats est en chute libre) ; désintérêt de la chose publique (accroissement de l'abstention lors des élections) ; moindre importance des phénomènes de mode (celle du pin's s'explique précisément par la possibilité qu'elle offre d'être personnalisée), etc. La voiture est devenue le symbole de cet individualisme triomphant ; les Français sont d'ailleurs deux fois moins nombreux qu'en 1978 à accepter l'idée d'une limitation de son usage.

Mais cette boulimie individualiste a engendré sur le plan social, politique et économique des excès dont ils sont conscients. C'est pourquoi il leur paraît aujourd'hui nécessaire de les corriger.

Les années 90 voient resurgir les revendications de solidarité.

Après avoir été longtemps « centripète » (elle tendait naturellement à ramener en son centre l'ensemble de ses membres), la société française est aujourd'hui « centrifuge ». Elle tend au contraire à rejeter ceux qui ne peuvent se maintenir, par manque de formation, de santé ou de combativité. Beaucoup de Français se sentent personnellement menacés par ce risque de marginalisation.

Mais ils ne sont pas pour autant redevenus égalitaristes. Ils acceptent au contraire de mieux en mieux les différences entre les individus ; ainsi, les gros salaires des patrons sont moins critiqués (54 % en 1978, 40 % en 1990) car les Français savent qu'ils sont la contrepartie de responsabilités importantes dans la marche de l'économie. Ils souhaitent seulement davantage de justice et surtout de solidarité, afin de compenser les effets parfois désastreux des inégalités existantes.

Après la liberté, la fraternité ?

La morale et la vertu reviennent à l'ordre du jour.

Longtemps bannis du vocabulaire de la modernité, ces mots trouvent aujourd'hui un écho de plus en plus large dans l'opinion. Les médias et les intellectuels recommencent à les employer sans craindre de passer pour des conservateurs, des réactionnaires ou des « ringards ». Une majorité de Français (58 %) trouve que la morale n'occupe pas une place assez importante dans la société d'aujourd'hui (contre 23 % qui pensent qu'elle a une place assez importante, 4 % une place trop importante).

Mais qu'est-ce que la morale ? Un ensemble de valeurs permettant d'être en accord avec soi-même, des principes permettant de vivre harmonieusement en société ou des règles dictées par la religion ? Les Français préfèrent de toute évidence la première

Valeurs d'hier, d'aujourd'hui et de demain

Dans l'évolution de la société française, au cours des vingt dernières années, quelles sont, selon vous, les valeurs qui ont **perdu** en importance ? (%)		Au cours des vingt dernières années, quelles sont, selon vous, les valeurs qui ont **gagné** en importance dans l'évolution de la société française ? (%)		Quelles sont, aujourd'hui, les valeurs qu'il vous paraît important et même nécessaire, de **sauvegarder** ou de **restaurer** pour l'avenir ? (%)	
- La politesse	64	- La réussite matérielle	60	- La justice	71
- L'honnêteté	56	- La compétitivité	59	- L'honnêteté	59
- Le respect du bien commun	49	- L'esprit d'entreprise	34	- La politesse	53
- La justice	44	- La liberté	20	- La liberté	52
- L'esprit de famille	42	- La solidarité	18	- L'esprit de famille	50
- Le respect de la tradition	40	- Le sens du beau	17	- Le respect du bien commun	47
- Le sens du devoir	37	- La responsabilité	14	- L'égalité	45
- L'honneur	34	- Le sens de la fête	14	- Le sens du devoir	45
- La solidarité	29	- L'autorité	14	- La solidarité	41
- L'égalité	25	- L'égalité	8	- La responsabilité	33
- Le sens de la fête	24	- L'esprit de famille	5	- L'hospitalité	31
- L'autorité	24	- L'hospitalité	5	- L'honneur	30
- La responsabilité	23	- La justice	4	- Le respect des traditions	22
- L'hospitalité	22	- Le sens du devoir	3	- La compétitivité	22
- Le pardon	14	- Le pardon	2	- L'esprit d'entreprise	20
- La liberté	12	- L'honneur	2	- Le sens du beau	19
- La compétitivité	12	- Le respect du bien commun	2	- L'autorité	19
- Le sens du beau	9	- Le respect de la tradition	2	- Le sens de la fête	18
- L'esprit d'entreprise	8	- La politesse	2	- Le pardon	17
- La réussite matérielle	3	- L'honnêteté	1	- La réussite matérielle	8

Le Pèlerin magazine/Sofres, octobre 1991

---

définition, qui est la seule compatible avec la revendication individualiste.

Le système de valeurs souhaité est très différent de celui qui s'était installé au cours des vingt dernières années.

Les Français constatent avec regret la régression ou la disparition de certaines valeurs comme la politesse, l'honnêteté, la justice, le respect du bien commun, l'esprit de famille, le sens du devoir ou l'égalité (voir tableau). Leurs regrets sont moins forts en ce qui concerne le respect des traditions, l'honneur, l'autorité ou le sens de la fête.

Ils dénoncent à l'inverse l'importance considérable prise par la réussite matérielle, placée en première position des valeurs gagnantes des années 80 et au dernier rang de celles qu'il faut sauvegarder. La compétitivité et l'esprit d'entreprise sont un peu mieux traités, mais il apparaît clairement que les Français sont de moins en moins nombreux à célébrer spontanément le « culte de la performance ».

Les seules évolutions des vingt dernières années dont ils souhaitent le maintien sont la liberté, la solidarité (mais la liberté reste prioritaire et passe après l'égalité) et la responsabilité.

Les valeurs matérialistes arrivent tout en bas de l'échelle.

Il faut noter que, sur les 20 valeurs proposées dans l'enquête ci-dessus, 14 sont jugées comme ayant perdu de l'importance par plus de 20 % des Français, alors que seulement 3 sont considérées comme ayant gagné en importance par un pourcentage comparable. Eloquente illustration du vide moral et de la déliquescence des mœurs au cours des deux dernières décennies ! D'autant que ces trois valeurs sont d'essence matérialiste ou économique (réussite matérielle, compétitivité, esprit d'entreprise) et qu'elles sont toutes trois considérées avec de plus en plus de suspicion.

Parmi les valeurs à sauvegarder ou à restaurer, on en trouve aussi 14 qui sont mentionnées par plus d'un Français sur cinq. Il faut noter d'ailleurs que celles qui arrivent aux premiers rangs sont toutes à restaurer, à l'exception de la liberté, dont les Français s'accordent à reconnaître qu'elle a progressé. C'est dire à la fois l'attachement profond à l'existence d'un système de valeurs et la mise en cause de celui qui existe aujourd'hui.

ÉGOLOGIE

La société est de plus en plus éclatée, ce qui explique ses contradictions.

Les grandes tendances observées au cours de ces dernières années concernent l'ensemble de la société française, mais elles ne s'appliquent pas à chacun des groupes, encore moins des individus, qui la composent. Cette diversité croissante explique certains paradoxes et contradictions auxquels on est quotidiennement confronté dans l'actualité. On peut ainsi constater que le conservatisme le plus viscéral (celui prôné par exemple par le Front national) côtoie le modernisme le plus débridé (la culture rap ou l'art tag). Le goût du confort (cocooning du foyer ou de l'automobile) cohabite avec celui du risque (incarné par les d'Aboville et autres Nicolas Hulot). L'individualisme ambiant (présent dans le sport ou la vie de couple) n'exclut pas la solidarité (les *Téléthons* de la télévision ou les *Restaus du cœur*). La montée du racisme et de la xénophobie (dans les banlieues) s'accompagne de celle de la tolérance dans les lycées.

L'individualisme, principe fondateur de la Révolution française, est en train de prendre un sens nouveau.

La prépondérance de l'individu, cellule de base et finalité de toute société démocratique, avait été reconnue dès le siècle des Lumières. Elle avait amené la révolution de 1789 et abouti à la *Déclaration des droits de l'homme*. Le mouvement social depuis deux siècles n'est pas autre chose que la continuation de ce processus d'individualisation, avec des moments forts comme Mai 68.

Le mérite des années 80 aura été de donner explicitement la priorité aux aspirations de type personnel. La préséance du « je » sur le « nous » s'est affirmée peu à peu dans tous les aspects de la vie quotidienne. Chaque individu est de plus en plus conscient d'être unique et s'efforce d'apparaître comme tel dans tous ses faits et gestes. C'est pourquoi il s'éloigne des modèles qui lui sont régulièrement proposés, ne pouvant avoir par définition d'autre modèle que lui-même.

Ce passage d'une vision collective à une vision individuelle de la vie et de la société ne doit pas être considéré comme une régression (sauf au sens psychanalytique du terme). Il constitue peut-être un cheminement ultime dans l'évolution humaine.

La règle du je

L'égologie traduit la reconnaissance de l'individu comme valeur sociale prépondérante.

Elle ne saurait pourtant être confondue avec l'égoïsme ou l'égocentrisme. Elle exprime, pour la première fois dans l'histoire de la société française, que l'individu est non seulement plus important que le groupe mais aussi qu'il est par nature divers et complexe. Tout se passe comme si chaque individu, après avoir refoulé pendant des siècles certaines facettes de son être, avait enfin décidé (et trouvé l'occasion) de les libérer.

Comme l'écologie, l'égologie porte en elle les germes d'un nouvel humanisme.

L'écologie et « l'égologie » pourraient bien être les deux revendications majeures des années à venir. La ressemblance entre ces deux attitudes ne s'arrête pas à celle des mots qui les qualifient. Tous deux se caractérisent par une volonté de retour à la nature. Mais c'est à la nature humaine que l'égologie s'intéresse. Elle peut être l'aboutissement, le concept fédérateur des valeurs « postmatérialistes » dont parle Inglehart (paix, tolérance, qualité de vie, convivialité, liberté individuelle, attachement aux idées plutôt qu'aux objets, etc.). Après avoir été tentés par l'égoïsme et l'intolérance, les Français sont aujourd'hui à la recherche de solutions plus humanistes, voire spirituelles.

L'écologiste, le prêtre, le volcanologue et le médecin

Les nouveaux héros des Français sont des humanistes. Parmi les cinq personnalités préférées des Français, on trouve en effet (et généralement dans cet ordre) le commandant Cousteau, l'abbé Pierre, Haroun Tazieff et le professeur Schwartzenberg. Tous ont en commun une haute idée de la responsabilité des hommes envers les autres hommes et prêchent, chacun de son côté, l'entraide et la solidarité. Contrairement aux héros des années 80, ceux-ci n'ont pas une image de « gagneur » aux dents longues (Bernard Tapie se retrouvait sur l'ensemble de l'année 1991 à la 23ᵉ place), mais au contraire celle d'hommes bons et préoccupés de l'avenir de leurs semblables. On remarque aussi l'absence dans ces classements de « maîtres à penser » intellectuels (sans doute trop peu médiatisés) et surtout d'hommes politiques. On constate enfin que les personnages les plus souvent cités parmi les professionnels des médias ou du spectacle (Anne Sinclair, Jean-Paul Belmondo, Philippe Noiret, Robert Hossein, Patrick Sébastien, Michel Drucker, Patrick Bruel...) sont ceux qui ont (et qui cultivent) une image de « gentil ».

BONHEUR

Les sondages montrent que les Français se disent pour la plupart heureux.

Malgré la morosité ambiante, la majorité des Français se disent heureux. L'ingrédient principal de ce bonheur est de loin la santé, devant la vie de famille, l'argent et le travail (voir tableau). La santé est plus souvent citée par les personnes âgées que par les jeunes, les cadres supérieurs et les Parisiens. Les enfants apparaissent plus nécessaires au bonheur des commerçants et artisans, des personnes mariées et des femmes qu'aux hommes, aux inactifs, aux étudiants et aux célibataires. Les plus attachés au travail sont les hommes, les moins de 25 ans, les Parisiens et les célibataires, les moins convaincus sont les femmes et les personnes mariées (voir enquête exclusive dans l'*Etat des Français*).

Les ingrédients du bonheur

Le bonheur, c'est ...

	Hommes	Femmes	Ensemble
- Une bonne santé	77 %	78 %	78 %
- Un ménage réussi	37 %	39 %	38 %
- Avoir des enfants	20 %	28 %	25 %
- Ne pas manquer d'argent	24 %	23 %	23 %
- Un travail intéressant	22 %	16 %	19 %
- Un logement que j'aime	4 %	6 %	5 %
- Rien de cela	3 %	1 %	2 %
- Vivre dans le luxe	2 %	0 %	1 %

Le bonheur est une sensation

D'une manière générale, la sensation de bonheur, à l'échelon individuel ou collectif, varie dans le même sens que plusieurs facteurs d'ordre subjectif (tels que la confiance à l'égard d'autrui) ou objectif (le niveau de revenu, la prospérité économique nationale, le niveau de sécurité physique).
Il semble également que le bonheur ait besoin, pour se maintenir, d'une amélioration continue de ces facteurs favorables. C'est ce que le bon sens populaire appelle ne jamais être satisfait de son sort, en vouloir toujours davantage. Il n'est donc pas étonnant que la courbe du bonheur ne suive pas fidèlement celle de la croissance économique. « Bonheur, je ne t'ai reconnu qu'au bruit que tu fis en t'enfuyant », écrivait fort justement Fontenelle.

▶ 51 % des Français déclarent ne pas pleurer souvent. 30 % pleurent surtout en regardant un film, 19 % à l'occasion d'une séparation (même temporaire) avec une personne chère, 18 % en cas de dispute avec le conjoint, 14 % seuls, sans raison particulière, 6 % en écoutant de la musique.

La France n'arrive pourtant qu'au 10ᵉ rang du bonheur en Europe, alors qu'elle occupe la 3ᵉ place du pouvoir d'achat.

Le bonheur est souvent approché et mesuré par le biais du bien-être économique, qui ne saurait pourtant être confondu avec lui. L'argent ne fait pas le bonheur, dit le proverbe, mais il semble bien qu'il y contribue largement. Ainsi, lorsqu'on compare l'indice de satisfaction des Européens avec leur degré de développement économique (qui conditionne le pouvoir d'achat), on observe une assez forte corrélation entre les deux indicateurs.

Cependant, les Français sont (avec les Italiens) nettement moins satisfaits que leur « richesse »ne le laisserait supposer. C'est ainsi qu'ils se situent seulement au 10ᵉ rang du bonheur dans la Communauté, alors qu'ils détiennent le quatrième en matière de PIB/habitant. Quatre peuples sont dans la situation inverse : Belges, les Irlandais, les Espagnols et surtout les Néerlandais.

On constate paradoxalement que le bonheur d'être Français est mieux apprécié à l'étranger qu'en France. Les Français ne sont pas toujours conscients de l'attirance qu'exercent leur pays et leurs modes de vie sur beaucoup d'étrangers, comme en témoigne ce dicton allemand qui dit d'un homme comblé qu'il est « heureux comme Dieu en France ».

Le bonheur, un mal français ?

Bonheur national brut

« D'une façon générale, êtes-vous très satisfait, plutôt satisfait, plutôt pas satisfait ou pas satisfait du tout de la vie que vous menez » (total « très » ou « plutôt » satisfait, en %) :

	1973	1980	1991
• Danemark	95	95	97
• Pays-Bas	93	95	93
• Allemagne	82	85	85
• Belgique	73	88	88
• Royaume-Uni	85	86	85
• Luxembourg	79	92	94
• Espagne	-	70*	78
• Irlande	92	86	86
• France	77	70	74
• Italie	65	64	79
• Portugal	-	50*	73
• Grèce	-	58	53

(*)1980, première enquête réalisée.

L'« exception française » n'a pas disparu.

Les raisons du décalage entre satisfaction et pouvoir d'achat sont évidemment difficiles à cerner. Peut-être les Français sont-ils, comme on le dit souvent, d'éternels insatisfaits. Peut-être regrettent-ils inconsciemment le temps où leur pays jouait un rôle de tout premier plan sur la scène internationale. Peut-être sont-ils déçus de leurs institutions (politiques, syndicales, religieuses...), qui ne jouent plus aujourd'hui le rôle de protection et de guide qui fut longtemps le leur. Peut-être se sont-ils rendu compte avant les autres de la vanité de l'accumulation des biens matériels... Plus sans doute que leurs homologues des autres pays industrialisés, les Français ont développé un goût prononcé pour le confort, un besoin irrépressible de sécurité. Il n'est donc pas étonnant qu'ils soient davantage inquiets de l'accélération des changements dans le monde et que cela influe sur leur humeur.

▶ 39 % des femmes avouent avoir envie de changer de logement (souvent ou de temps en temps), 29 % de quartier, 27 % de région, 17 % de pays. 36 % ont envie de changer de métier, 24 % de patron, 23 % de collègues. 41 % souhaiteraient changer de vie, 38 % d'époque, 31 % de caractère, 30 % d'âge, 30 % de voisins, 26 % de milieu social, 18 % d'amis, 10 % de conjoint, 9 % de situation matrimoniale, 9 % de famille, 6 % de sexe.

Niveau de vie : des hauts et (surtout) des bas

(1) Evaluation du niveau de vie personnel depuis dix ans * (en %)
(2) Evaluation du niveau de vie de l'ensemble des Français depuis dix ans * (en %)

* Différence entre le pourcentage de personnes ayant répondu « ça va mieux » et celui des personnes ayant répondu « ça va moins bien ».

CREDOC

Confort matériel et inconfort moral

Les Français n'ont jamais été (en moyenne) aussi riches, aussi libres, aussi informés, aussi maîtres de leur destin individuel. Pourtant, ils n'ont sans doute jamais été aussi anxieux. La consommation de tranquillisants et de somnifères, pour laquelle la France détient le record du monde, l'accroissement du nombre des suicides en sont des illustrations (voir *Santé*).
Aux angoisses des années 80 (chômage, guerre, diminution du pouvoir d'achat) se sont ajoutées les menaces et les interrogations qui ont marqué l'entrée dans les années 90 : sida ; risques écologiques, démographiques ; avenir économique et politique de l'Europe, à l'Est comme à l'Ouest...

▶ 32 % des femmes et 16 % des hommes ont déjà pleuré devant des amis.

Les Français se croient toujours plus heureux que leurs concitoyens, mais moins heureux que par le passé.

Cette tendance est particulièrement apparente si l'on mesure le bonheur à l'aune de la situation matérielle. A la question concernant l'évolution de leur niveau de vie depuis une dizaine d'années, 33 % des Français répondaient « ça va mieux » en 1991 (enquête annuelle du CREDOC), contre 22 % lorsque la question concernait l'ensemble des Français. 36 % estimaient « ça va moins bien » pour eux-mêmes et 56 % en ce qui concerne leurs concitoyens, ce qui traduit un pessimisme qui concerne plus les autres que soi-même (voir graphique ci-dessus).

On observe aussi une certaine hésitation en ce qui concerne l'avenir : 31 % estimaient en 1991 que leurs conditions de vie allaient s'améliorer au cours des cinq prochaines années, et 31 % qu'elles allaient se détériorer.

Le bonheur est aujourd'hui individuel et multidimensionnel. Les vingt dernières années, marquées par une crise à la fois économique et morale, ont fortement ébranlé l'espoir d'un bonheur collectif. Dans ce contexte, chacun s'efforce de conduire sa propre vie et de la « réussir » en fonction de ses aspirations, de ses capacités et de ses contraintes.

Le retour du rire

Les Français riaient, paraît-il, 19 minutes par jour en moyenne en 1939 ; ils ne riraient plus aujourd'hui que 5 minutes ! S'il est vrai que l'époque n'est guère propice au fou rire (mais l'était-elle à la veille de la Seconde Guerre mondiale ?), on peut observer que les Français continuent de s'intéresser à l'humour. Trois des quatre films ayant eu le plus de spectateurs en 1991 étaient des films comiques (*Une époque formidable*, *Opération Corned beef*, *Promotion canapé*). Les cassettes humoristiques se vendent mieux aujourd'hui que les cassettes pornographiques (350 000 ventes pour les Inconnus, 150 000 pour Muriel Robin). Enfin, la télévision consacre une part de plus en plus importante au rire dans ses programmes (*Bébêtes show*, émissions de variétés, hommages répétés aux grands comiques disparus, jeux, bêtisiers...).

Le progrès matériel et l'« hyperchoix » créent à la fois du bien-être et de la frustration.

Comme la plupart des sociétés occidentales, la société française est caractérisée par « l'hyperchoix », créé par les entreprises et relayé par la publicité et les médias. Cette croissance considérable de l'offre entraîne la lassitude de ceux qui courent sans cesse après les objets de la modernité. Elle implique aussi la frustration de ceux qui n'ont pas les moyens de se les offrir. Si les Français restent très attachés au matérialisme, ils sont de plus en plus conscients que celui-ci ne donne pas un sens à leur vie.

▶ Les dix personnalités les plus aimées en 1991 étaient, par ordre décroissant : le commandant Cousteau ; l'abbé Pierre ; le professeur Schwartzenberg ; Anne Sinclair ; Haroun Tazieff ; Philippe Noiret ; Jean-Paul Belmondo ; Patrick Sébastien ; Florence Arthaud ; Bernard Pivot.

CROYANCES

80 % de catholiques • 3 millions de musulmans • Pratique religieuse en baisse • Moindre influence de l'Eglise sur les modes de vie, mais besoin croissant de spiritualité • Retour de l'irrationnel

RELIGIONS

80 % des Français se disent catholiques.
5 % se réclament d'une autre religion.
15 % sont sans religion.

Les nombreuses enquêtes disponibles récentes indiquent toutes que la proportion de Français de 18 ans et plus se déclarant catholiques est très proche de 80 %. Elle n'a guère varié depuis une dizaine d'années, mais elle est inférieure à celle qui apparaissait dans les sondages plus anciens (peut-être aussi moins fiables). Les autres religions représentées en France sont principalement l'islam, le protestantisme et le judaïsme.

La proportion de personnes « sans religion » varie assez largement selon les catégories sociales. L'âge est le principal facteur discriminant ; la proportion de personnes sans religion diminue régulièrement avec l'âge : 23 % des jeunes de 18 à 24 ans ; 10 % des plus de 65 ans. Les employés et ouvriers le sont davantage que les cadres et les personnes âgées.

80 % de catholiques, 16 % d'athées

Religion déclarée par les Français en 1991 (en %) :

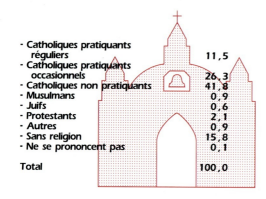

- Catholiques pratiquants réguliers : 11,5
- Catholiques pratiquants occasionnels : 26,3
- Catholiques non pratiquants : 41,8
- Musulmans : 0,9
- Juifs : 0,6
- Protestants : 2,1
- Autres : 0,9
- Sans religion : 15,8
- Ne se prononcent pas : 0,1
- Total : 100,0

Croyances

75 % des Français croient à la résurrection du Christ, 73 % aux saints, 70 % aux miracles de Jésus décrits dans les Evangiles, 69 % à la présence réelle du Christ dans l'eucharistie, 69 % aux miracles comme ceux de Lourdes, 67 % au paradis, 63 % à la virginité de Marie, 62 % à la Sainte-Trinité, 60 % à la vie éternelle, 56 % au Jugement dernier, 50 % aux anges, 41 % au purgatoire, 40 % à l'enfer, 38 % au diable, 36 % à l'apocalypse.

L'islam est la seconde religion en France, loin derrière le catholicisme mais devant le protestantisme.

La proportion de 1 % de musulmans généralement indiquée par les enquêtes (soit environ 500 000 personnes) est faussée par le fait qu'elles ne couvrent en général que la population de nationalité française. Elles ne tiennent donc pas compte de la population musulmane vivant en France, estimée entre 3 et 5 millions, dont une grande partie n'a pas la nationalité française. Il faut noter également que 500 000 à 700 000 musulmans originaires d'Algérie (les familles harkies et leurs enfants nés depuis 1962) sont français. De plus, les enquêtes ne portent que sur la population adulte (18 ans et plus), ce qui sous-estime encore la proportion de musulmans, plus élevée parmi les jeunes. Si l'on tient compte de ces chiffres, on peut affirmer que l'islam est aujourd'hui la seconde religion de France.

90 % de sunnites

La grande majorité des musulmans de France (plus de 90 %) sont sunnites ; ils se réclament du courant majoritaire de l'islam qui s'appuie sur le sunna, ensemble des paroles et actions de Mahomet et de la tradition qui les rapporte. Les autres sont chiites ou appartiennent à une secte schismatique peu nombreuse (les bahalis, environ 10 000).
On trouve parmi les musulmans une majorité de personnes de condition modeste, mais aussi des intellectuels, des membres des professions libérales. Tous ne sont pas pratiquants et les principes du Coran sont interprétés de façon parfois très différente par les diverses communautés qui s'y réfèrent. Le nombre des lieux de culte (environ 600) a doublé depuis 1980.

Les protestants représentent environ 2 % de la population, soit un million de personnes.

On compte parmi eux 500 000 réformés, 300 000 luthériens, 200 000 évangéliques. Mais 60 % d'entre eux ne se rendent jamais au temple. Les protestants ont en commun, avec les catholiques et les orthodoxes (très peu nombreux en France ; la majorité sont des Russes blancs émigrés après la révolution de 1917 et installés dans l'ouest parisien) d'être chrétiens. Cela signifie qu'ils croient aux vérités du Credo : un seul Dieu en trois personnes (le Père, le Fils et le Saint-Esprit). Mais les divergences sont nombreuses (voir encadré).

Par tradition historique, les protestants se situent plutôt à gauche sur l'échiquier politique ; un certain nombre d'entre eux ont d'ailleurs retrouvé une influence avec l'arrivée des socialistes au pouvoir en 1981.

Même si l'influence protestante est limitée dans les milieux économiques, force est de constater que l'évolution récente vers l'économie de marché, l'individualisme, la reconnaissance du profit, la préoccupation de l'éthique, la volonté d'adaptation au monde moderne ou la décentralisation appartiennent davantage à la culture protestante (telle qu'on la trouve par exemple dans les pays d'Europe du Nord) qu'à celle des catholiques.

Le culte de la différence

Pour les luthériens et les calvinistes, le Christ est le seul chef de l'Eglise (pour les catholiques, c'est le pape et le collège épiscopal) ; les anglicans ont cependant conservé une structure proche, accordant un rôle primordial à l'archevêque de Canterbury. Les protestants ne reconnaissent que deux sacrements (le baptême et l'eucharistie) contre sept chez les catholiques. Les protestants acceptent le Credo de Nicée (qui exclut la subordination du Verbe au Père), mais ils rejettent les dogmes concernant l'Assomption de la Vierge ou de l'Immaculée Conception. Pour eux, les saints ne sont que des grands témoins de la foi et des modèles, non des médiateurs entre Dieu et les hommes.
Malgré la volonté œcuménique, les désaccords avec les catholiques restent profonds quant à la morale personnelle (avortement, contraception...) et la discipline des Eglises : le mariage des prêtres et l'ordination des femmes, pratiqués par les protestants, sont toujours refusés par le Vatican.

La France compte environ 600 000 juifs.

Environ la moitié d'entre eux vivent à Paris. Beaucoup de juifs ashkénazes (de culture et de langue yiddish) sont arrivés d'Europe centrale entre les deux guerres ; ils ont été suivis par les séfarades (juifs des pays méditerranéens) venus d'Afrique du Nord après la décolonisation. De tous les pays d'Europe occidentale, c'est la France qui compte la plus importante minorité juive.
On compte 80 rabbins, 40 ministres du culte et une centaine de ministres adjoints.

PRATIQUE

La pratique religieuse a fortement diminué pendant les années 70. L'érosion a été moins sensible au cours des années 80.

Les chiffres concernant l'appartenance à une religion ne sont pas suffisants pour rendre compte de la réalité religieuse. Le fait de se dire catholique n'implique pas nécessairement une affirmation de sa foi, mais que l'on a été baptisé ou que l'on se reconnaît dans certaines valeurs héritées de la religion.

Chez les catholiques, les indicateurs de la pratique religieuse ont beaucoup baissé depuis le milieu des années 60 : les Français font moins baptiser leurs enfants, vont moins à l'église, même pour s'y marier. La population ecclésiastique a diminué. Mais cette baisse s'est produite, pour l'essentiel, au cours des années 70 ; elle est beaucoup moins marquée depuis quelques années.

La fin de l'érosion ?

	1970	1987	1991
- Catholiques (%)	90	80	76
- Baptisés (%)	84	64	63*
- Mariages religieux (%)	95	55	52*
- Prêtres	45 259	34 522	32 929*
- Diacres	-	410	627**
- Ordinations	264	106	130

* 1989 ** 1990

Episcopat

Plus on est jeune, moins on est pratiquant. 72 % des pratiquants réguliers sont des femmes.

Environ 12 % des catholiques sont des pratiquants réguliers, 37 % des pratiquants occasionnels, 51 % des non-pratiquants. La pratique régulière de la religion catholique croît de façon très nette avec l'âge : en décembre 1991, 3 % des 18-24 ans se disaient très pratiquants, 16 % « assez pratiquants », contre respectivement 13 % et 32 % des personnes de plus de 65 ans.
La baisse de la pratique est particulièrement forte dans l'Est ; on observe au contraire une hausse en région parisienne et dans le Centre. Les pratiquants réguliers habitent plus fréquemment en Lorraine et dans l'Ouest. Ceux qui se disent sans religion ont un niveau d'études plus élevé que la moyenne, habitent plus souvent l'agglomération parisienne et les régions méditerranéennes.

➤ On compte environ 80 000 francs-maçons en France. 32 000 appartiennent au Grand Orient, 17 000 à la Grande Loge, 13 000 à la Grande Loge nationale française, 10 000 au Droit humain, 8 000 à la Grande Loge féminine de France.

Un catholique sur trois ne prie jamais

57 % des catholiques déclarent ne se rendre à la messe que pour les baptêmes, mariages et enterrements (52 % en 1986), 22 % de temps en temps ; seuls 15 % s'y rendent au moins une ou deux fois par mois.
6 % se confessent plusieurs fois par an (11 % en 1983, 17 % en 1974), 6 % une fois par an (contre 9 % et 12 %), 7 % moins d'une fois par an (contre 8 % et 13 %), 79 % jamais (contre 70 % et 54 %).
11 % communient au moins une fois par semaine (6 % en 1983 et 9 % en 1977), 4 % une fois par mois environ (contre 9 % et 16 %), 23 % une ou plusieurs fois par an (contre 27 % et 23 %), 64 % jamais (contre 60 % et 53 %).
28 % prient tous les jours (33 % en 1983), 17 % souvent (contre 21 %), 36 % rarement (contre 29 %), 34 % jamais (contre 34 %).

Madame Figaro/Sofres, novembre 1991

Le paradis, une revendication terrestre

La théorie et la pratique

Evolution de la pratique religieuse (en % de la population catholique) :

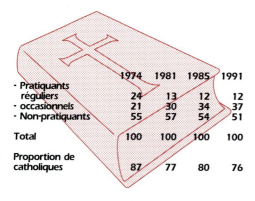

	1974	1981	1985	1991
- Pratiquants réguliers	24	13	12	12
- occasionnels	21	30	34	37
- Non-pratiquants	55	57	54	51
Total	100	100	100	100
Proportion de catholiques	87	77	80	76

Agoramétrie/Sofres

▶ 85 % des agriculteurs souhaitent être enterrés religieusement, contre 79 % des inactifs et retraités et 78 % des commerçants et industriels.
▶ La France ne compte plus que 27 000 prêtres pour 37 000 paroisses. Pour pallier ce problème d'effectifs, l'Eglise fait de plus en plus appel aux laïcs, que ce soit pour enseigner le catéchisme aux enfants, tenir des assemblées le dimanche en l'absence de prêtres ou procéder à des enterrements.

Les modes de vie des pratiquants sont différents de ceux des personnes sans religion.

Ils croient davantage en la famille (qu'ils souhaitent idéalement composée de trois enfants), habitent plutôt des logements anciens, fument moins et suivent plus souvent que les autres un régime alimentaire. Au contraire, ceux qui se disent sans religion sont plus individualistes, moins satisfaits de leur niveau de revenu ou du fonctionnement des institutions.

On constate également que l'union libre est pratiquement inexistante chez les catholiques pratiquants réguliers âgés de 25 à 39 ans, qui sont presque tous mariés. Aux mêmes âges, 19 % des personnes sans religion vivent en union libre, 20 % sont célibataires, 52 % seulement sont mariées. Entre 40 et 59 ans, le taux de divorce est de 20 % dans ce groupe, contre 4 % chez les pratiquants réguliers.

La baisse de la pratique tend à se stabiliser, mais l'avenir dépendra de l'évolution des jeunes d'aujourd'hui.

Certains indicateurs comme le nombre des séminaristes (environ 1 200 par an depuis cinq ans), celui des ordinations ou les taux de pratique semblent aujourd'hui en train de se stabiliser. Si la fréquentation des églises diminue globalement, les Français sont un peu plus nombreux à s'y rendre lors des moments importants de la vie : naissance, mariage, décès. La proportion de ceux qui feraient baptiser leur enfant est la même en 1991 qu'en 1983 : 81 %, dont la moitié sont des non-croyants. De même, 71 % des Français souhaitent être enterrés religieusement, dont 24 % d'athées.

Pourtant, il est difficile de prévoir comment évoluera l'attitude des jeunes, aujourd'hui très peu pratiquants, au cours de leur vie. Si les taux de pratique régulière constatés actuellement parmi eux restaient inchangés, la part des catholiques pratiquants réguliers devrait en effet se réduire considérablement : environ 10 % en l'an 2000 ; seulement 3 % en 2030.

L'influence de l'Eglise sur les modes de vie a beaucoup diminué.

Pour la majorité des Français, le rôle essentiel du prêtre est de dire la messe, d'aider et de réconforter les plus déshérités, prêcher la paix et le respect des droits de l'homme, être une référence morale plutôt que le censeur des mœurs et des modes de vie. Lorsque le pape se prononce contre le divorce, la pilule ou l'avortement, les trois quarts des catholiques (et plus de la moitié des pratiquants) déclarent ne pas en tenir compte. Ils ne comprennent pas davantage le refus des préservatifs afin de lutter contre la transmission du sida, celui de la pilule abortive ou la condamnation de certains films.

Il faut rapprocher cette évolution de celle qui s'est produite sur le plan économique au cours des trente dernières années. La société de consommation a mis au premier plan les valeurs de satisfaction immédiate de besoins essentiellement individuels et matériels. Dans le même temps, l'Eglise continuait de prôner des valeurs d'altruisme, d'effort, voire de pénitence. D'un côté, la possibilité, matérielle et morale, de « profiter de la vie » ; de l'autre, la promesse d'un paradis différé, au prix du sacrifice quotidien.

Après s'être séparée de l'Etat (1905), l'Eglise s'est peu à peu démarquée de la société.

Le pouvoir et l'influence de l'Eglise, considérables jusqu'à la fin du XIXe siècle, ont régulièrement diminué depuis. En fait, la laïcisation de la société et l'émergence de l'individu remontent à la Révolution, elle-même préparée par le lent glissement spirituel qui s'était produit depuis la fin du XVIe siècle et la déchirure qui suivit la Réforme.

La fonction d'assistance aux plus défavorisés, traditionnellement assumée par l'Eglise, s'est trouvée peu à peu transférée à l'Etat. L'Eglise avait donc perdu deux de ses rôles essentiels : proposer (et défendre) un système de valeurs servant de référence commune ; contribuer à l'égalisation de la société. Dès lors, son utilité apparaissait avec moins de clarté à l'ensemble des catholiques.

L'autorité mal acceptée

Pour 64 % des Français (et 38 % des catholiques pratiquants réguliers), on peut accepter le principe de l'avortement et se considérer comme catholique. Les proportions sont respectivement de 78 % et 69 % en ce qui concerne l'acceptation des relations sexuelles avant le mariage, 70 % et 49 % pour le mariage des prêtres, 68 % et 51 % pour l'ordination des femmes. Tous ces pourcentages sont en forte augmentation par rapport à ceux mesurés lors d'un sondage effectué en septembre 1986.
8 % seulement des Français et 22 % des catholiques pratiquants réguliers estiment que le rôle de l'Eglise est de rappeler les exigences morales concernant la sexualité et la vie du couple, contre respectivement 12 % et 41 % en 1984. Les autres considèrent que l'Eglise n'a pas à intervenir ou à imposer des obligations dans ce domaine.

Le Figaro-FR3/Sofres, novembre 1990

Les rapports entre les individus et l'Eglise ont changé.

La proportion des Français qui déclarent croire en Dieu reste stable (environ 60 %). La crise de la religion n'est donc pas celle de la foi, mais celle de sa manifestation dans la vie quotidienne. La religion est devenue une affaire personnelle, que l'on n'est plus obligé de partager avec d'autres.

De nouveaux courants spirituels sont apparus. Alors que les catholiques intégristes s'opposaient de plus en plus ouvertement au Vatican, jusqu'à provoquer un schisme, de nouveaux courants spirituels naissaient, tels le *Renouveau charismatique*, qui tentaient d'élaborer de nouvelles façons de vivre sa foi, en autorisant des aménagements personnels avec l'Eglise.

▶ Au début du XXe siècle, on comptait 15 prêtres pour 10 000 habitants ; il n'y en a plus que 5 aujourd'hui.

La culture religieuse, pas le catéchisme

Les Français sont majoritairement favorables à l'enseignement de l'histoire des religions à l'école (59 % contre 39 %). Mais à la condition qu'on parle aux enfants de toutes les religions, en les expliquant et en les comparant. Il ne s'agit pas dans leur esprit de revenir au catéchisme traditionnel ; 75 % souhaitent que cet enseignement soit dispensé par des professeurs d'histoire, de philosophie, de français ou spécialement formés, 22 % seulement par des représentants des religions.
Ils en attendent plus de tolérance, de culture et de respect de la morale. mais il faut noter que cette initiative ne leur paraît pas prioritaire ; elle arrive largement après l'apprentissage à l'école du monde du travail, l'informatique, la prévention en matière de santé et même l'éducation des futurs consommateurs. Elle arrive au même niveau que l'histoire de l'art.

Le Monde de l'Education/ Sofres, août 1991

Le besoin de transcendance et de sacré reste intact.

Dans une société qui se veut laïque et qui pense avoir détruit les derniers tabous (le sexe, l'argent, les loisirs), le besoin de transcendance n'a pas disparu. Il suffit pour s'en convaincre de constater la place prise par l'irrationnel dans la vie sociale (voir ci-après) ou le besoin d'un « supplément d'âme », dans des domaines parfois inattendus. Dans un livre publié il y a quelques années, Alain Etchegoyen s'interrogeait sur l'existence d'une âme dans les entreprises. Aujourd'hui, les publicitaires en attribuent une à l'eau minérale, au camembert ou au yaourt, dans des campagnes parues dans la presse ou en affichage !

Au quotidien, les médias s'efforcent de répondre à cette nostalgie du sacré en lui trouvant des solutions de remplacement. Ils fabriquent ainsi des « monstres sacrés » (acteurs, chanteurs, champions sportifs, gourous de tous bords ou même journalistes). L'Etat tend lui aussi à se sacraliser par ses fastes et les comportements de ses dirigeants. La Terre elle-même est en train de devenir sacrée pour les écologistes, qui l'ont d'ailleurs déifiée en la baptisant Gaïa.

Ce « faux sacré » permet sans doute la survie provisoire de la société. Mais il ne sera sans doute pas suffisant pour assurer son évolution. C'est le pari que font ceux qui pensent avec Malraux que le XXIe siècle sera spirituel ou ne sera pas.

Micro-entretien

JEAN CAZENEUVE *

G.M.- *Une société laïque peut-elle vivre sans la notion de sacré ?*

J.C.- Le sens du sacré fait partie de la nature humaine. Déjà, la Déclaration des droits de l'homme était un recours au sacré, pour rattacher quelque chose d'important à la vie de la société. Robespierre a voulu faire une fête de l'Etre suprême. Après Mai 68, il y a eu une sorte de résurrection du tabou (même si le mot est tabou). Aujourd'hui, il y a une sorte d'utilisation de la profanation pour faire réagir les gens, par exemple dans la publicité.
Notre société a tendance à recourir aux formes diverses du faux sacré, c'est-à-dire un sacré qui n'est pas fondé sur une vraie transcendance, mais qui met des êtres ou des objets à part. Les médias sacrent ou consacrent deux types de personnages. Il y a d'abord les vedettes de la chanson et les acteurs, car leur activité les projette dans un univers qui est différent du quotidien ; les comédiens empruntent des personnalités imaginaires et deviennent de cette façon sacrés. Il y a ensuite les sportifs, car le sport est essentiellement fait de compétition. Or, la conception égalitariste de la société tend à rejeter la compétition. Mais la compétition sportive est admise et il y a aussi une sorte de sacralisation.

* Sociologue, membre de l'Institut, auteur notamment de *Et si plus rien n'était sacré...* (Perrin).

IRRATIONNEL

Le scientisme cède peu à peu la place au mysticisme.

Si la religion ne répond pas aux nouveaux défis de la vie quotidienne, la science ne donne pas non plus une explication satisfaisante du monde. Les savants eux-mêmes s'interrogent d'ailleurs, tant sur les conséquences de leur pouvoir que sur les limites de leurs connaissances ; certains n'hésitent pas à chercher dans d'autres voies.

La crise des valeurs, celle de l'économie et de la religion, la proximité de l'an 2000 expliquent sans doute le besoin, ressenti par beaucoup de Français, de chercher de nouvelles attaches, de nouvelles explications du monde, de nouvelles visions de l'avenir.

Beaucoup tentent de puiser dans l'irrationnel des éléments de réponse ou de réflexion.

Les exemples de cet engouement ne manquent pas. Les astrologues et voyants sont de plus en plus souvent consultés. Des entreprises font appel à eux pour recruter leurs employés ou leurs cadres ; elles n'hésitent pas non plus à recourir à la numérologie, voire au spiritisme. Les sectes récupèrent une partie des déçus du rationalisme. Les adeptes du *Nouvel Age* se comptent par millions.

Les catholiques n'échappent pas à la tentation de l'irrationnel. Les affaires de sorcellerie, d'envoûtement, de possession ou de crimes rituels sont encore nombreuses en France, surtout dans les campagnes.

Diables et sorcières

Le diable existe dans toutes les religions : Asmodée, Belzébuth, Bélial, Léviathan, Lucifer, Samaël ou Satan, prince des démons ou du mal. C'est un personnage par essence masculin. La femme, accusée depuis l'Antiquité d'être une sorcière, est son intermédiaire auprès des humains. Beaucoup furent d'ailleurs brûlées jusqu'à la fin du XVIIe siècle.
Ces croyances n'ont pas disparu aujourd'hui. 29 % des Français considèrent l'existence du diable probable ou certaine, près de deux fois plus qu'en 1968. 16 % ont l'impression d'être à certains moments sous son influence. On continue d'ailleurs de dire d'un homme qui a des relations sexuelles avec une femme qu'il la « possède ». On estime à 30 000 le nombre des sorciers, mages, désenvoûteurs, opérant en France, dont près de la moitié exercent en région parisienne. Chaque année, les diocèses reçoivent plusieurs milliers de demandes d'exorcisme, dont 1 000 pour la seule ville de Paris.

Les Français sont à la recherche des « religions douces ».

La religion est la médecine de l'âme. C'est sans doute pourquoi l'engouement des Français pour les médecines douces, (homéopathie, acuponcture, phytothérapie, instinctothérapie, etc.) coïncide avec un intérêt croissant pour les religions venues d'ailleurs : bouddhisme, hindouisme, etc. Les sectes ont largement profité de ce mouvement depuis les années 70.

L'Eglise de Scientologie, la Méditation transcendantale, Ecoovie, l'Eglise de l'unification (Moon), la Nouvelle Acropole, les Témoins de Jéhovah et bien d'autres sont les plus solidement implantées en France. On estime que 600 000 Français sont concernés, dont 200 000 adeptes et 400 000 sympathisants. Le nombre des sectes présentes en France serait de 25 000.

Le Nouvel Age, une passerelle entre Orient et Occident

Le Nouvel Age apparaît comme un mélange fascinant de religion, d'écologie et d'humanisme...

Comme beaucoup d'Occidentaux, les Français sont de plus en plus nombreux à être séduits par les idées du Nouvel Age. Elles leur paraissent à la fois généreuses et exotiques et arrivent au bon moment ; la science doute d'elle-même et l'humanité craint pour sa survie.

Le postulat de base est que le monde est entré dans une ère de grande mutation (d'une durée prévue de 1 000 ans) qui verra l'homme retrouver l'harmonie avec la nature, avec le cosmos et avec lui-même. L'âge de l'être remplacerait celui de l'avoir.

Le Nouvel Age a donc une vocation à la fois philosophique, universelle et globalisante ; il tente de réunifier la science et la conscience, l'individu et la collectivité, l'Orient et l'Occident et même le cerveau droit de l'homme (siège de l'instinct, de la fantaisie et du rêve) avec son cerveau gauche (lieu de la raison et de l'intelligence).

... mais la dimension matérialiste n'est pas absente et certaines pratiques sont dangereuses.

Comme ceux des sectes, les gourous du Nouvel Age demandent à leurs adeptes de transformer leurs modes de vie et même leur personnalité. Pour parvenir à l'harmonie promise, il faut d'abord surveiller son alimentation (végétarisme, macrobiotique, instinctothérapie...). Il s'agit surtout d'accroître son énergie (laquelle serait plus importante que la matière) par des méthodes de développement personnel : méditation ; relaxation ; rêve éveillé... Certaines ne sont d'ailleurs pas sans risque. Ainsi, la « renaissance » consiste à revivre au moyen d'exercices respiratoires le traumatisme de la naissance. Le « channeling » a pour but d'entrer en contact avec les esprits et la « mémoire collective ». Le « voyage astral » est une sortie hors de son corps charnel...

Il est clair que certaines de ces pratiques relèvent davantage de l'ésotérisme ou du charlatanisme que d'un humanisme désintéressé.

L'avenir du mouvement dépendra des dérives auxquelles il est en permanence exposé.

Outre ces pratiques destinées aux individus, le Nouvel Age se propose de remettre en cause les structures sociales et les institutions et de réaliser le syncrétisme religieux.

Phénomène de mode, tentative utopique de synthèse ou dernière chance pour l'humanité ? Le mérite du Nouvel Age est de proposer une vision optimiste de l'avenir et de s'ancrer dans la réalité quotidienne. Mais les risques sont à la hauteur des ambitions : récupération marchande (déjà largement engagée) ; dérive ésotérique ; régression de type psychanalytique ; éclatement en « écoles » divergentes et antinomiques ; prise de pouvoir par des mouvements de type intégriste.

Le « chemin de l'extase » ne serait alors qu'une route qui mène à de nouveaux affrontements entre les hommes, voire à de nouvelles guerres de Religion.

10 millions de Français utilisent les services des voyants et astrologues.

Il y aurait en France environ 50 000 extralucides professionnels ; deux fois plus que de prêtres ! Télépathie, clairvoyance, précognition sont les dons revendiqués par ces voyants, marabouts, occultistes, exorcistes, radiesthésistes que les Français consultent de plus en plus fréquemment et ouvertement. Le chiffre d'affaires des professions du « paranormal » représenterait environ 20 milliards de francs.

Comme la peur du diable et le goût pour l'irrationnel, l'engouement pour l'irrationnel n'est pas un phénomène récent. Mais on constate aujourd'hui son institutionnalisation. Les entreprises lui ont donné récemment ses lettres de noblesse en intégrant ses techniques dans le recrutement, parfois même dans la gestion ou la définition des stratégies.

Le hit-parade de l'irrationnel

42 % des Français croient aux guérisons par magnétisme et imposition des mains (contre 41 % en 1988), 37 % à l'astrologie (contre 35 %), 32 % à la radiesthésie (contre 32 %), 25 % à la voyance (contre 19 %), 20 % aux lignes de la main (contre 16 %), 20 % à la numérologie (contre 12 %), 19 % à la cartomancie et aux tarots (contre 15 %),
74 % ont déjà lu leur horoscope dans un journal, 12 % ont consulté une cartomancienne, 8 % un radiesthésiste ou un médium, 7 % un astrologue. La croyance à l'astrologie diminue régulièrement avec l'âge. Elle est plus forte chez les femmes que chez les hommes.

Le Parisien/CSA, février 1991

➤ Les choses qui portent malheur sont, par ordre décroissant : mettre le pain à l'envers (32 %) ; ouvrir un parapluie à l'intérieur d'une maison (29 %) ; casser un miroir (29 %) ; passer sous une échelle (27 %) ; être 13 à table (24 %) ; offrir des couteaux ou des aiguilles (16 %) ; croiser un chat noir la nuit (14 %) ; renverser du sel (9 %).
➤ Les choses qui portent bonheur sont, par ordre décroissant : trouver un trèfle à 4 feuilles (43 %) ; marché dans une crotte avec le pied gauche (23 %) ; mettre un fer à cheval devant sa porte (19 %) ; casser du verre blanc (19 %) ; voir s'envoler une coccinelle (18 %) ; toucher les pompons des marins (17 %) ; voir un arc-en-ciel (10 %).

SCIENCE ET TECHNOLOGIE

La science reconnue mais contestée • Attente d'éthique et de morale • L'ordinateur de mieux en mieux accepté • Amélioration de la qualité de l'air • Qualité de l'eau non homogène • Stockage des déchets très inquiétant • Le bruit, principale nuisance • Consensus écologique mais sentiment de responsabilité individuelle encore peu répandu

SCIENCE

Les relations de la science et de la société sont ambivalentes.

Les Français ont à l'égard de la science une attitude faite à la fois de confiance et de méfiance. Ils lui sont certes reconnaissants d'avoir historiquement combattu l'obscurantisme, l'ignorance et les privilèges et, plus récemment, amélioré les conditions de vie et de travail, vaincu certaines maladies, permis les progrès de la connaissance. Mais ils sont aussi de plus en plus conscients des risques qu'elle fait peser aux hommes et des menaces qu'elle représente pour l'avenir. Si le nucléaire a permis de fournir à bon prix de l'électricité, il a aussi rendu possible la bombe atomique et il est responsable de la catastrophe de Tchernobyl. Si les progrès de la biologie permettent de guérir certaines maladies génétiques, ils pourraient demain autoriser des manipulations génétiques et peser sur l'évolution de l'espèce humaine.

Le rationalisme du XVIIIe siècle et le scientisme du XIXe, qui plaçaient dans la science tout l'espoir de l'humanité, ont donc fait place au scepticisme. Les Français se sont rendu compte que la science n'était pas bonne ou mauvaise en elle-même, mais que son influence dépendait avant tout de l'utilisation qui en est faite par les hommes. Il n'y a pas d'indépendance de la science, comme il n'y a pas non plus de fatalité de la catastrophe.

Le regret nucléaire

« Il fallait construire des centrales nucléaires »* :

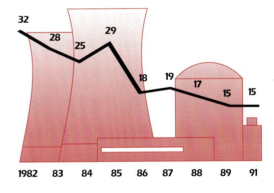

* Cumul des réponses « entièrement d'accord » et « bien d'accord » à l'affirmation proposée.

▶ Les problèmes d'environnement les plus ressentis par les Français sont : la pollution de l'air (58 %) ; la pollution de l'eau (51 %) ; les déchets industriels et domestiques (37 %) ; le bruit (35 %) ; le manque d'espaces verts (19 %), les difficultés de circulation automobile (18 %) ; la dégradation des immeubles (15 %).
▶ 65 % des Français estiment qu'un accident analogue à celui de Tchernobyl est toujours possible (29 % non).
▶ 60 % des Français estiment qu'en matière de protection de l'environnement leurs élus se préoccupent plus des intérêts économiques locaux et notamment des investisseurs immobiliers, 26 % de la qualité de vie des habitants.

Dieu et la science

81 % des Français estiment que la science ne peut pas, même en progressant, tout expliquer (16 % sont de l'avis contraire). Mais c'est quand même aux grands scientifiques qu'ils font d'abord confiance (à 67 %) pour réfléchir à l'avenir du monde, plutôt qu'aux personnalités religieuses (9 %) ou aux Eglises (4 %). Les dirigeants politiques ne recueillent que 11 % des suffrages, deux fois moins que les philosophes (28 %). Si le rôle de la religion apparaît faible pour expliquer l'origine du monde (19 %, contre 67 % à la science), c'est vers elle que les Français se tournent surtout pour comprendre la destinée de l'homme au-delà de la mort (40 % contre 31 % à la science), le bonheur (36 % contre 16 %) ou améliorer les relations entre les hommes (41 % contre 24 %). 23 % pensent néanmoins que la science pourra un jour prouver que Dieu existe (64 % non).

La Croix/CSA, janvier 1992

Le besoin d'un contrôle social de l'activité scientifique est de plus en plus sensible.

Les Français considèrent que la science est une chose trop importante pour être laissée aux seuls scientifiques, dont la bonne conscience apparaît d'ailleurs parfois comme de la naïveté, les certitudes comme de l'arrogance. C'est pourquoi il leur paraît de plus en plus nécessaire de contrôler les applications des recherches, voire la nature même de ces recherches.

Mais s'ils ne font pas confiance aux savants et aux experts, les Français ne font pas davantage confiance aux hommes politiques. Dans un pays démocratique et un monde complexe, la société civile souhaite être à la fois informée des enjeux et prendre part aux décisions. Les catastrophes récentes ont laissé une trace indélébile dans la mémoire collective. La logique technocratique ne s'accommode pas toujours de la logique démocratique.

Il se traduit par une demande croissante d'éthique et de morale.

73 % des Français estiment que, dans des domaines tels que les manipulations génétiques ou les biotechnologies, on doit imposer des limites éthiques et morales, alors que seuls 23 % considèrent que le développement de la recherche ne doit avoir aucune limite (*la Croix*/CSA, janvier 1992). L'influence de l'activité industrielle sur l'état de la nature et l'accroissement des « risques majeurs » sont les raisons qui expliquent les changements intervenus dans l'opinion. Chacun sait aujourd'hui que le progrès a un coût. La nouveauté de ce siècle est que ce coût peut être supporté par les générations futures et même menacer la perpétuation de l'espèce. Mais, entre la certitude d'un progrès mesurable à court terme et la potentialité d'une catastrophe future, il est difficile de choisir, car les acteurs sociaux, politiques et économiques savent qu'il sont jugés sur leurs résultats à court terme.

Le débat sur l'éthique est donc lancé en France depuis plusieurs années. Il concerne aussi bien les médecins et les chercheurs, qui jouent avec la vie, que les entreprises ou les politiciens qui exercent une influence sur l'environnement. Il cherche à donner au citoyen un pouvoir de contrôle, à créer des contre-pouvoirs ou renforcer ceux qui existent déjà. L'idée générale est de réduire l'écart existant entre la puissance, qui s'est accrue dans des proportions considérables avec les progrès de la science, et la sagesse, qui est au mieux restée stable. Les conséquences de ce débat sont multiples : création de comités d'éthique, mais aussi explosion de l'écologie comme nouvelle force politique et attirance croissante des Français pour l'irrationnel (voir *Croyances*).

L'ordinateur est de mieux en mieux accepté.

L'ordinateur était jusqu'à récemment considéré avec suspicion par les adultes. Il est aujourd'hui en passe d'entrer dans les mœurs, comme dans les foyers (13 % des ménages en étaient pourvus à fin 1991).

Certains continuent pourtant de voir en lui un rival. L'arrivée dans les usines des robots, qui en sont l'émanation directe, est souvent ressentie par les ouvriers comme une menace. Les employés, et même des cadres, sont parfois rebelles à l'utilisation d'un micro-ordinateur, jugé trop impersonnel, dans leur activité quotidienne.

▶ 30 % des Français considèrent que la religion constitue un obstacle au progrès de la science, 65 % non. 85 % pensent qu'un scientifique peut être croyant, 7 % non.
▶ Les Français produisent plus de 20 millions de tonnes de déchets par an, soit 1 kg par habitant et par jour (3 kg aux Etats-Unis).

Informatique et libertés

« Les ordinateurs menacent nos libertés » (en %)* :

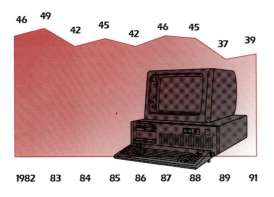

1982	83	84	85	86	87	88	89	91
46	49	42	45	42	46	45	37	39

* Cumul des réponses « entièrement d'accord » et « bien d'accord » à l'affirmation proposée.

ENVIRONNEMENT

La qualité de l'air s'est améliorée.

La pollution atmosphérique a en moyenne fortement diminué dans la majorité des grandes villes françaises. Après avoir atteint un maximum en 1979 (3,9 millions de tonnes), la production de dioxyde de soufre a été divisée par trois, du fait des économies d'énergie réalisées (en moyenne 34 Mtep par an) ; elle est stable aux alentours de 1,2 million de tonnes depuis 1988. 45 % des émissions proviennent des activités industrielles, 29 % des centrales électrothermiques, 15 % du chauffage urbain, du secteur résidentiel et des activités tertiaires, 11 % des transports. Ces émissions sont responsables des deux tiers de la pollution acide.

Les émissions de poussières ont diminué de façon substantielle depuis la fin des années 60 avec la baisse de la consommation de fioul industriel et domestique.

La production d'oxydes d'azote est également inférieure à celle du début de la décennie : 1,8 million de tonnes contre 2,5, dont les trois quarts sont dus aux transport. D'ici l'an 2000, la baisse devrait reprendre avec l'entrée en vigueur de nouvelles normes européennes pour les véhicules.

Enfin, les émissions de gaz carbonique se sont réduites de 20 % depuis 1980. Ce sont les progrès réalisés dans les installations fixes qui expliquent ce résultat, alors que les transports continuent d'accroître leurs émissions.

Pollution et météo

Le niveau de la pollution est soumis aux conditions atmosphériques plus ou moins favorables. En période de froid, la consommation de produits de chauffage polluants augmente ; dans le cas d'une situation anticyclonique, les températures en altitude peuvent empêcher l'air pollué du sol de s'échapper. Ce phénomène est renforcé par le fameux « effet de serre » lié à l'activité industrielle et humaine (couche gazeuse arrêtant le rayonnement de la terre).

Le doute et la crainte

La qualité de l'eau n'est pas homogène dans toutes les régions.

On estime que plus d'un million de Français boivent une eau dont la teneur en nitrates est, au moins occasionnellement, anormalement élevée (plus de 50 mg par litre, norme européenne). C'est le cas en particulier dans l'Ouest, du fait d'un élevage intensif, de pluies abondantes et de nappes phréatiques à faible profondeur.

D'une manière générale, la teneur en nitrates des nappes souterraines augmente régulièrement. Selon les spécialistes, cette dégradation ne pourra pas se ralentir avant au moins une dizaine d'années, du fait de la complexité de l'agriculture moderne et des contraintes économiques qui pèsent sur elle.

Il s'ajoute à ce risque celui d'un manque d'eau pendant des étés secs, comme ce fut le cas dans certaines régions (en particulier le Sud-Ouest) depuis 1989. Les Français savent aujourd'hui que l'eau sera de plus en plus un bien précieux et rare, donc cher.

Eau de vie

L'eau est le produit de première nécessité qui a connu la plus forte hausse. Entre 1960 et 1991, le prix moyen du mètre cube en agglomération parisienne est passé de 0,40 F à 7,80 F alors qu'il ne devrait coûter que 2,86 F s'il avait suivi l'inflation. Alors que les prix de la plupart des produits ont baissé si on les exprime en temps de travail d'un salarié moyen (voir *Rétroscopie* en première partie de l'ouvrage), celui de l'eau a augmenté : 7,5 minutes par m^3 en 1991 contre 6,7 en 1960, 5,9 en 1980.
Il faut dire que cet accroissement de prix, noyé dans les charges des logements, est relativement indolore. Beaucoup plus que celui de l'essence, pourtant beaucoup plus modéré. Le prix de l'eau est constitué à 55 % de celui de sa distribution, à 31 % de l'assainissement (collecte et dépollution des eaux usées), à 7 % de redevances (prélèvement et pollution), à 7 % de taxes. Les Français dépensent en moyenne 2 000 F par an pour une famille de quatre personnes.

▶ Les déchets provenant de l'automobile représentent chaque année 1,4 million de tonnes de ferraille, 250 000 tonnes d'huiles usagées et 380 000 tonnes de vieux pneus.
▶ Un tiers des bouteilles de verre sont recyclées, contre 1 % pour les bouteilles en plastique. Au total, 4 % des déchets ménagers sont recyclés, deux fois moins qu'en Allemagne, cinq fois moins qu'aux Etats-Unis.
▶ 46 % des Français estiment que le littoral est défiguré, 49 % qu'il est préservé.
▶ Les emballages représentent 35 % du poids des ordures ménagères et 50 % de leur volume.

La qualité des eaux de baignade s'est améliorée, mais elle reste parfois insuffisante.

Après s'être détériorée jusqu'en 1978, la situation des plages du littoral est un peu plus favorable depuis quelques années. 89 % des eaux ayant fait l'objet de prélèvements en 1989 étaient jugées de bonne qualité pour la baignade.

Il n'en est pas de même pour les autres lieux de baignade. Plus de la moitié des rivières ont une eau de mauvaise qualité ou momentanément polluée. On observe cependant des améliorations dans certaines rivières. C'est le cas par exemple de la Seine, qui devrait être totalement dépolluée en 1994. Pour les baigneurs qui ne vont pas à la mer, mieux vaut en tout cas choisir les étangs ou les lacs, qui sont moins fréquemment pollués que les rivières.

Le stockage des déchets devient de plus en plus difficile et dangereux.

La France produit chaque année quelque 150 millions de tonnes de déchets industriels : environ 100 millions de tonnes de gravats et déblais mis en décharge ; 32 millions de tonnes de bois, carton et matières plastiques traités comme les or-

---

Poubelles : 330 kg par Français en 1991

La production annuelle de déchets des Français augmente au rythme de 2 % par an. Elle représentait 18 millions de tonnes en 1991 et devrait atteindre 20 millions de tonnes en 1995 (450 kg par personne, artisans, commerçants et bureaux non compris), contre 14 millions en 1979 et 16 millions en 1988.
Ces déchets proviennent pour 57 % de l'alimentation, 15 % de la culture-loisirs (journaux, magazines), 14 % des produits liés à l'habitation (produits d'entretien), 6 % du courrier, 5 % des produits d'hygiène, 3 % de l'habillement.
Les matières animales et végétales (légumes et fruits frais, restes de nourriture) représentent 34 % du tonnage, devant le papier-carton (30 %), le verre (13 %), les matières plastiques (10 %), les métaux (7 %), le bois (4 %) et le textile (2 %).
Le gaspillage représente une part non négligeable des déchets. Sur 63 kg de pain achetés en moyenne en 1988, chaque Français en a jeté 9,5 kg.
385 000 tonnes de pain sont donc passées directement du four du boulanger à la poubelle.

dures ménagères ; 18 millions de tonnes de déchets « spéciaux » contenant des éléments nocifs. Ces derniers sont en effet stockés dans des décharges spéciales, à l'exception de 3 millions de tonnes de déchets « dangereux » qui partent en RFA. Ces décharges, au nombre de douze, seront saturées en l'an 2000 et les déchets industriels ne pourront être traités si de nouveaux sites ne sont pas créés.

Les ordures ménagères représentent près de 20 millions de tonnes par an (voir encadré) auxquelles s'ajoutent 1,5 million de tonnes de matériels mis au rebut (voitures, appareils électroménagers, etc.). On compte 6 000 décharges domestiques exploitées en dépit de la réglementation et 25 000 à 30 000 décharges « sauvages ».

Les Français se plaignent plus du bruit que des autres nuisances.

2 millions d'entre eux sont exposés sur leur lieu de travail à des bruits jugés dangereux (supérieurs à 85 décibels, avec parfois des pointes à 120 décibels). Dans la vie quotidienne, les véhicules sont les principaux responsables ; au cours des 25 dernières années, le parc automobile a triplé et le trafic aérien a décuplé. Les sirènes des voitures de police, la multiplication des systèmes d'alarme des logements et des voitures (dont beaucoup se déclenchent de façon intempestive) ont accru le niveau, déjà élevé, du bruit ambiant dans les villes.

Considéré par les Français comme la principale nuisance, le bruit serait à l'origine de nombreuses maladies. Selon le CDIA, il est responsable de 15 % des journées de travail perdues chaque année et 20 % des internements psychiatriques, sans oublier la consommation de certains médicaments (somnifères, hypnotiques...). Environ 20 000 plaintes sont enregistrées chaque année, dont plus de la moitié à Paris.

Les craintes concernant l'environnement s'accroissent, mais ne sont pas prioritaires.

Les accidents liés au développement technologique ont provoqué en France, comme dans d'autres pays industrialisés, une croissance des inquiétudes concernant l'environnement.

Les risques les plus préoccupants concernent la pollution de l'eau courante et les maladies liées à la dégradation de l'environnement (craintes plus répandues chez les femmes). Le réchauffement de l'atmosphère, les changements de climat et l'élimination des déchets sont ressentis comme des menaces moindres, sans doute parce qu'elles apparaissent plus lointaines. Le développement du nucléaire arrive en dernière position, bien que les Français lui soient majoritairement défavorables (voir graphique).

Cependant, il faut remarquer que les craintes liées à l'environnement ne sont pas prioritaires en France. Elles arrivent assez loin derrière les problèmes directement ressentis comme le chômage, la drogue, les maladies graves ou la pauvreté.

Le consensus écologique

« Il faut soutenir les écologistes. »*

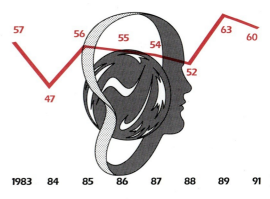

* Cumul des réponses « entièrement d'accord » et « bien d'accord » à l'affirmation proposée.

Agoramétrie

▶ 64 % des Français n'accepteraient pas d'habiter près d'une centrale nucléaire (74 % n 1988), 34 % oui (19 % en 1988).
▶ Pour les Français, les principaux responsables de la pollution des eaux sont les industries (5 %), devant les déchets des villes (23 %) et l'agriculture (15 %).
▶ Chaque année, 2 millions de véhicules partent au rebut, et 250 000 épaves ne sont pas récupérées par la casse.
▶ La fabrication d'une voiture de 540 kg produit 430 kg de déchets.

PRÉSERVE LA COUCHE D'OZONE

Il faut protéger la nature, car elle nous protège

Concurrence

Micro-entretien

HAROUN TAZIEFF *

G.M.- *Les risques dus à l'activité humaine sont-ils plus graves que les risques naturels ?*

H.T.- Les éruptions volcaniques peuvent tuer des dizaines de milliers de personnes en peu de temps et les tremblements de terre jusqu'à un million de personnes en quelques dizaines de secondes, comme cela s'est produit en Chine en 1976. Pourtant, je place aujourd'hui ces risques derrière des risques anthropogéniques comme les pollutions. Ce sont toutes les pollutions d'eau, douce et amère, courante et souterraine, les pollutions de l'atmosphère et celles des sols sur lesquels nous vivons. Elles sont beaucoup moins spectaculaires et tuent beaucoup moins, mais elles vont peut-être demain tout simplement empêcher la vie de se poursuivre.

Mais il y a des pollutions qui sont très à la mode dans les discours et qui selon moi, si elles ne sont pas totalement imaginaires, ne présentent aucun danger. La plus connue est celle des CFC qui détruiraient la couche à ozone. Je n'ai pas réussi à me convaincre par des articles scientifiques sérieux que cette couche serait indispensable à notre protection. Un autre exemple est le prétendu effet de serre lié au dioxyde de carbone.

---

* Volcanologue, ancien ministre, auteur notamment de *La Terre va-t-elle cesser de tourner ?* (Seghers).

L'écologie est devenue une dimension incontournable de la vie sociale, politique, industrielle et philosophique.

L'écologie était apparue en France au début des années 70, comme une suite logique de l'esprit de Mai 68, dont elle fut peut-être le dernier sursaut. Mais la crise économique allait mettre en évidence d'autres préoccupations, plus immédiates, comme le chômage. L'écologie fut alors considérée comme un luxe hors de saison. Il aura fallu l'accident de Tchernobyl et les grandes campagnes de sensibilisation médiatique sur la fissure de couche d'ozone, l'effet de serre ou la disparition de la forêt amazonienne pour qu'elle fasse un retour remarqué, dans les mentalités comme dans les urnes.

Mais, s'ils accusent volontiers les industriels, les politiques et les scientifiques de ne pas avoir suffisamment protégé la nature, les Français n'ont pas encore le réflexe, à l'échelon individuel, de participer à cet effort. Ainsi, huit sur dix se déclarent prêts à ne pas utiliser leur voiture pour des trajets inférieurs à un kilomètre, alors que ces trajets représentent un quart de l'ensemble des trajets.

➤ 59 % des Français seraient prêts à n'utiliser que de l'essence sans plomb, même s'ils devaient la payer plus cher (22 % non). 58 % seraient prêts à prendre un vélo pour circuler en ville (35 % non).
➤ En trente ans, une vingtaine d'espèces animales en voie de disparition ont été réintroduites : bisons, loups, chevaux sauvages, ours, vautours...

L'écologie au quotidien

Les Français sont d'autant plus enclins à apporter leur contribution à l'effort écologique qu'ils souhaitent qu'elle n'ait pas un caractère coûteux ou obligatoire :
• 84 % d'entre eux se disent prêts à utiliser plusieurs poubelles pour séparer les divers types de déchets ; 63 % se disent prêts à payer plus cher des produits d'agriculture et d'élevage plus naturels ;
• 54 % se disent prêts à payer plus cher des produits reconnus comme préservant l'environnement ;
• 39 % se disent prêts à renoncer à leur voiture pour les déplacements de tous les jours ;
• 29 % à payer plus de taxes affectées directement à la défense de l'environnement.
Beaucoup considèrent que c'est aux pouvoirs publics (Etat et collectivités locales) et aux entreprises de prendre l'initiative dans ce domaine ; 94 % estiment d'ailleurs que les efforts des premiers sont insuffisants ou inefficaces ; ils sont 87 % en ce qui concerne les entreprises. Mais 42 % seulement seraient prêts à accepter l'installation d'une usine de traitement de déchets dans leur commune, 45 % y seraient opposés.

➤ La ville de Paris compte 480 000 arbres. En mai 1991, 18 % des 17 000 arbres du bois de Boulogne étaient atteints de maladie et 26 % des 18 000 arbres du bois de Vincennes étaient attaqués par un champignon.
➤ 52 % des Français avouent avoir peur des centrales nucléaires (19 % beaucoup, 33 % assez), 23 % n'en ont pas tellement peur, 24 % pas du tout. Les femmes ont plus peur que les hommes (61 % contre 43 %). Les agriculteurs ont plus peur que les autres catégories (57 %). Les écologistes sont 68 %.
➤ Le risque écologique majeur pour les Français est le nucléaire (50 %), devant les déchets toxiques (20 %) et les incendies de forêt (13 %).
➤ 43 % des Français considèrent la lutte contre la pollution de l'eau (eau de consommation, rivières, lacs) comme primordiale, devant l'élimination des déchets industriels (42 %) et la sécurité nucléaire (39 %).
➤ 93 % des Français se déclarent prêts à ne pas jeter leurs déchets par terre, 84 % à ne plus gaspiller l'eau du robinet, 79 % à faciliter le recyclage des déchets ménagers. Ils ne sont que 21 % à être prêts à soutenir financièrement les actions.
➤ 40 % des Français estiment que la France est plus sale qu'il y a 10 ans, 21 % plus propre, 34 % ni plus propre ni plus sale.

TRAVAIL

LE BAROMÈTRE DU TRAVAIL

Les pourcentages indiqués représentent les réponses positives aux affirmations proposées. Les enquêtes Agoramétrie n'ont pas été effectuées en 1990.

« Il faut chercher à travailler le moins possible » (%) :

1982	83	84	85	86	87	88	89	91
20	20	15	15	18	16	14	18	16

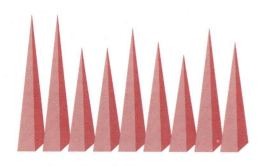

« Il y a trop de fonctionnaires » (%) :

1982	83	84	85	86	87	88	89	91
41	41	47	41	37	37	33	39	41

« Les syndicats sont indispensables » (%) :

1982	83	84	85	86	87	88	89	91
55	53	45	47	54	51	50	48	43

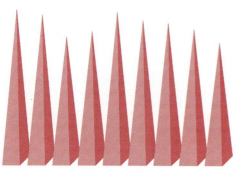

« Il faut adopter la semaine de 35 heures » (%) :

1982	83	84	85	86	87	88	89	91
48	44	45	48	50	40	43	43	43

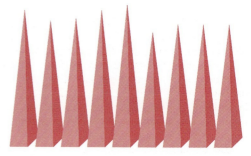

Agoramétrie

LA POPULATION ACTIVE

ACTIVITÉ

Taux d'activité en hausse ● *Un actif pour 1,2 inactif* ● *1,6 million de travailleurs étrangers* ● *Décroissance des formes de travail précaire en 1991* ● *12 % des actifs à temps partiel (une femme sur quatre)* ● *Une femme sur deux active (75 % entre 25 et 49 ans)* ● *Moins de créations d'entreprises, plus de faillites*

ACTIFS

Le taux d'activité augmente régulièrement depuis la fin des années 60.

Entre 1900 et 1968, la proportion d'actifs dans la population totale avait baissé de 20 %. Cette réduction importante était liée à l'évolution démographique entre les années 1930 et 1945 : allongement de la durée de vie ; classes actives décimées par la guerre. Elle était aussi due à l'allongement de la scolarité, de la réduction de l'âge moyen de la retraite et de la diminution de l'activité féminine jusqu'à l'aube des années 70.

Depuis la fin des années 60, le taux d'activité remonte régulièrement, du fait de la diminution de la fécondité, de l'arrivée sur le marché du travail des générations nombreuses de l'après-guerre et des départs en retraite des générations creuses de la guerre de 1914-1918. Sans oublier les flux d'immigration, en provenance principalement des pays du Maghreb, importants jusqu'en 1974.

Mais c'est le redémarrage de l'activité féminine, particulièrement sensible depuis 1968, qui explique le mieux l'accroissement de l'activité globale. Aujourd'hui 46 % des femmes de 15 ans et plus sont actives (un taux inférieur cependant du maximum de 52 % observé en 1921). Dans un contexte économique défavorable, cet accroissement de la demande de travail s'est accompagné d'une très forte croissance du chômage.

Le travail commence plus tard, la retraite plus tôt

Evolution des taux d'activité selon l'âge :

	Hommes		Femmes	
	1968	1992	1968	1992
• 15 à 19 ans	42,9	11,6	31,4	6,5
• 20 à 24 ans	82,6	61,3	62,4	52,1
• 25 à 49 ans	95,8	95,8	44,5	76,2
• 50 à 54 ans		89,7		65,0
• 55 à 59 ans	82,4	68,7	42,3	45,6
• 60 à 64 ans	65,7	8,1	32,3	4,7
• 65 et plus	19,1		6,9	
15 ans et plus	**74,4**	**63,6**	**36,1**	**46,4**

INSEE

➤ 28 % des Français pensent que le travail des femmes est l'une des causes du chômage en France, 72 % non.
➤ 48 % des anciens élèves des grandes écoles estiment qu'il vaut mieux ne rien faire que travailler, à condition de disposer du capital nécessaire, 48 % que les rentiers sont des profiteurs et que, si tout le monde en faisait autant, personne ne ferait tourner le pays.
➤ 11 % des Français estiment que les Français travaillent trop, 34 % pas assez, 47 % normalement. 20 % estiment que personnellement ils travaillent trop, 13 % pas assez, 52 % normalement.

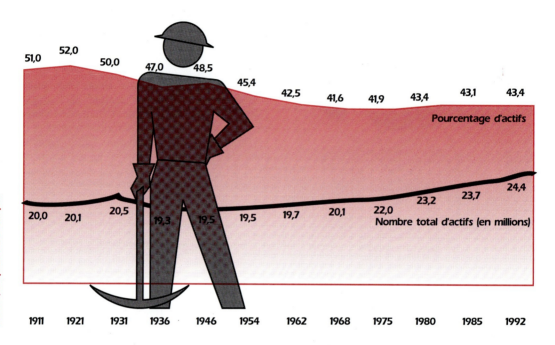

43 % d'actifs

Proportion d'actifs (chômeurs inclus), en pourcentage de la population totale :

La France comptait 24,8 millions d'actifs en mars 1992, soit un actif pour 1,2 inactif.

Cet effectif comprend 22,3 millions de personnes exerçant effectivement une activité professionnelle et 2,2 millions de personnes sans emploi. Il faut préciser que le nombre des chômeurs est estimé au sens du BIT (Bureau international du travail), c'est-à-dire ne travaillant pas, disponibles immédiatement et ayant effectué des démarches de recherche au cours du mois précédant l'enquête. Le nombre obtenu est inférieur à ceux publiés par le ministère du Travail ou l'ANPE. Les 230 000 militaires du contingent ne sont pas pris en compte dans l'enquête annuelle sur l'emploi, sauf s'ils sont rattachés et déclarés par un ménage. Au total, seuls 39 % de la population totale ont une activité professionnelle effective. Ce qui veut dire que près de deux Français sur trois ne « travaillent » pas : enfants, étudiants, adultes inactifs, chômeurs, retraités.

La population active a régulièrement augmenté depuis la fin de la Seconde Guerre mondiale. Elle devrait moins augmenter au cours des prochaines années, du fait de l'évolution de la structure démographique (les personnes partant à la retraite seront plus nombreuses qu'au début des années 80) et d'une augmentation plus lente de la population active féminine.

Le nombre des travailleurs étrangers est à peu près stable depuis 1975 (1,5 million).

Beaucoup d'étrangers sont arrivés en France pendant les années 60, attirés par la perspective de trouver un emploi dans des postes généralement délaissés par les Français. Leur nombre a augmenté depuis, sous l'effet des nouvelles vagues d'immigration. Il s'est stabilisé depuis quelques années à environ 1,5 million, soit environ 6 % de la population active totale, niveau comparable à celui du début des années 30. 28 % sont originaires du Portugal, 16 % sont Algériens, 12 % Marocains, 7 % Espagnols, 6 % Italiens, 4 % Tunisiens.

Les étrangers occupent les postes les moins qualifiés et les moins bien rémunérés (57 % sont ouvriers) et sont plus touchés par le chômage. On les trouve surtout concentrés en Ile-de-France, en Corse, dans la vallée du Rhône et la région Provence-Côte d'Azur. Leur taux de chômage s'est accru d'environ 50 % entre 1982 et 1992 (+ 29 % pour les Français).

PRÉCARITÉ

Les formes de travail précaire (intérim, temps partiel...) se sont développées au cours des années 80.
Elles ont diminué en 1991, puis augmenté en 1992.

Sous l'influence de la crise économique, le modèle traditionnel de l'activité professionnelle (un emploi stable et à plein temps) a changé. Il a laissé place à des formes plus complexes, plus souples et souvent moins stables d'activité.

Un peu plus de 3 millions de salariés occupent des emplois de ce type. Parmi eux, 1,2 million d'actifs sont en situation d'emploi précaire (mars 1992), dont 209 000 intérimaires, 580 000 titulaires de contrats à durée déterminée, 322 000 stagiaires et 180 000 apprentis. Il faut y ajouter un peu moins de 3 millions de personnes travaillant à temps partiel. Si ces formes nouvelles ont permis la croissance de l'emploi, elles ne sont pas toujours satisfaisantes pour ceux qui les occupent.

Les femmes, les jeunes et les personnes peu qualifiées sont les plus concernés.

Sur les quelque 700 000 personnes qui pratiquent des horaires réduits, plus de 80 % sont des femmes ; beaucoup sont assistantes maternelles ou employées de maison. Près de la moitié des contrats de travail temporaire courts mais à horaires longs sont détenus par des jeunes ayant moins de 25 ans ; 60 % d'entre eux sont des hommes. 400 000 jeunes de 16 à 25 ans effectuent des Travaux d'utilité collective (TUC) ou suivent une formation en alternance, soit 12 % des actifs occupés de cette tranche.

La moitié des « petits boulots » sont exercés par des personnes sans diplôme ou ayant au mieux le certificat d'études ; moins de 10 % ont un diplôme de l'enseignement supérieur. Le commerce et les services sont les secteurs qui ont le plus contribué au développement de ces formes d'emploi.

400 000 travailleurs handicapés

La loi de juillet 1987 impose aux entreprises publiques ou privées de plus de 20 salariés d'intégrer dans leur personnel au moins 6 % de handicapés depuis fin 1991 (5 % en 1990). Les employeurs peuvent faire face à cette obligation en embauchant des personnes invalides, en faisant travailler en sous-traitance les handicapés des centres d'aide par le travail (CAT) ou en versant de l'argent à un organisme chargé de financer leur insertion professionnelle.
Les personnes bénéficiaires de cette obligation d'emploi sont à 80 % des hommes et à plus des deux tiers âgés de plus de 40 ans (les moins de 25 ans ne représentent que 2 %). 58 % sont ouvriers, 8 % sont employés, 17 % appartiennent aux professions intermédiaires et 8 % sont cadres.

Après avoir beaucoup augmenté, le nombre des contrats à durée déterminée a diminué en 1990 et 1991, mais la hausse a repris en 1992.

Il s'était accru de plus de 20 % par an entre 1985 et 1987, mais seulement de 12 % en 1988. Les contrats à durée déterminée représentent les trois quarts des embauches dans les établissements de plus de 50 salariés ; un peu moins d'une sur quatre seulement se transforme en emploi à durée indéterminée. Les principaux secteurs d'activité concernés sont le commerce et le bâtiment-génie civil et agricole. La durée moyenne des contrats est de deux à trois mois. Elle tend à s'allonger depuis 1986. Les stages organisés par l'Etat (TUC, SIVP, etc.) peuvent être assimilés à cette catégorie. Ils concernent essentiellement les jeunes sans qualification et des chômeurs de longue durée.

➤ 39 % des Français aimeraient pouvoir vivre sans être obligé de travailler (45 % des actifs), 55 % non (54 % des actifs).

2,8 millions de personnes travaillent à temps partiel, soit 12,5 % de la population active (une femme active sur quatre).

Il y a travail à temps partiel lorsqu'une personne « occupe de façon régulière, volontaire et unique un poste pendant une durée sensiblement plus courte que la durée normale » (BIT). On considère en pratique que le temps partiel commence en dessous de 30 heures hebdomadaires.

Ce type de travail intéresse surtout les femmes, qui peuvent ainsi concilier le travail et les contraintes familiales. 24 % des salariées sont employées à temps partiel (voir *Conditions de travail*).

Ce type de travail s'est beaucoup développé depuis une dizaine d'années. Il concerne aujourd'hui 24 % des femmes actives. Il continue d'augmenter dans le secteur public, plafonne dans le privé et ne diminue que dans les services domestiques et chez les aides familiales. La France reste néanmoins en retrait par rapport à des pays comme les Etats-Unis ou la Suède, où un actif sur cinq environ travaille à temps partiel. Il faut préciser que le travail à temps partiel ne correspond pas toujours à un choix : 20 % des femmes et 35 % des hommes concernés sont à la recherche d'un autre emploi, contre 5 % des personnes travaillant à temps complet.

Le temps partiel, une spécialité nordique

Proportion d'actifs travaillant à temps partiel, par sexe (1990, en %) :

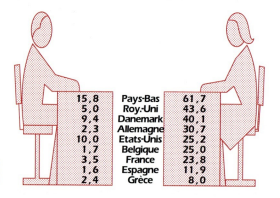

Hommes	Pays	Femmes
15,8	Pays-Bas	61,7
5,0	Roy.-Uni	43,6
9,4	Danemark	40,1
2,3	Allemagne	30,7
10,0	Etats-Unis	25,2
1,7	Belgique	25,0
3,5	France	23,8
1,6	Espagne	11,9
2,4	Grèce	8,0

OCDE

Le travail intérimaire concerne un salarié sur dix.

Les entreprises de travail intérimaire avaient connu un essor considérable dans les années 60 et 70. En 1972, un dispositif légal prévoyait la protection des salariés intérimaires : conditions d'emploi, durée, indemnités d'emploi précaire, etc. Il fut complété en février 1982 par la mise en place d'un statut du salarié temporaire proche de celui des autres salariés.

Ces mesures, ajoutées au recul de l'activité économique, se traduisirent rapidement par une réduction d'environ 30 % des effectifs concernés et par la disparition de quelque 600 établissements spécialisés. Mais la diminution du travail temporaire n'a pas entraîné la création d'un nombre équivalent d'emplois permanents.

On a assisté à une reprise de l'intérim, dont les effectifs ont doublé entre 1885 et 1989, avec des taux de croissance annuels supérieurs à 30 % entre 1987 et 1989. Mais sa part a diminué depuis 1990 ; elle est passée en dessous de 1 % de la population active.

L'intérim, un travail d'hommes

- 70 % des travailleurs intérimaires sont des hommes. Près de la moitié ont moins de 25 ans.
- Ils sont surtout employés dans l'industrie manufacturière (biens intermédiaires ou biens d'équipement), notamment l'automobile, le bâtiment.
- Un intérimaire sur trois a choisi l'intérim par goût personnel (18 % le choisissent pour la liberté qu'il autorise).
- La période de travail en intérim a une durée moyenne de 7 mois.
- La moitié des missions d'intérim se terminent par un contrat à durée déterminée.
- 62 % des intérimaires qui ont un emploi permanent l'ont trouvé dans l'entreprise où ils occupaient un poste intérimaire.
- 74 % des intérimaires se déclaraient satisfaits de leur niveau de rémunération en 1989, contre 38 % en 1981.

PROMATT

➤ 85 % des Français trouvent normal qu'une femme travaille, 10 % plutôt pas normal, 4 % pas normal du tout.
➤ 49 % des Français changeraient de métier s'ils le pouvaient (52 % des femmes et 47 % des hommes), 42 % non.

ACTIVITÉ FÉMININE

46 % des femmes de 15 ans ou plus sont actives.

L'accroissement du travail féminin est l'une des données majeures de l'évolution sociale de ces vingt-cinq dernières années ; leur nombre a augmenté de trois millions, contre moins d'un million pour les hommes. Pourtant, ce phénomène n'est pas nouveau, lorsqu'on élargit le champ de la mémoire ; les femmes actives étaient proportionnellement aussi nombreuses au début du siècle, mais la notion d'activité n'était guère comparable.

Après avoir atteint un maximum vers 1900, le taux d'activité des femmes avait fortement baissé jusqu'à la fin des années 60, sous l'effet de l'évolution démographique. Depuis, la proportion des femmes actives a augmenté, alors que celle des hommes diminuait.

Si les femmes ont, depuis 1968, « repris le travail », c'est en partie sous l'impulsion du grand mouvement féministe des années 70, dont l'une des revendications majeures était le droit au travail rémunéré, condition première de l'émancipation.

Entre 25 et 49 ans, les trois quarts des femmes sont actives, contre moins de la moitié en 1968.

Le taux d'activité des femmes augmente avec leur niveau de formation. Ce sont les femmes d'ouvriers, mais aussi de cadres ou de « professions intellectuelles supérieures » (enseignants, professions scientifiques, etc.) qui ont les taux d'activité les plus faibles. Les femmes non mariées (célibataires, veuves ou divorcées) travaillent plus fréquemment que les autres (70 % sont actives).

C'est entre 25 et 29 ans que l'activité féminine atteint son maximum : 80,5 %. Les taux décroissent ensuite avec l'âge, du fait des contraintes familiales (maternités, éducation des enfants) et de la volonté d'exercer une activité rémunérée moins fréquente parmi les anciennes générations. Plus les femmes ont d'enfants et moins elles exercent une activité rémunérée. Entre 25 et 39 ans, neuf femmes sur dix n'ayant pas d'enfants à charge travaillent. Elles ne sont plus que 83 % lorsqu'elles ont un enfant, 73 % avec deux, 47 % avec trois.

On constate depuis quelques années une féminisation accrue de certains secteurs, notamment

Les entreprises aussi font confiance aux femmes

dans le tertiaire, où existent d'ailleurs une forte rotation de l'emploi et un niveau de rémunération souvent peu élevé.

Le taux d'activité des femmes progresse moins vite depuis 1984.

Après une dizaine d'années de forte croissance, l'activité des femmes âgées de 25 à 49 ans tend à progresser moins rapidement. Il semble que la difficulté de trouver ou retrouver un emploi décourage certaines femmes, qui préfèrent rester au foyer.

Dans le même temps, on constate que l'arrêt de l'activité est moins fréquent dans le cas de l'arrivée d'un second enfant : plus des deux tiers des femmes ayant deux enfants travaillent. Leurs carrières sont moins souvent interrompues que par le passé. La vie professionnelle des femmes tend à se rapprocher aujourd'hui de celle des hommes.

L'évolution de la nature des emplois a été favorable à l'insertion des femmes.

Le très fort développement des activités de service et la diminution du nombre d'emplois nécessitant la force masculine ont beaucoup favorisé l'arrivée des femmes sur le marché du travail ; elles occupent ainsi plus de la moitié des emplois du secteur tertiaire. A ces deux raisons liées au progrès économique et technique s'en sont ajoutées d'autres, moins avouables. A travail égal, les femmes

Le partage du travail

Evolution du taux d'activité des hommes et des femmes (en % de la population totale de chaque sexe) :

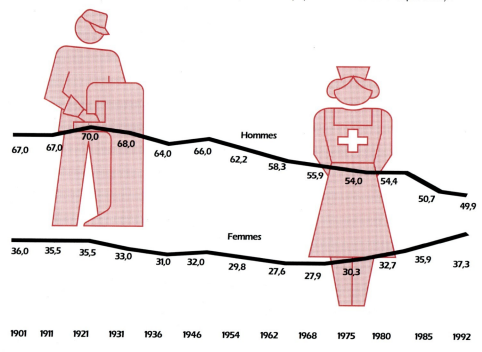

INSEE

	1901	1911	1921	1931	1936	1946	1954	1962	1968	1975	1980	1985	1992
Hommes	67,0	67,0	70,0	68,0	64,0	66,0	62,2	58,3	55,9	54,0	54,4	50,7	49,9
Femmes	36,0	35,5	35,5	33,0	31,0	32,0	29,8	27,6	27,9	30,3	32,7	35,9	37,3

étaient le plus souvent moins bien payées que les hommes ; une bonne aubaine pour un certain nombre d'employeurs...

Mais c'est peut-être le développement du travail à temps partiel qui a le plus contribué à celui du travail féminin. On constate d'ailleurs que c'est dans les pays où les possibilités de travail à temps partiel sont les plus développées que les femmes sont les plus nombreuses à travailler.

La norme de la femme au foyer a été remplacée par celle de la femme au travail.

Pour un nombre croissant de femmes, travailler est la condition de l'autonomie et de l'épanouissement personnel. Les femmes qui n'ont jamais travaillé sont d'ailleurs trois fois moins nombreuses parmi les moins de 30 ans (moins de 4 %) que parmi les plus âgées (12 %). La diminution du nombre des mariages, l'accroissement du nombre des femmes seules, avec ou sans enfants, la sécurité (parfois la nécessité) pour un couple de disposer de deux salaires sont autant de raisons qui expliquent le regain de faveur du travail féminin.

La crainte du chômage, la difficulté de trouver un travail conforme à ses aspirations, la fatigue représentée par la « double journée de travail » et les mesures d'incitation prises par le gouvernement pourront amener certaines femmes à rester au foyer. Mais elles ne semblent guère susceptibles de compenser les facteurs favorables au travail féminin.

► 70 % des artisans ont plus de 40 ans, 40 % plus de 50 ans. 64 % des femmes d'artisans déclarent n'exercer aucune activité professionnelle, 15 % ont un travail rémunéré dans l'entreprise artisanale.
► S'ils avaient le choix, 63 % des Français choisiraient un travail intéressant mais pas très bien payé, 26 % un travail pas intéressant mais bien payé.

Femme, enfant et travail

En dix ans, les mentalités ont largement évolué en ce qui concerne le travail des femmes en général ; en 1978, 29 % seulement des Français estimaient que les femmes devraient travailler dans tous les cas où elles le désirent (parmi cinq possibilités proposées) ; ils étaient 43 % en 1989.
En fait, 27 % des Français peuvent être considérés comme des partisans du travail féminin par principe. 43 % sont « incertains » ; ils comprennent ceux pour qui la présence d'un enfant justifie ou explique l'inactivité de la mère et ceux qui s'interrogent sur le travail des mères de jeunes enfants. Enfin, 30 % sont opposés au travail féminin en général, au travail des mères de jeunes enfants ou n'acceptent le travail féminin que si la famille ne peut vivre avec un seul salaire. Les Français (y compris les femmes actives elles-mêmes) sont en forte majorité partisans d'une politique d'aides financières incitant les mères de jeunes enfants à cesser temporairement de travailler.

Une entreprise sur deux meurt avant 5 ans

Sur 100 entreprises créées en 1985 (hors filiales), 17 ont été abandonnées dès la première année, puis 12, 10, 7 et 6 au cours de chacune des années qui ont suivi. Seules 48 % sont parvenues à fêter leur cinquième anniversaire. Elles comptaient alors en moyenne 3,3 personnes, contre 2,6 l'année du démarrage.
Le taux de survie à cinq ans des entreprises créées ex nihilo était de 42 %, tandis que celui des entreprises reprises était de 63 %. Les sociétés résistent mieux que les entreprises individuelles ; 25 % de ces dernières disparaissent avant un an, contre 11 % des sociétés. Au bout de cinq ans, les taux de survie respectifs sont de 38 % et 50 %. On observe aussi que ces taux varient dans le même sens que le montant des fonds mis dans la création : 54 % à cinq ans pour un créateur ex nihilo ayant investi 50 000 F en 1985 et 64 % pour un repreneur ; 53 % et 71 % si le capital était compris entre 200 000 et 500 000 F.

INSEE

ENTREPRISES

Le nombre des créations d'entreprises diminue : 189 000 en 1991 contre 221 000 en 1989.
Même tendance pour les reprises : 52 000 contre 57 000.

Après une période favorable entre 1985 et 1989, la démographie des entreprises a connu deux années difficiles. En 1991, la baisse observée concernait à la fois les services, l'industrie et le commerce. L'agro-alimentaire, le bâtiment-génie civil et agricole et les transports-télécommunications ont subi un moindre recul.
Le ralentissement économique, la guerre du Golfe et les coûts élevés des emprunts sont les causes principales de cette évolution. Le climat de morosité et la peur de l'avenir ont eu pour effet de réduire les vocations d'entrepreneur. Ceux qui disposent d'un emploi ne veulent pas prendre le risque de l'abandonner, tandis que les plus jeunes ne rêvent plus de créer une entreprise, compte tenu des sacrifices personnels que cela implique et de la difficulté à survivre dans un environnement concurrentiel très dur. Le mythe du créateur ou du repreneur semble avoir vécu.

53 000 entreprises ont fait faillite en 1991 ; deux fois plus qu'en 1986.

Le taux de défaillance des entreprises est en augmentation depuis 1985, date de la loi relative au redressement et à la liquidation judiciaire. La dégradation a été très sensible en 1990 et 1991. Elle a concerné particulièrement les activités de bâtiment-génie civil, l'industrie et les services (hors commerces) en particulier l'immobilier qui sont aussi des secteurs à taux de création élevé. Environ la moitié d'entre elles avaient moins de trois ans d'existence. Le taux de défaillance moyen est de 3 %. La durée moyenne d'existence des entreprises tend à diminuer : elle n'est plus que de 10 à 15 ans, contre 15 à 20 ans dans les années 60.
Il existe généralement une corrélation entre le nombre des créations d'entreprises et celui des cessations d'activité, mais elle n'a pas joué en 1991 puisque le nombre des créations a diminué. Il faut préciser toutefois que certaines entreprises qui déposent leur bilan peuvent être relancées ou rachetées.

▶ En janvier 1992, 25 % des entreprises ayant un chiffre d'affaires supérieur à 2 milliards de francs prévoyaient une augmentation des effectifs de cadres, 16 % une diminution, 58 % une stagnation.

Démographie des entreprises

Evolution du nombre d'entreprises créées, des reprises et des faillites :

	1981	1983	1985	1986	1987	1988	1989	1990	1991
• Créations nouvelles	173 100	156 810	192 200	208 730	212 590	216 580	224 090	216 620	189 316
• Reprises	68 920	52 520	52 320	57 490	61 890	62 420	57 720	56 800	51 516
Total	242 980	209 330	244 520	266 220	274 480	279 000	281 810	273 420	240 832
• Faillites	20 300	22 500	26 425	27 802	30 766	35 052	40 042	46 170	53 252
Solde : créations moins faillites	+152 800	+134 310	+165 775	+180 928	+181 824	+243 948	+241 768	+170 450	+136 064

Les filiales résistent mieux

Sur 190 000 entreprises créées en 1985, 6 800 étaient des filiales d'une autre société. Elles employaient à leur création plus de 100 000 personnes, soit un effectif moyen (15,5 personnes) six fois plus élevé que celui des autres créations d'entreprises. Cinq ans plus tard, 71 % avaient survécu, contre 48 % pour les autres créations. Leur clientèle est surtout constituée d'autres entreprises (63 %), alors que les autres créations s'adressent à 66 % aux particuliers.

La création d'emplois, qui avait repris entre 1985 et 1989, est redevenue insuffisante.

Les créations nettes d'emplois ont représenté environ 300 000 postes par an entre 1985 et 1989. Mais elles se sont considérablement ralenties depuis deux ans. Le solde entre créations et disparitions d'entreprises donne une idée erronée de la situation de l'emploi. Les entreprises qui naissent ont une taille moyenne très inférieure à celles qui meurent : 66 % des sociétés créées entre 1981 et 1987 ne comptaient aucun salarié au 1er janvier 1988. L'effectif moyen par entreprise est passé de 6,1 employés en 1981 à 5,0 en 1987. C'est ce qui explique que le nombre d'emplois créés en France a été, jusqu'en 1984, inférieur à celui des emplois supprimés. C'est de nouveau le cas aujourd'hui.

Dans ce domaine, la France a accusé un retard certain par rapport à d'autres pays industrialisés. En Grande-Bretagne, les PME de moins de 20 salariés ont créé un million d'emplois entre 1981 et 1987, alors que les grands groupes en perdaient 250 000. Aux Etats-unis, 80 % des nouveaux emplois ont été créés dans des entreprises de moins de quatre ans d'existence.

Entre 1982 et 1990, les professions qui ont conu le plus de créations d'emplois ont été le secrétariat (256 000), l'éducation (145 000 professeurs), le commerce (130 000 représentants), l'informatique (99 000 ingénieurs), la santé (75 000 aides-soignants), les services (74 000 nettoyeurs), la garde des enfants (70 000 assistantes maternelles et gardiennes), l'expédition (67 000 ouvriers du tri, de l'emballage, des expéditions), la restauration (66 000 serveurs), les fonctionnaires (61 000 agents de service) et l'entretien (60 000 mécaniciens pour équipements industriels).

> ▶ 24 % des Français n'aiment pas le lundi, 11 % le dimanche, 3 % le samedi, 1 ou 2 % les autres jours.
> ▶ Les patrons les plus connus des Français sont : Jean-Luc Lagardère (Matra-Hachette, 65 % le connaissent) ; Jacques Calvet (Peugeot-SA, 63 %) ; François Michelin (Michelin, 58 %) ; Raymond Lévy (Renault, 47 %) ; Antoine Riboud (BSN, 39 %).

CHÔMAGE

10 % de la population active ● Augmentation depuis 1990, après cinq années de stabilisation ● Chômage des cadres en forte croissance ● Jeunes deux fois plus touchés que la moyenne ● Femmes deux fois plus touchées que les hommes ● Travailleurs immigrés deux fois plus touchés que les Français ● Un chômeur sur deux en recherche d'emploi depuis au moins un an

CHÔMEURS

Entre 1974 et 1984, le nombre des chômeurs avait été multiplié par quatre.

Le cap des 500 000 chômeurs, atteint au début des années 70, fut considéré à l'époque comme un seuil alarmant ; en 1976, celui du million était dépassé. Le mal gagnait encore pour toucher 1,5 million de travailleurs au début de 1981, puis 2 millions en 1983.

On peut considérer que le cap des 3 millions de chômeurs est atteint depuis plusieurs années, si l'on tient compte de toutes les personnes en « formation-parking » (stages ne débouchant pas sur un emploi), de celles qui sont dans une situation de grande précarité et qui ne sont pas ou plus inscrites dans les statistiques officielles.

Le terme de chômage recouvre cependant des situations fort diverses : licenciement, départ volontaire, fin d'une période d'essai, fin d'un contrat à durée déterminée, retraite anticipée, impossibilité de trouver un premier emploi...

Il s'est stabilisé entre 1985 et 1990, avant de reprendre sa croissance en 1991 et 1992.

La progression plus modérée de la population active et la reprise économique eurent pour effet de stabiliser le chômage à un niveau proche de 2,5 millions à partir de 1985, soit environ 9 % de la population active. Les créations d'emplois enregistrées entre 1987 et 1990 avaient permis d'amorcer une légère diminution en valeur absolue, avec un taux de chômage voisin de 9 % à fin 1990, contre 9,4 % à fin 1989.

1991 aura été une mauvaise année pour l'emploi, avec 2 827 000 demandeurs d'emploi à fin décembre, soit 295 000 de plus en un an. 1992 ne s'annonce pas sous de meilleurs auspices, du fait d'une conjoncture économique incertaine et des sureffectifs existant encore dans de nombreux secteurs d'activité (des entreprises importantes comme Michelin, Thomson, Bull, Renault, Philips, DMC, Valéo, etc.) ont décidé des plans de licenciement qui vont s'étaler sur plusieurs années. Un actif sur dix est donc à la recherche d'un emploi.

Un travailleur sur quatre a connu le chômage depuis trois ans

Plus d'un tiers des travailleurs ont fait l'expérience du chômage depuis le début de la crise, et 24 % au cours des trois dernières années. La proportion est évidemment encore plus élevée si l'on exclut du nombre total d'actifs ceux qui bénéficient de la garantie de l'emploi. Au total, environ 40 % des foyers comportent une personne au chômage, une personne qui cherche un emploi sans le trouver ou une personne dont l'emploi est menacé (une de ces trois situations). La crainte du chômage est très présente parmi les actifs : près des deux tiers (61 %) se disent inquiets de cette éventualité.

➤ 6 % des cadres inscrits à l'APEC justifient d'un salaire supérieur à 450 000 F par an.
➤ Les indemnités de chômage représentent 100 milliards de francs par an.

Un actif sur dix

Evolution du nombre de chômeurs au sens du BIT (en mars de chaque année, en milliers) et part dans la population active (en %) :

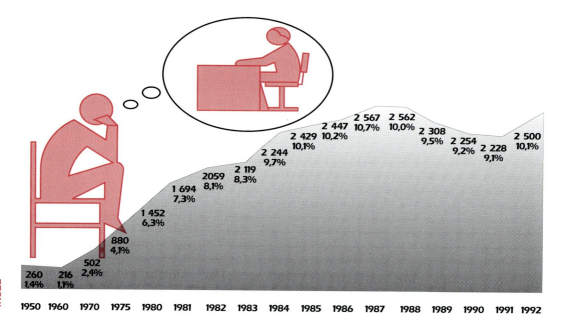

INSEE

Début 1992, les douze pays de la CEE comptaient 14 millions de chômeurs.

Entre 1976 et 1986, le nombre de chômeurs avait triplé dans la Communauté européenne. Les niveaux atteints un peu partout étaient comparables à ceux enregistrés au cours des deux guerres mondiales. Certains pays ont réussi entre 1985 et 1990 à stabiliser, voire à réduire leur taux de chômage. C'est le cas de la France, du Royaume-Uni, de la Belgique et de l'Espagne.

Les créations d'emploi dans le secteur des services (13,4 millions entre 1975 et 1987) ont permis de compenser les pertes survenues dans l'industrie et l'agriculture (au total 12 millions d'emplois). Mais, dans le même temps, 26 millions d'emplois étaient créés aux Etats-Unis et 7 millions au Japon.

La croissance du chômage a repris en Europe depuis 1991. L'Allemagne constitue un cas particulier ; la réunification a entraîné un fort taux de chômage dans l'ancienne RDA.

Les catégories professionnelles modestes sont les plus vulnérables...

Dans les entreprises, les ouvriers et les employés sont souvent les premières victimes de la crise. Leur nombre est en effet directement proportionnel à l'activité de production. La réduction de celle-ci entraîne donc une surabondance de main-d'œuvre.

Les efforts faits depuis quelques années pour améliorer la productivité, par l'introduction de nouvelles machines ou de nouvelles méthodes de travail, ont eu des conséquences sur l'emploi ouvrier.

... mais le chômage des cadres a augmenté de 34 % en 1991, après 12 % en 1990.

139 000 cadres étaient inscrits à l'ANPE en décembre 1991, contre 104 000 un an auparavant. Une hausse trois fois plus importante que celle enregistrée au niveau national (11,8 %). Les postes

Le chômage des autres

Proportion de chômeurs dans la population active de certains pays en 1992 (estimations, en %) :

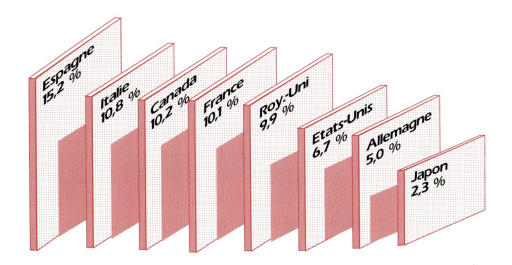

OCDE

les plus touchés sont fonctionnels (informatique, personnel, études et recherche...). On a assisté parallèlement à une chute importante des offres d'emploi : 58 500 en 1991 contre 91 200 en 1990. Les quadragénaires peu diplômés ayant travaillé dans peu d'entreprises sont les plus vulnérables, car ils sont en concurrence avec de jeunes diplômés jugés plus performants (lorsqu'ils ont déjà une expérience professionnelle)... et moins chers.

Il faut noter cependant que la proportion de cadres au chômage reste très inférieure à celle de l'ensemble des actifs : 4 % contre 10 %. Mais près d'un cadre sur cinq estime que son emploi pourrait être menacé à court terme par les restructurations ou concentrations d'entreprises.

➤ 41 % des Français estiment que lorsqu'un chômeur refuse successivement deux propositions d'emploi de l'ANPE correspondant à sa qualification, ses indemnités de chômage devraient être suspendues, 41 % qu'elles devraient être réduites, 14 % maintenues.

Les jeunes sont deux fois plus touchés que la moyenne.
En mars 1992, 21 % des 15-24 ans étaient à la recherche d'un emploi.

Le chômage des jeunes a un peu régressé au cours des dernières années, car les créations d'emplois et les incitations à l'embauche à destination des entreprises leur ont davantage profité qu'aux adultes. Mais les emplois occupés par les jeunes sont souvent d'un type particulier ; TUC (Travaux d'utilité collective) ; SIVP (Stages d'insertion dans la vie professionnelle) ; stages d'apprentissage. Plus du tiers ont des contrats à durée limitée ou assurent des missions d'intérim.

La durée de la période de chômage est moins longue chez les jeunes que chez les personnes plus âgées. Elle varie cependant selon les individus, leurs caractéristiques personnelles et surtout leur formation. Les diplômés des grandes écoles n'ont en général que l'embarras du choix pour trouver leur premier emploi et sont largement favorisés par rapport aux autres diplômés de l'enseignement supérieur. Ceux qui ont arrêté leurs études à la fin du secondaire (y compris les bacheliers) éprouvent beaucoup plus de difficultés à entrer dans la vie professionnelle.

La hiérarchie du chômage ne ressemble pas à celle des professions

Taux de chômage selon les catégories socio-professionnelles en 1991 (en % de la population active) :

• Agriculteurs exploitants	0,6
• Artisans, commerçants, chefs d'entreprise	2,5
• Cadres et professions intellectuelles supérieures	3,1
Dont	
- *Cadres d'entreprises*	*4,1*
• Professions intermédiaires	4,3
Dont	
- *Professions intermédiaires de l'enseignement, de la santé, de la fonction publique et assimilés*	*2,4*
- *Professions intermédiaires administratives et commerciales des entreprises*	*8,3*
• Techniciens	2,5
• Contremaîtres, agents de maîtrise	4,1
• Employés	11,8
Dont	
- *Employés de la fonction publique*	*5,2*
- *Employés administratifs d'entreprises*	*14,1*
- *Employés de commerce*	*16,8*
• Personnel des services directs aux particuliers	16,0
• Ouvriers	11,8
Dont	
- *Ouvriers qualifiés*	*7,4*
- *Ouvriers non qualifiés*	*19,1*
- *Ouvriers agricoles*	*12,1*
Total	**9,1**

INSEE, enquête sur l'emploi

Les femmes sont deux fois plus touchées que les hommes.
12,8 % des actives sont au chômage, contre 7,9 % des hommes (en mars 1992).

Parmi les jeunes âgés de 15 à 24 ans, les femmes sont plus souvent au chômage que les hommes : 26 % contre 17 %. C'est le cas d'ailleurs à tous les âges, surtout dans la tranche 25-49 ans (12 % contre 7 %). 63 % des femmes au chômage le sont à la suite d'un licenciement ou de la fin d'un emploi précaire (contre 46 % en 1985), 11 % à la suite d'une démission. La part des femmes recherchant un premier emploi diminue. 15 % des femmes au chômage n'avaient jamais travaillé auparavant ou avaient cessé toute activité.

Les femmes et les jeunes d'abord

Evolution du taux de chômage par sexe et par âge en France (au sens du BIT, en %) :

	1975		1992	
	Hommes	Femmes	Hommes	Femmes
• 15-24 ans	6,7	10,1	16,7	26,0
• 25-49 ans	2,0	4,5	6,9	11,7
• 50 ans et plus	2,1	5,4	6,6	8,8
Ensemble	**2,7**	**5,4**	**7,9**	**12,8**

INSEE

Les travailleurs immigrés sont deux fois plus touchés que les Français.

Entre les recensements de 1975 et 1982, le nombre des chômeurs étrangers avait triplé. Il a continué à s'accroître depuis. Les taux de chômage sont très différents selon la nationalité : relativement faible chez les Portugais, très élevé chez les Algériens. Les deux tiers des immigrés à la recherche d'un emploi sont des hommes (43 % pour les Français), du fait d'un taux d'activité masculin très supérieur à celui des femmes (70 % contre 39 %).

A ces différences s'ajoutent celles concernant le sexe ou l'âge des travailleurs. Le secteur d'activité joue également un rôle important. Les étrangers

Le chômage, principal enjeu politique

sont proportionnellement plus nombreux que les Français dans le bâtiment, le génie civil ou l'agriculture, où les taux de chômage sont élevés. Ainsi, 19 % des salariés du bâtiment, génie civil et agricole, sont des étrangers, alors que ceux-ci ne représentent que 6,5 % de l'ensemble des salariés. Ils y occupent en outre des postes particulièrement vulnérables (manœuvres, ouvriers...).

Le chômage frappe inégalement les régions.

Ce sont les régions situées au Nord, le long de la façade méditerranéenne et à l'Ouest qui sont les plus touchées : environ 13 % dans le Languedoc-Roussillon et le Nord-Pas-de-Calais en 1991. Les moins touchées sont l'Alsace, la Franche-Comté, l'Ile-de-France, la région Rhône-Alpes et le Limousin (moins de 8 %). On note cependant de fortes différences, à l'intérieur d'une même région, entre les départements qui la composent.

Les disparités actuelles existaient généralement avant la crise, mais le niveau moyen du chômage s'est fortement accru partout. Depuis 1980, les régions dont la situation s'est la plus dégradée sont celles qui avaient déjà les plus forts taux de chômage initial. Entre 1987 et 1991, la baisse a profité davantage aux zones situées au nord d'une ligne allant de la Manche au Jura (Normandie, Champagne-Ardenne, Franche-Comté, Lorraine). Elle a été moins forte dans le Sud (Languedoc-Roussillon), les zones de montagne (Midi-Pyrénées) et dans certains départements des Alpes et du Massif central.

L'accroissement des emplois précaires a beaucoup contribué à l'augmentation du chômage.

L'augmentation du nombre des contrats à durée déterminée a été l'une des principales causes du chômage. Le nombre des cas liés à la fin des missions d'intérim s'était également fortement accru. Cette situation explique en partie que les femmes, plus concernées que les hommes par les emplois précaires, ont été plus touchées qu'eux par le chômage. C'est donc un véritable « chômage à temps partiel » qui caractérise la vie professionnelle de tous ceux qui n'ont d'autres recours que les contrats de travail à durée déterminée ou les missions d'intérim.

On avait observé cependant en 1991 une diminution de la part des fins d'emploi précaire dans les causes de chômage (intérim, contrats à durée déterminée, apprentissage). Mais elle s'est accrue à nouveau en 1992.

**Emplois précaires :
le chômage à temps partiel**

Circonstances de la recherche d'emploi (1992, en %) :

	Hommes	Femmes
• Licenciement	38,2	29,9
• Fin d'emploi précaire	35,2	32,8
• Démission	5,9	10,9
• Avaient cessé toute activité ou n'avaient jamais travaillé	4,8	14,9
• Fin d'études	4,7	6,8
• Autres	11,2	4,9
• Total	100,0	100,0

INSEE, enquête sur l'emploi 1992

DURÉE

La durée moyenne de recherche d'emploi est de 14 mois.
Plus d'un chômeur sur trois est au chômage depuis au moins un an.

Dans une société en mutation, un certain taux de chômage est inévitable ; il est estimé par les experts aux environs de 4 %. Il n'est acceptable que s'il est limité dans le temps et s'il correspond à des phases de transition dans la vie professionnelle de chacun. Cela n'est pas le cas en France depuis des années. Entre 1975 et 1985, l'ancienneté moyenne du chômage a plus que doublé, quel que soit l'âge considéré. C'est chez les femmes que cet allongement de la recherche d'emploi a été le plus net ; à âge égal, les femmes ont plus de difficultés à retrouver un emploi. La durée moyenne de recherche d'emploi a cependant diminué depuis 1990 pour se stabiliser aux environs de 14 mois. On observe aussi un rapprochement entre les hommes et les femmes.

La profession a aussi une influence sur la durée du chômage. Parmi les hommes, ce sont les cadres, les agents de maîtrise et les techniciens qui mettent le plus de temps à retrouver un emploi. Le phénomène est particulièrement vrai pour ceux qui ne peuvent, ou ne veulent, accepter la mobilité professionnelle. Les ouvrières connaissent le chômage le plus long.

La solitude du chômeur de fond

- 43 % des chômeurs considèrent que le chômage est une épreuve très pénible, 56 % que c'est une épreuve supportable à condition qu'elle ne dure pas trop longtemps.
- 72 % ont vu le revenu de leur foyer diminuer d'au moins 10 % ; pour 42 % d'entre eux, il a diminué de plus de 30 %.
- 64 % estiment que leur vie a changé (beaucoup ou assez), 35 % peu ou pas du tout.
- 43 % estiment que la société manifeste plutôt de l'indifférence à leur égard, 18 % de la sympathie, 17 % de la solidarité, 7 % de la pitié, 5 % de la défiance.
- 46 % espèrent retrouver un emploi par les relations ou la famille, 42 % par les candidatures spontanées, 33 % en répondant aux offres d'emploi, 26 % par l'ANPE.
- 17 % ont refusé une ou deux propositions d'emploi, 6 % de trois à cinq, 3 % davantage, 73 % aucune (ou n'en ont pas reçu).
- 15 % ont accepté, ne serait-ce que de façon temporaire, des travaux rémunérés non déclarés, 85 % non.
- 67 % n'ont pas répondu à des offres d'emploi se situant dans un autre département que celui où ils habitent, 32 % oui.
- 53 % espèrent trouver un emploi stable dans moins de six mois (36 % dans moins de trois mois), 9 % entre six mois et un an, 7 % dans au moins un an et 13 % ne pensent pas retrouver un emploi stable.

➤ 58 % des entreprises ayant embauché au moins un salarié au cours de l'année écoulée l'ont fait sur relation.
➤ Le taux de rotation des salariés était de 28 % pour les hommes et 39 % pour les femmes en 1990.
➤ S'ils avaient le choix, 61 % des Français choisiraient une augmentation de salaire (50 % en 1978), 30 % une réduction du temps de travail (39 % en 1978).

Les plus de 50 ans restent beaucoup plus longtemps « sur la touche » que les jeunes.

La vulnérabilité au chômage n'est pas obligatoirement le signe d'une plus grande difficulté à retrouver un emploi. Ainsi, les personnes plus âgées sont moins touchées que les jeunes, mais la durée de leur chômage est plus longue. En mars 1991, 66 % des hommes chômeurs de 50 ans et plus (et 66 % des femmes) étaient sans emploi depuis au moins un an, contre 17 % des jeunes hommes de 15 à 24 ans et 23 % des jeunes femmes (37 % pour l'ensemble des chômeurs). L'ancienneté moyenne du chômage était supérieure à deux ans pour les chômeurs âgés d'au moins 50 ans, contre moins d'un an pour les jeunes de 15 à 24 ans.

Arrêt-chômage : 15 mois en moyenne

Evolution de l'ancienneté moyenne du chômage selon le sexe (en mois) :

	Hommes	Femmes
• 1975	6,7	8,3
• 1980	10,6	12,8
• 1985	13,7	16,2
• 1987	15,9	17,2
• 1989	16,0	16,5
• 1990	14,2	14,9
• 1991	13,9	15,1

Proportion de personnes au chômage depuis un an et plus selon l'âge et le sexe en 1991 (en %) :

	Hommes	Femmes
• Moins de 25 ans	17,3	23,0
• 25 à 49 ans	34,8	39,3
• 50 ans et plus	60,8	65,6

Les conséquences psychologiques du chômage sont aussi dramatiques que ses conséquences financières.

L'augmentation de la durée du chômage est à l'origine de situations difficiles, voire dramatiques. Se sentant exclu, le chômeur tend à se comporter comme tel. Il éprouve de plus en plus de difficultés à se « vendre » à un employeur qui lui préférera souvent un non-chômeur cherchant à changer d'emploi.

La vie familiale en est souvent affectée. La frustration de ne plus pouvoir jouer comme auparavant son rôle de parent ou d'époux (sur le plan matériel autant qu'affectif) tend à rendre certains chômeurs agressifs. Les couples les moins solides n'y résistent pas et les difficultés de communication viennent aggraver une situation personnelle déjà bien mauvaise.

La perte d'un emploi aura donc fait perdre à certains leur famille, leur confiance, leur revenu et la possibilité d'en retrouver un dans des conditions normales. Cela représente beaucoup de conséquences pour une cause dont, le plus souvent, ils n'étaient pas responsables.

Le système d'indemnisation mis en place en France reste sans doute l'un des plus avantageux du monde, malgré les modifications successives apportées depuis 1983. Mais la moitié environ des chômeurs ne touchent pas ou plus d'indemnités des Assedic.

➤ Les patrons de PME considèrent qu'une réduction de 50 % des charges sociales permettrait l'embauche de 2,6 personnes par entreprise, 1,2 personne pour la liberté de licenciement, 0,9 pour une réduction de 10 % de l'impôt sur les sociétés, 0,9 pour le recours à l'apprentissage à partir de 14 ans. Au total, ces mesures représenteraient 840 000 emplois.

LES MÉTIERS

PROFESSIONS

6 % d'agriculteurs parmi les actifs • Deux Français sur trois dans les services • 85 % de salariés • Un actif sur quatre dépend de l'Etat • Un travailleur sur trois ouvrier, un homme sur deux • Moins d'ouvriers, de commerçants et d'artisans • Doublement du nombre de cadres en 20 ans

SECTEURS D'ACTIVITÉ

En 1800, les trois quarts des actifs travaillaient dans l'agriculture.
Ils ne sont plus que 6 % aujourd'hui.

Le déclin de l'activité agricole s'est amorcé dès 1815. Pendant toute la période 1870-1940, les effectifs se sont maintenus, malgré la baisse régulière de la part de l'agriculture dans la production nationale. Dès la fin de la Seconde Guerre mondiale, la mécanisation a précipité l'exode rural. La part des agriculteurs dans la population active est aujourd'hui trois fois moins élevée qu'en 1950. Le déclin du nombre des paysans est celui de toute une classe sociale, de laquelle la plupart des Français sont issus. Au-delà des difficultés de reconversion, c'est un drame plus profond qui s'est joué au cours de la seconde moitié du XXe siècle pour le peuple français : la perte progressive de ses racines.

Près de deux Français sur trois travaillent aujourd'hui dans une entreprise de services.

Les services marchands sont ceux vendus par des prestataires aux entreprises ou aux particuliers : location immobilière, hôtellerie-restauration ; agences de voyage ; sociétés de conseil ; assurances ; spectacles, etc. Les services non marchands (enseignement public, défense, police, etc.) sont ceux destinés à la collectivité et financés par l'impôt.

Le secteur tertiaire n'est pas une invention récente. La société française a toujours eu besoin de tailleurs, de barbiers, de commerçants, de scribes, de cantonniers et autres allumeurs de réverbères. En 1800, à l'aube de la révolution industrielle, les travailleurs impliqués dans les activités de services représentaient 25 % de la population active et 30 % de la production nationale. Le développement de l'industrie a largement contribué à celui des services connexes (négoce, banques, ingénierie, etc.). Mais c'est l'émergence de la société de consommation dans les années 50 et 60 qui lui a donné son importance actuelle.

Un grand chambardement des métiers s'est produit en vingt ans.

En même temps que les *métiers*, ce sont les *emplois* eux-mêmes qui ont changé. Les paysans (exploitants) étaient 6 millions au début du siècle ; ils ne sont plus que 1,1 million aujourd'hui. Le nombre des salariés agricoles est passé dans le même temps de 2 millions à 215 000.

Les changements sont sensibles aussi dans les entreprises. On trouve de moins en moins de monde dans les ateliers, de plus en plus dans les bureaux, où les postes de cadres se sont multipliés. Les « cols bleus » (manœuvres et ouvriers de toutes qualifications), dont la croissance avait accompagné les deux premières révolutions industrielles (la machine à vapeur et l'électricité), ont été mis à l'écart par la troisième, celle de l'électronique. Ce sont les

L'ère tertiaire

Evolution de la structure de la population active (en %)

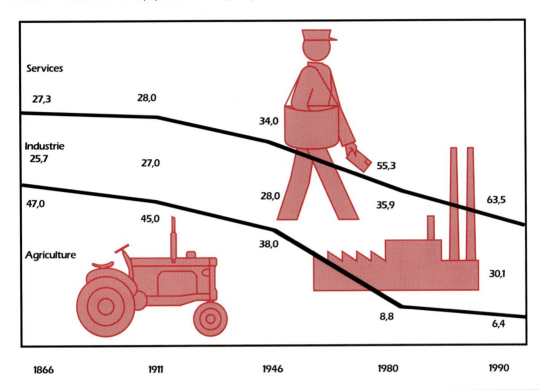

INSEE

« cols blancs » (employés, cadres et techniciens) qui prennent aujourd'hui la relève.

Le nombre d'ouvriers diminue régulièrement :
- **6,3 millions en 1990 contre 8,1 en 1975 ;**
- **Mais un salarié sur trois est encore ouvrier ; près d'un homme sur deux.**

La diminution du poids du secteur industriel dans l'économie s'est traduite par une baisse du nombre d'ouvriers. De plus, l'amélioration de la productivité des entreprises a permis, à activité égale, d'économiser des emplois de production ou de limiter leur accroissement en faisant appel aux machines et aux robots. La part des ouvriers dans la population active reste cependant élevée : 28 %, soit 33 % des salariés. Celle des ouvriers qualifiés et des contremaîtres continue de s'accroître, alors que celle des manœuvres et des ouvriers spécialisés diminue.

La proportion de travailleurs immigrés est deux fois plus élevée parmi les ouvriers (13 %) que dans la population active totale (6,6 %). Disposant généralement d'une moindre formation professionnelle que les Français, ils occupent souvent les postes les moins qualifiés.

Quatre ouvriers sur cinq sont des hommes ; la proportion est encore plus forte parmi les ouvriers qualifiés (90 %).

➤ Les professions jugées les plus utiles par les Français sont, par ordre décroissant : infirmière ; ouvrier ; médecin ; enseignant ; agriculteur ; ingénieur ; postier ; policier. Les moins utiles sont, par ordre décroissant : prostituée ; député ; haut fonctionnaire ; prêtre ; commercial ; journaliste.

Agriculture au Sud, services au Nord

Structure de la population active dans quelques pays (1990, en %) :

	Agri-culture	Industrie	Services
• Allemagne	3,4	39,8	56,8
• Belgique	2,7	28,3	69,0
• Canada	4,2	24,6	71,2
• Danemark	5,6	27,5	66,9
• Espagne	11,8	33,4	54,8
• Etats-Unis	2,8	26,2	70,9
• FRANCE	6,1	29,9	64,0
• Grèce	24,5	27,4	48,2
• Irlande	15,0	28,8	56,2
• Italie	9,0	32,4	58,6
• Japon	7,2	34,1	58,7
• Luxembourg	3,3	30,5	66,2
• Pays-Bas	4,6	26,3	69,1
• Portugal	17,8	34,8	47,4
• Royaume-Uni	2,1	29,0	68,9

OCDE

Les artisans ont réussi à stopper l'hémorragie des années 60. Ils sont 900 000 en 1992 contre un million en 1960.

L'artisanat ne fait guère parler de lui, du fait de sa faible représentation syndicale. Il regroupe pourtant un grand nombre d'entreprises, représentant au total 300 corps de métiers différents et employant chacune moins de dix salariés (non compris le patron et, le cas échéant, son conjoint). Un tiers d'entre elles opèrent dans le secteur du bâtiment.

Les plus dynamiques ont su adapter leur service, leur structure et leur façon de travailler aux nouveaux besoins de la clientèle. Beaucoup ont misé, en particulier, sur la rapidité d'intervention. La revalorisation du travail manuel (bien qu'encore limitée), le goût de l'indépendance, mais aussi et peut-être surtout l'accroissement du chômage, ont incité un certain nombre de Français à s'installer à leur compte au cours des dernières années. La part des femmes dans l'artisanat est deux fois moins importante que dans le commerce (25 % contre 46 %).

Le nombre des commerçants est passé de 1 million en 1960 à 800 000 en 1992.

Le monde du commerce a connu en France un véritable bouleversement, provoqué par l'énorme concentration qui s'est opérée. Les hypermarchés, relativement peu nombreux en 1968 (le premier fut le *Carrefour* ouvert en 1963 à Sainte-Geneviève-des-Bois, près de Paris), sont près de 900 en 1992 (877 au 1er janvier) et couvrent la totalité des villes, grandes ou moyennes. Ils offrent l'avantage des prix, du choix, du gain de temps, de la liberté de circulation dans les rayons. On compte aussi 7 240 supermarchés. Ce transfert de clientèle des petites vers les grandes surfaces a eu une incidence sensible sur les emplois du commerce.

Certains commerces de proximité ont pourtant réussi à se maintenir en offrant des services que ne pouvaient pas rendre les géants de la distribution : heures d'ouverture plus étendues ; spécialisation ; conseils ; boutiques « franchisées » bénéficiant de l'expérience et de la notoriété des grandes marques nationales. C'est ce qui explique le récent accroissement du nombre de commerçants, passé de 750 000 en 1989 à un peu plus de 800 000 en 1992.

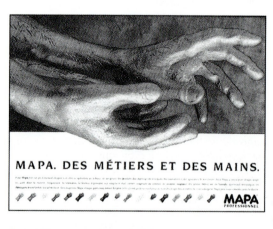

Les métiers manuels revalorisés

Nord/sud

➤ 21 % des agriculteurs ont moins de 25 ans, contre 38 % en 1970. 21 % ont 60 ans et plus, contre 20 % en 1970.
➤ La production de blé est passée de 12 000 tonnes en 1970 à 32 000 tonnes en 1991.

Le nouveau paysage professionnel

Répartition de la population active selon la catégorie socioprofessionnelle et proportion de femmes (en %) :

	1991*		1968	
	Total	femmes	Total	femmes
• Agriculteurs exploitants	5,0	4,4	11,5	12,8
• Artisans, commerçants et chefs d'entreprise	8,0	6,2	10,7	11,5
• Cadres et professions intellectuelles supérieures	11,6	8,4	5,1	2,5
• Professions intermédiaires	20,1	20,3	10,4	11,4
• Employés	26,1	47,3	21,2	38,8
• Ouvriers	28,1	13,3	39,3	22,5
• Autres catégories	1,0	0,1	1,8	0,5
Total	100,0	100,0	100,0	100,0
Effectifs (en milliers)	**22 165**	**9 407**	**19 916**	**7 208**

INSEE

* Population occupée

STATUTS

85 % des actifs sont salariés en 1992, contre 72 % en 1960.

L'une des conséquences de la révolution industrielle est l'accroissement de la proportion de salariés. Les non-salariés étaient principalement des paysans, des commerçants ou des artisans. Le nombre des paysans a considérablement diminué depuis un siècle (voir ci-dessus). Celui des artisans et des commerçants a chuté plus récemment.

Le nombre des aides familiaux (femmes de ménage, domestiques, etc.) a lui aussi beaucoup diminué : un million de moins en vingt ans. De plus, un grand nombre de femmes sont venues rejoindre les rangs déjà nombreux des salariés. Mais ce sont les postes créés dans la fonction publique qui ont le plus contribué à l'accroissement des emplois salariés depuis vingt ans. Le nombre des salariés continue de s'accroître ; on en comptait 18,9 millions en mars 1992, contre 18,0 en 1985.

> ➤ 480 000 personnes exercent une activité libérale (dont 250 000 médecins, pharmaciens, vétérinaires...) et emploient 750 000 salariés.

Un actif sur quatre dépend de l'Etat. La moitié de l'activité économique est sous son contrôle direct ou indirect.

En un siècle, la part du secteur public dans la population active a plus que triplé, du fait des nationalisations qui ont suivi la Seconde Guerre mondiale. Son importance a été accrue par celles de 1982, puis réduite par les privatisations réalisées de 1987 à 1988.

107 entreprises étaient contrôlées directement par l'Etat en 1991 ; 58 établissements publics et 49 sociétés anonymes. Si l'on y ajoute les filiales et sous-filiales, 2 268 entreprises sont contrôlées majoritairement et emploient 1,3 million de salariés. Le secteur public est particulièrement présent dans le secteur de l'énergie (EDF, GDF, Charbonnages de France...), les biens intermédiaires (Usinor-Sacilor, Rhône-Poulenc...), les biens d'équipement (Aerospatiale, SNECMA, Thomson...), l'automobile (Renault), les transports (SNCF, Air France...), les assurances (UAP, GAN...), les banques (BNP, Crédit Lyonnais...).

En ajoutant les salariés de la fonction publique et des collectivités territoriales, on peut considérer qu'un peu plus de 4,5 millions de personnes sont fonctionnaires, mais 6 millions d'actifs dépendent de l'Etat. Celui-ci contrôle directement ou indirectement la moitié de la production intérieure française.

Les notables d'hier ne sont plus ceux d'aujourd'hui.

La restructuration économique et sociale entraîne une transformation de la nature et de la hiérarchie des professions. Avec les paysans, les ouvriers, les petits commerçants et les cadres, les membres des professions libérales se sentent menacés par les mutations en cours. La plupart devront devenir de véritables chefs d'entreprise s'ils veulent survivre demain. Seuls les pharmaciens, notaires ou huissiers, qui bénéficient du *numerus clausus*, sont encore à l'abri de la concurrence, nationale ou internationale.

Indépendamment des problèmes de revenus, beaucoup de membres des professions libérales souffrent d'un manque de considération. C'est ce qui explique les grèves des infirmières et des hospitaliers (jusqu'aux chefs de clinique) ou même des avocats. Beaucoup des notables d'hier ne bénéficient plus du même statut social.

Le statut des cadres a changé.

Les cadres ont aussi perdu au cours des années de crise une partie des attributs traditionnels de leur fonction : prestige, privilèges, pouvoir, sécurité. La diminution de leur pouvoir d'achat avait précédé celle des autres catégories. La désindexation des salaires, la généralisation des systèmes de rémunération au mérite dans les entreprises ont conféré à la fonction un nouveau statut. Les frontières avec les autres catégories (employés, maîtrise) sont devenues plus floues. Même la technologie leur a été défavorable ; elle tend à remplacer les voyages par des vidéoconférences et rend les secrétaires moins nécessaires.

Pour réussir dans leur vie professionnelle, les cadres doivent aujourd'hui avoir moins le sens du confort et plus celui de l'effort, être plus responsables, compétents, imaginatifs. Ils doivent accepter d'être jugés sur leurs résultats plutôt que sur leurs diplômes.

Etre cadre, ce n'est cependant pas un métier (l'appellation n'a d'ailleurs pas vraiment d'équivalent dans les autres pays industrialisés). Cela reste une position hiérarchique, mais dans une pyramide qui tend à s'aplatir. Les cadres ne constituent donc pas une classe sociale homogène, mais un vaste groupe multiforme aux aspirations et aux conditions de travail diversifiées (voir page suivante).

La fin du prestige

A la recherche du standing perdu

Pour revaloriser le statut des cadres et leur faire accepter les contraintes nouvelles qui pèsent sur eux, les entreprises ont dû inventer de nouveaux privilèges : actions de l'entreprise ; assurance-vie ; prise en charge de certaines dépenses personnelles (sport, loisirs, associations...) ; mise à disposition d'équipements sophistiqués (ordinateur, téléphone mobile...) ; carte de crédit d'entreprise ; accès au parking réservé ou au restaurant ; stages-récompense, etc. Ce dispositif complète les avantages en nature traditionnels comme la voiture de fonction ou le remboursement des notes de frais.

Les membres des professions libérales sont inquiets.

Les difficultés des cadres concernent aussi les membres des professions libérales qui, par leur formation, leurs responsabilités et leurs revenus, en sont proches. A la pression fiscale s'est ajoutée pour eux l'augmentation des charges sociales. Même si les revenus moyens restent élevés, leur disparité au sein de chaque catégorie s'est accrue. Certains médecins, avocats ou architectes connaissent aujourd'hui des difficultés financières, du fait d'une concurrence trop vive ou de la rareté de la clientèle.

Une autre raison, plus récente, est venue alimenter leur inquiétude : la perspective du marché unique de 1993 et de son corollaire, la libre circulation des membres de toutes les professions. Le temps de l'adaptation est donc venu pour les professions libérales. Des avocats, des notaires, des agents d'assurance, des conseillers financiers se regroupent pour offrir à leur clientèle de meilleurs services. Beaucoup s'informatisent pour améliorer leur efficacité, donc diminuer leurs charges et leurs prix.

Les enseignants sont insatisfaits.

L'image que les Français ont des enseignants est en partie conditionnée par les privilèges dont ils jouissent : sécurité de l'emploi, horaires de travail réduits, grandes vacances. Ces avantages n'empêchent pas les enseignants d'être mal dans leur peau. Les causes officielles de ce malaise sont l'insuffisance des salaires et les mauvaises conditions de travail dans les établissements scolaires. Ils sont d'ailleurs de plus en plus nombreux, chaque année, à quitter leur poste et à tenter l'aventure de l'entreprise.

Le manque de considération est, là encore, une cause importante d'insatisfaction. Le prestige de l'instituteur et l'autorité du professeur, tant vis-à-vis des élèves que des parents, ont été laminés par le développement des médias, qui concurrencent de plus en plus l'école dans la diffusion de la connaissance. Pour être efficaces et acceptées, les réformes en cours dans l'enseignement devront aboutir à une revalorisation à la fois matérielle et morale de la fonction.

▶ Les métiers qui représentent le mieux la France à l'étranger sont, par ordre décroissant : la restauration (73 %) ; la haute couture (65 %) ; les transports ferroviaires (39 %) ; les télécommunications (36 %) ; l'aéronautique (33 %) ; la littérature (24 %).
▶ Entre 1978 et 1985, les salariés du secteur public étaient proportionnellement plus nombreux que ceux du secteur privé à estimer que leur niveau de vie s'était amélioré au cours des dix dernières années. Ils sont moins nombreux depuis 1986.
▶ En 1991, 85 % des cadres se disaient satisfaits de leur situation professionnelle, contre 90 % en 1990. Mais un cadre sur cinq estime que son emploi pourrait être menacé à court terme.
▶ 59 % des cadres ont reçu une augmentation en 1991.

CADRES

Le nombre des cadres a doublé en 20 ans.

La mission des entreprises, initialement centrée sur la production de masse, s'est peu à peu transformée. Car il faut aussi concevoir des nouveaux produits, gérer, vendre, distribuer, exporter, réfléchir à l'avenir face à une concurrence de plus en plus vive et des marchés de plus en plus segmentés. Le rôle des cadres a donc pris de l'importance, en même temps que se développaient les activités de services, fortes consommatrices de matière grise.

On compte aujourd'hui 2,6 millions de cadres et « professions intellectuelles supérieures » (professions libérales, professeurs, ingénieurs et professions scientifiques, professions de l'information, des arts et spectacles), contre 892 000 en 1962. La proportion de femmes s'est beaucoup accrue ; elle est aujourd'hui proche de la parité (48 % en mars 1992). Mais elle diminue lorsqu'on s'élève dans la hiérarchie.

Le nombre des cadres supérieurs a fortement augmenté depuis quinze ans sous l'effet d'une part de la demande de cadres administratifs supérieurs et d'autre part de l'accroissement du corps professoral, qui entre dans cette catégorie. L'augmentation du nombre des cadres moyens est, elle, assez étroitement liée à la croissance du secteur médical et social.

L'Europe des cadres

La Communauté européenne compte 7,5 millions de cadres, soit 12,5 % de l'ensemble des salariés. C'est en Grande-Bretagne et en Espagne que l'on trouve la plus forte proportion (14,5 %), devant la France (14 %) ; c'est en Allemagne qu'elle est la plus faible (9,5 %). Un tiers des cadres travaillent dans l'industrie, un tiers dans les services, 21 % dans le commerce, 7 % dans le secteur du bâtiment-travaux publics et 7 % dans les transports.
Sur les 105 millions de salariés de la CEE, 76 millions travaillent dans des entreprises privées. Le secteur privé est prédominant dans les pays du Nord, alors que le poids du secteur public est important au Sud (trois salariés sur dix sont en Espagne, en Italie et en France).

APEC

Cadres : toujours plus !

Groupe Siquier Courcelle

Les hiérarchies tendent à s'alléger.

La catégorie des cadres avait surtout été créée en France pour servir de référence ou de but à l'ensemble des salariés, et de récompense pour les plus méritants. Son élargissement en a fait un groupe très hétérogène dans lequel les fonctions, les responsabilités et les salaires sont très diversifiés. La dimension du commandement, normalement inhérente à la fonction, ne concerne pas l'ensemble des cadres en position fonctionnelle. De plus, elle a beaucoup évolué sous l'effet de la crise économique et de la compétition croissante.

Les entreprises se sont rendu compte qu'elles n'avaient plus besoin de « petits chefs » mais d'animateurs, d'entraîneurs. Dans une conjoncture difficile, le nombre élevé des cadres, de même que leur coût, sont devenus de plus en plus apparents. C'est ce qui explique les efforts réalisés actuellement pour « dégraisser » les structures. Une tendance favorisée par la concentration des entreprises et la mise en œuvre de nouvelles relations dans l'entreprise. Avec, en contrepartie, la forte augmentation du chômage des cadres depuis deux ans.

Les cadres ont dû accepter l'obligation d'efficacité, au prix d'un accroissement du stress.

La vie des cadres a été transformée par la nécessité de faire la preuve permanente de leur efficacité au poste qu'ils occupent et par son corollaire, la mise en œuvre de politiques personnalisées de promotions et de salaires.

Au nom du principe d'efficacité ou de celui d'« excellence », un nombre croissant d'entreprises cherchent à faire accepter à leurs cadres une « culture » et des contraintes nouvelles. Les patrons veulent pouvoir les joindre à tout moment grâce aux nouveaux gadgets électroniques (Alphapage, Eurosignal, téléphone de voiture, fax installé au domicile...) et n'hésitent pas à leur demander de venir au bureau le samedi ou le dimanche.

Ces méthodes rendent de plus en plus floue la frontière entre vie professionnelle et vie privée. Elles peuvent aussi avoir des effets négatifs sur la santé, physique ou morale, des personnes concernées.

La volonté de « faire carrière » évolue en fonction de la conjoncture économique et sociale.

Les « jeunes cadres dynamiques » des années 60 avaient disparu avec la crise économique et la montée de réflexes défensifs dans les entreprises et dans la société. On a assisté à leur retour dans la seconde moitié des années 80. L'ambition retrouvée des cadres s'expliquait d'abord par la réhabilitation de l'entreprise, la volonté de gagner de l'argent (mythe du *golden boy* popularisé par les médias) et d'acquérir du pouvoir. Certains jeunes étaient alors décidés à tout mettre en œuvre pour accélérer leur ascension dans l'entreprise et accéder aux niveaux élevés de responsabilité, et surtout de salaires. Ils appliquaient dans ce but de véritables stratégies à la *Dallas*, choisissant avec soin les diplômes, les filières, les réseaux de relations et les comportements qui leur permettraient d'être remarqués de leurs supérieurs.

Le carriérisme semble moins développé aujourd'hui, avec la diminution de l'activité économique et la montée de préoccupations plus qualitatives que quantitatives (voir *Avenir*).

▶ Les régions qui attirent le plus les cadres dans une perspective professionnelle sont : Provence-Alpes-Côte d'Azur (36 %) ; Rhône-Alpes (32 %) ; Ile-de-France (32 %) ; Midi-Pyrénées (22 %). Celles qui arrivent en dernier sont la Champagne-Ardenne (1 %), la Picardie (1 %), la Lorraine (2 %), le Limousin (2 %), la Franche-Comté (2 %).

Pour entrer dans la carrière...

Pour les cadres, les éléments les plus importants d'une carrière sont les suivants :
- Augmenter régulièrement son niveau de vie (39 %)
- Améliorer son équilibre (39 %)
- Avoir des contacts riches et variés (34 %)
- Apprendre sans cesse de nouvelles choses (32 %)
- Pouvoir créer des choses nouvelles (25 %)
- Augmenter son autonomie d'action (23 %)

37 % des cadres estiment que l'entreprise devrait leur donner les moyens de réfléchir sur leur propre carrière. 33 % pensent que la carrière est un problème personnel, mais que l'entreprise doit tenir compte de leurs souhaits. 21 % considèrent que l'entreprise doit proposer des trajectoires professionnelles claires. Enfin, 8 % pensent que la carrière, c'est surtout le problème de l'individu, plus que celui de l'entreprise. Dans les faits, 33 % sont eux-mêmes à l'origine de leur dernier changement de poste. Dans 31 % des cas, il s'agissait de la direction générale, dans 25 % des cas du supérieur hiérarchique, dans 5 % des cas du service du personnel.

➤ Près d'un cadre sur cinq (24,5 %) envisage de chercher un nouvel emploi dans les douze mois qui viennent, près d'un sur deux dans un délai de trois ans.
➤ 64 % des cadres se disent prêts à faire des sacrifices assez importants dans leur vie personnelle pour mieux réussir leur vie professionnelle, 31 % non.
➤ 52 % des cadres considèrent que leur temps de travail ne leur laisse pas un temps suffisant pour leurs activités personnelles, 48 % sont de l'avis contraire.
➤ La nouvelle profession d'avocat regroupe depuis le 1er janvier 1992 les 18 000 avocats et les 6 500 conseils juridiques, soit un juriste pour 2 000 habitants, contre un pour 1 000 en Grande-Bretagne et un pour 500 aux Etats-Unis.

AVENIR

Travail désacralisé ● *Besoin d'épanouissement personnel de plus en plus fort* ● *Troisième révolution technologique, phase trois* ● *Immigrés, travailleurs âgés et femmes menacés par l'évolution technologique* ● *Croissance des métiers liés à l'environnement et du télétravail* ● *Importance déterminante de la qualification* ● *La culture générale, clé de l'adaptation*

IMAGE DU TRAVAIL

Dans la mouvance des idées de Mai 68, l'image du travail s'est désacralisée.

Travail-destin, travail-devoir, travail-punition. Les vieux mythes de la civilisation judéo-chrétienne ne sont pas morts, mais ils sont fatigués. Et les Français avec eux, qui n'ont plus envie d'assumer pendant des siècles encore les conséquences du péché originel. Un mouvement se dessine en faveur d'une *désacralisation* du travail.

La conception « religieuse » reste importante, mais elle n'est plus coupée de la modernité. C'est celle des catégories les plus conservatrices de la population : personnes âgées, mais aussi jeunes néo-conservateurs épris d'ordre. Il s'agit pour eux de sauvegarder le travail en tant que valeur fondamentale.

Le fait nouveau est que beaucoup entrent aujourd'hui dans le jeu de la modernité ; ils acceptent plus de souplesse dans les conditions de travail, une introduction (à dose limitée) des outils les plus récents de la technologie, une plus grande flexibilité dans les méthodes de gestion des effectifs. Mais ils considèrent ces évolutions comme un mal nécessaire plutôt que comme une opportunité.

Des conceptions nouvelles se sont développées au cours des dernières années.

La conception « sécuritaire » concerne surtout les catégories les plus vulnérables. Elle est particulièrement forte chez tous ceux qui se sentent menacés dans leur vie professionnelle pour des raisons diverses : manque de formation ; charges de famille ; emploi situé dans une région, une entreprise ou une profession vulnérables.

La conception « financière » se rencontre chez les fanatiques de la consommation. Leur vision du travail est simple et concrète. Il s'agit avant tout de bien gagner sa vie, afin de pouvoir s'adonner aux joies de la consommation.

La conception « affective » est répandue chez ceux qui attachent de l'importance aux relations humaines dans le travail. Elle concerne beaucoup de jeunes et des adultes des classes moyennes à la recherche d'un métier qui leur permette de s'épanouir, autant par la nature de leur activité que par son environnement (les collègues, la hiérarchie, le cadre de travail...).

La conception « libertaire » envisage le travail comme une aventure professionnelle. Ses adeptes sont attirés surtout par la liberté, propice à la création et à l'épanouissement personnel. Ils sont ouverts à toutes les formes nouvelles de travail (temps partiel, intérim...) ainsi qu'à l'utilisation des technologies dans l'entreprise. Ils sont par principe très mobiles et considèrent a priori un changement de travail, d'entreprise ou de région comme une opportunité.

▶ Les métiers que les Français conseilleraient à un jeune qui ne souhaite pas faire de longues études sont : plombier (35 %) ; mécanicien (32 %) ; cuisinier (30 %) ; infirmier (25 %) ; pâtissier (22 %) ; policier (20 %) ; chauffeur-routier (19 %).
▶ 44 % des salariés de l'Etat utilisent un ordinateur, 12 % de ceux des collectivités locales.

« Japonais » contre « Californiens »

Les plus conservateurs parmi les actifs ont une conception du travail de type libéral, proche du modèle japonais dans lequel la compétence et l'ordre sont prioritaires. La formule « californienne », caractérisée par les petites unités, l'autonomie, la créativité, l'absence de hiérarchie et l'omniprésence de la technologie, fascine les plus jeunes.
L'opposition entre ces deux modèles ne recouvre pas l'ensemble des conceptions, mais elle indique les pôles entre lesquels se situe le débat individuel et collectif concernant l'avenir du travail. Elle traduit aussi l'absence d'une réponse spécifiquement française à ce problème majeur.

Beaucoup de Français sont peu motivés par leur travail.

Si certains Français ont développé récemment le culte de la réussite et considèrent la vie professionnelle comme la plus excitante des aventures, beaucoup d'autres semblent manquer de motivation. Les chiffres élevés de l'absentéisme en sont une illustration. Les plaintes des usagers ou clients quant au service apporté par les administrations et les entreprises en est une autre. Les grèves qui se sont développées depuis 1989 montrent que le secteur public est davantage concerné par ce malaise que le privé.

Le dynamisme des entreprises est le plus souvent dû à un petit nombre d'individus, les « leaders », qui traînent derrière eux (souvent plus qu'ils n'entraînent) ceux qui sont décidés à faire le minimum pour conserver leur place et leur salaire, sans rien abandonner de leur confort.

Cette désaffection vis-à-vis du travail est le signe de l'angoisse des individus face à un monde hypercompétitif qui leur fait peur et vis-à-vis duquel ils éprouvent souvent un sentiment d'impuissance.

L'argent représente un aspect important de la vie professionnelle, mais d'autres attentes se développent.

Contrairement aux choix qu'ils faisaient il y a quelques années, une majorité de Français préfèrent aujourd'hui un accroissement de leur pouvoir d'achat à une augmentation de leur temps libre (voir *Revenus*). Dans une société où l'avenir apparaît entaché d'incertitudes et de menaces, c'est le court terme qui domine. La consommation est donc la première des priorités, d'autant qu'elle est largement valorisée par les médias et la publicité. Le pouvoir d'achat, qui mesure la faculté de dépenser, est étroitement associé à la notion de liberté individuelle.

Pourtant, les métiers qui ont dans l'absolu les faveurs des Français ne sont pas systématiquement ceux qui permettent de gagner le plus d'argent (voir encadré). Les attentes qualitatives tendent à s'accroître : être utile ; exercer des responsabilités ; participer à un projet collectif ; apprendre ; avoir des contacts enrichissants ; créer.

Chercheur plutôt que ministre

Les 12 métiers préférés des Français, par ordre décroissant d'intérêt :

- Chercheur   20 %
- Pilote de ligne   17 %
- Rentier   17 %
- Médecin   17 %
- Journaliste   17 %
- Chef d'entreprise   13 %
- Comédien   12 %
- Publicitaire   8 %
- Professeur de faculté 7 %
- Avocat   7 %
- Banquier   5 %
- Ministre   2 %

Le besoin d'épanouissement personnel est de plus en plus fort.

Peu de Français, même parmi les plus jeunes, sont assez naïfs pour imaginer qu'on puisse se soustraire à « l'ardente obligation » du travail. Si certains ont pu y songer pendant les années 60, ils sont aujourd'hui conscients de leur utopie. Mais le désir de s'épanouir en occupant un emploi intéressant leur paraît de plus en plus légitime. Pour beaucoup, le travail idéal, c'est celui que l'on accomplit sans avoir l'impression de travailler, à l'image de ces vedettes de télévision, du cinéma ou du *show-business* qui prennent de toute évidence beaucoup de plaisir en faisant leur métier.

Les jeunes sont les plus inquiets des perspectives de l'emploi. La grande entreprise, lieu de pré-

L'ambition professionnelle change

dilection des jeunes loups des années 60, n'est plus aujourd'hui le terrain d'expression privilégié de leurs ambitions professionnelles. Les petites structures dynamiques, qui autorisent une plus grande autonomie, ont souvent leur faveur. Dans le choix, réel ou imaginaire, d'un métier, il entre aujourd'hui d'autres dimensions que sa nature intrinsèque et sa rémunération : les conditions dans lesquelles il s'exerce ; la liberté qu'il laisse ; les gens qu'il permet de rencontrer, etc.

Le pouvoir aux patrons, pas aux médias !

La profession qui, selon les Français, devrait avoir le plus d'influence au plan national est celle de chef d'entreprise : elle recueille 30 % des suffrages, alors que 21 % pensent que c'est elle qui a le plus d'influence dans la réalité. Les jugements portés sur d'autres professions font également apparaître des écarts entre l'influence souhaitée et celle perçue : homme politique (27 % et 46 %) ; intellectuel (19 % et 9 %) ; syndicaliste (17 % et 15 %) ; cadre (14 % et 7 %) ; profession libérale (12 % et 10 %) ; journaliste (8 % et 50 %) ; haut fonctionnaire (7 % et 17 %) ; présentateur de télévision (4 % et 43 %).

▶ 86 % des salariés des banques utilisent un ordinateur.

EMPLOI ET TECHNOLOGIE

Les révolutions technologiques conditionnent le fonctionnement des entreprises.

L'invention de la *machine à vapeur* est associée à la première révolution industrielle, à la fin du XVIIIe siècle. Elle permit à l'homme de disposer pour la première fois d'énergie en quantités importantes. On lui doit en particulier le développement considérable de l'industrie au cours du siècle suivant.

La seconde révolution industrielle fut liée à la généralisation de l'*électricité*, à la fin du XIXe siècle. Elle allait permettre le transport de l'énergie, donc son utilisation aussi bien par les industries que par les particuliers.

La troisième révolution industrielle a été celle de l'électronique.

Cette révolution a commencé voici quarante ans. Elle a d'abord connu deux phases décisives :
• Le *transistor*, inventé en 1948, annonçait le véritable début des produits audiovisuels de masse (radio, télévision, électrophone...) et des calculateurs électroniques.
• Le *microprocesseur* ou circuit intégré (petite pastille de silicone contenant un véritable circuit électronique et des composants) date des années 60. On lui doit le fantastique développement de l'industrie électronique. Grâce à la miniaturisation, l'ordinateur est devenu de plus en plus puissant et de moins en moins cher. Il a permis le développement de l'informatique et l'accélération de celui des télécommunications.

La troisième phase est celle de la *télématique*, qui marie aujourd'hui le microprocesseur et les télécommunications.

L'utilisation de la microélectronique s'étend à l'ensemble des activités professionnelles et humaines.

Cette phase de développement technologique est encore plus lourde de conséquences que les deux précédentes sur la vie des Français. Elle ne concerne plus seulement les processus industriels et la nature des produits accessibles au grand public ; son champ d'application est illimité. On lui doit,

Les trois révolutions

Les trois révolutions industrielles :

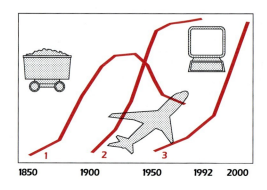

1. Charbon, acier, textile
2. Mécanique, automobile, avion, pétrole, chimie, électricité
3. Electronique, télématique, robotique, biotechnologie, biomasse, atome

d'abord, le formidable développement de la production et de la communication à tous les niveaux de l'entreprise : conception assistée des produits ; optimisation des méthodes de fabrication ; robotique ; télécopie ; téléconférence, etc. Mais on lui doit aussi la rapide diffusion des produits qui ont changé la vie des individus : télévision couleur ; magnétoscope ; micro-ordinateur ; lecteurs de disques compacts ; vidéodisque ; Minitel ; billetteries automatiques, etc.

A la différence des autres innovations, celle du microprocesseur a des applications « transversales ». Son utilisation permet non seulement d'inventer des nouveaux produits, mais de les fabriquer à des prix de moins en moins élevés. Cette révolution porte en elle les germes d'une véritable civilisation nouvelle, entraînant de nouveaux modes de vie. On en voit les effets depuis une dizaine d'années dans la vie professionnelle et personnelle des Français. La transition a été souvent douloureuse, car la société a dû faire face en même temps à la mutation technologique et à une crise économique et sociale. Ces deux phénomènes, concomitants, n'étaient évidemment pas indépendants.

La technologie supprime des emplois mais crée des métiers.

Les mutations technologiques, celle de l'informatique en particulier, ne font pas que supprimer des emplois. Elles sont aussi créatrices de nouveaux métiers. Mais il existe trois décalages entre les deux phénomènes.

Le premier est temporel : les nouveaux emplois ne sont pas créés en même temps que certains sont supprimés, ce qui explique que le chômage ait continué d'augmenter jusqu'en 1985.

Le second décalage est spatial : les nouveaux emplois ne sont pas créés au même endroit que les anciens, ce qui implique une plus grande mobilité des travailleurs.

Enfin, il existe un décalage qualitatif : les emplois créés n'utilisent pas les mêmes compétences que ceux qui disparaissent. C'est pourquoi l'effort de formation revêt une si grande importance.

Micro-entretien

ROLAND MORENO *

G.M.- *Faut-il s'attendre dans l'avenir à des progrès technologiques aussi importants que ceux de ce siècle ?*

R.M.- A mon sens, l'essentiel des grands progrès techniques s'est produit vers 1920 : l'électricité ; l'atome ; le début des médicaments. Depuis, nous engrangeons les dividendes de ces progrès, sans qu'il y ait eu d'évolution majeure. Il suffit de regarder l'intérieur de nos appartements ; ils ne sont pas très différents de ce qu'ils étaient en 1920.
L'électronique est la seule échappée belle de l'évolution technique dans nos vies. Elle va continuer de se propager, par exemple dans la voiture, sous forme de guidage, dans la maison sous forme d'une plus grande liberté face à la télévision avec la recherche automatique des chaînes par thème, l'élimination de la publicité, etc. La carte à puce va se développer dans le domaine des communications : téléphone, radiotéléphone, abonnements à la télévision. Mais il ne faut pas s'attendre à des révolutions comparables à celles du début du siècle.

---

* Inventeur de la carte à puces, auteur de *Théorie du bordel ambiant* (Belfond).

La création passe aussi par l'informatique

Les services ne sont pas tous créateurs d'emplois.

En France comme dans l'ensemble des pays industrialisés, l'érosion du nombre d'emplois a été partiellement compensée depuis le début de la crise par les créations dans le domaine des services. Mais des gains de productivité sont souvent possibles dans ces domaines grâce à l'informatique, la bureautique, etc.

Dans les bureaux d'études et de méthodes, l'arrivée de la CAO (conception assistée par ordinateur) a transformé les métiers de dessinateur, traceur et préparateur. Le développement de la bureautique (stockage de l'information, traitement de texte, gestion de l'informatique et des dossiers, agenda automatique, téléconférences, banques de données, courrier électronique, etc.) ne sera pas sans effet sur les postes d'employés.

Les immigrés, les travailleurs les plus âgés et les femmes sont les plus menacés par l'évolution technologique.

6 millions de salariés utilisent un ordinateur dans leur travail, contre 4,5 millions en 1987 ; 38 % d'entre eux y consacrent au moins trois heures par jour (30 % en 1987). Mais la diffusion des outils technologiques ne s'est pas faite de façon démocratique. Les immigrés occupent pour la plupart les postes les moins qualifiés et ne bénéficient guère de la formation continue. Les travailleurs les plus âgés

La technologie encore élitiste

Evolution de la proportion de salariés utilisateurs des nouvelles technologies :

	Cadres		Professions intermédiaires		Employés		Ouvriers qualifiés		Ouvriers non qualifiés		Ensemble	
	1987	1991	1987	1991	1987	1991	1987	1991	1987	1991	1987	1991
• Terminal relié à un ordinateur	31	36	23	29	19	25	5	6	2	3	16	20
• Micro-ordinateur	35	47	23	34	12	21	3	5	1	2	14	21
• Ordinateurs (terminal relié à un ordinateur ou micro-ordinateur)	50	60	37	47	28	36	7	10	3	5	24	32
• Machine de traitement de texte	13	14	7	11	7	12	1	1	-	-	5	8
• Minitel	32	44	17	32	13	25	2	4	1	1	12	21
• Vidéo	13	17	9	13	2	3	2	2	-	1	4	6
• Robot ou manipulateur automatique	1	1	1	1	-	-	3	3	2	2	1	1
• Machine à commande numérique	-	1	1	1	-	-	2	4	1	2	1	1

Ministère du Travail, de l'Emploi et de la Formation professionnelle

---

sont souvent moins malléables à la nouveauté, qui dérange leurs habitudes de travail. Ils sont aussi moins disposés à se remettre en question et à retourner à l'école. Quant aux femmes, elles sont jusqu'ici assez peu nombreuses dans les métiers de l'informatique et elles remplissent souvent des fonctions que l'ordinateur peut ou pourra assurer en partie.

NOUVEAUX MÉTIERS

Toutes les professions sont concernées par l'évolution technologique.

Les travailleurs les moins qualifiés, effectuant des tâches répétitives, sont directement menacés par l'arrivée de machines électroniques. Mais ceux qui occupent des emplois de responsabilité sont également concernés par cette évolution. 60 % des cadres français n'ont aucun diplôme. Certains, souvent parmi les plus âgés, éprouvent des difficultés à dialoguer avec un terminal d'ordinateur. Ils devront pourtant s'adapter à des méthodes de travail différentes de celles qu'ils ont toujours pratiquées : travail en équipe, décentralisation des responsabilités, rationalisation des prises de décision, etc.

Même les métiers de création, jusqu'ici les plus épargnés par le progrès technologique, se remettent aujourd'hui en question. Les graphistes, illustrateurs, stylistes, concepteurs et même artisans peuvent utiliser avec profit les outils informatiques et télématiques. Il seront touchés par les prochaines générations de systèmes experts, qui seront capables d'apprendre certains modes de fonctionnement du cerveau humain, d'intégrer l'expérience des individus les plus qualifiés et de les appliquer à des situations nouvelles.

Les métiers liés à l'environnement seront de plus en plus nombreux.

Les préoccupations écologiques croissantes vont imposer de nouvelles contraintes aux entreprises, qui devront « produire propre » sous peine de sanctions légales et, surtout, d'une détérioration de leur image. Les métiers liés à la protection de l'environnement vont donc se développer au cours des années à venir, à la fois à l'intérieur et à l'extérieur des entreprises.

Autant qu'une spécialité à part entière (ingénieurs ou techniciens de l'environnement), la dimension écologique devra être intégrée aux métiers existants et concernera tous les secteurs de l'industrie. Des disciplines comme la chimie, la biologie, l'agronomie, la géologie, l'hydrologie, mais aussi le droit ou l'informatique seront particulièrement touchées par la contrainte écologique. Les problèmes de traitement des eaux et des déchets, de rejet de matières toxiques dans l'air devront être progressivement résolus, en attendant que des techniques de fabrication non polluantes soient mises au point.

Fonctions et métiers d'avenir

Six *fonctions* de l'entreprise devraient se développer particulièrement au cours des prochaines années :
• Gestion-finances : audit ; credit manager ; contrôleur de gestion ; analyste financier ; expert-comptable.
• Commerce-marketing : ingénieur technico-commercial ; acheteur industriel ; chef de rayon de supermarché ; chargé d'études marketing ; merchandiser ; chef de produit.
• Maintenance-qualité : logisticien ; responsable de maintenance ; qualiticien.
• Informatique : cogniticien ; administrateur de base de données ; spécialiste de maintenance informatique ; architecte de réseau ; chef de projet analyste ; ingénieur système.
• Recherche-développement : chercheur industriel.
• Formation : responsable de formation.

Le secteur tertiaire devrait poursuivre sa croissance, en particulier dans cinq *secteurs d'activité* :
• Professions juridiques : juriste d'entreprise ; avocat.
• Banques-assurances : agent immobilier ; exploitant ; analyste crédit.
• Santé : manipulateur électroradiologie ; conseillère en économie sociale et familiale.
• Enseignement : instituteur ; professeur de mathématiques.
• Publicité-communication : chef de publicité d'agence ; responsable de la communication.

Enfin, *cinq branches industrielles* devraient se développer :
• Electronique-télécommunications : automaticien ; électrotechnicien ; concepteur de circuit intégré.
• Bâtiment-travaux publics : ingénieur d'étude de prix ; ingénieur méthodes du bâtiment.
• Froid-thermique : frigoriste ; thermicien.
• Industries des plastiques : plasturgiste.
• Aéronautique-espace : spécialiste télédétection.

Le télétravail devrait se développer dans certains domaines.

Fruit de la télématique, le télétravail consiste à rester chez soi et à communiquer avec l'entreprise dont on est salarié, par l'intermédiaire d'un terminal d'ordinateur. Des ingénieurs, journalistes, employés sont d'ores et déjà concernés par ce nouveau type d'activité.

En France, le travail à domicile existe depuis longtemps. Il connaît une seconde jeunesse dans certaines sociétés de services. Des salariés des compagnies d'assurances, par exemple, gèrent chez eux des dossiers de sinistres qu'ils vont chercher au siège une fois par semaine. Avec l'utilisation d'un terminal d'ordinateur, ce travail à domicile se transforme en « télétravail ».

Ce système devrait se développer dans les prochaines années. Il présente l'avantage d'une meilleure productivité pour l'entreprise (les expériences menées aux Etats-Unis ont fait apparaître des gains de l'ordre de 40 %) et d'une plus grande liberté pour les employés. Il reste à savoir, cependant, si l'absence de relations *de visu* avec les collègues ou les patrons sera ressentie par les télétravailleurs comme un handicap ou comme un privilège...

La technologie a évolué plus vite que les mentalités.

Le progrès technique est d'autant mieux accepté qu'il ne s'accompagne pas d'une remise en cause des valeurs. C'est pourquoi les premières phases de la révolution électronique s'étaient déroulées sans grandes difficultés sociales. L'évolution récente a entraîné beaucoup plus de résistances.

Les structures, qu'elles soient industrielles, sociales ou mentales, intègrent difficilement et lentement les bouleversements, surtout lorsqu'ils se succèdent à un rythme élevé. Il s'ensuit un décalage croissant entre ceux qui ont les moyens et la volonté de « rester dans le coup » et ceux qui se laissent emporter par le courant. C'est donc le système social et professionnel, plus que la volonté des hommes, qui engendre les inégalités.

➤ 60 % des dirigeants d'entreprises réalisant un C.A. d'au moins 10 millions de francs utilisent un micro-ordinateur pour leur travail (40 % non), contre 80 % en Grande-Bretagne, 73 % en Espagne, 67 % en Allemagne, 59 % en Italie.

La qualification sera de plus en plus déterminante dans l'obtention d'un emploi.

L'importance croissante de la technologie dans l'entreprise n'implique pas que la réussite professionnelle passera de plus en plus par la spécialisation des formations. C'est même le contraire qui pourrait se produire. D'ores et déjà, la formation donnée par l'enseignement supérieur dans les domaines de haute technologie est « en retard » par rapport aux développements en cours dans les entreprises et les laboratoires. De plus, les seules connaissances scientifiques et mathématiques sont largement insuffisantes pour permettre aux jeunes diplômés d'accéder aux postes de responsabilité ; il leur faut aussi savoir communiquer, avoir l'ouverture d'esprit suffisante pour travailler avec les autres. Enfin, il apparaît que les carrières se dérouleront de plus en plus souvent en plusieurs phases, correspondant à des postes et à des métiers différents.

La « deuxième chance »

Sondages divers

- 79 % des salariés aimeraient suivre une formation professionnelle (17 % non).
- 59 % des salariés estiment que les entreprises ne font pas beaucoup d'efforts pour favoriser la formation professionnelle des salariés (25 % de l'avis contraire).
- 53 % des Français seraient prêts à prendre sur leur temps libre pour assurer leur formation professionnelle (42 % non).

La culture générale est la clé de l'adaptation.

Les entreprises ont aujourd'hui besoin de salariés capables de comprendre ce qui se passe autour d'eux, non seulement dans leur domaine d'activité et dans leur pays, mais dans la société et dans le monde. Cette capacité requiert un niveau de plus en plus élevé de culture générale. Elle seule peut fournir des points de référence par rapport au passé et permettre la mise en perspective de mouvements et de tendances apparemment aléatoires ou contradictoires.

Dans cette optique, les lettres devraient prendre leur revanche sur les mathématiques. L'informatique n'est d'ores et déjà plus seulement un métier mais l'une des composantes de base de la formation. La sociologie, la géopolitique, la philosophie, l'art, l'histoire des civilisations ou des religions seront de plus en plus des outils de base pour les cadres et les dirigeants dont le métier est d'intégrer le présent afin de préparer l'avenir.

Le « quart monde » va sans doute continuer à se développer.

Certaines catégories sociales ont été comme pétrifiées par le changement radical qui s'est amorcé depuis quelques années. Les travailleurs peu qualifiés et ceux qui ont des difficultés à s'adapter (ce sont souvent les mêmes) furent les premiers concernés par les transformations en cours. Les changements à venir risquent d'accroître leur inadaptation, tant dans la vie professionnelle que sociale. On peut donc parier, au cours des prochaines années, sur une augmentation du nombre des exclus du modernisme, qui en subiront les effets sans pouvoir en tirer le moindre avantage.

▶ 45 % des jeunes effectuant des études littéraires sont attirés par le secteur public, 12 % par le secteur privé. 64 % estiment que leur formation ne les prépare pas ou mal au monde de l'entreprise.
▶ Les critères de choix du premier emploi des étudiants des grandes écoles sont par ordre décroissant : l'intérêt du poste ; les perspectives de carrière ; les responsabilités ; le salaire ; le travail à l'étranger.
▶ 35 % des cadres considèrent que la fonction commercial-vente permet de faire une belle carrière dans leur entreprise, 9 % la fonction finance-comptabilité-contrôle de gestion, 8 % la fonction production, 8 % la fonction marketing, 3 % la fonction recherche-développement.
▶ Pour recruter des jeunes d'un niveau inférieur au bac (CAP ou BEP), 50 % des entreprises de 10 salariés et plus privilégient les candidatures spontanées, 49 % les relations internes dans l'entreprise, 48 % l'ANPE, 37 % l'offre des écoles, 35 % les petites annonces, 10 % les cabinets de recrutement.
▶ 57 % des agriculteurs sont favorables à la création d'une monnaie européenne unique (44 % des Français).
▶ 25 % des avocats ne choisiraient pas la même profession si c'était à refaire, 13 % ne conseilleraient pas à leurs enfants de devenir avocat. 51 % des avocats travaillent plus de 50 heures par semaine.

LA VIE PROFESSIONNELLE

ENTREPRISES

L'entreprise réhabilitée depuis le début des années 80 ● *L'éthique trop souvent considérée comme un investissement* ● *Développement des systèmes d'évaluation individuelle* ● *Réduction du nombre de niveaux hiérarchiques* ● *Culte de la performance et « culture du stress »* ● *Liberté individuelle menacée* ● *Déclin syndical prononcé* ● *Nouvelles formes de revendication*

IMAGE

Depuis le début des années 80, les Français se sont réconciliés avec l'entreprise.

Pendant longtemps, les Français ont cru aux vertus du dirigisme étatique et ils avaient de l'entreprise privée une image plutôt défavorable. La crise économique leur a révélé l'existence d'une économie de marché planétaire et le rôle irremplaçable des entreprises dans la création des emplois et des richesses. L'échec du plan de relance économique de 1982 a convaincu les plus sceptiques de la réalité de la contrainte internationale et des dépendances nationales qui en résultent.

Ce retournement peut sembler paradoxal, car c'est au moment où les entreprises éprouvaient le plus de difficultés que les Français ont décidé de leur accorder leur confiance. Il l'est d'autant plus que c'est sous un régime socialiste, a priori peu suspect de sympathie à l'égard des patrons, que ceux-ci ont reçu l'approbation des salariés.

1982 : l'entreprise réhabilitée

« Pour faire face aux difficultés économiques, pensez-vous que » (en %) :

	Sept. 1978	Nov. 1980	Déc. 1982	Avril 1990
● Il faut faire confiance aux entreprises	33	38	58	63
● Il faut que l'Etat les contrôle et les réglemente plus étroitement	49	46	31	26

Le Figaro Magazine/Sofres

L'éthique tient parfois une place plus importante dans la communication des entreprises que dans leur fonctionnement.

Les entreprises, qui sont par nature à l'écoute des attentes des consommateurs, ont senti le besoin croissant de morale et d'humanisme. Elles tentent d'y répondre en montrant leurs préoccupations pour l'*éthique*, l'un des concepts magiques de ces dernières années.

Pourtant, cette attitude a priori louable risque de passer pour une récupération aux yeux du public, si elle n'existe que dans la communication. Elle doit reposer sur un souci authentique, vécu à l'intérieur de l'entreprise et sensible dans son comportement économique et ses produits. Ainsi, les entreprises polluantes ne peuvent se contenter d'investir en « communication verte », elles doivent prendre des mesures pour réduire leurs effets négatifs sur l'environnement. L'éthique ne doit pas être seulement considérée comme un investissement rentable destiné à améliorer l'image de l'entreprise et ses profits. Pour être crédible, elle doit être une disposition d'esprit partagée par tous ses membres, du patron à l'employé le plus modeste.

> Nous ne sommes pas la banque qui se prend pour la meilleure, mais celle qui passe vos ordres de bourse en temps réel.
>
> **CIC**
> On vous en donne plus pour votre argent.

L'éthique implique une certaine modestie

Micro-entretien

ALAIN ETCHEGOYEN *

G.M.- *Le discours éthique des entreprises répond-il au besoin de morale des Français ?*

A.E.- Les valeurs économiques, marchandes, c'est le rôle de l'entreprise et c'est bien qu'on l'ait reconnu depuis quelques années. Mais il faut savoir s'arrêter. L'entreprise n'a pas à porter tout le poids des exigences des individus. Cela ne signifie pas qu'elle n'ait pas des devoirs. Par exemple, des devoirs en matière d'emploi ou vis-à-vis de bassins d'emplois pour celles qui sont implantées dans certaines régions. Mais les entreprises n'ont pas à créer des valeurs autoritaires et morales pour les faire partager à leurs salariés. Lorsqu'on parle d'éthique, on ne va jamais à l'essentiel des devoirs. On court en ce moment le risque d'un cynisme ravageur. Ceux qui tiennent le discours éthique dans leurs entreprises ont souvent des pratiques opposées.

---

* Consultant et enseignant, auteur notamment de *la Valse des éthiques* (François Bourin).

▶ 35 % des entreprises ont mis en place un système d'évaluation de la formation, contre 50 % en Allemagne et 70 % en Grande-Bretagne.

FONCTIONNEMENT

La recherche de l'efficacité a contraint les entreprises à mettre en place des systèmes d'évaluation individuelle.

Les Français ont eu quelque peine à accepter que leur rémunération et leur situation professionnelle dépendent de leur ardeur au travail et de leurs résultats. Le poids de la fonction publique, avec son système d'avancement à l'ancienneté, l'habitude des « plans de carrière », le goût du confort et l'absence de moyens de contrôle de l'efficacité personnelle expliquent cette difficulté, assez particulière à la France.

La crise économique et l'internationalisation de la compétition ont entraîné une transformation brutale de ces habitudes. Les notions de « salaire au mérite », de « rémunération dynamique », les « évaluations de performance » se sont généralisées dans les entreprises en même temps que se produisait une véritable révolution dans la gestion des ressources humaines.

On assiste dans certaines entreprises à une réduction du nombre de niveaux hiérarchiques.

Conscientes de l'importance du dialogue entre le sommet et la base de la pyramide hiérarchique, des entreprises ont entrepris de limiter le nombre de ses échelons. Pour ce faire, certaines ont supprimé le niveau de la maîtrise ; d'autres ont réduit le nombre des cadres supérieurs.

Cette pratique, née aux Etats-Unis dans les années 70, repose sur la volonté de rendre plus rapide et plus efficace la prise de décision en limitant les échelons intermédiaires et donc les risques de parasitage. Elle a aussi pour but d'accroître la motivation et la créativité des salariés, qui se sentent ainsi plus autonomes. Beaucoup de cadres ou d'agents de maîtrise craignent cependant que cette pratique se produise par la réduction des possibilités d'évolution de carrière.

Le mouvement est encore limité en France, où beaucoup d'entreprises restent imprégnées par l'organisation tayloriste qui a prévalu pendant des décennies. Mais il pourrait se développer sous l'effet d'une conjoncture économique difficile. On lui doit en partie le fort accroissement du chômage des cadres (+ 34 % en 1991).

La recherche de l'« excellence » s'est imposée comme une méthode de gestion des hommes.

La recherche de l'excellence, importée du Japon et adaptée aux Etats-Unis, a conduit certaines entreprises à mettre en œuvre un ensemble de moyens destinés à accroître le rendement de leurs employés et cadres. A côté des techniques douces (cercles de qualité, projets d'entreprise, objectifs « zéro défaut ») se sont développées des techniques plus dures, dont le but est d'influer directement sur la personnalité des gens : stages de survie ; sauts à l'élastique ; séminaires de dynamique de groupe. Si certains ont pu apprendre ainsi à se dépasser, d'autres ont « craqué » et se sont sentis menacés dans leur intégrité.

Le culte de la performance ou la société de comparaison

Le mot « performance » est l'un de ceux qui ont accompagné et caractérisé les dix dernières années. Non pas que ces années aient été marquées par des réussites spectaculaires dans le domaine économique, scientifique ou social. Mais, dans un monde où la compétition est partout et les certitudes nulle part, le culte de la performance devient un mode de vie ; il apparaît en tout cas comme une condition nécessaire pour la réussir. La société actuelle est basée sur la *comparaison*. On y établit sans cesse des classements, afin de mettre en exergue les personnes, les entreprises, les produits ou les idées qui obtiennent le succès auprès du public.
Cette mode peut s'expliquer par la disparition progressive des repères transcendants, en particulier la religion et l'Etat. L'homme n'a donc pas d'autre choix que de se « faire » tout seul. La « vie terrestre » est la seule qui compte ; il faut donc la réussir seul, sans compter sur une aide extérieure ou spirituelle. Il n'est plus suffisant de s'intégrer dans la société et de s'y fondre ; il faut aussi tenter de se singulariser pour exister.
Le culte de la performance remplace d'autres cultes aujourd'hui disparus ou affaiblis. Il renforce donc l'individualisme et il est par principe incompatible avec la recherche de l'égalité. On peut y voir la fin du modèle républicain.

▶ 60 % des entreprises consacrent 2 à 5 % de leur masse salariale à la formation.
▶ 46 % des entreprises pratiquent une gestion prévisionnelle de l'emploi.

Micro-entretien

HERVÉ SEYRIEX *

G.M.- *Le culte de la performance appliqué à l'entreprise est-il une invention française ?*

H.S.- Je crains que le culte de la performance ne soit un phénomène typiquement français et qu'il ne représente l'une des explications de notre très médiocre performance. C'est « moi tout seul », le « gagneur ». Or, si par exemple les Japonais sont meilleurs que nous, c'est parce qu'ils n'ont pas du tout le culte de la performance ; ce sont des hommes et des femmes qui travaillent ensemble. Pour faire de la performance économique, il vaut mieux des individus normaux solidaires que des génies solitaires. Le problème vient de la façon dont sont formées nos élites, à travers des concours très durs où dominent le « chacun pour soi » et l'abstraction. On fabrique ainsi des petits tueurs, mais pas des équipes efficaces.

* Directeur de l'Institut européen du leadership.

La « culture du stress » produit autant d'efficacité...

Les entreprises se sont aperçus que le stress pouvait avoir des effets positifs sur les individus dans leur vie professionnelle : accroissement de l'énergie ; esprit de conquête ; volonté de se dépasser. Certaines l'ont donc utilisé comme une véritable méthode de management. En créant ou entretenant le stress chez les employés ou les cadres, elles pouvaient les faire travailler plus vite, canaliser leur agressivité au profit de l'entreprise et entraîner l'ensemble des employés dans un climat de concurrence acharnée.
C'est ainsi que se sont multipliées les techniques de stimulation et de développement personnel : primes à la performance ; saut à l'élastique (benji) ; rafting ; Formule 3 ; 4 x 4 ; parapente ; expériences de survie, etc. Destinées à faire apparaître ou à accroître les qualités de courage, de commandement, de volonté, de sang-froid ou d'esprit d'équipe, ces techniques présentent des limites (celui qui refuse de se soumettre est-il moins ou plus courageux que celui qui suit les « incitations » de ses chefs) et des risques, surtout psychologiques (ça « passe » ou ça « casse » selon les individus).

... que de frustration.

Le stress développe aussi chez ceux qui en sont atteints un sentiment d'angoisse, une tension permanente et une peur de l'échec qui finissent par les user intérieurement. L'insatisfaction est à la fois le moteur de la réussite et la source de problèmes personnels, dont certains peuvent être graves. Les chiffres de consommation de tranquillisants et de somnifères en France (les plus élevés du monde) montrent que les Français sont plus sensibles au stress que les autres ou qu'ils sont moins armés pour lui résister...

Les entreprises vues par les étudiants

Les entreprises dans lesquelles les étudiants de niveau bac + 5 (grandes écoles, universités) souhaiteraient obtenir leur premier emploi : Aerospatiale (39 %) ; France Télécom (30 %) ; IBM (29 %) ; Alcatel-Alsthom (27 %) ; Thomson (27 %) ; Matra (26 %) ; BSN (24 %) ; L'Oréal (23 %). Celles dans lesquelles ils ne voudraient jamais travailler : EDF-GDF (26 %) ; Procter et Gamble (17 %) ; L'Oréal (15 %) ; Dassault (14 %) ; IBM (14 %). Celles dans lesquelles ils souhaiteraient faire carrière : Aerospatiale (33 %) ; IBM (24 %) ; Matra (23 %) ; France Télécom (22 %) ; Thomson (22 %) ; BSN (21 %) ; Alcatel-Alsthom (20 %).

L'Express/SLP Statistiques, février 1992

Après avoir progressé, la liberté individuelle est à nouveau menacée dans l'entreprise.

Les Français avaient connu plusieurs décennies de progrès en matière de liberté individuelle au travail : horaires variables ou « à la carte » ; enrichissement des tâches ; diminution des contraintes en matière d'organisation du travail ; encouragement des initiatives et suggestions en faveur de la qualité des produits...

Certaines tendances récentes vont dans le sens contraire. La notion de « culture d'entreprise » (ensemble d'objectifs, d'attitudes et de comportements propres à une entreprise) est parfois présentée comme un modèle auquel chacun doit adhérer et se conformer. Au risque de perdre une partie de son identité et de sa créativité.

Certaines entreprises pratiquent de véritables atteintes à la liberté individuelle : écoutes téléphoniques des employés par l'intermédiaire de standards perfectionnés ; contrôles de la productivité par caméras ; inscription de cadres à des stages de conditionnement physique et moral ; utilisation de détecteurs de mensonge ; obligation de porter des badges électroniques indiquant les déplacements des employés et leur interdisant l'accès à certains services de l'entreprise...

Dans leur chasse à l'oiseau rare, les entreprises mettent en œuvre des méthodes de recrutement de plus en plus complexes. Les curriculum vitae, entretiens d'embauche, analyses graphologiques et tests d'aptitude ou de personnalité ne leur suffisent plus ; elles ont de plus en plus souvent recours à la numérologie ou à l'astrologie pour découvrir la personnalité des candidats. Dans certains cas, l'employeur désire rencontrer l'épouse d'un postulant, afin de s'assurer qu'elle ne représentera pas une entrave à la disponibilité de son mari.

A la recherche de « l'excellence »

Australie

La vie professionnelle tend de plus en plus à être codifiée et hostile aux « déviations ».

La tenue vestimentaire, les comportements vis-à-vis des supérieurs, des clients, à l'intérieur mais parfois en dehors de la vie professionnelle sont souvent plus ou moins imposés. Beaucoup d'exemples récents montrent que les entreprises acceptent moins bien des employés habillés ou coiffés de façon « voyante », trop gros, fumeurs, atteints de certaines maladies ou ayant des opinions politiques ou religieuses « non conformes ». Les conditions imposées par Eurodysney à ses employés en matière d'apparence (pas de moustachus ou de barbus), d'habillement et de comportement vis-à-vis de la clientèle, bien qu'encore inhabituelles en France, préfigurent l'évolution en cours.

Le souci de la compétitivité, la volonté d'écarter les employés « déviants » pour imposer une norme commune et le progrès technologique sont les principales raisons de cette évolution contestable. La liberté, revendiquée et acquise par les salariés au cours des précédentes décennies, risquerait de se transformer en liberté surveillée.

SYNDICALISME

Le syndicalisme a connu un fort déclin.

La conception traditionnelle de la lutte des classes qui oppose patrons exploiteurs et salariés exploités est aujourd'hui dépassée, au sein de l'entreprise comme dans l'ensemble de la société. Ce sont les syndicats qui en font les frais.

S'ils restent attachés au principe de la représentation des salariés, les Français manifestent une réserve croissante vis-à-vis de l'action syndicale. Les deux tiers d'entre eux considèrent que les syndicats obéissent davantage à des motivations d'ordre politique qu'au souci de défendre les intérêts des salariés. Les moins de 25 ans sont les plus sceptiques ; la moitié trouvent l'action syndicale inefficace et les trois quarts n'ont jamais participé à une action collective.

Moins de 10 % des salariés sont syndiqués, contre 28 % en 1981.

Les taux de syndicalisation issus des enquêtes sont très en deçà des effectifs, généralement surévalués, déclarés par les centrales. Les estimations les plus fiables varient entre 1,8 et 2,3 millions de syndiqués, soit au mieux 10 % de la population active. Le taux est plus élevé dans le secteur public, où il dépasse 20 %, contre 6 à 8 % dans le privé.

Après une progression régulière jusqu'en 1975, le taux de syndicalisation a connu en France un déclin spectaculaire. Entre 1981 et 1989, il avait baissé de moitié, passant de 29 % à 15 % chez les hommes, de 11 % à 7 % chez les femmes (sondage *Espace social*/Sofres, février 1990). La chute a concerné toutes les catégories professionnelles et tous les âges ; elle est sensible quelle que soit l'appartenance politique.

Le taux de syndicalisation français est très faible par rapport à celui des autres pays occidentaux. Il est le plus faible de la Communauté européenne.

L'Europe syndiquée

Evolution des taux de syndicalisation dans la CEE (en % du nombre d'actifs) :

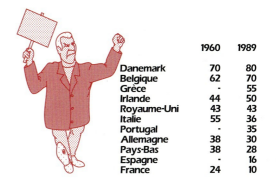

	1960	1989
Danemark	70	80
Belgique	62	70
Grèce	-	55
Irlande	44	50
Royaume-Uni	43	43
Italie	55	36
Portugal	-	35
Allemagne	38	30
Pays-Bas	38	28
Espagne	-	16
France	24	10

CEE

En treize ans, la CGT a perdu les deux tiers de ses adhérents.

Elle en compte 500 000 à 600 000 aujourd'hui contre 2 millions en 1977. Les résultats des élections aux comités d'entreprise confirment cette rapide érosion. En 1980, la CGT recueillait 36 % des suffrages, devant la CFDT (21 %) et les non-syndiqués (17 %). Elle est aujourd'hui devancée par les non-syndiqués (26 % contre 25 % à la CGT). Elle reste cependant devant la CFDT (pratiquement stable depuis plus de dix ans à 20 %). Dans le même temps, FO a accru sa part du « marché syndical » : 12 % contre 10 %.

La cote des leaders actuels des organisations syndicales dans l'opinion reste mauvaise. Celle de Jean Kaspar (CFDT) est très en deçà de celle de son prédécesseur Edmond Maire. Il en est de même pour Marc Blondel (FO), qui ne parvient pas à la moitié du score qui était réalisé par André Berge-

TRAVAIL

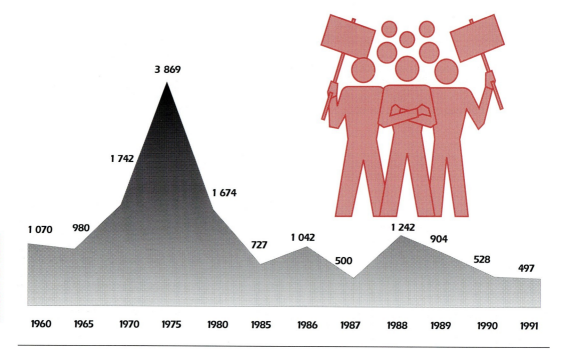

Les conflits en veilleuse

Evolution du nombre de journées de travail perdues à la suite de conflits (en milliers) :

- 1960 : 1 070
- 1965 : 980
- 1970 : 1 742
- 1975 : 3 869
- 1980 : 1 674
- 1985 : 727
- 1986 : 1 042
- 1987 : 500
- 1988 : 1 242
- 1989 : 904
- 1990 : 528
- 1991 : 497

Ministère du Travail

---

ron. Malgré une baisse en 1990 et 1991, FO reste le syndicat qui, pour un Français sur quatre, traduit le mieux les aspirations des travailleurs, devant la CGT (un sur six), qui est en passe d'être rejointe par la CFDT.

Le déclin syndical est lié à l'évolution sociale et à l'absence de réaction des organisations.

La tendance générale au repli sur soi, caractéristique des années 80, a rendu plus difficile la mobilisation des travailleurs pour des causes collectives. La dilution du sentiment d'appartenance à une classe sociale est une autre cause de la moindre agressivité envers les patrons. Elle s'est traduite par une baisse significative du nombre des conflits du travail depuis quelques années.

Pris de court par la crise, bousculés par les mutations économiques et sociales, gênés par la montée de l'individualisme et des nouveaux modes de vie des Français, les syndicats n'ont pas su se remettre en cause et répondre aux inquiétudes des travailleurs.

Les revendications des travailleurs prennent de nouvelles formes.

Depuis 1986, beaucoup de conflits du travail se sont déroulés en dehors du cadre syndical ; les infirmières, les chefs de clinique, les cheminots, les étudiants ou les salariés de la fonction publique en grève se sont regroupés en coordinations nationales indépendantes. Les revendications actuelles sont à la fois matérielles (salaires, conditions de travail) et immatérielles (revalorisation des fonctions et des statuts de certaines catégories, en particulier dans le domaine médical).

Malgré quelques actions sporadiques, les syndicats traditionnels ne parviennent pas à reprendre l'offensive, n'étant pas suivis par une base peu disposée à cautionner des arrière-pensées politiques ou des opérations aboutissant à mettre des entreprises ou des secteurs en difficulté (les chantiers navals, la presse).

Patrons recherchent syndicats

54 % des chefs d'entreprises de plus de 2 000 salariés estiment que le recul de l'influence syndicale est regrettable, 39 % le jugent satisfaisant.
Les canaux les plus efficaces dont ils disposent pour s'informer sur les besoins et les revendications du personnel sont, par ordre décroissant : l'encadrement de l'entreprise ; les délégués du personnel et le comité d'entreprise ; les structures spécifiques, comme les cercles de qualité ; les enquêtes auprès du personnel ; les syndicats.
61 % considèrent qu'ils serait bon d'avoir un syndicalisme qui ne soit pas rattaché à une centrale syndicale (35 % de l'avis opposé).
97 % pensent que la direction a besoin d'un partenaire social représentatif et responsable (3 % de l'avis opposé).
72 % désapprouvent la pratique du chèque syndical (chèque de 200 F par exemple remis aux salariés par l'entreprise et reversé par ceux-ci au syndicat de leur choix). 13 % seulement l'approuvent.
Parmi les organisations syndicales, celle qui leur paraît la plus représentative d'un syndicalisme adapté à l'époque actuelle est la CFDT (28 %), devant FO (18 %), la CGC (10 %), la CFTC (4 %), la CGT (1 %). 29 % des patrons pensent qu'aucune d'entre elles n'est adaptée.
95 % estiment que le syndicalisme a une chance de jouer un rôle important dans l'avenir, à condition de se réformer profondément (3 % de l'avis opposé).

▶ 49 % des salariés du secteur privé seraient disposés à acheter des actions de leur entreprise (41 % de l'ensemble des actifs). 46 % y sont opposés (36 % des actifs).
▶ 74 % des chefs d'entreprise encouragent la mobilité interne, 23 % non.
▶ 67 % des entreprises n'offrent pas de carrières internationales.
▶ 37 % des entreprises ont un responsable des ressources humaines, membre du comité de direction. Dans 15 % des cas, le responsable n'est pas membre du comité de direction. Dans 54 % des entreprises, il n'y a pas de responsable uniquement chargé des ressources humaines.

CONDITIONS DE TRAVAIL

6 heures de travail en moins par semaine en 15 ans ● 12 % des salariés à temps partiel ● Croissance des contraintes et nuisances dans le travail ● 21 % des salariés et 56 % des non-salariés travaillent le dimanche ● Un salarié sur deux soumis à un contrôle des horaires ● Pénibilité mentale également en hausse ● Absentéisme globalement en baisse

DURÉE DU TRAVAIL

La durée hebdomadaire de travail « offerte » a diminué de 6 heures en 15 ans.

La loi instituant la semaine de 40 heures date de 1936. Mais les multiples dérogations sectorielles et le recours systématique aux heures supplémentaires avaient empêché son application. De sorte que, jusqu'en 1968, la durée de la semaine de travail resta pratiquement constante, autour de 45 heures.
Mai 1968 allait porter un coup décisif à ces habitudes. Le protocole des accords de Grenelle prévoyait la mise en place de mesures conventionnelles de réduction de la durée du travail. Entre 1969 et 1980, celle-ci passait de 45,2 heures à 40,8. L'arrivée au pouvoir de la gauche donnait un nouveau coup de pouce : 39 heures en 1982 avec la perspective, à terme, d'un passage progressif à 35 heures (mais le projet n'a guère avancé depuis).

Toujours moins

Evolution de la durée de travail hebdomadaire « offerte » * (en heures) :

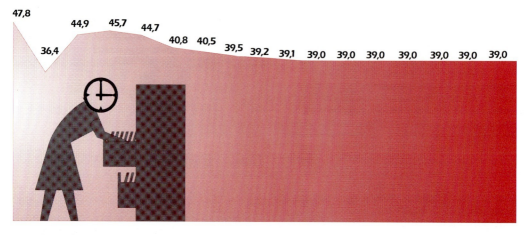

* Proposée aux salariés à plein temps, hors grèves, absentéisme et heures supplémentaires.

L'écart s'est resserré entre les professions, les secteurs et les pays.

La durée « offerte » du travail, qui ne concerne que les salariés à temps plein et ne comprend pas les pertes dues aux grèves et à des motifs personnels (maladie) et les heures supplémentaires, est ainsi passée de 44,3 heures en janvier 1971 à 39 heures depuis juillet 1984. Après avoir longtemps pratiqué les durées de travail les plus longues de la Communauté européenne, la France se situe aujourd'hui dans la moyenne.

La réduction constatée est due principalement à la réduction des horaires les plus longs, dans le bâtiment par exemple (où la moyenne atteignait près de 50 heures en 1968) ou dans le secteur agro-alimentaire (46 heures en 1968). L'écart entre les professions s'est réduit. Celui qui séparait les ouvriers des employés était de 2 heures en 1974 ; il est pratiquement inexistant aujourd'hui.

▶ 93 % des non-salariés et 52 % des salariés travaillent, au moins occasionnellement, le samedi.

20 % du temps « éveillé » d'une vie

Beaucoup de Français, et surtout de Françaises, rêvent de travailler à mi-temps. Ils ne savent pas que ce souhait est déjà largement réalisé puisque le travail représente en moyenne un peu moins du cinquième du temps éveillé d'une vie.

Le calcul qui conduit à ce résultat est très simple. Pour une durée de sommeil de 8 heures par jour, les Français disposent d'un capital-temps annuel de 5 844 heures. Le temps que les actifs consacrent en moyenne à une activité professionnelle rémunérée est de 1 650 heures par an. C'est-à-dire en fait à peine plus du quart du temps disponible.

Le même calcul réalisé à l'échelle d'une vie humaine moyenne donne des résultats encore plus impressionnants. Si l'on tient compte des années de formation scolaire et de la période de retraite, la vie professionnelle représente 8 années de travail sur 42 années « éveillées » pour les hommes (19 % du temps) et 6 années sur 45 pour les femmes (14 % du temps).

La durée « déclarée » est de 39,6 heures par semaine.
Les hommes travaillent 1,7 heure de plus que les femmes.

L'horaire hebdomadaire habituel déclaré par les salariés à temps complet interrogés lors des enquêtes annuelles sur l'emploi de l'INSEE diffère de la durée « offerte » décrite ci-dessus. Les hommes sont deux fois plus nombreux à pratiquer des horaires de 41 heures ou plus. Les ingénieurs et cadres d'entreprise sont ceux qui ont les horaires les plus longs : 4 à 5 heures de plus en moyenne que les ouvriers et employés. La durée est plus longue dans le bâtiment, les transports, les activités artisanales et le commerce.

La durée moyenne déclarée en 1990 est très proche de celle de 1983. Mais elle a connu dans l'intervalle des fluctuations significatives : poursuite de la baisse jusqu'en 1986 ; nette reprise entre 1986 et 1988 (+ 0,4 heure) ; recul brutal en 1989 et 1990 (- 0,3 heure) affectant principalement les horaires longs. 13 % des salariés à temps plein travaillent plus de 41 heures par semaine.

12,5 % des salariés travaillent à temps partiel.

24,5 % des femmes et 3,6 % des hommes sont employés à temps partiel. Les postes occupés sont le plus souvent à faible qualification : personnels de service, aides familiales, etc. Les secteurs les plus concernés sont le bâtiment-génie civil (36 % des femmes travaillent à temps partiel et 1 % des hommes), l'agriculture (31 % des femmes et 6 % des hommes), les services non marchands (31 % des femmes et 6 % des hommes). Les postes de travail à temps partiel sont beaucoup moins fréquents dans l'industrie : 11 % des femmes et 1 % des hommes.

La France reste en retrait dans ce domaine par rapport à d'autres pays comme les Pays-Bas (62 % des femmes et 16 % des hommes), le Royaume-Uni (44 % et 5 %), le Danemark (42 % et 16 %), le Japon (32 % et 8 %).

▶ 6 % des salariés et 4 % des non-salariés commencent leur travail avant 5 h du matin ou le finissent après 22 h.
▶ La durée de travail est inférieure à 35 heures aux Etats-Unis, au Canada, en Belgique (hors activités agricoles). Elle est supérieure à 50 heures en Corée du Sud.

Les non-salariés travaillent plus que les salariés.

La journée de travail des non-salariés est plus longue que celle des salariés : 8 h 55 contre 7 h 38. De même, ils travaillent un nombre de jours plus élevé dans la semaine : 5,7 jours contre 5,0. 61 % des non-salariés travaillent 6 ou 7 jours par semaine, alors que ce n'est le cas que de 11 % des salariés. On trouve à une extrémité de l'échelle du temps de travail les instituteurs (6,3 heures par jour 4,8 jours par semaine) et à l'autre les commerçants (9,3 heures pendant 6 jours).

Dans la pratique, la diminution de la durée de travail des salariés s'est traduite surtout par un resserrement des journées de travail : les horaires de travail commencent plus tard et finissent plus tôt ; l'interruption pour le repas de midi est plus courte.

Dans tous les cas, la durée du travail professionnel des femmes actives est inférieure à celle des hommes : 8 h 02 contre 9 h 19 chez les non-salariés ; 7 h 06 contre 8 h 01 chez les salariés.

Micro-entretien

GUY AZNAR [*]

G.M.- *Peut-on envisager de partager le travail sans réduire les revenus ?*

G.A.- A terme, il paraît évident que le travail ne sera plus le seul moyen de percevoir un revenu. Une autre partie du revenu proviendra d'une redistribution de la richesse collective. A court terme, on peut entrer dans ce scénario en mettant en œuvre ce que j'appelle le « deuxième chèque ». Celui-ci est versé par la collectivité qui compense la perte de revenu liée à la diminution du temps de travail traditionnel. Par exemple, on peut partager le volume des indemnisations destinées au chômage entre ceux qui sont volontaires pour travailler moins. On peut aussi faire tourner les machines plus longtemps, de sorte que l'on produise plus de richesses, en organisant cela au niveau de la collectivité. Enfin, on peut prévoir un « chèque de croissance » permettant de répartir chaque année l'excédent de production pour réduire le temps de travail de l'ensemble des citoyens.

---

[*] Sociologue, président des Amis de la Terre, auteur notamment de *Le travail, c'est fini* (Belfond).

La France plus travailleuse que l'Allemagne ?

Durée annuelle du travail dans l'industrie (1990, en heures) :

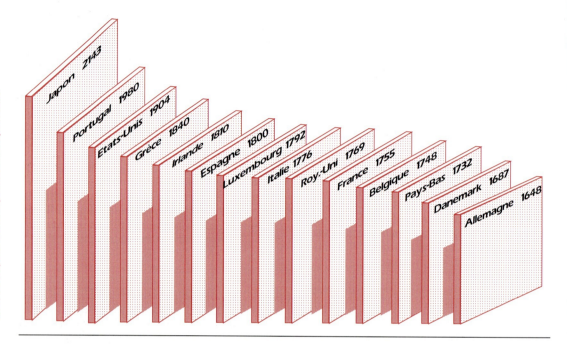

CEE, US Dept of Labor, Japanese Ministry of Labor

La durée annuelle de travail était de 1 755 heures dans l'industrie en 1990.

Si l'on examine la quantité annuelle de travail officielle, la France figure dans le peloton de queue des pays industrialisés, du fait de la durée des congés payés. Elle arrive en particulier derrière le Royaume-Uni, mais devant l'Allemagne, où les syndicats ont obtenu des réductions sensibles de la durée du travail dans l'industrie. Le record est toujours détenu par le Japon, où les pouvoirs publics font campagne pour inciter les employés à travailler moins et prendre plus de vacances. Les Français, conscients de l'avantage compétitif du Japon, se disent d'ailleurs prêts à une large majorité (68 % contre 28 %) à travailler plus pour faire face à cette concurrence (*Capital*/Louis Harris, janvier 1992).

▶ 78 % des salariés bénéficient d'un repos hebdomadaire d'au moins 48 heures consécutives, contre moins d'un tiers des non-salariés.

La durée effective est sensiblement inférieure à la durée officielle.

A l'horaire annuel théorique (47 semaines de 39 heures sur 5 jours), il convient d'abord de retrancher les 7 à 10 jours fériés légaux (en semaine) et les « ponts ». Les jours de congé supplémentaires (ancienneté, congés supplémentaires de branche, congés de fractionnement, repos compensateurs au-delà de 42 heures de travail par semaine...) atteignent fréquemment une semaine par an.

La durée des pauses est très variable selon les branches et les entreprises. Dans l'industrie, le personnel travaillant en équipe a droit en général à une demi-heure par jour, soit 15 jours par an, mais les pauses peuvent atteindre plusieurs heures par jour dans certaines entreprises...

L'absentéisme (maladie, maternité, accidents du travail, absences autorisées non payées, absences non autorisées, absences autorisées payées, événements familiaux) est estimé entre 8 et 9 % du temps de travail théorique.

Les grèves ont également un effet sur la durée de travail réelle : 500 000 journées ont été perdues en 1991. Les heures de formation viennent enfin en déduction des heures de travail effectif, même si elles constituent en principe un investissement productif à terme pour l'entreprise.

Au total, la durée annuelle de travail effectif serait en moyenne de 1 410 heures en France, contre 1 683 heures théoriques, un écart de 16 %, soit l'équivalent de près d'un jour de travail en moins par semaine. Le même calcul appliqué au Japon indique une durée réelle de 1 950 heures, contre 2 124 heures théoriques, soit 38 % de plus que la France.

CONTRAINTES

Après avoir reculé, les contraintes concernant l'organisation du travail sont à nouveau plus fréquemment ressenties.

L'enquête sur les conditions de travail réalisée en 1991 par le ministère du Travail montre que les différentes contraintes pouvant concerner les salariés sont plus fréquemment citées qu'en 1984, date de la précédente enquête.

La recherche par les entreprises d'une meilleure efficacité et d'une plus grande flexibilité les a amenées à revoir les conditions de travail de leurs employés. La pression de la clientèle se fait en particulier davantage ressentir. Elle a des répercussions sur le travail d'un salarié sur deux, de deux employés ou cadres sur trois. Le travail dans le secteur industriel s'accompagne de nombreuses contraintes : un ouvrier sur deux est soumis à des cadences de travail imposées ; 39 % d'entre eux ressentent l'influence des contraintes commerciales sur leur rythme de travail.

Près de 10 millions de salariés pratiquent des horaires particuliers ou ne bénéficient pas d'un congé continu du samedi et du dimanche.

28 % des actifs commencent leur travail avant 7 h 30.
11 % des salariés et 25 % des non-salariés le terminent après 20 h 30.

La journée de travail commence le plus souvent dans la tranche 7 h 30-8 h 30 pour les salariés et après 8 h 30 pour les non-salariés. Parmi les salariés, les ouvriers, personnels de services et employés sont les plus matinaux.

Les personnels de services et les ouvriers sont aussi ceux qui terminent le plus tard, mais ce ne sont pas les mêmes qui commencent tôt et finissent tard, puisque deux ouvriers sur trois terminent leur journée avant 17 h 30. Les temps de trajet varient beaucoup selon les individus.

Les temps modernes

Evolution de la proportion de salariés subissant des contraintes de rythme (en %) :

	Cadres		Professions intermédiaires		Employés		Ouvriers qualifiés		Ouvriers non qualifiés		Ensemble	
	1987	1991	1987	1991	1987	1991	1987	1991	1987	1991	1987	1991
• Déplacement automatique d'un produit ou d'une pièce	-	-	1	1	-	1	4	8	10	16	3	4
• Cadence automatique d'une machine	-	-	1	2	1	2	8	12	15	21	4	6
• Normes ou délais courts	8	23	14	32	12	29	31	56	31	54	19	38
• Demandes de clients ou du public	51	67	44	67	48	66	31	45	17	28	39	57
• Contrôle permanent de la hiérarchie	8	10	14	18	18	23	20	30	24	33	17	23

Ministère du Travail, de l'Emploi et de la Formation professionnelle

Au contraire, les cadres et les membres des professions intellectuelles supérieures sont souvent des « travaille-tard » : 15 % d'entre eux quittent leur bureau après 20 h 30. C'est le cas de 25 % des non-salariés.

Horaires de travail : plus souples, mais plus étendus

Les travailleurs du dimanche

Entre 1987 et 1991, le nombre des personnes concernées par le travail du dimanche a augmenté de 23 %. L'augmentation concerne tous les secteurs ; elle est particulièrement nette dans le commerce. En 1991, 21 % des salariés et 56 % des non-salariés ont travaillé le dimanche. Dans la moitié des cas, ce travail était occasionnel et ne dépassait pas un dimanche par mois. Un dimanche donné, les deux tiers des cafés, boulangeries, pâtisseries ou boucheries et les trois quarts des hôtels sont ouverts. 30 % des effectifs de la gendarmerie, de la police nationale sont de garde. 23 % des salariés des professions de santé assurent une permanence.
La continuité de la vie sociale est assurée aussi dans les transports : les aéroports assurent 80 % du trafic habituel ; la SNCF propose un nombre de parcours semblable à celui d'un jour de semaine ; les métros et les bus assurent un demi-service (pour un trafic égal respectivement à 35 % et 20 % du trafic habituel) ; un tiers des stations-service sont ouvertes.

Un salarié sur deux est soumis à un contrôle de ses horaires.

Au total, 48 % des salariés sont l'objet, comme en 1984, d'un contrôle des horaires : 26 % le sont par l'encadrement, 16 % par l'obligation de pointage, 6 % par des feuilles de présence. 28 % des salariés ne peuvent interrompre leur travail, 8 % doivent se faire remplacer en cas d'interruption.

Les contraintes d'horaire varient largement selon le poste occupé. Deux ouvriers qualifiés sur trois sont soumis à une forme de contrôle, contre un cadre sur cinq seulement ; 27 % des ouvriers non qualifiés pointent, contre 6 % des cadres.

Si les contraintes horaires ont peu évolué, il n'en est pas de même de l'autonomie dans le travail, qui s'est accrue depuis quelques années : 82 % des salariés se déclarent libres dans la façon de faire leur travail, les supérieurs fixant seulement l'objectif du travail, contre 78 % en 1987. Cette évolution est particulièrement nette chez les employés (81 % sont « autonomes » contre 76 %) et les ouvriers non qualifiés (60 % contre 54 %).

En 1991, 75 % des salariés déclaraient faire des efforts physiques dans leur travail, contre 68 % en 1984.

La position debout, l'exposition aux poussières, le port de charges lourdes et le bruit sont les contraintes les plus fréquentes. Les préoccupations concernant les problèmes d'hygiène sont également plus nombreuses. Cet accroissement du sentiment de pénibilité est plus fort dans les petites entreprises, dans le secteur public et dans les activités de services (en particulier la santé). Le BTP est le secteur où les conditions de travail sont les plus rudes : quatre salariés sur dix déclarent travailler dans de mauvaises conditions d'hygiène (un sur deux dans l'industrie) ; le risque de chute grave ou de chute de matériaux est cité par 60 % d'entre eux. On peut rapprocher l'ensemble de ces résultats de la recrudescence des accidents du travail constatée depuis quelques années (voir *Santé*).

> ▶ 56 % des Français considèrent qu'il faut limiter le travail le dimanche, car c'est un jour de repos auquel tout le monde a droit, 39 % qu'il faut étendre les possibilités de travail le dimanche, en particulier dans le commerce parce que les gens sont disponibles ce jour-là pour faire leurs courses et que cela créera des emplois.

Le travail plus pénible

Evolution des principales pénibilités et nuisances subies par les salariés (en %) :

	1978	1984	1991
• Rester longtemps debout	51	49	53
• Respirer des poussières	27	27	35
• Porter des charges lourdes	21	22	32
• Bruits très forts ou très aigus	27	25	32
• Rester longtemps dans une posture pénible	17	16	29
• Effectuer des déplacements à pied longs ou fréquents	-	17	28
• Ne pas quitter son travail des yeux	-	16	26
• Risquer de accidents de la circulation en cours de travail	18	17	25
• Respirer des fumées	12	15	21
• Risquer de faire une chute grave	17	14	21
• Risquer d'être atteint par la projection ou la chute de matériaux	10	14	20
• Ne pas entendre une personne parler sans élever la voix	20	16	19

INSEE, enquêtes Conditions de travail

L'accroissement observé a des causes subjectives.

Cette évolution ne peut guère s'expliquer par des raisons objectives, compte tenu des efforts accomplis dans les entreprises (notamment les grandes). Sous l'impulsion des revendications syndicales et des propositions des comités d'hygiène et de sécurité, certaines nuisances comme la chaleur, le bruit, les risques de chute dans les activités à risques (bâtiment, mines, sidérurgie, construction navale...) ont été réduites. L'explication tient donc probablement à l'accroissement des pressions internes sur la productivité du travail et à la répercussion des contraintes externes (concurrence accrue, pression de la clientèle). Elle tient aussi à une plus grande sensibilité des travailleurs aux nuisances, conséquence d'une meilleure information sur les dangers encourus et leurs conséquences sur la santé. Enfin, l'inquiétude générale et le « moral » de la population jouent sans doute un rôle dans ce domaine.

▶ 63 % des dirigeants d'entreprise se sentent parfois victimes de stress. 31 % souffrent de troubles du sommeil.
▶ Le travail régulier de nuit concerne 8 % des ouvriers.

Une heure de trajet pour les salariés, 30 minutes pour les non-salariés

S'ils travaillent moins que les non-salariés, les salariés mettent deux fois plus de temps qu'eux pour se rendre à leur travail : 58 minutes aller et retour chaque jour. Cet écart s'explique par le fait que 36 % des non-salariés travaillent à domicile contre 6 % des salariés. Parmi les autres, 28 % des salariés et 18 % des non-salariés dépassent une heure de trajet. Beaucoup habitent dans la région parisienne.

INSEE

La pénibilité mentale est également fortement ressentie.

L'augmentation du rythme de travail est source de tension nerveuse, elle-même génératrice de « stress ». Le sentiment de pénibilité mentale est particulièrement fort chez les cadres ; ils sont très nombreux (91 %) à considérer que leur travail est complexe et se déclarent d'autant plus « débordés » qu'ils se situent haut dans la hiérarchie. Un quart d'entre eux se plaignent de ne pas disposer d'informations claires et suffisantes pour faire correctement leur travail.

Les fonctionnaires (surtout les enseignants et personnels de santé) sont aussi concernés : plus d'un tiers se plaignent de moyens insuffisants

Fatigue mentale

Facteurs de pénibilité mentale les plus fréquents (1991, en %) :

	Cadres	Professions intermédiaires	Employés	Ouvriers qualifiés	Ouvriers non qualifiés	Ensemble
• Devoir retenir beaucoup d'informations à la fois	91	80	54	38	21	57
• Devoir fréquemment abandonner une tâche pour une autre non prévue	55	52	51	42	36	48
• Ne pas pouvoir faire varier les délais fixés	25	27	36	48	51	37
• Ne pas pouvoir interrompre son travail en dehors des heures des pauses	20	25	28	30	34	28
• Même de niveau modéré, le bruit gêne	33	34	22	23	19	26
• Ne pas quitter son travail des yeux	12	20	22	40	39	26

INSEE, enquête Conditions de travail

(manque de locaux, d'équipement). Les personnels d'exécution (employés et ouvriers, surtout non qualifiés) se plaignent de ne pouvoir coopérer avec leurs collègues pour faire correctement leur travail.

Enfin, sur les 61 % de salariés en contact direct avec le public, 22 % connaissent des tensions dans leurs rapports avec lui (les policiers et les infirmières davantage que les commerçants). Au total, 6 % des salariés déclarent ne pas pouvoir atteindre les objectifs de travail et de production qui leur sont fixés ; ils appartiennent surtout aux professions de santé et aux catégories ouvrières du secteur industriel. Le manque d'organisation et de moyens dans la fonction publique et les cadences élevées dans l'industrie sont sans doute les causes de cette situation qui peut être considérée comme un échec.

▶ 64 % des salariés du tertiaire sont assez satisfaits de leur espace de travail et de son aménagement, 21 % non. 30 % se plaignent du bruit dans les bureaux. 53 % sont favorables aux bureaux fermés, 42 % aux bureaux ouverts.
▶ 14 % des salariés ont déjà effectué sur leur lieu de travail un travail qui n'était pas destiné à l'entreprise (79 % non).
▶ Les femmes salariées sont quatre fois plus nombreuses que les hommes à ne pas travailler le mercredi.

L'absentéisme est globalement en baisse. Les salariés sont absents de leur travail 18 jours ouvrables par an.

Après avoir atteint des niveaux élevés au cours de l'immédiat après-guerre (du fait de l'état de santé médiocre de la population), l'absentéisme avait diminué jusque vers 1950 en même temps que

L'action doit être menée à l'extérieur et à l'intérieur

MGTB Ayer Entreprise

s'amélioraient les conditions sanitaires. Il avait augmenté au contraire entre 1951 et 1974. Il tend aujourd'hui à baisser de nouveau, bien qu'il reste élevé par rapport à d'autres pays industrialisés : 144 heures par an en moyenne, contre 36 au Japon, 57 aux Etats-Unis, 101 au Danemark, 104 en Suisse, 117 en Belgique, 119 au Royaume-Uni, mais 155 aux Pays-Bas, 178 en Norvège et 210 en Suède.

L'absentéisme pour maladie est en baisse depuis 1975, du fait d'une réduction du nombre d'heures de travail et d'une meilleure prévention des maladies. Il est possible aussi que la crainte du chômage ait eu une incidence.

L'absentéisme féminin apparaît globalement de moitié plus élevé que celui des hommes, mais l'écart est beaucoup plus réduit (16 %) si l'on exclut l'incidence des maternités.

Quel que soit le secteur d'activité, les cadres sont en moyenne moins souvent absents que les employés, qui le sont moins que les ouvriers. On retrouve d'ailleurs chez ces derniers une hiérarchie semblable, les ouvriers les moins qualifiés étant les plus souvent absents.

➤ 56 % des actifs ayant un emploi ne travaillent pas dans la commune où ils habitent. Ils parcourent en moyenne 14 km pour aller travailler.
➤ 28 % des salariés téléphonent régulièrement à leur conjoint pendant le temps de travail, 23 % chantent, 61 % prennent du thé ou du café, 68 % bavardent, 15 % lisent une revue ou un journal, 23 % font des photocopies personnelles, 21 % écoutent la radio.
➤ 40 % des salariés rapportent de temps en temps ou régulièrement chez eux des rebuts, des matériaux ou des fournitures de l'entreprise.
➤ 21 % des Français ont déjà été confrontés en tant que témoins ou victimes à une situation de harcèlement sexuel.
➤ 29 % des femmes victimes de harcèlement sexuel l'ont été de leur patron, 26 % d'un supérieur hiérarchique, 22 % d'un collègue, 27 % d'un client, 3 % d'un fournisseur.
➤ Le directeur de la division Moyen-Orient d'un grand groupe français de BTP s'est converti à l'islam avec 50 de ses salariés afin de pouvoir construire une mosquée à La Mecque.
➤ Les sportifs ont 1,5 à 2 fois moins d'accidents du travail que les non-sportifs et, pour les plus de 35 ans, 2 à 4 fois moins d'absences pour maladie.

ARGENT

LE BAROMÈTRE DE L'ARGENT

Les pourcentages indiqués représentent les réponses positives aux affirmations proposées pour les graphiques 1 et 2. Les enquêtes Agoramétrie n'ont pas été effectuées en 1990.

1. « Il faut réduire au maximum les écarts entre les revenus » (%) :

58 57 50 58 58 63 62 64 65

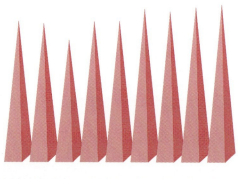

1982 83 84 85 86 87 88 89 91

2. « Il faut limiter les héritages » (%) :

17 21 16 15 13 11 12 12 9

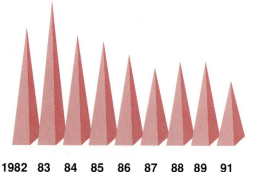

1982 83 84 85 86 87 88 89 91

3. « En ce qui concerne le niveau de vie de l'ensemble des Français depuis une dizaine d'années : il va mieux » (%) :

31 27 17 20 17 19 22 27 21 13

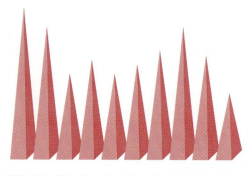

1982 83 84 85 86 87 88 89 90 91

4. « En ce qui concerne votre niveau de vie personnel depuis une dizaine d'années : il va mieux » (%) :

32 31 25 30 31 27 29 35 31 27

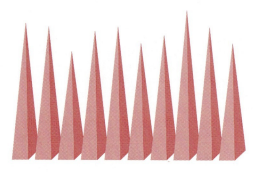

1982 83 84 85 86 87 88 89 90 91

LES REVENUS

IMAGE DE L'ARGENT

Une place centrale dans la société • Une réhabilitation surtout apparente • Besoin de réconciliation de l'argent et de la morale • Le gaspillage mieux accepté que la corruption • Plus de 70 milliards de francs dépensés dans les jeux • Rêve de fortune et frustration

ARGENT ET CULTURE

Les traditions culturelles et religieuses ont pesé lourdement sur l'image de l'argent.

Les dictons populaires montrent l'ambiguïté des rapports que les Français ont entretenu pendant des siècles avec l'argent. On prétend ainsi depuis longtemps que « l'argent ne fait pas le bonheur ». Une affirmation aussi bien utilisée par ceux qui en sont démunis (pour conjurer le mauvais sort ?) que par les plus fortunés (comme pour s'en excuser). Car un honnête homme doit se méfier de l'argent, qui est à la fois « bon serviteur et mauvais maître ». D'ailleurs, les Français se sont consolés pendant longtemps de ne pas être riches en se répétant que « peine d'argent n'est pas mortelle »...

Mais les années 80 ont remis à la mode un autre dicton, selon lequel « l'argent n'a pas d'odeur ». Une affirmation qui ne rend cependant pas compte de l'image encore très complexe de l'argent.

L'argent tient aujourd'hui une place centrale dans la société.

Si l'argent fut longtemps absent des conversations des Français, il ne l'était pas de leurs préoccupations. L'émergence progressive d'une société matérialiste et individualiste depuis le début des années 50 a modifié les règles du jeu social et levé en partie le tabou : gagner de l'argent est devenu une ambition légitime, que ce soit en travaillant, en jouant ou en héritant.

L'évolution récente tient à la fois à l'affaiblissement des points de repère qualitatifs et à la médiatisation croissante de l'argent. Les salaires des uns et la fortune des autres font la une des magazines et les beaux soirs de la télévision. Mais on aurait tort de voir dans cette attitude nouvelle la disparition totale et définitive du tabou. La transparence n'exclut pas le voyeurisme et l'étalage des inégalités est une source croissante de frustration. Le règne de l'argent fou est aussi celui de l'argent flou.

La réhabilitation intervenue dans les années 80 n'était qu'apparente.

En faisant l'argent plus rare, la crise économique des années 70 l'a aussi fait plus « cher », plus désirable à tous ceux qui ont vu leur pouvoir d'achat réduit ou menacé. D'autant que la consommation, les loisirs et le plaisir sont devenus des valeurs essentielles. Même la gauche, idéologiquement hostile au « mur de l'argent », reconnaissait en 1982 la notion de profit. On a pu croire alors que les Français étaient enfin réconciliés avec l'argent. En 1978, 54 % d'entre eux trouvaient que les salaires des patrons étaient trop élevés ; ils n'étaient plus que 40 % en 1988 (CREDOC).

Mais la décontraction affichée était superficielle. Le retour des inégalités de revenus, la montée de la corruption, le rôle croissant de l'argent dans le sport, dans l'art ou dans certaines professions publiques ont entraîné une levée de boucliers et un besoin grandissant de morale. Les valeurs matérialistes sont contestées ; on observe un besoin pressant d'humanisme, de solidarité et d'éthique (voir *Valeurs*). S'il n'est plus honteux de gagner de l'argent, il redevient suspect d'en gagner trop, trop facilement. Les fortunes vite amassées, les hauts salaires des chefs d'entreprise, des stars du show business, du sport ou des médias « passent » moins facilement qu'il n'y a quelques années.

Micro-entretien

RAYMOND SOUBIE [*]

G.M.- *La réhabilitation de l'argent et du profit peut-elle tenir lieu de projet de société ?*

R.S.- Je crains que la France au cours des dix dernières années ne soit devenue pragmatique, individualiste et un peu jouisseuse, au point de rejeter ses préoccupations à long terme et celles du bien commun. Je crois que c'est grave, car la dynamique d'une société tient par l'utopie. Aujourd'hui, il n'y a plus d'utopie ; c'est la consommation quotidienne qui domine. On est passé du règne de l'utopie à celui du carpe diem. Chacun essaie de profiter au mieux de chaque jour qui vient. On est dans une sorte de tyrannie du court terme, inquiétante pour la collectivité, et d'une tyrannie de l'argent. On est passé d'un rejet du profit au triomphe du profit. Ceux qui le recherchent sont littéralement encensés ; ce sont les héros modernes.

[*] Conseiller politique et chef d'entreprise, auteur notamment de *Dieu est-il toujours Français ?* (de Fallois).

L'argent a connu successivement les trois états de la matière : solide, liquide, gaz.

Après avoir été solide (on parlait des espèces « sonnantes et trébuchantes »), l'argent était devenu « liquide », par opposition à celui dont on pouvait disposer sous forme de chèques, bancaires ou postaux. Il est devenu aujourd'hui une sorte de gaz, immatériel mais capable de se répandre partout. Il a en effet acquis cette faculté propre au gaz de s'échapper facilement du récipient qui le contient (ce qui explique la diminution de l'épargne entre 1972 et 1990). Un gaz inodore (c'est le proverbe qui le dit) et incolore, du fait de sa dématérialisation (virements, cartes de crédit...). Mais contrairement à beaucoup de gaz, l'argent n'est pas sans saveur. Il a, pour ceux qui en disposent, le goût plaisant de la réussite et du pouvoir, pour ceux qui en sont démunis, le goût amer de la frustration.

L'argent des autres

« Si l'on vous parle d'une personne ayant fait fortune en quelques années, éprouvez-vous à son égard plutôt de l'admiration ou plutôt de la méfiance ? » (en %) :

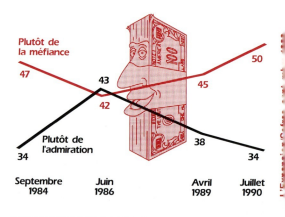

	Septembre 1984	Juin 1986	Avril 1989	Juillet 1990
Plutôt de la méfiance	47	43	45	50
Plutôt de l'admiration	34	42	38	34

Tout, tout de suite !

▶ 30 % des Français affirment avoir déjà connu la pauvreté (moins de 50 F par jour) et 25 % ont un proche dans cette situation. 52 % considèrent qu'en l'an 2000 ils seront peut-être dans la misère.

Pouvoir, morale, mode et vie

Les rapports que les Français entretiennent avec l'argent sont aussi complexes que l'image qu'ils ont de lui. L'étude sémiométrique réalisée par la Sofres et présentée dans la première partie de l'ouvrage (*L'état des Français*) permet d'en faire apparaître les composantes essentielles. On observe ainsi que sur la projection des mots clés analysés en fonction de leur proximité de sens et de contenu affectif, le mot argent est entouré de mots indiquant quatre connotations principales :
. *Le pouvoir :* richesse ; admirer ; acheter. Cette proximité est évidemment la plus attendue.
. *La morale :* politesse ; respect ; honnêteté ; récompense ; franchise ; courage. La présence de ces mots explique à quel point les notions d'argent et de morale ne peuvent être dissociées. On comprend mieux alors les réactions des Français à la corruption ou au gaspillage et le besoin de réconciliation entre l'argent et la morale (voir ci-après).
. *La mode.* La proximité de ce mot, plutôt inattendue, rattache l'argent à la modernité. L'argent permet à ceux qui en ont d'être à la mode en s'offrant les différents attributs de la modernité. Mais cela signifie aussi que l'argent lui-même est à la mode puisqu'il occupe une place centrale dans la société. Il suffit de mesurer la place qui lui est faite par les médias pour s'en convaincre.
. *La vie :* naissance ; maternel ; famille ; mariage. L'image de l'argent puise sa substance beaucoup plus en profondeur qu'on ne l'imagine. Il est lié à la vie même, tant à son origine (naissance) qu'à son accomplissement (famille). Une vérité que l'on trouvait déjà exprimée dans un proverbe latin du Moyen Age : l'argent est un autre sang.

1990, 50 % des Français éprouvaient plutôt de la méfiance à l'égard d'une personne ayant fait fortune en quelques années, 34 % de l'admiration (voir graphique page précédente).
Une très large majorité des Français (83 %) estime que les gens aujourd'hui pensent trop à l'argent. 64 % ne sont pas d'accord pour dire que « dans l'ensemble, plus on a d'argent, plus on est heureux » (*VSD*-La Cinq/CSA, mai 1991). S'ils sont méfiants à l'égard de la fortune rapidement acquise, ils sont 55 % à éprouver de l'admiration pour un homme d'affaires qui a réussi et qui a fait fortune ; 9 % l'envient même, seuls 18 % ressentent de la méfiance, 3 % de l'antipathie.

La morale change de camp

L'argent « facile » dénoncé par les derniers fidèles du socialisme idéologique ou du marxisme ne fait plus peur aux Français. Aujourd'hui, 73 % des Français ne trouvent rien à redire sur le plan moral à ce que des gens gagnent leur vie en plaçant leur argent à la Bourse (19 % seulement sont d'un avis contraire). Les gains sur les actions bénéficient même d'une meilleure image que les plus-values immobilières. Le jeu est aussi considéré comme un moyen non répréhensible de s'enrichir ; il n'est qu'à voir la place qu'il a pris dans la société et dans les médias pour se convaincre de sa popularité (voir ci-après).
Contrairement à une idée reçue, 70 % des Français estiment que les banquiers sont les professionnels de l'argent les plus honnêtes, devant les notaires (59 %). Les assureurs arrivent loin derrière avec 33 % des suffrages.

Sondages divers

ARGENT ET MORALE

Les Français attendent aujourd'hui une réconciliation de l'argent et de la morale.

Les années 1984-1986 avaient été celles de la découverte du libéralisme ; l'argent était considéré à la fois comme un moteur de l'économie et une juste récompense pour ceux qui en assuraient la croissance. Mais l'enthousiasme se dissipa rapidement à l'observation des modèles britannique et américain et à l'énoncé de l'accroissement des inégalités en France. Le retournement de l'opinion fut sensible dans la seconde moitié des années 80 : en

La corruption est très mal perçue, alors que le gaspillage de l'argent public laisse les Français plus indifférents.

Les multiples « affaires » politico-économiques de ces dernières années ont durablement entaché l'image d'intégrité dont bénéficiaient auparavant les hommes politiques. La corruption, abondamment révélée par les médias, a donné aux Français l'impression d'un recul important de la démocratie et de la morale. Ils ont exprimé leur désapprobation lors des élections cantonales et régionales de mars 1992.
Face à cette dérive morale, le gaspillage de l'argent public, qui représente pourtant des sommes beaucoup plus considérables, est à la fois mal

connu et peu combattu. Le vieux réflexe de l'Etat protecteur, donc dépensier, n'a pas encore disparu et les Français ont de la peine à considérer que les sommes englouties pour faire Concorde, pour lancer des satellites obsolètes (TDF1 et TDF2) ou pour maintenir certains secteurs en survie artificielle auraient pu être mieux utilisés. La santé, la sécurité, la défense ou la sauvegarde des emplois n'ont pas de prix. Les intérêts individuels, relayés par les corporatismes, se substituent d'ailleurs souvent à ceux de la collectivité.

L'argent public, une affaire privée

A une époque où règne la concurrence la plus acharnée entre les entreprises du secteur privé, il existe encore un large espace économique et politique où les notions d'efficacité et de productivité n'ont pas grand sens. Il s'agit bien sûr de l'Etat. La logique particulière qui y prévaut fait que les « bons » ministres ne sont pas ceux qui dépensent le moins ou le mieux, mais ceux qui obtiennent les plus gros budgets. De même, les administrations ne se sentent pas obligées d'optimiser le rapport entre les services rendus aux usagers et l'effort demandé aux contribuables (qui sont évidemment les mêmes personnes).
L'interventionnisme, l'électoralisme, le népotisme, le goût de la grandeur, la mauvaise gestion ou l'incompétence sont à l'origine de décisions qui coûtent chaque année quelques dizaines de milliards de francs aux Français : le Rafale (200 milliards de francs) ; le plan câble (25) ; la Chapelle-Darblay (3) ; l'opéra Bastille (3) ; le circuit de Magny-Cours (1) ; l'Ircam (1), etc. Ils coûtent aussi quelques points supplémentaires d'impopularité aux hommes politiques...

▶ 74 % des Français trouvent choquant le salaire de 120 000 F d'un présentateur vedette de journal télévisé (24 % non), 62 % les 185 000 F d'un président de groupe automobile (30 % non), 47 % les 41 000 F du ministre de l'Economie et des Finances (50 % non), 44 % les 40 000 F d'un directeur d'hypermarché (51 % non), 24 % les 60 000 F d'un pilote de ligne (72 % non).
▶ 73 % des Français trouvent préférable de ne pas gagner beaucoup d'argent mais d'avoir la sécurité de l'emploi, 20 % préfèrent la situation inverse.
▶ 55 % des Français aimeraient devenir très riches, 44 % pas tellement ou pas du tout.
▶ Pour une somme de 100 F, 74 % des Français préfèrent avoir un billet, 14 % une pièce.

Micro-entretien

FRANÇOIS DE CLOSETS *

G.M..- *Le gaspillage de l'argent public est-il inscrit dans la culture politique française ?*

F. de C. - Notre politique est devenue purement monétaire ; elle s'évalue à l'aune des milliards dépensés. Dans le monde de l'entreprise et des particuliers, la dépense est une consommation de richesses et seule la création de richesse est considérée comme positive. Dans le secteur public, on fait au contraire disparaître la colonne des résultats et on ne garde que celle des dépenses (le budget). Mais on considère cette colonne comme un chiffre d'affaires, c'est-à-dire qu'on fait passer une consommation de richesses pour une création de richesses. Pour le chef d'entreprise, c'est l'accroissement du chiffre d'affaires ou du profit qui sanctionne la réussite et le pouvoir ; dans le monde politique, c'est l'accroissement du budget. Un bon ministre est un ministre qui accroît son budget. On est dans un monde qui ne comprend pas ce qu'il fait.

* Journaliste, auteur notamment de *Tant et Plus !* (Seuil/Grasset)

Le besoin de morale s'accompagne de plus en plus d'une volonté de solidarité.

Le chômage et la pauvreté sont considérés par les Français comme les injustices les plus préoccupantes. La solidarité apparaît donc de plus en plus nécessaire pour rétablir une plus grande justice sociale. Mais les Français sont partagés en ce qui concerne sa mise en œuvre : 50 % considèrent que c'est le rôle des pouvoirs publics ; 46 % estiment que ceux-ci ne peuvent pas tout faire et qu'il est normal que les Français soient solidaires (*le Parisien*/CSA, décembre 1991).

Le débat actuellement en cours à propos des rapports entre la morale et l'argent est appelé à un large retentissement. Il va en effet modifier le système de valeurs des Français en même temps que leurs modes de vie. On en a senti les premières conséquences dans les changements qui sont intervenus dans la consommation ou dans les relations avec les institutions (voir *Dépenses*). On les sentira demain lorsque s'installeront de nouveaux comportements dans la vie professionnelle et sociale.

Les Français et l'argent

- 73 % considèrent plutôt l'argent comme une liberté (19 % non).
- 46 % estiment que, pour eux, l'argent est plutôt un souci 48 % non).
- 20 % vivent au jour le jour, sans projet économique (72 % non).
- 7 % pensent que le mieux est de vivre sur le crédit (85 % non).
- 67 % ont toujours un « matelas de sécurité » sur leur compte bancaire (26 % non).
- 6 % apprécient les cartes bancaires car ils ne voient pas ce qu'ils dépensent (85 % non).
- 35 % aiment voir de la publicité pour leur banque et se sentent concernés (53 % non).
- 44 % voudraient ne plus avoir à transporter d'argent sur eux mais une carte qui leur permette d'effectuer tous leurs paiements 48 % non).
- 42 % craignent qu'avec les ordinateurs le secret de leurs affaires soit moins bien préservé (50 % non).
- 41 % pensent qu'avec les impôts qui ne cessent de croître, cela ne sert à rien de conserver ; mieux vaut bien vivre et profiter de l'argent tant qu'il y en a (51 % non).
- 65 % établissent régulièrement un budget de recettes et dépenses pour leur foyer (26 % non).
- 53 % considèrent que l'argent est fait pour être dépensé (37 % non).
- 27 % pensent que les cartes de prestige sont une distinction sociale (54 % non).

Micro-entretien

LAURENT JOFFRIN [*]

G.M.- *La place croissante de l'argent a-t-elle modifié les anciennes valeurs républicaines ?*

L.J.- L'idée d'une morale professionnelle au service de la collectivité a été « ringardisée » pendant les années 80, parce que dans la symbolique publique, dans les médias, dans l'air du temps, la morale était un peu ridicule et parce qu'on a valorisé à l'excès les gens qui gagnent, qui font de l'argent, qui arrivent à la position qu'ils convoitent. Donc, les valeurs républicaines issues de 1789 ont été dépassées par cette frénésie hédoniste de la réussite individuelle. On a pris comme symboles des gens (Bernard Tapie) ou des lieux (la Bourse par exemple) où la notion du bien public n'existe pas. Mais cette idéologie a du plomb dans l'aile.

[*] Directeur de la rédaction du *Nouvel Observateur*, auteur notamment de *la Régression française* (Seuil).

JEUX D'ARGENT

La volonté de s'enrichir des Français reste forte.
Beaucoup pensent que le jeu est un moyen d'y parvenir.

Si les Français regrettent la place centrale prise par l'argent, les abus et les injustices qu'il engendre, ils restent désireux de s'enrichir à titre personnel. Ils savent que leurs chances de faire fortune avec leur seul salaire sont faibles. C'est pourquoi ils sont nombreux à s'en remettre à la chance et aux jeux. Ceux-ci leur apportent en outre la part de rêve dont ils ont besoin pour mieux vivre le quotidien, en imaginant sans trop y croire des lendemains dorés. « Je joue, donc je suis », telle est la devise de millions de Français qui investissent chaque année des milliards de francs au tiercé, Loto, Tac O Tac, Banco et autres Millionnaire, ou qui suivent avec passion les jeux télévisés qui se sont multipliés depuis quelques années sur les chaînes.

En 1991, les Français ont joué un peu plus de 70 milliards de francs, dont la moitié au PMU.

Le chiffre d'affaires des jeux dépasse sans doute 90 milliards de francs si l'on tient compte des jeux clandestins (cercles non autorisés, jeux de rue du type bonneteau...). Les paris sur les courses (PMU) ont attiré en 1991 près de 35 milliards de francs et concernent, au moins occasionnellement, 8 millions de personnes. Parmi elles, un million jouent régulièrement et 100 000 tous les jours (4 000 fréquentent quotidiennement les hippodromes parisiens). Le montant moyen des paris est d'environ 30 francs par ticket de PMU.

Au classique tiercé s'est ajouté en 1976 le quarté, avec une espérance de gain plus importante, puis le quarté plus en 1987. Fin 1989 arrivait le quinté, qui a permis à quelques joueurs chanceux de devenir millionnaires.

La clientèle du PMU est plus homogène que celle du Loto. Elle est essentiellement constituée d'hommes (plus de 80 %) et les catégories sociales les plus représentées sont les ouvriers (35 %) et les inactifs (26 %).

▶ Le plus important gain non réclamé au Loto se montait à 7 millions de francs.

20 millions de Français jouent au Loto, pour environ 12 milliards de francs par an.

Plus d'un Français sur deux participe à des jeux proposés et gérés par l'Etat, par l'intermédiaire de la *Française des Jeux*. La Loterie nationale, créée en 1933, est morte discrètement en 1991. Elle est remplacée par des produits de conception plus moderne et plus ludique.

Créé en 1976, le Loto arrive en seconde position derrière les courses de chevaux, mais concerne davantage de joueurs. Plus de 12 millions de bulletins sont déposés chaque semaine dans les 13 500 points de vente (bureaux de tabac, kiosques et boutiques). La mise moyenne est de 20 francs par bulletin.

Le Loto sportif, créé en 1985, semble avoir trouvé son régime de croisière, après des débuts difficiles. La mise moyenne est de 12 francs par bulletin de Loto sportif.

Une nouvelle génération est arrivée à partir de 1989 : les « jeux instantanés », sortes de planches à gratter (Cash, Surf, Banco, etc.). Leur succès s'explique par le fait que les joueurs savent tout de suite s'ils ont gagné et peuvent être réglés immédiatement par le point de vente ou, pour les gros gains, par un centre de paiement agréé. Né en septembre 1991, le Millionnaire a connu un véritable triomphe populaire, du fait de la chance offerte aux gagnants de passer à la télévision et de gagner jusqu'à un million de francs.

Les jeux instantanés, une nouvelle génération

Les Français jouent, l'Etat gagne

Les jeux auront rapporté à l'Etat près de 20 milliards de francs en 1992. Ces recettes, pudiquement baptisées « recettes de poche » dans le budget général, représentent l'équivalent de trois fois l'Impôt de Solidarité sur la fortune. Le prélèvement varie selon les jeux ; il est de 30 % sur les mises reçues par le PMU et atteint 47 % sur celles du Loto.
Depuis Napoléon, les jeux d'argent sont interdits en France. Mais l'Etat s'en est arrogé le monopole et peut accorder des dérogations à des entreprises privées, comme c'est le cas pour les casinos. La situation actuelle satisfait à la fois les joueurs et les percepteurs. Seuls quelques esprits chagrins tentent de dénoncer « l'Etat bookmaker » et lancent des appels à la morale qui ne sont guère entendus. La « république des jeux » a sans doute encore de beaux jours devant elle.

134 casinos sont autorisés en France.

Les recettes des casinos ne représentent qu'une part très faible des sommes jouées : environ un milliard de francs par an. Leur clientèle traditionnelle est surtout constituée de personnes aisées. Les étrangers, surtout ceux qui venaient dépenser une partie de la manne pétrolière des pays du Moyen-Orient, se font plus rares. Mais l'arrivée des machines à sous, présentes dans un nombre croissant d'établissements, séduit une nouvelle clientèle, plus jeune et moins fortunée et représente une part importante des recettes. Parmi les jeux traditionnels, la roulette est en baisse, alors que les passionnés du Black Jack sont de plus en plus nombreux.

Les joueurs cherchent autant à rêver qu'à s'enrichir.

Le plaisir de jouer est souvent aussi important que l'appât du gain. Pour les amateurs de tiercé, le plaisir consiste à retrouver chaque dimanche les copains au bistrot. Car le jeu n'est pas une activité solitaire ; il est bien souvent un acte social, un prétexte à se réunir autour d'un thème.

Les jeux modernes fournissent de nouveaux supports aux rêves de fortune des Français. Avec le Loto ou le tiercé, chacun peut établir sa combinaison personnelle et livrer son propre combat contre le hasard. Si les courses de chevaux ne sont pas des jeux de hasard, elles sont cependant considérées comme telles par la plupart des Français qui, chaque dimanche, jouent leur date de naissance ou le numéro d'immatriculation de leur voiture.

Dans la majorité des cas, il semble que la manne tombée du ciel ne transforme pas de façon radicale les habitudes et les modes de vie des gagnants. Beaucoup conservent leur emploi et se contentent de placer leur argent après s'être offert la maison et/ou le voyage dont ils rêvaient. Le souci de gagner sa vie est alors remplacé par celui de préserver son capital et, souvent, son incognito. Mais d'autres se laissent bercer par les sirènes de la célébrité soudaine et jouent les cigales le temps d'un été...

De la télé et des jeux

Comme les Romains de Juvénal, les Français s'intéressent au pain et aux jeux du cirque. Mais le cirque aujourd'hui est médiatique et son lieu d'élection est la télévision. On comptait avant la disparition de La Cinq 18 jeux sur les six chaînes, qui totalisaient environ 40 heures d'antenne hebdomadaires, soit 10 % du temps de programmation. Contrairement aux jeux plus anciens, la plupart ont un niveau culturel peu élevé, le principe étant que le téléspectateur trouve avant le candidat. Quant à la mise en scène, elle laisse peu de place à l'authenticité ; l'enthousiasme et la spontanéité des candidats et du public obéissent aux consignes strictes des « chauffeurs » de salle.

On peut s'interroger sur cet engouement pour le jeu. Car le désir ludique n'explique pas tout. L'appât du gain, la perspective de « passer à la télévision » et d'être célèbre quelques minutes dans sa vie sont quelques unes des explications probables du succès de la Roue de la Fortune, le Juste Prix, Une famille en or ou le Millionnaire.

La quête de la fortune traduit une certaine frustration sociale.

L'importance de l'argent dans la société est telle que ceux qui en ont peu ont le sentiment diffus de ne pas avoir réussi leur vie. La quête de la fortune s'accompagne aujourd'hui de l'attente de la « bonne fortune », c'est à dire la chance. Dans une société très structurée, où l'aventure tend de plus en plus à être réservée à des professionnels, on se donne le frisson en suivant celle des autres dans les médias ou en espérant être choisi par le hasard.

L'instinct ludique et le besoin de rêve sont tous deux inhérents à la nature humaine. C'est ce qui explique que l'acte d'achat d'un bulletin de Loto puisse dans certains cas tenir lieu d'effort individuel pour améliorer son sort.

➤ 41 % des Français sont favorables aux jeux d'argent comme le Loto ou le tiercé, 32 % opposés, 25 % indifférents.
➤ 16 % des Français jouent régulièrement au Loto, 24 % occasionnellement, 60 % jamais ou pratiquement jamais.
➤ 59 % des joueurs de Loto jouent pour tenter la chance, 21 % pour se détendre, par plaisir, 19 % pour améliorer leur situation financière.
➤ 43 % des Français préfèrent dépenser l'argent, 43 % préfèrent l'encaisser.
➤ 24 % des Français seraient prêts à accepter une réduction de la durée de leur temps de travail à 35 heures avec une diminution proportionnelle de leur salaire, 64 % non. 40 % étaient favorables en octobre 1986, 53 % non.
➤ S'ils recevaient un million de francs « tombés du ciel » (héritage, Loto, indemnité de licenciement...), 23 % des Français seraient prêts à les risquer dans une entreprise qu'ils créeraient, 17 % en actions cotées en bourse, 7 % en les avançant à quelqu'un dont ils seraient convaincus qu'il va réussir.
➤ Les gagnants du Loto se partagent 56 % des mises. Le Tac O Tac redistribue 60 %, la Loterie 64 %, le PMU 70 %.
➤ Il existe une chance sur 13 983 816 de choisir la combinaison gagnante du Loto (six numéros plus un numéro complémentaire). Il y a une chance sur 57 d'avoir trois bons numéros.
➤ Le jeu de la roulette a été inventé en 1760, celui du baccara date du XVe siècle.
➤ Le Code civil français refuse la notion de jeu et le Code pénal interdit les jeux d'argent et de hasard. Mais une loi de 1907 permet des dérogations pour les jeux organisés ou autorisés par l'Etat.
➤ Depuis la création du Loto, environ 3 000 personnes ont gagné au moins un million de francs. Le record de gain au Loto, pour un bulletin unique, est de 33 456 975 francs, gagnés le 24 décembre 1988 à Nancy.
➤ 76 % des Français se déclarent choqués par les salaires des footballeurs, 21 % non.
➤ 71 % des Français considèrent l'argent comme quelque chose de positif, 19 % comme quelque chose de négatif.

REVENUS DISPONIBLES

110 000 F par salarié et par an ● 570 000 foyers perçoivent le RMI ● Eventail des revenus plus ouvert depuis 1985 ● Stagnation du pouvoir d'achat des cadres ● Inégalités accentuées par les compléments de salaires ● Les femmes moins payées que les hommes ● Ecarts importants entre les revenus non salariaux ● 44 % de prélèvements obligatoires ● 154 000 F de revenu disponible par ménage

SALAIRES

Les salariés ont perçu en moyenne 113 900 F en 1991.
La moitié ont gagné moins de 7 750 F par mois (sur 12 mois).

Le salaire mensuel moyen des salariés à temps complet du privé et semi-public (11,8 millions d'actifs) se montait à 9 492 F. Ce chiffre correspond au salaire moyen net, y compris les primes et indemnités, après déduction des diverses cotisations sociales à la charge de salariés (Sécurité sociale, chômage, retraite). C'est celui qui apparaît sur la feuille de déclaration d'impôt remplie en 1992, en tant que salaire net imposable. Il concerne les salariés à temps plein du secteur privé et semi-public (hors agriculture).

Combien gagnent les Français ?

Voir schéma ci-contre

Sous son apparente simplicité, la question cache une certaine complexité. D'abord, il faut savoir de quoi on parle. Plus que le montant brut de la feuille de paie des salariés ou la rémunération des non-salariés (agriculteurs, professions libérales, commerçants...), ce sont les revenus réellement disponibles de chacun qu'il est intéressant de connaître.
Il faut, pour les déterminer, ajouter aux revenus bruts du travail ceux du capital (placements), puis déduire les cotisations sociales (Sécurité sociale, chômage, vieillesse, etc.) et les impôts directs prélevés sur ces revenus (impôts sur le revenu, taxe d'habitation, taxe foncière, impôts sur les revenus des placements). Le résultat de ces opérations, effectuées pour les différents membres du ménage, constitue le revenu primaire du ménage.
La prise en compte des prestations sociales reçues par les différents membres des ménages (allocations familiales, remboursements de maladie, indemnités de chômage, pensions de retraite, etc.) permet ensuite de déterminer le revenu disponible du ménage.
Cette dernière notion est la plus significative. C'est en effet celle qui reflète le mieux la situation financière réelle des Français, car la consommation, l'épargne ou l'investissement sont généralement mesurés à l'échelle du ménage dans son ensemble plutôt qu'à celle des personnes qui le composent.
Ces différentes étapes illustrent la complexité des transferts sociaux et leur incidence considérable sur le pouvoir d'achat des Français. Il faut enfin préciser que les chiffres figurant dans ces chapitres correspondent à des moyennes. Par définition, chacune d'elles gomme les disparités existant entre les individus du groupe social qu'elle concerne. Mais cette simplification, nécessaire, présente aussi l'avantage de la clarté...

➤ 60 % des Français ont trouvé injustifié le salaire déclaré par Antoine Riboud à la télévision en 1990 (5,5 millions de francs). 26 % l'ont trouvé justifié.
➤ 81 % des Français pensent que le nombre de pauvres a connu une forte progression au cours des dernières années, 8 % une diminution.
➤ Parmi les différentes façons de gagner de l'argent, 94 % des Français trouvent moral de créer des entreprises (3 % non), 82 % de racheter les entreprises en difficulté et de les faire marcher (12 % non), 59 % d'investir en Bourse (23 % non), 47 % de réaliser des plus-values immobilières (37 % non).

LES REVENUS | 315

L'ARGENT DES FRANÇAIS

La structure des chapitres consacrés à l'argent correspond au schéma ci-dessous :

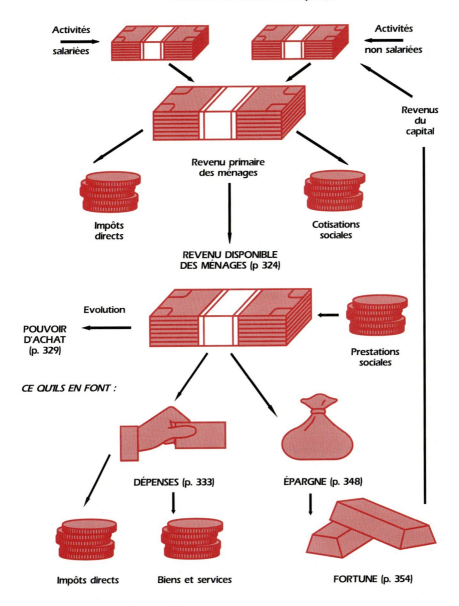

Quatre ans de salaires

Evolution des salaires annuels nets moyens selon la catégorie socioprofessionnelle* (en francs et en %) :

	1987	1988	1989	1990	1991	Evolution 1991/90
• Chefs d'entreprise, cadres	217 100	223 700	230 700	232 000	239 200	- 0,1
• Techniciens, agents de maîtrise	115 200	118 200	122 000	124 900	129 100	0,2
• Autres professions intermédiaires	117 400	120 800	124 900	123 600	127 700	0,1
• Employés	75 500	77 800	80 200	82 400	85 500	0,5
• Ouvriers qualifiés	78 200	80 400	82 800	86 400	90 200	1,2
• Ouvriers non qualifiés	68 300	70 100	72 300	74 000	77 100	1,0
Ensemble	97 500	101 000	104 700	109 100	113 900	1,2

INSEE

* Salariés à plein temps du secteur privé et semi-public.

Les salaires varient très largement selon les caractéristiques individuelles.

Le principal facteur influant sur le niveau de salaire est évidemment la profession : les cadres et chefs d'entreprise gagnent en moyenne trois fois plus que les ouvriers et deux fois plus que les techniciens.

Le sexe joue aussi un rôle important, mais les écarts entre hommes et femmes (environ 30 % au détriment de ces dernières) ne peuvent s'apprécier qu'à poste, responsabilité et ancienneté égales (voir ci-après).

L'âge intervient de façon non linéaire dans le déroulement de la vie professionnelle. En début de carrière, les salaires sont moins élevés, mais l'âge devient un atout à partir de 30 ans. Il le reste, pendant une durée variable selon les professions, jusque vers 45 ans (35 ans environ chez les cadres).

Le secteur d'activité est un facteur prépondérant. On gagne en moyenne 20 % de plus dans les transports que dans le bâtiment, mais les poids respectifs des catégories socioprofessionnelles y sont très différents. Dans un même secteur, on constate que le dynamisme de l'entreprise joue un rôle croissant. Enfin, les écarts régionaux ne sont pas non plus négligeables. Ils peuvent atteindre plus de 20 % entre Paris et les régions à faible implantation industrielle.

Le pouvoir d'achat des salariés a augmenté de 0,9 % en 1991.

L'évolution des revenus est toujours difficile à analyser. On constate par exemple que l'accroissement du salaire moyen net entre 1980 et 1990 a été de 92 %, alors que celui du coût de la vie n'a été que de 75 %. Mais ce n'étaient pas exactement les mêmes personnes qui travaillaient au début et à la fin de la période de référence. Certaines sont aujourd'hui à la retraite (ou au chômage), d'autres ont changé d'emploi, d'autres enfin sont arrivées sur le marché du travail en cours de période. L'évolution du pouvoir d'achat des salaires à structure constante de la population salariée selon la qualification a été de 0,9 % en 1991.

Pour être tout à fait valide, l'analyse de l'évolution du pouvoir d'achat doit être faite à partir du *revenu disponible*, qui mesure les ressources réelles des Français après déduction des impôts et des prestations sociales (voir chapitre suivant). Ainsi, les rémunérations nettes des salariés du secteur privé ont connu en 1990 une progression de 2,9 % (en francs constants) en raison de l'accroissement de la part des prestations sociales.

▶ 55 % des Français sont favorables à un prélèvement des impôts à la source, 36 % opposés.

La course salaires-inflation

Evolution des salaires annuels nets moyens (en milliers de francs et %) et de l'inflation (en %) :

Le salaire net moyen des agents de l'Etat était de 119 700 F en 1991.

La rémunération des 2 millions d'agents civils de l'Etat (en métropole, sur la base d'un temps plein) comprend un traitement indiciaire de base auquel s'ajoutent des primes et indemnités, une indemnité de résidence, le supplément familial de traitement, etc. En 1991, l'ensemble de ces éléments représentait 17 % du traitement de base, avec des écarts considérables selon les catégories. Les cotisations sociales et la contribution de solidarité ont représenté environ 18 000 F dans l'année, soit 15 % du traitement indiciaire brut.

En 1991, le taux moyen de rémunération a augmenté de 0,7 % en francs constants avant les prélèvements (cotisations sociales et CSG) et de 0,5 % après. Pour l'ensemble des agents en activité en 1990 s'ajoute l'effet de l'avancement et des promotions, soit 2,5 % après retenues en 1991. Si l'on prend en compte l'évolution des effectifs et de leur qualification, le salaire brut moyen a progressé de 1,6 % en francs constants, soit 1,4 % après retenues. Entre 1988 et 1991, le salaire des agents de l'Etat a évolué comme celui des salariés du secteur privé (+ 1,5 %).

Le SMIC augmente moins vite que par le passé.

Entre 1970 et 1985, le SMIC avait augmenté beaucoup plus vite que les autres salaires ; il fut multiplié par 6 pendant cette période, contre 3,8 pour le salaire horaire ouvrier. Son évolution a été moins favorable depuis. En 1986 et 1987, la progression du taux de salaire horaire ouvrier a été proche de celle du SMIC. Elle l'a dépassée en 1988 et 1989, mais un rattrapage a eu lieu en 1990 et, dans une moindre mesure, en 1991.

Le SMIC ne contribue donc plus à l'accroissement des bas salaires. On note même depuis quelques années un léger élargissement de l'éventail des salaires ouvriers, lié à la difficulté de recrutement d'ouvriers qualifiés.

Le SMIC plus fort que l'inflation

Evolutions du SMIC horaire brut en francs courants et des prix à la consommation (en %) :

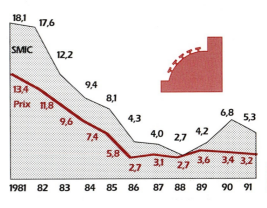

▶ 8 % des chômeurs et 55 % des retraités sont assujettis à la Contribution sociale généralisée.
▶ Pour 100 F de prestations sociales, le coût de gestion est de 5,2 F en France, contre 3,7 F en Allemagne et 4,6 F au Danemark. Une économie de 1 % sur la gestion représenterait 15 milliards de francs d'économie pour la Sécurité sociale.
▶ Le personnel de la Sécurité sociale française est comparable à celui de son homologue allemande, pour 10 millions d'assurés en moins.

Du SMIG au SMIC

En 1950, le SMIG (salaire minimum interprofessionnel garanti) fut indexé sur la hausse des prix (avec un seuil de déclenchement de 5 % jusqu'en 1957, puis de 2 %). Comme la moyenne des salaires augmentait plus vite que les prix, le SMIG avait pris au milieu des années 60 un retard important.
En 1968, le salaire minimum fut au centre des discussions de Grenelle. Le SMIG devint SMIC (salaire minimum interprofessionnel de croissance) en 1970 et fut indexé à la fois sur les prix et sur l'ensemble des salaires. Il connut jusqu'en 1985 une augmentation très supérieure à celle des autres salaires.
En janvier 1992, il a dépassé la barre des 5 500 francs par mois (sur la base de 39 heures) et concerne environ 2 millions de personnes. Dans l'ensemble des secteurs non agricoles, 11 % des salariés sont payés au SMIC. La proportion est de 28 % dans les hôtels, cafés, restaurants, 26 % dans le commerce de détail alimentaire, le textile et l'habillement. Les femmes sont deux fois plus nombreuses que les hommes à le percevoir : respectivement 25 % et 12 % dans les entreprises de moins de 10 salariés.

Début 1992, le revenu minimum d'insertion concernait 580 000 foyers (dont 90 000 dans les DOM), soit 1,2 million de personnes.

Depuis sa création fin 1988, le RMI a été perçu par 950 000 foyers, soit 2 millions de personnes. Les bénéficiaires sont en priorité des personnes jeunes, isolées (environ 80 % d'entre eux). 90 % sont de nationalité française. Les trois quarts ne disposent d'aucune ressource.

Fin 1991, l'allocation se montait à 2 160 F par mois au maximum pour une personne seule, soit 1 850 F en moyenne en 1991. Le coût total s'est élevé à 12 milliards de francs, auxquels se sont ajoutés 4,3 milliards payés par l'Etat pour la politique d'insertion (logement et emploi) et 3 milliards à la charge des départements (insertion et cotisations à l'assurance-maladie).

En trois ans, 600 000 contrats d'insertion ont été signés et 160 000 personnes ont accédé à un emploi ou à une formation, soit moins d'un « RMIste » sur cinq. Parmi ceux qui sont sortis du système, 42 % ont trouvé un emploi et 7 % un stage rémunéré, 26 % bénéficient d'autres formes d'allocation (chômage, retraite, préretraite, pension d'invalidité...), 12 % ont changé de situation familiale. On constate qu'au fur et à mesure de leur ancienneté dans le système, les bénéficiaires se sentent de moins en moins concernés par le suivi d'un stage en entreprise ou d'une formation.

Ça n'arrive pas qu'aux autres

Les bénéficiaires du RMI ne sont pas uniquement des personnes peu diplômées ayant perdu depuis un certain temps un emploi de faible niveau. Si 23 % étaient des ouvriers non qualifiés et 16 % sont des ouvriers qualifiés, 7 % occupaient des postes de techniciens ou cadres.
Le processus qui amène ces derniers au RMI est souvent le même. La perte inattendue d'un emploi les conduit, après une recherche difficile, à en accepter un autre de niveau inférieur et moins bien rémunéré. Une nouvelle difficulté (licenciement, fermeture...) peut entraîner progressivement une impossibilité à se situer sur le marché de l'emploi du fait de l'âge, d'un profil de carrière peu valorisant ou d'une surqualification par rapport aux postes recherchés. Il suffit de quelques années pour que la spirale infernale aboutisse à cette situation. Le drame est souvent accentué par les difficultés financières et familiales, c'est-à-dire psychologiques.

La pauvreté recule, mais ne disparaît pas

▶ 96 % des Français approuvent la mise en place du revenu minimum d'insertion. 28 % y sont favorables même dans le cas où les bénéficiaires n'essayent pas de s'intégrer.

Le RMI n'est qu'une réponse partielle à la pauvreté.

Dans une société où le pouvoir d'achat a continué globalement de s'accroître malgré la crise économique, le nombre des pauvres a fortement augmenté. Il est difficile de les recenser dans la mesure où la définition du seuil de pauvreté reste subjective. Avant la mise en place du RMI, on estimait qu'au moins 4 millions de personnes en France ne disposaient pas de revenus suffisants pour vivre décemment : chômeurs de longue durée, illettrés, personnes non couvertes par la Sécurité sociale, etc. 1,5 million de ménages avaient un revenu inférieur à 2 200 F par ménage et par an. Le RMI n'a concerné au mieux que la moitié des ménages en situation de pauvreté. Un grand nombre de personnes éligibles ne se sont pas manifestées, souvent par manque d'information. D'autres n'entraient pas dans le cadre fixé par la loi. Surtout, l'insertion professionnelle de personnes marginalisées souvent depuis plusieurs années s'est avérée très difficile à réaliser.

Pour la seule ville de Paris, le nombre des sans-abri est encore estimé à 15 000. En France, 120 000 personnes habitent dans des cités de transit (en principe provisoires) et 100 000 dans des baraques, des caravanes, des vieux wagons ou des véhicules divers, le plus souvent dépourvus du confort minimum (eau, électricité, sanitaires). La société française n'est pas la seule à sécréter cette nouvelle forme de pauvreté. Environ 45 millions de personnes seraient concernées dans la Communauté européenne.

ÉCARTS

Après s'être longtemps resserré, l'éventail des salaires s'est ouvert à partir de 1984.

On peut mesurer l'éventail des salaires par le rapport entre le salaire moyen du dernier décile (montant au-dessus duquel se trouvent les 10 % de salariés les mieux rémunérés) et celui du premier décile (montant au-dessous duquel se trouvent les 10 % de salariés les moins bien rémunérés). Ce rapport était de 3,26 en 1980 et il avait baissé jusqu'à 3,09 en 1984. Il est ensuite remonté à partir de 1985 pour atteindre 3,3 en 1989. Cette situation a été provoquée principalement par deux phénomènes : la moindre influence du SMIC sur les bas salaires ; les fortes hausses de salaires des cadres.

En 1991, 10 % des salariés à temps plein ont gagné moins de 60 800 F ; à l'inverse, 10 % ont gagné plus de 182 300 F. Compte tenu de la proximité des chiffres et de l'imprécision des instruments de mesure, il est difficile de dire si la tendance à l'ouverture des écarts s'est poursuivie depuis 1990.

Les salaires des cadres ont connu une évolution contrastée depuis une dizaine d'années.

La première partie des années 80 ne leur avait pas été favorable, avec une perte de pouvoir d'achat de 0,2 % par an entre 1979 et 1983. De 1986 à 1989, les salaires des cadres et des patrons avaient plus augmenté que ceux des ouvriers (12,1 % contre 10,1 %). Les salaires des cadres supérieurs avaient également davantage augmenté que ceux des cadres moyens, ce qui avait aussi pour effet d'élargir l'éventail des revenus. La même constatation s'appliquait aux salaires des chefs d'entreprise, qui s'étaient particulièrement accrus depuis 1986, du fait de la meilleure situation financière des entreprises. Le rapport entre leurs salaires et ceux des ouvriers qualifiés était ainsi passé de 3,11 en 1984 à 3,7 en 1989.

En 1990 et 1991, la situation a été moins favorable. On estime que près de 50 % des cadres ont reçu une augmentation de salaire inférieure à l'inflation en 1990, 40 % en 1991. Ces fluctuations font que le pouvoir d'achat des salaires des cadres est resté pratiquement inchangé depuis une dizaine d'années. Une situation moyenne qui ne reflète évidemment pas les cas individuels ou sectoriels.

▶ 55 % des Français trouvent anormal que les dirigeants des grandes entreprises gagnent souvent plus de 100 000 francs par mois, dans un monde où il y a tant de gens qui n'ont pas d'argent. 39 % trouvent cela normal, compte tenu de leurs responsabilités.
▶ Le salaire brut moyen des grands patrons français (entreprises de plus d'un milliard de francs de chiffre d'affaires) est d'environ 3 millions de francs par an, soit 800 000 F net après impôts et charges sociales.
▶ Le revenu disponible brut d'un habitant d'Ile-de-France est en moyenne supérieur de 28 % à celui d'un provincial (86 000 F contre 67 000 F).

Une décennie difficile

Une enquête réalisée par la CEGOS auprès de 50 000 cadres appartenant à plus de 70 entreprises parmi les 400 plus grandes fait apparaître dix changements importants en matière de rémunération entre 1980 et 1990 :
1. Le couple infernal inflation-salaires a été rompu. Le salaire moyen des cadres (annuel brut) n'a progressé que de 68 %, alors que les prix augmentaient de 84 %. Le tournant de la désindexation s'est produit en 1983.
2. Les salaires des débutants ont augmenté plus vite que ceux des cadres confirmés et, depuis 1988, que le coût de la vie.
3. La prime aux diplômes les plus cotés s'est réduite. Les entreprises s'intéressent plus aux gestionnaires et aux commerciaux, moins aux ingénieurs.
4. La part de l'intéressement dans le salaire a augmenté. 17 % des cadres reçoivent une part variable de rémunération supérieure à un mois de salaire ; dans la moitié des cas, il s'agit d'un intéressement.
5. L'intéressement s'est développé au détriment de l'individualisation des rémunérations, plus difficile à mettre en œuvre.
6. Les primes d'ancienneté ont diminué. En 1990, le salaire moyen des cadres de 55 ans et plus était inférieur de 9 % en francs constants à celui des cadres qui avaient 55 ans et plus en 1980.
7. Un cadre sur dix était informaticien en 1990, contre un sur un sur vingt en 1980.
8. Les commerciaux étaient moins nombreux (un cadre sur cinq contre un sur quatre), mais leur poids dans la masse salariale a augmenté : 22 % contre 20,7 %.
9. A l'inverse, les chercheurs étaient plus nombreux mais moins bien rémunérés : 38 % gagnaient moins de 200 000 F contre 21 % des gestionnaires et administratifs.
10. L'âge a été un facteur déterminant pour l'augmentation des salaires : entre 25 et 35 ans, neuf cadres sur dix ont reçu en 1990 une augmentation supérieure au coût de la vie ; après 53 ans, plus d'un cadre sur trois a perdu de son pouvoir d'achat.

CEGOS-Les Echos, octobre 1991

➤ Un cadre supérieur percevant un salaire net de 600 000 F coûte 1,4 million de francs à son entreprise, après les charges sociales.
➤ Un ménage français avec enfant percevant un salaire de 106 600 F en 1990 ne paye que 0,5 % d'impôt et perçoit des allocations familiales représentant 7 % du salaire. En Allemagne, le même ménage paye un impôt de 8,5 % et ses allocations familiales ne représentent que 5,2 % du salaire net.

Les compléments de salaires accentuent les inégalités entre les catégories.

La part variable des revenus des cadres (bonus et primes comptabilisés dans le salaire brut) représente environ 10 % de leur salaire annuel de base (elle peut atteindre 15 % pour un directeur financier et dépasser 30 % pour un directeur général).

Les avantages financiers se développent : intéressement ; participation ; primes de transport ; prêts de l'entreprise ; suppléments familiaux des fonctionnaires. C'est le cas par exemple des *stock options* (possibilité offerte à certains cadres d'acheter des actions de l'entreprise à un tarif inférieur au cours de Bourse), dans un contexte fiscal favorable. Il en est de même des retraites surcomplémentaires ; certains plans de retraite garantissent aux cadres supérieurs ou dirigeants jusqu'à 65 % de la rémunération moyenne des dernières années.

Les avantages en nature concernent surtout les cadres du privé et certains fonctionnaires.

On estime que 6 % des cadres supérieurs du secteur privé bénéficient d'un logement fourni par l'employeur (3,5 % gratuitement), 13 % d'une voiture donnée ou prêtée. 72 % des sociétés participent aux frais de repas du personnel. 36 % offrent des examens médicaux gratuits. 27 % payent les cotisations à des organisations professionnelles, 7 % à des clubs sportifs ou à des associations. 39 % offrent des réductions sur les produits de l'entreprise. 20 % remboursent des frais de téléphone privé, 19 % des frais de représentation, 9 % des frais de consultation financière ou juridique. 4 % participent aux frais d'études des enfants. 29 % autorisent des voyages d'affaires en première classe sur longue distance.

Certains bénéficient enfin d'avantages tels que le paiement des adhésions à des clubs ou associations ou encore la disposition d'un conseiller fiscal pour remplir la déclaration de revenus, la cure de désintoxication pour les fumeurs, l'aménagement du bureau, l'abonnement à des revues, la disposition d'un micro-ordinateur au domicile, le téléphone de voiture, les plans d'épargne d'entreprise, l'invitation du conjoint à un voyage d'affaires, etc. L'importance relative de ces avantages est plus forte dans les secteurs où les salaires moyens sont déjà les plus élevés (énergie, chimie, sidérurgie, banques et assurances). De ce fait, ils accentuent les

Les hommes gagnent un tiers de plus que les femmes

Evolution des salaires nets moyens annuels (en francs) et de l'écart (en %) selon le sexe :

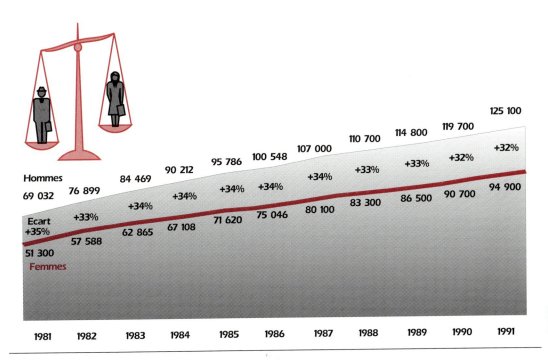

La différence de salaire entre les sexes a commencé à diminuer depuis 1951, mais de façon lente et irrégulière.

disparités de rémunération entre les entreprises et entre les individus.

Les femmes gagnent en moyenne un quart de moins que les hommes.

Mesuré dans l'autre sens, l'écart est encore plus spectaculaire : les hommes gagnent en moyenne un tiers de plus que les femmes (32 %) ! Il faut cependant nuancer la comparaison car les femmes occupent encore de façon générale des postes de qualification inférieure à ceux occupés par les hommes, même à fonction égale. Elles effectuent des horaires plus courts, avec moins d'heures supplémentaires. Enfin, elles bénéficient d'une ancienneté inférieure.

Même à profession égale, les femmes sont moins bien rémunérées que les hommes. En 1991, l'écart variait de 8 % (employées) à 29 % (chefs d'entreprise et cadres supérieurs). Il est plus grand en valeur relative pour les revenus les plus élevés.

Chez les ouvrières, l'écart s'était creusé entre 1950 et 1967, puis il avait diminué de 1968 à 1975 pour retrouver le niveau de 1950. Chez les cadres supérieurs, la tendance au redressement était apparue plus tôt (vers 1957), mais elle avait été stoppée dès 1964. Le resserrement général qui s'est produit à partir de 1968 est dû principalement au fort relèvement du SMIG puis du SMIC et des bas salaires, qui a profité davantage aux femmes, plus nombreuses à être concernées.

Le rapprochement s'est poursuivi au cours des dernières années. L'écart était de 24,1 % en 1991 (voir tableau page suivante). Il s'accroît avec l'âge, ce qui tendrait à prouver que les évolutions de carrières sont moins favorables aux femmes, autre forme d'inégalité. On observe en fait un double mouvement : hausse générale des salaires féminins

Inégalité, sexe et profession

Evolution des salaires annuels nets moyens selon la catégorie professionnelle et le sexe :

	1988		1989		1990		1991	
	Hommes	Femmes	Hommes	Femmes	Hommes	Femmes	Hommes	Femmes
• Chefs d'entreprise, cadres - Ecart hommes/femmes	239 400	163 800 - 31,6 %*	247 300	169 600 - 31,4 %	249 200	175 400 - 29,6 %	258 000	182 100 - 29,4 %
• Techniciens, agents de maîtrise - Ecart hommes/femmes	120 500	103 100 - 14,4 %	124 500	106 600 - 14,3 %	127 500	108 000 - 15,3 %	131 800	111 700 - 15,3 %
• Autres professions intermédiaires - Ecart hommes/femmes	135 100	104 000 - 23,0 %	140 200	107 600 - 23,2 %	137 100	109 700 - 20,0 %	141 700	113 900 - 19,6 %
• Employés - Ecart hommes/femmes	86 300	74 500 - 13,7 %	89 000	76 700 - 13,8 %	85 700	79 600 - 7,1 %	89 800	82 700 - 7,9 %
• Ouvriers qualifiés - Ecart hommes/femmes	82 000	68 300 - 16,7 %	84 500	70 300 - 16,8 %	88 400	73 200 - 17,2 %	92 400	76 400 - 17,3 %
• Ouvriers non qualifiés - Ecart hommes/femmes	74 800	60 100 - 19,6 %	77 100	61 900 - 19,7 %	78 800	63 500 - 19,4 %	82 200	66 400 - 19,2 %
Ensemble - Ecart hommes/femmes	**110 700**	**83 300** - 24,7 %	**114 800**	**86 500** - 24,6 %	**119 700**	**90 700** - 24,2 %	**125 100**	**94 900** - 24,1 %

INSEE

* Lecture : parmi les chefs d'entreprise et les cadres, les femmes gagnent 31,6 % de moins que les hommes.

due à l'accès croissant des femmes aux professions supérieures ; moindre augmentation des salaires féminins dans ces professions, résultant de l'arrivée récente des femmes.

▶ Les femmes actives apportent en moyenne un peu plus du tiers du revenu primaire du ménage.
▶ Pour une famille de quatre personnes dont le père est pilote de ligne et la mère hôtesse de l'air gagnant 640 000 F, l'abattement fiscal accordé aux navigants représentait une économie d'impôt de 32 000 F en 1991.
▶ 64 % des Français considèrent que les responsables d'entreprises cherchent surtout à s'enrichir, même si c'est au détriment des préoccupations des salariés.

REVENUS NON SALARIAUX

3,4 millions d'actifs ont un statut de non-salarié.

Les plus nombreux sont les agriculteurs (1,1 million) et les personnes travaillant dans des professions de services (en particulier les membres des professions libérales). Les autres sont commerçants ou artisans de l'industrie et du bâtiment (0,9 million).

L'évolution des professions non salariées depuis le début de la crise économique a été très contrastée. Il existe en outre une forte dispersion des revenus à l'intérieur de chaque catégorie.

De nombreux facteurs influent sur l'évolution des revenus (bénéfices) de ces professions.

Les investissements en matériel ou en employés, nécessaires pour maintenir ou accroître le volume d'activité et la productivité représentent des charges (amortissements ou salaires) qui viennent en déduction du bénéfice. Les prix des matières premières éventuelles influent également sur les prix de revient. L'évolution de la consommation ou de la demande pour un produit ou un service donné a évidemment une importance dans le chiffre d'affaires réalisé.

De la même façon, la variation, locale ou nationale, du nombre d'entreprises d'une profession joue sur la concurrence, donc à la fois sur l'activité et les prix. Les changements qui interviennent dans la distribution (super- et hypermarchés, autres circuits de distribution) modifient la part du marché qui revient aux professions concernées. Enfin, l'évolution des prix relatifs a une incidence considérable à la fois sur l'activité et la marge bénéficiaire.

Les agriculteurs avaient sensiblement amélioré leur pouvoir d'achat en 1989 et 1990, mais 1991 n'a pas été une année favorable.

En dépit de la sécheresse et de la chute du prix du bétail, la progression du revenu agricole avait atteint 12 % en 1990, après une bonne année 1989, ce qui constituait une période faste inconnue depuis 1978. Cette progression était surtout due à la forte hausse des prix des vins, à la baisse des prix des engrais et aliments pour animaux... et à l'augmentation de subventions gouvernementales. La situation était cependant très contrastée entre les viticulteurs ou les producteurs de fruits, dont les revenus avaient fortement augmenté, et les céréaliers, pour qui ils avaient baissé. Entre ces extrêmes, le revenu des producteurs de viande bovine ou ovine avait pu être maintenu grâce aux subventions.

La situation a été moins favorable en 1991, en particulier chez les viticulteurs ; les ventes de vin ont diminué de 2,4 % en volume et de 5,2 % en prix. Dans les exploitations fruitières, les conséquences du gel ont été limitées par la hausse des prix à une baisse de 1,4 % modulée selon les régions ; il en est de même de celui des éleveurs. Seuls les maraîchers ont vu leur revenu augmenter très fortement (52 %) du fait d'un accroissement des volumes et des prix.

1991, un moins bon cru pour les viticulteurs

Salaires des paysans : maigres récoltes

Evolution des revenus moyens agricoles par activité (début et fin des années 80, en francs 1991) * :

	Moyennes des revenus par exploitation (en francs 1990)	
	1981-1983	1989-1991
• Céréales	147 500	103 000
• Autre agriculture générale	177 500	148 000
• Vins de qualité	106 500	368 000
• Vins de consommation courante	94 500	248 500
• Fruits	108 500	158 500
• Bovins lait	75 500	99 000
• Bovins viande	32 500	28 500
• Bovins mixte	69 000	104 000
• Ovins et autres herbivores	46 000	49 000
• Hors sol	379 500	342 000
• Polyculture	110 500	132 000
• Orientations mixtes	94 500	124 500
• Ensemble des exploitations à temps complet	105 500	133 900

* Moyenne sur trois ans du revenu net de cotisations personnelles des exploitants, amortissements déduits.

CERC

Le nombre d'exploitations a diminué de 3,5 % en 1991 (après 4 % en 1989 et 1990) et le revenu brut agricole par exploitation a enregistré un recul de 2,2 %.

Les revenus moyens varient de un à sept entre la mieux rémunérée des professions libérales et le plus modeste des artisans ou commerçants.

Les prix des services ont augmenté dans l'ensemble plus vite que l'indice général des prix à la consommation. C'est pourquoi les professions de service (entrepreneurs individuels non agricoles et professions libérales) connaissent depuis des années des taux de progression élevés, mais en baisse : 7 à 9 % en 1988, 4 à 7 % en 1989, 3 à 4 % en 1990 ; 0 à 2 % en 1991.

Si les évolutions sont à peu près semblables d'une activité à l'autre, les écarts entre les revenus sont considérables. Parmi les professions libérales, un avocat au Conseil d'Etat et à la Cour de cassation perçoit en moyenne environ 80 000 F par mois, soit cinq fois plus qu'un architecte. Parmi les artisans, commerçants et professions de services, l'écart n'est que de un à trois. Le pharmacien arrive très largement en tête, avec plus de 35 000 F par mois, soit le double du restaurateur qui se trouve en seconde position.

Au sein d'une même profession, les situations individuelles font apparaître des écarts considérables. Des médecins généralistes gagnent le SMIC, des architectes ou des restaurateurs de renom perçoivent des sommes très élevées. Enfin, il faut préciser que les montants officiels des revenus sont probablement sous-évalués, du fait d'une évasion fiscale plus facile que dans les professions salariées.

Au cours des années 80, la pyramide des revenus non salariaux s'est élargie à la base et élargie au sommet.

La surproduction agricole, aggravée par les gains de productivité, s'est accompagnée d'une disparition de petites exploitations, plus importante que la baisse de valeur de la production. Depuis 1978, ce phénomène a permis de maintenir le revenu moyen de l'ensemble des exploitations en activité.

Parmi les professions libérales, les architectes ont subi une perte de pouvoir d'achat consécutive à l'accroissement de leurs effectifs, dans une conjoncture économique défavorable à la construction. Pour la même raison, la situation des artisans du bâtiment a été incertaine.

Certaines professions ont vu leur bénéfice moyen s'accroître : boulangers, bouchers, épiciers ; détaillants en vêtements et chaussures ; professions médicales et paramédicales (hors médecins généralistes, du fait de l'accroissement de leurs effectifs). Les professions de service (hôtels, cafés, restaurants, garagistes, coiffeurs, taxis) ont connu une hausse de pouvoir de 6,5 % par an de leur pouvoir d'achat pendant cette période, du fait de la libération des prix intervenue fin 1986 (sauf pour les taxis).

Les grands gagnants de la décennie ont finalement été les avocats, les experts-comptables, les kinésithérapeutes, les pharmaciens et les coiffeurs (ces derniers favorisés par l'évolution démographique).

REVENUS DISPONIBLES DES MÉNAGES

Le revenu primaire moyen des ménages était de 154 000 F en 1991.

Le revenu *primaire* des ménages est obtenu en ajoutant aux salaires et revenus non salariaux perçus par les différents membres du foyer (voir chapitre précédent) les revenus du capital (placements mobiliers et immobiliers). Il ne tient pas compte des transferts sociaux, c'est-à-dire des cotisations et impôts payés et des prestations reçues.

Entre 1960 et 1980, le poids des salaires dans les revenus primaires avait augmenté de 12 points, pour atteindre 73 %. Il s'est stabilisé depuis et a même amorcé une légère régression. Depuis 1982, la croissance des revenus du capital est supérieure à celle du travail.

➤ 41 % des diplômés d'IUT (Institut universitaire de technologie) depuis moins d'un an ont un salaire annuel inférieur à 100 000 F (33 % après trois ans), 34 % gagnent plus de 120 000 F (37 % après trois ans).

Les cotisations sociales représentent environ un tiers des revenus primaires.

Les cotisations sociales sont destinées au financement de la Sécurité sociale (maladie, infirmité, accidents du travail, maternité, famille, vieillesse, veuvage...), des caisses de chômage, des caisses de retraite complémentaire. Elles concernent l'ensemble des personnes qui perçoivent des revenus du travail (y compris les retraités) et sont réparties entre employés et employeurs, à raison d'un tiers pour les premiers et deux tiers pour les seconds.

Leur poids a augmenté dans des proportions considérables depuis 30 ans : elles représentaient 16 % du revenu primaire en 1959, 27 % en 1980, 32 % en 1990. La part des salariés, qui était de 22 % en 1970, a régulièrement augmenté pour se stabiliser à 34 % depuis 1989. Le résultat est qu'en 1990, un salarié percevait en salaire net 58 % du coût du travail payé par l'entreprise, contre 70 % en 1970 et 62 % en 1980 (voir graphique ci-dessous).

Cotisations : toujours plus

Evolution du coût du travail (en % des salaires payés par l'entreprise) :

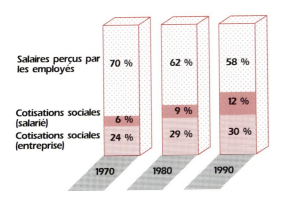

▶ L'Ile-de-France et les régions Rhône-Alpes, Provence-Alpes-Côte d'Azur et Nord-Pas-de-Calais représentent à elles quatre près de la moitié du revenu disponible brut total des ménages.

Les impôts directs sur le revenu et le patrimoine représentent 8 % du revenu primaire des ménages.

Les impôts directs prélevés sur les revenus des ménages complètent le dispositif de redistribution. Elles sont de nature progressive ; plus les revenus sont élevés et plus on paie proportionnellement d'impôts. Les impôts indirects (par exemple la TVA payée par les ménages sur les achats de biens et services) n'interviennent pas dans le calcul du revenu disponible total car ils concernent son utilisation et non sa constitution.

L'évolution de la fiscalité directe s'est faite dans deux directions. Le poids de l'impôt (revenu et patrimoine) a augmenté pour les ménages qui le payaient : il représentait 7 % du revenu des ménages en 1970 ; il a atteint 10 % en 1984 et s'est stabilisé depuis aux environs de 8 %. Son rôle redistributif s'est accentué. C'est ainsi que 64 % des foyers étaient imposés en 1980, contre seulement 50 % aujourd'hui.

Il faut souligner que la part de l'impôt sur le revenu des ménages est faible en France par rapport à la plupart des autres pays industrialisés. Il représente 13 % des prélèvements obligatoires, contre plus de 30 % en Suède, aux Etats-Unis ou en Belgique.

Les Français reversent près de la moitié de leurs revenus à l'Etat.

44 % de la production intérieure brute, fruit du travail des Français, sont consommés par l'Etat. Les prélèvements obligatoires sont inférieurs dans la majorité des autres pays développés (Etats-Unis, Japon, Allemagne, Royaume-Uni...) ; seuls les pays du nord de l'Europe comme la Belgique, les Pays-Bas ou le Danemark connaissent des taux plus élevés.

Sur 100 F de prélèvements, les cotisations de Sécurité sociale représentent près de la moitié (45 F), soit davantage que dans les pays comparables. 37 F correspondent aux impôts d'Etat (43 F en 1980) et 14 F aux impôts locaux (11 F en 1980).

Les gouvernements se sont engagés à partir de 1984 dans une politique de réduction des impôts. Mais la baisse relative des impôts directs (en particulier l'impôt sur le revenu) a été compensée par la hausse des cotisations sociales et la mise en place de prélèvements exceptionnels, pour faire face par exemple au déficit de la Sécurité sociale. De sorte

A mi-temps pour l'Etat

Evolution de la part des prélèvements obligatoires dans le PIB (en %) :

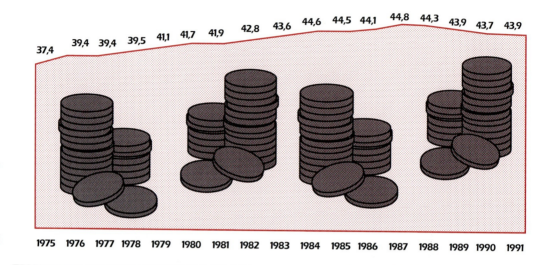

Rapport sur les comptes de la nation

Année	1975	1976	1977	1978	1979	1980	1981	1982	1983	1984	1985	1986	1987	1988	1989	1990	1991
%	37,4	39,4	39,4	39,5	41,1	41,7	41,9	42,8	43,6	44,6	44,5	44,1	44,8	44,3	43,9	43,7	43,9

que le total des prélèvements obligatoires est resté stable, aux environs de 44 % (voir graphique ci-dessus).

Les prestations sociales représentent un tiers du revenu primaire des ménages. Leur part varie de 4 % pour les cadres supérieurs à 73 % pour les inactifs.

D'une manière générale, les prestations sociales sont inversement proportionnelles au montant des revenus, à cause de l'effet redistributif mentionné précédemment et de leur plafonnement. L'évolution au cours des trente dernières années a été spectaculaire. En 1959, les prestations sociales représentaient 19 % du revenu primaire des ménages. Leur part atteignait 25 % en 1970 et 37 % en 1986, pour se stabiliser vers 32 % aujourd'hui.

Leur destination principale est la « vieillesse » (retraites, pensions de reversion, minimum vieillesse) qui absorbe 51 % des dépenses. La santé arrive en seconde position, avec 28 %, devant les prestations d'allocations familiales et de maternité (13 %). Enfin, les allocations de chômage représentent 8 % des dépenses ; ce sont elles qui ont le plus augmenté (2 % en 1970).

Du revenu primaire au revenu disponible

Evolution de la structure du revenu disponible des ménages (en %) :

	1990	1980	1959
Revenu primaire brut	100	100	100
dont :			
• Revenu du travail perçu par les salariés (1)	71,3	73,0	59,9
• Revenu brut d'entreprise individuelle	14,5	15,4	29,6
• Revenu du patrimoine (2)	14,2	11,5	10,5
Transferts nets de redistribution	- 6,7	- 7,6	- 3,3
dont :			
• Impôts courants sur le revenu et le patrimoine	- 8,4	- 7,8	- 5,5
• Cotisations sociales versées	- 31,2	- 27,4	- 16,3
• Prestations sociales reçues	31,7	27,0	18,8
Revenu disponible brut	93,3	92,4	96,7

(1) Y compris cotisations sociales
(2) Revenu brut de la production (hors entreprise individuelle) + revenu de la propriété

INSEE

Fiscalités : les bonnes recettes

Part des recettes fiscales dans le PIB de certains pays (1990, en %) :

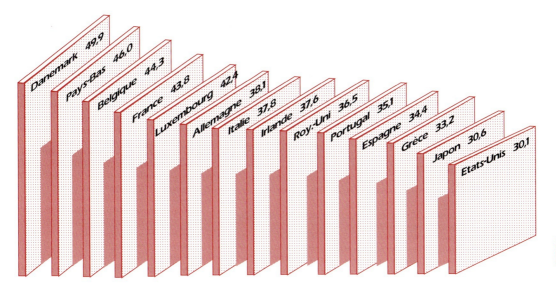

En 1991, le revenu disponible brut par ménage était de 214 000 F (18 000 F par mois). Il était de 37 000 francs en 1980.

Le revenu disponible des ménages est celui qui leur reste effectivement pour consommer et pour épargner. Il prend en compte les transferts sociaux (cotisations et prestations sociales, impôts directs) dont l'incidence sur les ressources et sur la redistribution des richesses est importante et croissante.

Cet algèbre des transferts sociaux traduit l'importance des besoins financiers de l'économie nationale (impôts, cotisations). Il est aussi la conséquence de la politique sociale du gouvernement en place (prestations).

En dehors des professions indépendantes et des cadres, les ménages perçoivent plus de prestations sociales qu'ils ne paient d'impôts directs et de cotisations. C'est ce qui explique que leur revenu disponible soit supérieur à leur revenu primaire. Le système redistributif de la fiscalité fait en effet que les prestations diminuent lorsque le revenu augmente, tandis que les impôts augmentent proportionnellement plus vite que le revenu.

6 500 francs par personne et par mois

Evolution du revenu disponible annuel brut par habitant (en francs courants) :

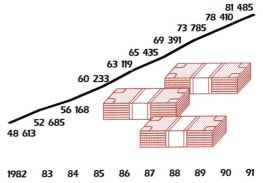

➤ 49 % des retraités n'ont aucun revenu complémentaire à leur pension de retraite.

Budgets types

Salaires et revenus de quelques ménages types en 1991 (en francs) :

	A		B		C	
	Pas d'enfant	3 enfants	Pas d'enfant	3 enfants	Pas d'enfant	3 enfants
• Salaire net annuel	295 538	295 538	94 063	94 063	53 902	53 902
• Prestations familiales	0	15 398	0	27 462	0	27 462
• Allocation logement	0	0	0	10 830	7 235	18 434
• Impôt sur le revenu payé*	44 892	20 251	2 375	0	0	0
• Impôts locaux	5 481	5 296	3 572	2 354	2 000	1 538
Revenu disponible total	**245 165**	**286 749**	**88 116**	**130 001**	**59 137**	**98 260**

A Couple avec deux salaires, 9e décile (classe de salaires la plus élevée si l'on divise l'ensemble des salaires en 10 classes d'égal effectif)
B Couple avec un salaire, 5e décile
C Couple avec un salaire égal au SMIC

* Impôt payé dans l'année, sur les revenus de l'année précédente

L'éventail des revenus disponibles est beaucoup plus resserré que celui des revenus primaires.

Le rapport entre les salaires nets moyens d'un cadre supérieur et d'un manœuvre est d'environ 4. Il n'est plus que de 2 environ lorsqu'on compare les revenus *disponibles* moyens d'un ménage où l'homme est cadre supérieur et ceux où il est manœuvre.

Le mécanisme de redistribution n'est pas la seule raison de ce phénomène. La présence d'autres revenus salariaux (généralement celui du conjoint) est plus fréquente dans les ménages modestes où la femme travaille plus fréquemment et perçoit un salaire plus proche de celui de son mari que dans les ménages plus aisés. Ainsi, de nombreux ménages biactifs ayant des situations modestes ont des revenus plus élevés que des ménages monoactifs de situation aisée.

La redistribution inégalitaire

La redistribution des revenus par l'impôt et les prestations sociales n'est pas aussi efficace que les chiffres semblent l'indiquer. Si l'on tient compte, en effet, de l'utilisation des services collectifs financés par l'impôt direct (hôpitaux, équipements sportifs, culturels, etc.), on constate que ce sont les titulaires des plus hauts revenus qui en profitent le plus, souvent au-delà de leur propre contribution. De même, les enfants des ménages les plus aisés sont ceux qui utilisent le plus longtemps le système éducatif. Enfin, les anciens titulaires de hauts revenus sont aussi ceux qui profitent le plus longtemps des prestations en matière de retraite, du fait d'une espérance de vie plus longue. Le phénomène de la redistribution est donc en réalité très complexe et ne saurait être limité à sa dimension financière apparente.

LES DÉPENSES

POUVOIR D'ACHAT

1950-1970 : croissance dure • 1971-1980 : croissance douce • 1981-1985 : croissance zéro • 1986-1991 : retour de la croissance et des inégalités

1950-1980

Entre 1950 et 1970, le pouvoir d'achat du salaire moyen a été multiplié par 2.

Le pouvoir d'achat mesure la capacité des individus ou des ménages à acheter des biens et des services avec les revenus qu'ils perçoivent. Son évolution dans le temps dépend à la fois du montant des revenus eux-mêmes et du niveau d'inflation, qui lamine en permanence la valeur de l'argent.

Durant la longue période de croissance économique qui suivit la Seconde Guerre mondiale, l'ensemble des revenus a augmenté plus vite que les prix. Le SMIG (salaire minimum interprofessionnel garanti), qui était alors indexé sur l'inflation, prit un retard important sur les autres salaires jusqu'en 1968, pendant que les revenus plus élevés connaissaient une période de prospérité sans équivalent.

Pendant ces trente années, les Français se sont plus enrichis que pendant tout le siècle précédent. Beaucoup ont pu progressivement acquérir leur résidence principale et s'équiper des produits phares de la société de consommation : voiture, réfrigérateur, télévision, machine à laver, etc. C'est donc avec difficulté qu'ils s'installèrent dans la période de crise qui allait suivre cet âge d'or.

**Entre 1970 et 1980, les salaires ont continué de croître, mais de façon plus sélective.
Le pouvoir d'achat des salaires ouvriers a augmenté de 4,7 % par an en moyenne.
Celui des cadres supérieurs de 0,6 %.
Celui du SMIC de 5,7 %.**

Ignorant délibérément la crise économique, les Français revendiquèrent la poursuite de l'accroissement de leur pouvoir d'achat, par l'intermédiaire des syndicats. Malgré les nuages qui s'accumulaient et la forte poussée de l'inflation (elle atteignit 14,7 % en 1973), celui-ci continua d'augmenter, mais de façon très modulée selon les catégories sociales.

Ainsi, le revenu disponible brut des ménages de cadres supérieurs n'augmenta en moyenne que de 0,9 % par an pendant la décennie, contre 4,8 % pour les inactifs, 2,8 % pour l'ensemble des ouvriers, 1,9 % pour les employés et les agriculteurs, 1,5 % pour les cadres moyens.

Ces dix années ont donc amené des changements importants dans la hiérarchie des revenus. Le haut de la pyramide s'est tassé, pendant qu'à la base la forte croissance du SMIC entraînait celle de l'ensemble des bas salaires. Un phénomène inverse de celui des vingt années précédentes.

➤ 66 % des Français trouvent inacceptable une éventuelle augmentation du nombre des années de cotisations-retraites.
➤ 51 % des Français sont opposés à un éventuel calcul du montant des retraites sur les vingt dernières années de salaire au lieu de dix.
➤ En septembre 1991, 31 % des Français déclaraient avoir des problèmes d'argent, 69 % non. 59 % pensaient remettre à plus tard le changement de leur voiture. 50 % craignaient d'être à découvert sur leur compte bancaire.

1950-1980 : le pouvoir d'achat doublé

Evolution des salaires nets annuels moyens (en francs courants) et de leur pouvoir d'achat (en francs constants) :

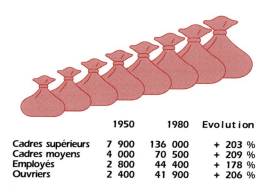

	1950	1980	Evolution
Cadres supérieurs	7 900	136 000	+ 203 %
Cadres moyens	4 000	70 500	+ 209 %
Employés	2 800	44 400	+ 178 %
Ouvriers	2 400	41 900	+ 206 %

Calculs à partir de données INSEE

1981-1985

Chez les salariés, le resserrement de l'éventail des rémunérations s'est poursuivi.

Entre 1981 et 1985, le SMIC augmenta son avance sur les autres salaires, en termes de pouvoir d'achat. La conséquence fut une amélioration des bas salaires, surtout dans les secteurs privé et semi-public.

La réduction de la durée légale du travail, réalisée le plus souvent sans diminution de salaire, contribua aussi fortement à l'augmentation des salaires horaires les plus bas, tandis que le pouvoir d'achat des salaires mensuels, souvent plus élevés, restait stable. Globalement, le pouvoir d'achat des cadres et agents de maîtrise diminua pendant la période.

Les salariés de la fonction publique ont connu une évolution semblable : après une perte de pouvoir d'achat en 1979, les années 1980 et 1981 furent plus favorables. En 1982, seul le pouvoir d'achat des fonctionnaires du bas de l'échelle (catégorie D) fut préservé.

Globalement, le pouvoir d'achat moyen des revenus disponibles bruts des ménages a peu progressé au cours de cette période. L'augmentation des cotisations sociales et des impôts payés par les ménages n'a pas toujours été compensée par celle des prestations sociales reçues. Les deux fortes hausses de 1981 et 1982 furent en grande partie annulées par les baisses de 1980, 1983 et 1984. Avec de fortes disparités entre les différentes catégories sociales.

Le pouvoir d'achat des cadres a été le plus touché.

La baisse s'était amorcée vers 1975. C'est parmi les cadres supérieurs que les effets de la crise ont été le plus sensibles. Entre 1975 et 1985, la seule année positive (en ce qui concerne les salaires nets) fut 1976 (+ 1,2 %).

Les différentes catégories de cadres ont connu des évolutions contrastées. Ainsi, la hiérarchie des salaires s'est tassée chez les techniciens alors qu'elle s'est accentuée chez les ingénieurs. Si l'on prend en compte l'impôt sur le revenu et les prestations reçues par les ménages dont le chef de famille est cadre, on a assisté à une réduction des disparités. L'impact des mesures fiscales et sociales fut particulièrement négatif chez les cadres célibataires.

Les non-salariés ont connu des situations très variables selon les catégories.

Après les baisses importantes de l'année 1981 (- 5 %) et surtout de 1980 (- 14 %), le pouvoir d'achat des agriculteurs a retrouvé le chemin de la hausse en 1982 (environ 2,5 %), puis il a rechuté en 1983 (- 4,2 %).

L'argent, au centre des réflexions individuelles

Les revenus des viticulteurs bénéficièrent d'une évolution plus favorable, grâce aux récoltes exceptionnellement abondantes de 1982 et 1983. 1984 fut une année plus difficile, à la suite des difficultés rencontrées au niveau européen.

Les commerçants ont connu des fortunes diverses selon leur activité, la conjoncture générale et leur dynamisme personnel. 1981 fut pour beaucoup une mauvaise année. 1982 fut nettement meilleure, en particulier pour les bouchers-charcutiers. 1983 marqua un repli généralisé des revenus, confirmé en 1984.

Les professions de santé subirent en 1982 les effets du blocage des tarifs conventionnés. Les hausses des tarifs des consultations intervenues en 1983 leur permirent de retrouver ensuite des niveaux de revenus plus élevés.

Revenus directs et prestations sociales

Le pouvoir d'achat du revenu *primaire* net (salaires et revenus non salariaux après cotisations sociales, revenus de la propriété) a progressé de 4,2 % par an en moyenne de 1960 à 1973, de 1,9 % entre 1974 et 1979, de 0,1 % seulement entre 1980 et 1987. Pendant cette dernière période, il avait un peu baissé entre 1980 et 1984 et légèrement augmenté ensuite, à cause de l'amélioration des revenus de la propriété et des revenus non salariaux qui avait compensé la baisse du pouvoir d'achat des salaires nets.
De son côté, le pouvoir d'achat des revenus *sociaux* (prestations sociales) s'est accru à un rythme soutenu. Entre 1960 et 1973, il avait augmenté plus vite que celui des revenus primaires. L'écart s'est encore amplifié entre 1974 et 1979. Il a ensuite ralenti sa croissance, surtout depuis 1983, du fait de la volonté politique de réduire les prélèvements obligatoires, mais sa croissance est restée plus forte que celle des revenus directs.
Au total, le pouvoir d'achat du revenu *disponible* par habitant a progressé de 4,7 % par an entre 1960 et 1973, de 3,1 % de 1974 à 1979, de 0,5 % de 1980 à 1987.

➤ L'inflation a connu en France un maximum en 1948 : 58,7 %. Les autres années de forte inflation ont été 1917 (29,6 %), 1926 (23,7), 1937 (24,2), 1951 (16,2), 1958 (15,1), 1974 (13,8), 1980 (13,5).
➤ Les logements achetés par les ménages représentent en moyenne l'équivalent de trois années de revenus.

1986-1991

On a assisté au retour simultané de la croissance et des inégalités.

Les transformations qui se sont produites en France depuis le milieu des années 70 ont eu des répercussions considérables sur les plans économique et social. Pour lutter contre le ralentissement de la croissance, la forte montée du chômage et de l'inflation, des mesures d'adaptation ont dû être mises en œuvre : désindexation des salaires ; restructurations industrielles ; flexibilité du travail ; rémunération au mérite ; accroissement de l'effort de formation.

Le pouvoir d'achat des revenus a repris dès 1985 sa marche en avant, poussé par la croissance. En même temps, les écarts entre les revenus se sont à nouveau accrus, après une longue période de resserrement.

Le pouvoir d'achat a retrouvé la croissance depuis 1985.

La seconde moitié des années 80 a vu s'estomper les effets de la crise et le retour de la croissance, condition nécessaire à la résorption progressive du chômage. Le pouvoir d'achat des ménages, un moment mis en cause par la désindexation des salaires, a bénéficié de la réduction de l'inflation et de la meilleure santé des entreprises. Il a aussi profité de mesures spécifiques comme la stabilisation du taux des prélèvements obligatoires ou l'instauration du revenu minimum d'insertion (RMI). Il a enfin été favorisé par la forte augmentation des revenus du capital, avec des taux d'intérêts réels souvent supérieurs à l'inflation.

Entre 1986 et 1989, le pouvoir d'achat moyen des revenus disponibles des ménages a augmenté de 2,1 %, contre 1,0 % entre 1982 et 1985. Cette forte augmentation est due pour l'essentiel à l'accroissement du pouvoir d'achat des revenus de la propriété et des prestations sociales. Celui des salaires n'a progressé en moyenne que de 0,3 %, une évolution comparable à celle des revenus d'activités non salariées (0,4 %).

Les inégalités ont recommencé à s'accroître.

La contrepartie de ces évolutions, dans un contexte de compétitivité croissante et planétaire, a été l'accroissement des inégalités de revenus, après un resserrement pratiquement ininterrompu depuis le début des années 60. Le pouvoir d'achat des diverses catégories professionnelles a évolué de façon contrastée depuis 1985. Il en est de même des écarts entre hommes et femmes, qui n'avaient cessé de décroître pendant plus de trente ans.

Les jeunes salariés ont aussi subi plus que les autres cette situation, à l'exception des jeunes diplômés de l'enseignement supérieur, en particulier issus des grandes écoles. On a constaté également un arrêt de la réduction des inégalités géographiques de salaires, entre Paris et la province et entre les différentes régions.

Seules les personnes âgées ont été préservées de cette paupérisation des revenus modestes. Le montant des retraites a continué de s'accroître depuis une quinzaine d'années. Les retraités récents ont d'ailleurs plus profité que les anciens de ces augmentations du pouvoir d'achat.

L'éventail plus ouvert

Evolution du pouvoir d'achat des salaires nets par catégorie entre 1988 et 1991 (en %) :

	1988	1989	1990	1991
• Cadres	+ 0,1	- 0,5	+ 0,9	- 0,1
• Techniciens	- 0,3	- 0,3	+ 1,2	+ 0,2
• Autres prof. intermédiaires	- 0,3	- 0,2	+ 1,3	+ 0,1
• Employés	+ 0,2	- 0,5	+ 1,4	+ 0,5
• Ouvriers qualifiés	+ 0,2	- 0,6	+ 1,5	+ 1,2
• Ouvriers non qualifiés	+ 0,1	- 0,4	+ 1,1	+ 1,0
Ensemble	**+ 0,7**	**- 0,1**	**+ 1,8**	**+ 1,2**

Les ménages les plus aisés ont bénéficié de plusieurs circonstances favorables.

L'élargissement de l'éventail des revenus s'explique, à une extrémité, par le moindre rôle du SMIC dans la revalorisation des bas salaires. A l'autre, elle est due à l'augmentation des salaires des cadres et, surtout, des cadres dirigeants et chefs d'entreprise, qui ont bénéficié sans attendre de l'accroissement général des profits.

Elle s'explique aussi par la part croissante des revenus de la propriété dans le pouvoir d'achat des ménages. A l'exception des terres agricoles, tous les placements mobiliers et immobiliers ont connu des performances supérieures à celles des années 70. Même si la décennie a été marquée par une large diffusion des valeurs mobilières dans le public, ce sont les plus gros détenteurs de capitaux qui ont le plus bénéficié des opportunités de la Bourse ou de l'immobilier.

Enfin, les ménages les plus aisés ont vu leur part dans les prélèvements obligatoires (cotisations sociales et fiscalité directe) diminuer par rapport à celle des autres ménages.

La pauvreté et l'insertion des jeunes sont les deux défis essentiels des années 90.

Au total, il apparaît que l'enrichissement des Français au cours des années 80 a davantage profité aux ménages aisés, tandis que se développait une véritable pauvreté, surtout au cours de la première moitié : entre 1979 et 1984, la part du revenu total détenue par les 10 % de ménages les plus pauvres a diminué de 15 %. La mise en place, début 1989, du RMI, est une réponse partielle au problème de la pauvreté (voir *Revenus*).

L'amélioration de la situation des jeunes est l'autre défi prioritaire qui devra être relevé au cours des prochaines années. C'est en effet la première fois depuis la guerre qu'une nouvelle génération connaît des difficultés à s'insérer dans la société en obtenant une formation, un emploi et un salaire.

➤ La collectivité a consacré 140 milliards de francs aux plus démunis en 1991, dont 12 milliards pour le RMI.

DÉPENSES

Croissance de la consommation supérieure à celle du revenu de 1973 à 1987 ● 160 000 F en moyenne par an et par ménage ● Dépenses d'alimentation et d'habillement en baisse ● Santé, loisirs, logement, transport en hausse ● Importance de l'économie domestique et parallèle ● Transformation des attitudes et comportements ● Croissance des dépenses de services ● Moindre recours au crédit et surendettement

ÉVOLUTION

Entre 1949 et 1969, la consommation a augmenté au même rythme que le pouvoir d'achat.

Le budget disponible pour la consommation s'est considérablement accru depuis le début des années 50 ; le pouvoir d'achat des ménages a été multiplié par quatre entre 1949 et 1985. Au cours de la période 1949-1969, les dépenses de consommation ont augmenté à un rythme comparable à celui du revenu réel des ménages, soit environ 5 % par an en moyenne.

La première période (entre 1949 et 1959) correspond à celle de la reconstruction, en particulier de l'habitat. Les années 60 ont été marquées par l'ouverture des frontières, l'industrialisation et l'avènement des produits de consommation de masse. C'est dans ce contexte qu'est survenue la crise de 1973.

Entre 1969 et 1973, la consommation s'est un peu ralentie, au profit de l'épargne.

La croissance des revenus des ménages a été particulièrement forte pendant les cinq années qui ont précédé la crise économique : 6,5 % par an entre 1969 et 1973. La croissance de la consommation est restée très élevée (5,6 % par an), mais inférieure à celle des revenus. Les Français ont donc pu reconstituer leur épargne, tout en achetant les biens d'équipement du foyer fabriqués en grandes séries.

Le développement de l'offre industrielle, le rôle incitatif de la publicité et la volonté d'afficher son *standing* par les objets de la modernité (équipement ménager, voiture, vacances, vêtements, etc.) expliquent cette course effrénée aux biens matériels.

Du début de la crise économique jusqu'en 1987, l'accroissement des dépenses de consommation a été supérieur à celui des revenus.

L'arrivée de la crise économique n'a pas modifié les comportements de consommation des Français. Une sorte de consensus social s'est produit pour nier l'existence de la crise. Il a été entretenu par l'attitude des partis politiques, mais aussi des syndicats et des entreprises.

Le résultat de cet état d'esprit commun aux individus et aux institutions est que les Français ont commencé à puiser dans leur épargne pour maintenir leur consommation : entre 1974 et 1981, la consommation s'accroissait de 3,4 % par an alors que les revenus n'augmentaient que de 3,0 %. Le phénomène a été encore plus marqué entre 1981 et 1987. Depuis 1989, la croissance de la consommation en volume est à nouveau inférieure à celle du pouvoir d'achat du revenu disponible (1,3 % en 1991 contre 1,8 %).

> ➤ 39 % des ménages endettés le sont au titre de l'immobilier, 37 % ont contracté un crédit de trésorerie, 24 % sont dans les deux cas.
> ➤ 87 % des familles ayant au moins trois enfants sont endettées, contre 42 % des ménages sans enfant.
> ➤ 38 % des ménages ont souscrit un contrat d'assurance-vie.

Consommation et pouvoir d'achat : la course-poursuite

Evolution de la consommation en volume et du pouvoir d'achat du revenu disponible (taux annuel moyen, en %) :

	1949 à 1959	1960 à 1969	1970 à 1973	1974 à 1981	1982 à 1985	1986 à 1991
• Consommation (en volume)	4,5	5,5	5,6	3,4	1,6	1,9
• Revenu	4,5	5,5	6,5	3,0	0,9	2,5

INSEE

1973, année charnière

Le début de la première crise pétrolière coïncide avec une rupture du rythme de consommation des ménages. Le phénomène est particulièrement net à la baisse pour l'alimentation, l'habillement et l'équipement du logement, à la hausse pour les dépenses de santé et de logement.

Les arbitrages effectués traduisaient, bien sûr, l'évolution des goûts et des aspirations des Français, liée à leur nouvelle échelle des valeurs. Mais ils étaient aussi la conséquence des contraintes économiques nouvelles. Ainsi, l'augmentation du prix de l'énergie a conditionné celle des dépenses de logement qui, outre les loyers, comprennent le chauffage et l'électricité. Les dépenses de transport sont également liées à l'augmentation du prix de l'essence et de celui des voitures, dont la construction nécessite beaucoup d'énergie et de matières premières, elles-mêmes dépendant du prix du pétrole.

Les Français n'ont réussi à maintenir le niveau de ces dépenses qu'en réalisant des économies substantielles sur les deux postes. D'où une diminution de l'achat de voitures neuves au profit du marché de l'occasion constatée alors.

En 1991, les Français ont dépensé 87 % de leur revenu disponible, contre 82 % en 1981.

Jusqu'en 1975, l'épargne avait largement bénéficié de l'accroissement des revenus. Mais la crise allait progressivement réduire l'augmentation du pouvoir d'achat, jusqu'à pratiquement l'annuler pour certaines catégories au cours des dernières années.

Pourtant, les Français sont restés très attachés à la consommation, de sorte que, pour la maintenir, ils ont réduit progressivement leur épargne. Celle-ci ne représentait plus que 10,6 % du revenu disponible en 1987. Un taux qui s'est légèrement accru depuis 1988 (voir *Patrimoine*).

Les Français sont de plus en plus attentifs à leurs dépenses

BUDGET

En 1991, chaque ménage a dépensé en moyenne 190 000 F pour sa consommation (72 000 F par personne).

L'élévation du pouvoir d'achat, presque ininterrompue depuis la fin de la Seconde Guerre mondiale, s'est traduite par un accroissement important de la consommation. Celui-ci s'est accéléré au début des années 70 avec la baisse du taux d'épargne, jusqu'en 1987.

Les changements intervenus dans la répartition des dépenses des ménages sont d'abord liés à l'accroissement du budget disponible ; certaines dépenses ne sont possibles qu'à partir du moment où les besoins primaires sont satisfaits (alimentation, habillement, logement).

Mais les changements reflètent surtout les transformations qui se sont produites dans les

Le logement avant l'alimentation

Evolution de la structure de la consommation des ménages (1991, coefficients calculés aux prix courants, en %) :

	1959	1970	1980	1991	2000*
• Produits alimentaires, boissons et tabac	36,0	26,0	21,4	19,2	16,5
• Habillement (y compris chaussures)	9,3	9,6	7,3	6,3	5,1
• Logement, chauffage, éclairage	9,3	15,3	17,5	20,3	19,0
• Meubles, matériel ménager, articles de ménage et d'entretien	11,2	10,2	9,5	7,7	8,7
• Services médicaux et de santé	6,6	7,1	7,7	9,8	16,4
• Transports et communication	9,3	13,4	16,6	16,1	15,7
• Loisirs, spectacles, enseignement et culture	5,4	6,9	7,3	7,6	8,6
• Autres biens et services	12,7	11,5	12,7	13,0	10,0
CONSOMMATION TOTALE (y compris non marchande)	100,0	100,0	100,0	100,0	100,0

INSEE

* Estimations INSEE

modes de vie et dans l'attitude des Français face à la consommation. Elles apparaissent très clairement dans l'évolution de la part de chaque poste de consommation dans le budget des ménages.

Ces variations indiquent des changements d'allocation des ressources. Mais ces dernières ont augmenté de façon continue depuis une trentaine d'années, de sorte que les consommations en volume ont toutes progressé : entre 1959 et 1989, les dépenses d'alimentation ont presque doublé ; celles de santé ont été multipliées par sept ; celles de loisirs, transports et logement par quatre.

Les dépenses d'alimentation représentent 19,2 % du budget disponible des ménages, contre 27 % en 1970 et 36 % en 1959.

Le poste alimentation comprend les produits alimentaires, les boissons et le tabac. La baisse enregistrée n'est que relative ; les dépenses alimentaires continuent d'augmenter, mais moins que le revenu disponible des ménages.

Cette diminution s'explique d'abord par le fait que les besoins caloriques ont diminué, du fait d'une moindre dépense physique dans la vie professionnelle. Elle s'explique aussi par la concurrence accrue entre les entreprises du secteur agro-alimentaire et le développement des grandes surfaces qui ont eu pour effet de faire baisser les prix.

On observe cependant un changement de tendance très récent. La façon de s'alimenter implique aujourd'hui l'achat de produits à plus forte valeur ajoutée (plats préparés, surgelés), qui entraînent des dépenses supplémentaires (voir *Alimentation*).

La part des dépenses d'habillement est passée de 10 % en 1959 à 6,3 % aujourd'hui.

La baisse relative des dépenses d'habillement est encore plus marquée que celle de l'alimentation. Elle est liée à des raisons d'ordre psychologique (préférence pour des vêtements moins formels et moins coûteux), à la diminution des pressions sociales, en particulier pour les femmes, en faveur d'un renouvellement rapide de la garde-robe (voir *Apparence*). Elle est aussi la conséquence de comportements d'achat orientés vers la recherche du meilleur prix : utilisation massive des périodes de solde ; recours aux circuits de distribution en discount. On constate d'ailleurs une baisse relative des prix depuis 1986.

➤ 70 % des Français jugent utiles les crédits à la consommation proposés dans le commerce.

Les dépenses de santé payées par les ménages représentent 9,8 % de leur budget, contre 7,1 % en 1970.

Elles sont en réalité beaucoup plus élevées puisque les trois quarts des dépenses courantes sont prises en charge par la Sécurité sociale. L'augmentation (en volume plus qu'en dépense effective) des dépenses de santé a été très forte, à l'exception de la baisse de 1987 due au plan de rationalisation des dépenses mis en place par les pouvoirs publics. Elle a été en partie masquée depuis quelques années par la diminution des prix relatifs (augmentation inférieure à l'inflation) liée à la compression des marges de l'industrie pharmaceutique et des pharmaciens.

Cette augmentation est la conséquence des préoccupations croissantes des Français pour leur état de santé. Plus que jamais, la santé apparaît comme un atout dans la vie tant personnelle que sociale et surtout professionnelle ; le « culte de la performance » qui se développe dans nombre d'entreprises implique une forme physique parfaite. C'est donc autant par conviction que par obligation que beaucoup de Français investissent pour entretenir leur capital santé, sachant qu'ils en percevront les intérêts (voir *Soins*).

Les dépenses de loisirs représentent officiellement 7,6 % du budget, mais en fait plus du double.

Les dépenses consacrées aux loisirs regroupent à la fois les biens d'équipement (télévision, radio, hi-fi, photo, sport, etc.) et les dépenses de spectacles, livres et journaux. Elles ont connu une progression régulière depuis une vingtaine d'années, en particulier dans le domaine des biens d'équipement, favorisé par la baisse des prix relatifs. Elles sont la conséquence de l'accroissement du temps libre (voir *Temps*) et du changement de mentalité face à son utilisation (voir *Loisirs*).

> ➤ On compte 16 100 distributeurs automatiques de billets en France, contre 9 400 en 1986. 232 milliards de francs ont été retirés en 1991.
> ➤ Les paiements effectués par carte bancaire ont représenté en 1991 437 milliards de francs pour 1,3 milliard d'opérations.
> ➤ 92 % des Français disposent d'un compte chèques. 30 % en ont deux, 9 % en ont trois ou plus.

La croissance des dépenses est aujourd'hui entretenue par l'apparition de nouveaux produits : lecteurs de disques compacts, Caméscopes, nouveaux types de téléviseurs, ordinateurs familiaux, etc. Il faut préciser enfin que certaines dépenses telles que les vacances ou le restaurant sont comptabilisées à part. Leur poids (7 %) est presque équivalent à celui du seul poste loisirs.

Le logement est le premier poste de dépense (28 % du budget).

Les Français consacrent plus du quart de leurs revenus aux dépenses d'habitation (logement, équipement et entretien). Cette évolution tient d'abord à l'augmentation du nombre d'accédants à la propriété, en particulier en maisons individuelles, plus coûteuses à acheter et à entretenir que les appartements (voir *Logement*). Le poids des remboursements d'emprunts s'est fait aussi de plus en plus lourd, du fait des taux réels en vigueur.

La taille moyenne des logements a augmenté, en même temps que le souci d'en accroître le confort (cuisine, salle de bains...), ce qui entraîne des charges et des dépenses plus élevées. Désormais, les dépenses concernant la seule occupation du logement (loyer et charges, remboursements de prêts, gros travaux d'équipement et d'entretien, énergie, impôts et assurances) sont équivalentes aux dépenses d'alimentation.

Les dépenses de transport et communication évoluent de façon contrastée (16,1 % du budget).

La proportion de ménages disposant d'au moins deux automobiles est passée de 16,7 % en 1979 à environ 25 % aujourd'hui. Cette croissance a entraîné celle des dépenses d'acquisition, d'entretien et d'utilisation. Les dépenses de transport collectifs (train, avion, transports urbains) se sont aussi beaucoup accrues récemment.

Les dépenses de télécommunications ont connu depuis quelques années une forte augmentation, due à l'accroissement de la proportion de ménages équipés du téléphone (90 % aujourd'hui contre 53 % en 1979) ainsi que de la mise à disposition du Minitel aux particuliers. Enfin, les dépenses postales s'accroissent plus fortement depuis 1987, du fait des augmentations de tarifs et de l'obligation d'affranchir les lettres adressées aux caisses de Sécurité sociale.

Les dépenses des autres

Structure de la consommation des ménages dans certains pays (1989, en %) :

	Belgique	Danemark	Espagne	Etats-Unis	FRANCE	Italie	Japon	RFA	Royaume-Uni
• Produits alimentaires, boissons et tabac	19,1	21,3	22,0	13,1	19,4	21,7	20,4	16,5	21,1
• Habillement (y compris chaussures)	7,5	5,5	9,0	6,6	6,5	9,6	6,4	7,7	6,2
• Logement, chauffage, éclairage	16,7	27,4	12,6	19,3	18,8	14,3	19,2	18,4	19,5
• Meubles, matériel ménager, articles de ménage et d'entretien	10,9	6,5	6,6	5,6	8,1	8,8	6,1	8,8	6,9
• Services médicaux et de santé	11,0	1,9	3,6	15,3	9,2	6,3	10,8	14,3	1,3
• Transports et communication	12,9	16,3	15,7	14,5	16,8	12,9	10,2	15,1	17,7
• Loisirs, spectacles, enseignement et culture	6,5	10,0	6,5	10,0	7,3	9,1	10,2	9,0	9,5
• Autres biens et services	15,4	11,1	24,0	15,6	13,9	17,3	16,7	10,2	17,8
TOTAL	100,0	100,0	100,0	100,0	100,0	100,0	100,0	100,0	100,0

Eurostat

Les évolutions constatées en France se retrouvent dans les autres pays européens.

Les frais de santé, les achats de véhicules, les dépenses liées au logement et à l'énergie ont augmenté dans tous les pays de la CEE, et d'une manière générale dans tous les pays industrialisés. A l'inverse, les dépenses d'alimentation et de vêtements ont baissé. Comme en France, les changements de hiérarchie observés s'expliquent par l'évolution des attitudes et des besoins et par l'évolution des prix des différents types de biens et services par rapport à l'inflation (prix relatifs).

Malgré le mouvement de convergence observé, les écarts restent importants entre les pays : les Irlandais consacrent encore 40 % de leur budget à se nourrir, contre seulement 17 % en Allemagne.

▶ 40 % des Français s'entretiennent parfois avec le directeur de leur banque.
▶ De tous les Européens, les Français sont ceux qui aiment le mieux payer leurs dépenses par chèque ou par carte de crédit et le moins en argent liquide.

Les biens durables représentent moins de 10 % des dépenses des ménages.

Après avoir beaucoup augmenté jusqu'au début des années 70, au moment où les Français s'équipaient de télévisions, machines à laver et automobiles, la part des biens durables dans le budget tend aujourd'hui à se stabiliser. L'essentiel des dépenses dans ce domaine est constitué par les achats de renouvellement plutôt que par la première acquisition ; le double équipement (voiture, télévision, etc.) s'étend progressivement à toutes les catégories sociales, en respectant la hiérarchie des revenus.

L'arrivée récente d'une nouvelle génération d'équipements (magnétoscope, ordinateur familial, lecteur de disques compacts, four à micro-ondes, sèche-linge, plaques de cuisson en vitrocéramique...) devrait relancer les dépenses d'équipement des ménages.

En période de décélération du pouvoir d'achat, les ménages tendent à repousser dans le temps certains achats de biens d'équipements, en particulier ceux qui sont les plus coûteux. C'est ce qui s'est produit en 1991.

L'âge des équipements

Age moyen de divers biens durables (à mi-1989, en années) :

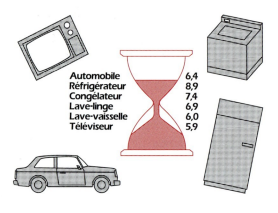

Automobile	6,4
Réfrigérateur	8,9
Congélateur	7,4
Lave-linge	6,9
Lave-vaisselle	6,0
Téléviseur	5,9

INSEE

Le poids des « prix relatifs »

La baisse apparente des achats de biens durables s'explique pour une large part par celle des prix de certains équipements. Ceux des appareils électroménagers ont tendance à diminuer en francs constants (parfois même en francs courants), au fur et à mesure de leur diffusion dans le public, grâce aux économies d'échelle et aux gains de productivité liés au progrès technique et à la concurrence internationale. Ainsi, le prix des montres, des téléviseurs ou, plus récemment, des magnétoscopes, lecteurs de disques compacts et ordinateurs a baissé de façon sensible, alors que les revenus des Français augmentaient.

A l'inverse, le journal, le timbre ou les places de cinéma ont augmenté beaucoup plus vite que l'inflation, ce qui les rend plus coûteux aujourd'hui. Les services, qui sont constitués essentiellement de main-d'œuvre, donc de salaires, se prêtent beaucoup moins bien aux gains de productivité. Ainsi, les tarifs des coiffeurs, des garagistes ou des plombiers ont augmenté plus vite que ceux des biens de consommation.

▶ 77 % des possesseurs de cartes bancaires déclarent ne pas pouvoir s'en passer. 52 % estiment le montant de la cotisation annuelle raisonnable par rapport au service rendu, 46 % l'estiment élevé.

Les dépenses de services continuent d'augmenter.

La distinction entre les achats de produits manufacturés et ceux de services (assurances, réparations, coiffeur...) fait apparaître une nette diminution des premiers au profit des seconds.

L'augmentation des dépenses de services tient pour une bonne part à l'augmentation de celles qui concernent le logement (loyers et charges ou valeurs locatives pour ceux qui sont propriétaires), liée à la recherche d'un meilleur confort. Mais la hausse du prix de l'énergie explique aussi partiellement celle des charges (en particulier le chauffage).

Parallèlement, les dépenses de santé se sont accrues de façon considérable. Il faut rappeler que le montant qui figure dans le budget des ménages ne représente qu'environ 20 % des dépenses totales, le reste étant pris en charge par la Sécurité sociale. En 1991, les dépenses ont continué d'augmenter beaucoup plus que les autres postes, malgré un ralentissement du pouvoir d'achat et la volonté des pouvoirs publics de restreindre ces dépenses. La croissance a été de 7,2 %, soit 3,8 % en volume. L'augmentation a surtout concerné les frais d'analyses de laboratoires et les médicaments. Cet accroissement est d'autant plus notable que les prix des produits et des soins ont augmenté moins vite que l'indice général des prix.

D'une manière générale, les services tendent cependant à tirer les prix vers le haut. En 1991, ceux des services marchands ont augmenté de 4,3 %, soit nettement plus que l'ensemble des prix à la consommation.

19 000 F par ménage

Dépenses des ménages par poste de consommation (1991, en francs) :

• Alimentation	36 290
• Habillement	11 950
• Logement	38 230
• Equipement	14 460
• Santé	18 540
• Transport, communication	30 360
• Loisirs, culture	14 390
• Autres	24 620
Total	**188 840**

INSEE

CRÉDIT

Pour préserver leurs dépenses, les Français ont prélevé sur leur épargne et recouru au crédit.

Dès le début de la crise économique, il est apparu clairement que les Français n'étaient pas prêts à réduire leur train de vie. La plupart ont donc donné libre cours à leur boulimie de consommation en puisant dans leurs bas de laine et en réduisant leur épargne nouvelle, même s'ils se disaient en majorité prêts à restreindre leurs dépenses. C'est ainsi que le taux d'épargne est passé de 18,6 % du revenu disponible en 1975 à 10,6 % en 1987 (avant de remonter à 12,6 % en 1991). L'autre moyen de maintenir et même d'accroître la consommation fut de recourir de plus en plus massivement au crédit, afin d'anticiper sur les revenus à venir.

Un quart des biens d'équipement achetés à crédit

Sept voitures sur dix, un téléviseur sur trois, un magnétoscope sur trois, un lave-linge ou un lave-vaisselle sur quatre sont achetés à crédit. Au cours des trente dernières années, le développement du crédit a sans doute autant fait pour le rapprochement des conditions de vie des Français que la croissance économique. L'acquisition du logement, en particulier, ne serait pas possible pour l'immense majorité des ménages sans le recours au crédit. Mais la tentation est grande de s'endetter au-delà de sa capacité de remboursement, d'autant que les vendeurs distribuent souvent les crédits sans vérifier la situation financière des acheteurs. Le moindre « accident de parcours » (perte de l'emploi, maladie, etc.) suffit alors à déclencher un processus qui peut avoir de lourdes conséquences.

L'endettement des ménages représente les deux tiers de leur revenu disponible, contre 39 % en 1980.

L'encours des crédits aux particuliers se montait en 1991 à 1 700 milliards de francs. La plus grande partie de cette dette concerne les crédits immobiliers (environ 1 300 milliards), mais la forte hausse de ces dernières années est due à celle des crédits de trésorerie, surtout depuis 1985. L'encours des crédits à court terme représentait un peu plus de 700 milliards de francs en 1991.

Malgré cet accroissement spectaculaire, l'endettement des Français se situe dans la moyenne européenne. Il est comparable à celui des Allemands ou des Néerlandais, supérieur à celui des Italiens, mais très inférieur à celui des Britanniques. L'encours des seuls crédits à la consommation ne représente encore que 8 % du revenu disponible des ménages français, contre 14 % en Grande-Bretagne, 16 % en ex-RFA et 29 % aux Etats-Unis.

Le crédit un peu discrédité

Le taux de croissance des crédits à la consommation a dépassé 20 % par an entre 1985 et 1989.
Il a fortement diminué depuis 1990.

La forte hausse de la période 1985-1989 s'explique d'abord par l'arrêt de l'encadrement du crédit en 1985. Elle tient aussi au fait que les Français avaient connu une stagnation de leur pouvoir d'achat et ont voulu profiter des conditions plus favorables de ces dernières années. La troisième raison est liée à l'offre croissante de crédits aux particuliers de la part des banques, à l'aide de moyens commerciaux parfois agressifs.

55 % des ménages ont eu recours au crédit au cours des trois dernières années ; 31 % ont fait appel au découvert bancaire dans les six derniers

mois. 34 % remboursent actuellement un prêt immobilier, autant un crédit à la consommation, 13 % ont les deux types de prêts. Ce sont les familles nombreuses qui sont les plus attirées par le crédit ; les habitants des communes rurales sont plus concernés que ceux des villes, les actifs plus que les inactifs.

Crédit : le retour au calme

Taux d'accroissement de l'encours du crédit à la consommation (en %) :

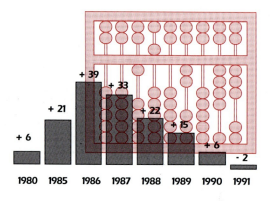

Banque de France

Le surendettement concerne au moins 200 000 familles.

On estime qu'un ménage est surendetté lorsqu'il doit faire face à des remboursements à court ou long terme supérieurs à 60 % de ses revenus. En 1990, 158 000 dossiers avaient été déposés devant les commissions mises en place par la loi Neiertz de février 1989 ; on en comptait 100 000 en mars 1991.

Les plus concernés sont souvent des ménages qui ont un lourd endettement immobilier, auquel s'ajoutent des emprunts destinés à financer l'acquisition de biens d'équipement (voiture, appareils électroménagers ou de loisirs...). Ce sont surtout des personnes de moins de 40 ans (85 %), des ouvriers (57 %), qui habitent dans des communes rurales ou des villes de moins de 100 000 habitants. Ils souscrivent en moyenne 2,3 crédits.

15 % des dossiers de surendettement sont dus à la maladie, 11 % à des problèmes d'emploi, 4,5 % à des divorces, 4,5 % à des accidents. Mais la mauvaise information, en partie entretenue par la publicité faite autour du crédit, est souvent à l'origine des difficultés de remboursement des ménages.

Le temps des restrictions

« Etes-vous obligé (vous ou votre foyer) de vous imposer régulièrement des restrictions sur certains postes de votre budget ? » (en %) :

	1978	1982	1991
Oui	**52,4**	**64,1**	**57,9**
Non	47,6	35,9	42,1

Si **oui**, sur quels postes vous imposez-vous des restrictions ?

• Vacances, loisirs	72,9	80,0	78,1
• Habillement	67,3	71,4	72,0
• Achat d'équipement ménager	57,6	62,1	73,4
• Voiture	42,3	55,3	52,4
• Soins de beauté	45,2	50,9	59,5
• Alimentation	20,0	26,6	24,1
• Logement	26,9	32,0	32,3
• Boissons et tabac	24,2	30,6	28,8
• Dépenses pour les enfants (1)	5,0	21,6	24,9
• Soins médicaux	6,4	8,9	9,7

(1) En 1978, l'item était libellé ainsi : « Education des enfants ».

CREDOC

20 millions de Français possèdent au moins une carte bancaire.

La généralisation des cartes de crédit a contribué à l'accroissement du crédit à court terme. Un Français sur deux en possède au moins une. La grande majorité des cartes (environ 75 millions) sont des cartes privatives fournies par les grandes surfaces, grands magasins, organismes de crédit, sociétés de vente par correspondance, hôtels, compagnies aériennes, etc.

Début 1992, on comptait 19,7 millions de porteurs de cartes bancaires, dont 12,5 millions sont internationales (8,2 millions de Visa et 4 millions d'Eurocard-Mastercard) et 7,2 millions de cartes nationales (Carte bleue, Crédit agricole, Crédit mutuel, etc.).

L'utilisation des cartes bancaires, longtemps réservée aux retraits d'argent dans les billetteries, s'est étendue en même temps que le réseau des commerçants qui l'acceptaient (510 000 en 1992 contre 360 000 en 1986). Les cartes internationales sont acceptées par 6 millions d'établissements dans le monde.

Fraude à la carte

Après avoir atteint un sommet en 1983 (417 000), le nombre des chèques sans provision est en baisse régulière : 200 000 environ. Il en est de même du nombre des utilisations de chèques volés, falsifiés ou contrefaits.
Cette diminution s'explique par le fait qu'un nombre croissant de paiements sont effectués au moyen de cartes bancaires, possédées par 20 millions de Français. La fraude s'est donc en fait déplacée de l'un à l'autre mode de paiement ; 800 000 cartes sont perdues ou volées chaque année. La généralisation des cartes à puce, plus difficiles à contrefaire, devrait se traduire par une diminution de la fraude.

▶ Les Français dépensent en moyenne 3 500 F par an pour l'assurance-vie, ce qui les situe à la sixième place en Europe, derrière les Suisses (7 800 F), les Finlandais (5 300 F), les Britanniques (4 900 F), les Suédois (4 750 F) et les Irlandais (4 000 F).
▶ 42 % des Français ont tendance, plus que ces dernières années, à renoncer à demander un prêt.
▶ 51 % des Français disposent d'une carte bancaire. 75 % d'entre eux l'estiment indispensable.
▶ 69 % des emprunteurs (crédits à la consommation) ne connaissent pas le taux d'intérêt de leur emprunt. 21 % ne connaissent pas le montant de leurs mensualités de remboursement. 29 % ne connaissent pas la durée de leur prêt.

CONSOMMATION

Renversement de tendance en 1991 ● *Valeurs matérielles moins prioritaires* ● *Achats plus rationnels et acheteurs moins fidèles* ● *Vers une domination de la demande* ● *Habitudes de dépenses différentes selon les catégories* ● *Importance de l'économie domestique*

ATTITUDES

L'année 1991 a été le révélateur d'un renversement de tendance en matière de consommation.

La croissance de la consommation des ménages n'a été que de 1,5 % en volume en 1991, après 2,9 % en 1990 et 3,0 % en 1989. Le choc de la guerre du Golfe a confirmé un mouvement qui était déjà prévisible depuis quelques années et amorcée depuis deux ans. La baisse de consommation, sensible pendant tout le premier semestre 1991, s'est accompagnée d'un phénomène beaucoup plus durable, celui d'un changement dans les attitudes et les motivations des consommateurs.

Après s'être étourdis pendant des années dans les délices supposés de la consommation, les Français commencent à se réveiller avec ce qui ressemble fort à une « gueule de bois ». Ils achètent moins, attachent moins d'importance à la mode et au

« paraître ». Leurs achats sont moins impulsifs, plus utilitaires et de moins en moins influencés par la publicité.

De nouvelles attentes à l'égard de l'argent

Consommation de crise

Les comportements de consommation des Français se modifient lors des périodes de crise ou de grande incertitude. Une analyse portant sur la crise de Suez en 1956, l'agonie de la IVe république en mai 1958, les événements de mai 1968 et la vague d'attentats de septembre 1986 fait apparaître des réactions communes : réflexes de stockage massif des produits alimentaires de base ; baisse de fréquentation des spectacles, de certains Salons et des grands centres commerciaux ; annulations dans les agences de voyage.
Ces réactions d'autocensure et de réduction des activités de loisirs sont en général de courte durée. Elles n'infléchissent pas durablement les modes de vie et la consommation car une compensation est observée dans les mois qui suivent la fin de la crise. Le cas de la guerre du Golfe apparaît cependant différent ; le phénomène de rattrapage attendu ne s'est pas produit au cours du second semestre 1991. Ce choc, important sur le plan psychologique, semble avoir servi de révélateur et d'accélérateur à une transformation des mentalités et des comportements qui « couvait » depuis déjà plusieurs années.

Les valeurs matérielles sont moins prioritaires.

82 % des Français déclaraient en 1991 mettre de l'argent de côté, contre 50 % en 1985 ; des chiffres confirmés par l'évolution du taux d'épargne qui s'est redressé depuis 1987, après une baisse ininterrompue de près de dix ans. 62 % étaient d'accord avec l'affirmation selon laquelle « le crédit à la consommation est dangereux et pousse à des dépenses incontrôlées ».
Les enquêtes sur la conception du bonheur montrent que les satisfactions matérielles n'arrivent plus au premier plan des attentes ; l'argent est cité bien après la santé, la réussite de la vie de couple ou le fait d'avoir des enfants. Enfin, l'évolution de certains marchés spéculatifs comme l'immobilier parisien ou l'art, la sensibilité croissante de l'opinion aux questions d'éthique montrent que les attentes ont changé.

Micro-entretien

Cavanna *

G.M.- *La société de consommation est-elle née des choix individuels ou d'une croissance incontrôlée de l'offre des entreprises ?*

C.- Il est certain que les trois quarts au moins de l'activité de l'homme civilisé sont absorbés par des futilités. Pour moi, les gros camions qui circulent à toute allure sur les autoroutes transportent des petits Mickey en plastique ou des bouteilles d'eau minérale. D'abord, on fabrique et puis on oblige les gens à acheter. Créer des besoins, c'est complètement délirant. Tout cela vient de ce que l'homme ne veut pas être un simple animal parmi les autres animaux, un simple tube digestif. Il veut être autre chose.

* Ecrivain, auteur notamment de *Coups de sang* (Belfond).

Les achats sont de plus en plus rationnels.

La stagnation du pouvoir d'achat au cours des années 80 a eu pour effet d'inciter les Français à acheter mieux. Beaucoup se livrent aujourd'hui à une recherche patiente de la « bonne affaire » ; celle qui leur permettra de trouver le bon produit au meilleur prix. Les soldes et promotions diverses, qui n'attiraient autrefois qu'une minorité d'acheteurs souvent modestes, font courir aujourd'hui les représentants de toutes les catégories sociales, y compris les plus aisées. 59 % des femmes déclarent attendre les périodes de soldes pour acheter un vêtement dont elles ont envie.

La perception du rapport qualité-prix est très personnelle. Il ne s'agit pas, le plus souvent, de la qualité intrinsèque des produits, mais de la « satisfaction » qu'ils apportent à l'acheteur. Celle-ci passe souvent par la marque, qui exerce une double fonction de garantie et d'évocation. Elle peut aussi être liée à la provenance du produit (l'exotisme est souvent une valeur ajoutée), à son esthétique (le design est une dimension d'importance croissante), à sa facilité d'utilisation (gain de temps) ou à l'image que lui a conférée la publicité.

Les acheteurs sont moins fidèles.

Leur infidélité s'exprime aussi bien à l'égard des produits que des marques. Leur maturité croissante les pousse à essayer d'autres produits, à privilégier le bouche à oreille par rapport à la publicité, à rechercher les opportunités.

Le phénomène est particulièrement sensible en ce qui concerne les lieux d'achat. Les Français ont réagi favorablement au développement de nouveaux circuits de distribution (dépôts-vente, entrepôts, magasins d'usine, soldeurs, etc.) qui leur permettent d'acheter à meilleur prix. De la même façon, ils hésitent moins à acheter dans les grandes surfaces des produits qui étaient autrefois l'apanage des magasins spécialisés : vêtements, chaussures, produits de beauté, produits alimentaires de luxe.

Moins fidèles à un type de point de vente, les Français le sont également moins à un magasin particulier. Ils fréquentent en moyenne 4 enseignes de grandes surfaces, s'efforçant de répartir leurs achats en fonction des prix et des promotions offertes par chacune d'elles. Plus exigeants, ils acceptent mal les ruptures de stocks dans les magasins, la queue aux caisses des hypermarchés, les dates de livraison non respectées. S'ils souhaitent être conseillés, ils entendent rester maîtres de leurs décisions d'achat.

▶ 390 000 personnes appartenant au secteur du commerce travaillent parfois ou habituellement le dimanche, soit 19 % des effectifs.

Le triomphe du libre-service

Part des différents types de magasins dans les achats alimentaires et non alimentaires (1990) :

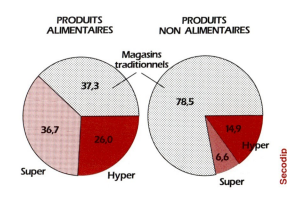

Secodip

VPC : 60 % d'acheteurs

63 % des femmes et 37 % des hommes effectuent des achats par correspondance. 45,6 % achètent au moins occasionnellement des vêtements et sous-vêtements, 30,0 % du linge de maison, 21,7 % des bijoux, 26,8 % des produits de beauté, 16,4 % des jouets, 14,3 % des meubles, 10,4 % de l'électroménager, 10,3 % des produits de bricolage, 8,1 % des fleurs et plantes, 4,9 % des boissons, 4,5 % des produits alimentaires, 1,6 % des produits d'assurance, 1,6 % des objets d'art.

Openers/Secodip dialogue

La consommation tend à s'intérioriser.

La mode et la « frime » qui lui est souvent associée jouent un moindre rôle dans les motivations d'achat. Il devient aujourd'hui plus important de se plaire à soi-même, de trouver une harmonie intérieure que de rechercher un statut social par la consommation. L'ère des gadgets est révolue.

Après avoir longtemps subi la mode des produits complexes que l'on ne parvient pas à faire fonctionner (magnétoscope) ou dont on n'utilise jamais les multiples fonctions (chaînes hi-fi), les consommateurs expriment une demande insistante pour des produits d'utilisation facile. L'influence croissante des femmes dans les décisions de consommation est une autre explication à ce phénomène ; moins sensibles que les hommes aux performances techniques et au « standing », elles font souvent preuve de plus de bon sens dans les achats.

Cette évolution concerne moins les jeunes, qui restent davantage attachés à la consommation, facteur de liberté. Ils sont aussi plus dépendants des modes et des marques qui leur permettent de montrer leur appartenance à un groupe et de se chercher une identité.

Les industriels proposent, les consommateurs disposent

Face à l'accroissement de l'offre, on a pu se demander si le consommateur parviendrait à préserver son libre arbitre. Le doute n'est plus permis lorsqu'on examine la carrière parfois difficile des nouveaux produits. Dans le domaine alimentaire, les produits allégés, qui ont connu un grand succès depuis quelques années, semblent atteindre aujourd'hui leurs limites, au fur et à mesure que les utilisateurs sont mieux informés sur leur composition et sur leur intérêt diététique parfois discutable.

En matière de produits technologiques, le rejet de la montre digitale, pourtant beaucoup moins chère que la montre à cadran classique, est la preuve qu'on ne peut imposer un concept s'il heurte le consommateur potentiel. De la même façon, il aura fallu quelques années aux consoles de jeu pour s'imposer dans les foyers, car les précédentes générations n'intéressaient pas les enfants. Pour les mêmes raisons, les ordinateurs familiaux n'ont toujours pas obtenu la pénétration espérée par les fabricants.

Celle-ci n'émanera plus du seul consommateur, mais de l'individu tout entier, dans sa complexité et, parfois, ses contradictions. S'il est sans doute exagéré de parler de la fin de la société de consommation, il s'agit probablement d'autre chose que d'un simple mouvement d'ajustement provoqué par une conjoncture économique difficile et un malaise social croissant. L'authenticité, l'éthique, l'écologie sont quelques-uns des aspects d'une demande plus générale, qui concerne l'invention et la mise en place d'un nouvel humanisme.

COMPORTEMENTS

Les dépenses de consommation varient d'abord en fonction du revenu...

Dis-moi comment tu dépenses, je te dirai ce que tu gagnes... Le revenu joue un rôle prépondérant dans la façon de consommer et de dépenser. Les écarts sont particulièrement importants en ce qui concerne la consommation des produits « de luxe » comme les voyages organisés, les locations de villas, les frais de résidences secondaires, les services domestiques ou les assurances.

Les dépenses varient aussi selon la catégorie socioprofessionnelle, ce qui est normal dans la mesure où il existe en général une étroite corrélation avec le revenu. Ainsi l'alimentation, qui est pourtant le poste de dépense le moins sensible, pèse

La domination de la demande devrait remplacer celle de l'offre.

La fuite en avant caractéristique de la « modernité » telle qu'elle était vécue dans les années 70 et 80 a montré ses limites. Le besoin de rêve, de matérialisme et de standing s'efface derrière celui d'authenticité, de sérieux, de durable. Avec, en filigrane, une revendication écologique qui s'affirme chaque jour davantage. Il est permis de penser qu'une période est en train de s'achever. Celle d'une surconsommation orientée, voire manipulée, par l'offre des industriels et bruyamment relayée par les médias et la publicité.

La période qui commence devrait être marquée au contraire par la domination de la demande.

Les dépenses dépendent largement des revenus

J. Walter Thompson

Dépenses et métiers

Structure du budget selon la catégorie socioprofessionnelle du chef de ménage (1989, en francs) :

	Exploit. agricoles	Artisans, commerc., chefs d'entrep.	Cadres	Profes. inter- médiaires	Employés	Ouvriers	Retraités	Autres inactifs	Ensem- ble*
• Alimentation	36 225	42 288	47 907	38 300	33 324	33 324	26 609	19 197	32 442
• Habillement	7 933	11 793	20 882	12 774	8 964	8 258	5 703	6 057	9 284
• Habitation	31 258	50 886	75 593	52 084	40 556	40 815	27 834	22 670	40 305
• Santé, soins personnels	9 541	9 504	15 041	12 418	9 641	9 324	11 242	6 907	10 626
• Transports et télécommunications	19 919	29 557	40 634	30 728	19 924	21 570	12 768	10 505	21 209
• Culture, loisirs	7 020	13 589	21 607	14 512	9 985	10 169	6 107	7 668	10 423
• Divers	22 795	49 518	81 494	38 674	23 235	20 158	21 460	65 744	29 580
• **TOTAL**	**134692**	**207236**	**303158**	**199491**	**142750**	**143619**	**111724**	**84 940**	**153870**

INSEE

* Voir chiffres globaux 1991 dans *Dépenses*.

deux fois plus lourd dans le budget des manœuvres que dans celui des professions libérales. Le budget habillement d'un cadre moyen est près de deux fois supérieur à celui d'un agriculteur. Son budget loisirs est près de trois fois plus élevé.

...mais à revenu égal, certaines catégories ont des habitudes de dépenses différentes.

Même lorsque leurs revenus sont proches, les enseignants, les cadres et les professions libérales sont davantage concernés que les agriculteurs ou les ouvriers par les dépenses de résidences se- condaires, d'assurances, de services domestiques ou de taxis. Contrairement à ce que l'on pourrait croire, les agriculteurs (et aussi les ouvriers) consomment davantage de viandes surgelées ou de conserves de fruits que les cadres ou professions libérales.

Les enseignants, les agriculteurs et les profes- sions libérales, davantage présents à leur domicile, sont moins concernés par les dépenses de garde d'enfants.

On note enfin que les cadres du secteur privé dépensent davantage que ceux du public pour leur habillement, les frais de téléphone ou les maga- zines. Globalement, un ménage dont la personne de référence est cadre dépense deux fois plus qu'un ouvrier ou employé et presque trois fois plus qu'un retraité.

Les dépenses suivent un cycle au cours de la vie des ménages.

Le changement le plus important concerne le statut d'occupation du logement. Les jeunes mé- nages sont généralement locataires ; ils dépensent davantage pour l'équipement de leur logement. Dès qu'ils accèdent à la propriété, ils doivent faire face à des charges de remboursement élevées qui modi- fient la structure de leurs dépenses.

Par ailleurs, les dépenses de loisirs (cinéma, disques, vacances) et celles d'habillement prennent une place plus importante pour les jeunes ménages ou ceux qui ont des enfants adolescents. Les dé- penses de luxe concernent surtout les personnes d'âge moyen, entre 35 et 65 ans, qui sont déjà installées.

▶ La contrefaçon de produits et de marques internationalement réputées représente un chiffre d'affaires de 900 milliards de francs par an dans le monde (multiplié par cinq en trois ans). Les marques françaises sont les plus copiées.
▶ Début 1992, la France comptait 872 hypermarchés, 7 240 supermarchés et 5 619 supérettes. 75 % des hypermarchés et 49 % des supermarchés étaient équipés en lecture optique.
▶ 56 % des Français ne sont pas satisfaits du système des codes-barres utilisés dans les grandes surfaces (33 % oui).

Le coût de l'enfant

La présence d'enfants a une grande influence sur la structure des dépenses. Un ménage avec deux enfants consomme trois fois plus de certains produits alimentaires comme le lait frais ou les yaourts et deux fois plus de biscuits, jambon, volaille, œufs, beurre, sucre, chocolat, confiserie, etc., qu'un ménage sans enfant. La présence d'enfants fait en revanche baisser la consommation de vins fins, de whisky ou les dépenses de restaurant.
Le coût annuel d'un enfant unique est estimé à 9 000 F ; il s'élève à 11 000 F par enfant dans le cas d'une famille qui en compte deux. Les dépenses de vêtements, de garde et de scolarité en représentent les trois quarts. Le passage de deux à trois enfants entraîne un surcroît de charges, lié à la nécessité de disposer d'un logement ou d'une voiture plus grands.

Les nouveaux types de ménages ont des comportements de consommation particuliers.

Le ménage type fut pendant longtemps le couple monoactif dans lequel un seul membre exerce une activité professionnelle. Il n'est plus majoritaire ; les ménages *biactifs* sont en effet aujourd'hui plus nombreux. Les ménages biactifs de moins de 40 ans sont en particulier très bien pourvus en biens durables, mais continuent d'investir dans les achats d'équipement. Ils sont largement responsables de l'accroissement du taux de multiéquipement automobile : 32 % ont au moins deux voitures, contre 15 % pour les couples monoactifs.

Parmi les nouveaux types de ménages à forte consommation, il faut citer aussi les *monoménages actifs*, constitués d'une seule personne, qui représentent 25 % des foyers français (et 33 % des foyers parisiens). Ils dépensent davantage pour la vie extérieure et pour les biens et services attachés à la personne que pour l'équipement du logement. Leur dépense vestimentaire est de 4 500 francs par an, contre 2 700 francs en moyenne.

Les *55-64 ans* constituent enfin une catégorie de plus en plus consommatrice. Mieux armés culturellement, physiquement et financièrement que ceux de la génération précédente, ils s'intéressent aux produits utilitaires ou durables et sont mieux équipés en électroménager que la moyenne, bien qu'ils soient aussi assez tentés par l'épargne.

Ces trois groupes représentent au total 65 % des foyers. Leur nombre est en augmentation rapide et ils anticipent un mode de vie et de consommation qui pourrait s'étendre aux autres catégories.

Micro-entretien

Michel-Edouard Leclerc [*]

G.M.- *Quelles sont les principales causes du ralentissement de la consommation ?*

M.-E.L.- D'abord une baisse réelle de pouvoir d'achat. Si on additionne les laissés-pour-compte de la croissance, les smicards, les chômeurs, les RMIstes, les personnes âgées ou retraitées qui perçoivent des petites retraites, cela fait beaucoup de Français qui n'ont pas les moyens de participer à la fête. Le fait nouveau, c'est que les catégories moyennes de revenus, des agents de maîtrise jusqu'aux professions libérales, ont été touchées, à cause de la CSG ou de la taxe d'habitation. Manifestement, ces classes moyennes, qui ont un poids démographique croissant, ont eu en 1991 des achats plus faibles que les années précédentes. On peut aussi parler d'une rétention psychologique pendant le premier semestre, du fait de la guerre du Golfe, d'une déprime évidente. Mais je ne crois pas trop aux effets psychologiques. Je crois davantage aux effets de revenus.

[*] Directeur des Centres Leclerc.

L'économie domestique représenterait plus de 10 000 F par ménage et par mois.

L'économie « parallèle » concerne toutes les activités qui ne sont pas prises en compte dans les statistiques officielles. Une partie de ces activités sont légales. Ce sont les activités domestiques d'autoproduction : bricolage, jardinage, etc. D'autres sont illégales : travail noir, troc, dissimulation fiscale, etc. Par définition, les sommes en jeu ne sont pas mesurables, mais elles sont considérables.

La fabrication à la maison des confitures, des vêtements des enfants, d'un meuble, etc., ou les services que l'on se rend à soi-même (réparation d'une fuite d'eau, montage d'un meuble en kit, déménagement...) représentent environ 50 milliards d'heures par an (37 pour le travail rémunéré) et une valeur estimée entre 35 et 75 % de la production intérieure brute marchande.

Le travail noir représenterait, lui, environ 5 % de la production intérieure brute. On estime que 800 000 personnes exercent en France une activité clandestine et perçoivent chaque année, de la main à la main, plus de 10 milliards de francs sur lesquels aucun impôt, TVA ou cotisation sociale n'est prélevé. Ceci représente une perte de quelque 30 milliards de francs pour la collectivité.

L'accroissement des contraintes économiques est favorable à celui des activités clandestines.

Les causes de l'existence du travail clandestin sont multiples. L'évolution de ces dix dernières années va dans le sens d'un accroissement de la demande en même temps que de l'offre, même si celle-ci est mal cernée.

Le temps disponible des chômeurs, retraités ou préretraités constitue aussi une forte incitation à en consacrer une partie au travail noir. Par ailleurs, le risque de perdre son emploi ou de voir son pouvoir d'achat diminuer amène des particuliers à rechercher des revenus complémentaires. La pression fiscale joue aussi un rôle déterminant, surtout dans certaines entreprises mises en difficulté par l'augmentation de leurs charges.

Au-delà de son aspect illégal et du manque à gagner qu'il représente pour la collectivité, le travail noir permet à un certain nombre de personnes aux prises avec des difficultés d'insertion (ou de réinsertion) dans les circuits économiques officiels de survivre. Il autorise un nombre encore plus grand d'individus à maintenir ou améliorer leur niveau de vie. Il a donc joué depuis une vingtaine d'années un rôle d'amortisseur. Qui sait comment se serait traduit le mécontentement des plus défavorisés s'ils n'avaient pu recourir au travail noir ?

> ➤ La direction générale des fraudes a procédé en 1990 à 104 000 contrôles concernant la publicité sur les prix ; 15 % d'entre eux ont révélé des infractions. Sur les 18 000 contrôles de notes remises aux acheteurs, 10 % étaient en infraction.
> ➤ 62 % des Français sont favorables à l'ouverture des magasins le dimanche, 30 % opposés. 39 % s'y rendraient souvent ou très souvent, 40 % rarement, 19 % jamais. 74 % considèrent que c'est aux commerçants de négocier directement avec leurs salariés les conditions d'une ouverture le dimanche, 21 % que c'est à l'Etat de fixer les règles dans ce domaine.
> ➤ 71 % des Français se rendent au moins une fois par mois dans une grande surface pour faire leurs achats. 47 % considèrent cela plutôt comme une corvée, 44 % plutôt comme un plaisir. 94 % trouvent les prix moins chers que dans les autres commerces.
> ➤ La fraude à l'assurance représente environ 10 milliards de francs par an, l'équivalent de 6 % des primes versées par les assurés.

LE PATRIMOINE

ÉPARGNE

Taux d'épargne en hausse depuis 1988, après six années de baisse • Volonté des Français de mieux gérer leur épargne • Moins d'épargne liquide et désaffection pour les livrets d'épargne • Intérêt pour la bourse, l'assurance-vie et le PEP • Investissements immobiliers en baisse

TAUX D'ÉPARGNE

Le taux d'épargne des ménages a augmenté de façon continue pendant les Trente Glorieuses (1945-1975).

Le taux d'épargne des ménages mesure la part du revenu disponible qu'ils consacrent à l'épargne ou à l'investissement. A l'épargne financière annuelle s'ajoute l'endettement à moyen et à long terme contracté en vue de l'achat ou de l'amélioration d'un logement (ou de l'investissement, dans le cas des entrepreneurs individuels). Ces différentes ressources financières sont utilisées par les ménages sous forme de placement, investissement ou remboursement d'emprunt.

Pendant les trois décennies qui ont précédé la crise économique (1945-1975), le taux d'épargne était passé de 12 % à 20 %, dans un contexte de forte croissance du pouvoir d'achat. Les Français étaient alors l'un des peuples les plus épargnants du monde. Au cours des années 60, l'épargne fut principalement employée à l'acquisition du logement, avec un endettement assez faible.

Le taux d'épargne s'est ensuite maintenu avec des variations assez prononcées entre 1975 et 1981, dans un contexte de croissance ralentie du pouvoir d'achat.

Après être passé de 18 % du revenu disponible en 1981 à 10,6 % en 1987, il remonte depuis 1988.

Entre 1982 et 1987, le taux d'épargne avait baissé de 39 %, sous l'influence d'une baisse de l'inflation (l'expérience montre que les deux facteurs varient dans le même sens). On a assisté entre 1988 et 1991 à une reprise de l'épargne, favorisée par la croissance retrouvée du pouvoir d'achat et la réticence des ménages devant les taux d'intérêt à long terme des prêts immobiliers. La croissance de l'endettement a essentiellement concerné les crédits à la consommation, dont l'encours ne compte encore que pour environ un quart de l'endettement total des ménages.

Epargne et pouvoir d'achat

A dépenses égales, il paraît logique que la hausse ou la baisse du pouvoir d'achat entraîne une variation de même sens de l'épargne. Dans la réalité, les choses ne sont pas aussi claires. Les ménages tendent à profiter des « bonnes années » pour effectuer certaines dépenses (biens d'équipements, voyages, etc.) et à freiner celles-ci pendant les périodes de « vaches maigres ».
Ce phénomène de compensation s'applique surtout à des dépenses à caractère exceptionnel, pour lesquelles la liberté de décision est totale (vacances, équipement...). Il n'en va pas de même pour les dépenses courantes et pour celles qui sont imposées par les circonstances (impôts supplémentaires, remplacement d'une voiture ou d'un équipement...). Globalement, le taux d'épargne reste cependant lié à l'évolution du pouvoir d'achat, même si l'effet a parfois quelque retard sur la cause.

Le bas de laine reprisé

Evolution du taux d'épargne des ménages (en % du revenu disponible brut) :

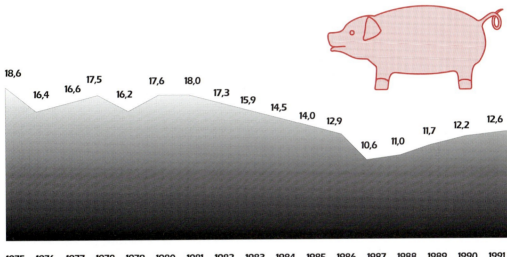

1975 : 18,6 ; 1976 : 16,4 ; 1977 : 16,6 ; 1978 : 17,5 ; 1979 : 16,2 ; 1980 : 17,6 ; 1981 : 18,0 ; 1982 : 17,3 ; 1983 : 15,9 ; 1984 : 14,5 ; 1985 : 14,0 ; 1986 : 12,9 ; 1987 : 10,6 ; 1988 : 11,0 ; 1989 : 11,7 ; 1990 : 12,2 ; 1991 : 12,6

INSEE

La France est l'un des pays où l'épargne a le plus diminué.

La tradition d'économie, souvent associée à l'image des Français, est beaucoup moins sensible aujourd'hui. Pourtant, la France reste dans la moyenne des pays industrialisés, largement derrière l'Italie, le Japon et l'Allemagne, mais devant les Etats-Unis et le Royaume-Uni.

La chute de l'épargne qui s'est produite au cours des années 80 efface la croissance qui s'était poursuivie pendant les trente années d'après-guerre. Elle traduit un changement important dans les mentalités des Français.

▶ Dans le choix d'un produit d'épargne ou de placement, les Français recherchent en priorité la disponibilité de l'argent (66 %), la sécurité (40 %), la possibilité d'obtenir un prêt à un taux intéressant (31 %), une rémunération ou des gains élevés (18 %), un avantage fiscal (12 %).

La reprise récente est la conséquence d'un changement d'attitude.

Les comportements dans le domaine de l'épargne sont d'abord liés à des phénomènes objectifs tels que l'évolution du pouvoir d'achat, le coût du crédit, la rentabilité des placements ou la croissance du chômage, qui pèse sur les revenus. Mais ils sont également dictés par des facteurs subjectifs, qui touchent aux modes de vie et aux systèmes de valeurs.

Cette dimension psychologique joue un rôle de plus en plus important sur l'évolution des besoins des individus. Ainsi, au cours des années 80, la plus grande instabilité familiale et sociale avait renforcé le goût pour le court terme, donc pour la consommation, au détriment de l'épargne. La multiplication et la banalisation des crédits à la consommation ont participé à ce changement des mentalités, mais ils ne l'ont pas créé.

Depuis 1989, on assiste à un retournement dans les rapports que les Français entretiennent avec l'argent (voir *Revenus*). Les craintes vis-à-vis de

Les cigales et les fourmis

Evolution des taux d'épargne dans quelques pays (1991, en % du revenu disponible) (1) :

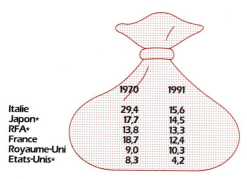

	1970	1991
Italie	29,4	15,6
Japon*	17,7	14,5
RFA*	13,8	13,3
France	18,7	12,4
Royaume-Uni	9,0	10,3
Etats-Unis*	8,3	4,2

* Taux net : amortissement du capital déduit

(1) Les niveaux des taux d'épargne ne sont pas directement comparables d'un pays à l'autre en raison des différences dans les modes de calcul.

PLACEMENTS

Les Français cherchent davantage à gérer leur épargne.

Après avoir longtemps placé l'essentiel de leurs économies à la caisse d'épargne, dans l'or ou dans la pierre (sans oublier les matelas et les bas de laine), les Français ont commencé depuis quelques années à chercher des solutions plus avantageuses. Il faut dire que leurs patrimoines avaient été sérieusement érodés au cours des années 70 par une inflation persistante. Une somme placée en 1970 sur un livret A de Caisse d'épargne avait perdu en 1983 un quart de sa valeur en francs constants. Depuis 1984, les taux d'intérêt réels (déduction faite de l'inflation) sont devenus positifs : 4,5 % en 1991, avec une inflation de 3,4 %. Une situation exceptionnelle pour les épargnants, dont certains ont découvert que le capital pouvait rapporter plus que le travail.

Au cours des années 80, les Français ont découvert la Bourse et l'assurance-vie, dont la croissance a été globalement élevée. Cet engouement pour des placements plus risqués ne traduit pas seulement le souhait des épargnants de mieux préserver leur capital. Il marque aussi leur volonté de prendre un peu plus en charge leur patrimoine, comme le reste de leur vie.

l'avenir ne prédisposent plus à consommer davantage mais à se prémunir contre les aléas de la vie (chômage, maladie) ou améliorer le montant de sa future retraite.

L'argent de côté a la cote

- 68 % des Français sont favorables au développement des formules d'épargne volontaire permettant de compenser la baisse des prestations.
- 66 % font davantage attention qu'il y a quelques années à l'information sur la gestion de l'argent, le choix des placements, la Bourse (33 % non).
- 62 % considèrent que les cartes de crédit et le crédit à la consommation sont des instruments dangereux poussant à des dépenses incontrôlées (36 % estiment que ce sont des moyens d'effectuer ses achats et d'étaler ses dépenses).
- 31 % estiment que l'argent ne doit pas être gaspillé, qu'il faut épargner autant que possible. 23 % pensent qu'il faut en tirer le meilleur parti, profiter des opportunités de placement et d'achat ; 19 % que l'argent est un mal nécessaire ; 16 % qu'il sert à être dépensé, à acheter ce qui plaît ; 10 % qu'il faut l'investir, le faire fructifier.

L'argent des Français n'intéresse pas que les banques

La part des liquidités s'est beaucoup restreinte, au profit des placements financiers.

L'épargne liquide (livrets d'épargne, comptes de dépôt, bons de capitalisation, comptes à terme) ne représente plus que 1,4 % du revenu disponible brut des ménages, contre 9 % en 1971. Dans la même période, la part des placements financiers a considérablement augmenté : 1,2 % en 1970 ; 3,7 % en 1980 ; 6,1 % en 1990.

Confrontés à une stagnation de leur pouvoir d'achat ou à un ralentissement de sa progression, les Français ont cherché à préserver leur consommation en puisant dans leur épargne liquide. A partir de 1987, la reprise économique et conviction que la hausse des prix était maîtrisée ont entraîné une substitution entre les liquidités et les placements, fortement appuyée par des taux d'intérêt réels élevés. Enfin, les Français ont pris conscience de la nécessité d'une épargne longue destinée au financement des retraites. L'assurance-vie représente aujourd'hui un tiers des placements financiers des ménages, trois fois plus qu'en 1985. En 1991, 16 % des ménages avaient souscrit un contrat d'assurance-vie, 8 % un PEP avec assurance retraite complémentaire, 13 % un PEP assurance ou autre épargne.

Les Français jouent placé

Début 1992, 77 % des Français possédaient un livret (caisse d'épargne, bancaire, épargne populaire...) contre 82 % en 1986 et 71 % en 1976.
33 % possédaient un produit d'épargne logement (plan ou compte) contre 29 % en 1986 et 11 % en 1976.
24 % possédaient des valeurs mobilières (actions, obligations, SICAV...) contre 20 % en 1986 et 10 % en 1976.

▶ 36 % des Français estiment que la solution la plus adaptée pour favoriser le développement de formules d'épargne en vue de la retraite est l'adhésion obligatoire à un contrat de groupe dans l'entreprise, avec une participation plus importante de celle-ci (24 % préféreraient une adhésion volontaire). 34 % préféreraient la souscription à titre volontaire d'une formule individuelle.

PEP : un plan d'épargne très populaire

Lancé fin 1989, le Plan d'épargne populaire a connu très vite un succès très supérieur à celui du PER (Plan d'épargne retraite) qu'il remplaçait. En 1990, le PEP avait collecté près de 120 milliards de francs. Il a recueilli 92 milliards en 1991, alors que le PER n'en avait réuni que 10 en trois ans.
Destiné a priori à une clientèle à faible revenu (9,5 millions de plans ont été ouverts, dont un tiers par des ménages non imposables qui bénéficient d'une prime au bout de huit ans), le produit concerne aussi les catégories sociales aisées, intéressées par des allégements d'impôts. Les caisses d'épargne, La Poste, puis les banques et les compagnies d'assurances se sont livrées à une surenchère sur les taux de rendement garantis pour attirer les capitaux.
Un nouveau plan d'épargne à long terme a été créé en 1992.

Les Français ont découvert la Bourse en 1983.

Les efforts des pouvoirs publics pour diriger l'épargne des particuliers vers les valeurs mobilières ont été favorisés par la forte croissance de la Bourse depuis 1983. La période 1983-1986 avait été particulièrement favorable pour les porteurs d'actions : + 56 % en 1983, + 6 % en 1985, + 45 % en 1985, + 50 % en 1986.

Ce climat euphorique, et les privatisations réalisées en 1986 et 1987, avaient décidé un grand nombre de Français à devenir actionnaires : 20 % des ménages à fin 1987, contre la moitié trois ans plus tôt.

Mais le séisme d'octobre 1987, avec une baisse de 30 % de la Bourse de Paris, a remis en question ces comportements. Malgré la forte remontée de 1988 (+ 45 %) et de 1989 (+ 32 %), les petits porteurs devinrent plus hésitants à prendre des risques et privilégièrent les instruments de placements collectifs à vocation défensive ou d'attente (SICAV de trésorerie, fonds communs obligataires ou indiciels...).

Un nouvel effondrement des cours s'est produit en août 1990. Il était effacé en 1991 (+ 15,7 %), tandis que 1992 s'annonçait comme une année en demi-teinte. Début 1992, 64 % des professions libérales possédaient des valeurs mobilières, 50 % des cadres, 18 % des employés et 11 % des ouvriers.

Les années du patrimoine

Performance réelle globale* des placements sur deux périodes (taux annuel moyen en %) :

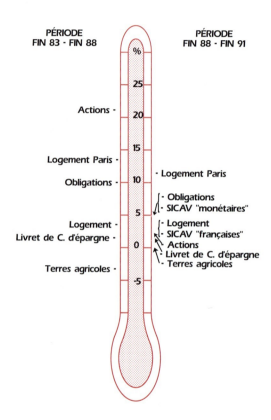

* La performance réelle globale d'un placement prend en compte non seulement le taux de rendement courant, mais aussi la plus ou moins-value éventuelle, correction faite de la hausse des prix.

CERC

▶ 64 % des Français ont l'impression d'être de plus en plus perdus face à la complexité des formules de placements, 32 % ont le sentiment de mieux connaître les différents placements.
▶ 55 % des particuliers détenteurs d'actions sont âgés de plus de 55 ans (1991), contre 46 % en 1987.
▶ Un capital placé à 3 % (intérêts composés) double en trente ans. Placé à 5 %, il est multiplié par 4,3, à 7 % par 7,6, à 10 % par 17,4, à 12 %

Les épargnants se désintéressent des livrets de caisse d'épargne.

Depuis plusieurs années (exception faite de 1987), les Français boudent le livret A, produit traditionnel proposé par les caisses d'épargne, au profit d'autres placements plus attrayants. Cette évolution avait été d'abord favorisée par l'autorisation accordée aux banques de chasser sur les mêmes terres que l'Ecureuil (celles des produits défiscalisés) et donc de drainer une partie importante de l'épargne nouvelle.

Plus récemment, l'offre de produits à forte rentabilité a accentué ce phénomène. Le PEP (souvent proposé avec un taux d'intérêt garanti de 8 à 10 % en échange d'une immobilisation du capital pendant 8 ans), les SICAV de trésorerie et d'autres produits à faible risque ont incité les petits épargnants à vider leurs livrets. La collecte des livrets A a encore diminué en 1991 (2,7 % à 407 milliards de francs) ; celle des SICAV a triplé en trois ans.

Les investissements immobiliers sont en baisse.

L'épargne non financière des ménages, essentiellement constituée par l'immobilier, a fortement diminué depuis quinze ans, passant de 14,5 % en 1977 à 9,4 % en 1991. Pendant la première moitié des années 80, les Français ne se sont guère intéressés à la pierre. Ceux qui souhaitaient acquérir leur logement étaient découragés par les taux d'intérêt des prêts, surtout en phase d'inflation descendante. L'évolution de leur pouvoir d'achat leur avait donné aussi quelques craintes, de même que leur capacité de remboursement, compte tenu des risques pesant sur l'emploi. Enfin, la loi Quilliot avait inquiété les investisseurs. Elle avait été corrigée par la loi Méhaignerie, qui autorisait une certaine liberté dans la fixation des loyers et prévoyait des incitations fiscales.

La situation de l'immobilier reste néanmoins très contrastée selon les types d'investissement et les régions. Paris constitue un marché à part (voir encadré). L'immobilier de loisirs a trouvé un second souffle grâce à la formule de la propriété à temps partagé (voir *Vacances*), qui autorise des investissements d'un montant plus limité. Quant à la terre, elle connaît une désaffection croissante, qui se traduit par une baisse moyenne de 4,5 % par an des prix de location des terres agricoles depuis 1980.

L'immobilier connaît une passe difficile

Paris : chute de pierres

Entre 1985 et 1989, les prix de l'immobilier parisien avaient doublé en francs constants, avec des taux de croissance à deux chiffres : 12,6 % en 1985 ; 12,2 % en 1986 ; 17,6 % en 1987 ; 23,0 % en 1988 ; 21 % en 1989. Début 1990, le prix moyen au mètre carré des appartements s'établissait à 18 847 F, avec un maximum de 33 235 F dans le VIIe arrondissement et un minimum de 13 090 F dans le XXe.
On observait alors une tendance au ralentissement, avec un allongement des délais de vente et une diminution du nombre des transactions. Elle se transformait en véritable crise en 1991, avec une baisse estimée entre 15 et 20 % par les professionnels et 6 % par les notaires. Mais ces chiffres n'ont guère de signification sur un marché où l'attentisme domine ; celui des acheteurs qui considèrent que la baisse va se poursuivre et celui des vendeurs qui attendent la reprise.

➤ 51 % des Français font confiance à des spécialistes pour choisir leurs placements, 47 % cherchent eux-mêmes les placements les plus intéressants.
➤ 25 % des Français détiennent des SICAV ou des fonds communs de placement, 13 % des actions, 10 % des obligations ou emprunts d'Etat. 65 % ne détiennent rien de tout cela.

L'art n'apparaît plus comme la valeur refuge susceptible de remplacer l'or.

L'or, traditionnellement thésaurisé par les Français, ne joue plus depuis des années son rôle de valeur refuge ; après avoir dépassé les 800 dollars en 1980, le prix de l'once évolue depuis entre 300 et 500 dollars. C'est pourquoi certains, parmi les plus aisés, ont cru trouver dans le marché de l'art un nouveau moyen de protéger et d'accroître leur patrimoine.

Entre 1987 et 1990, les prix (en particulier ceux de la peinture) avaient atteint des sommets, reflétant au moins autant les modes que la valeur intrinsèque des œuvres. La forte médiatisation, le besoin grandissant de culture et d'esthétique, joints aux perspectives de plus-values importantes, avaient amené une petite minorité de Français à s'intéresser à ce type de placement.

Mais, comme pour l'immobilier parisien, la « bulle spéculative » s'est dégonflée aussi vite qu'elle était apparue. En 1991, les ventes ont chuté de 25 % à Drouot ; l'art moderne et contemporain et les automobiles de collection, qui avaient connu les hausses les plus fortes, ont été les marchés les plus touchés.

Trente ans de placements

Entre 1960 et 1990, la rentabilité moyenne des placements des Français s'est élevée à 2 %, après déduction de l'inflation et des frais spécifiques à chaque placement, mais avant impôts sur le revenu, la plus-value ou le capital. La terre a été le placement vedette des années 60 avec une hausse de 10 % par an, avant de connaître un déclin régulier, fortement accentué pendant les années 80. L'or a connu de fortes augmentations pendant les années 70 (14 % par an), poussé par l'inflation et la crise pétrolière. L'immobilier, à travers les logements de rapport, s'est assez bien comporté, avec une performance de 2,5 à 3 % par an. Mais la décennie 80 aura été celle des valeurs mobilières, avec une hausse moyenne de 12 % par an, malgré le krach de 1987.

CERC

FORTUNE

900 000 F par ménage • Plus d'immobilier et de valeurs mobilières • Ecarts de patrimoines supérieurs à ceux des revenus • Disparités plus marquées chez les non-salariés • Forte concentration des patrimoines • Inégalités en hausse, mais part de l'héritage en baisse • Renforcement récent des inégalités • 200 000 ménages concernés par l'impôt sur la fortune

PATRIMOINE

Le patrimoine des Français peut être évalué à 900 000 F par ménage.

Du fait de la difficulté à connaître la nature des biens possédés par les Français et surtout leur valeur réelle (souvent très fluctuante), la valeur du patrimoine global des Français ne peut être définie avec la même précision que leurs revenus. On peut cependant estimer le patrimoine principal brut (avant endettement) des ménages à 20 000 milliards de francs en 1991. Il faut y ajouter environ 300 milliards de francs pour l'argent liquide, les objets de collection et les biens d'équipement domestique, 500 milliards pour l'or, autant pour les autres biens d'équipement (voitures, autres véhicules, etc.).

Au total, les Français se partagent donc un magot d'environ 21 500 milliards de francs, soit un million de francs par ménage en moyenne. Il faut retrancher à ce montant celui de l'endettement (crédits à rembourser à moyen et à long terme) : 2 000 milliards, soit 93 000 francs par ménage. Ce qui laisse un patrimoine net d'environ 900 000 francs en moyenne. Il faut noter que les ménages détiennent 75 % du patrimoine national, les entreprises 16,5 % et les administrations 8,5 %.

Enfin, il faut signaler que la moyenne des patrimoines est environ deux fois plus élevée que la médiane (montant tel que la moitié des ménages ont un patrimoine supérieur, la moitié un patrimoine supérieur), du fait du poids très important des ménages les plus riches (voir *Fortune*).

Quel patrimoine ?

Il n'existe pas de définition unique du patrimoine. Si la nature des biens principaux qui le composent n'est guère discutable (liquidités, valeurs mobilières, biens immobiliers, terrains, placements divers), certains experts prennent en compte le patrimoine brut, sans tenir compte de l'endettement des ménages (considérant qu'ils ont la jouissance d'un bien acheté à crédit). D'autres estiment que seul le patrimoine net est le reflet de la réalité.
Un autre débat concerne les « droits à la retraite » accumulés par un ménage. Ceux-ci ne sont en général pas intégrés, car non cessibles ni transmissibles (sauf en partie au conjoint survivant) et difficiles à évaluer. Des définitions élargies du patrimoine sont même proposées, qui incluent l'ensemble du « capital humain » : capacités individuelles liées aux aptitudes et connaissances (innées ou acquises) permettant à chacun d'obtenir tout au long de sa vie des revenus. Mais le patrimoine génétique et le capital financier sont des notions qu'il paraît difficile, voire dangereux, de mélanger.

Le patrimoine moyen des Français a triplé entre 1950 et 1970 (en francs constants). Il a augmenté d'un quart dans les années 70.

Entre 1949 et 1959, le patrimoine moyen des ménages avait augmenté de 4,4 % par an en francs constants (déduction faite de l'inflation). La croissance annuelle avait été encore plus forte entre 1959 et 1969 : 5,9 %. Cette hausse s'expliquait par les très fortes plus-values réalisées dans l'immobilier, l'augmentation des revenus et de l'épargne et l'accroissement du crédit.

Les années 70 ont été beaucoup moins favorables, du fait du fort accroissement de l'inflation, de la mauvaise tenue des valeurs mobilières (les actions françaises ont stagné) et des livrets d'épargne. Au total, le patrimoine moyen s'est tout de même accru d'un quart en francs constants pendant cette décennie.

L'enrichissement national

Evolution du patrimoine moyen des ménages en francs courants et en indice (hors inflation) :

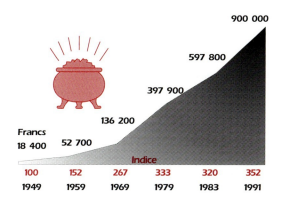

Francs	18 400	52 700	136 200	397 900	597 800	900 000
Indice	100	152	267	333	320	352
	1949	1959	1969	1979	1983	1991

Les années 80 ont vu une faible progression du patrimoine moyen.

Pendant la première moitié des années 80, l'accroissement de la fortune des Français avait été compromis par les effets conjugués d'une inflation persistante, de la stagnation des prix de l'immobilier et de la baisse des terres agricoles. La stagnation des revenus et la réduction du taux d'épargne des ménages avaient renforcé cette tendance.

La situation s'est améliorée dans la seconde moitié de la décennie, du fait de l'évolution favorable des valeurs mobilières (malgré le choc de 1987) dans un contexte de baisse continue de l'inflation et de reprise du pouvoir d'achat. L'évolution des prix de l'immobilier, en particulier à Paris (jusqu'en 1989), est à l'origine de plus-values parfois considérables. Mais globalement, le patrimoine moyen ne s'est guère accru en francs constants pendant les années 80.

Quatre années de revenu

On constate que, sur une longue période, le rapport entre le patrimoine d'un ménage et son revenu disponible reste à peu près constant, autour de 4. Cela signifie par exemple qu'un Français dont le revenu net annuel est de 100 000 francs disposera d'un patrimoine d'environ 400 000 francs. Mais ce rapport tend à augmenter un peu avec le montant du revenu.

Le logement représente près de la moitié du patrimoine.

Depuis le début de la crise économique, la composition des patrimoines s'est transformée. A partir de 1975, la baisse du taux d'épargne des ménages, l'évolution des différents types de placements et les changements d'attitude des Français ont abouti à une recomposition des patrimoines. Entre 1976 et 1992, le taux de possession de valeurs mobilières a plus que doublé, passant de 10 à 24 %. Celui de l'épargne-logement a presque triplé, passant de 11 à 33 %. Enfin, l'assurance-vie s'est taillée une place croissante dans les investissements financiers des ménages. Globalement, la part de l'épargne liquide (livrets, comptes de dépôts, bons, comptes à terme) a beaucoup diminué au profit de l'épargne investie, à la Bourse ou dans des contrats d'assurance-vie.

Entre 1970 et 1988, le patrimoine de logements a décuplé en valeur et sa part dans la fortune des

Le patrimoine au rapport

Evolution de la structure du patrimoine de rapport (en %) :

	1970	1977	1982	1990
• Patrimoine foncier	52	47	44	31
• Valeurs mobilières	24	18	19	45
• Autres placements (épargne liquide)	24	35	37	24
Ensemble	100	100	100	100

CERC

ménages est passée de 32,6 % à 42,5 % (montant moyen : 490 000 F pour les ménages propriétaires). La part des terrains a, elle, nettement reculé (voir graphique), du fait de l'urbanisation. Enfin, le montant des actifs financiers a presque décuplé en huit ans et ils occupent aujourd'hui la même place que le logement dans le patrimoine des Français.

La roue de la fortune

Répartition du patrimoine moyen des ménages en 1988 (en %) :

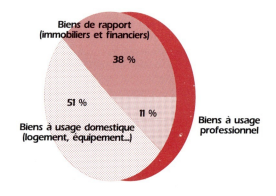

CERC

INÉGALITÉS

Les patrimoines varient de un à vingt selon les catégories sociales.

Entre les industriels, professions libérales et gros commerçants, qui possèdent en moyenne plus de 3 millions de francs, et les ouvriers, qui possèdent environ 400 000 F, l'écart est considérable. Il est d'ailleurs beaucoup plus élevé qu'entre les revenus de ces mêmes catégories. Ceci s'explique principalement par trois facteurs : l'existence d'un capital professionnel ; le poids de l'héritage ; les différences entre les revenus. Les tendances actuelles laissent à penser que les inégalités de patrimoine pourraient continuer de s'accroître au cours des prochaines années.

L'existence d'un patrimoine professionnel explique en partie les écarts entre salariés et non-salariés.

L'exercice des professions non salariées nécessite le plus souvent la disposition de biens et équipements particuliers (les locaux et machines de l'industriel, le cabinet et l'équipement des professions libérales, les terres de l'agriculteur) qui font partie du patrimoine des personnes concernées, pour une valeur parfois importante. Si on soustrait la valeur de ces biens professionnels, on constate que les patrimoines des non-salariés sont beaucoup plus proches de ceux des salariés.

Mais ce phénomène n'est évidemment pas la seule cause des écarts constatés. Les revenus dégagés par les professions non salariées (à l'exception des agriculteurs et de certains commerçants) sont en moyenne supérieurs à ceux des salariés. Ils autorisent donc un niveau d'épargne plus élevé, ce qui accroît d'autant le patrimoine.

L'habit fait le patrimoine

Evolution du patrimoine brut des foyers fiscaux selon la catégorie socioprofessionnelle (en milliers de francs) :

	1991*	1980
• Professions libérales	3 500	2 350
• Exploitants agricoles	2 400	1 067
• Industriels et gros commerçants	2 300	2 234
• Artisans et petits commerçants		882
• Cadres supérieurs	1 650	848
• Cadres moyens	-	357
• Inactifs	-	345
• Employés	450	181
• Ouvriers	420	148

* Estimations à partir des données du CERC.

CERC

➤ 5 % des Français les plus riches détiennent 56 % du capital boursier.
➤ S'ils envisageaient de faire un placement, 35 % des Français le feraient dans le but d'améliorer leurs revenus, 25 % pour accroître leur capital, 17 % pour préparer leur succession, 15 % pour profiter d'un avantage fiscal immédiat.

Chez les salariés, les écarts entre les patrimoines sont beaucoup plus élevés qu'entre les revenus.

Le rapport entre le salaire net moyen annuel des ouvriers et celui des cadres supérieurs est de 2,8 ; celui existant entre leurs patrimoines est de l'ordre de 4. Si la hiérarchie des patrimoines des salariés est très semblable à celle des revenus, les écarts qui les séparent ne sont pas du même ordre. Ainsi, les 10 % de Français les mieux payés perçoivent un tiers des revenus, alors qu'ils possèdent un peu plus de 50 % du patrimoine total.

Ce phénomène s'explique à la fois par les différences d'héritage (il existe une corrélation positive entre le montant de l'héritage reçu au cours d'une vie et le niveau de revenu des personnes concernées) et par les écarts entre les taux d'épargne. Ces derniers sont en général d'autant plus élevés en valeur relative que les revenus sont importants : on ne dépense pas deux fois plus pour son alimentation ou pour sa santé sous le prétexte qu'on gagne le double. On observe par ailleurs que les sommes importantes sont elles-mêmes génératrices de revenus d'épargne plus élevés, ce qui accroît encore les inégalités.

Les écarts à l'intérieur d'une même catégorie sont d'autant plus grands que le patrimoine moyen de la catégorie est élevé.

Au sein d'une même catégorie professionnelle, le patrimoine moyen cache des disparités parfois considérables. Chez les salariés, le phénomène est d'autant plus vrai que l'on monte dans la hiérarchie professionnelle. Ainsi, l'écart entre les patrimoines des ouvriers peut être estimé à 3 ou 4 entre le premier décile (les 10 % ayant les patrimoines les moins élevés) et le dernier décile (les 10 % ayant les patrimoines les plus élevés). L'écart est dix fois plus élevé chez les cadres supérieurs, c'est-à-dire que l'écart entre leurs patrimoines peut atteindre 30 ou 40.

Parmi les non-salariés, les disparités sont encore plus marquées.

Chez les agriculteurs, le capital professionnel peut varier dans des proportions considérables, du petit producteur laitier au gros éleveur ou à l'exploitant très industrialisé. Moins de 1 % des agriculteurs exploitants ont un patrimoine inférieur à 100 000 francs, mais un sur cinq a un patrimoine supérieur à 10 millions de francs. De la même façon, l'outil de travail du patron d'une petite usine artisanale aura une valeur infime par rapport aux actifs d'un grand industriel, même si ce dernier n'en est pas propriétaire à 100 %.

La dispersion est encore plus grande entre les inactifs, dont les situations professionnelles antérieures (lorsqu'ils sont retraités) étaient très diverses : un tiers d'entre eux ont un patrimoine inférieur à 100 000 francs, mais un tiers en ont un supérieur à un million de francs.

Chasse aux privilégiés mais aussi aux privilèges

Le poids de l'héritage dans le patrimoine tend à diminuer.

L'enrichissement important des personnes âgées au cours des dernières décennies fait qu'environ les deux tiers des Français sont appelés à bénéficier d'héritages ou d'actes de donations. Les montants reçus sont très variables : 10 % des successions représentent près de la moitié du capital transmis. 8 % des successions dépassent un million de francs.

Si l'on hérite aujourd'hui plus souvent, la part des héritages dans les patrimoines tend à diminuer. Ce phénomène s'explique par la croissance de la richesse accumulée en propre par les ménages et l'allongement de la durée de vie, qui fait que l'on

Les ingrédients de la fortune

Taux de détention d'actifs financiers et immobiliers en 1992, selon la catégorie socio-professionnelle (en %) :

	Livrets (1)	Epargne logement (plan ou compte)	Valeurs mobi- lières (2)	Assu- rance- vie	PEP- PER	Assurance- vie Retraite (en- semble)	Posses- sion de la rési- dence princi- pale	Posses- sion d'un autre loge- ment	Loge- ment (ensem- ble)	Terrains
• Agriculteurs exploitants	75	50	24	33	23	55	80	25	83	82
• Artisans, commerçants, chefs d'entreprise	73	46	31	48	20	64	73	35	81	21
• Cadres, prof. libérales	82	60	49	41	18	56	64	38	77	10
dont										
- *professions libérales*	*76*	*67*	*60*	*57*	*23*	*66*	*76*	*44*	*84*	*10*
• Professions intermédiaires	81	47	28	35	15	47	57	19	65	9
• Employés	75	41	18	30	15	43	39	14	47	8
• Ouvriers	74	34	10	30	12	39	45	10	50	8
• Retraités	83	21	29	19	15	32	67	22	71	20
• Autres inactifs	66	16	14	15	10	21	37	13	41	7
Ensemble	**77**	**33**	**24**	**27**	**14**	**39**	**55**	**20**	**61**	**14**

(1) Livrets A, B, bleu, épargne populaire, CODEVI.
(2) Obligations, actions cotées et non cotées, FCP, SICAV et parts de SCPI.

hérite de plus en plus tard. D'après certaines estimations, la part héritée du patrimoine représenterait environ 40 % du patrimoine total.

Parmi les biens légués, les logements comptent pour environ la moitié (48 % en 1989), les liquidités et bons 16 %, les terres 14 % (dans la moitié des cas, des exploitations agricoles), les valeurs mobilières, créances, fonds de commerce, immobilier d'entreprise 17 %, les meubles, bijoux, or et œuvres d'art 5 %.

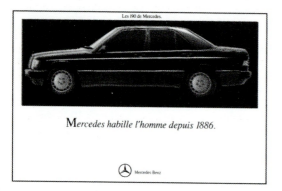

Les attributs de la fortune se font plus discrets

▶ 69 % des Français estiment que la France est un pays où les transmissions de patrimoine sont taxées à un niveau plutôt élevé, 18 % à un taux normal, 2 % à un taux faible.
▶ La donation est pour 35 % des Français la solution la plus avantageuse sur le plan fiscal pour assurer la transmission de leur patrimoine. 21 % estiment que c'est le testament, 18 % la donation-partage, 13 % l'assurance-vie, 9 % un placement avantageux, 6 % un contrat de mariage, 3 % une société civile familiale.
▶ Le patrimoine des ménages représente près de trois fois le montant du produit intérieur brut de la France.

150 000 F par Français

Deux Français sur trois héritent au moins une fois au cours de leur vie. Les héritages transmis chaque année représentent un montant total de 150 milliards de francs, dont 110 milliards lors des décès et 40 milliards par donation.
Chaque Français transmet en moyenne 450 000 F à ses héritiers, qui reçoivent chacun 150 000 F.
Un enfant d'ouvrier hérite en moyenne de 60 000 F, un enfant d'agriculteur de 190 000 F, un enfant de cadre supérieur de 300 000 F (sommes nettes de droits).
L'ensemble des droits de succession devrait rapporter 27 milliards de francs à l'Etat en 1992, contre 6,3 en 1980. Ce montant représente 3,4 % du PNB, contre 2,4 % aux Etats-Unis et 1,1 % en Allemagne, mais 5 % au Japon. Dans les deux tiers des cas, les héritages proviennent de parents âgés de plus de 80 ans. L'âge moyen au premier héritage est de 42 ans. 43 % des bénéficiaires de donations (150 000 par an) ont plus de 50 ans.

Les évolutions récentes vont dans le sens d'un renforcement des inégalités de patrimoine.

Le système de « reproduction sociale » reste très fort en France, où la mobilité professionnelle entre les générations est peu développée. Les enfants de familles aisées sont plus nombreux que les autres à exercer des professions non salariées et en tout cas des métiers à revenus élevés.

Pour des raisons semblables, les écarts entre les héritages perçus par les différentes catégories sociales tendent naturellement à reproduire et à accroître ceux existant entre leurs patrimoines respectifs.

Enfin, les années récentes ont montré que les patrimoines les plus importants obtenaient les rendements et les plus-values les plus élevés. Leurs propriétaires bénéficient en effet d'une meilleure information sur les opportunités existantes, d'un meilleur service auprès des intermédiaires financiers et de frais réduits sur les opérations effectuées dans la mesure où ils sont répartis sur des sommes plus importantes. Chacun de ces facteurs va dans le sens d'un renforcement des écarts dans le temps.

Aujourd'hui 4 % des ménages ont un patrimoine supérieur à 2 500 000 F et 11 % un patrimoine inférieur à 20 000 F.

RICHESSE

Le Club des riches reste très fermé.

Plus encore que les revenus, les patrimoines sont en France très concentrés. Le « Club des riches », dont le droit d'entrée peut être fixé autour de 5 millions de francs, reste très fermé. Les seuls salaires, même élevés, sont dans la plupart des cas insuffisants pour y accéder. D'autres types de revenus sont nécessaires, ceux par exemple des professions indépendantes, qui facilitent la création d'un capital. Mais c'est encore l'héritage qui constitue le moyen le plus sûr d'entrer dans le club.

L'instauration de l'impôt sur les grandes fortunes, en 1981 puis en 1988, et les efforts des médias pour répondre à la curiosité du public ont permis d'éclairer en partie le mystère qui entoure depuis longtemps les grosses fortunes.

1 % des ménages les plus fortunés détiennent près de 20 % du patrimoine total. Les 10 % les plus fortunés en possèdent 54 %. Les 10 % de ménages les moins fortunés en possèdent une part infime (0,1 %).

La structure très étirée des patrimoines à l'intérieur de chaque catégorie sociale ne doit pas cacher l'énorme concentration du capital. La moitié la moins fortunée de la population ne possède que 6 % du patrimoine global, alors que les 10 % les plus riches en détiennent plus de la moitié. La répartition du patrimoine est beaucoup plus inégale que celle des revenus : les 10 % de revenus les plus élevés ne représentent que 28 % de la masse totale des revenus.

La concentration est particulièrement forte à Paris, où 10 % de ménages fortunés se partagent 74 % de la fortune, contre 52 % en province. Elle est aussi plus forte chez les agriculteurs et les membres des professions libérales que chez les ouvriers ou les employés. L'âge est un autre facteur important : le patrimoine des 40-60 ans (tranche d'âge où il est maximum) est onze fois plus élevé que celui des moins de 30 ans.

▶ L'ensemble des logements détenus par les Français représente un montant de 8 500 milliards de francs.

La fortune concentrée

Répartition du patrimoine entre les ménages (1988, par décile, en %) :

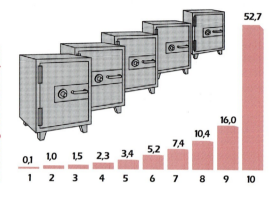

Les riches et l'argent

- 94 % des Français ayant un revenu annuel d'au moins un million de francs estiment qu'ils ont mérité les moyens financiers ou patrimoniaux dont elles disposent (4 % de l'avis contraire).
- 74 % estiment que leur situation est principalement le résultat de leur travail, 52 % de leurs qualités personnelles et de leur talent, 40 % de l'enseignement qui leur a été prodigué, 38 % de leur milieu social et culturel, 28 % de la chance, 23 % de leur naissance, 6 % de leurs relations.
- 89 % ne regrettent pas leur appartenance à une catégorie sociale privilégiée, 1 % quelquefois.
- 71 % pensent qu'il n'y a pas de niveau de richesse à partir duquel il est inutile de travailler davantage car on ne sait pas quoi faire de son argent (13 % de l'avis opposé).
- Ce qui leur manque le plus sur le plan personnel : le temps de lire (39 %) ; le temps de s'occuper de leur famille (33 %) ; pouvoir influer davantage sur la destinée de la France (31 %) ; le temps de s'occuper d'eux-mêmes (20 ; ne pas pouvoir dépenser autant d'argent qu'ils en auraient parfois envie (14 %) ; l'amitié désintéressée (10 %).
- 51 % pensent que l'argent corrompt, 43 % non.
- 41 % trouvent normal que l'on puisse « s'enrichir en dormant », 28 % non.
- 35 % ont déjà eu envie de « tout plaquer », 64 % non.

Les « petits riches » ont plus d'immobilier, les « gros riches » plus de valeurs mobilières.

Les actifs non professionnels sont à peu près également répartis entre les biens immobiliers et les valeurs mobilières et liquidités. Les immeubles de rapport constituent 53 % du parc immobilier, les résidences principales en représentent 22 %, les résidences secondaires 12 %.

C'est la part relative de l'immobilier et des valeurs mobilières qui différencie le plus les fortunes. Si toutes disposent généralement d'un capital immobilier élevé en valeur absolue, celui-ci reste le plus souvent relativement constant quel que soit le niveau de la fortune. Ce sont ensuite les portefeuilles de valeurs mobilières qui font la différence. Dans beaucoup de cas, celles-ci sont en fait des biens professionnels détenus par les gros industriels.

200 000 ménages sont concernés par l'impôt sur la fortune.

Entre 1982 et 1986, 100 000 foyers fiscaux environ avaient payé l'impôt sur la fortune. Ils sont environ le double à être concernés par l'impôt de solidarité sur la fortune (ISF) instauré en 1988, dont le seuil était de 4,4 millions de francs en 1992. En réalité, les détenteurs de grosses fortunes sont plus nombreux, car l'ISF exonère les biens professionnels et les œuvres d'art, qui représentent des sommes considérables, ainsi que d'autres biens.

La plupart des grosses fortunes se sont constituées en peu de temps, du fait de « coups » financiers réussis (OPA, OPE) ou de créations d'entreprises dans certains secteurs (informatique, mode, cosmétiques, distribution...). Selon différentes estimations, il y aurait en France une quarantaine de milliardaires en francs actuels, qui ont accumulé leur fortune en faisant prospérer des entreprises ou en héritant.

▶ 34 % des Français ont déjà reçu un héritage, 66 % non. 10 % des 18-24 ans en ont reçu, 14 % des 25-34 ans, 25 % des 35-49 ans, 56 % des 50-64 ans, 63 % des 65 ans et plus. Dans 20 % des cas, des conflits ou tensions sont apparus entre les héritiers.

Deux poids, deux mesures

Poids des catégories sociales dans le patrimoine total comparé à leur poids démographique (en %) :

	Poids financier	Poids démographique
Salariés actifs :		
• Cadres supérieurs	11,9	7,4
• Prof. intermédiaires	9,7	12,4
• Employés et ouvriers	14,2	33,5
Indépendants actifs :		
• Agriculteurs	7,4	3,1
• Autres	19,8	7,8
Inactifs :		
• Anciens salariés	22,1	21,4
• Anciens agriculteurs	4,5	4,3
• Anciens indépendants	5,0	2,1
• Autres	5,4	8,2
Total	100,0	100,0

L'ISF concerne environ 200 000 foyers

➤ Le record de vente aux enchères en France est celui des *Noces de Pierrette* de Picasso, vendu 300 millions de francs en 1989 à Drouot.

LOISIRS

LE BAROMÈTRE DES LOISIRS

Enquêtes auprès de la population de 18 ans et plus ; pourcentages des réponses positives aux affirmations (1), (3) et (4) ; cumul des réponses « bien d'accord » et « entièrement d'accord » à l'affirmation (2). L'enquête Agoramétrie n'a pas été effectuée en 1990.

1. « Je suis obligé de m'imposer des restrictions sur mon budget vacances-loisirs » (%) :

51 49 51 49 47 51 49 44 47 45

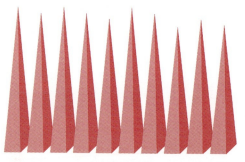

1982 83 84 85 86 87 88 89 90 91

2. « On est pris pour des abrutis à la télévision » (%) :

50 50 46 48 36 46 54 55 65

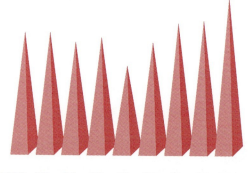

1982 83 84 85 86 87 88 89 91

3. « Faites-vous partie d'une association sportive ? » (%) :

17 17 18 20 19 19 20 21 18 21

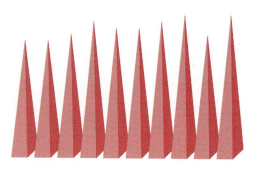

1982 83 84 85 86 87 88 89 90 91

4. « Faites-vous partie d'une association culturelle, de loisirs ? » (%) :

12 13 12 12 12 15 17 17 18 18

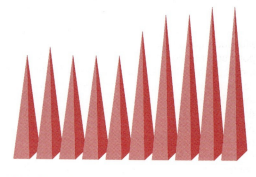

1982 83 84 85 86 87 88 89 90 91

LE TEMPS LIBRE

CIVILISATION DES LOISIRS

Temps libre d'une vie trois fois plus long que temps de travail ● Dépenses de loisirs en augmentation ● Loisir-récompense remplacé par loisir-activité ● Refus du réel et société de simulation ● Importance du jeu et du « voyage »

TEMPS ET ARGENT

Les Français consacrent de plus en plus de temps à leurs loisirs.

Le temps libre d'une vie est presque trois fois plus long que le temps de travail : environ 25 ans pour un homme depuis la naissance, alors que le temps de travail et de scolarité en représente moins de 10 (voir *Temps*). Le temps libre ne cesse d'ailleurs de s'accroître : entre 1975 et 1985, il est passé de 3 h 28 à 4 h 04 par jour. Cette augmentation de 35 minutes a surtout profité à la télévision, qui s'est octroyé 26 minutes supplémentaires. Le reste s'est réparti entre la pratique sportive (8 minutes par jour contre 3 en 1975), les sorties et spectacles (8 minutes contre 5), les jeux (11 minutes contre 8).

En 1991, on estime que le temps de fréquentation moyen des médias est proche de 6 heures par jour. Il est supérieur au temps total de loisir du fait de la duplication de certaines activités : on peut regarder la télévision en mangeant, écouter la radio en travaillant, lire un journal dans les transports en commun ou même devant la télévision (voir graphique ci-dessous).

Loisirs et médias

Temps journalier de fréquentation des médias par la population adulte (1991, en heures) :

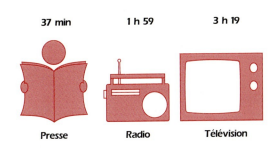

Total 5 h 55, dont 2 h 33 d'attention exclusive portée aux médias

CESP

▶ Sur les 36 000 communes, 9 418 ont au moins une bibliothèque, 5 985 une école de musique, 2 732 une salle de spectacle, 2 009 un musée, 1 848 un centre culturel.
▶ Le budget de l'Opéra de Paris était de 549 millions de francs en 1990, contre 188 en 1980.
▶ Pour 44 % des Français, l'installation d'Eurodisney en France est un signe de perte d'identité de la culture française au profit de la civilisation américaine (50 % de l'avis contraire).
▶ Les expositions qui ont attiré le plus de visiteurs dans les musées nationaux : Toutankhamon (1967, 1,2 million) ; Renoir (1985, 793 000) ; Manet (1983, 735 000) ; Gauguin (1989, 623 000) ; Turner (1983, 548 000).

Travail-loisirs :
le principe des temps communicants

Un actif est occupé en moyenne environ 10 heures par jour par son travail, les transports et les travaux « forcés » (tâches ménagères, courses, obligations diverses). S'il consacre 8 heures au sommeil, il lui reste donc 6 heures de temps éveillé. La moitié est consacrée aux repas, à la toilette et à d'autres activités répétitives, de sorte que son temps disponible pour des activités librement choisies est de 3 heures par jour.

En supposant que son temps de travail quotidien diminue d'une heure par jour ouvrable, sa semaine passant par exemple de 39 à 34 heures, cette réduction représente 12,8 % de son temps de travail. Mais le temps de loisir disponible sera alors de 4 heures au lieu de 3, soit 33 % de plus.

La part du loisir dans l'emploi du temps de la vie bénéficie donc d'un très important effet de levier. Ce principe des « temps communicants » a des conséquences considérables sur le fonctionnement de la société, car il en change les priorités.

Les Français dépensent de plus en plus d'argent pour leurs loisirs, au total environ 15 %.

En 1991, les Français consacraient en moyenne 7,6 % de leur budget disponible aux dépenses de loisirs, spectacles, enseignement, culture. La croissance réelle des dépenses de loisirs est plus élevée qu'il n'y paraît pour deux raisons principales.

La première est que les dépenses de loisirs concernent aussi d'autres postes. Ainsi, le poste transports comprend une partie des dépenses telles que les vacances ou les sorties ; il a augmenté de façon importante, bien qu'une large part soit due à l'accroissement du prix de l'énergie, très sensible depuis le début des années 70. De la même façon, certaines dépenses d'alimentation peuvent être considérées comme partie intégrante des loisirs : repas de fête, réceptions entre amis.... Le poste habillement comprend aussi certains achats de vêtements affectés spécialement aux loisirs (sport...). En considérant ensemble ces différentes composantes, on arrive à une dépense totale supérieure à 15 % du revenu disponible global, soit le double du seul poste loisirs-culture.

La seconde raison est que la part consacrée aux équipements (téléviseurs, magnétoscopes, etc.) et biens consommables (disques, cassettes, etc.) a été réduite par la baisse régulière des prix relatifs depuis une vingtaine d'années. Cela signifie que les Français peuvent acquérir des équipements de plus en plus performants, tout en dépensant moins.

Au total, il apparaît donc que les Français consacrent aux activités de loisirs une place et un budget croissants. Celui-ci devrait d'ailleurs continuer de s'accroître au cours des prochaines années, le seul poste loisirs-culture passant de 7,6 % aujourd'hui à 10,6 % en l'an 2000.

L'écrit avant l'audiovisuel

Répartition des dépenses culturelles des ménages (1990, en %)* :

- Presse — 21,0
- Imprimerie, édition — 16,0
- Spectacles et autres services — 15,1
- Appareils son et image — 12,6
- Appareils radio, téléviseurs — 11,8
- Disques, cassettes — 10,9
- Antiquités — 7,4
- Films, pellicules — 2,7
- Cinéma — 2,5

* Montant total par ménage : **7 340 F**

Ministère de la Culture et de la Communication

Le prix des loisirs

Les prix des équipements et produits culturels ont connu en dix ans des évolutions très contrastées (en partant de l'indice 100 en 1980) :

. Théâtre et concerts : 302
. Journaux : 218
. Cinéma : 213
. Livres : 212
. Redevance et abonnement télévision : 167
. Travaux photo : 166
. Disques et cassettes : 126
. Appareils photo : 126
. Appareils cinéma : 111
. Téléviseurs : 93
. Radios : 84

A titre de comparaison, l'inflation était à l'indice 184 en 1990.

INSEE

➤ 95 % des Français connaissent les pin's.

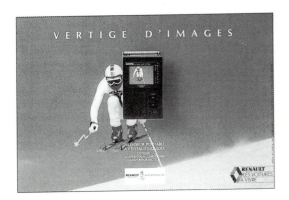

L'image moins chère que l'écrit

Les outils du loisir

Evolution de l'équipement de loisirs des ménages (en %) :

	1973	1981	1991
• Téléviseur	86	93	96
dont :			
- un seul poste	*	83	62
- plusieurs postes	*	10	34
- un poste couleur	9	52	92
• Magnétoscope	*	2	47
• Chaîne hi-fi	8	29	61
• Electrophone	53	53	70
• Magnétophone	15	54	40
• Appareil photo	72	78	85
• Caméra	12	15	9
• Caméscope	*	*	9
• Instrument de musique	33	37	40
• Baladeur	*	*	48
• Livres	73	80	87**
• Disques	62	69	74**
• Disques compacts	*	*	26
• Cassettes son	*	54	69**
• Cassettes vidéo	*	*	24**

* La question n'avait pas été posée
** 1989

Ministère de la Culture et de la Communication/Secodip

Loin de retarder le développement des loisirs, la crise des années 70 l'a accéléré.

On aurait pu penser que le coup d'arrêt à la croissance et ses conséquences sur la vie des ménages allaient donner un coup d'arrêt à l'évolution amorcée dans les années 60. Il semble au contraire que la crise économique ait accéléré le mouvement vers une société postindustrielle. La montée du chômage a posé en effet le problème du partage du travail et donc celui d'une nouvelle réduction de sa durée. Or, c'est de la réduction du temps de travail que se nourrit le temps de loisir.

L'accroissement du temps libre et celui du pouvoir d'achat ont largement favorisé le développement du loisir. Mais sa reconnaissance en tant qu'activité sociale majeure supposait en outre un état d'esprit différent. C'est le sens de l'évolution de ces dernières années. De sorte que la civilisation des loisirs n'est plus aujourd'hui un mythe, ni une perspective à moyen terme.

▶ La France compte 39 510 monuments historiques protégés, dont 13 565 classés et 25 845 inscrits.
▶ 64 % des Français de 60 ans et plus ont lu au moins un livre au cours des douze derniers mois, contre 74 % dans l'ensemble de la population. 43 % ont écouté des disques ou cassettes, contre 73 %. 24 % sont allés au cinéma, contre 49 %. 23 % sont allés visiter un musée, contre 30 %.

MENTALITÉS

Le ressort de la société actuelle n'est plus le travail, mais le loisir.

Au cours des vingt-cinq dernières années, les Français ont subi plusieurs chocs : culturel en Mai 68, économique en 1973, politique en 1981, idéologique en 1982, financier en 1987, psychologique en 1991. Chacun d'eux a eu des effets sur les mentalités et sur la diffusion de nouveaux modes de vie. Il ne s'agit plus seulement, pour un nombre croissant de Français, d'équilibrer les « figures imposées » de la vie (le travail, les activités contraintes) par des « figures libres » (les activités de loisirs). Il s'agit au contraire de mélanger les unes et les autres pour en faire une vie plus riche, plus équilibrée et, finalement, plus agréable.

C'est dans cette recherche d'une plus grande harmonie entre travail et loisir que se définit peu à peu le portrait de l'« honnête homme » de cette fin de XXe siècle.

Le loisir n'est plus une récompense, mais une activité.

Il fallait autrefois « gagner sa vie à la sueur de son front » pour avoir droit ensuite au repos, forme primaire du loisir. L'individu se devait d'abord à sa famille, à son métier, à son pays, après quoi il pouvait penser à lui-même.

Les plus âgés sont encore très sensibles à cette notion de mérite, indissociable pour eux de celle de loisir. Mais, pour les plus jeunes (la frontière se situe vers 40 ans), le loisir est un droit fondamental. Plus encore, peut-être, que le droit au travail, puisqu'il concerne des aspirations plus profondes et plus personnelles. Il n'y a donc aucune raison de se cacher ni d'attendre pour faire ce que l'on a envie de faire, bref pour « profiter de la vie ».

Ce changement de mentalité traduit la priorité accordée au présent...

Le principe de jouissance est devenu prioritaire par rapport à celui de réalité. Au cours des années 80, les Français (et les Françaises, phénomène inédit) ont ainsi redécouvert l'existence de leur corps et cédé à leurs pulsions naturelles pour le jeu, la fête, la liberté. Le déclin des valeurs religieuses n'y est pas étranger. Des notions comme l'esprit de sacrifice ou la recherche d'un paradis après la mort tiennent de moins en moins de place dans la vie quotidienne.

Les Français organisaient jusqu'ici leur vie autour de leurs obligations. Les plus jeunes souhaitent aujourd'hui l'organiser autour de leurs passions.

... et la prépondérance de l'individu sur la collectivité.

Dans la conception du loisir, deux visions très différentes de la vie s'opposent. La première est optimiste et athée. Elle pose en principe que tout homme est mortel et qu'il lui faut donc tenter de s'épanouir au cours de son existence terrestre. Son objectif est de maîtriser sa vie et de la conduire le plus librement possible. Dans cette optique, le cheminement des dernières décennies peut être regardé comme un progrès. Les sociétés occidentales ont avancé sur la voie difficile d'un individualisme de type humaniste, auquel beaucoup aspiraient depuis longtemps.

La seconde vision est à la fois pessimiste et mystique. La tendance actuelle, qui privilégie l'individu et le court terme par rapport à la collectivité et à l'éternité, est ressentie comme l'amorce d'une décadence qui menace les sociétés développées. Car l'individualisme ne paraît guère compatible avec la vie en société. Avec lui se développent les risques d'antagonisme entre des intérêts divergents. En refusant l'effort, la solidarité et le sacrifice, les hommes se condamnent à une fin prochaine.

Le choix serait donc entre l'individualisme forcené, condition de l'épanouissement de l'homme, et la référence à des valeurs transcendantales et collectives, sans lesquelles le monde ne pourrait survivre. La première solution peut conduire à l'égoïsme, la seconde au totalitarisme. Entre ces deux écueils, la société devra naviguer avec précision. Sur son itinéraire, la civilisation des loisirs n'est sans doute qu'une étape.

Les loisirs sont de plus en plus un moyen d'échapper à la réalité.

En matière de loisirs, les Français adoptent des comportements qui traduisent à la fois leur insatisfaction par rapport au présent et leur angoisse vis-à-vis de l'avenir. Les outils et les pratiques de loisirs sont souvent des moyens de substituer le rêve à la réalité.

La société onirique

On trouve les manifestations de cette tendance dans la plupart des activités de loisirs. Les films qui font le plus d'entrées racontent des histoires fantastiques ou en forme de contes de fées. Les romanciers contemporains, tels Djian, Modiano ou Le Clézio inventent des personnages sans chair dans des histoires sans lieux. La peinture moderne est de plus en plus intérieure et de moins en moins descriptive. Les sculpteurs ne reproduisent pas des formes ; ils donnent du volume et du poids à des images abstraites. La photographie, la bande dessinée, les clips musicaux mettent en scène des héros symboliques qui évoluent dans des univers oniriques. La musique, de Jean-Michel Jarre à Michaël Jackson, utilise des synthétiseurs qui créent des sonorités propres à favoriser le rêve.

La publicité, qui participe de toutes ces disciplines artistiques, cherche aussi de plus en plus souvent à transcender la réalité du produit qu'elle vante : décors, acteurs, éclairages, angles de prise de vue, montage contribuent à inscrire les images publicitaires dans un « autre monde ».

Les produits de distanciation

Les équipements qui permettent de rester en relation avec le monde, sans être en contact direct avec lui, sont de plus en plus répandus dans les foyers. La télévision, et son complément naturel le magnétoscope, en sont les meilleurs exemples : début 1992, 34 % des ménages disposaient de plusieurs récepteurs ; 47 % possédaient un magnétoscope. L'évolution technologique est bien sûr à l'origine de cette évolution. Les innovations en matière de télévision (écran géant, son stéréo, câble, réception satellite...), le magnétoscope, le Minitel, l'enregistrement sur disques compacts, l'ordinateur, les consoles vidéo, la modulation de fréquence sont autant d'incitations à profiter des loisirs audiovisuels dans de meilleures conditions. L'accroissement du nombre de programmes ou d'activités disponibles à partir de ces équipements a lui aussi contribué à ce mouvement. Mais ce développement n'aurait pu être aussi rapide s'il n'avait rencontré de véritables attentes de la part des consommateurs. Ce n'est pas par hasard que l'on assiste depuis quelques années à la création de « foyers-bulles » pourvus des moyens de télécommunication les plus modernes, mais protégés vis-à-vis de l'extérieur. C'est que les Français souhaitent se mettre à l'abri des « agressions » de toutes sortes : délinquance, pollution, bruit, présence de la pauvreté, etc.

Le jeu occupe une place croissante dans les loisirs.

L'engouement croissant pour les jeux de toutes sortes s'inscrit aussi dans ce désir, souvent inconscient, de rêver sa vie. Le Loto est devenu pour des millions de Français un acteur potentiel de leur destin personnel ; le seul susceptible de transformer leur existence, de la dévier ou seulement d'en enjoliver le cours (voir *Argent*).

Les chaînes de télévision ont bien compris l'importance de la part du rêve et multiplient les occasions de « gagner ». Autour de la *Roue de la fortune*, des émissions de jeux (souvent importées des Etats-Unis) se sont installées sur toutes les chaînes et servent de locomotives aux journaux de 20 heures tout en accroissant les revenus publicitaires.

Les films et les séries sont devenus des prétextes à concours. Du voyage exotique au four à micro-ondes, la panoplie des gains proposés n'a de limite que celle de l'imagination. Car les producteurs savent que la carte du rêve coïncide avec celle de l'audience et de la rentabilité.

Le mythe du « voyage » se développe.

Le contenu symbolique du mot « voyage » est très fort. On peut, au sens propre, changer de lieu, d'identité, d'activité, d'habitudes, bref de vie. C'est sans doute pourquoi l'idée de voyage occupe une place croissante dans la vie des Français, qui sont de plus en plus nombreux à s'accorder des périodes de rupture et de liberté, réparties tout au long de l'année (voir *Vacances*).

Mais on peut aussi voyager au sens figuré, partir de soi-même comme on part de son pays ou de sa région. Le rêve en est le véhicule essentiel, l'imagination le support. Ce type de voyage est largement favorisé par l'environnement médiatique : images de synthèse, créations artistiques, publicité, jeux de toutes sortes.

Ce n'est donc pas un hasard si la drogue prend une place croissante dans les sociétés développées. Le « voyage » auquel elle conduit n'a rien à voir avec ceux proposés dans les catalogues. Il est avant tout une fuite, en marge d'une société dans laquelle beaucoup ne trouvent pas leur place.

> ➤ Les dépenses des ménages pour la culture représentent environ 4 % de leur consommation totale.

La société de simulation

On pourrait croire que les activités de loisirs les plus modernes cherchent à recréer des univers existants, dans une sorte d'ambiance hyperréaliste. En fait, elles s'en inspirent pour mieux les transcender. Ainsi, les villages du Club Méditerranée sont des recréations de lieux et de modes de vie qui n'existent que dans l'imagination.

Les parcs aquatiques du type Center Parcs ou Aquaboulevard à Paris recréent une ambiance tropicale, mais ils sont organisés autour d'une bulle de verre, cocon protecteur contre les intempéries, la pollution, les maladies, le froid. Le but est d'éviter les inconvénients de la réalité, afin que seul le rêve demeure.

Les images de synthèse, les jeux vidéo et les techniques de « réalité virtuelle » sont d'autres exemples, plus sophistiqués, de cette volonté de simuler la vie. En modifiant les rapports entre le réel et l'imaginaire, en ouvrant à l'homme de nouveaux horizons, ces nouveaux outils ne vont pas seulement modifier les modes de vie. Ils vont aussi remettre en cause les notions de temps et d'espace et d'autres questions philosophiques sur le passé et l'avenir de l'humanité.

par la civilisation qu'ils ont fondée. La réalité ne devrait plus alors les effrayer, de sorte qu'ils pourront vivre leurs loisirs sans en faire un moyen privilégié d'échapper au quotidien.

> ▶ Le budget de la culture représentait 12 milliards de francs en 1991 (1 % du budget général) : 8,1 milliards de dépenses ordinaires et 4,0 milliards de crédit de paiement (dépenses d'équipement). Il n'était que de 3,0 milliards en 1981 (0,47 % du budget général).

Le refus du réel est lié à la perception actuelle du monde et de son avenir.

L'examen des tendances qui structurent les pratiques actuelles en matière de loisirs appelle deux réflexions. La première est que les Français semblent s'être précipités dans le loisir plutôt pour fuir une réalité qui les inquiète que pour vivre mieux ou « être » davantage. La démarche n'est donc pas a priori positive. Elle conduit à la seconde réflexion : cette attitude de refus du réel sera-t-elle durable ou évoluera-t-elle en fonction du contexte économique, social, politique, environnemental ?

On est tenté de penser que la situation actuelle est transitoire et que le réalisme retrouvera ses droits dès lors que l'horizon apparaîtra moins lourd de menaces. C'est d'ailleurs ce à quoi on a commencé à assister depuis un an ou deux, avec les changements d'attitude en matière de consommation (voir *Argent*). Mais il faudra du temps pour que les craintes actuelles (environnement, sida, chômage, risques technologiques, etc.) s'éloignent ou disparaissent, en admettant que ce soit possible.

Les hommes devront donc s'accommoder de l'incertitude tout en réparant les erreurs commises

PRATIQUES

Diversification et renouvellement des activités ● Rôle dominant de l'audiovisuel ● Importance croissante de la musique ● Pratique sportive plus individuelle ● Facteurs de discrimination : instruction, sexe et surtout âge ● Pratiques plus fréquentes et variées dans les villes, surtout à Paris

ACTIVITÉS

Les activités de loisirs sont plus diversifiées.

L'importance prise par les loisirs à domicile n'a pas empêché les Français d'accroître leurs activités à l'extérieur de chez eux (restaurants, discothèques, vie associative). Les activités sportives, culturelles, manuelles tendent à se diversifier.

Ce mouvement a été largement favorisé par l'accroissement du temps libre et du budget consacré par les ménages à leurs loisirs. La diffusion des équipements de loisirs a beaucoup progressé, ainsi que les pratiques qui s'y rattachent (voir *Civilisation des loisirs*).

L'amélioration de l'offre de services culturels par l'intermédiaire des équipements collectifs a également joué un rôle dans cette évolution : 79 % des Français ont accès dans leur commune à une bibliothèque, 73 % à une école de musique, 67 % à une école de danse, 58 % à une troupe de théâtre, 53 % à une salle de spectacle, 50 % à un centre culturel.

On observe un renouvellement des pratiques, mais l'audiovisuel joue un rôle dominant.

Les pratiques traditionnelles étaient centrées autour du livre, du spectacle et des visites à caractère culturel. Si elles n'ont pas disparu des loisirs des Français, force est de constater que l'image et le son jouent aujourd'hui un rôle central. L'équipement audiovisuel des ménages s'est considérablement accru, ainsi que leur fréquence et leur durée d'utilisation (voir *Médias*). Cette évolution, favorisée par l'innovation technique, s'est produite au détriment de l'écrit, en particulier du livre, même si les dépenses liées à ce type de support continuent d'occuper la première place.

Les oppositions entre les genres (livre et bande dessinée, musique classique et rock, télévision et cinéma...) se sont estompées. En vieillissant, les adultes n'ont pas abandonné les activités qu'ils pratiquaient lorsqu'ils étaient plus jeunes. Enfin, le « tout culturel » caractéristique des années 80 a valorisé des activités autrefois considérées comme mineures : bande dessinée, cuisine, couture, publicité, rock, rap, tag, etc.

La musique tient une place croissante dans la vie des Français.

On constate une spectaculaire progression de l'écoute de la musique, sur disques, cassettes ou à la radio. Là encore, la diffusion des baladeurs et des disques compacts, l'amélioration des chaînes hi-fi et des postes de radio FM ainsi que la baisse des prix ont largement favorisé le mouvement. Près des deux tiers des ménages possèdent une chaîne hi-fi contre 8 % en 1973 ; 67 % des 15-19 ans ont un baladeur.

La proportion de Français qui écoutent des disques ou cassettes au moins un jour sur deux a doublé en quinze ans, passant de 15 % en 1973 à 33 % en 1989. L'augmentation de l'écoute touche toutes les catégories de population sans exception, et tous les genres de musique, du jazz au rock en passant par la musique classique et l'opéra.

Le phénomène est cependant plus marqué chez les jeunes. La moitié des 15-19 ans écoutent des disques ou cassettes tous les jours, le plus souvent du rock.

Quinze ans de loisirs

Evolution de quelques pratiques de loisirs (en %) :

	1973	1981	1989
Proportion de Français ayant pratiqué l'activité suivante :			
• Regarder la télévision tous les jours ou presque	65	69	73
• Ecouter la radio tous les jours ou presque	72	72	66
• Ecouter des disques ou cassettes au moins une fois par semaine	66	75	73
Au moins une fois au cours des 12 derniers mois :			
• Lire un livre	70	74	75
• Acheter un livre	51	56	62
• Aller au cinéma	52	50	49
• Aller dans une fête foraine	47	43	45
• Visiter un musée	27	30	30
• Visiter un monument historique	32	32	28
• Assister à un match sportif (payant)	24	20	25
• Aller à une exposition (peinture, sculpture)	19	21	23
• Aller dans un zoo	30	23	22
• Aller à un spectacle ou concert de :			
- théâtre	12	10	14
- rock ou jazz	7	10	13
- music-hall	11	10	10
- musique classique	7	7	9
- cirque	11	10	9
- danse	6	5	6
- opéra	3	2	3
- opérette	4	3	3

Ministère de la Culture et de la Communication

Le nombre des activités sportives s'est lui aussi accru et il est de plus en plus fréquent d'en pratiquer plusieurs, de façon plus ou moins suivie. Des sports nouveaux ou récents comme le base-ball, le golf, l'offshore, le canoë kayak, le tir à l'arc ou le vol libre ont de plus en plus d'adeptes, mais restent encore marginaux. Certains sports comme le jogging et l'aérobic sont en perte de vitesse, même si ces deux activités comptent encore beaucoup d'inconditionnels.

D'une manière générale, les Français cherchent moins à obtenir des performances et à aller au bout d'eux-mêmes qu'à entretenir leur forme ; le sport-plaisir prend le pas sur le sport-souffrance.

INÉGALITÉS

La démocratisation des loisirs n'est pas encore faite.

Si l'accroissement de l'écoute de la musique et de la télévision touche l'ensemble des catégories sociales, les pratiques culturelles traditionnelles sont encore peu diffusées. La fréquentation des concerts (surtout de rock et de jazz) et celle des expositions, monuments et musées ont augmenté, mais leur public ne s'est guère élargi. Les trois quarts des Français n'ont encore jamais assisté à un spectacle de danse ou à un concert de musique classique, plus de la moitié ne sont jamais allés au théâtre et n'ont jamais vu d'exposition.

Malgré les efforts d'équipement et de communication réalisés depuis quelques années en matière de loisirs, surtout culturels, c'est toujours dans les mêmes catégories sociales que l'on trouve les pratiquants.

Le sport devient plus individuel.

Les Français sont globalement plus nombreux à pratiquer une activité sportive : un sur deux est concerné, mais seulement un sur cinq peut être considéré comme un sportif régulier. Les sports individuels (tennis, jogging, marche...) ont pris le pas sur les sports collectifs, qui sont peu pratiqués par les femmes.

➤ **Les monuments les plus visités (1990) :** l'abbaye du Mont Saint-Michel (826 000 entrées) ; l'arc de triomphe de l'Etoile (775 000) ; le château de Chambord (730 000) ; la Sainte-Chapelle (696 000) ; le château du Haut-Kœnigsbourg (591 000) ; les tours de Notre-Dame de Paris (452 000) ; le château d'Azay-le-Rideau (425 000).
➤ **Les musées les plus visités (1990) :** Louvre (3,4 millions d'entrées payantes) ; Versailles (2,5) ; Orsay (2,0) ; Picasso (340 000) ; Fontainebleau (291 000) ; l'Orangerie (254 000).

Les exclus du loisir

- Au cours de leur vie, 82 % des Français (15 ans et plus) ne sont jamais allés à l'opéra.
- 82 % n'ont jamais assisté à un concert de jazz.
- 77 % ne sont jamais allés voir une opérette.
- 76 % n'ont jamais assisté à un spectacle de danse.
- 75 % n'ont jamais assisté à un concert de rock.
- 71 % n'ont jamais assisté à un concert de musique classique.
- 62 % n'ont jamais visité une galerie d'art.
- 57 % ne sont jamais allés dans un parc d'attraction.
- 55 % ne sont jamais allés au théâtre.
- 46 % n'ont jamais assisté à un match sportif payant.
- 45 % ne sont jamais allés dans une discothèque.
- 28 % n'ont jamais visité un monument historique.
- 26 % n'ont jamais visité un musée.
- 12 % ne sont jamais allés au cinéma.
- 7 % ne sont jamais allés au restaurant.

séparent le plus les Français les plus diplômés de ceux qui le sont moins. On retrouve des écarts de même nature entre les professions, dont on sait qu'elles sont fortement corrélées au niveau de formation.

Ces inégalités de comportement ne peuvent être expliquées par les seules différences de revenus. Le jogging, la visite des musées ou les promenades ne sont pas des activités coûteuses. Elles sont cependant ignorées ou presque des catégories ayant les niveaux d'instruction les moins élevés. Plus que des raisons d'ordre matériel, ce sont les différences culturelles qui sont à l'origine de ces inégalités. Le manque d'habitude, le manque de références et la peur de se mélanger à d'autres catégories sociales restent des freins importants à un élargissement de la pratique culturelle.

L'instruction, le sexe et l'âge sont encore des facteurs de discrimination majeurs.

On trouve d'un côté les Français de la « vieille école », pour qui les loisirs sont ce quelque chose en plus qui complète et agrémente la vie courante, faite de travail, de contraintes et de devoirs. De l'autre côté, les « modernes » considèrent le loisir comme un droit fondamental, au service de leur épanouissement personnel.

A travers ces deux Frances s'opposent deux visions de la vie et de la société. Ces deux catégories de Français sont séparées principalement par trois caractéristiques : l'âge, le niveau de formation et, à un moindre degré, le sexe. Le temps consacré, le type d'activité pratiqué, l'état d'esprit sont très différents d'une catégorie à l'autre. A tel point que les classes sociales, qui semblaient jusqu'ici s'estomper, tendent à se reformer autour des loisirs.

La pratique varie beaucoup avec le niveau d'instruction.

D'une façon générale, la pratique des loisirs augmente avec le niveau scolaire. La quasi-totalité des activités, à l'exception des loisirs dits de masse (radio, télévision) et des jeux d'argent du type Loto ou PMU, sont pratiquées par ceux dont le niveau d'instruction est au moins équivalent au baccalauréat. Les activités de type culturel (lecture, pratique de la musique, théâtre, musées, etc.) sont celles qui

Loisirs : le plus court chemin vers le bonheur ?

Les hommes pratiquent plus d'activités que les femmes, mais les écarts diminuent.

Actives ou non sur le plan professionnel, les femmes disposent en moyenne de moins de temps libre que les hommes (voir *Emploi du temps*). De plus, certaines activités de loisir restent différenciées selon le sexe. Ainsi, le sport apparaît comme une occupation majoritairement masculine, bien qu'un net rapprochement ait eu lieu depuis quelques années.

Loisirs et instruction

Différences de pratiques culturelles en fonction du degré d'instruction (1989, en % de la population de 15 ans et plus) :

	Aucun diplôme ou CEP	BEPC	CAP	Bac ou équivalent	Etudes supérieures
• Lit un quotidien tous les jours	47	35	43	39	45
• Lit régulièrement un hebdomadaire d'information	6	14	12	30	41
• Lit régulièrement une revue de loisirs	4	9	10	18	24
• Regarde la télévision tous les jours ou presque	80	79	73	60	52
• Possèdent des disques compacts	5	12	10	20	23
• Ne font pas de sorties ou visites*	24	9	5	6	5

* Liste de 24 activités : restaurant, musée, cinéma, brocante, bal, match, zoo, galerie d'art, spectacle, opéra, etc.

Dans le domaine des médias, les femmes inactives constituent la clientèle privilégiée des radios. Mais elles regardent moins la télévision et lisent moins les journaux que les hommes. Le théâtre les attire plus que les hommes, qui préfèrent le cinéma ou les stades (côté gradins).

Le sexe des loisirs

Différences de pratiques culturelles en fonction du sexe (en % de la population de 15 ans et plus) :

	Hommes	Femmes
• Lit un quotidien tous les jours	47	39
• Lit régulièrement un hebdomadaire d'information	17	13
• Lit régulièrement une revue scientifique	13	6
• Ecoute la radio tous les jours pour les informations	59	41
• Regarde la télévision tous les jours ou presque	71	74
• A lu au moins un livre au cours des 12 derniers mois	73	76
• Fait une collection	27	20
• Fait de la photographie	13	9

On pratique plus les loisirs dans les villes que dans les campagnes.

Certains types de loisirs sont indépendants de l'endroit où l'on habite, comme la lecture, l'écoute de la radio ou de la télévision. Les différences sont alors assez peu sensibles entre les petites et les grandes villes, sauf à Paris, où la multiplicité des autres formes de loisirs possibles (en particulier de type culturel) entre en concurrence avec ces activités.

D'autres types de loisirs nécessitent par contre des équipements ou des infrastructures spécifiques. Or, les petites communes sont généralement beaucoup moins bien équipées que les grandes : 3 % des communes rurales ont un musée, contre 22 % des communes urbaines ; 19 % ont une bibliothèque (contre 73 %) ; 2 % ont un cinéma (contre 26 %) ; 4 % ont une salle de spectacle (contre 31 %) ; 7 % ont une librairie (contre 62 %).

▶ Si on leur donnait 50 F, les 10-15 ans s'en serviraient en priorité pour aller au cinéma (39 %), devant l'achat d'un disque ou d'une cassette (20 %), boire ou manger avec les copains (14 %), acheter un livre (12 %), acheter une BD (6 %).
▶ 88 % des Français sont allés au cinéma au moins une fois dans leur vie.

L'âge des loisirs

Différences de pratiques culturelles en fonction de l'âge (en % de la population concernée) :

	15-19	20-24	25-34	35-44	45-54	55-64	65 et +
• Lit un quotidien tous les jours	26	29	31	44	50	57	58
• Lit régulièrement un hebdomadaire d'information	10	19	17	20	14	13	8
• Possède un magnétoscope au foyer	36	30	30	32	24	17	6
• Possède des disques compacts	15	17	12	13	11	7	2
• N'a lu aucun livre au cours des 12 derniers mois	14	19	20	23	29	32	38
• Ne fait pas de sorties ou de visites*	4	8	9	10	17	21	32
• Fait une collection	41	29	24	22	22	19	14

* Liste de 24 activités : restaurant, cinéma, musée, brocante, bal, match, zoo, galerie d'art, spectacle, opéra, etc.

Ministère de la Culture et de la Communication

Paris, ville de culture

En matière de loisirs, Paris occupe une situation particulière. Les Parisiens pulvérisent les moyennes nationales dans la plupart des activités. Ils sont à peu près trois fois plus nombreux que la moyenne à pratiquer les diverses formes d'activités culturelles : 28 % ont assisté au cours de l'année à un concert de rock contre 10 % en moyenne nationale, 26 % à un concert de musique classique (contre 9 %), 21 % à un concert de jazz (contre 6 %), 11 % sont allés à l'opéra (contre 3 %), 43 % au théâtre (contre 14 %), 81 % au cinéma (contre 49 %). Leur pratique sportive est également plus forte : 20 % jouent au tennis au moins de temps en temps contre 13 % en moyenne nationale, 30 % pratiquent le jogging (contre 23 %), 28 % font de la gymnastique (contre 20 %).

▶ On comptait 29 écoles de musique en Ile-de-France en 1990, contre 11 en 1980 (conservatoires nationaux et écoles nationales).
▶ 65 % des 15-24 ans vont au moins une fois par an dans une boîte de nuit, contre 26 % de l'ensemble des 15 ans et plus. 25 % vont à un concert de rock, contre 10 %. 60 % vont à une fête foraine contre 45 %. 20 % vont dans un parc d'attractions contre 14 %.

L'âge reste le facteur le plus déterminant dans les pratiques de loisirs.

On pourrait imaginer que l'âge mûr est aussi l'âge d'or des loisirs : les contraintes familiales sont moins nombreuses (les enfants ont acquis leur autonomie), les possibilités financières sont supérieures et c'est l'âge où l'on bénéficie en général d'une

Culture et loisirs : un mariage consommé

plus grande stabilité personnelle et professionnelle. Les chiffres montrent qu'il n'en est rien.

Il est frappant de constater l'écart existant entre les moins de 45 ans et leurs aînés, surtout en ce qui concerne les activités extérieures. Parmi les très nombreuses activités existantes, deux seulement augmentent avec l'âge : la lecture des journaux et le temps passé devant la télévision. Les autres (sports, spectacles, activités de plein air, activités culturelles, etc.) diminuent rapidement avec l'âge.

Les plus de 45 ans sont les représentants d'une autre génération, pour laquelle la civilisation des loisirs n'est qu'une invention récente. Nés avant la Seconde Guerre mondiale, ils ont dû consacrer plus de temps au travail qu'au loisir, pour des raisons souvent matérielles. Certaines activités considérées comme normales aujourd'hui leur paraissent sans doute un peu futiles. Et, même si elles tentent certains, les autres considèrent qu'il est trop tard pour les pratiquer.

D'ici une génération, la civilisation des loisirs devrait concerner l'ensemble de la population.

L'évolution de la pratique des loisirs témoigne des changements de mentalités intervenus dans la société. Les écarts observés dans le temps permettent de mesurer le chemin, considérable, qui a été parcouru, et qui se traduit notamment par une participation croissante des femmes. On observe également une forte persistance des inégalités liées au niveau d'instruction, surtout dans la pratique des loisirs « culturels ». La césure entre les moins de 45 ans et les plus âgés est le signe concret et spectaculaire du passage, en une génération, de la civilisation industrielle à un autre type de civilisation, dans lequel les loisirs occupent une place prépondérante. Cette césure se déplace chaque année d'un an, de sorte que, d'ici une génération, la civilisation des loisirs devrait être une réalité pour l'ensemble des Français.

➤ 66 % des 15-24 ans sortent au moins une fois par semaine, contre 38 % des 15 ans et plus. 28 % font partie d'une association sportive, contre 17 %.
➤ 48 % des agriculteurs et 36 % des ouvriers non qualifiés ne lisent aucun livre contre 25 % de l'ensemble des Français (15 ans et plus) et 3 % des cadres et professions intellectuelles supérieures.
➤ 60 % des cadres, 44 % des professions intermédiaires et 21 % des ouvriers ont visité un musée au cours des 12 derniers mois (30 % des Français de 15 ans et plus).

LES MÉDIAS

TÉLÉVISION

95 % des foyers équipés, 34 % multi-équipés, 47 % ont un magnétoscope ● Insatisfaction par rapport aux programmes et généralisation du zapping ● 3 h 19 par jour et par personne en 1991 ● Ecoute plus forte vers 13 h et 21 h, le dimanche, en hiver ● 42 % d'audience pour TF1 ● 38 % de « fictions » ● Offre de programmes différente de la consommation

HABITUDES

La télévision est le principal loisir des Français.

Au cours de sa vie, un Français passe plus de temps devant le petit écran qu'au travail : environ 9 années, contre 8 années de travail (voir *Emploi du temps*). Les enfants scolarisés consacrent aussi plus de temps au petit écran qu'à l'école : environ 900 heures par an, contre 800 heures de classe. Le temps passé devant la télévision continue de s'accroître régulièrement ; en 1991, il représentait 3 h 17 par jour en moyenne, soit l'essentiel du temps libre. 24 % des Français ne passent jamais une journée sans regarder la télévision (32 % souvent, 29 % de temps en temps).

Début 1992, 95 % des foyers étaient équipés, (92 % avec la couleur).
34 % disposaient de plusieurs postes.
17 % avaient un décodeur Canal Plus.

En 1950, 297 privilégiés étaient équipés de « l'étrange lucarne » sur laquelle ils pouvaient suivre quelques émissions expérimentales. Aujourd'hui, la quasi-totalité des ménages disposent d'au moins un téléviseur. Le taux de multi-équipement a plus que doublé depuis 1981, passant de un ménage sur dix à un sur trois.

Ceux qui ne le sont pas sont des réfractaires, dont beaucoup préfèrent d'autres activités de loisir, souvent de type culturel : c'est pourquoi on les trouve surtout parmi les jeunes (40 % ont entre 25 et 34 ans), les personnes vivant seules (37 %), les Parisiens (30 %), les cadres supérieurs et les diplômés de l'enseignement supérieur (40 %).

78 % des foyers sont équipés de télécommande sur le poste principal, ce qui explique l'importance croissante du *zapping* dans les habitudes d'écoute.

Début 1992, 47 % des foyers étaient équipés d'un magnétoscope.

Pratiquement inconnu il y a quinze ans (seuls 7 000 foyers en étaient équipés en 1977), le magnétoscope est présent aujourd'hui dans un foyer sur deux. Les familles avec des enfants de 15 à 19 ans sont les plus fréquemment équipées, les adolescents étant souvent à l'origine des décisions d'achat. A l'inverse, les agriculteurs et les retraités sont les moins bien pourvus dans ce domaine.

54 % des possesseurs d'un appareil l'utilisent au moins une fois par semaine (ministère de la Culture, 1989). Ils possèdent en moyenne 28 cassettes vidéo. 87 % des utilisateurs achètent des cassettes vierges, destinées à enregistrer des émissions, 58 % louent des cassettes préenregistrées et 30 % en achètent. 14 % n'utilisent jamais leur appareil ou presque (25 % parmi les 45-54 ans).

▶ 5 % des téléspectateurs ont déjà écrit ou téléphoné à une chaîne de télévision pour exprimer leur opinion.

L'amie de la famille

Evolution du taux d'équipement des ménages en téléviseurs (en %) :

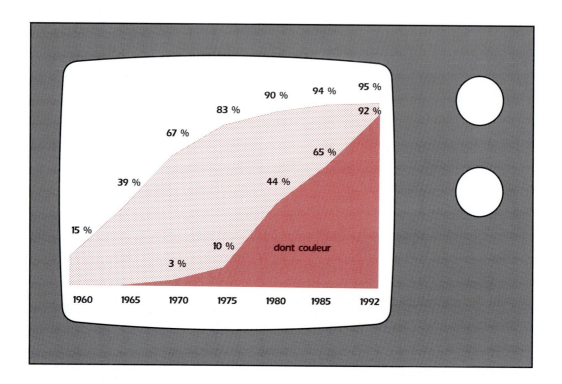

Câble : « branchés » et abonnés

Début 1992, 4 600 000 foyers étaient raccordés au câble, dont 790 000 seulement étaient abonnés. Ils recevaient sept chaînes conçues pour le câble (plus *Paris Première* en région parisienne) et une dizaine de chaînes françaises et étrangères distribuées par les satellites. On comptait 83 000 abonnés à Paris, sur 630 000 logements raccordables.
Malgré le développement des deux dernières années, la France reste en retard par rapport à certains pays comme l'Allemagne (10 millions d'abonnés) ou la Belgique. Surtout, l'investissement considérable et les erreurs dans les choix technologiques et commerciaux représentent une perte estimée à 13 milliards de francs à fin 1991.

Les Français regardent davantage la télévision, mais ne sont guère satisfaits des programmes.

La plupart des téléspectateurs s'étaient massivement félicités de la disparition du monopole audiovisuel de l'Etat, synonyme d'un plus grand nombre de chaînes et d'une plus grande indépendance de chacune d'elles. Mais les sondages montrent qu'ils sont assez peu satisfaits des programmes qui leur sont proposés aujourd'hui : 61 % à fin 1991, contre 37 %. 65 % se disaient d'accord avec l'affirmation selon laquelle « on est pris pour des abrutis à la télévision », une proportion croissante depuis 1986 (36 %).

Les plus traditionalistes s'alarment de l'invasion de la publicité et de l'aspect « racoleur » de certaines émissions de variétés ou des « reality shows » qui ont fait leur apparition. D'autres, moins nombreux, regrettent le conformisme, le manque d'imagination et la pauvreté culturelle des programmes, aussi bien dans le choix des sujets que dans le ton et le style utilisés.

Micro-entretien

Dominique Wolton *

G.M.- *Le développement des chaînes de télévision thématiques ne risque-t-il pas d'accroître les inégalités culturelles ?*

D.W.- Une des grandes questions concernant la télévision de l'avenir, c'est précisément de savoir si elle va rester un lien social, relativement égalitaire, ou au contraire si l'on va assister au fractionnement entre une télévision populaire de mauvaise qualité, une télévision moyenne pour la classe moyenne et une télévision d'élite pour l'élite. On aurait alors trois classes de télévision comme il y a trois classes d'avion. Ce serait l'échec de ce qui constituait l'objectif politique et culturel de ceux qui ont inventé cet outil de communication. C'est l'un des grands défis des chaînes généralistes, publiques ou privées, qui essayent à travers les programmes d'une même journée de satisfaire tous les publics. Si elles ne réussissent pas, les chaînes thématiques en tranches, qui s'adressent à ceux qui aiment le sport, le sexe, l'information, etc., feront disparaître la télévision généraliste, qui est le support de nos conversations quotidiennes.

---

* Directeur au CNRS, auteur notamment d'*Eloge du grand public* (Flammarion).

La vidéo, forme active de la télévision

Le fait d'allumer la télévision est devenu un geste banal, plus qu'une décision. Le choix des programmes se fait souvent au dernier moment : 65 % choisissent le jour même les émissions à partir des programmes ou des annonces ; 18 % seulement choisissent à l'avance, en début de semaine par exemple.

Le zapping prend une importance croissante. Plus des trois quarts des foyers sont aujourd'hui équipés d'une télécommande, contre 24 % fin 1983. Son utilisation répétée s'explique par l'augmentation du nombre de chaînes et celle des écrans publicitaires (souvent mal tolérés, surtout pendant les films). 6 % seulement suivent avec attention les publicités, 27 % les regardent distraitement, 36 % regardent une autre chaîne, 30 % font autre chose.

De nouveaux comportements d'écoute sont apparus.

La diffusion de la télécommande, du magnétoscope, des jeux vidéo ou, plus récemment, de la réception par câble ou par satellite permettent une plus grande maîtrise de la télévision. Les comportements des téléspectateurs en sont progressivement transformés.

▶ Paris est la ville où l'on regarde le moins la télévision : 2 h 30 par jour et par habitant, contre un maximum de 3 h 46 à Valenciennes.
▶ 1 300 spots publicitaires ont été diffusés sur TF1, A2 et FR3 pendant les jeux Olympiques d'hiver d'Albertville (répartis dans 309 écrans publicitaires).
▶ L'ensemble des chaînes françaises a diffusé en 1991 environ 40 000 heures de programmes, dont 1 400 heures de publicité (250 000 messages, contre 72 000 en 1985).
▶ Les 10 % les plus assidus regardent en moyenne la télévision 7 heures par jour.

AUDIENCE

En 1991, les téléspectateurs de 15 ans et plus ont passé 3 h 17 par jour devant le petit écran. Celui-ci est resté allumé pendant 5 h 15 (3 h 53 en 1982).

L'écart entre les actifs et les inactifs est le plus important, au profit de ces derniers : 3 h 56 contre 2 h 44. Les femmes sont plus consommatrices que les hommes (27 minutes par jour de plus, mais 7 minutes seulement pour les actives). Les personnes âgées de 50 ans et plus, en majorité inactives, regardent en moyenne 4 h 16 par jour, soit une heure et demie de plus que les 15-49 ans.

Contrairement aux idées reçues, les enfants ont une consommation inférieure à celle des parents : 2 h 20 pour les 6-14 ans, contre 3 h 17 chez les 15 ans et plus. La consommation est en outre plus irrégulière chez les enfants, avec une forte consommation le mercredi.

Enfin, les personnes appartenant aux catégories socioprofessionnelles les plus aisées (professions libérales, cadres supérieurs, artisans et commerçants, professions intermédiaires) sont beaucoup moins consommatrices que les autres catégories : 2 h 20 en moyenne contre 3 h 40.

La durée d'écoute est très inégalement répartie. Les 20 % de Français les plus « télévores » représentent à eux seuls près de 50 % de l'audience totale. Les 10 % les moins assidus ne regardent en moyenne que 8 minutes par jour.

Une heure de plus en six ans

Entre 1985 et 1991, la durée d'écoute moyenne par foyer a augmenté d'un peu plus d'une heure par jour : 249 minutes en 1985 ; 315 en 1990. Cet accroissement s'explique par celui du nombre de chaînes disponibles, par la progression du nombre de foyers équipés de plusieurs postes et par l'augmentation du temps de diffusion (télévision du matin et de la nuit).
La durée constatée en France reste encore largement inférieure à celle d'autres pays européens comme l'Italie (3 h 30), la Grande-Bretagne (4 h 10), les Etats-Unis (6 h 55) ou le Japon (8 h 05).

L'écoute est plus forte vers 13 h et 21 h, le dimanche, en hiver.

La durée d'écoute individuelle la plus élevée est celle du dimanche (3 h 42). Elle est minimale le mercredi (sauf pour les enfants), jeudi, vendredi (3 h 02 en moyenne pour les 15 ans et plus). Elle varie fortement au cours de la journée, avec des pointes entre 12 h et 14 h (13,6 % de l'audience journalière) et surtout entre 20 h 30 et 22 h (22,3 % de l'écoute). Les différences sont un peu moins marquées au cours du week-end.

L'écoute varie aussi selon la période de l'année, atteignant un maximum en janvier, février, novembre, décembre (environ 3 h 30) et un minimum en juin, juillet, août, septembre (2 h 45). Enfin, on constate que l'existence de plusieurs postes dans un foyer ne se traduit pas par une consommation individuelle supérieure.

➤ 75 % des Français estiment que la télévision remplit bien son rôle pour permettre aux Français de s'informer, 62 % pour se distraire, 50 % pour se renseigner (en donnant des renseignements pratiques), 42 % pour se cultiver.

Câble : les Français encore peu « branchés »

Les Corses téléphages

En 1990, la durée d'écoute maximale de la télévision était celle de la Corse (3 h 47), devant le Nord-Pas-de-Calais (3 h 41), l'Aquitaine (3 h 31). Les régions les moins assidues étaient l'Alsace (2 h 49), l'Ile-de-France (2 h 59), la région Rhône-Alpes, les Pays-de-Loire et le Centre (2 h 50).
Le score de la Corse est d'autant plus étonnant que ni La Cinq ni M6 ne pouvaient y être reçues. On peut s'étonner aussi du faible score de l'Alsace, région frontalière qui reçoit davantage de chaînes (comme le Nord-Pas-de-Calais, qui est une région de forte consommation télévisuelle).

TF1 a obtenu 42 % de l'audience totale en 1991.

Les deux chaînes publiques ne totalisaient que 33,2 % de l'audience totale. Mais les résultats des chaînes plus récentes doivent être examinés en tenant compte de leurs zones de réception respectives et de la qualité de réception dans les foyers théoriquement couverts (79 % pour M6, 86 % pour La Cinq fin 1991). La remarque vaut aussi pour les « autres chaînes », d'origine étrangère, dont la couverture est limitée à quelques régions frontalières avec la Belgique, le Luxembourg, l'Allemagne, la Suisse ou l'Italie.

TF1, A2 et M6 ont une répartition similaire de leur audience entre les grandes tranches horaires : environ 33 % entre 12 h et 18 h et 22 % entre 18 h et 20 h 30. Canal Plus et surtout FR3 se caractérisent par une plus forte concentration de leur audience en fin d'après-midi : respectivement 29 % et 37 % du total entre 18 h et 20 h 30, contre seulement 15 % pour La Cinq (qui a cessé d'émettre en avril 1992).

> ▶ Au premier trimestre 1992, le prix maximum d'un spot publicitaire de 30 secondes à 20 h 30 sur TF1 était de 387 000 F.
> ▶ Lorsqu'une émission ne leur plaît pas, 66 % des Français cherchent un autre programme sur une autre chaîne, 23 % éteignent la télévision, 8 % font autre chose en attendant que l'émission se termine, 2 % continuent à regarder en espérant que cela va s'améliorer.

TF1 à la une

Parts d'audience des chaînes (1991, 15 ans et plus, en %) :

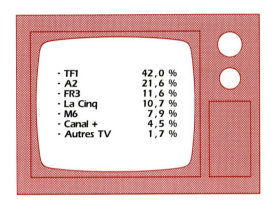

- TF1   42,0 %
- A2   21,6 %
- FR3   11,6 %
- La Cinq   10,7 %
- M6   7,9 %
- Canal +   4,5 %
- Autres TV 1,7 %

La « fiction » représente 37,4 % de l'audience totale.

La fiction (films, téléfilms, séries, feuilletons, théâtre) occupait en 1991 près des deux cinquièmes du temps des téléspectateurs, loin devant les informations, magazines et documentaires (24,9 %) et les variétés et les jeux (18,5 %). Le poids des différents types de programmes varie selon les chaînes : la fiction représentait 75 % de l'audience de M6, 60 % de celle de la Cinq, 34 % de celle d'A2, 31 % de celle de TF1 (les variétés 27 %) et 26 % de celle de FR3.

L'audience d'une émission est évidemment une bonne indication de son intérêt pour le public. Elle ne peut cependant être considérée indépendamment de sa date ni surtout de son heure de diffusion, ainsi que des programmes proposés au même moment par les autres chaînes. Le palmarès 1990 fait apparaître la suprématie de TF1 dans la plupart des genres d'émission.

L'audience ne peut cependant être considérée comme une mesure de la qualité. Parmi les téléspectateurs ayant regardé une émission, combien l'ont trouvée intéressante, distrayante ou enrichissante ? L'indice d'appréciation, utilisé de 1967 à 1984, ne répondait qu'en partie à cette question.

Palmarès 91

Liste des meilleurs scores d'audience par genre (en %) :

Films
- Le Grand Bleu — 30,0 — TF1
- P.R.O.F.S. — 29,5 — TF1
- La Cuisine au beurre — 28,7 — TF1
- Le Retour de l'inspecteur Harry — 26,6 — TF1
- Impossible pas français — 26,3 — TF1

Fiction TV (téléfilms, séries, feuilletons)
- Les Mouettes — 29,8 — TF1
- Navarro (2/5) — 20,2 — TF1
- Commissaire Moulin (17/10) — 19,9 — TF1
- Léon Morin prêtre — 18,9 — TF1
- L'Héritière — 17,4 — TF1

Jeux
- La Roue de la fortune — 19,9 — TF1
- Le Juste Prix — 17,4 — TF1
- Une famille en or — 15,8 — TF1
- Jeux sans frontières — 14,7 — A2
- Intervilles — 14,4 — TF1

Variétés
- Sébastien, c'est fou — 26,3 — TF1
- Tous à la une — 25,3 — TF1
- Succès fous — 25,0 — TF1
- Sacrée Soirée — 23,7 — TF1
- C'est un Leeb show — 22,3 — TF1

Humour
- Surprise sur prise — 27,1 — TF1
- Les Etoiles du rire — 26,0 — TF1
- Pas folles les bêtes — 24,7 — TF1
- Le Bébête show — 21,1 — TF1
- Histoires d'en rire — 19,8 — TF1

Théâtre
- Bisous bisous — 13,0 — A2
- Un Suédois ou rien — 11,3 — TF1
- Duos sur canapé — 10,1 — A2
- Pyjama pour six — 9,4 — A2

Musique classique-ballets
- Concert du nouvel an (2e part.) — 5,5 — A2
- Concert classique — 5,1 — FR3
- Concert du nouvel an (1re part.) — 3,1 — A2
- Mozart, l'enfance retrouvée — 2,9 — FR3

Magazines d'images
- Reportages — 21,1 — TF1
- Envoyé spécial — 14,9 — A2
- 52 à la une — 14,8 — TF1
- La Nuit des héros — 13,7 — A2

Magazines-débats
- 7/7 : Patrick Bruel — 16,3 — TF1
- Et si on se disait tout — 15,3 — TF1
- Les Dossiers de l'écran : les femmes battues — 11,8 — A2
- Santé à la une — 10,9 — TF1
- Ciel mon mardi — 10,9 — TF1

Documentaires
- La Planète miracle — 11,5 — A2
- L'Odyssée du Cdt Cousteau — 10,9 — A2
- Claude François — 8,8 — A2
- Les Jeux d'Eva Braun — 7,6 — TF1
- Bribes et reflets du Limousin — 7,3 — FR3

Emissions politiques
- L'Heure de vérité : R. Barre — 8,7 — A2
- L'Heure de vérité : J. Lang — 7,6 — A2
- L'Heure de vérité : La France et le Golfe — 7,2 — A2
- L'Heure de vérité : B. Kouchner — 5,8 — A2
- L'Heure de vérité : P. de Villiers — 5,7 — A2

Sport-retransmissions
- Football (coupe d'Europe : Marseille-Etoile rouge Belgrade) — 35,3 — TF1
- Football (coupe d'Europe : Milan AC-Marseille) — 26,2 — TF1
- Football (coupe de France : Marseille-Monaco) — 25,3 — TF1
- Football (coupe d'Europe : Marseille-Spartak de Moscou) — 25,2 — TF1

Magazines sportifs
- Téléfoot — 11,1 — TF1
- Stade 2 — 9,9 — A2
- Le Journal du Tour — 7,7 — A2
- Sport 6 — 7,6 — M6

Emissions spéciales
- Déclaration du président de la République — 24,0 — TF1
- Allocution du président de la République — 18,7 — TF1
- La Nuit des Césars — 18,6 — A2
- Miss France — 16,1 — FR3
- Concours eurovision de la chanson — 15,9 — A2

N.B. Dans le cas d'émissions régulières, le score indiqué correspond à l'audience maximale obtenue.

Médiamétrie

L'offre de programmes est assez différente de la consommation.

Les Français (6 ans et plus) ont consommé en moyenne 1 074 heures de télévision en 1991, dont : 298 heures de séries-feuilletons ; 147 heures de journaux télévisés ; 121 heures de magazines-documentaires ; 104 heures de films ; 100 heures de jeux ; 99 heures de variétés ; 75 heures de publicité ; 51 heures de sport .

On constate un écart parfois important entre la répartition de la diffusion par genre et la répartition de la consommation (les types de programmes regardés). Ainsi, les films représentent 9,7 % de la consommation mais seulement 4 % de la programmation. Les jeux, les journaux télévisés et la publicité sont également « surconsommés » par rapport à l'offre. A l'inverse, les séries-feuilletons, les magazines-documentaires et les émissions pour la jeunesse font l'objet d'une « sous-consommation ».

L'offre et la demande

Répartition des programmes proposés et de l'audience (en %) :

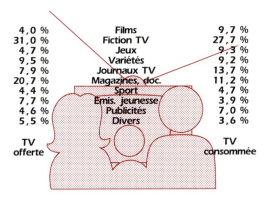

TV offerte		TV consommée
4,0 %	Films	9,7 %
31,0 %	Fiction TV	27,7 %
4,7 %	Jeux	9,3 %
9,5 %	Variétés	9,2 %
7,9 %	Journaux TV	13,7 %
20,7 %	Magazines, doc.	11,2 %
4,4 %	Sport	4,7 %
7,7 %	Emis. jeunesse	3,9 %
4,6 %	Publicités	7,0 %
5,5 %	Divers	3,6 %

Médiamétrie

Le palmarès des enfants

Dix meilleurs scores chez les enfants de 6 à 14 ans, hors émissions pour la jeunesse et dessins animés (1991, en %) :

6-10 ans
- Le Grand Bleu — 26,8 — TF1
- La Soupe aux choux — 25,9 — TF1
- La 7e Compagnie au clair de lune — 22,3 — TF1
- P.R.O.F.S. — 21,9 — TF1
- Mais où est donc passée la 7e compagnie — 21,6 — TF1
- Les Clés de Fort Boyard — 21,4 — A2
- Sébastien, c'est fou — 21,0 — TF1
- Fantomas se déchaîne — 20,6 — TF1
- Tarzan — 20,4 — TF1
- Les Aventures de Robin des Bois — 19,9 — FR3

11-14 ans
- Le Grand Bleu — 42,2 — TF1
- P.R.O.F.S. — 36,9 — TF1
- Coupe d'Europe (Marseille-Etoile rouge de Belgrade) — 33,8 — TF1
- La Télé des Inconnus (28/10) — 33,6 — A2
- Fantomas se déchaîne — 29,5 — TF1
- Surprise sur prise (5/1) — 28,1 — TF1
- Police Academy II — 27,5 — A2
- Les Aventures de Rabbi Jacob — 27,4 — TF1
- La Soupe aux choux — 27,3 — TF1
- Sébastien c'est fou (23/3) — 27,1 — TF1

Médiamétrie

➤ 48 % des téléspectateurs considèrent la télévision comme un moyen de s'informer sur l'actualité, 33 % comme un moyen de se distraire, 16 % comme un moyen de se cultiver.

RADIO

Tous les foyers équipés • Croissance de l'équipement en FM, autoradio et baladeur • 3 heures par jour en moyenne • Erosion des stations généralistes et développement des radios locales • Redressement de l'audience générale

ÉQUIPEMENT

Tous les foyers sont équipés d'au moins un poste de radio.

Le multi-équipement est aujourd'hui la règle, alors qu'on ne comptait que 20,5 millions de récepteurs en 1971. Depuis quelques années, la modulation de fréquence (mono et stéréo), les radiocassettes (1,7 million achetés en 1991), les radioréveils (1,7 million), les autoradios (3,0 millions) et les baladeurs (2,9 millions) ont largement contribué au développement d'un marché qu'on aurait pu croire saturé.

La radio accompagne les Français dans la plupart des moments de la vie quotidienne : à la maison, dans la rue, en voiture, dans les magasins et parfois sur leur lieu de travail.

▶ 28 % des Français trouvent que la publicité s'intègre bien à la télévision (22 % non), 22 % dans la presse magazine (7 % non), 8 % à la radio.

La grande majorité des ménages reçoivent la modulation de fréquence.

Seule la possession de la FM différencie encore les catégories sociales. Les taux de possession sont assez inégaux selon l'âge, la profession ou la région et donnent à la FM un aspect moins populaire que la radio en général. Comme c'est souvent le cas pour les produits à forte « technologie ajoutée », ce sont les plus jeunes, les plus aisés et les plus « urbains » qui sont les mieux équipés. Mais la baisse des prix des récepteurs FM qui se poursuit depuis quelques années les rend de plus en plus accessibles aux ménages.

85 % des automobilistes disposent d'un autoradio (24 % en 1971).

En vingt ans, le taux d'équipement radio des automobilistes a plus que triplé. Les Français en achètent 3 millions par an. Les jeunes, en particulier, sont séduits par la qualité croissante de l'écoute, liée à l'évolution spectaculaire des matériels (enceintes, amplis, égaliseurs, affichage digital des fréquences, recherche automatique des stations, lecture des disques compacts, etc.). Aujourd'hui, les radiocassettes représentent plus des trois quarts des autoradios achetés chaque année (contre un dixième en 1970).

Les Français écoutent la radio en moyenne 3 heures par jour.

La durée moyenne d'écoute par auditeur est stable aux alentours de 3 heures depuis quelques années. Elle est un peu supérieure en semaine (3 h 10 en 1991) et un peu inférieure pendant les week-ends (2 h 54 en 1991). Une durée inférieure de près d'une demi-heure à celle consacrée à la télévision.

La radio est très écoutée le matin entre 7 et 9 heures, pendant la tranche d'informations, bien que la télévision du matin bénéficie d'une audience croissante. L'écoute maximale est atteinte entre 7 h et 18 h. Elle diminue ensuite au fur et à mesure que la soirée se poursuit et que les Français s'installent devant la télévision.

C'est en octobre et en novembre que la radio a le plus d'auditeurs, alors que les postes sont plus silencieux en juillet et août.

Les gros consommateurs sont les mêmes que ceux de la télévision. Ceux qui écoutent le plus sont les femmes (surtout les inactives) et les personnes âgées. Les moins concernés sont les jeunes, les personnes ayant un niveau d'instruction élevé mais aussi les agriculteurs. Les habitants du Nord et du Bassin parisien sont les plus fidèles, au contraire de ceux du Sud-Ouest et de l'Ouest.

Depuis leur naissance, les radios locales connaissent un succès croissant.

L'autorisation, en 1982, des « radios libres » (officiellement radios locales privées) a été une date importante dans l'histoire des médias. Elle a permis de nouvelles relations entre les stations et leurs auditeurs, basées sur le dialogue, l'engagement ou le partage d'un même centre d'intérêt.

La musique est sans aucun doute ce qui attire le plus les Français vers ces radios. Mais la spécialisation de la plupart de ces stations est une autre différence déterminante par rapport à leurs grandes sœurs généralistes, qui doivent, si elles veulent survivre, s'adresser en priorité au « grand public », comme le font les chaînes de télévision. Cette spécialisation des radios libres a d'abord été régionale ou locale, du fait de zones d'écoute techniquement limitées. Les regroupements de stations au sein de réseaux ont permis à certaines de devenir véritablement nationales.

Les radios nationales ont réagi à la concurrence en créant des stations thématiques.

Contrairement aux stations généralistes, les radios locales s'adressent à des groupes définis par des modes de vie communs plutôt que par toute caractéristique sociodémographique.

C'est ce qu'a fait avec succès la presse, en multipliant le nombre de titres destinés à des publics spécifiques. C'est ce que devront faire, demain, les chaînes de télévision.

Les radios nationales et périphériques ont tenté de s'inscrire dans ce mouvement. Radio France a réussi une percée remarquée avec le concept de France-Info, Europe 1 a réussi à hisser Europe 2 dans le groupe de tête des radios locales nationales. Entre radios périphériques et radios locales, la guerre n'est pas encore terminée. Mais les contraintes de rentabilité des radios locales les incitent à faire une place croissante à la publicité et à avoir des ambitions nationales. Donc à perdre une partie de leur spécificité.

Les radios nationales cherchent un nouveau ton

AUDIENCE

L'audience générale de la radio s'est redressée depuis 1988.

L'audience globale de la radio (radios locales comprises) semble s'être stabilisée à un plus haut niveau, après le fléchissement des années 1985 à 1987. En 1991, l'audience cumulée (proportion de personnes ayant écouté une station au cours d'une journée de semaine, entre 5 heures et 24 heures) était de 76 %.

Ce résultat est la conséquence de deux mouvements de sens contraire : le poids croissant des radios locales, qui comblent le besoin de musique des Français (les jeunes en particulier) ; la baisse d'audience des radios périphériques.

L'accroissement du nombre de chaînes de télévision ne semble pas avoir eu d'effets sensibles sur l'écoute de la radio, qui résiste grâce aux qualités propres à ce média : souplesse et pouvoir d'évocation ; meilleure adaptation à l'analyse et au commentaire, à l'information en direct, parfois aussi à l'impertinence.

▶ En matière d'informations, 41 % des Français font le plus confiance à la télévision, 20 % à la radio, 20 % aux journaux quotidiens, 10 % aux hebdomadaires et magazines.

RTL toujours leader

Audiences cumulées, durées d'écoute moyennes par auditeur et parts de marché pour un jour moyen de semaine (juin 1991) :

	Audience (%)	Ecoute (en min)	Parts de marché (%)
• Europe 1	11,7	114	9,1
• Europe 2	4,8	127	4,2
• France-Info	7,7	78	4,1
• France-Inter	11,0	110	8,3
• Fun Radio	4,8	111	3,6
• Nostalgie	4,5	145	4,4
• NRJ	9,9	130	8,7
• RMC	4,9	120	4,0
• RFM	2,0	133	1,8
• RTL	18,8	164	21,0
• Skyrock	5,5	114	4,2
• **Radio en général**	**76,3**	**192**	**100,0**
• Stations périphériques	32,4	157	34,8
• Ensemble des radios locales privées	35,5	169	41,1
• Stations de Radio France	23,5	123	19,7
• Divers autres	6,5	97	4,3

La radio, partout présente dans la vie quotidienne

En 1991, les radios locales privées ont obtenu 45 % de part d'audience.

On observe depuis quelques années une érosion de l'audience des stations nationales traditionnelles, au profit des radios locales de la bande FM. Après avoir connu un démarrage foudroyant et malgré une légère érosion en 1989 et 1990, NRJ fait presque jeu égal avec France-Inter en audience et le dépasse en part de marché. Europe 2 a connu aussi un très fort développement et dépasse Radio Nostalgie en audience. D'autres stations comme Skyrock ont eu une forte croissance.

Près de 1 500 radios libres ont été autorisées sur le territoire au terme d'une période transitoire pendant laquelle les auditeurs ont eu un peu mal aux oreilles, entre les glissements de fréquence, les brouillages et les superpositions de programmes. La moitié environ sont ouvertes à la publicité de marque. Les autres ont un statut associatif et ne peuvent diffuser que des campagnes collectives.

Les stations généralistes ont subi une certaine érosion.

Avec 32 % d'audience cumulée, elles arrivent derrière les radios locales depuis 1990 et l'écart est encore plus marqué en part de marché. Dans la lutte qui oppose depuis longtemps les stations périphériques, RTL maintient sa position de leader, concrétisée à la fois par une audience supérieure et par une durée d'écoute plus longue (voir tableau). Europe 1 et France-Inter se disputent la seconde place, mais avec une part d'audience deux fois moins élevée que celle de RTL.

Avec 4,9 % de l'audience totale, RMC ne représente que la moitié de l'audience de NRJ, mais sa couverture est très régionale.

Il faut noter aussi la forte croissance de France-Info, qui obtient près de 8 % d'audience cumulée, avec cependant une durée moyenne d'écoute très inférieure à celle des stations périphériques.

▶ 69 % des Français estiment que les médias ont une responsabilité dans la montée de Jean-Marie Le Pen (23 % non), 57 % dans la dégradation de l'image de la politique (34 % non).
▶ Parmi les stations de radio, 24 % des Français font confiance à France-Inter comme source d'informations, 22 % à RTL, 16 % à Europe 1,4 % à RMC.

Les RLP gagnent en Ile-de-France

Elles ont obtenu 42 % d'audience cumulée en juin 1991, contre 35 % aux stations périphériques et 25 % à celles de Radio France. NRJ est largement en tête des radios locales avec 9,6 %, devant Skyrock (6,6 %), Europe 2 (6,1 %), Chérie FM (5,3 %), Fun Radio (4,7 %) et RFM (4,6 %).
Parmi les stations périphériques, le leadership de RTL est particulièrement net, avec 24 %, devant Europe 1 (15,4 %), France-Inter (11,7 %) et France-Info (10,6 %). Le classement n'est pas le même sur la seule ville de Paris, où France-Inter est en tête (18,9 %), devant RTL (16,4 %), France-Info (14,8 %) et Europe 1 (14,3 %).

CINÉMA

Baisse continue de la fréquentation • *Les Français aiment le cinéma... à la télévision* • *Deux tiers des entrées assurés par les moins de 35 ans* • *Cinéphiles plutôt citadins et instruits* • *Films français : un tiers des entrées* • *Genres préférés : rire et aventure* • *Moins de stars dans les films à succès*

FRÉQUENTATION

La baisse de fréquentation du cinéma est presque continue depuis la fin des années 40, malgré un répit entre 1975 et 1982.

La fréquentation des cinémas a connu plusieurs phases distinctes. La chute a d'abord été brutale entre la fin de la Seconde Guerre mondiale et le début des années 70. Il y avait 424 millions de spectateurs en 1947 ; ils n'étaient plus que 400 millions en 1957 et la moitié seulement en 1968 (203 millions) alors que la population avait augmenté d'environ 9 millions pendant la période.

Entre 1975 et 1982, les efforts des professionnels ont laissé espérer un retournement de tendance : nouveaux « complexes multisalles » proposant un choix plus grand dans des salles plus petites et moins nombreuses ; modulation du prix des places. En 1982, la fréquentation remontait à 202 millions de spectateurs et le déclin semblait enrayé.

Spectateurs : la grande évasion

Evolution de la fréquentation des cinémas (en millions de spectateurs) :

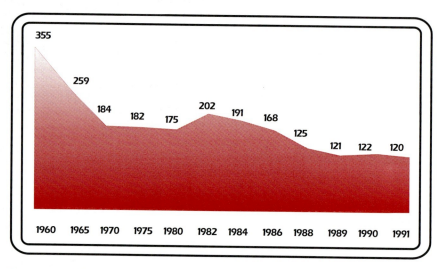

L'érosion a repris depuis 1983. Au total, la fréquentation a chuté de 30 % au cours des années 80, avec une très mauvaise année 1987 (- 20 %), alors que dans le même temps, la consommation des Français augmentait de 30 % en francs constants. Ceux-ci ne consacrent plus que 0,1 % de leur budget au cinéma, contre 0,18 % en 1980.

Depuis 1989, le nombre d'entrée semble stabilisé aux environs de 120 millions (chiffre atteint en 1991). Mais il est impossible de dire si ce palier précède une reprise ou une nouvelle baisse.

▶ Les entrées dans les salles ne représentent que 27 % des recettes du cinéma, les droits de télévision 58 %, la vidéo 15 %.

La baisse de la fréquentation est encore plus marquée dans la plupart des pays développés.

En Europe, la France conserve la première place en ce qui concerne la fréquentation moyenne, avec 2,2 par habitant et par an. Le cinéma italien, longtemps considéré comme l'un des plus dynamiques et créatifs, est à l'agonie : la fréquentation des salles est tombée à 89 millions de spectateurs en 1991, contre 125 en 1986 et 215 en 1981. La Grande-Bretagne est dans une situation beaucoup plus favorable, avec une progression régulière de la fréquentation depuis sept ans : 101 millions en 1991 contre 76 millions en 1986.

Aux Etats-Unis, la très forte baisse enregistrée jusqu'en 1971 a été enrayée. La tendance s'est ensuite inversée et le nombre de spectateurs s'est stabilisé aux alentours de un milliard depuis une douzaine d'années, avec une moyenne d'entrées par habitant double de celle de la France et quadruple de celle du Japon.

Le record appartient toujours à la Chine, avec environ 15 milliards de spectateurs annuels, pour seulement 4 500 salles fixes, mais 140 000 unités mobiles circulant dans le pays. La fréquentation en Inde (premier producteur mondial, 948 films en 1990) est relativement stable avec 3,6 milliards de spectateurs.

Le monde du cinéma

Nombre moyen annuel d'entrées par habitant dans quelques pays (1991) :

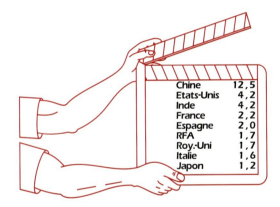

Le grand écran menacé par le petit

mas découragèrent beaucoup de spectateurs. L'inconfort de certaines salles, la taille réduite des écrans dans les complexes multisalles et la qualité de projection parfois insuffisante ont fait hésiter un nombre croissant de spectateurs à payer un prix jugé élevé (il a augmenté de 112 % au cours des années 80, alors que l'inflation n'était que de 82 %).

Ce mouvement de transfert a été favorisé enfin par l'arrivée de nouvelles chaînes de télévision (hertziennes, cryptées, câblées), l'accroissement du nombre de films diffusés et celui de l'équipement en magnétoscopes.

La télévision a joué un rôle décisif dans cette désaffection vis-à-vis des salles.

De nouvelles formes de loisirs sont venues concurrencer le cinéma. Ce fut d'abord la voiture, qui permettait aux Français (en particulier les habitants des grandes villes) d'aller passer le week-end à la campagne. Et puis, surtout, la télévision s'est installée peu à peu dans les foyers. Elle a bouleversé les pratiques de loisirs, en même temps que les modes de vie.

A partir du moment où il devenait possible de voir des films chez soi et pour un coût presque nul, les contraintes propres à la fréquentation des ciné-

Le cinéma à la télé

En 1991, les cinq chaînes de télévision ont diffusé 1 374 films, dont 441 sur Canal Plus, 193 sur A2, 192 sur FR3 et M6, 170 sur TF1. Sur l'ensemble des films diffusés par les quatre chaînes émettant en clair, 55 % étaient d'expression française, 65 % de nationalité européenne (CEE). Le prix payé par les chaînes pour un film varie entre 500 000 F et 3 millions de francs, avec une moyenne d'environ un million de francs. Le chiffre d'affaires de l'édition vidéo représentait 2,9 milliards de francs, contre 2,1 en 1990 et 1,5 en 1989. Les Français ont dépensé 5,0 milliards de francs en cassettes vidéo enregistrées : 66 % en achats ; 34 % en location.

Les Français aiment toujours beaucoup le cinéma.

Contrairement à ce que les chiffres de fréquentation semblent indiquer, les Français apprécient toujours le cinéma. La preuve en est que jamais ils n'ont regardé autant de films. Mais c'est à la télévision, le plus souvent, qu'ils assouvissent leur passion ; les films, téléfilms, séries et feuilletons représentent 35 % du temps de programmation des chaînes et 37 % de l'audience. Ils apprécient d'ailleurs les émissions consacrées au cinéma et 60 % déclarent même qu'elles leur donnent envie d'aller voir les films qui y sont présentés.

Malgré sa désaffection, le cinéma en salle reste l'activité culturelle la plus populaire et la plus pratiquée. Mais elle est le fait d'un public limité ; la moitié des Français ne vont pratiquement jamais au cinéma (en 1991, 47 % n'y sont pas allés au cours des douze derniers mois).

Les deux tiers des entrées sont assurés par les moins de 35 ans.

En 1991, 82 % des 15-24 ans sont allés au cinéma, contre 17 % des 65 ans et plus. Les 15-24 ans représentent à eux seuls 42 % des entrées, alors qu'ils ne comptent que pour 15 % de la population totale. La diminution est très forte à partir de 50 ans : 25 % des 50-64 ans se sont rendus dans une salle au cours des douze derniers mois, contre 42 % des 35-49 ans. 1,6 % des Français vont au cinéma au moins une fois par semaine, 12 % au moins une fois par mois. On n'observe aucune différence notable entre les hommes et les femmes.

Les enfants entraînent leurs parents au cinéma pour y voir des dessins animés ou des films sur les animaux. Pour les adolescents, le cinéma est une occasion de se retrouver entre amis, en bande ou en couple.

Les cinéphiles sont plutôt des citadins et appartiennent aux catégories instruites.

La fréquentation moyenne des Parisiens s'établit à 12,7 par an et par habitant, soit six fois plus que la moyenne nationale (2,2). Les salles de cinéma de Paris ont accueilli en 1991 près du quart des spectateurs nationaux, avec 7 % des salles (336 contre 4 561). On constate d'ailleurs que le nombre de salles ou de fauteuils n'influe guère sur la fréquentation : la Corse, avec un fauteuil pour 24 habitants, et la région Centre (un pour 57) ont le même indice de fréquentation de 1,3.

Si le cinéma est un phénomène surtout urbain, c'est donc moins en raison de l'offre existante que de la présence des catégories les plus intéressées par ce type d'activité culturelle : jeunes ; célibataires ; diplômés ; ménages à revenus élevés.

FILMS

Les films français ne représentent plus qu'un tiers des entrées, les films américains plus de la moitié.

La baisse de fréquentation des salles concerne surtout les films français. Depuis 1986, ceux-ci attirent moins de spectateurs que les films américains. En 1991, les films américains ont représenté 60 % des entrées, contre 30 % en 1982. A l'inverse, les films français ont perdu 60 % de leurs spectateurs entre 1982 et 1990.

Il semble donc que la profession cinématographique française n'ait pas su ou pu, du fait d'un système de financement inadapté, produire des films suffisamment attractifs. Pourtant, la situation du cinéma français reste largement plus favorable que celle de ses voisins européens. Le cinéma espagnol représente 7 % des entrées nationales ; la pro-

Le cinéma français condamné à séduire

portion est de 17 % en Allemagne, 22 % en Italie, 20 % en Grande-Bretagne. Mais elle est de 97 % aux Etats-Unis et 47 % au Japon.

Le rire et l'aventure sont les deux genres préférés des Français.

Beaucoup de films figurant aux premières places du hit-parade cinématographique sont faits tout spécialement pour le public des jeunes, amateur d'aventures, de fantastique et d'effets spéciaux. Mais les jeunes aiment aussi, comme leurs aînés, les films qui les font rire. C'est ce qui explique le succès des grands films comiques, qui occupent toujours les premières places du palmarès de ces dernières années.

La tradition comique du cinéma français est ancienne. Louis de Funès avait su faire oublier la disparition de Fernandel. Il avait même réussi la performance de placer six de ses films (dont trois « Gendarme ») dans la liste des cinquante plus gros succès depuis 1956. Coluche aurait sans doute pu être son successeur si sa carrière n'avait été interrompue prématurément.

Cinéma français : réflexion, rire, émotion

86 % des Français estiment que le cinéma français réussit mieux dans la réflexion que le cinéma américain (9 % de l'avis contraire). 74 % estiment qu'il réussit mieux dans le rire (23 % de l'avis contraire), 68 % dans l'émotion (28 % de l'avis contraire).
85 % pensent que le cinéma américain réussit mieux dans l'action que le cinéma français (14 % de l'avis contraire), 85 % dans le suspense (18 % de l'avis contraire).
Enfin, les avis sont partagés en ce qui concerne la séduction (50 % pour le cinéma français, 45 % pour le cinéma américain) et le rêve (46 % contre 48 %).

Les stars jouent un rôle moins déterminant dans le succès d'un film.

La participation d'un grand acteur à un film n'est plus une condition suffisante pour en assurer le succès. Le genre, l'histoire, les effets spéciaux comptent aujourd'hui autant que le générique pour attirer les foules.

Les spectateurs se déplacent moins pour voir une star consacrée qu'une histoire dont ils ont entendu dire du bien par le « bouche à oreille ». C'est ainsi que des films comme *Trois Hommes et un couffin*, *37°2 le matin*, *La vie est un long fleuve tranquille*, *Bagdad Café*, *le Cercle des poètes disparus*, *le Grand Bleu* ou *Danse avec les loups* ont pu connaître d'énormes succès, alors que d'autres films a priori mieux armés par leur générique ou leur promotion ont été boudés par le public.

Ciné-parade

Films ayant réalisé plus d'un million d'entrées en 1991 (en millions) :

• Danse avec les loups (E.-U.)	6,8
• Terminator 2 (E.-U.)	5,3
• Robin des Bois (E.-U.)	4,6
• Croc-Blanc (E.-U.)	2,9
• Le silence des agneaux (E.-U.)	2,0
• Un Flic à la maternelle (E.-U.)	1,9
• Pretty Woman (E.-U.)	1,8
• Hot shots (E.-U.)	1,8
• Allo maman, c'est encore moi (E.-U.)	1,7
• Double Impact (E.-U.)	1,7
• Une époque formidable (F)	1,6
• Bernard et Bianca au pays des kangourous (E.-U.)	1,6
• Jamais sans ma fille (E.-U.)	1,6
• Maman, j'ai raté l'avion (E.-U.)	1,6
• Opération Corned Beef (F)	1,5
• L'Expérience interdite (E.-U.)	1,5
• Highlander, le retour (E.-U.)	1,4
• Madame Bovary (F)	1,3
• Cendrillon (E.-U.)	1,3
• Point Break (E.-U.)	1,2
• Mon père, ce héros (F)	1,2
• Alice (E.-U.)	1,2
• Uranus (F)	1,2
• Les Doors (E.-U.)	1,2
• Backdraft (E.-U.)	1,1
• Merci la vie (F)	1,1
• Atlantis (F)	1,0

▶ 25 à 30 % des recettes des salles sont réalisés le samedi.
▶ Il y avait 3 011 salles de cinéma (dont 3 078 dans 841 complexes), soit au total 982 983 fauteuils en 1991. On comptait 911 salles d'art et d'essai.
▶ 91 films ont été produits en France en 1991, dont 36 premières œuvres.

Les films tendent à devenir des produits comme les autres.

On constate depuis plusieurs années la part croissante des films à gros budget dans la fréquentation. Le cinéma est un art où il devient difficile de réussir sans investir. Il faut offrir à un public de plus en plus exigeant les acteurs, les décors, les truquages, la qualité technique (sans oublier la promotion !) auxquels il est maintenant habitué.

Les films deviennent donc des « produits » et le marketing joue un rôle croissant dans leur élaboration comme dans leur lancement. Cette évolution tend à favoriser les grandes productions américaines *(Terminator 2, Danse avec les loups, Robin des Bois...)* au détriment des films français, plus intimistes, qui, dans le sillage des Truffaut, Sautet, Blier ou Tavernier, donnent plus à penser qu'à voir.

La survie du cinéma passe par une plus grande différenciation par rapport à la télévision.

Les spectateurs ne reviendront dans les salles que si le cinéma leur offre davantage que la télévision, afin de justifier le déplacement et le prix élevé des places. La qualité du son, celle de l'image, les effets spéciaux, la taille de l'écran sont des atouts qu'il lui faut exploiter. Des tentatives sont faites dans ce sens ; les écrans du type Géode (image hémisphérique de 1 000 mètres carrés), du Gaumont Grand Ecran à Paris ou du Futuroscope de Poitiers permettent de montrer des spectacles d'un genre nouveau, utilisant les nouveaux procédés Omnimax ou Showscan.

C'est la force de l'image projetée sur grand écran dans une salle obscure qui représente l'atout essentiel du cinéma. Mais le défi s'avère difficile, à l'heure où la télévision se dote de la stéréophonie, augmente la taille de ses écrans et se prépare à la haute définition.

> ➤ Le cinéma français représente 3 % des entrées en Espagne, 4 % en Allemagne, 6 % en Italie.
> ➤ Les acteurs français préférés des Français sont : Richard Bohringer (27 %) ; Thierry Lhermitte (17 %).
> ➤ Pour 63 % des Français, la nouvelle Marylin Monroe est Kim Bassinger, pour 14 % c'est Michèle Pfeiffer.
> ➤ 96 % des Français connaissent le festival de Cannes, 92 % celui d'Avoriaz, 65 % celui de Deauville, 43 % celui de Cognac, 20 % celui de Biarritz, 16 % celui d'Annecy.

Les Césars du public

Les plus grands succès 1956-1991 (titre du film, nationalité, nombre de spectateurs en millions) :

La Grande Vadrouille (F)	17,2
Il était une fois dans l'Ouest (Ital.)	14,8
Les Dix Commandements (E.-U.)	14,2
Ben Hur (E.-U.)	13,8
Le Pont de la rivière Kwaï (GB)	13,4
Le Livre de la jungle (E.-U.)	12,5
Le Jour le plus long (E.-U.)	11,9
Le Corniaud (F)	11,7
Les 101 Dalmatiens (E.-U.)	11,6
Les Aristochats (E.-U.)	10,4
Trois Hommes et un couffin (F)	10,2
Les Canons de Navarone (E.-U.)	10,2
Les Misérables-2 époques (F)	9,9
Docteur Jivago (E.-U.)	9,8
La Guerre des boutons (F)	9,7
L'Ours (F)	9,1
Le Grand Bleu (F)	9,0
ET, l'extra-terrestre (E.-U.)	8,9
Emmanuelle (F)	8,9
La Vache et le Prisonnier (F)	8,8
La Grande Evasion (E.-U.)	8,7
West Side Story (E.-U.)	8,7
Le Gendarme de Saint-Tropez (F)	7,8
Les Bidasses en folie (F)	7,5
Les Aventures de Rabbi Jacob (F)	7,4
Les Aventures de Bernard et Bianca (E.-U.)	7,2
Jean de Florette (F)	7,2
Les Sept Mercenaires (E.-U.)	7,0
La Chèvre (F)	7,0
Les Grandes Vacances (F)	7,0
Michel Strogoff (F)	6,9
Danse avec les loups (E.-U.)	6,9
Le Gendarme se marie (F)	6,8
Rox et Rouky (E.-U.)	6,7
Goldfinger (GB)	6,7
Manon des sources (F)	6,6
Sissi (Aut.)	6,6
Le Cercle des poètes disparus (E.-U.)	6,6
Robin des Bois (E.-U.)	6,5
Rain man (E.-U.)	6,5
Sissi jeune impératrice (Aut.)	6,4
La Cuisine au beurre (F)	6,4
Orange mécanique (E.-U.)	6,3
Les Aventuriers de l'arche perdue (E.-U.)	6,3
Le Bon, la brute et le truand (Ital.)	6,3
Les Dents de la mer (E.-U.)	6,2
Le Gendarme et les extraterrestres (F)	6,2
Indiana Jones et la dernière croisade (E.-U.)	6,2
La Gloire de mon père (F)	6,2
Merlin l'enchanteur (E.-U.)	6,1
Oscar (F)	6,1
Marche à l'ombre (F)	6,1

CNC

MUSIQUE

Loisir en développement rapide • Forte chute des achats de disques vinyle au profit des compacts • Renouveau de la chanson française • Goûts plus éclectiques

PRATIQUES

L'écoute de la musique est le loisir qui s'est le plus développé au cours des dix dernières années.

La musique fait de plus en plus partie de la vie quotidienne des Français, que ce soit à la maison, en voiture ou dans la rue. Face aux nuisances engendrées par la société industrielle, elle apparaît comme un moyen d'enjoliver l'environnement. Comme dit le proverbe, la musique adoucit les mœurs...

En même temps que les Français se sont mis à consommer plus d'images, ils se sont intéressés davantage au son. Les deux phénomènes témoignent de la prépondérance de l'audiovisuel dans les loisirs. Ils ont été largement favorisés par l'évolution des équipements (chaînes hi-fi, disques compacts, baladeurs, etc.).

Tous les indicateurs de pratique sont en hausse. A la radio, la fonction musicale a pris le pas sur la fonction d'information. Les sorties qui concernent la musique (concerts, discothèques) sont les seules à avoir progressé de façon sensible depuis une quinzaine d'années. Enfin, la pratique du chant et celle des instruments ont augmenté.

Un Français sur quatre écoute des disques ou cassettes tous les jours ou presque, contre un sur dix en 1975.

19 % des Français déclarent écouter la radio chaque jour « essentiellement pour la musique », quel que soit le genre. Cette évolution est due à la fois à un besoin croissant de musique et au développement considérable de l'équipement des ménages. Près de deux sur trois possèdent aujourd'hui une chaîne haute fidélité ; près d'un sur deux un baladeur, 11 % un lecteur de disques compacts.

L'engouement pour la musique est d'autant plus remarquable qu'il concerne, à des degrés divers, toutes les catégories de population et tous les genres de musique.

Les instruments de la musique

Evolution de l'équipement musical des Français de 15 ans et plus (en %) :

	1991	1981	1973
• Chaîne hi-fi	61	29	8
• Electrophone, tourne-disques (hors hi-fi)	70	53	53
• Disques	74**	69	62
• Cassettes son	69**	54	*
• Baladeur	48	*	-
• Lecteur de disques compacts	26	-	-

* Question non posée
** 1989

Ministère de la Culture et de la Communication, Secodip

▶ Les événements musicaux les plus importants qui auront le plus marqué les années 80 sont pour les Français : le disque compact (65 %) ; les radios libres (46 %) ; les clips à la télévision (30 %) ; les instruments de musique comme le synthétiseurs (29 %).
▶ 5 % des Français empruntent des disques ou cassettes au moins une fois par an.

**84 % des ménages possèdent des disques et/ou des cassettes (1989).
Ils ont en moyenne 109 disques vinyle, 23 cassettes préenregistrées et 37 disques compacts (nombres médians : 60, 10, 15).**

Les Français ne cessent d'accumuler de la musique enregistrée, sous forme de disques ou de cassettes. La quantité moyenne de disques a augmenté de 50 % en quinze ans, celle des cassettes a doublé entre 1981 et 1988. Il faut ajouter à celles achetés dans le commerce les cassettes enregistrées par les particuliers, en moyenne 23 par personne.

Ceux qui disposent de lecteurs de disques compacts en possèdent aujourd'hui près de 50. Une part de ces achats est destinée à reconstituer la discothèque traditionnelle.

Les disques traditionnels (vinyle) ne représentent plus que 12 % des disques et cassettes achetés (5 % des dépenses).

Après une crise qui avait commencé à la fin des années 70, les achats de disques ont connu jusqu'en 1988 une progression spectaculaire, liée à l'apparition des disques compacts (CD), apparus en France en 1983. Les disques traditionnels ont subi de plein fouet cette concurrence et ils ont presque disparu des rayons des disquaires.

Les achats de cassettes avaient également beaucoup augmenté, poussés par l'accroissement du parc de baladeurs et d'appareils de radio lecteurs de cassettes. Ces résultats étaient dus aussi à la baisse de la TVA, à l'autorisation de la publicité pour les disques à la télévision et le renouveau de la création musicale française.

1991 a été une mauvaise année pour les achats de disques et cassettes.

Les Français ont acheté 125 millions de disques et cassettes, soit le plus mauvais chiffre enregistré depuis 1978. La conjoncture défavorable de la consommation en 1991 n'est pas la seule cause de cette baisse. Beaucoup de Français ont reconstitué leur discothèque avec des disques compacts et ont ralenti leurs achats.

Les 1,3 million de 33 t ne représentaient plus que 1 % des quantités achetées et 0,7 % des dépenses, les 45 t respectivement 11 % et 3,5 %. Les achats de cassettes (40 millions) ont représenté 33 % des quantités achetées et 25 % des dépenses. Après avoir progressé pendant plusieurs années avec la généralisation des baladeurs et autres radio-cassettes et malgré l'importance de la copie privée, elles subissent elles aussi la suprématie des disques compacts.

La suprématie du compact

Evolution de achats de disques et cassettes (en millions) :

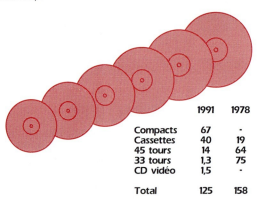

	1991	1978
Compacts	67	-
Cassettes	40	19
45 tours	14	64
33 tours	1,3	75
CD vidéo	1,5	-
Total	125	158

En 1991, les Français ont acheté 67 millions de disques compacts.

Les disques compacts ont représenté 54 % des quantités, mais 68 % des dépenses, compte tenu de leur prix plus élevé. Après la stéréo, la quadriphonie, les mini-chaînes et les mini-enceintes, l'invention du lecteur laser représente une percée technologique de grande envergure : reproduction incomparable, usure pratiquement nulle, encombrement réduit. Lancé au Japon en 1982 et aux Etats-Unis en 1983, il connaît aujourd'hui en France un succès spectaculaire. Le démarrage avait été assez lent, avec 25 000 lecteurs achetés en 1983 et 40 000 en 1984, mais il dépassait 3 millions en 1991.

Le disque laser s'est initialement appuyé sur la musique classique et les tranches d'âge entre 30 et 50 ans, plus aisées que les jeunes. Aujourd'hui, il a pris la relève des disques vinyle dans tous les genres musicaux et la baisse des prix l'a rendu accessible aux plus jeunes. Il constitue la première application grand public d'une technologie totalement nouvelle. Celle-ci est déjà appliquée à la vidéo ; 1 460 000 vidéodisques ont été achetés en 1991, contre 207 000 en 1988.

Numérique et multimédia

Face au disque compact, avec ses applications audio et vidéo, la cassette audionumérique *(Digital Audio Tape)* présente deux avantages déterminants pour les consommateurs : sa petite taille (celle d'une cassette ordinaire) et surtout la possibilité d'enregistrer soi-même de la musique, avec une remarquable fidélité. Ce risque de voir se développer la copie (privée ou commerciale) des disques compacts est sans doute l'une des raisons de l'hésitation des fabricants à mettre ces cassettes sur le marché. La contre-attaque du disque compact devrait s'effectuer sur trois fronts : le disque compact vidéo (CDV) permettant de lire à la fois le son et l'image (déjà commercialisé) ; le disque compact interactif (CDI) autorisant quatre niveaux de reproduction du son et une image haute définition ; enfin, le disque optique enregistrable (DOR) permettant d'enregistrer et d'effacer à volonté le son, l'image ou des données informatiques.

La musique, un bien précieux, même en voiture

GOÛTS

La chanson est le genre musical préféré des Français.

La progression importante de l'écoute de la musique depuis une quinzaine d'années concerne tous les genres musicaux. Mais la hiérarchie reste sensiblement la même : la chanson arrive largement en tête, devant la musique classique, le rock, le jazz et l'opéra.

Cette préférence pour la chanson se retrouve dans toutes les catégories de la population (en particulier chez les femmes), à l'exception des 15-19 ans, qui lui préfèrent la musique rock, et chez les cadres et professions intellectuelles supérieures qui privilégient la musique classique.

Les chansons le plus volontiers écoutées par les jeunes sont les « tubes » du moment, alors que les plus âgés restent attachés à des succès plus anciens (Brel, Brassens, Ferré...).

La chanson française connaît un renouveau.

On constate depuis quelques années un retour de la création musicale française, grâce à des auteurs et/ou compositeurs de talent comme Goldman, Gainsbourg (décédé en 1991), Duteil, Le Forestier, Renaud ou Berger.

En 1991, 46 % des achats de disques concernaient les variétés françaises, contre 54 % pour les variétés internationales. La musique classique compte pour environ 12 % du nombre des disques achetés, mais elle constitue en réalité une part plus importante du budget disques des Français, puisqu'il s'agit dans presque tous les cas de disques compacts.

Si la musique est plus que jamais pour les jeunes un moyen de communication privilégié, les paroles prennent aujourd'hui une importance nouvelle. Ils sont d'autant plus attentifs aux textes des chansons qu'ils reflètent leurs inquiétudes et leurs doutes vis-à-vis de la société contemporaine.

▶ Les musiciens qui auront le plus marqué les années 80 sont pour les Français : Serge Gainsbourg (56 %) ; Michaël Jackson (43 %) ; Madonna (33 %) ; Johnny Cleg (25 %) ; Phil Collins (19 %) ; les Rolling Stones (18 %) ; Tina Turner (16 %) ; Téléphone (14 %) ; Indochine (14 %) ; Sting (14 %) ; Dire Straits (13 %) ; Rita Mitsouko (10 %).

23 % des Français écoutent le plus souvent de la musique classique.

Entre 1973 et 1988, le pourcentage de Français déclarant écouter le plus souvent de la musique classique a progressé de 7 points, passant de 16 à 23 %. Mais la composition de ce public a peu évolué : personnes d'âge moyen, Parisiens, bacheliers et diplômés de l'enseignement supérieur, et surtout cadres et professions intellectuelles. 85 % de ces derniers possèdent des disques ou cassettes de musique classique, contre 49 % dans l'ensemble de la population.

Jouer ou écouter

- 40 % des Français possèdent chez eux au moins un instrument de musique. 17 % ont une flûte, 12 % une guitare, 8 % un harmonica, 7 % un piano, 6 % un orgue, 3 % un violon ou un violoncelle, 3 % un instrument à vent, 2 % un accordéon, 2 % un synthétiseur, 2 % un instrument à percussion.
- 6 % pratiquent le piano, 5 % la guitare, 5 % la flûte.
- 45 % ont assisté au moins une fois dans leur vie à un spectacle de danses folkloriques.
- 43 % ont assisté à un spectacle de music-hall-variétés.
- 29 % ont assisté à un concert de musique classique.
- 25 % ont assisté à un concert de rock.
- 23 % ont assisté à un spectacle d'opérette.
- 18 % ont assisté à un spectacle d'opéra.

Le jazz connaît un engouement croissant.

En quinze ans, la proportion de personnes déclarant écouter le plus souvent du jazz a doublé, passant de 5 à 11 %. Ce sont en majorité des personnes d'âge moyen (20-34 ans), des Parisiens, des cadres et des membres des professions libérales. Bien que le jazz ait progressé dans l'ensemble des catégories sociales, on constate que l'écart entre les cadres moyens et supérieurs se creuse, comme celui qui sépare les Parisiens et les provinciaux.

Le jazz apparaît comme une sorte de transition entre le rock, musique préférée des jeunes, et la musique classique, plus appréciée des personnes d'âge mûr.

L'éclectisme se développe.

Les préférences musicales liées aux caractéristiques personnelles n'empêchent pas un éclectisme croissant dans les goûts. Lorsqu'on les interroge sur les genres qu'ils affectionnent, les Français donnent spontanément plusieurs réponses. Seuls 30 % de ceux qui déclarent écouter le plus souvent du rock ne citent aucun autre genre ; ils sont 26 % parmi ceux qui préfèrent la musique classique, 18 % pour le jazz. 64 % des amateurs d'opéra citent aussi la musique classique, 40 % des amateurs de jazz citent le rock (20 % seulement dans le sens inverse). La préférence exclusive pour le jazz n'est le fait que d'une faible minorité, les autres écoutant aussi d'autres genres musicaux qu'ils placent en tête lorsqu'ils doivent choisir.

La multiplication des radios locales, la recherche individuelle de la variété et de points de repère et la plus grande diversité des musiques diffusées par les médias expliquent cet éclectisme croissant.

▶ Les chansons préférées parmi les succès des années 80 : *les Corons* (32 %) ; *Je chante pour toi, liberté* (31 %) ; *la Langue de chez nous* (30 %) ; *les Lacs du Connemara* (23 %) ; *c'est bon pour le moral* (22 %) ; *Chanson pour l'Arménie* (21 %) ; *Elle est d'ailleurs* (20 %) ; *Une femme amoureuse* (13 %).
▶ Les chanteurs préférés des Français : Pierre Bachelet (42 %) ; Michel Sardou (41 %) ; Nana Mouskouri (36 %) ; Yves Duteil (33 %) ; Charles Aznavour (28 %) ; Mireille Mathieu (26 %) ; Annie Cordy (21 %) ; Frédéric François (17 %) ; Julien Clerc (12 %) ; Patricia Kaas (12 %).
▶ 49 % des Français possèdent chez eux des disques de musique classique, 47 % de rock, 32 % de jazz, 27 % de musique folklorique, 19 % d'opéra, 18 % d'opérette, 11 % de musique militaire.

LECTURE

Déclin de la presse quotidienne ● Forte mobilisation pour la presse magazine (plus de 3 000 titres) ● Baisse de moitié de la diffusion de la presse enfantine en 15 ans ● Plus de lecteurs de livres mais moins de livres lus ● Les femmes lisent plus que les hommes ● Plus de titres publiés, mais tirage moyen en baisse ● La bande dessinée en difficulté ● Un quart des exemplaires et un cinquième des titres au format de poche

QUOTIDIENS

En 1991, 43 % des Français ont lu régulièrement un quotidien, contre 55 % en 1973.

Entre 1980 et 1990, le nombre des lecteurs de la presse quotidienne avait diminué de plus d'un quart. Si l'on rapporte le nombre d'exemplaires au nombre d'habitants, la France arrive à la 30e place dans le monde avec un peu moins de 200 exemplaires pour mille habitants, le Japon occupant la première place avec près de 600 exemplaires. En Grande-Bretagne, un foyer sur deux achète tous les jours un quotidien, contre un sur quatre en France.

La proportion de lecteurs de quotidiens est cependant à peu près stable ; c'est celle des lecteurs réguliers (chaque jour) qui a chuté. Cette baisse concerne toutes les catégories de population, à l'exception des agriculteurs. La lecture des quotidiens augmente avec l'âge jusqu'à 50 ans et diminue ensuite.

Le nombre des quotidiens a connu une diminution régulière : on comptait 250 titres en 1885, 175 en 1939 ; il en reste environ 70 aujourd'hui.

L'érosion des quotidiens

Habitudes de lecture régulière des quotidiens (1991, en % de la population de 15 ans et plus) :

- Au moins un quotidien français   46,7*
- Au moins un quotidien national
  * France entière   15,3
  * Région Paris   34,3
- Au moins un quotidien régional   42,9*

* 1989

CESP

Chers quotidiens

Parmi les raisons qui expliquent la désaffection vis-à-vis des quotidiens, celle de l'évolution de leur prix de vente ne saurait être sous-estimée. En 20 ans, le prix des quotidiens nationaux a en effet été multiplié par 13, alors que l'indice des prix n'était multiplié que par 4,8.
Sachant qu'un journal valait 0,30 F en 1964, il devrait valoir aujourd'hui 1,90 F en 1992 s'il avait suivi la hausse des prix. Il vaut en réalité plus du double.
A titre de comparaison, le *New York Times* américain est vendu environ 2 F en semaine, comme le *Bild* allemand ou les quotidiens britanniques, qui connaissent des tirages plus élevés que les journaux français.

Les Français se laissent de plus en plus séduire par l'audiovisuel.

Pour beaucoup de Français, le journal télévisé du soir et les informations entendues à la radio en prenant le petit déjeuner constituent une dose journalière suffisante. Pour ceux qui souhaitent en savoir plus, les analyses proposées par les hebdomadaires apparaissent comme une solution efficace et agréable. Moins longue et moins coûteuse, en tout cas, que la lecture assidue d'un quotidien.

Les achats de journaux et de magazines d'information sont en outre largement tributaires de l'actualité. Les résultats de ventes des dernières années ont été contrastés. En 1991, les tirages des six quotidiens nationaux ont augmenté au cours du premier semestre par la guerre du Golfe, mais ils ont subi la concurrence de la télévision et de la radio, plus immédiats, et de la baisse des investissements publicitaires pendant l'année. Une situation subie encore plus durement par les hebdomadaires.

Les paroles s'envolent, l'écrit reste

91 % des Français déclarent lire la presse (quotidiens et magazines), dont 55 % plus de trois fois par semaine (41 % des moins de 25 ans et 69 % des plus de 65 ans). Le domicile reste le lieu privilégié de lecture (74 %), loin devant le travail (11 %) et les transports en commun (8 %).
La presse quotidienne régionale est lue par 67 % des Français, les quotidiens nationaux par 50 %. Les lecteurs attendent d'abord de l'information, générale (54 %) ou locale (18 %). 61 % déclarent acheter la presse par curiosité, après avoir vu la couverture ou les gros titres.
Le principal avantage de la presse par rapport à l'audiovisuel est « des informations complètes et précises », devant la liberté de consultation (dans le temps, dans l'espace et dans le choix des articles) permise par le support papier. Mais 23 % des lecteurs reprochent à la presse de trop prendre parti et 16 % de privilégier le sensationnel.

▶ 17 % des Français de 15 ans et plus sont inscrits dans une bibliothèque.
▶ 45 % des Français ont emprunté un livre à une personne extérieure à leur foyer au cours des douze derniers mois.

Du tirage dans la diffusion

Evolution du nombre de lecteurs * des quotidiens nationaux (en milliers) :

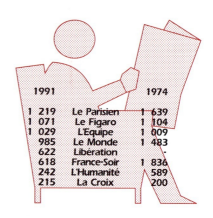

1991		1974
1 219	Le Parisien	1 639
1 071	Le Figaro	1 104
1 029	L'Equipe	1 009
985	Le Monde	1 483
622	Libération	
618	France-Soir	1 836
242	L'Humanité	589
215	La Croix	200

* Personne déclarant avoir lu ou feuilleté, chez elle ou ailleurs, un numéro même ancien du quotidien cité au cours d'une période de 24 heures.

MAGAZINES

**84 % des Français lisent (régulièrement ou non) des magazines.
15 % lisent un magazine de télévision.**

Le taux de pénétration de la presse magazine est plus élevé en France que dans la plupart des pays industrialisés : 1 354 exemplaires pour 1 000 habitants, devant la Belgique (1 183), les Pays-Bas (1 055), l'Allemagne (1 018), l'Italie (711), la Grande-Bretagne (656).

Les femmes sont plus nombreuses que les hommes, du fait de l'existence de magazines féminins et de décoration. Les hommes sont plus concernés par les revues de loisirs : sport, bricolage, automobile, etc. Les habitants de la région parisienne lisent plus que les provinciaux, les bacheliers et diplômés de l'enseignement supérieur plus que les non-diplômés. Contrairement à la presse quotidienne, on constate que la lecture des magazines baisse après 45 ans.

Au total, la presse française compte environ 3 000 titres.

Près de la moitié sont des revues techniques ou professionnelles (1 200), la presse spécialisée grand public ne comptant que 800 titres, contre 500 pour celle d'information générale et politique et 400 pour les journaux d'annonces gratuits. Il faudrait ajouter les publications administratives, estimées à 40 000. Malgré cette offre déjà abondante, de nombreux magazines continuent d'apparaître chaque année dans les kiosques. Ainsi, en 1990, 318 nouveaux titres ont été lancés, tandis que 222 disparaissaient.

Au cours des dernières années, les lancements ont surtout concerné la presse enfantine (magazines à vocation pédagogique) et la presse de loisirs, surtout sportive (revues spécialisées traitant de sports encore peu connus mais en progression). Après les lancements un peu élitistes et féministes des années 80 (*Biba*, *Cosmopolitan*, *Vital*...), on a assisté au retour des magazines destinés à une audience plus traditionnelle et moins « parisienne ». Avec des résultats spectaculaires comme ceux de *Femme actuelle*, *Prima* ou *Maxi*.

Mais le succès ne dépend pas seulement de l'intérêt des lecteurs ; il est largement conditionné par celui des annonceurs.

La presse enfantine a perdu la moitié de ses lecteurs en 15 ans

Sa diffusion globale est passée de 360 millions d'exemplaires en 1975 à 150 millions aujourd'hui. Cette chute vertigineuse s'explique en partie par la baisse de la natalité ; on compte 1,5 million d'enfants de moins (0-14 ans) en quinze ans.
Elle est aussi due à la concurrence croissante de l'audiovisuel et surtout des jeux vidéo, qui occupent la plus grande partie du temps libre des enfants et du budget cadeaux des familles. Elle est enfin la conséquence d'un changement d'attitude des parents, qui privilégient les journaux à caractère pédagogique, dans le but de mieux « armer » leurs enfants pour l'avenir.
Depuis 1986, la presse éducative connaît une diffusion supérieure à celle de la presse de distraction, qui ne peut guère lutter contre la télévision. Les journaux lancés avec succès cherchent d'ailleurs à s'appuyer sur elle (*Télérama Junior*) ou à la compléter (*le Journal des enfants*).

La presse a subi en 1991 le ralentissement de la consommation, à l'exception de certains titres.

Le tourisme, la gastronomie et même les magazines de maison et décoration ont pour la plupart souffert du ralentissement de l'activité de 1991. C'est le cas aussi des magazines économiques et financiers (sauf *le Revenu français* et *Mieux vivre votre argent*). De son côté, la presse féminine connaît plutôt une stagnation, à l'exception de *Voici* et *Maxi*, qui ont connu une croissance forte et continue depuis leurs lancements.

Les dix poids lourds restent (par ordre décroissant de tirage) : *Télé 7 Jours*, *Femme actuelle*, *Télé Poche*, *Télé Star*, *Télé Z*, *Prima*, *Géo*, *Modes et Travaux*, *Maxi*, *Santé Magazine*, qui comptent chacun entre 4 et 10 millions de lecteurs (voir tableau).

La santé en kiosque

Les Français sont depuis longtemps intéressés par l'information concernant la santé. Les scores atteints par les émissions médicales de la télévision en témoignent. Cet intérêt est également sensible dans la presse écrite, où des titres comme *Santé Magazine* ou, plus récemment *Top Santé* (associé à l'émission *Santé à la Une* de TF1) ou *Réponse à tout Santé* ont connu une forte croissance. En tout, huit titres se partagent ce marché, totalisant 1,6 million d'exemplaires, soit plus du double qu'en 1986.
Le lectorat de ces magazines est à dominante féminine (plus de 60 %) et présente un profil « populaire » attiré non seulement par la santé, mais aussi par la forme et l'apparence physique, le bien-être et l'automédication.

➤ 43 % des Français lisent la presse quotidienne tous les jours, 12 % plusieurs fois par semaine, 23 % plus rarement.
➤ 84 % des Français lisent régulièrement un magazine : 51 % lisent un hebdomadaire de télévision, 28 % un magazine féminin, 17 % un magazine de fin de semaine, 16 % une revue de loisirs, 15 % un hebdomadaire d'information, 10 % un magazine ou revue culturel, 10 % un magazine de décoration ou de la maison, 9 % un magazine ou revue scientifique ou technique.
➤ 1 200 magazines sont mensuels, 900 hebdomadaires, 700 trimestriels, 120 quotidiens, 30 autres.
➤ 13 % des hommes lisent régulièrement des magazines féminins.

Lectures pour tous

Nombre de lecteurs* des principaux magazines en 1991 (15 ans et plus en milliers):

Hebdomadaires généraux

- Paris-Match — 4 175
- Figaro Magazine — 2 917
- L'Express — 2 500
- France-Dimanche — 2 302
- Le Nouvel Observateur — 2 287
- VSD — 2 166
- Ici Paris — 1 984
- Le Point — 1 581
- L'Evénement du Jeudi — 1 560
- Le Pèlerin Magazine — 1 464
- Le Journal du dimanche — 1 114
- La Vie — 959
- L'Expansion (bimensuel) — 673
- Le Nouvel Economiste — 455

Féminins et familiaux

Hebdomadaires

- Femme actuelle — 7 839
- Maxi — 4 107
- Voici — 2 870
- Madame Figaro — 2 770
- Elle — 2 002
- Nous deux — 1 913
- Bonne Soirée — 924
- Le Nouvel Intimité — 858
- Madame Jours de France — 630

Mensuels

- Prima — 4 781
- Modes et Travaux — 4 169
- Santé Magazine — 4 066
- Marie-Claire — 3 738
- Parents — 2 974
- Marie-France — 2 622
- Femme pratique — 2 191
- Cuisine actuelle — 1 925
- Avantages — 1 801
- Enfants Magazine — 1 366
- Biba — 1 185
- Famille Magazine — 1 131
- Cosmopolitan — 1 035
- Votre beauté — 981
- Guide cuisine — 973
- Prévention santé — 951
- Vital — 939

Télévision

- Télé 7 Jours — 10 490
- Télé Poche — 6 489
- Télé Star — 5 980
- Télé Z — 5 894
- Télé Loisirs — 4 740
- Télérama — 2 062
- Télé Magazine — 1 070

Automobile

Bimensuel

- L'Auto-journal — 1 496

Mensuels

- Auto-moto — 2 968
- Action automobile — 2 057
- Auto Plus — 1 740
- Automobile magazine — 1 728
- Echappement — 1 246
- Sport Auto — 1 091

Décoration - Maison - Jardin

Hebdomadaire

- Rustica — 1 101

Mensuels

- Mon Jardin, ma maison — 1 441
- Maison et Jardin — 1 342
- Maison bricolages — 1 337
- La Maison de Marie-Claire — 1 412
- L'Ami des jardins — 1 201
- Système D — 968
- Maison française — 593

Bimestriels

- Art et Décoration — 3 537
- Maison et Travaux — 2 240
- La Bonne Cuisine — 1 290
- Maison individuelle — 1 049
- Votre maison — 599

Distraction - Loisirs - Culture

Hebdomadaires

- L'Equipe du lundi — 2 359
- L'Equipe Magazine — 1 806
- Télé K7 — 1 492
- La France agricole — 1 201
- France Football — 1 152
- L'Officiel des spectacles — 1 152
- Télé 7 Vidéo — 1 009
- OK Magazine — 920

Mensuels

- Géo — 4 188
- Sélection — 3 798
- Notre temps — 3 735
- Science et Vie — 3 213
- Télé 7 Jeux — 3 138
- Le Chasseur français — 3 053
- Ça m'intéresse — 2 572
- Onze — 1 766
- Première — 1 692
- 30 Millions d'amis — 1 612
- La Pêche et les Poissons — 1 551
- Vidéo 7 — 1 535
- Actuel — 1 494
- L'Etudiant — 1 393
- Le Monde de l'éducation — 1 196
- Science et Avenir — 1 177
- Revue nationale de la chasse — 1 108
- Podium-Hit — 1 059
- Historia — 1 048
- Science et Vie économie — 969
- Photo — 941
- L'Echo des savanes — 933
- Tennis Magazine — 914
- Newlook — 906
- La Recherche — 857
- Médecines douces — 855
- Le Temps retrouvé — 813

* Personnes ayant déclaré avoir lu ou feuilleté, chez elle ou ailleurs, un numéro même ancien au cours de la période de référence (7 jours pour un hebdomadaire...).

LIVRES

Les Français sont plus nombreux à lire...

L'écrit reste pour les Français le meilleur moyen d'enrichir ses connaissances. La structure des dépenses culturelles des ménages montre d'ailleurs la prépondérance de l'écrit (voir *Civilisation des loisirs*). Mais la lecture arrive en seconde position, derrière la musique, en ce qui concerne la satisfaction qu'elle procure.

La proportion de lecteurs s'est accrue : en 1989, date de la dernière enquête du ministère de la Culture, 25 % des Français déclaraient ne lire aucun livre, contre 30 % en 1973. Cet accroissement s'est surtout produit au cours des années 70.

...mais le nombre de livres lus diminue.

On observe depuis dix ans un accroissement de la part des faibles lecteurs (moins de 10 livres par an) ; 32 % en 1989 contre 28 % en 1981. A l'inverse, la proportion de forts lecteurs (plus de 25 livres par an) a diminué : 17 % contre 19 % en 1981 et 22 % en 1973. C'est ce qui explique que le nombre moyen de livres lus a diminué.

Si les Français lisent moins de livres, ils sont plus nombreux à en acheter. Seuls 13 % n'en possèdent aucun, contre 25 % en 1973. En quinze ans, la proportion de retraités possédant des livres est passée de 61 à 79 %, celle des ouvriers spécialisés de 66 à 84 %.

Les femmes lisent plus que les hommes. Les jeunes lisent moins qu'on ne le souhaite mais plus qu'on ne le croit.

Ce sont aujourd'hui les femmes qui sont les plus concernées par la lecture ; à tout âge, elles sont proportionnellement plus nombreuses que les hommes à lire au moins un livre par an (76 % contre 73 %) et elles ont moins réduit que les hommes leurs habitudes de lecture depuis quinze ans.

Les jeunes aiment la lecture, mais ils considèrent qu'elle nécessite un effort plus grand que les autres loisirs, en particulier audiovisuels. On constate cependant que ceux qui disposent du maximum d'équipements culturels (télévision, magnétoscope, micro-ordinateur...) sont aussi ceux qui lisent le plus. La lecture n'est donc pas une activité abandonnée par les jeunes. Outre l'accroissement du nombre des magazines et revues qui leur sont destinées, on a observé depuis 1989 une forte croissance des achats de livres pour la jeunesse, en même temps qu'une diminution sensible de la bande dessinée.

La lecture, un paradis perdu ?

Livres et lecture

Proportion des Français âgés de 15 ans et plus qui...	1973 (%)	1981 (%)	1989 (%)
• possèdent des livres dans le foyer	73	80	87
• ont lu au moins 1 livre dans les 12 derniers mois	70	74	75
• ont acheté au moins un livre dans les 12 derniers mois	51	56	62
• sont inscrits dans une bibliothèque	13	14	16

Ministère de la Culture et de la Communication

➤ 75 % des Français de 15 ans et plus lisent au moins un livre par an. 62 % achètent au moins un livre par an.

Les filles lisent deux fois plus que les garçons

Parmi les jeunes de 16 à 18 ans, les filles sont deux fois plus nombreuses que les garçons à lire. Au cours des sept jours précédant l'enquête, 46 % d'entre elles avaient lu un roman, contre 22 % des garçons. 33 % avaient lu un autre livre (non scolaire) contre 27 %. Le seul domaine dans lequel les garçons se distinguent est la bande dessinée : 34 % contre 15 %. La BD représente d'ailleurs la moitié des livres lus par les garçons, alors que les deux tiers des livres lus par les filles sont des romans.

Il est difficile de préciser les raisons de cette différence d'attitude vis-à-vis de la lecture. La nature féminine est-elle plus portée à des activités calmes et à la rêverie ou l'éducation façonne-t-elle différemment les enfants de chaque sexe ?

En 1991, les Français ont acheté 376 millions de livres, soit un million par jour.

Après avoir connu une forte croissance pendant les années 60 (en moyenne 8 % en volume chaque année), les achats de livres ont augmenté moins fortement au cours des années 70 (3,5 % par an). L'évolution a été encore moins favorable au cours des années 80, mais elle est restée positive (sauf en 1983 où la baisse a atteint 3,1 % en francs constants).

Après une baisse de 0,5 % en francs constants en 1990, 1991 s'est soldée par une baisse de 2,6 % du nombre d'exemplaires achetés et de 0,6 % des dépenses. Cette baisse est sans doute imputable au climat général de contraction de la consommation, qui a touché en particulier les produits ne présentant pas un caractère de première nécessité. La lecture de plus en plus, tend à en faire partie.

Le nombre de titres publiés augmente, mais le tirage moyen diminue.

Le nombre de titres publiés progresse régulièrement : 39 492 en 1991, contre 27 000 en 1983. Il a doublé en vingt ans. Celui des nouveautés (et nouvelles éditions de livres déjà publiés) avait fortement augmenté de 1985 à 1990, après une croissance plus faible entre 1981 et 1984. Le nombre des nouveautés est resté pratiquement inchangé en 1991 à 16 551 titres, représentant 42 % des publications. Les nouvelles éditions comptaient pour 9,7 %, les réimpressions pour 48,4 % (en hausse de 5,3 %).

Le nombre d'exemplaires achetés étant stable, on assiste depuis plusieurs années à une baisse du tirage moyen par titre, qui passe en-dessous des 10 000 exemplaires en 1991 : 9 524 contre 10 483 en 1990, 11 580 en 1989. Cette baisse concerne surtout les nouvelles éditions et les réimpressions.

Avec plus de 300 000 titres disponibles, le catalogue de l'édition française reste l'un des plus riches du monde. Il s'est enrichi en 1991 de 16 551 titres nouveaux. La part des nouveautés et nouvelles éditions dans l'ensemble de la production représentait 71 % des livres scientifiques et techniques, et plus de 60 % en littérature, livres pratiques et livres d'art.

Un million de livres par jour

▶ Sur 100 lecteurs, 54 lisent à la fois des livres et des bandes dessinées, 46 % uniquement des livres.
▶ 37 % des Parisiens lisent au moins occasionnellement dans les transports en commun.
▶ Les Parisiens dépensent en moyenne 2,7 fois plus pour les livres que les ruraux. Les cadres supérieurs et professions intellectuelles dépensent 9 fois plus que les agriculteurs, 4,5 fois plus que les ouvriers et 2,6 fois plus que les employés.
▶ On estime que 10 milliards de photocopies sont réalisées chaque année à partir d'œuvres protégées par le droit d'auteur.

108 titres par jour

Nombre de titres publiés et nombre d'exemplaires achetés en 1991 dans chaque catégorie :

	Nb de titres	Nb d'exemplaires (millions)
• Littérature générale	9 295	137,9
• Livres pour la jeunesse	4 804	63,5
• Livres de sciences humaines	3 969	19,1
• Livres scolaires	4 573	68,8
• Livres pratiques	2 611	27,9
• Livres scientifiques, professionnels et techniques	2 353	7,7
• Beaux-arts et beaux livres	1 026	7,7
• Encyclopédies et dictionnaires	449	10,9
• Divers non ventilés	1 343	21,1
Total	**30 424**	**364,6**

Près d'un livre sur trois est un roman.

35 % des livres achetés en 1991 étaient des livres de littérature générale (romans, théâtre, poésie, critiques, essais, reportages, actualité, documents), parmi lesquels les romans constituaient l'essentiel (91 %).

Leur part dans les achats en valeur était inférieure (16 % du chiffre d'affaires), du fait de l'importance des romans dits « sentimentaux », de faible prix unitaire (collections *Harlequin*, *Duo*, etc.). Ces derniers comptaient à eux seuls pour 21 % des achats de livres de poche.

Les livres pratiques ont doublé leur part depuis dix ans. Ils sont les seuls à avoir connu une progression en 1991, où ils ont représenté 11 % des achats en valeur et 14 % des exemplaires achetés.

Après la forte croissance des années 80, les encyclopédies et dictionnaires ont connu une baisse en 1991 (7,4 % en valeur), du fait de la conjoncture défavorable et du moindre recours au crédit. Ils comptaient pour 19 % des achats en valeur, mais 5 % des quantités (hors encyclopédies en fascicules : 4 % des achats en valeur).

La bande décimée

La part de la bande dessinée dans les achats de livres est en diminution constante depuis plusieurs années ; elle est passée de 3,7 % en 1985 à 2,3 % en 1990 (1,4 % pour les livres destinés aux jeunes, 0,9 % pour ceux destinés aux adultes).
La baisse concerne à la fois le nombre total d'exemplaires et le tirage moyen par album. Elle est particulièrement sensible dans le secteur des BD pour adultes : 18 671 exemplaires en moyenne en 1987 et 11 471 en 1991, soit une diminution de 39 %. Mais elle concerne aussi les enfants, de plus en plus attirés par les jeux vidéo et l'audiovisuel en général, et poussés par leurs parents à lire des livres à vocation plus pédagogique.

La « culture de poche » représente 23 % des exemplaires achetés et 21 % des titres produits

La vitalité de l'édition française au cours des années 80 était due en partie aux performances des livres au format de poche. La plupart des titres sont des rééditions de livres anciens ou récents (environ deux ans). Le livre de poche est particulièrement présent dans les secteurs de la littérature, des livres de jeunesse et de sciences humaines. En 1991, les achats ont représenté 10 % des achats totaux de livres, avec 8 483 titres publiés (dont 5 229 romans) et 119,3 millions d'exemplaires, soit un tirage moyen de 14 060 exemplaires.

Outre sa grande commodité (idéal pour les transports en commun), le livre au format de poche a permis à un grand nombre de Français d'accéder à peu de frais aux grandes œuvres de la littérature française et étrangère, à travers quelque 20 000 titres, répartis au total dans plus de 300 collections. Les jeunes, les cadres moyens et les employés sont les plus gros consommateurs, principalement dans les grandes villes.

➤ En 1991, les meilleures ventes de la catégorie romans, essais et documents ont été celles de *Scarlett* (Alexandra Ripley, 470 000 exemplaires, Belfond), *Noir Tango* (Régine Deforges, 440 000 exemplaires, Ramsay), *Dieu et la Science* (Jean Guitton et les frères Bogdanov, 300 000 exemplaires, Grasset) et *les Filles du Calvaire* (Pierre Combescot, 300 000 exemplaires, Grasset).

LES ACTIVITÉS PHYSIQUES

SPORT

53 % des hommes et 42 % des femmes • 13 millions de licenciés • Sportifs plus nombreux et assidus • Sports individuels en hausse • Lente démocratisation • Age, facteur déterminant • Moins d'écart entre les sexes • Croissance et professionnalisation de l'aventure

terme) que le fond. Elle a été aussi favorisée par le développement des équipements sportifs des communes (gymnases, piscines, courts de tennis, terrains de plein air), l'accroissement du temps libre et du pouvoir d'achat.

Licenciement collectif

Evolution du nombre de licenciés des fédérations sportives (en milliers) :

	1990	1980	1970
• Fédérations olympiques	6 031	3 824	2 410
• Fédérations non olympiques	2 534	2 478	1 054
• Fédérations et groupements multisports	1 170	1 108	620
• Fédérations scolaires et universitaires	2 500	2 089	1 444
Total	12 237	9 501	5 527

PRATIQUE

En 1991, 72 % des hommes et 54 % des femmes se sont livrés à une activité sportive plus ou moins régulière.

Les Français sont plus nombreux à avoir une activité sportive, même occasionnelle. Les effectifs des associations sportives ont d'ailleurs beaucoup progressé au cours des dix dernières années : elles regroupent aujourd'hui près d'un Français sur cinq. Environ 13 millions sont licenciés d'une fédération ; leur nombre a presque triplé en vingt ans.

L'accroissement de la pratique du sport répond à un désir, collectif et inconscient, de mieux supporter les agressions de la vie moderne par une meilleure résistance physique. Elle traduit aussi la place prise par l'apparence dans une société qui valorise souvent plus la *forme* (dans tous les sens du

La France ne fait cependant pas partie des nations les plus sportives.

Malgré son accroissement récent, la pratique sportive reste assez faible en France, si on la compare à celle d'autres pays, en particulier du nord de la Communauté européenne. Un tiers des Néerlandais, Danois, Allemands sont inscrits dans un club sportif, contre seulement un Français sur cinq, un Italien ou un Grec sur douze, un Portugais sur cinquante. Mais ces chiffres ne reflètent pas précisément la « sportivité » des nations, dans la mesure où beaucoup d'Européens pratiquent un sport sans être inscrits à une fédération ou un club (la pratique est alors souvent moins régulière).

Dans certains pays, des sports nationaux, ou même régionaux, occupent une place de choix : les sports gaéliques en Irlande ; le cricket et le badminton en Grande-Bretagne ; le ski ou... les boules en France.

Micro-entretien

ALAIN EHRENBERG *

G.M.- *Le sport joue-t-il un rôle plus important dans la vie sociale ?*

A.E.- On observe depuis une dizaine d'années une inflation de la terminologie sportive à travers les notions de performance, de conquête, de concurrence. Auparavant, le sport n'occupait pas une place aussi importante dans la société française. Il était plutôt un symbole d'aliénation populaire. Il y avait une sorte de mépris pour le sport, alors qu'il est devenu une référence de l'excellence sociale, un symbole de performance. Il a aujourd'hui une image « chic », alors qu'il était « ringard ». Le sport n'était cependant pas pour autant populaire, puisqu'on le pratiquait d'autant plus qu'on se trouvait en haut de la pyramide sociale. On assiste à des renouvellements très importants en matière de pratique sportive. Une multiplication de nouveaux sports, mais aussi une diversification à l'intérieur d'un même sport, avec des emprunts, comme par exemple dans le ski par rapport au surf... Il y a là un processus de fragmentation qui affecte l'ensemble de la société.

* Sociologue, universitaire, auteur notamment du *Culte de la performance* (Calmann Lévy).

Le sport, une source de sensations

Malgré leur diminution, les inégalités de pratique restent fortes.

La distinction entre les catégories sociales est particulièrement nette pour les sports à forte image sociale, comme la voile, le golf ou l'équitation, qui sont souvent coûteux et se pratiquent dans des clubs dont l'accès n'est pas toujours aisé. Ainsi, le tennis, dont on a beaucoup vanté la démocratisation, est pratiqué par un tiers des cadres supérieurs et... 5 % des agriculteurs. Le sport représente un moyen de valorisation sociale, un attribut du « standing » individuel. Même lorsque les contraintes matérielles ont disparu, les contraintes culturelles demeurent.

L'âge est un facteur déterminant.

On pratique dix fois moins le football ou la danse entre 40 et 60 ans qu'entre 15 et 20 ans, cinq fois moins le tennis, trois fois moins la natation ou la gymnastique. En dehors du golf ou des boules, la pratique sportive décroît régulièrement avec l'âge, la césure se faisant le plus souvent vers quarante ans. Pourtant, on constate que les personnes âgées s'intéressent davantage aux sports, à commencer par ceux qui leur sont le plus accessibles comme la marche, la gymnastique, la natation, ou le cyclisme.

Les femmes rattrapent les hommes dans la pratique des sports individuels.

Les femmes ont trouvé dans le sport la réponse à certaines de leurs préoccupations : rester en bonne forme physique ; se forger un corps séduisant ; conquérir un domaine jusqu'ici plutôt réservé à l'autre sexe ; lutter contre les signes apparents du vieillissement. Depuis une dizaine d'années, elles ont donc réduit leur retard sur les hommes.

Les sports d'équipe ne les passionnent pas (à l'exception du basket et du handball). Elles se ruent en revanche sur les sports individuels : plus des trois quarts des pratiquants de la gymnastique ou de la danse sont des femmes. Elles pratiquent plus fréquemment que les hommes la natation ou l'équitation. Elles sont enfin de plus en plus nombreuses à s'adonner aux sports ayant une forte image masculine : 1,7 % des femmes pratiquent la musculation (3,5 % d'hommes).

➤ On compte en France 3 millions de vélos. 8 % des Français n'en ont jamais fait.

La natation d'abord

Taux de pratique sportive en fonction du sexe (1991, en % de la population concernée) :

	Occasionnellement		Régulièrement	
	H	F	H	F
• Alpinisme	2,2	1,0	0,6	0,2
• Athlétisme	5,1	2,4	1,8	0,9
• Aviation	1,2	0,6	0,3	0,0
• Basket	4,7	2,7	1,4	1,2
• Bateau à moteur	2,1	0,9	0,4	0,2
• Bateau à voile	2,9	1,7	1,2	0,3
• Planche à voile	3,2	2,3	1,3	0,3
• Boules	15,2	4,7	2,5	0,3
• Cyclisme	17,5	9,7	6,3	2,9
• Chasse	2,8	0,5	3,4	0,1
• Equitation	2,6	2,7	0,6	0,8
• Football	10,1	0,9	6,5	0,2
• Golf	1,6	1,1	0,5	0,3
• Gymnastique	4,2	9,3	2,6	11,4
• Jogging	12,6	8,4	6,5	3,6
• Judo-karaté	1,6	0,4	1,8	0,5
• Natation	20,2	16,7	5,1	6,0
• Patin à glace	3,8	3,1	0,1	0,2
• Pêche en mer	4,6	1,0	1,1	0,2
• Pêche en eau douce	8,6	1,5	4,2	0,2
• Plongée	3,0	1,3	0,9	0,2
• Rugby	2,0	0,2	1,1	0,1
• Randonnée pédestre	11,5	9,3	4,9	4,0
• Ski de fond	8,6	5,9	1,4	1,0
• Ski alpin	13,3	7,9	4,2	2,6
• Sli de randonnée	1,3	1,0	0,4	0,1
• Tennis	15,1	7,8	6,9	2,3
• Volley ball	6,1	2,9	2,1	1,6

Secodip/Openers

▶ 64 % des Français savent nager, 36 % non (25 % des hommes et 46 % des femmes, 22 % des Parisiens et 40 % des provinciaux, 56 % des agriculteurs, 53 % des 45 ans et plus).
▶ Près de 10 000 véliplanchistes sont secourus chaque année.
▶ 500 000 Français font de l'équitation dans plus de 4 000 centres équestres et poney-clubs. 40 % sont titulaires de la carte nationale de cavalier.
▶ Le golf comptait 194 000 joueurs licenciés en 1991, et 50 000 joueurs non licenciés. Le nombre de parcours était de 425.

ÉVOLUTION

Les sports individuels se sont plus développés que les sports collectifs.

La grande lame de fond de l'individualisme ne pouvait épargner le sport. L'engouement pour le jogging, puis l'aérobic, en ont été, dès le début des années 80, la spectaculaire illustration. On peut y ajouter le tennis, l'équitation, le ski, le squash, le golf et bien d'autres encore. Même la voile, autrefois surtout pratiquée en équipage, a acquis ses titres de noblesse avec les courses transatlantiques en solitaire. Aujourd'hui, plus d'un Français sur trois pratique un sport individuel (un sur quatre en 1973) ; un sur quinze seulement pratique un sport collectif.

S'il reste le premier en nombre de licenciés, le football n'arrive qu'à la septième place des sports les plus pratiqués. On compte beaucoup plus de licenciés de tennis, de ski ou de judo que de rugby ou de hand-ball. Les licenciés de voile, de karaté, de tir ou de golf sont plus nombreux que ceux de volley-ball.

Les effets de mode sont importants, mais ils tendent à diminuer.

Le début des années 80 avait coïncidé avec l'explosion du jogging et de l'aérobic. Aujourd'hui, le phénomène a trouvé sa vraie dimension. Ceux qui continuent de courir ou fréquentent les salles de gymnastique ne le font pas pour sacrifier à une mode, mais parce qu'ils en ressentent le besoin.

La voile, après un développement spectaculaire dès la fin des années 70, connaît une régression presque aussi rapide : les Français n'ont acheté que 200 000 planches à voile neuves en 1991 contre près d'un million en 1987 ; les immatriculations de voiliers et nateaux à moteur stagnent aux alentours de 21 000 depuis 1984, contre 38 000 en 1980.

Mais de nouvelles modes ont pris le relais. Le golf, le parapente, l'escalade, le base-ball, le vol libre, le VTT, les sports acrobatiques ou le ski nautique ont augmenté le nombre de leurs adhérents de façon significative. Ainsi, le nombre des pratiquants de l'escalade a presque triplé depuis 1985 : 1,3 million (dont 850 000 occasionnels) contre 480 000 ; 1 300 sites naturels ont été répertoriés contre 870 en 1986, 600 murs artificiels ont été construits en France. Les médias jouent un rôle essentiel dans la création et l'entretien de ces mouvements de mode. Mais la pratique sportive relève moins de la volonté d'afficher un style de vie et un statut social que de celle de s'entretenir physiquement. C'est ce qui explique en particulier le développement de la pratique féminine.

Le sport en toute licence

Evolution du nombre de licenciés de certaines fédérations olympiques et non olympiques :

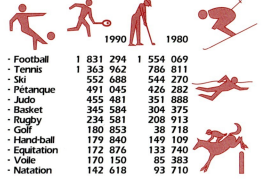

	1990	1980
- Football	1 831 294	1 554 069
- Tennis	1 363 962	786 811
- Ski	552 688	544 270
- Pétanque	491 045	426 282
- Judo	455 481	351 888
- Basket	345 584	304 375
- Rugby	234 581	208 913
- Golf	180 853	38 718
- Hand-ball	179 840	149 109
- Equitation	172 876	133 740
- Voile	170 150	85 383
- Natation	142 618	93 710

Ministère de la Jeunesse et des Sports

Les sports sont pratiqués de façon plus assidue.

L'accroissement du nombre des licenciés révèle une tendance relativement nouvelle : le désir croissant des Français de progresser dans le sport qu'ils ont choisi. Cette volonté est logiquement assortie de l'inscription à une fédération, qui consacre le passage du statut de simple amateur à celui de sportif véritable.

A cet égard, le cas du tennis est significatif. Alors qu'autrefois les pratiquants se contentaient d'échanger quelques balles sur un court pour se divertir, ils sont aujourd'hui plus ambitieux. Sans rêver d'imiter les grands champions qu'ils suivent à la télévision, beaucoup veulent améliorer leur technique. Le succès des stages, le développement des achats d'équipement au cours des années 80 (ils tendent à stagner depuis 1987, dans la mesure où il s'agit surtout d'achats de renouvellement) témoignent de cette volonté de progresser. Mais on observe depuis trois ou quatre ans que la recherche du plaisir est plus importante que celle de la performance.

Une détente et une hygiène de vie

Faire du sport, c'est :
• Une détente, un moyen de s'évader de la vie de tous les jours (48 % des Français).
• Une hygiène de vie (30 %).
• Un jeu, un divertissement (24 %).
• Un défoulement (23 %).
• Retrouver des amis, des camarades (13 %).
• Le moyen de retrouver la nature, de communier avec elle (11 %).
• Le plaisir de se servir de son corps (8 %).
• L'éducation de son esprit autant que de son corps (8 %).
• Un effort douloureux (7 %).
• Une agitation inutile (5 %).
• Une passion à laquelle on pense sans cesse, dont on parle tout le temps (5 %).
• Un dépassement, pour repousser, en s'entraînant, les limites de ses capacités (4 %).

Secodip/Openers

Un nombre croissant de Français cherchent des sensations fortes dans le sport-aventure.

Les sports de glisse (deltaplane, parapente, ULM, surf, ski acrobatique) ou les sports nautiques motorisés (offshore, scooter des mers) font de plus en plus d'adeptes, et aussi de blessés. Depuis la sortie du *Grand Bleu*, beaucoup rêvent de pratiquer la plongée en apnée et d'imiter Jacques Mayol. Des cadres mal dans leur peau considèrent le saut en élastique comme une thérapeutique à l'angoisse ou comme un test de leur force intérieure.

Les médias et les organisateurs de voyages ont compris cet engouement pour les émotions fortes. Les premiers montrent de belles images qui font rêver ; les seconds proposent des formules d'aventure à la carte, selon les possibilités, physiques et financières, de chacun. Mais pour la plupart de leurs clients, la découverte du monde passe après celle de soi-même.

L'aventure par procuration

Les médias, qui ne manquent pas une occasion de montrer les exploits de toutes sortes, ont donné à beaucoup de Français le goût de l'aventure sportive. Mais ceux qui participent effectivement au rallye Paris-Dakar, descendent en *rafting* les rivières africaines, escaladent les montagnes, courent dans le désert ou font la traversée de l'Atlantique en voilier constituent une infime minorité. Le goût pour l'aventure, compréhensible dans une société qui ne l'autorise guère, est souvent satisfait d'une façon artificielle. Il en est de même du sport traditionnel. Les médias ont permis à certains de se faire connaître et de se développer : tennis, golf, volley-ball, arts martiaux, etc. Pour beaucoup de Français, les retransmissions sportives à la télévision constituent un substitut à la pratique sportive.

LOISIRS CRÉATIFS

Besoin d'activités manuelles ● *Neuf Français sur dix bricoleurs, par nécessité et par plaisir* ● *20 millions de jardiniers* ● *Cuisine de fête et activités artistiques en hausse*

BRICOLAGE ET JARDINAGE

Face à l'automatisation des tâches, le besoin de « faire quelque chose de ses mains » est de plus en plus ressenti.

Le besoin d'aventure se nourrit d'images

Depuis des décennies, les machines prennent progressivement le relais de la main humaine, comme autant de prothèses qui amplifient son pouvoir en même temps qu'elles réduisent son rôle et sa capacité de création. Les travaux de fabrication sont le plus souvent divisés, afin d'en accroître l'efficacité. Avec le développement de la société industrielle s'est éloigné le sentiment de satisfaction lié à la fabrication d'un objet par un seul homme.

Conscients de cet appauvrissement, les Français se sont mis à rechercher les moyens d'une « rééducation ». Beaucoup l'ont trouvé dans la pratique de loisirs manuels tels que le bricolage, le jardinage ou la cuisine.

Cette évolution s'inscrit dans un mouvement plus général, qui est le rejet d'un découpage binaire de la vie. Aujourd'hui, la gauche n'est plus opposée

▶ Le nautisme compte 3 millions de pratiquants, un parc de 750 000 bateaux immatriculés.
▶ Il y avait 3,2 millions de chevaux en 1900 ; il n'en reste plus que 330 000.
▶ 60 % des 6-13 ans pratiquent un sport. Ils y consacrent en moyenne 4 heures par semaine.
▶ En 1991, on comptait 131 000 licenciés de plongée sous-marine dans les 1 627 clubs français, soit trois fois plus qu'il y a vingt ans.
▶ On compte 50 000 pratiquants du parapente en France, soit la moitié du total mondial. Le taux d'accident est d'environ 2 % par an (0,04 % pour les accidents mortels).

à la droite, l'homme à la femme, l'adulte à l'enfant, le bien au mal. Il en est de même de l'opposition traditionnelle entre le corps et l'esprit, comme en témoigne le développement récent de la pratique sportive.

88 % des hommes sont bricoleurs.

16 % des Français font du bricolage de façon habituelle pendant les week-ends (25 % des hommes et 8 % des femmes). 65 % des propriétaires de leur logement se considèrent comme très ou assez bricoleurs, 23 % un peu. Les compétences sont très diverses selon les individus : 82 % savent poser du papier-peint, 51 % faire de petits travaux de maçonnerie ou de carrelage, mais 12 % seulement savent réparer les appareils électroménagers.

Le besoin de rééquilibrer l'activité professionnelle est très apparent ; on constate que les employés et les cadres sont mieux disposés à l'égard du bricolage que les ouvriers ou les artisans, moins frustrés sur le plan manuel.

Les Français bricolent à la fois par nécessité et par plaisir.

Les motivations d'ordre économique sont cependant prépondérantes. Grâce à quelques outils et un peu de temps, il est possible de réduire ses dépenses d'entretien ou d'ameublement dans des proportions considérables. C'est la raison pour laquelle 66 % des foyers possèdent une perceuse électrique, 34 % une scie électrique, 27 % une ponceuse électrique.

Une part importante de l'économie domestique est liée au bricolage : montage de meubles en kit ; travaux ; réparations ; entretien ; fabrication d'objets divers. Dans moins de la moitié des cas, les ménages font appel à des entreprises spécialisées.

Mais le bricolage est aussi un loisir. Celui-ci permet d'occuper son temps, de se changer les idées tout en améliorant le confort de son logement. Enfin, il constitue pour les hommes un symbole de virilité ; seuls 11 % se reconnaissent incapables de planter un clou, contre 27 % des femmes.

Femmes : du tricotage au bricolage

Les femmes ne tricotent plus. Les ventes de pelotes de laine ont chuté de 57 % entre 1987 et 1991. Seules 45 % déclaraient tricoter au moins occasionnellement en 1992, contre 70 % en 1987. Les autres activités traditionnelles comme la couture ou le reprisage sont en déclin, au profit du bricolage et de la décoration. Malgré l'accroissement de leur taux d'activité professionnelle, 75 % d'entre elles trouvent le temps de s'adonner au bricolage, un taux proche de celui des hommes (85 %). De plus en plus souvent, les femmes achètent elles-mêmes leur matériel ; elles deviennent de plus en plus compétentes pour effectuer des travaux de plus en plus variés.

Le bricolage, une façon de changer la vie

➤ 34 % des Français se déclarent capables de faire des travaux de menuiserie, 31 % de réparer une automobile ou un deux-roues, 25 % de faire des travaux de plomberie.

Le jardinage concerne 60 % des Français.

53 % des Français habitent une maison individuelle, contre 48 % en 1982. 60 % disposent d'un jardin, dont 50 % dans leur résidence principale, 6 % dans une résidence secondaire et 4 % ailleurs. 10 % cultivent leurs légumes, 13 % possèdent des arbres fruitiers.

Comme le bricolage, le jardinage est une activité manuelle de compensation et de création, qui présente aussi des avantages économiques. La répartition des tâches entre les sexes reflète encore la tradition ; les femmes sont plus nombreuses que les hommes à s'occuper d'un jardin d'agrément, alors que les jardins potagers sont en majorité entretenus par les hommes. Entre 1975 et 1991, les dépenses consacrées au jardinage sont passées de 7 à 32 milliards de francs.

L'écologie en pratique

A une époque où le monde rural est en voie de disparition, beaucoup de Français souhaitent préserver leurs racines paysannes. 14 % d'entre eux passent l'essentiel de leur temps pendant les week-ends à jardiner (17 % des hommes et 11 % des femmes). Même ceux qui habitent en appartement s'efforcent de lui donner plus en plus des airs de campagne ; on trouve environ 150 millions de plantes vertes dans les foyers.
Le besoin de « retour à la terre », qui s'était manifesté de façon parfois excessive pendant les années 70, est vécu plus tranquillement aujourd'hui. Il se manifeste par le goût des week-ends à la campagne (19 % des Français les pratiquent régulièrement), l'importance du nombre des résidences secondaires (11 % des ménages) et la pratique de certains sports comme la randonnée, à pied, à vélo ou, de moins en moins, en 4 X 4.

La cuisine est aussi un loisir.

Les Français ressentent de plus en plus le besoin de faire la fête, pause appréciée dans le tourbillon de la vie. Le bon repas partagé avec les proches en est l'une des formes les plus recherchées. La cuisine de fête revêt aujourd'hui des aspects plus variés que par le passé. Du plat unique, dont la recette est empruntée aux traditions régionales les plus anciennes (pot-au-feu, cassoulet, choucroute, etc.) à la cuisine la plus exotique (chinoise, africaine, mexicaine, antillaise...) en passant (de plus en plus rarement) par la nouvelle cuisine.

Opposée par définition à la cuisine-devoir, la cuisine de fête, ou cuisine-loisir, en est aussi le contraire dans sa pratique. Le temps ne compte plus, tant dans la préparation que dans la consommation. Si le menu est profondément différent, la façon de le consommer ne l'est pas moins : le couvert passe de la cuisine à la salle à manger ; la composante diététique, souvent intégrée dans le quotidien, en est généralement absente. Enfin, les accessoires prennent une plus grande importance : bougies, décoration de la table et des plats, etc.

La cuisine-loisir est également marquée par la recherche du « polysensualisme » : le goût, l'odorat, l'œil, le toucher y sont de plus en plus sollicités ; c'est le cas aussi de l'ouïe, car la musique est souvent présente dans les salles à manger.

La cuisine n'est pas, on le devine, une activité comme une autre. C'est tout l'être profond qui s'exprime face au premier besoin de l'individu, celui de manger. Rien n'est donc gratuit dans les rites qui président à sa célébration.

ACTIVITÉS ARTISTIQUES

Les activités artistiques permettent aux Français d'exprimer des facettes intimes de leur personnalité.

Le besoin d'épanouissement total ne pouvait ignorer ce qui, plus peut-être que tout autre aspect, caractérise la nature humaine : la sensibilité. On retrouve dans certaines tendances actuelles cette volonté de rééquilibrer des activités professionnelles souvent froides, rationnelles, par d'autres qui le sont moins.

C'est pourquoi les Français sont très nombreux à s'intéresser à la musique, à prendre des cours de peinture ou de sculpture, à s'adonner aux joies de l'écriture ou de la photographie.

40 % des Français ont chez eux un instrument de musique, 16 % en jouent.

Les instruments les plus répandus sont la flûte et la guitare, mais ceux dont on joue le plus sont la flûte et le piano. Les hommes sont un peu plus nombreux que les femmes à pratiquer la musique : 18 % contre 13 % au foyer ; 7 % contre 5 % à l'extérieur. La pratique décroît régulièrement avec l'âge : 34 % des 15-19 ans au foyer et 15 % à l'extérieur ; 5 % des 65 ans et plus au foyer et 2 % à l'extérieur. Elle concerne trois fois plus les élèves, étudiants, cadres et professions intellectuelles que les employés, ouvriers, artisans, commerçants.

Parmi ceux qui jouent d'un instrument, 29 % ont appris à jouer seul ou avec des amis, 26 % à l'école, 24 % avec un professeur particulier, 15 %

dans une école de musique, 9 % avec l'un de leurs parents.

Deux millions de flûtes par an

Les Français achètent chaque année environ deux millions de flûtes (cet instrument est pratiqué dans certaines classes des écoles primaires). Le second instrument le plus acheté est la guitare (environ 200 000 achats par an), devant le piano, loin derrière avec 30 000 achats par an. L'accordéon n'est plus à la mode et les Français en achètent moins de 20 000 par an.

La *Fête de la musique* permet, chaque année, de constater combien la pratique musicale est répandue : on ne compte pas moins de 4 000 harmonies, 8 000 chorales, 25 000 groupes de rock, sans parler des très nombreuses cliques et fanfares.

Le choc des images

Neuf foyers sur dix possèdent un appareil photo, 9 % un Caméscope.

La photographie est une pratique très vulgarisée et la plupart des ménages prennent des photos. 24 % se servent souvent de leur appareil photo au cours de l'année, 35 % surtout pendant les vacances, 24 % de temps en temps. Seuls, 18 % ne l'utilisent presque jamais. Les personnes âgées ou seules et les couples sans enfant sont les moins concernés. Les enfants commencent à photographier à partir de 10 ans ; à 14 ans, deux sur trois font des photographies. Puis la pratique décroît, au profit d'autres types de loisirs.

Dans la majorité des familles, c'est le père qui fait principalement les photos (52 % des cas, 28 % pour la femme). 18 % des ménages disposent d'appareils compacts automatiques, 22 % ont des appareils plus perfectionnés de type reflex. 90 % des ménages font des photos sur papier couleur, 21 % des diapositives, 12 % des photos noir et blanc (ce sont surtout des passionnés, jeunes, parisiens, diplômés). Plus des trois quarts des ménages font parfois retirer des photos pour les envoyer à des parents ou amis.

La possession d'un Caméscope est plus fréquente dans les catégories aisées : 25 % des cadres et professions intellectuelles contre 6 % des agriculteurs, 7 % des ouvriers et des retraités.

14 % des Français dessinent ; moins de 10 % pratiquent d'autres activités artistiques.

Le dessin est d'autant plus pratiqué que l'on est jeune : 42 % entre 15 et 19 ans, mais 3 % à partir de 65 ans. Les activités de type littéraire arrivent en seconde position : 7 % des Français (8 % des femmes et 6 % des hommes) tiennent un journal intime ; 6 % écrivent des poèmes. Les arts plastiques (peinture, sculpture, gravure) concernent 6 % des Français. Il faut ajouter la poterie, reliure, artisanat d'art (3 %), le théâtre amateur (2 %).

On retrouve les mêmes types de variations selon l'âge : 13 % des 15-19 ans tiennent un journal, 10 % font de la peinture ou sculpture, contre respectivement 5 % et 3 % des 65 ans et plus. Le fait de suivre une scolarité constitue sans aucun doute une forte incitation aux activités artistiques ou culturelles. A l'âge adulte, ces pratiques sont toujours plus fréquentes dans les catégories aisées et diplômées, à Paris et dans les grandes villes, chez les personnes célibataires.

➤ 17 % des Français ont chez eux une flûte, 12 % une guitare, 8 % un harmonica, 7 % un piano, 6 % un orgue, 3 % un autre instrument à corde (violon, violoncelle), 3 % un instrument à vent, 2 % un synthétiseur, 2 % un accordéon, 2 % un instrument à percussion, 2 % un autre instrument.

10 millions de collectionneurs

23 % des Français de 15 ans et plus déclarent faire une collection (27 % d'hommes et 20 % de femmes). Les plus fréquentes sont les collections de timbres (8 %). Viennent ensuite les cartes postales (4 %), les pièces ou médailles (4 %), les objets d'art (2 %), les pierres et minéraux (2 %), les livres anciens (2 %), les poupées (1 %), les disques anciens (1 %). Parmi les collectionneurs, 20 % s'en occupent au moins une fois par semaine, 35 % environ une fois par mois, 45 % plus rarement.
L'âge est un critère déterminant (41 % entre 15 et 19 ans, contre 14 % à 65 ans et plus). La catégorie socioprofessionnelle l'est beaucoup moins, en dehors des agriculteurs et femmes au foyer qui sont peu concernés.

➤ 2 % des Français font du théâtre amateur (6 % des 15-19 ans).
➤ 40 % des Français aiment beaucoup ou assez écrire (33 % des hommes et 46 % des femmes), 60 % peu ou pas du tout. 8 % ont déjà écrit un roman, des poèmes, 18 % ont tenu un journal. 13 % écrivent des lettres au moins une fois par semaine (en dehors du courrier professionnel), 19 % une fois par mois, 22 % plusieurs fois par an, 30 % exceptionnellement.
➤ 8 % des Français font de la musique ou du chant dans le cadre d'une organisation ou avec un groupe d'amis.
➤ 3 % des Français chantent dans une chorale.
➤ 76 % des Français se considèrent comme plutôt adroits, 16 % plutôt maladroits.
➤ 14 % des Français dessinent (42 % des 15-19 ans, 20 % des cadres, 26 % des Parisiens).
➤ 6 % des Français font de la danse (9 % des femmes et 3 % des hommes).

LES VACANCES

PETITES VACANCES

27 % de départs • Phénomène minoritaire et sélectif • Diminution de la durée moyenne des séjours • Plus de séjours à la mer et à l'étranger, moins à la montagne • Plus de départs en week-end

WEEK-ENDS

Les fins de semaine constituent un aspect particulier des vacances des Français.

Si le repos dominical est une conquête presque centenaire, son jumelage avec le samedi (ou le lundi pour les commerçants) est beaucoup plus récent. Même si certains Français n'en bénéficient pas, du fait de leurs conditions de travail particulières (voir *Vie professionnelle*), la plupart apprécient cette parenthèse hebdomadaire entre deux semaines de travail.

Pour la plupart, le dimanche est synonyme de fête et de famille. Neuf Français sur dix le passent en famille et il n'est pas rare que trois générations se retrouvent ; les couples mariés se déplacent fréquemment chez leurs parents ou beaux-parents pour déjeuner avec eux, avec leurs propres enfants.

Le repas de midi est en effet une étape importante du rituel dominical. 60 % des familles font plus de cuisine le dimanche ; la plupart privilégient la cuisine traditionnelle (poulet, gigot...) et terminent le repas par un gâteau.

Les loisirs dominicaux n'évoluent guère : la famille, les amis et la télévision y tiennent la plus grande place. Mais une autre tradition, celle de la messe, est au contraire en nette diminution ; moins d'un quart des ménages se rendent à l'église le dimanche.

Les Français passent en moyenne 7 week-ends hors de chez eux chaque année, mais 52 % ne partent jamais.

11 % des ménages possèdent une résidence secondaire. 20 % n'y vont pratiquement jamais, 43 % s'y rendent régulièrement, toute l'année ou seulement à la belle saison. Ceux qui partent le plus fréquemment appartiennent aux catégories aisées : 14 % des cadres supérieurs partent au moins 15 fois dans l'année, contre 6 % des ouvriers et 4 % des retraités.

Les départs en week-end ne s'expliquent pas seulement par le nombre élevé des résidences secondaires. Beaucoup de Français vont à l'occasion passer un ou deux jours chez un membre de leur famille ou chez des amis. Les Parisiens sont sans conteste les champions dans ce domaine. Les bouchons qui se forment sur les autoroutes au départ de la capitale dès le vendredi soir en sont l'illustration.

➤ 48 % des Français sont partis en week-end au moins une fois dans l'année (1989), dont 12 % au moins 10 fois.
➤ Les mots qui évoquent le mieux le dimanche pour les Français sont : famille (74 %) ; repos (58 %) ; loisirs (51 %) ; plaisir (18 %) ; fête (16 %) ; sacré (15 %) ; affection (11 %) ; solitude (5 %) ; ennui (5 %) ; angoisse (2 %).
➤ Avec un solde positif de plus de 50 milliards de francs, le tourisme est la première activité française.
➤ 17 % des Français ont peur en avion.
➤ 32 % des Français font la grasse matinée le dimanche, 68 % non.

Les week-ends des Français

Les activités pratiquées habituellement par les Français pendant les week-ends :

- 65 % restent à la maison à lire, regarder la télévision, bricoler, écouter de la musique.
- 39 % sortent au moins une journée, se promènent dans les rues ou à la campagne.
- 20 % travaillent (à la maison ou ailleurs).
- 19 % partent à la campagne dans leur résidence secondaire, chez des parents ou amis.
- 16 % bricolent.
- 14 % jardinent.
- 14 % font une « virée », une journée ou plus, en vélo, moto, voiture, train, car...
- 11 % font des courses.
- 11 % font du sport, seul ou en club, en salle ou en plein air.
- 10 % vont au cinéma, au théâtre, au restaurant.
- 9 % s'occupent de cuisine, réceptions et font des écarts gastronomiques.
- 3 % visitent des musées ou expositions.
- 8 % vont danser, vivent la nuit.
- 6 % s'occupent d'eux-mêmes.
- 6 % font des excursions, des visites culturelles.

Secodip/Openers

Les régions jouent la carte des loisirs

Prouesses

Les parcs de loisirs sont des nouvelles destinations de week-end, mais tous n'ont pas su répondre aux attentes des visiteurs.

Les parcs de loisirs constituent un type de loisir récent. Concurrents des résidences secondaires, des stations de ski, ou même des vacances traditionnelles, ils proposent aux familles une alternative à la « journée télé » du dimanche, un moyen de se procurer des émotions fortes (manèges), de se retrouver dans un environnement différent (parcs à thème), bref ! de se donner le sentiment de vivre intensément.

Mais cette offre, qui s'est beaucoup développée au cours des années 80, n'a pas toujours rencontré la demande. Certains ont dû fermer leurs portes ou ont connu des difficultés financières (Mirapolis, Aquaboulevard, Zygofolies, les Schroumpfs...). Les causes de ce désintérêt relatif tiennent généralement à des tarifs d'entrée dissuasifs, au fait qu'ils s'adressent plus aux enfants qu'aux familles et à une fréquence de visite insuffisante.

Certaines formules ont cependant trouvé leur clientèle ; Center Parcs, parc aquatique résidentiel installé en Normandie, affiche un taux de remplissage de 96 % avec une clientèle à 95 % française (68 % en provenance d'Ile-de-France). Eurodisney, ouvert en avril 1992 à Marne-la-Vallée, affiche de grandes ambitions en attendant 12 millions de visiteurs européens au cours de sa première année d'existence. Parmi les 1,5 million accueillis au cours des sept premières semaines, on comptait 60 % d'étrangers. L'avenir dira si la formule, rodée avec succès aux Etats-Unis et au Japon, est applicable à la France et à l'Europe, dans un contexte culturel et économique différent.

> ➤ 52 % des Français ne partent jamais en week-end (69 % parmi les personnes âgées de 65 ans et plus, contre 35 % parmi les 20-24 ans).
> ➤ 75 % des agriculteurs ne partent jamais en week-end, contre 26 % des cadres et professions intellectuelles supérieures, 46 % des employés, 53 % des ouvriers.
> ➤ 12 % des Français partent au moins 10 fois en week-end dans l'année : 22 % des cadres et professions intellectuelles supérieures, 21 % des élèves et étudiants, mais 0 % des agriculteurs, 7 % des artisans et commerçants, 8 % des retraités.
> ➤ 13 % des parisiens partent au moins 15 fois par an en week-end, contre 2 % des habitants des communes rurales, 9 % des habitants des villes de plus de 100 000 habitants.

VACANCES D'HIVER

**Au cours de l'hiver 1990-91,
26,3 % des Français sont partis en vacances.**

La diminution du temps de travail et la cinquième semaine de congés payés ont entraîné au cours des années 80 un plus grand morcellement des vacances. Mais les vacances d'hiver restent un phénomène minoritaire et sélectif. Près des trois quarts des Français restent chez eux. Les taux de départ sont très variables selon les catégories sociales : 60 % des cadres supérieurs et professions libérales, mais seulement 12 % des ouvriers non qualifiés et 10 % des agriculteurs. 51 % des Parisiens partent, contre 17 % des habitants des communes rurales. L'âge est un facteur moins déterminant, bien que l'on constate une diminution à partir de 50 ans.

**Le taux de départ est en diminution
depuis 1988.**

Le taux de départ en vacances d'hiver avait beaucoup augmenté pendant les années 70 et jusqu'en 1987-88 (avec une exception en 1984-1985). La baisse constatée depuis trois ans est liée au fait que certaines catégories partent moins. 51 % des Parisiens sont partis au cours de l'hiver 1990-91 contre près de 60 % l'année précédente. De même, 24 % des patrons de l'industrie et du commerce sont partis, contre près d'un tiers. A l'inverse, les familles de cadres moyens sont parties plus nombreuses.

Contrairement aux deux années précédentes, le recul constaté dans le taux de départ n'a pas affecté en 1991 les sports d'hiver ; les stations de ski ont retrouvé un niveau de fréquentation qu'elles avaient connu en 1987-88.

▶ 66 % des usagers des stations françaises pratiquent le ski alpin, 14 % le ski de fond, 15 % les deux et 5 % ne pratiquent pas le ski.
▶ 80 % des vacanciers utilisent leur voiture pour se rendre dans les stations de sports d'hiver. 15 % prennent le train, 4,5 % l'autocar, 0,8 % l'avion.
▶ 56 % des vacanciers d'hiver séjournent chez des amis, 18 % prennent une location, 13 % logent dans leur propre résidence secondaire, 7 % à l'hôtel, 3 % dans des villages de vacances, 1 % en caravane.

La baisse de la durée moyenne a été stoppée.

Au cours de l'hiver 1975-76, les vacanciers étaient partis en moyenne 15,4 jours. La durée avait atteint un minimum de 13,6 jours en 1989-90, au terme de quatre années successives de baisse. Cette diminution était liée pour l'essentiel à la baisse de la durée des séjours aux sports d'hiver.

En hiver 1990-91, les vacanciers sont partis en moyenne 13,8 jours, dont 9,0 jours aux sports d'hiver. La durée varie peu en fonction de la catégorie socioprofessionnelle ou du revenu. Elle augmente avec l'âge à partir de 30 ans.

**8,4 % des Français se sont rendus
dans les stations de sports d'hiver,
contre 7,1 % l'année précédente.**

La proportion de Français partant aux sports d'hiver avait diminué fortement entre 1985 et 1990, passant de 9,6 % à 7,1 %. Le faible enneigement des stations au cours des trois dernières saisons était largement responsable de cette baisse. Les meilleures conditions de la saison 1990-91 ont incité beaucoup d'amateurs à retrouver le chemin des pistes, malgré le contexte peu favorable de la guerre du Golfe. 1992 devrait être une autre bonne année, compte tenu de l'enneigement, de la tenue des jeux Olympiques d'Albertville et des travaux d'équipement réalisés pour la circonstance.

Les écarts entre les catégories sociales sont encore plus marqués que pour les départs en vacances d'hiver en général. Les cadres supérieurs sont proportionnellement 12 fois plus nombreux à partir aux sports d'hiver que les ouvriers non qualifiés, 8 fois plus que les agriculteurs, 3 fois plus que les employés. La « démocratisation » de la neige est donc encore loin d'être réalisée ; elle demeure une pratique urbaine. Les retraités, âgés et donc peu tentés par le ski (que beaucoup n'ont jamais eu l'occasion de pratiquer), sont peu représentés : 2 %.

**La durée moyenne des séjours aux sports
d'hiver était passée de 13,2 jours en 1975-76
à 8,7 jours en 1989-90.
Elle est remontée à 9,0 jours en 1990-91.**

La durée des séjours aux sports d'hiver n'a pas suivi l'augmentation de celle des départs en vacances d'hiver. La principale raison est sans doute économique ; le budget d'une famille de quatre personnes, dont deux enfants en âge de skier,

Le retour à la montagne

Evolution du taux de départ et du nombre moyen de journées par personne partie en vacances d'hiver :

	Taux de départ (en %)		Jours par personne	
	Vacances d'hiver	dont sports d'hiver	Vacances d'hiver	dont sports d'hiver
• Hiver 1974-1975	17,1	4,3	14,3	12,7
• Hiver 1975-1976	18,1	4,8	15,4	13,2
• Hiver 1976-1977	17,9	5,5	14,6	11,4
• Hiver 1977-1978	20,6	6,6	13,7	10,2
• Hiver 1978-1979	22,1	7,1	13,9	10,4
• Hiver 1979-1980	22,7	7,8	14,3	10,0
• Hiver 1980-1981	23,8	7,9	14,0	9,9
• Hiver 1981-1982	24,6	8,2	14,2	9,8
• Hiver 1982-1983	24,3	9,2	14,4	9,6
• Hiver 1983-1984	26,2	10,0	13,8	9,4
• Hiver 1984-1985	24,9	8,8	14,1	9,8
• Hiver 1985-1986	27,1	9,6	13,9	9,5
• Hiver 1986-1987	28,0	8,8	14,8	9,2
• Hiver 1987-1988	28,2	8,8	14,1	9,1
• Hiver 1988-1989	27,3	7,9	13,8	8,8
• Hiver 1989-1990	26,7	7,1	13,6	8,7
• **Hiver 1990-1991**	**26,3**	**8,4**	**13,8**	**9,0**

Taux de départ et nombre moyen de journées par personne partie pendant l'hiver 1990-91, selon la commune de résidence et selon la catégorie socioprofessionnelle :

	Taux de départ (en %)		Jours par personne	
	Vacances d'hiver	dont sports d'hiver	Vacances d'hiver	dont sports d'hiver
Commune de résidence				
• Commune rurale	17,3	6,2	12,3	8,6
• Commune urbaine (hors agglomération parisienne)	25,6	8,1	13,5	9,2
• Agglomération parisienne (sauf Paris)	41,3	12,5	14,7	9,0
• Ville de Paris	50,8	13,3	17,4	8,8
Catégorie socioprofessionnelle				
• Exploitants et salariés agricoles	9,5	3,4	8,8	7,7
• Patrons de l'industrie et du commerce	23,8	13,1	10,7	8,7
• Cadres supérieurs et professions libérales	60,0	25,3	14,2	9,1
• Cadres moyens	45,0	18,2	12,8	8,5
• Employés	28,5	8,2	11,4	8,4
• Ouvriers qualifiés, contremaîtres	15,5	4,2	11,7	8,8
• Ouvriers non qualifiés	11,7	1,9	10,7	7,9
• Retraités	19,9	2,0	19,2	13,4

La durée moyenne des vacances d'hiver tient compte des vacances prises à Noël et de celles prises plus tard, en particulier au moment des vacances scolaires.

INSEE

dépasse facilement 10 000 francs pour une semaine, ce qui décourage bon nombre de prétendants à l'ivresse des cimes. A budget égal, certaines familles préfèrent donc chercher le soleil des Baléares ou d'autres destinations proches. De plus, 48 % des vacanciers partant aux sports d'hiver louent un logement et restent en général une seule semaine.

Les Alpes restent la destination favorite des skieurs (69 % des séjours en métropole), loin devant les Pyrénées (15 %).

Démocratisation ?

Bien qu'en nette augmentation depuis une quinzaine d'années (28,2 % en 1987-88, taux maximum, contre 17,1 % en 1974-75), le taux des départs en vacances d'hiver ne concerne encore qu'un Français sur quatre. Mais on observe une certaine démocratisation, dans la mesure où le taux de départ des catégories sociales qui partaient le moins (agriculteurs, ouvriers, personel de service, inactifs) a plus augmenté que celui des autres catégories. Il est ainsi passé de 3,4 % en 1974-75 à 9,5 % en 1990-91 pour les agriculteurs, de 11,0 % à 19,9 % pour les inactifs. Dans le même temps, le taux de départ des cadres supérieurs et professions libérales n'est passé que de 50 à 60 %. Il reste néanmoins 3 à 6 fois plus élevé que celui des catégories qui partent le moins.

Les J.O. ont redonné du tonus à la montagne

➤ 37 % des parents d'élèves du primaire et du secondaire estiment que les vacances d'été sont trop longues (56 % comme il faut), 33 % pour les vacances de février (63 % comme il faut), 18 % pour celles de Toussaint (75 % comme il faut), 17 % pour celles de Pâques (78 % comme il faut), 8 % celles de Noël (83 % comme il faut).
➤ Lorsque leurs enfants sont en vacances, 43 % des Français les confient à leurs grands-parents, 27 % les envoient dans un centre ou une colonie, 21 % les laissent seuls chez eux dans la journée, 18 % les font garder à domicile, 10 % les confient à des amis, 7 % s'organisent avec d'autres parents, 3 % les emmènent au bureau.

La campagne reste la première destination des vacances d'hiver.
Les séjours à l'étranger diminuent.

Les départs dans les stations de ski, souvent associés aux vacances d'hiver, ne représentent que 27 % des séjours en France. 31 % ont été effectués à la campagne et 29 % sur le littoral.

Au cours de l'hiver 1990-91, 4,5 % des Français sont partis à l'étranger, contre 5,2 % l'année précédente. Ces séjours représentaient 13 % de l'ensemble, soit une baisse d'un point par rapport à l'hiver précédent. Ces vacances hors métropole concernent surtout les Parisiens et les familles aisées. La durée moyenne des séjours était de 11,4 jours.

GRANDES VACANCES

56 % de départs en 1991 ● Fragmentation plus fréquente, mais séjours moins longs ● Destination France ● Mer et soleil, mais aussi campagne ● Un départ sur huit, un séjour sur cinq à l'étranger ● Davantage de sport et d'activités culturelles

DÉPARTS

Pour beaucoup de Français, les « vraies » vacances restent celles de l'été. Le soleil de la mer ou de la campagne vient récompenser onze mois d'efforts, de contraintes, voire de frustrations. Pour être réussies, les vacances doivent donc marquer une rupture avec la vie quotidienne : farniente, bronzage, gastronomie, fête et insouciance...

Mais d'autres refusent que l'équilibre de leur vie soit fait d'une moyenne entre deux périodes (de longueur très inégale) dont l'une serait caractérisée par la contrainte, l'autre par le défoulement. C'est cette seconde conception de l'emploi du temps de la vie qui tend aujourd'hui à se développer parmi les Français.

55,6 % des Français sont partis en vacances au cours de l'été 1991.

Le taux de départ en vacances s'était considérablement accru jusqu'au milieu des années 80 (plus un tiers en vingt ans). Après un fléchissement en 1986 et 1987, il s'était à nouveau accru en 1988 et 1989. 1990 avait été une mauvaise année, avec une baisse de 1,4 point (55,1 % contre 56,5 %). 1991 a été marquée par une légère reprise, sans doute limitée par le déroulement de la guerre du Golfe.

Comme pour les vacances d'hiver, les différences entre catégories sociales sont marquées. Les cadres supérieurs et membres des professions libérales sont proportionnellement trois fois plus nombreux à partir que les agriculteurs et deux fois plus que les retraités. Les habitants des grandes villes (surtout Paris et son agglomération) partent plus que ceux des petites agglomérations. Les personnes âgées de 50 ans et plus partent moins que les plus jeunes.

Malgré l'accroissement global du taux de départ, près de la moitié des Français ne partent encore pas en vacances d'été au cours d'une année donnée, et un quart ne partent jamais. Certains parce qu'ils hésitent à se mêler à la foule des vacanciers, d'autres parce qu'ils ont des travaux à faire, un autre métier à exercer, ou parce qu'ils ne disposent pas des moyens financiers suffisants.

L'effet de génération

Ce sont les jeunes de moins de vingt ans et les adultes entre 30 et 50 ans qui, aujourd'hui, partent le plus en vacances au cours des mois d'été. C'étaient les mêmes personnes, il y a dix ans, qui partaient déjà le plus. Les premières étaient alors à peine adolescentes, les secondes avaient entre 20 et 40 ans. Ce phénomène, s'il était encore vérifié au cours des prochaines années, suggérerait que certaines générations sont plus attachées aux vacances que d'autres. On observe que les premiers sont nés après 1968, les seconds entre 1940 et 1960. La génération post-soixante-huitarde et celle de l'après-guerre ont peut-être en commun une conception moderne des loisirs.

➤ 74 % des habitants de l'Ile-de-France partent en vacances entre juin et septembre, contre 40 % des Lorrains.
➤ La France compte environ 20 000 hôtels et 500 000 chambres, 11 000 terrains de camping, dont près de 9 000 sont aménagés, et 80 000 emplacements, qui accueillent environ 5,5 millions de vacanciers.

Violette Filipowski, INSEE

Un été 91

Evolution du taux de départ en vacances d'été et de la durée des séjours :

	1965	1970	1980	1981	1982	1983	1984	1985	1986	1987	1988	1989	1990	1991
• Taux de départ (%)	41,0	44,6	53,3	54,3	54,5	55,2	53,9	53,8	54,1	54,2	55,5	56,5	55,1	**55,6**
• Proportion de séjours à l'étranger (%)	-	-	16,5	17,1	17,1	14,9	16,9	16,7	18,5	18,0	19,0	19,0	18,5	**17,1**
• Durée moyenne de séjours (jours)	27,2	27,3	24,9	24,8	24,8	24,7	24,7	24,6	24,0	23,5	23,4	23,3	23,3	**22,6**

Taux de départ en été 1991, selon la catégorie socioprofessionnelle et le lieu de résidence (%) :

Catégorie socioprofessionnelle	1991	Commune de résidence	1991
• Exploitants et salariés agricoles	27,1	• Commune rurale	41,2
• Patrons de l'industrie et du commerce	51,7	• Agglomération (hors parisienne)	57,1
• Cadres supérieurs et professions libérales	84,6	• Agglomération parisienne (hors Paris)	76,7
• Cadres moyens	77,3	• Ville de Paris	75,8
• Employés	63,4	**Ensemble de la population**	**55,6**
• Ouvriers qualifiés, contremaîtres	55,3		
• Ouvriers non qualifiés	36,5		
• Retraités	39,4		
Ensemble de la population	**55,6**		

Répartition des journées de vacances d'été 1991 selon le mode d'hébergement et l'endroit (%) :

Hébergement	Circuit	Mer	Campagne	Ville	Montagne	Total
• Hôtel	31,7	6,2	3,1	7,9	10,6	**7,7**
• Location	3,9	22,4	9,2	2,1	25,2	**16,9**
• Résidence secondaire	0,6	11,0	18,9	1,2	7,6	**11,2**
• Résidence principale (parents, amis)	16,4	16,7	40,2	82,4	16,6	**27,4**
• Résidence secondaire (parents, amis)	3,6	14,3	11,5	2,0	11,2	**11,6**
• Tente	13,3	8,7	3,9	1,0	7,6	**7,0**
• Caravane	14,4	13,6	7,3	1,6	8,0	**10,2**
• Village de vacances	3,1	4,8	2,7	0,8	9,3	**4,6**
• Autres	12,8	2,5	3,2	1,0	4,0	**3,4**
• Total	100,0	100,0	100,0	100,0	100,0	**100,0**

Les Français partent plus souvent que les autres Européens.

56 % des habitants de la CEE partent chaque année au moins une fois en vacances hors de leur domicile pour une durée d'au moins quatre jours. Les taux les plus élevés sont ceux des pays du Nord : Pays-Bas, Danemark, Grande-Bretagne, ex-RFA. Les départs en vacances concernent moins de la moitié des Portugais, des Irlandais, des Belges, des Espagnols et des Grecs. De tous les Européens, les Français sont les plus nombreux à partir plusieurs fois dans l'année (27 %, contre 19 % pour l'ensemble de la CEE) du fait des cinq semaines de congés légaux ainsi que des incitations ou obligations à fractionner les congés.

Les deux tiers des Européens ont déjà visité un ou plusieurs autres pays de la Communauté, mais les vacanciers des pays du Sud sont moins nombreux que ceux du Nord à s'être rendus à l'étranger. 41 % des Européens partent en vacances en juillet ou août. 8 % partent en voiture, 32 % séjournent à l'hôtel ou dans une pension. La moitié choisissent la mer.

Les vacanciers partent moins longtemps...

La durée moyenne des vacances d'été a diminué régulièrement au cours des années 80 : 22,6 jours en 1991 contre 26,4 jours en 1975 et 27,2 en 1965. On observe que la durée des vacances sur l'ensemble de l'année a aussi diminué, malgré l'attribution de la cinquième semaine de congés payés en 1982.

A l'exception des personnes âgées, ceux qui partent le plus (cadres, professions libérales) sont aussi ceux qui partent le plus longtemps. La plus longue durée des vacances des ouvriers non qualifiés s'explique par la forte proportion d'étrangers, qui profitent des vacances d'été pour retrouver leur famille.

▶ Le nombre de chambres des hôtels parisiens est passé de 62 000 à 70 000 en dix ans. Les hôtels deux et trois-étoiles ont fortement progressé (respectivement 646 et 447 en 1991), alors que les une-étoile ont diminué (257). On compte 64 quatre-étoiles, 4 plus de quatre-étoiles et 9 sans-étoile.
▶ En 1991, les sociétés d'assistance françaises ont effectué 1,1 million d'interventions, dont 900 000 opérations d'assistance technique.

On observe aussi que ceux qui prennent les vacances les plus longues sont ceux qui les fractionnent le plus. Enfin, ceux qui disposent d'un niveau de vie élevé partent pour des séjours plus courts et plus nombreux que la moyenne : 1,8 séjour pour les personnes gagnant plus de 300 000 F par an ; 1,2 pour celles gagnant moins de 100 000 F.

...et ils dépensent moins.

Au cours des années 80, la stagnation du pouvoir d'achat et la généralisation de la cinquième semaine de congés ont contraint les Français à surveiller leur budget de vacances d'été, afin de pouvoir partir plus souvent. Les dépenses consacrées aux distractions et à l'alimentation ont été les premières touchées. Les abus constatés dans certaines régions touristiques ont aussi contribué à cette évolution des comportements. Beaucoup d'hôteliers et de restaurateurs ont vu leur chiffre d'affaires stagner, voire régresser au cours des dernières années.

Congés payés : la longue marche

Les Français ont entamé leur conquête des vacances en 1936 ; pour la première fois, les salariés disposaient de deux semaines de congés payés par an. Ils n'ont cessé depuis de gagner de nouvelles batailles : une troisième semaine en 1956, une quatrième en 1969, une cinquième en 1982. Beaucoup, par le jeu de l'ancienneté ou de conventions particulièrement avantageuses, disposent en fait d'au moins six semaines de congés annuels. De sorte que la France arrive en seconde position dans le monde pour la durée annuelle des vacances, derrière l'Allemagne fédérale.
L'étalement des vacances, facilité par ces dispositions, est cependant en recul depuis quelques années : en 1986, 37 % des entreprises avaient au moins 80 % de leurs effectifs en vacances au mois d'août (contre 54 % en 1982) ; elles étaient 41 % en août 1992.

La moitié des vacanciers sont hébergés gratuitement.

Un vacancier sur dix passe ses vacances d'été dans sa résidence, tandis que près de 40 % sont hébergés par des parents ou amis dans leur résidence principale ou secondaire. Un vacancier sur cinq séjourne à l'hôtel ou en location, avec une forte augmentation de la part de cette dernière depuis quelques années. Les adeptes du camping ou du caravaning sont environ 18 %. Ces chiffres varient évidemment en fonction du type de séjour : les locations dominent à la mer et, surtout, à la montagne ; l'hôtel est l'hébergement majoritaire lors de circuits ; les résidences principales des parents et amis sont les plus utilisées dans le cas de séjours à la campagne ou en ville.

Les vacances à temps partagé

La France avait inventé dans les années 60 le concept de *multipropriété* : un ménage achetait pour une période donnée et limitée un appartement dans une résidence située sur un lieu de vacances. Après un fort développement, la formule allait connaître une période difficile due aux charges élevées supportées par les multipropriétaires (les périodes hors vacances scolaires se vendaient mal, les frais étaient répartis sur un nombre trop restreint d'acquéreurs) et aux contraintes liées au système (obligation de prendre ses vacances au même endroit et à la même date chaque année).

Le système connaît aujourd'hui un nouvel essor avec la *propriété à temps partagé* (time-share). Grâce à la création de bourses internationales, les acquéreurs peuvent échanger leur période avec une autre, située dans l'une des nombreuses résidences affiliées dans le monde (plus de 2 000 pour le leader RCI) moyennant un abonnement à la bourse et une somme forfaitaire couvrant les frais d'échange. Début 1992, environ 25 000 familles françaises étaient concernées (contre 2 millions dans le monde).

On peut s'attendre à une forte progression de la demande au cours des prochaines années, car le concept se trouve au confluent de deux attentes caractéristiques de la société actuelle : la gestion du temps et la notion de partage. D'autant que le cadre juridique de cette activité, à mi-chemin entre l'immobilier et le tourisme, confère une protection accrue aux acquéreurs (loi de janvier 1986, révisée en 1992). Les acquéreurs achètent non plus un droit de propriété mais un droit de jouissance correspondant à une période donnée dans une résidence donnée. Ce droit est cessible, transmissible et renouvelable. De plus en plus, la demande se porte sur des résidences proposant des services (restauration, animation, sports, tourisme de proximité...).

Il apparaît ainsi qu'on partage mieux le temps libre que celui du travail. La créativité des professionnels du loisir pourrait sans doute être utilisée avec profit dans des domaines où les problèmes sont similaires et les solutions rares...

Le temps et l'espace partagés

En moyenne, les Français consacrent 4 650 F à leurs vacances.
Seuls 11 % font appel à des professionnels.

A peine plus d'un vacancier sur dix fait appel à un « tour operator » pour organiser ses vacances ; 1,3 million passent par une agence de voyage, un peu plus de 600 000 par leur comité d'entreprise et 560 000 par une association. Une proportion très faible par rapport à d'autres pays développés comme la Grande-Bretagne, l'Allemagne ou les Pays-Bas, où elle dépasse 50 %. Ce sont principalement les jeunes, les cadres et les retraités qui achètent des produits de vacances tout prêts ; 25 % d'entre eux habitent la région parisienne.

La répartition des dépenses est très inégale selon les catégories sociales. 2,5 % de la population effectuent ainsi 10 % des dépenses d'hébergement, 16 % de celles de transports, 23 % des voyages organisés.

▶ Les centres de vacances accueillent chaque été 850 000 enfants.
▶ 87 % des Français savent nager. 75 % ne se baignent jamais où ils n'ont pas pied.
▶ 10 000 baigneurs sont secourus chaque année. Près de 400 personnes meurent de noyade dans une rivière ou un lac, deux fois plus qu'en mer.
▶ 75 000 accidents de voiture concernent chaque année un automobiliste français et un étranger.

DESTINATIONS

87 % des vacanciers sont restés en France en 1991.

Cette très forte proportion ne varie guère dans le temps, malgré la baisse des prix des transports aériens et les invitations au voyage et à l'exotisme. Elle est très supérieure à celle que l'on mesure dans d'autres pays. On peut citer au moins trois raisons à ce phénomène. La première est la richesse touristique de la France, avec sa variété de paysages et son patrimoine culturel. La seconde est le caractère plutôt casanier et peu aventurier des Français qui ne parlent guère les langues étrangères et sont souvent méfiants à l'égard des autres cultures ou habitudes gastronomiques. Enfin, les contraintes financières ont pesé d'un poids croissant au cours des années 80, avec la stagnation ou parfois la régression du pouvoir d'achat, et l'accroissement récent des inégalités de revenus.

La moitié des séjours sont effectués à la mer, mais le « tourisme vert » se développe.

L'image symbolique de la mer baignée de soleil reste fortement ancrée dans l'inconscient collectif. Il s'y ajoute pour les plus jeunes l'attrait des sports nautiques (voile, planche à voile, ski nautique, etc.). Les plages de la Méditerranée et de la côte atlantique accueillent à elles seules les deux tiers des vacanciers du littoral.

Pourtant, les Français en connaissent bien les inconvénients estivaux : difficulté d'hébergement, inflation des prix, omniprésence de la foule... C'est pourquoi ils se tournent aujourd'hui vers les régions intérieures, plus accessibles, qui gagnent à être connues. Les séjours à la campagne et à la montagne sont en légère progression ; ils représentent respectivement 22 % et 13 % des séjours. La campagne intéresse surtout les ménages urbains les plus modestes et les retraités. Le développement se fait surtout dans les régions centrales récemment ouvertes au tourisme. Les vacanciers viennent y chercher le calme, l'authenticité et certains modes de vie oubliés dans les grandes villes et les régions à vocation touristique ancienne. Les touristes étrangers y viennent aussi ; avec 59 millions de nuitées en 1991, la France de l'intérieur a représenté 18 % des séjours des étrangers (la plupart Allemands, Britanniques et Belges).

La première destination touristique du monde

52 millions de touristes étrangers sont venus visiter la France en 1991 (ou l'ont traversée pour se rendre dans un autre pays). Les plus nombreux étaient les Allemands (11,3 millions), les Britanniques (7,9), les Italiens (6,6), les Belges (6,4), les Suisses (4,7), les Néerlandais (4,1), Le solde extérieur se montait à 51 millions de francs (56 prévus en 1992).
Depuis 1989, année du bicentenaire de la Révolution, la France est devenue le pays le plus visité au monde, devant les Etats-Unis et l'Espagne. Les attentes concernant 1992 se situaient à 56 millions, soit autant de touristes que d'habitants ; mais les difficultés de juillet liées aux manifestations des routiers et des agriculteurs auront sans doute découragé des vacanciers qui hésitaient encore. Les Américains et les Japonais, qui étaient venus moins nombreux en 1991 (2,1 millions et 600 000), devraient néanmoins retrouver le chemin de l'Hexagone, tandis que le nombre des touristes des pays d'Europe du Sud devrait poursuivre sa croissance.

Le « tourisme bleu » reste dominant

Synergie - Equateur

➤ Chaque année, 20 000 Français victimes d'un accident ou d'une maladie sont secourus ou rapatriés par les organismes d'assistance.
➤ Au cours de l'été 1991, 71 alpinistes se sont tués, 546 ont été blessés. 11 randonneurs sont morts et 61 ont été blessés.
➤ 50 000 Français se rendent en vacances au Japon.

12 % des vacanciers se sont rendus à l'étranger au cours de l'été 1991.

La proportion est très faible par rapport aux autres pays d'Europe, surtout au Nord : 64 % des Néerlandais, 60 % des Allemands, 56 % des Belges, 51 % des Irlandais, 44 % des Danois et 35 % des Anglais partent en vacances dans un autre pays.

Le taux de départ à l'étranger était passé de 10,2 % en 1980 à 13,5 % en 1989. Mais il a diminué en 1990 et 1991, retombant à 12,1 % (dans un contexte évidemment défavorable en 1991 du fait de la réduction des déplacements pendant la guerre du Golfe).

Comme certains partent plusieurs fois, 19 % des séjours se déroulent à l'étranger. Le taux est plus élevé chez les jeunes de 14 à 24 ans, ainsi que chez les adultes de 40 à 50 ans, les Parisiens, les cadres et les patrons. La proportion élevée parmi les ouvriers non qualifiés s'explique par les voyages d'immigrés dans leurs pays d'origine.

Un départ sur huit, un séjour sur cinq à l'étranger

Part des vacances d'été à l'étranger (en %) :

	1977	1986	1989	1990	1991
• Taux de départ à l'étranger	10,4	12,0	13,4	12,8	12,1
• Part des séjours à l'étranger	18,0	18,5	19,0	18,5	17,1
dont famille proche	6,0	7,5	7,1	6,7	7,2

INSEE

La péninsule ibérique et le Maghreb sont les principales destinations.

La quête du soleil explique que les plus grands courants de migration se fassent dans le sens nord-sud. Près d'un tiers des séjours à l'étranger se déroulent en Espagne et au Portugal (voir tableau ci-après). L'Afrique du Nord reste une destination fréquente, mais les chiffres sont faussés par le nombre des voyages effectués par des immigrés travaillant en France. Les pays plus lointains (Egypte, Thaïlande, Amérique du Sud...) prennent une part croissante. A l'inverse, on constate depuis quelques années une diminution importante de la place de l'Italie : 9,2 % des séjours en 1991 contre 15,4 % en 1979. L'attirance des pays de l'Est, plus accessibles depuis leur début de libéralisation, devrait se faire sentir au cours des prochaines années ; ils ne représentent cependant qu'une faible proportion des séjours.

Cap au sud

Evolution de la répartition des séjours de vacances d'été à l'étranger, par groupe de pays (en %) :

	1991	1977
• Andorre, Espagne, Portugal	32,6	38,7
• Europe de l'Ouest (1)	13,3	13,4
• Algérie, Maroc, Tunisie	13,1	9,1
• Pays lointains (2)	12,0	5,9
• Italie	9,2	15,3
• Îles Britanniques	6,6	7,2
• Grèce, Monaco, Turquie, îles méditerranéennes	6,4	3,8
• Europe de l'Est (y compris URSS)	2,4	2,6
• Yougoslavie	0,6	2,1
• Autres pays	3,6	1,9

(1) Allemagne, Autriche, Belgique, Danemark, Finlande, Islande, Luxembourg, Norvège, Pays-Bas, Suède, Suisse
(2) Afrique (sauf Maghreb), Amériques, Asie (sauf Turquie et URSS), Océanie.

INSEE

Les croisières attirent une nouvelle clientèle.

Avec 112 000 passagers, la France est le troisième marché de la croisière en Europe, derrière l'Allemagne et la Grande-Bretagne et devant l'Italie. 70 000 passagers utilisent les services d'agences de voyages, 20 000 s'adressent à des organismes spécialisés pour des pèlerinages, voyages du troisième âge, croisières culturelles, et 21 000 effectuent des croisières de stimulation financées par des entreprises.

Le Navix pour vous servir

Un fort potentiel pour les croisières

Les croisières durent en moyenne 7 à 8 jours et coûtent 8 500 F (un prix qui tend à diminuer). La clientèle a rajeuni et s'intéresse à des nouveaux produits : croisières à voile ; mini-croisières de 3-4 jours. Les circuits en Europe du Nord concurrencent de plus en plus les itinéraires classiques en Méditerranée.

Les professionnels misent sur un fort développement de ce type de vacances au cours des années 90, du fait de l'actuel sous-développement du marché en France par rapport à d'autres pays. Celui-ci s'explique par la faible information de la clientèle potentielle et l'insuffisance de la distribution.

ACTIVITÉS

Deux conceptions des vacances s'affrontent et, parfois, se complètent.

Pour beaucoup de Français, les vacances restent une occasion privilégiée pour se reposer, se « changer les idées », « recharger les batteries » avant une nouvelle année de travail. D'autres sont au contraire partisans de vacances actives, consacrées à la découverte et à l'enrichissement personnel. Etymologiquement, vacance signifie « vide » (du latin : *vacuum*) ; or, on sait depuis Rabelais que la nature a horreur du vide. C'est particulièrement vrai de la nature humaine pour qui les vacances sont souvent une période de vide qu'il faut combler par des activités.

Depuis quelques années, la formule des « 3 S » (soleil, sable, sexe) semble reculer devant celle des « 3 A » : activité, apprentissage, aventure. Mais, le plus souvent, les motivations de repos et de découverte coexistent. Elles varient cependant avec l'âge. Le sport occupe la première place chez les moins de 40 ans. Parmi les plus jeunes (moins de 20 ans), la recherche de l'aventure amoureuse tient également une place importante. Les vacances sont souvent pour les adolescents l'occasion du premier flirt et des premiers rapports sexuels.

A côté (ou à la place) des activités physiques en tout genre, la lecture est assez largement pratiquée par les vacanciers. Les enquêtes disponibles ne permettent pas de dire si c'est parce qu'ils regardent moins la télévision que pendant l'année (faute, souvent, de disposer d'un poste) ou parce que l'ambiance des vacances est plus propice à ce type de loisir.

Les activités sportives restent les plus pratiquées...

Pour beaucoup, les vacances constituent une occasion unique de s'initier à la pratique d'un sport ou de se perfectionner. Un Français sur deux pratique un sport au cours de ses vacances. Outre les activités nautiques comme la natation ou la planche à voile, d'autres sports comme l'escalade ou le parapente se développent. D'autres évoluent, tel le cyclisme qui utilise de plus en plus le VTT. Les stages d'initiation ou de perfectionnement connaissent depuis quelques années un succès considérable. Après le tennis, le golf attire chaque été un nombre croissant de vacanciers stagiaires. Les formules de « vacances aventure » (trekking, escalade, circuits à pied ou en voiture tout terrain) sont également davantage appréciées. Les phénomènes de mode ne sont évidemment pas absents de ces nouveaux comportements (voir *Sports*).

...mais les activités culturelles sont de plus en plus recherchées.

Un nombre croissant de Français souhaitent profiter des vacances pour enrichir leurs connaissances et découvrir des activités auxquelles ils n'avaient jamais eu l'occasion de s'intéresser. Les possibilités qui leur sont offertes sont aussi de plus en plus nombreuses, que ce soit pour s'initier à l'informatique, à la pratique d'un instrument de musique ou à la dégustation des vins. Les organisateurs de vacances multiplient les formules culturelles, artistiques, traditionnelles ou récentes, qui permettent à chacun de révéler ou de réveiller une vocation enfouie.

Tourisme technologique

Le tourisme industriel et technique connaît depuis quelques années un développement spectaculaire ; en dix ans, le nombre de visiteurs est passé de 5 à 10 millions. En 1991, plus de 600 000 touristes ont visité les sites hydrauliques de la France, 400 000 les sites nucléaires. Les caves de Champagne à Reims ont reçu 500 000 touristes, alors que le musée Saint-Remi n'en recevait que 40 000. Certaines entreprises profitent de cet engouement pour commercialiser leurs produits après avoir montré leur fabrication. C'est le cas par exemple de celles qui fabriquent des spécialités régionales : parfums à Grasse ; *bêtises* de Cambrai, souffleries de verre de Biot, etc.

Les Français recherchent de plus en plus des vacances intelligentes et utiles.

Les motivations qui poussent les Français à ne pas « bronzer idiot » en vacances sont de deux ordres. Il y a la volonté, d'abord, de *progresser* à titre personnel, en profitant d'une période privilégiée, sans autres contraintes que celles que l'on s'impose. Il est ainsi possible de mettre à jour ses connaissances et de s'adapter à l'évolution de plus en plus rapide des techniques, des métiers et des modes de vie.

Beaucoup de vacanciers éprouvent également le désir de *s'épanouir* en découvrant de nouveaux domaines, en laissant s'exprimer des penchants personnels pour telle ou telle activité qu'ils n'avaient pu jusqu'ici explorer. Pour enrichir leurs connaissances ou leur expérience et, qui sait, faire un jour d'un hobby découvert en vacances un véritable métier dans lequel ils pourront s'épanouir.

La séparation entre le temps contraint et le temps libre tend à s'estomper.

Il en est des vacances comme de toutes les activités ; la séparation, jusqu'ici totale, entre les périodes de congés et celles consacrées au travail apparaît de moins en moins satisfaisante. Pour beaucoup, l'équilibre de la vie ne peut résider dans le contraste entre des occupations opposées, mais, au contraire, dans une plus grande intégration de chacune dans le quotidien.

L'homme est par nature un personnage multidimensionnel. C'est en assumant de façon continue ses différentes composantes qu'il a le plus de chances de trouver l'harmonie. Cet état particulier que l'on appelle aussi bonheur...

▶ Au cours de l'été 1991, 7 700 plaisanciers ont été secourus. 56 sont décédés, 119 ont été blessés, 22 ont disparu.
▶ Pendant les vacances, 41 % des Français ont une vie sexuelle plus intense (57 % non). 16 % aiment faire des excès de nourriture ou de boisson (82 % non). 56 % aiment dépenser plus d'argent qu'en temps normal (43 % non).

ANNEXE

BIBLIOGRAPHIE

De nombreux ouvrages, chaque année, abordent directement ou indirectement certains aspects de la vie des Français. La liste qui suit mentionne quelques-uns de ceux parus depuis la précédente édition de FRANCOSCOPIE, et dont nous recommandons la lecture.

- *2100, récit du prochain siècle*. Sous la direction de Thiery Gaudin, Payot.
- *Demain, la guerre civile ?* Charles Pellegrini, Edition N°1.
- *Dieu est-il toujours français ?* Raymond Soubie, de Fallois.
- *Dieu et la Science*. Jean Guitton, Grichka et Igor Bogdanov, Grasset.
- *Eclaircissements.* Michel Serres, François Bourin.
- *Eloge du grand public*. Dominique Wolton, Flammarion.
- *Entre deux mondes.* Diana Pinto, Odile Jacob.
- *Et si plus rien n'était sacré...* Jean Cazeneuve, Perrin.
- *Français, si vous osiez...* Alain Minc, Grasset.
- *Journal de l'année.* Larousse.
- *L'Argent facile ; dictionnaire de la corruption en France.* Gilles Gaetner, Stock.
- *L'Écran du désert*. Paul Virilio, Galilée.
- *L'État de l'opinion.* Sofres, Seuil.
- *L'État de la France, 1992.* Ouvrage collectif, la Découverte.
- *L'Irrationnel dans l'entreprise.* Caroline Brun, Balland.
- *La Dimension invisible*. Thierry Breton, Odile Jacob.
- *La France du piston.* Claude Askolovitch et Sylvain Attal, Robert Laffont.
- *La République des jeux.* Edouard Brasey, Robert Laffont.
- *La Régression française*. Laurent Joffrin, Seuil.
- *La Revanche de Dieu.* Gilles Kepel, Seuil.
- *La Valse des éthiques.* Alain Etchegoyen, François Bourin.
- *La Vie des étudiants au Moyen-Age*. Léo Moulin, Albin Michel.
- *Le Compagnonnage*. François Icher, Jacques Grangier.
- *Le Culte de la performance*. Alain Ehrenberg, Calmann-Lévy.
- *Le Défi culturel*. Bruno Lussato, Nathan.
- *Le Destin technologique*. Jean-Jacques Salomon, Balland.
- *Le Front national en politique*. Guy Birembaum, Balland.
- *Le Grand Défi ; demain tous centenaires*. Louis Bériot, Olivier Orban.
- *Le Guide des faux et des faussaires*. Alain Buquet, Ariette Dugas et Gaston Haustrate, Philippe Lebaud.
- *Le Mécontemporain*. Alain Finkielkraut, Gallimard.
- *Le Nouvel Age*. Jean Vernette, Pierre Tequi.
- *Le Regain démocratique*. Jean-François Revel, Fayard.
- *Le Temps, le Désir et l'Horreur.* Alain Corbin, Aubier.
- *Le Tapis rouge*. Alain Decaux, Perrin.
- *Le Travail, c'est fini*. Guy Aznar, Belfond.
- *Le XIe Commandement*. André Glucksmann, Flammarion.
- *Les Guetteurs du futur.* Igor Barrère, Jean-Marie Manus, Jean-Claude Lattès.
- *Les Nouveaux Gourous*. Jean-Pierre Bourcier, Ramsay.
- *Marianne et les lapins*. Hervé Le Bras, Olivier Orban.
- *Passions*. Jean-Jacques Servan-Schreiber, Fixot.
- *Psychanalyse, 6 heures 1/4.* Dominique et Gérard Miller, Seuil.
- *Quand nos grands-pères imaginaient l'an 2000.* Guillemette Racine, Nathan.
- *Tant et plus !* François de Closets, Grasset-Seuil.
- *Tapie-Le Pen, les jumeaux du populisme.* Thierry Saussez, Edition N°1.
- *Théorie du bordel ambiant.* Roland Moreno, Pierre Belfond.
- *Voici le temps du monde fini*. Albert Jacquard, Seuil.

INDEX

a

absentéisme 302
accessoires vestimentaires 77
accidents
    domestiques 94
    de la route 91
    du travail 93
actifs 259, 277
achats 333
    voir consommation
activités
    artistiques 410
    manuelles 408
    de vacances 424
administrations 221
adolescents 155
adoption 151
agriculteurs 274
    revenus des 323
air
    qualité de l' 251
alcool 81, 86
    et conduite 93
alimentation 175
    et santé 95
allégés
    produits 69,179
ameublement 192
amour 137
analphabétisme 99
animaux familiers 200
Antenne 2 381
argent
    image de l' 29, 307
    du ménage 136
    de poche 158
    et temps 122
appartenance 18
art
    placement 353
artisans 276
associations 207, 364
assurances 214
    vie 315
astrologie 248
attentats 215
audience
    radio 385
    télévision 380
audiovisuel
    dépenses d' 366
    loisir 371, 398
automédication 97
automobile 195
avantages
    en nature 320
aventure
    au cinéma 395
    et sport 407
aveugles 85
avortement 150

b

baccalauréat 108
bande dessinée 403
banlieues 183
beauté 69
beurre
    consommation de 178
biens durables
    achats de 337
bière
    consommation de 180
bœuf
    consommation de 178
bonheur 12, 238
Bourse 351
bricolage 408
bruit 253
budget des ménages 334
    voir dépenses, consommation

c

câble 378
cadres 278
    et chômage 268
    pouvoir d'achat des 330
cafés
    fréquentation des 207
caleçons
    achats de 75
cambriolages 214
Caméscopes 190
campagne
    vacances à la 419
camping 419
Canal Plus 381
cancer 82
cardiovasculaires
    maladies 81
cartes bancaires 340
casinos 312
cassettes 393
cathéchisme 246
catholiques 242
CD 394
    lecteurs de 190, 393
CEE 47, 228
    voir Europe
célibataires 129
centenaires 114
chanson 395
charcuterie
    consommation de 178
chats 200
chaussures 76
chiens 200
chirurgie esthétique 70
chômage 267
    durée du 272
    des femmes 270
    des jeunes 269
    en Europe 268
cidre
    consommation de 180
cinéma 387
    dans le monde 389
classes sociales 31, 208
cohabitation
    juvénile 132
    politique 222
coiffeur, coiffure 76
collectionneurs 412
commerçants 276
concerts
    fréquentation des 336
concubinage 133
conflits du travail 294
confort des logements 166, 185
congés payés 420
consommateurs
    défense des 126
consommation 341
    alimentaire 177
    des personnes âgées 165
    et pouvoir d'achat 333
    structure de la 334
construction
    de logements 184

contraception 149
convenances
    respect des 204
corruption 309
cotisations sociales 325
couple 127
    égalité dans le 134
    rencontres 129
    vie de 134
créations
    d'emplois 266
    d'entreprises 265
crédit 339
criminalité 212
croisières 423
croyances 241
cuisine 189, 410
culture 102
    dépenses de 366
    générale 288
cyclisme 406

d

DAT 395
déchets
    stockage des 252
délinquance 212
déménagements 188
démographie 126 *+ 182, 183*
dépenses 329
    d'alimentation 335
    pour les animaux 202
    de communication 336
    des enfants 346
    d'habillement 72, 335
    de logement 193, 335
    de loisir 336, 366
    des personnes âgées 165
    de santé 336
    de services 338
    de transports 195
    de vacances 421
dents
    hygiène des 72
déodorants 71
dépression nerveuse 79
dessin 411
deux-roues 198
Diesel
    voitures 196
diététique 179
Dieu
    existence de 64
    et la science 250
dimanche 413
    travail du 300
diplômes 99, 109
    et sport 374
disques 393
    compacts 394

divorce 141
domotique 190
drogue 88, 174, 215
durée
    du chômage 272
    du mariage 141
    du travail 295
    des vacances 420

e

eau
    consommation de l' 180
    prix de l' 252
    qualité de l' 251
école 106
    apprentissage à l' 64
écologie 227, 254
économie domestique 346
éducation 106
    des enfants 171
Eglise voir religion
    mariage à l' 132
électeurs 222
élections 224
électroménager 189
emplois
    créations d' 266
    précaires 261
    avenir des 287
endettement
    des ménages 339
enfants 146
    et argent 158
    battus 174
    et consommation 158
    coût des 346, 383
    et divorce 144
    handicapés 86
    illégitimes 147
    et mode 155
    et parents 169
enseignants 112, 279
enseignement privé 106
entreprises 289
    création d' 265
environnement 251
    métiers de l' 287
épargne 333, 348
équipements
    achats d' 335
    de bricolage 408
    âge des 196, 338
    de loisirs 367
    du logement 189
    musicaux 393
    des personnes âgées 166
    de radio 384
    de télévision 378
espérance de vie
    à la naissance 113

    à 60 ans 163
Etats-Unis
    image des 231
éthique 250, 289
étrangers 209
    chômage des 270
    et école 112
    et image de la France 231
    mariage des 128
    et natalité 146
    travailleurs 260
études
    supérieures 110
étudiants 109
Europe 47, 228
    et alimentation 175
    et bonheur 239
    et cadres 279
    et chômage 268
    et culture 229
    et mariages 130
    et syndicats 293
    et vacances 420
Europe 1 386
Europe 2 386
euthanasie 82
exclusion 30
expériences 20
extrême droite 225

f

faillites 265
famille 126
    cellule de base 64
    éclatée 145
    et médias 101
    typologie 172
fatigue 80
fast-food 177
fécondité 147
fédérations sportives 404
femmes
    et bricolage 409
    chômage des 270
    et loisirs 373
    salaires des 321
    et solitude 163, 207
    et sport 373, 405
    travail des 263
    et union libre 134
fidélité
    des consommateurs 343
    dans le couple 138
films 391
fiscalité 327
fleurs 194
FM radio 386
fonctionnaires 217, 258
    revenus des 317
football 406

formation voir instruction
    continue 101
forme physique 68
fortune (voir patrimoine) 354
    concentration de la 360
    image de la 308
    impôt sur la 360
foyer 182
FR3 381
Français
    image des 231
France Info 386
France Inter 386
francophonie 104
fraude
    cartes et chèques 341
    fiscale 216
Front national 225
fugues 173
fumeurs 81, 87
Fun radio 386

g

gaspillage 219, 309
gauchers 78
gestes 78
golf 372, 406
grandes écoles 110
grands-parents 173
grippe 84
gymnastique 406

h

habillement 72
handicapés 85
    travailleurs 261
héritage 396, 357
heure d'été 123
HLM 188
homosexualité 139
    et sida 83
hôpital
    capacité d'accueil 98
    dépenses 95
horaires
    de travail 299
hygiène 71

i

identité culturelle 211
illettrisme 99
immigrés 209
    chômage des 270
    travailleurs 204

immobilier
    patrimoine 355, 358, 360
    placement 353
impôts
    sur la fortune 360
    sur le revenu 325
inactifs voir activité
    journée des 123
individualisme 235
    et sport 406
inégalités
    de consommation 344
    dans le couple 134
    culturelles 101
    d'espérance de vie 115
    de loisirs 372
    de patrimoine 456
    de pratique sportive 373, 405
    professionnelles 263
    et retraite 167
    de revenus 319
    scolaires 111
information
informatique 250
insécurité 212
insomnie 79
institutions 206, 219
    et jeunes 156
instruction 99
    et loisir 337
instruments
    de musique 396, 411
intérim 262
IVG 150

j

jardinage 409
jazz 396
jeux 369
    d'argent 311
jeunes
    et alcool 87
    argent de poche des 158
    chômage des 269
    consommation des 158
    et cinéma 390
    et culture 103
    et Europe 229
    et institutions 156
    et lecture 401
    et mode 155
    et sport 375
    et suicide 91
    et tabac 88
    et valeurs 155
juifs 243
justice
    image de la 204, 220

l

La Cinq 381
langage 104
lecture 397
    des livres 401
    des magazines 398
légumes
    consommation de 178
libre-service
    achats en 343
licenciés
    de sport 404, 407
livres 401
    de poche 403
livrets d'épargne 352
logement 182
    confort du 185
    construction de 184
    dépenses de 335
    patrimoine 355
loisirs 365
    dépenses de 336
    activités de 371
    créatifs 408
Loto 312
lunettes 77
luxe
    produits de 342

m

M6 381
magazines
    lecture des 398
magnétoscope
    équipement en 190, 377
maladies 79
malentendants 85
marche 406
marques 74
mariage 127
    âge au 130
    blanc 129
    mixte 128
    opinions sur le 126
médecines douces 98
médecins 84, 97
    consultations de 96
médias 377
    image des 101
    influence des 220
    et loisirs 365
médicaments
    consommation de 97
ménages
    nouveaux types de 346
    revenus des 324
métiers 274
    d'avenir 287

image des 283
migraine 80
Minitel 191
mobilier 192
mode
    et enfants 155
    et sport 406
monde
    image du 29, 228
montre 77
morale 235
    et argent 309
morphologies 68
mortalité 81
    infantile 113
motos 198
mots 104
    nouveaux 105
    et valeurs 35
muets 85
multipropriété 421
musculation 69
musique 371, 393
    classique 396
    instruments de 396
musulmans 242

n

naissances 146
    hors mariage 147
natalité 126
natation 406
nervosité 79
niveau de vie 240, 306
Nouvel Age 247
NRJ 386
nucléaire 249
nuptialité 127

o

oiseaux 200
opéra 372
or
    placement 353
ordinateur 250
ouvriers 275
    et consommation 345
œufs
    consommation de 178

p

pain
    consommation de 178
pantoufles

achats de 76
paranormal 246
parcs de loisirs 414
parents
    et enfants 170
Paris
    prix des logements à 353
    vie culturelle à 375
Parti communiste 224
partis politiques 224
Parti socialiste 224
patrie
    se sacrifier pour la 64
patrimoine 354
    des personnes âgées 165
patrons 283, 295
pauvreté 332
Parti communiste 224
peine de mort 220
PEP 351
performance
    culte de la 291
personnes âgées 160
peurs 205
photographie 411
pilule 150
pin's 77
piratage informatique 216
placements 350
plages
    salubrité des 252
planche à voile 406
PMU 311
poids 66
poissons
    en aquarium 200
    consommation de 178
politesse 206
politiques 222
    partis 224
    hommes 218
pommes de terre
    consommation de 178
population active 259, 277
pouvoir d'achat 329
    et épargne 348
    des personnes âgées 165
    des salariés 316, 329
pratique religieuse 243
prélèvements obligatoires 326
préservatifs
    utilisation des 139
presse 399
prestations sociales 326, 331
prière 244
privé
    enseignement 106
privilèges 209
prix
    des loisirs 366
professions
    et confort 192
    et dépenses 345

    et espérance de vie 116
    libérales 278
    et logement 186
    et patrimoine 356
    et revenus 322
    et taille 66
propriétaires
    ménages 185
protestants 242
psychiatres, psychanalystes 80
puberté
    âge de la 157
publicité
    et enfants 158

q

quotidiens 397

r

radio 99, 384
Radio France 386
radios locales 386
Radio Nostalgie 386
records
    de la France 49
redistribution
    des revenus 328
redoublements 106, 112
régions 39
    et chômage 271
    et criminalité 212
    et divorce 142
    et personnes âgées 161
    et taille 66
    et télévision 381
    typologie des 44
relations
    avec les animaux 201
    avec l'Etat 218
    hommes-femmes 137
    parents-enfants 170
    sociales 205
religion 241
repas 176
résidences secondaires 188
restrictions
    de dépenses 340
    sur les loisirs 364
retraite
    âge de la 167
revenus 314
    du capital 315
    et consommation 344
    disponibles 324
    primaires 324
    des retraités 164
    non salariaux 322

RFM 386
richesse 359
rire 241
　　au cinéma 391
RMC 386
RMI 318
romans
　　lecture des 403
routes
　　accidents de la 91
RTL 386

s

saisons 121
　　du mariage 132
salaires 314
　　pouvoir d'achat des 329
salariés 277
　　patrimoine des 357
　　revenus des 314
salle de bains 194
santé 79
　　dépenses de 95, 336
　　état de 79
　　magazines de 399
　　des personnes âgées 162
savon
　　consommation de 71
science 249
scolarisation 106
sectes 247
sécurité
　　routière
séjours
　　à l'étranger 417
　　de vacances 414
séropositifs 82
services
　　activités de 274
　　et emploi 285
　　publics 221
sexualité 137
　　des personnes âgées 163
sida 82
　　et sexualité 140
ski 406, 415
Skyrock 386
SMIC 317
soins 95
solitude 163, 207
sommeil 117
somnifères
　　consommation de 79
sourds 85
sous-vêtements
　　achats de 75

spiritueux
　　consommation de 180
sport 404
　　d'hiver 415
　　et loisirs 372
　　en vacances 424
stress 80, 291
sucre
　　consommation de 178
suicide 89
surendettement
　　des ménages 340
surgelés
　　consommation de 178
surpeuplement
　　des logements 187
syndicats 293
　　image des 258

t

tabac 81, 87
taille 65
technologie 249
　　et emploi 284
téléphone 191
télévision 327
　　et cinéma 389
　　équipement de 191
　　image de la 364
　　et jeux 313
　　programmes de 378
temps 29, 113
　　et argent 122
　　emploi du 117
　　libre 118, 365
　　des repas 177
　　de trajet 301
　　de travail 118, 262, 296
tennis 406
tertiaire 275
TF1 381
touristes
　　en France 422
toxicomanes 82, 174, 215
tranquillisants
　　consommation de 79
transports
　　dépenses de 175
travail 259
　　conflits du 294
　　du dimanche 300
　　durée du 258, 295
　　image du 258, 281
　　précaire 261, 271
　　temps de 118, 262, 297
　　à temps partiel 262, 297

troisième âge 160
　　clubs du 164

u

union libre 132
universités 110
urbanisation 182
URSS
　　image de l' 230

v

vacances 413
　　d'été 418
　　à l'étranger 417, 423
　　d'hiver 415
　　scolaires 107
valeurs 35, 233
　　des jeunes 155
vandalisme 216
vêtements 73
viande
　　consommation de 178
vidéo 377
vieillesse 160
vin
　　consommation de 178
violence 215
voiture 195
volaille
　　consommation de 178
vols 214
voyants 248
VPC 343

w

W-C 186
week-ends 413

y

yaourts
　　consommation de 178

z

zapping 32, 379

REMERCIEMENTS

L'auteur tient à remercier toutes les personnes et organismes qui ont bien voulu l'aider dans la réalisation de cet ouvrage. Ces remerciements s'adressent en particulier à :

- Olivier GÉRADON de VERA, directeur général adjoint de **SÉCODIP**, pour la prise en charge de l'enquête exclusive, ainsi que Caroline POIRET de ROUJOUX, attachée à la direction générale.

- Denis BIED-CHARRETON, directeur général d'**OPENERS**, et Marie-Jeanne POELS, chef de projets, pour la mise en œuvre de cette enquête.

- Marc OLIVE, directeur de **MIS** (Marketing, informatique et statistiques), pour la réalisation de la typologie régionale.

- Éric STEMMELEN, directeur du département Sémiométrie de la **SOFRES**, pour la rédaction d'un texte sur les valeurs des Français.

Les informations figurant dans ce livre émanent aussi de nombreux organismes, dont :

- **Agoramétrie**, Jean-Pierre PAGÈS.

- **Chambre des constructeurs français d'automobiles**, service de presse.

- **CDIA** (Centre de documentation et d'information de l'assurance), Chantal de GRANDSAIGNE.

- **CERC** (Centre d'étude des revenus et des coûts), Guy NEYRET, Jean-Jacques MALPOT.

- **CESP** (Centre d'étude des supports de publicité), Sophie MALANDAIN.

- **CNC** (Centre national de la cinématographie), Catherine WALFAREN.

- **CREDOC** (Centre de recherche pour l'étude et l'observation des conditions de vie), Robert ROCHEFORT.

- **Direction générale de la Gendarmerie nationale**, Service des relations publiques.

- **DOC 7**, Mireille PROUX.

- **La Documentation française**, Laurent DELMAS.

- **INED** (Institut national d'études démographiques), service de presse.

- **INSEE** (Institut national de la statistique et des études économiques), Jean-François MOREAUX et Irène MARTIN-HOULGATTE du service de presse, Charlotte DENNERY, Jean-Louis L'HÉRITIER, Marie-Annick MERCIER.

- **INSERM** (Institut national de la santé et de la recherche médicale), Docteur HATTON.

- **Institut de l'enfant** (IED), Joël-Yves LE BIGOT.

- **Médiamétrie**, Étiennette LOUISERME.

- **Ministère des Affaires sociales et de l'Intégration**, Sophie DURAND.

- **Ministère de l'Éducation nationale, de la Jeunesse et des Sports**, SPRESE, Service de la prévision, des statistiques et de l'évaluation.

- **Ministère de l'Environnement**, service de presse.

- **Ministère de l'Intérieur,** Service de l'information et des relations publiques.

- **Ministère de la Jeunesse et des Sports**, Pierre FRANÇOIS, inspecteur principal.

- **Ministère de la Justice**, Laurent MALGORN.

- **Ministère du Travail**, Françoise DUSSERT.

- **Ministère de l'Urbanisme, du Logement et des Transports**, Direction de la sécurité et de la circulation routière, Service de presse et des relations extérieures.

- **Secrétariat général de l'épiscopat**, Nicole DENAIN.

- **SID** (Service d'information et de diffusion du Premier ministre), Colette GIRALDON, Nicole FAVARDIN.

- **SNE** (Syndicat national de l'édition), Jean-François ALBAT.

- **SNEP** (Syndicat national de l'édition phonographique), Patricia SARRANT-CABANES.

- **Stratégies**, Emmanuelle PRACHE.

L'auteur remercie enfin Philippe SCHUWER, directeur du département Documents-Jeunesse, Jules CHANCEL et Fabienne JACOB, interlocuteurs permanents chez **LAROUSSE**.

La mise en pages de cette édition a été effectuée par Francine MERMET à l'aide du logiciel **VENTURA** distribué en France par Ventura Software (Frédéric TIBOUT).

Les graphiques ont été réalisés avec le logiciel **ARTS et LETTRES** de Computer Support Corporation, distribué en France par ISTA Diffusion (Jean-Michel BRAITBART).

Les cartes ont été réalisées avec le logiciel **CARTES et BASES** d'ADDE (Carol FRACHON).

QUESTIONNAIRE

FRANCOSCOPIE correspondra d'autant mieux à vos propres attentes que vous nous les ferez connaître. Merci de remplir le questionnaire ci-dessous, de le découper et de le retourner à :

LAROUSSE-FRANCOSCOPIE
5 square Max-Hymans
75014 PARIS

ÊTES-VOUS SATISFAIT (cochez la case correspondante) :

1. Du livre dans son ensemble ?
☐ oui   ☐ moyen   ☐ non
Commentaires :

2. De la structure des chapitres ?
☐ oui   ☐ moyen   ☐ non
Commentaires :

3. De la présentation générale ?
☐ oui   ☐ moyen   ☐ non
Commentaires :

4. Des textes et des analyses ?
☐ oui   ☐ moyen   ☐ non
Commentaires :

5. Des graphiques et des tableaux ?
☐ oui   ☐ moyen   ☐ non
Commentaires :

6. Des photos et des dessins d'illustration ?
☐ oui   ☐ moyen   ☐ non
Commentaires :

QUELLE EST VOTRE UTILISATION PRINCIPALE DU LIVRE ?
☐ professionnelle   ☐ non professionnelle

COMBIEN DE PERSONNES UTILISENT VOTRE EXEMPLAIRE ?
☐ 1   ☐ 2   ☐ 3   ☐ 4   ☐ plus de 4

QUELLES ÉDITIONS PRÉCÉDENTES AVEZ-VOUS ACHETÉES OU UTILISÉES ?
☐ La première (1985)   ☐ La deuxième (1987)   ☐ La troisième (1989)   ☐ La quatrième (1991)   ☐ Aucune

Suite au dos

AVEZ-VOUS CONSTATÉ DES AMÉLIORATIONS DANS LA PRÉSENTE ÉDITION ? LESQUELLES ?

COMMENT AVEZ-VOUS CONNU FRANCOSCOPIE ?

☐ Publicité ☐ Bouche à oreille ☐ Librairie ☐ Autre (préciser)

QUELLES SONT VOS SUGGESTIONS POUR LA PROCHAINE ÉDITION (contenu, structure, présentation...) ?

Facultatif :

NOM : **Prénom** :

Profession : **Âge** :

Adresse :

**Disponible également
chez Larousse :**

La première description exhaustive des douze
pays et des douze peuples de la C.E.E. :

- l'Europe telle que vous ne l'avez jamais vue
  à travers des cartes et des classements inédits,
- l'histoire, la géographie, la vie politique
  et économique des douze nations,
- une analyse approfondie
  des modes de vie des Européens.

Un volume broché (19,5 × 28 cm), 448 pages.

Réalisation des films sur linotype par CODEMA, Levallois-Perret

Mame Imprimeurs - 37000 Tours
Dépôt légal Octobre 1992 - N° de série éditeur 17165.
Imprimé en France *(Printed in France)* 503092 - octobre 1992